Voices from Work and Home

The Author

Ian MacDougall left school at 15, worked for some years on newspapers, and after two years' National Service graduated in History from Edinburgh University. He was a teacher and lecturer for over 20 years, mainly at Newbattle Abbey Adult College, then worked in public relations. He was secretary of the Scottish Labour History Society for 35 years from its formation in 1961, and is presently secretary and research worker for the Scottish Working People's History Trust. His other books include:

Minutes of Edinburgh Trades Council, 1859-1873 (ed.) (1969)
A Catalogue of Some Labour Records in Scotland and Some Scots Records Outside Scotland (1978)
Essays in Scottish Labour History (ed.) (1978)
Militant Miners (1981)
Labour in Scotland: A Pictorial History from the Eighteenth Century to the Present Day (1985)
Voices from the Spanish Civil War (1986)
The Prisoners at Penicuik: French and other Prisoners-of-War, 1803-1814 (1989)
Voices from the Hunger Marches (2 vols) (1990-1)
Hard Work, Ye Ken (1993)
Hoggie's Angels (1995)
Mungo Mackay and the Green Table (1995)
Voices from War (1995)
Working Lives (1997)
Oh, Ye Had tae be Careful (2000)

Forthcoming:
Bondagers
Minutes, 1894-1918, of Mid and East Lothian Miners' Association (ed.)

Voices from Work and Home

IAN MACDOUGALL

**PERSONAL RECOLLECTIONS OF WORKING LIFE AND LABOUR STRUGGLES
IN THE TWENTIETH CENTURY BY SCOTS MEN AND WOMEN**

MERCAT PRESS
EDINBURGH
www.mercatpress.com

First published in 2000 by Mercat Press
James Thin, 53 South Bridge, Edinburgh EH1 1YS
www.mercatpress.com

ISBN 184183 0178

Set in Caslon at Mercat Press
Printed and bound in Great Britain by
Bell & Bain Ltd., Glasgow

Contents

Introduction   vi

The Voices:

Alex Kitson   1

Margaret Davie   67

Tommy Kerr   82

James Darling   103

Pat Flynn   118

Margot Russell   131

Mary Laurenson   148

Nellie Spence   152

Duncanina Cooke   157

John Macvicar   173

Bob Hall   204

Bill Brack   226

Tom Murray   254

Jack Kane   333

Bill Cowe   342

John Londragan   353

William Whitelaw   364

Jean Higginson   372

Betty Stewart   383

Ann Flynn   398

Jimmy Crichton   411

Hugh D'Arcy   434

Hamish MacKinven   465

Notes   505

Index   569

Introduction

THESE SPOKEN RECOLLECTIONS of their lives by twenty-three Scots working men and women were recorded in interviews between 1980 and 1996.

The recollections are of work during the twentieth century in a range of industries and occupations. They include farm work, journalism, laundries, coal mining, hosiery and jute and flax mills, building, forestry, domestic service, railways, paper-making, factory-cleaning, berry-picking, fishing, saw-milling, and running a left-wing library.

But the recollections are not of work alone. They include memories of growing up in the countryside, villages, small towns and cities in Scotland. They also include recollections of schooling, recreational and cultural activities, health and sickness, housing, lodgers, poverty, deference, victimisation, unemployment (including hunger marches and a description of life in a 'slave camp' for the unemployed), the 1926 General Strike, the Means Test, tramps, churchgoing, Irish seasonal workers, Bevin Boys, war, peace time National Service, political and trade union activities, and, not least, home and family life.

Of the twenty-three who recall their experiences, eight are women, the oldest of whom began work shortly before the 1914-18 War.

Many of the twenty-three recollect aspects of the work and lives of their parents and grandparents, so that some parts of the recollections reach back into the nineteenth century as well.

Few people—and certainly very few so-called 'ordinary' working people—ever write down their recollections of their working lives. So these recollections provide information about and insights into aspects of employment, including wages, hours, trade union activities and other conditions of labour, as well as into housing and other experiences of life in Scotland in the twentieth century, that are not always covered in surviving documentary sources.

The recollections of these twenty-three working men and women are presented in their own spoken words. This was what they said and how they said it. The method followed in preparing the material for publication has been to produce a verbatim transcript of each recording then to edit it. Editing has been confined largely to the deletion of repetitious matter and to transposition and collation. By attempting to secure a narrative flow through a roughly chronological order of events, it is hoped that, without disturbing or distorting their content, the recollections are made as readable as possible. Each person interviewed is asked to check the edited version of his or her recollections and make any changes felt necessary or desirable, so that nothing is published without the approval of the interviewee. Sadly, in the present case, either because some of the veterans died not long after they were interviewed, or because of the lapse of time owing to pressure of other work between some interviews and completion of the editing, ten of the interviewees passed away before they could see the edited version: Alex Kitson, Margaret Davie, James Darling, Mary Laurenson, Nellie Spence, Tom Murray, Bill Cowe, John Londragan, William Whitelaw and Jimmy Crichton.

The tapes and a copy of the verbatim transcripts will be deposited in due course for preservation in the School of Scottish Studies at Edinburgh University, with a second copy perhaps also deposited in some other appropriate national or local public repositories.

A question often asked of oral history is how accurate or reliable it is. None of the twenty-three working men and women who provide their recollections here had prepared in advance of interview, so far as is known, any detailed notes of verified information about events, places, or persons recalled—nor, of course, were they expected to do so. Checking accuracy of recall, as well as providing any clarification or further relevant information, is the task of the interviewer. It is hoped that the notes at the back of this volume help fulfil that task. Some recollections by their nature (for example, unrecorded conversations years earlier between two people one of whom has since died) cannot, of course, be checked. Memory varies: some people appear to have virtually photographic recall, others little or no recollection of events in which they themselves took part; but perhaps most of us have memories like the curate's egg. As Tommy Kerr remarks below about some of his experience as an East Lothian miner, 'There's some o' it very vague, ye know, in ma memory, but there's some things do stick.' Where it is possible to compare and check one person's memory against another's, and both against some contemporary documentary source, such as minutes or a diary or letter or a press or other report, then oral history can be helpful, even invaluable, in establishing what, how, where, when and why things happened as they did and who was involved. Where no documentary sources survive, or were never created, then oral recollection can be at least indicative and at best indispensable.

Oral history can be distinctly stimulating. At its best it can awaken interest in the past, because it presents directly the personal experience of the eye witness. It is spoken recollection, often expressed in direct, racy, sometimes pungent, sometimes almost lyrical language. It can often be humorous, (as below, for example, in Alex Kitson's recollection of his experiences with Co-operative, but unco-operative, horses he was asked to drive; or in Hugh D'Arcy's account of the toilet facilities on some building sites). But also it can bear testimony to tragedies, and their effects on working people and their families, arising from, say, death or injury at work.

These recollections are presented in a rough-and-ready order of occupations. First come Alex Kitson's recollections of his work in numerous aspects of the road transport industry, from pushing in his youth a Co-operative society two-wheeled barrow loaded with five or six hundredweight of milk bottles around his delivery run in Edinburgh, to his responsibility as a leading national official of the Transport & General Workers' Union for dealing with great national problems affecting dockers and lorry drivers. Second come recollections by Margaret Davie, Tommy Kerr and James Darling of their work in coal mining, while Pat Flynn recalls growing up in the 1930s in the mining village of Rosewell (known as Little Ireland) in Midlothian as a member of the large family of Irish Catholic immigrant parents; and Margot Russell recounts her and others' activity in support of the historic miners' strike of 1984-5. Third come the memories of Mary Laurenson, Nellie Spence and Duncanina Cooke of their work in laundries. Fourth, John Macvicar and Tom Murray recall their experiences working on the land, Bob Hall his on an estate, and Bill Brack his in forestry. Fifth, Jack Kane makes a distinctive contribution with his recollection of the Dott Memorial Library, of which he was librarian. Then Bill Cowe and John Londragan, both of whom worked on the railways, recall their experiences of unemployment and the unemployed in the 1930s, and William Whitelaw of Glasgow describes his experience of being sent by the authorities to Islay as an unemployed youth, and later the regime he and other unemployed men experienced at a 'slave camp' at Redesdale in Northumberland. Jean Higginson, now aged 87, describes her work as a domestic servant in the 1920s and, later, as a seasonal berry-picker with her family in Perthshire; and Betty Stewart, born and brought up at Blairgowrie, also recalls berry-picking in the surrounding fields before she began full-time work in local jute and flax mills. Next, Ann Flynn describes growing up in Glasgow during and after the 1914-18 War and her employment there in the office of a builder. Finally, Jimmy Crichton recalls his training and work as a printer in Edinburgh and Glasgow; Hugh D'Arcy his as a bricklayer in Edinburgh, London and elsewhere; and Hamish MacKinven his as a journalist in Campbeltown and Glasgow, a press officer in London, and for thirty years an information officer, appointed by Tom Johnston, with the North of Scotland Hydro-Electric Board. Their juvenile employments, including delivering telegrams, beating for game birds, and tattie howking, are also recalled by several of these twenty-three veterans.

Within these occupational groupings there were, of course, comings and goings on the part of several of the interviewees into other industries or occupations.

Thus Bill Brack began work on an Ayrshire poultry farm, moved for a few years into a paper-making mill at Guardbridge in Fife, did two years' national service with the Army Catering Corps in Germany and then spent the remaining 44 years of his working life with the Forestry Commission at Ae in Dumfriesshire. Margot Russell began work in a whisky bond, was soon sacked for talking, then worked in a hosiery factory, was later a factory cleaner then, via a computer course, found secretarial employment with an MP. Bob Hall began work on the Marquis of Lothian's estate at Jedburgh then found himself conscripted to the pits as a wartime Bevin Boy and remained in the coal mining industry for the rest of his working life. Tom Murray worked in a series of occupations: farm worker, temperance organiser, Fire Brigades' Union official. On the other hand, John Macvicar, like several others among these veterans, worked almost all his life in one occupation, in his case farm dairyman or cattleman.

More than half of these twenty-three men and women were active politically and in trade unions. Alex Kitson, originally a van boy then a milk delivery boy, became general secretary of the Scottish Horse & Motormen's Association, a member for two decades of the General Council of the Scottish Trades Union Congress, deputy (and for a short period acting) general secretary of the Transport & General Workers' Union, and national chairman in 1980-1 of the Labour Party. Tom Murray was an active member successively of the Scottish Home Rule Association, the Independent Labour Party, the Communist Party of Great Britain, and, as a principal founder, the Workers' Party of Scotland. He was also for some years a Labour town councillor and a full-time official of the Fire Brigades Union. Ann Flynn as a child aged seven took part as a message-taker in the Glasgow rent strike of 1915. Margot Russell's activity in supporting the miners' strike in 1984-5 arose partly out of the inspiration she derived from the work of the Suffragettes.

These recollections, therefore, cover a wide range of activity and experience concerning industrial, economic, social and political history, and also more specifically labour, family, local, and women's history, besides at least some aspects of international history.

The recollections concern many areas of Scotland, including Aberdeen, Glasgow, Edinburgh, Roxburghshire, Campbeltown, West Lothian, Perth, Aberdeenshire, Rutherglen, East Lothian, Islay, Blairgowrie, Kincardineshire, Galashiels, Berwickshire, Perthshire, Midlothian, Arbroath, Dumfriesshire, Fife, Selkirkshire and Lanarkshire. But also a few of the interviewees spent some years working or living in other parts of Britain, about which they have something to say, including Caerphilly, London, County Durham and Hampshire; and a few recall their experiences in peace or war in Burma, Germany, the Soviet Union, Poland, Hungary, and Spain, in the last of which Tom Murray and John Londragan had fought with the International Brigades in the Civil War, 1936-9.

It is hoped that these *Voices from Work and Home*, therefore, complement an earlier volume published in 1995 titled *Voices from War*.

Any inaccuracies or other shortcomings in this present volume are to be blamed on me alone. For help in ensuring sins of commission or omission are, it is hoped, less numerous than otherwise they would have been, thanks are due to a legion of people who answered enquiries and provided information about events, people or places referred to by some of the interviewees: Iain Maciver, Keeper of Manuscripts, and his colleagues in the National Library of Scotland; Fiona Myles and Ian Nelson and their colleagues in the Scottish, Edinburgh, and Reference sections of Edinburgh City Libraries; Sybil Cavanagh, West Lothian Libraries; Alan Reid, Marion Richardson, Ruth Calvert and Neil Macvicar, Midlothian Libraries; Veronica Wallace and Chris Roberts, East Lothian Libraries; Audrey Canning, Gallacher Memorial Library, Glasgow; Alastair R. Johnston, Dumfries & Galloway Libraries; Rosalyn J. Rennie, City of Aberdeen Archivist; Rosamond Brown and colleagues, Scottish Borders Archives; Iain Flett, City of Dundee Archives; Arnott Wilson, Edinburgh University Library; Richard Hunter and colleagues, Edinburgh City Archives; A.M. Jackson, Glasgow City Archives; Edith D. Philip, Scottish United Services Museum; Kirsty Lingstadt, Scottish Mining Museum, Newtongrange; Elaine Donald and Marlyn Rorison, Dalkeith registrars; Lieut. Col. (Retd) A.A. Fairrie, Cameron Barracks, Inverness; *Press and Journal* Library, Aberdeen; Hector MacSporran, Aberdeenshire; the editor, *Lothian Courier*, Bathgate; Sian Evans, BBC, London, and Robbie Shepherd and Sheila Hardie, BBC Scotland; David Bishop, Modern Records Centre, Warwick University; Stephen Bird, National Museum of Labour History, Manchester; Mrs Joan Weighell, Durham City Reference Library; Linda Greenwood, Belfast Public Libraries; Gillian F. Lonergan, Co-operative Union Ltd; Amalgamated Engineering & Electrical Union, London; Freddy Harrison, Labour Party Information Resource Centre, London; John Henry, Benny Buchanan, John Henderson, Maureen Wright, Pat Rogan, Jimmy Durkin, Dick Church-Michael, George McKie, Tom Ferguson and my brother George, Edinburgh; David Smith, Pat Flynn, Mrs Minetta Thomson, Stewart Adams, Adam Higginson and Jackie Aitchison, Dalkeith; Jim Dickson, Bonnyrigg; William Davie, Prestonpans; Alex Morrison, Kirkintilloch; Bill Laughlan, Livingston; Freddie Anderson, Glasgow; Mrs J. Dalglish and Bill McLay, Bathgate; Mrs E. Tinley, West Calder; William R. Smith, Newbridge; Laurie Flynn, Sid Staden, Alison Macleod and George Henderson, London; James Elsby, Barry Leatherwood and Terri Evans, Transport and General Workers' Union; J. Foster, National Union of Journalists; Bob Brown, Uddingston; and Professor Victor Kiernan, Stow. Seán Costello of Mercat Press was, as always, most encouraging, communicative, courteous and skilful in steering the work onward to publication. The sheer bulk of these combined recollections necessitated a subsidy in aid of publication, and warm thanks for their donations are owed to the following for ensuring the target was met: The Binks Trust, Coal Industry Social Welfare Organisation – Scottish Coal Industry Special Welfare Fund, East Lothian Council, The Fire Brigades Union, Laurie Flynn (London), Graphical, Paper & Media Union (Scotland Branch), Kirkcaldy Trades Union Council, Lord Provost's Benevolent Fund of The City of Edinburgh Council, George, June, Werner and Maureen MacDougall (Edinburgh and Frankfort-on-Main), The Nancie Massey Charitable Trust, Midlothian Council, Midlothian Trades Union Council, Randolph Murray (Edinburgh), National Union of Mineworkers (Scotland Area), Paisley & District Trades Union Council, Patrick R. Prenter (Loanhead), Scottish International Education Trust, Scottish Trades Union Congress, Transport & General Workers' Union Scotland, West Lothian Council, Workers' Educational Association Scotland.

Particular thanks are due to all those who allowed me to interview them and record their recollections. Without the practical support and unshakeable tolerance of my wife Sandra the work would have taken even longer to complete.

Ian MacDougall,
Edinburgh, June 2000.

Alex Kitson

HOW YOU CONTRACT malaria in East Calder ah don't know. My old man, a determined sort o' guy, volunteered for the Royal Artillery in the early days o' the 1914-18 War. Well, he started off, I think, in France, then he wis oot in German East Africa. He contracted malaria. And he came back frae the war and, well, he wisnae able tae go back tae his job in the shale retorts at Pumpherston because o' his health. After the war he wis workin' as a grocer—he worked wi' Stark, a wee private grocer in East Calder—and I think he had various jobs until the General Strike in 1926, then he went intae insurance: a penny-a-week man. If you were payin' thruppence you were payin' a stack, you know. And he wis in that, sufferin' from this malaria a' the years. And of course we tried everything tae establish a pension for him. But he hadnae contracted malaria durin' the war, accordin' tae them. So he never had an army pension. And that made me bitter. As I got older it made me bitter against authority and the British Legion. They used tae come pesterin' ma mother, and I said: 'What the hell have ye done for him? He's lyin' here destitute.' But anyway it killed him. He collapsed comin' home frae doin' his penny-a-week insurance rounds and had a heart attack. And he never worked frae 1937 or '38 until he died in 1949. He wis jist 60 when he died.

Ma mother, Mary Greig, was a Kirknewton woman born and bred. She was born aboot 1899. She had gone to school in Kirknewton. My mother got married when she was twenty or twenty-one, and that was aboot 1920. She was aboot ten years younger than my father. When she first went to work as a girl, my mother worked in Lansdowne Crescent, Edinburgh, as a skivvy. Then I think she wis back home again at

'Well, ah wis dead lucky, ah had got the milk job at St Cuthbert's shop at Saughtonhall, near Jenners' Depository... Ah worked seven days a week... The milk wis on a barrow, a big barrow, wi' two big wheels. Ah wis the horse. When it wis loaded up in the mornin' the barrow wid weigh anything up tae aboot five or six hundredweight. But ye got the knack, there wis a knack in everything.'

Kirknewton doin' odd jobs around—domestic work. My mother worked as a skivvy for the local laird, Welwood, at Meadowbank House, a big mansion at Kirknewton. It wis jist ootside the village. They would maybe then have a staff of thirty. There would be footmen and a' sorts o' characters knockin' aboot. I would say that until my father couldnae work she worked in sort o' spasms. She would go tae the tattie liftin' and shawin' neeps—occasional work rather than a regular job.[1] Then when he took ill and wisnae able tae work, well, she wis away every day. And she ended up working there at Meadowbank House when she was old, you know, a slave all her bloody life. My mother was workin' on the land when she was over seventy.

So ma parents had no pension, just the sickness. It wis a struggle, a struggle. But ma parents and ma grandparents all lived close together, they lived as a sort of unit, a kind o' extended family. So ye would get something tae eat frae ma granny Greig, ma mother's mother, and ma parents would maybe get something as well, because old Greig was always working.

Ma grandfather Kitson—him and ma father and me were all Alex Kitson—he had been a contractor in the shale. In the shale industry it wis a' contractors, and they employed the men. So ma father had as a young man worked underground wi' him for a bit but I think, well, family wise things didnae go as they should and ma father emerged into the retorts. Well, ma father wis a strong-minded man, he knew what he wanted, he knew where he was goin'. And I think old grandfather Kitson wis maybe jist identical tae ma father. Jist quickly, oh, I reckon it must ha' been jist after the First War, grandfather Kitson left his family and off he went to the developin' oil territories of the world: Burma, Abadan. Oh, shale oil wis a flourishing business, well, until aboot the early '30s. It was Young's paraffin. It wis Young's that wis developin' the oil industry. Young's went tae Abadan and Burma, and guys like old Kitson got the opportunity tae go there.[2] He was the kind o' guy that liked to go oot and bash these slaves aboot and what have ye. So he jist followed the cash. In hindsight, I would say old Kitson was a bit racialist and imperialist, very much a British Empire man. I never knew if he was a Tory or a Liberal Imperialist. He would go and vote but he never told ye, never discussed it. He was never active politically. As a youngster I used tae say tae ma auld man jokingly, you know, 'Have ye been tae vote?' 'Aye.' 'What did Old Kitson (I used tae call him Old Kitson), what did he dae?' 'Och, ye'd better ask him. He doesnae tell ye anything.'

Well, Old Kitson had just pissed off and went abroad. I don't think his family heard anything about him for years. Ah didnae get tae know Old Kitson until the wanderin' boy returned skint but wi' his gold-topped walkin' stick. That wis in the early '30s. I would then be, oh, twelve, thirteen. I was born in Kirknewton, in the old county o' Midlothian, a dozen miles south-west frae Edinburgh, on the 21st of October 1921. Ah wis an only child.

So when Old Kitson came back, well, we only had a room and kitchen in

Kirknewton. So they had tae find accommodation for me. Ma other grandfather, Old Greig—by this time my granny Greig had died—lived doon the stair frae us: we were up and Old Greig wis doon the stair. Old Greig lived in the front street. You went roond the back and up an outside stair tae where we lived. So ah went and stayed wi' Old Greig. Ah wis still at the school then. Well, the influence on me, in all directions, as I grew up wis Old Greig.

So after his return Old Kitson lived wi' ma parents upstairs. When he first came back there was a hell of a row in our family. When ma mother had took him in ma old man was furious. Well, it wis the way Old Kitson had treated everybody, includin' ma father, because ma father wis the second youngest in his family. There wis aboot seven or eight in his family. Some o' them died young, and ma granny Kitson died young. Ma old man, because o' what Old Kitson had done, had been left on a limb. He had tae go intae digs when he wis young, and that kind o' thing—had tae fend for hissel'. But of course when Old Kitson came back, and ma father discovered that ma mother's taken him in, well, there wis hell tae pey. Old Kitson arrived back in the country seemingly and he'd gone tae this other son in East Calder but the son's wife had said, 'Ye're no' steyin' here.' So he ended up in Kirknewton. He pleaded wi' ma mother and ma mother took him in when ma dad was away workin' at his insurance job. When he came back frae his work he discovered Old Kitson there. Old Kitson wis penniless. He'd be gettin' on in years by then. I think he had ten bob a week. That wis the old age pension then. He never worked frae the time he came tae live wi' us. He wis a bit o' a loner—I suppose it wis his life away in these places. You know, he wid get hissel' a' dogged up and away oot wi' his walkin' stick, up the road tae the Lang Whang, walkin' on his own.[3] Ye never seen him in any company. Of course, his family had sort o' deserted him. He wisnae a sociable man. And if he went tae drink—he liked his drink—he didnae drink in the village. He walked down tae East Calder. He used tae go and see his other son in East Calder on a Saturday. Of course, that wis always another bloody row in our house. Old Kitson came hame drunk. Well, ma auld man, he wisnae a drinker, you know, and, oh, he didnae like this. Of course, a' the wrath came oot at ma mother. Oh, ma mother had a lot tae bear, well, between ma father's illness and this responsibility wi' Old Kitson. Old Kitson didnae die until, I think, he was over 80. He wis still livin' wi' ma mother when he died.

Ah didnae mind at a' bein' asked tae move oot from ma parents' house and live wi' Old Greig downstairs, because ah got on wi' him. And ah wis only down the stair, and if ah wanted anythin' I jist went up the stair. But ah wisnae part o' the set-up then in ma own home. Old Greig and Old Kitson didnae see each other, because they didnae have anything in common. They got on a'right but it wis only socially.

So it wis Old Greig that wis the influence on me, in all directions, as I grew up. Well, Old David Greig was an orphan. He wis fostered and he never knew anybody. He was brought up in Crail and Anstruther in Fife for part of his life, and he wis brought up in Carstairs partly. I think he had a real regimented youth and he never lost that. He was always immaculate in appearance. He got a job on the railway, the old Caledonian railway, it wis later the L.M.S.: London, Midland and Scotland. And he came tae Kirknewton when he was workin' on the railway. Ma mother and her two brothers, an older brother and a younger, they were all born there. Old Greig had started out as a lamp laddie on the railway, you know, puttin' the lamps on the signals, and then he graduated tae become an apprentice signal fitter. And that wis his job—signal fitter. He was responsible for a' the wirin', and he had a length that run frae Merchiston up there in Edinburgh right oot tae Carstairs, and Merchiston tae Holytown on the other line, the west line.

As a signal fitter Old Greig was on his own. He had an inspector who would come to see him once every couple o' months, or if anything went wrong. He had a lot o' the big coal sidins oot in the west, and of course there wis always a lot o' brekdoons in signallin' and that, and goin' away at two o'clock in the mornin' and a' this sort o' thing. He would be called out at irregular times and he would find his way away there on the auld bike. And he would come back and tell me, 'Well, this is what went wrong. It shouldnae ha' went wrong. But this should have been done. It's no' been done.' Then of course he was involved in the union. He'd always been in the union since he worked on the railway. He was the branch secretary.

Oh, Old Greig had a good job on the railways. It was a steady pay, oh, well, as wages went in these days. Ye were there every week. And Old Greig was a well-disciplined man. He didnae do it this way in fact, but to me he did everything by numbers. I could tell the time he was comin' up the road frae the station at Mid Calder. He used tae sign off down at the station, and he had a wee office, a wee hut place, and I could tell: 'Oh, he'll be at the Cowden farm road end, jist outside the village, by now.' And in the wintertime he would have his railway rainproof, a heavy raincoat. And he always brought hame a clug. A clug wis part o' a sleeper. He brought that hame for the fire, took off his boots before he came in the hoose, and put on another pair o' boots, would lift this clug, go round tae the coalhoose, which was ootside, and split that clug intae kindlers, pack them away, come back, wash hissel', shave hissel', and his dinner was on the table. Always in the same order, and always at the same time.

Well, it seemed that Old Greig was a great reader, you know. And the discipline that he had on himself, I mean—well, ah didnae see it—he wisnae a hard disciplinarian wi' the family, or even wi' me. He wid tell ye straight out—and that was it. But, as ah say, he must ha' been a great reader, and that's how he built up his life. He then went intae politics. He wis a parish councillor in Midlothian. He wis active in the Liberal Party and he was a Lloyd George man. But he shifted tae the Labour Party no' long before he died, nearer the Second

World War. He joined the Labour Party in the later 1930s. He had a great respect for Strachey and Cripps, Cripps in particular.[4]

So ma first introduction tae politics wis through Old Greig. He took me around. I think I wis beginning tae pick things up. He took me on his electioneerin' stints. Ah helped him, like deliverin' pamphlets and that kind o' thing. But he used tae take me on the back o' his push bike, you know, up tae Oakbank and doon tae East Calder, goin' tae meetins. That wis the territory, you know. So ah wis sittin' in at the meetins and gettin' ma interest raised.

And then, of course, they had a sort of ritual, the family. Well, by this time—the 1930s—Old Greig's younger son had died. He died young, he wis only aboot 21, 22, or somethin'. It would be about 1924. I jist remember him. And Old Greig he had this sort o' ritual at the weekend that his other son—he was on the admin side on the railway—and his wife, and my mother and my old man used tae go doon there tae his house on a Sunday night. He had only one newspaper a week, *Reynolds News*. He read it a', front page tae back. He would gie them the paper and say, 'Read that'—the article, whatever it was, that he had selected. 'Now we'll have a discussion on it. What's your opinion about it?' And that's how the Sunday night went, wi' the old oil lamp in the middle o' the table and this fire there—a coal fire. And ma granny Greig, when she wis still alive, sittin' doin' nothin', you know. She jist wisnae involved. She was the one that looked after the family. She wasn't political at all. So that as a young lad ah had tae sit and listen. In those days ah wisnae asked for ma opinions, not in these days.

But when there wis him and I he would sit and talk tae me aboot current affairs. By this time he's got hissel' an old radio and of course a' he listened tae was the news and that kind o' thing. And then he would tell me, 'Well, this is what this is a' aboot.' And gradually you were fed that background. So I was gettin' an education from Old Greig. Maybe you'd jist be sittin' and he would say, 'What are ye doin'? Have ye finished your homework?' 'Aye, aye, OK.' 'Well, this happened the other day. Did ye hear about it?' 'No.' Well, he would tell me. And it would be political. It might be somethin' local, ye know, there'd been some problem locally. And by that time of course he wis oot the parish council. He would discuss the problem and give me his opinion and he would ask me, 'Well, what do you think you would do if that happened? How would you go on?' It wis a' fed in frae time tae time. It wisnae completely indoctrination.

Old Greig had been in the union—the National Union o' Railwaymen, and before that, I think, the Amalgamated Society o' Railway Servants—since he first worked on the railway.[5] And he was the branch secretary o' Mid Calder Station. They call it Kirknewton Station now, why I don't know. But it was Mid Calder Station in those days. He used to have the union meetins in the waitin' room, the old station waitin' room, and he used tae take me doon there—oh, ah'd jist be comin' up tae leavin' school—you know, jist tae sit at the fire and listen tae what was goin' on. It wis just a wee waitin' room. Oh, there had to be some problems if they got fifteen members attendin'. There would be about a dozen members there. And there wisnae' a' the members. Ye see, they had what they called the flyin' squad. That wis the guys—the peewee men, they used tae ca' them—they lifted the rails, linesmen they were, and they were in the union. The signalmen, of course were in some other section o' the union. So the membership wisnae big. But Old Greig had that. And, well, ah had a' the influence that ah needed politically.

Then Old Greig wis a Justice o' the Peace. But he never got involved in the Co-op. It wis all politics he dabbled in. Then there were things that he wis in that he never spoke tae me aboot. He wis in the Masons. And I discovered—oh, years later—that he'd been a past master. So anythin' that he went intae he wisnae intae it for half. I mean, I don't even know the views o' a past master. I'm no' a Mason. But guys tell ye if ye ask them, ye know. Well, nowadays they'll tell ye, but they widnae tell ye in these days. My auld man, he wisnae in the Masons but his auld man, grandfather Kitson, was. But my auld man never raised it either that Old Greig was in the Masons, he never raised it. And it wisnae until auld Greig died that ah came across a' this gear, you know. He died in aboot the late 1930s, jist before the war. I think when he died he wis aboot 78 or somethin', so he must have been born roughly aboot 1860.

Ma grandmother Greig had been a year or two younger than him. She was a skivvy—domestic servant—as well. She came frae Douglas and worked for the Douglas-Home family in Lanarkshire. They had a big estate there and that's where she worked. Ah think that's where she and Old Greig had first met: Carstairs and Douglas wis only a few miles apart.

When ah wis growin' up in Kirknewton in the 1920s and '30s the population o' the village was only 300. The railway and the quarry—the Kaimes quarry—would be where most o' the men worked. The Kaimes quarry was the source o' employment for quite a lot o' them in the village—labourers and causeway makers and a' these for the streets. Shale minin' wis a minority employer. There wis quite a lot o' land workers but there wisnae many o' them lived in the village, 'cause it was a' these tied cottages in these days. So they lived on the farms. But the whole o' the area was controlled by one guy, the local laird Welwood. He lived in Meadowbank House, a big mansion—and a big estate. Of course, they had everything. As ah say, ma mother worked there as a skivvy when she was young and she ended up working there when she was old.

Welwood owned most o' the houses in Kirknewton village. The shale company didnae have any o' the houses. The quarry had some, I think, for a bit, but they gave them up, oh, when ah wis at school. David Murray wis the landlord o' our house. He lived in a big hoose in the village. He jist lived aboot ten or fifteen yards along frae ma mother's house in a big, purpose-built hoose. Murray had a shop, a leather shop, in Leith Street in Edinburgh and he had another one in the Bridges there. Ah think the houses in Kirknewton had belonged to his old man. Well, Murray used tae come tae collect the rents once a fortnight. And he would come—there was a train got oot there frae Edinburgh aboot the back o' four o'clock—and he would come and see auld Greig. That was another job Old Greig done: he was the factor for Murray. By the time Murray walked up frae the station Old Greig was back frae his work, and they would do their business wi' the rents. Murray had roond aboot ten hooses in that street. Ootside o' Welwood, the laird, Murray wid be the next biggest owner o' the houses in the village.

Ma mother's rent, ah think, worked oot aboot four bob a week or 3s.6d. a week. And there wisnae any rates or anythin' involved in these days. Of course, it wis only a room and a kitchen, a wee cubby hole for a sink. Ye did everything in there. There wis nae hot water, nae toilet—a dry toilet. Oh, ye had tae walk quite a few yards tae get tae the toilet. There were two dry toilets for the ten households owned by Murray. The toilets were divided up, and you had the responsibility o' washin' it, cleanin' it oot. Then eventually, oh, late on, later '30s, when ah wis near enough leavin' the school, they got flushes in them. Murray built toilets. He added toilets tae the ootside o' the buildin' where we lived. Murray built them hissel': he wis a joiner by trade. Until then everybody had a shared dry outside toilet. Oh, ah remember goin' out there on winter nights! I used tae keep a slop pail in the house, everybody did in these days.

Friday night wis the bath night and ma mother had a big tub that she did her washin' in, and that was what was used for baths in front o' the fire. There were no public baths in Kirknewton, it was too small for that. Oh, ah mean, a' that wis in the village in these days wis four shops: a newsagent, a grocer's, a cum-Jimmy-do-everything shop and the post office. And then there was the pub. There was no branch o' the West Calder Co-op there—the Co-op vans used tae come. Oh, ma parents and ma grandparents were in the Co-op. They got everything from the Co-op vans. The shops in the village didnae sell anything like that. You know, the newsagent's was a sweetie-cum-paper shop and the other one it wis jist a woman that opened up her front room or somethin', made it intae a shop to sell only jist, you know, fags and that kind o' thing. And then the grocer's—Ferguson they called him—well, his business was more o' the farmers ootside. The bulk o' the people in the village they traded wi' the Co-op. A man used tae come on a Monday tae the hoose and sit and rhyme off everything that was in the Store shelves. And they'd tell him what they wanted and the Co-op delivered it on a Friday.

It wis an event when we came frae Kirknewton tae Edinburgh, that wis an event. If ye came once a year tae Edinburgh it wis a real event. Ye'd always get the Kirknewton guy that had never been in Edinburgh until he left school. Now there wis a big fellow in the village, Wullie Auldjo. Wullie wis a trace laddie on the L.M.S. He had tae dae wi' the stables and then he became a trace laddie.

Wullie was wi' the horse that used tae help other horses up Leith Walk in Edinburgh and a' that. He was a big lad but he wis an easygoin' lad. Wullie only died two or three years ago. He ended up a councillor on Midlothian County Council.[6] But Wullie was the sort o' lad if they were makin' a joke aboot Kirknewton they would always use him, because he was a big, rough guy, ye know. And they used tae say that when Wullie went tae Edinburgh for the first time he'd be aboot sixteen. And of course goin' in the train, ye know, that was it. And Wullie goes intae Edinburgh and comes back, and his mother says tae him, 'Well, Wullie, what d'ye think o' Edinburgh?' 'Oh,' he says, 'it's a great place, Ma. It's a' covered in.' She says, 'It's a' covered in?' 'Aye,' he says, 'it's a' covered in—gless and everythin'.' He'd never been oot the bloody railway station! This was how Edinburgh was a' covered in. So there were always jokes like that aboot Kirknewton people that had gone for the first time tae Edinburgh.

It would be aboot thirteen mile frae Kirknewton tae Edinburgh. Oh, it wis a treat tae get in there, when yer mother was takin' ye intae the pictures, or we went tae Woolies. Ye'd heard a' aboot Woolies. Your mother had made a day when she could afford tae take ye in the train right intae the Caley station. Well, we went no' much more than once a year until ma uncle, ma mother's older brother, got a council house doon at Restalrig and then we'd go and see him maybe a couple o' times a year.

He got the house, I think, because he was a clerk in the station at Mid Calder and he got promoted tae North Leith railway station.

Ma parents and me never went away a holiday. They couldnae afford it. But Old Greig he had the railwayman's passes. Ah can remember only once, I think, I went wi' old Greig and ma granny Greig tae Rothesay for a week. That wis aboot the late 1920s. Oh, ah wis pretty young, because in her later years granny Greig couldnae walk, she had arthritis and that, so I couldnae be any more than about eight or somethin'. Oh, that wis an event, a big event.

I went tae Kirknewton Public School. I jist didnae like the school. Ah liked certain things, but ah really sort o' dreaded goin' tae the school, ye know. Ah think ah wis a shy laddie, ah didn't find it easy to get around. Well, ah liked maths and ah liked history. But ootside o' that ah only dabbled in the other things. Ah wisnae interested in them. And when ah got through the Qualifyin' and they said, 'This allows ye tae go tae West Calder High School.' Ah said, 'No. Ah don't want tae.' Ma parents were keen for me tae go. Ma old man, well, he wis that type o' guy that ye dinnae push people aboot if they dinnae want to do it. If they want to do it they'll do it. Old Greig wis quite keen for me tae go tae the High School. But he didnae put pressure on me either. That wis left tae them up the stair—ma parents. It could ha' been that ah wis shy, or maybe lackin' a bit in confidence, ah couldnae jist say. Ah would say it wis ah wanted tae go and work.

Ah felt concerned aboot ma mother. And then ma father's penny-a-week insurance job, it wis the kind o' job he wis lucky. I mean if he'd been in a nine-to-five job or whatever ye had in these days, he wid never ha' lasted. He'd ha' got his books. He could make his own hours in that job. If he didnae dae it in the mornin' he could go and dae it at night, you know, that kind o' thing. His malaria was a terrible thing. And it wis every now and again he wis gettin' a bout o' this malaria. People didnae realise—you know, he could break the end off a wooden bed jist wi' the shaking. Just cold sweat, complainin', and ma mother got coats and a' that tae put on him.

I mean, any jobs that ah could get on school holidays, well, ah used tae go wi' telegrams and a' that kind o' thing. Ye see, the Post Office in these days was for the bigwigs. That was the line o' communication and so wis telegrams. The Post Office in Kirknewton wis a terrible place. Ye couldnae see in the windows or anything. We called the postmaster Old Snuff. Moffat was his name, I don't know what his first name was—Old Snuff was a' he ever got. He never had any dressin' in the windows. It wis jist a shop. But if you were about the Post Office he wid come oot and if ye hadnae been causin' him any cheek or anything like that, he'd say: 'Here, you, have ye got a bike?' 'Aye.' 'D'ye want tae take a telegram tae Belgium?' Well, it wisnae Belgium, it wis Colzium they called this place. It wis away up past Harper Rig. But Old Snuff called it Belgium. He jist said, 'There's a telegram for Belgium. And have ye got a bike?' Well, ye would get yoursel' 9d. for that—a lot o' money, a lot o' money. It would take you an hour tae get tae Colzium and about twenty-five minutes tae come back. It wis uphill, oh, the whole road right tae Colzium.

And ah had a bike, one that ma auld man built. Oh, well, what happened was that Edinburgh municipal tip was aboot a mile away frae us. It's oot on the Calder road there, it's an industrial estate now. Well, that wis the tip. Well, we used tae go doon there. We knew that the guy that wis the gaffer, Old Bob Ellis, was always away on a Saturday at the pub or away tae Edinburgh and what have ye. There were naebody there. So we used tae go doon rakin' there and gettin' a' the odds and ends. And ma auld man said tae me, 'See if ye can get a bike frame.' And that's how the bike was built—wheels and frame and chain and a' that kind o' thing. And that was ma first bike. Oh, it gave ye mobility, ye got around. It wis something worthwhile. Ah went out cyclin' quite a bit. Oh, well, eventually that wis ma saviour for ma work. It wisnae until, as ah say, ah came in tae Edinburgh that, well, my whole life changed.

Ah wis fourteen in October 1935. Ah wis due tae leave school at the Christmas. But this guy said to me: 'Ye can get a job in St Cuthbert's Co-op in Edinburgh if ye come in on Friday.' I said, 'But I'm no' left school yet.' 'Dinnae tell them. Jist go in and ah'll show ye the guy tae go and speak tae.' So I said this tae my mother. No, she wisnae keen and what have ye. My auld man says, 'Let him go, let him go. If he wants tae go, let him go.' So ah went in tae Edinburgh tae St

Cuthbert's and this guy showed me the foreman or manager o' the transport department. And he said, 'Can ye start now?' Ah said, 'Aye.' I didnae know what I was goin' tae dae. He said, 'Have ye got a piece?' Ah said, 'Naw.' He gave me a wee chit: 'Ye go tae High Riggs and the man up there'll gie ye a piece and you'll get this certain guy.'

Well, ah did that job on the Friday and ah'm sayin' tae masel', 'Christ, ah don't know if ah can suffer this.' And then the old vanman ah wis wi' said to me, 'Where is it ye live?' So ah told him Kirknewton. 'Where's that aboot?' He didnae even know where Kirknewton wis. 'Oh,' he says, 'ye better get tae hell oot o' here,' he says, 'and get yersel' away hame.' Ah says, 'Ah've no' got any money.' 'That's a'right,' he said, 'there's your tramcar fare. Have ye got a railway ticket?' 'Oh, aye,' I said, 'ah've got a ticket.' He says, 'Well, there's your tramcar fare. Away ye go.' Or ah widnae ha' got even the last train hame.

Well, ah'd told ma mother I was going tae St Cuthbert's for a job, but of course ah hadnae told her if the man said tae me, 'Can ye start now?' that I wid start. So ah didnae get hame tae Kirknewton till the last train at night. The last train wis ten past nine leavin' the Caley station. Of course, nae phones, nae nothin', in these days. Ma parents hadnae seen anybody tae ask. Of course, ma mother wis nearly goin' scatty. She was goin' tae get the polis. So of course that wis ma first day at St Cuthbert's and that wis me nearly no' goin' back: she wasnae goin' tae let me go back. Anyway it started off frae there. I progressed frae there in St Cuthbert's.

After that first Friday when ah started ah went back the next day wi' the same old vanman and ah said, 'Oh, he's no' bad.' I wis hame that night on the Saturday aboot six o'clock. And on the Monday, when ah went in, the transport manager said to me, 'Ah'm goin' tae send you wi' another guy. You'll be permanent wi' him.' Ah said, 'Oh, aye.' It wis old T-Fords, nae windaes in them and a' that. Jock Trench they called this other driver and he wis a real oldie, he was gettin' near retirement, ye know. And he wis a great ceilidh man wi' the fiddle and he wis always pushin' ye on aboot three nights a week 'cause he wis goin' tae the ceilidh, which suited me. And Jock Trench wis good tae me. But he retired efter aboot three month, and then another vanman came. Jimmy Marren they called him. And ah wis wi' him three days a week in Costorphine, in west Edinburgh. Corstorphine wis jist a wee village then. But ah went wi' him wi' groceries three days a week then the other three days ah went wi' another guy, Geordie Thorburn, that worked oot o' High Riggs in Lauriston, jist deliverin' teabreid and cakes, thae sort o' things, bakeries. Ye worked a six-day week.

As a van laddie ye started at eight in the mornin' until—well, it depends on what ye were daein', but the calculation wis 48 hours for a laddie. Ye had a time card that ye got the vanman tae sign for ye. But ye always got the half-day. Ah wis never sure when ah wis goin' tae get the half-day, whether it was goin' tae be the Tuesday, the Thursday or the Saturday. Then ah wis interested in fitba'. Ah wis playin' fitba' actually, juvenile for Kirknewton at right-half, and ah wis a great Hearts fan. And Geordie Thorburn, this vanman that ah used tae go wi' wi' the bakeries for the three days a week, he would always try and make sure that he dropped me off at the Caley Station aboot half-past eleven on a Saturday irrespective o' what he wis daein'. Of course, ah wisnae able tae go and watch the Hearts if ah wis playin' masel'. But if there wis any midweek games this other vanman Marren, wis a great Hearts guy. We always worked on a Wednesday but Marren would let me away. Ye know, he'd say, 'You slip off at 12 o'clock. Don't say tae anybody ye're goin', jist go.' And so ah used tae get tae the Hearts' midweeks at Tynecastle.

I wis two years a vanboy wi' St Cuthbert's. Ah started at 9s.10d. a week and ma fare, ma monthly fare tae come in frae Kirknewton in the train—because ah travelled in the train in these days—wis 9s.10d. a month. So a week's wages every month had tae go on the fares. Well, ah didnae get 9s.10d.—ah think ah got 9s.6d.: they took 4d. off for insurance. Well, ah wis lucky. Ah could gie ma mother the lot because ah could always make masel', oh, maybe three or four bob, durin' the week in tips. Ye got tips—it depended on what kind o' relationship ye built up between the customer and yersel'. Some o' the lads that wis wi' me on the vans, they widnae deliver tae certain people. 'Oh, never any good her,' and what have ye. I would deliver to her and she would gie me a tanner at the end o' the week.

There were three van laddies on a lot o' the vans. Ye see, the older laddies got the pick. There was always what they called a first van laddie, a second van laddie, and a third van laddie. Oh, there wis a hierarchy. The third van laddie got a' the rubbish. Well, ye'd tae work yersel' up the scale. But when ah wis wi' Geordie Thorburn on the bakery van there wis only me and him, and ah built up a real relationship wi' that guy.

At St Cuthbert's in these days, of course, a' the pauchlin' wis goin' on, right frae management doon tae the cleaners.[7] Well, it a' depended what job ye were in. That would be your pauchle, ye would get some pauchle. And if you had something that some other body didnae have and they had something you didnae have, well, you were round the barter. Then—'Do you want a bag o' tatties?' 'Oh, ah need so-and-so.' And that was rife. It had been goin' on for years. And they had a raid every now and again, ye know. They knew it was goin' on. But tae frighten people—ah can remember one time when ah wis a laddie wi' Geordie Thorburn on the bakery they had a raid. Ye delivered cakes in the efternin and we a' left High Riggs aboot the same time on your different roonds. And they had inspectors, ye know, milk inspectors and a' that. So they were given the job o' tailin' you. And they would always catch two or three o' them. They'd maybe wait till Easter—Easter cakes—or some other time when there would be cakes. And there wis always somebody fell for it. So they caught them—books. Oh, they were jist stealin' cakes, takin' them home. Ah mean, ah wis never involved in that 'cause ah wisnae long enough there as a van laddie—but one o' your mates would be sayin', 'It's ma daughter's birthday. Ah cannae afford a cake.' 'Ah'll get ye one.' So he's in cahoots wi' the guy inside the despatch. Ah don't think the accounting wis that tight, and it went on.

Van laddies like me, when ye were a van laddie and ye were goin' oot—and in High Riggs despatch a' sorts o' things were tempting: cream cookies and pies and a' these kinds o' things—ye always had to watch the guy that run the despatch, Jock Horsburgh they called him. Ye would watch him and say, 'He's goin' tae be at it this mornin'.' He wis jist standin' there, his brown dustcoat on: 'Oh, how are ye doin'?' And then all of a sudden he would get one o' the laddies when he's goin' oot wi' a board o' bakeries on his head and go up tae him and—poooof! Bang his pockets intae his sides. Of course, hot mince pies! 'I hope you enjoy them now!' That wis all, that's what happened. But then the story went aroond the whole year, 'Horsburgh's on the hunt the now. Ye'd better watch what ye dae.'

There wis nae general system o' givin' workers stuff at reduced prices, or a couple o' free items a week. The likes o' Ann, ma wife—she worked in St Cuthbert's as well, that's where I met her, she worked in the confectionery by trade and she did the weddin' cakes—they would maybe get cheap cream cookies. They did cream cookies on a Saturday. They would get half a dozen cheap. But there wis nae general arrangement for the vanmen or the van laddies. Ye got the crap board, as they used tae call it. When they finished every day a' the bakeries stuff that wis surplus wis put on tae boards, everythin' mixed up—doughnuts and everything—and ye took them roond the shops, and they would get a board, the full board, o' thae crap for, we'll say, half a croon. And then, well, what they made oot o' that in the shop was surplus. That wis the only thing. Well, you got your pick o' that. When you were goin' roond you'd say, 'Oh, there's some good ones there. Ah'll get a bag o' cakes.' But, oh, if they caught ye, ye were still liable tae be disciplined. But nothin' happened tae the van laddies that were caught by Jock Horsburgh wi' pies or cakes in their pockets. He'd done the damage tae them. They couldnae get them oot their pocket! Horsburgh got a great kick oot o' it, ye see. And some o' the van laddies were in very poor circumstances, oh, worse straits than mine—big families.

Well, I wis two years a vanboy wi' St Cuthbert's. In the main it wis a' the groceries were delivered to the customers. Then ah finished as a van laddie. It wis the old story. When they had tae start payin' a stamp for ye at sixteen ye were out. Ye went on your sixteenth birthday. So ah wis ready tae go. Well, ah'm wondering what ah'm goin' tae dae next and ma auld man's sayin', 'Nothin' aboot here at Kirknewton. Cannae get anythin' aboot here.' Because he was always snoopin' aboot, ye know. He was like that—tryin' tae see if he could get anythin' tae offer ye. He said, 'No, there's nothin' here that you would like. Ye don't want tae go and work on the land d'ye?' 'No.'

So a couple o' days or so before ah wis due tae go frae St Cuthbert's the transport manager came tae me. He said, 'You're finishin' up here at the end o' the week?' Ah said, 'Aye.' 'Have ye got a job?' Ah said, 'No.' He said, 'Is your mother a member o' St Cuthbert's?' Ah said, 'No, she's a member o' West Calder Co-op.' He said, 'Are you a member o' St Cuthbert's?' Ah said, 'No.' 'Well,' he said, 'away you go down to the central office there and make yoursel' a member. Have ye got a shillin'?' Ah said, 'Aye.' 'So go and make yoursel' a member, come back and see me.' Then he says, 'Ah can offer you a job. Your only drawback is you'll need tae live in Edinburgh.' 'Oh,' ah says, 'Christ. Is it on the milk?' He said, 'Aye.' Because that wis where all the van laddies that were kept on graduated tae if there were vacancies, intae the dairy, ye know, the deliverin'. Oh, there werenae always vacancies and they were selected. Ah mean, ye were a'right if your auld granny was on the Board o' St Cuthbert's or your grandfaither knew the manager, or this or that. Oh, there wis definitely favouritism, it wis always that. It didnae depend on your record as a van laddie. Ye could be the best van laddie in the world but ye might still no' get a job after ye were sixteen.

But this transport manager, Mr Smart, he used me a lot and then he became transport manager of Paisley Co-op. There were two Co-ops in Paisley, I don't know what one it wis, but it wis one o' them there. Anyway he said tae me, 'Is there anybody ye can stay wi' in Edinburgh?' And ah says, 'Ah've no' got anybody in here.' He said, 'What's aboot your old vanman, Wullie Pringle?' 'Oh,' ah said, 'ah don't know. Ah'll have a word wi' him.' Ah'd only been wi' this Wullie Pringle on the vans maybe about nine months. So Wullie Pringle said, 'Ah'll take ye intae digs.' But this was the conditions o' me gettin' a job on the milk. So ah went hame and ah told them and, oh, ma mother was up the creek aboot me goin' away and ah wis only sixteen. Again ma auld man said, 'It's up tae you. If ye dinnae like it jist you pack it up and come back hame.' So ah went away in tae Edinburgh and ah took the milk job and ah lived wi' Wullie Pringle. He wis good, his wife and that. They lived at Stenhoose Drive, right opposite Saughton Jail.

Well, ah wis dead lucky, ah had got the milk job at St Cuthbert's shop at Saughtonhall, near Jenners' Depository. I had tae deliver a' roond the Bairds— Baird Drive, Baird Grove and a' that, and Riversdale. Ah worked seven days a week. Ah started at six in the mornin', ah wis finished by eleven. Maybe an odd time ah went back in the afternoon tae dae jobs that they couldnae get somebody tae do. Ah walked tae work—oh, ten minutes.

The milk wis on a barrow, a big barrow, wi' two big wheels. Ah wis the horse. When it wis loaded up in the mornin' the barrow wid weigh anything up tae aboot five or six hundredweight. But ye got the knack, there wis a knack in everything. A' roond there at Saughtonhall, oh, it wis reasonably flat. There wis Riversdale and a' that. And by the time ye got there ye had got rid o' most o' the load. Oh, Christ, I wid have hundreds o' bottles o' milk tae deliver! I wid have ten case o' pints, and about four case o' quarts, three case o' half-pints. And there wis wee cartons o' cream. And then jist before ah came off the job they introduced orange juice, or juice for kids, ye know. But ye'd a' that packed intae the barrow in the mornin'. Oh, it wis easy four or five hundredweights, oh, five, easy.

Ah liked ma job, ah mean, ah liked the milk delivery job. Oh, and then ah wis ma own boss. Ah wis in charge o' the sales and everything. A' ah had tae dae wis tae turn up in the mornin'. And frae the time ah turned up until ah left ah wis the gaffer. Ah could dae the job any way ah wanted tae dae it.

Ah wis gettin' 35 bob a week deliverin' the milk. Ah had tae pey ma digs—a pound a week, but that wis for everything: all found—washin', bed and everything. And Wullie Pringle and his wife were good to me, ah mean, they were really good. And ah wisnae bothered, ah could dae what ah liked. They had jist a wee kiddie, a lassie.

But ah wis isolated, because, as ah say, ah started at six in the mornin', ah wis finished by eleven—and then ah had nothin'. And ye didnae have a lot o' money: the pey wis good for a laddie o' sixteen—if your old man was workin'. When ah finished at eleven o'clock ah went hame tae Stenhoose Drive and had a sleep because ah'd been up since five o'clock in the mornin'. Wullie Pringle and his wife werenae in. He worked wi' St Cuthbert's at Port Hamilton in Stockbridge, and she worked tae. So ah had the place tae masel'.

I'd go oot maybe aboot four o'clock and round or intae Gorgie. I wid jist walk aboot aimlessly. Oh, ye hadnae enough dough for the tramcar. And ah'd nick intae the billiard saloons, ye know, up intae the Locarno in Slateford Road or intae the one in Gorgie Road. Ah wis jist sittin' watchin' in there, because ye had tae pay tae play. But ye were allowed in free jist tae watch. Ah went doon tae the public library at Balgreen, but ah couldnae get in there because ah wisnae a ratepayer. Ma uncle at Restalrig wis too far away. I could nearly get tae Kirknewton as quick as I could get tae Restalrig frae Stenhoose. And ah didnae know anybody else in Edinburgh. In the summertime ah thought it would be a'right jist tae go and sit in Saughton Park. But ah didnae reign long enough in the digs for that tae happen. It wis loneliness mair than anything. Ah decided, 'Ah, no, this is no good. Ah'm a bloody hermit.' And one day ah packed ma case and ah knew a guy frae Kirknewton, he used tae bring milk intae the town and ah knew he went past the top o' Stenhoose Drive aboot twelve o'clock. So ah packed the case and went oot and waited and when he came ah got him tae gie me a lift tae Kirknewton. And that was that.

Oh, ah didnae pack up ma job deliverin' milk—ah packed up the digs. And of course ah did the wrong thing. Ah didnae tell the Pringles or anything that ah wis goin'. Ah got on well wi' Wullie Pringle and his wife but ah couldnae pit masel' up tae tellin' them. And Wullie Pringle came away cyclin' oot tae Kirknewton tae tell ma mother that ah had disappeared. So he sees me there and he had a real go at me, quite rightly. And he said, 'How are ye goin' tae get tae yer work now?' Ah says, 'Ah'm goin' tae cycle.' 'Christ,' he says, 'ye cannae cycle in and oot there every day?' Ah says, 'Aye, ah'll dae it a'right.' So ah did it for three and a half years.

Well, frae Kirknewton tae Saughtonhall and back again wis about 23 miles a day that ah cycled, seven days a week. It wis a'right in the good weather. Oh, ah could come in sharp frae Kirknewton, wi' the prevailin' wind on ma back. I wis up about four o'clock in the mornin' and I used tae leave the house about five. If ah got the wind behind me ah wis in tae work in aboot half an hoor. But goin' back hame against the west wind… Ye know, lorry drivers got tae know ye, that kind o' thing, and they would slow doon and let me get oot tae Kirknewton, jist haul me along and pull me tae the bottom o' the road.

And then no' long after ah started cyclin' there wis a couple o' lads in the village who'd been in digs in Edinburgh. They worked on the railway. One was a signalman, Jock Fairlie; the other one was a shunter. They worked at Slateford, and they said tae me: 'Is the cyclin' a'right?' 'Oh,' ah says, 'it's a'right for me. Ah cannae dae anything else. Ah've got tae dae it whether ah like it or no', ah've got tae cycle.' And they started tae cycle tae, so ah had their company every week: one was on backshift, and the other one was on the early shift. Ye know, in the mornin' Jock Fairlie used tae come and tinkle his bell at the top o' the street.

But ma two mates that cycled wi' me they were a' right 'cause they worked on the railway. They were on a one-way ticket. Ye know, they cycled wi' me in the mornin' and then they got their bikes on the train goin' home tae Kirknewton at two o'clock. Ah couldnae dae that: it wis too expensive for me tae travel by the train. But, oh, ah wis fit daein' a' that cyclin' back and forth. And ah never felt frustrated on top o' a day's work, cyclin' back home.

At Kirknewton there wis a mixed farm The Latch, it wis called. It wis Auld Tam Broon, the soor dook man, that had it. There wis only Tam and a lassie, Mary, and his son Big Jimmy—Sneck. They ca'ed him Sneck because the ferm wis The Latch. One morning this bloke Jock Fairlie and I were cyclin' in tae Edinburgh—we always knew we'd pass Auld Tam Broon wi' his horse and cairt at Hermiston—and this mornin' Tam's no' there. When we passed him on the road we just gave him a shout, that wis a'. And ah used tae see Tam when ah wis comin' back hame roond aboot, oh, half-past eleven at Dalmahoy. He wid walk frae Saughton Jail tae Dalmahoy, leadin' the horse—comin' back the way tae Kirknewton he walked wi' the horse. Tam's main centre for sellin' his soor dook was the Grassmarket and Fountainbridge in Edinburgh. He sold it to these wee dairies. And then he went away back tae The Latch wi' loads o' old stale breid and a' that kind o' stuff for his cattle. He started off from The Latch about midnight and he widnae be back home till four o'clock in the afternoon. And he did that twice a week, snaw or rain. So this mornin' he's no' there, and ah said tae Jock Fairlie, 'Oh, he must be ill.' Ah could never remember Tam no' daein' it. If he'd been ill his son Sneck would have been there. So the next mornin' he wis due in Edinburgh, sure enough there he was on the road wi' his horse and cairt. So ah stopped. Ah said, 'Where were you on Monday, Tam? Were ye ill?' 'Na,' he said, 'ah had a new horse. It turned up off the main road along at Addieston Toll.' Tam always had sat sleepin' on his cairt and let his auld horse lead him tae Edinburgh. It knew the way as well as he did. 'But the new horse turned off there,' he says tae me, 'and when ah woke up ah didnae know where ah wis. Ah shouted tae this guy, "Where am I?" He says, "You're in Juniper Green." ' Tam's new horse had jist kept walkin' till he wis miles off his usual route!

Well, ah wis at Saughtonhall wi' the milk barrow until the war started in 1939, and then of course there wis a' sorts o' changes. And this guy, the transport manager that had given me the job, came oot tae see me again. Ah hadnae seen him from that time but these guys keep tabs on ye, ye know, when ye come tae yer work, and a' that kind o' thing. And he came out and he said, 'Somebody's told me you've got a drivin' licence?' Ah said, 'Aye.' He said, 'D'you fancy takin' a drivin' job?' 'Oh,' ah said, 'aye.' He said, 'The hours might no' be sae convenient for ye as you've got here. I mean, ye come here at six in the mornin' and ye go away at eleven and that's you. But,' he says, 'if ye're drivin'…' 'Oh,' ah said, 'well, ah've jist got tae take that challenge then.' Ah said, 'What's the money? That's an important factor.' 'Oh,' he said, 'you'll have £2.4.5d. a week for six days.'

Well, by that time, of course, I had learned tae drive, well, I had a licence when I was seventeen. I used tae mess aboot wi' a guy at Kirknewton that had a smallholdin' and a lorry. Harry Bowyer wis his name, we knew him as Bosh. He wis a Maltese. And he was a real, oh, slap-happy character. He had been in the First War, I think, and he married a coal merchant's daughter in Kirknewton. Well, they were only wee coal merchants, the Auldjos. Harry Bowyer married Wullie Auldjo's auntie. It wis chalk and cheese because she had never been oot o' Kirknewton and he came frae Malta. He was a character and a half. Everybody knew Bosh. Anyway I used tae go wi' him. He had a contract wi' the Scottish Co-operative Wholesale Society in potatoes, drivin' them tae Glasgow. So when ah wis finished ma milk job and got back hame at midday, I'd be maybe liftin' tatties doon the road there. Ah wid cycle oot there and throw the bike on the back o' Bosh's load and go tae Glasgow wi' him. It wis a long day for me but, well, oo'd maybe be back aboot four. But ah got a shot o' the motor every day. So ah got ma licence through Bosh. It wis actually him that taught me how tae take ma test in a private car. I had never driven a private car, ah had only driven his lorry. Of course, it wis like night and day. Anyway ah got ma licence at the first attempt. Ah wis seventeen, so that would be 1938, '39.

Wi' the drivin' job ah didnae work on Sunday. So ah cycled frae Kirknewton then intae Port Hamilton at Stockbridge, right intae the centre o' Edinburgh. It would be another four or five miles, easy, beyond Saughtonhall. And then ye were in the town and on the cobbles and a' that kind o' carry on. But anyway ah did that for it must have been, och, about four or five month, intae the beginnin' o' 1940. Then something happened—it wis the weather. This guy Geordie Thorburn the van driver he seen me gettin' the bike off the rack at Port Hamilton tae go home. He said, 'Are ye goin' hame in that? It's snawin'.' Ah said, 'What can ah dae? Ah've got tae go some way and ah'll jist need tae make the best o' it.' Well, I'd cycled in the snow and everythin' when I was comin' in tae Saughtonhall for the milk. And Geordie Thorburn said, 'Aw, jist come up hame wi' me.' So ah went hame wi' him tae McNeill Street, up Viewforth, jist behind the Union Canal, and that was it. Geordie's wife said tae me, 'If ye want tae stay, OK. But ye better see your mother and see what happens.'

Well, ma parents had got tae know Geordie Thorburn because he went oot that way wi' his van, tae Kirknewton. St Cuthbert's owned aboot eight farms oot there, jist doon the road frae Kirknewton. It wis big business. The farms were everything—arable, dairy. And they had a big pig farm at Corstorphine, they had aboot 1,500 pigs in there.

Then jist before the war—oh, St Cuthbert's was so ill-managed—there had been a big turmoil at St Cuthbert's. T.M. Young, the general manager, got the sack and nearly got the jail. Oh, Mr Young wis a man about town, went about wi' big roses in his coat buttonhole and had his bowler hat and a' that, and a private chaffure. Ye didnae see T.M. Young in public very often. I mean, he wis jist oot and in that car. That's when a' the problems started. Well, it wis embezzlement. The first one they got caught up in was sausage skins oot the sausage factory. St Cuthbert's had a sausage factory at Gorgie. They had a killin' hoose at the Cattle Market at Gorgie, they killed a' their ain beef. And they had a big sausage factory, a cooked meat factory. Well, skins—ah don't know where they came frae, whether they came frae Germany, they were imported anyway—and there wis a big racket goin' on between the manager o' St Cuthbert's fleshin' department and ootsiders, fermers near where they had the ferms. This guy wis goin' oot buyin' cattle in Ireland and St Cuthbert's peyed for it—peyed for his journeys and peyed for the cattle as well. And he brought them back tae this farm, fed them up, then sold them tae St Cuthbert's. St Cuthbert's had already bought them! So of course T.M. Young, the general manager, got caught up in this and, oh, it was a big sensation at the time. They didnae go tae trial. The Masonic came intae it, ah think. T.M. Young was very friendly wi' some o' the brewers, and they were a hierarchy in Edinburgh in these days. And it a' drifted. And then there were sacking upon sacking. It went right down the line, oh, they caught them up all over the place.[8]

As ah say, the transport manager, Mr Smart, that had gave me the jobs in St Cuthbert's, he by that time had passed on to the Co-op in Paisley. The new transport manager that came in, Hector Dick, wis a new brush. By that time ah had started the drivin' at St Cuthbert's and ah had helped tae flit this new manager

Hector Dick tae Edinburgh. He came frae Greenock. Ah went there wi' Geordie Thorburn. Geordie wis daein' the flittin' for Mr Dick. Mr Dick wis unusual: he wore a bowler hat. It wis a west o' Scotland sort o' trend, and he wis from Greenock. Anyway ah got involved wi' Hector Dick when he became the new transport manager.

But as ah say ah went in tae digs wi' Geordie Thorburn and his wife in McNeill Street and ah stayed wi' him until ah got married in 1942. At McNeill Street it wis jist a room and kitchen. His wife didnae mind me gettin' digs there, she wis quite good aboot it. Ah paid them a pound a week. In these days folk depended on lodgers, oh, a lot. At first ah didnae have a room tae maself, ah slept wi' Geordie Thorburn. And then eventually him and his wife had a kid and they got a cot or somethin' like that and ah got the room, ye know. And ah had that room until ah got married.

Ah had built up a real relationship wi' Geordie Thorburn ever since ah had been his van laddie on the bakery rounds when ah first started wi' St Cuthbert's. Geordie was ten years to the day older than me. He wis a great fitba' player. He played midweek wi' Gorebridge. He played wi' the midweek team on Wednesday and he played wi' the Juniors on Saturdays. He never became a professional, he gave it up. But he was a great player.

When ah started tae drive wi' St Cuthbert's jist before the war ma job, ah mean, it wisnae confined tae havin' one job. Ye know, ah wasnae on a van that delivered groceries roond a regular route. Ah did a' sorts o' jobs on the drivin', different places, different loads and different waggons. Ah could be drivin' a milk van in the mornin'—somebody no' turned oot tae their work—dae that in the mornin' and then be on the undertakin' in the efternin. That kind o' thing. It wis a wide range but ah enjoyed that. Efter ah'd been in the drivin' a while Hector Dick, the transport manager, used tae use me for a' sorts o' things, ye know. 'Directors'll need tae be driven home the night. Wid ye come up and dae it?' Or the undertaker wis needin' tae go somewhere at midnight and ah wid take him. Well, it wis money, oh, ye got paid for it.

I can always remember one Saturday, oh, it wis durin' the war, early in the war. Ah wis goin' hame and Hector Dick said, 'Ye'll need tae come back.' Ah said, 'What's wrong? Ah'm goin' tae the fitba' match.' He said, 'This guy's had tae go away tae the hospital wi' his wife and he's on the laundry.' Ah said, 'Oh, aye, OK then.' Hector Dick says, 'You'll get the horse.' I says, 'Will ah?!!' He says, 'You'll get it up in Port Hamilton.' Ah says, 'Ah cannae drive a horse.' 'Well,' he says, 'ye'll be able to drive one efter ye've done this, won't ye?'

So ah gets on tae this horse van and ah says tae one o' the three van laddies, 'What like is this horse?' 'Oh, it's a'right,' he says. Ah said, 'Well, you tell me what your vanman does. Ah'm no' wantin' tae dae anything that he doesnae dae, so that ah'm no' goin' tae upset his curriculum.' 'Oh, we go tae the Bread Street Store in East Fountainbridge, right opposite the Palladium Theatre. And', the van laddie says, 'he usually gets a cup o' tea in there.' So we got there and we went doon the stair and right enough they're makin' the tea. It wid be aboot two o'clock on the Seturday. So we're sittin' havin' a cup o' tea then this lassie comes doon and says tae me: 'You better go up there. That horse o' yours is eatin' a motor car.' Ah said, 'What?!!' So ah goes up, and here it wis one o' these old Riley motor cars and it had one o' thae fabric roofs on it and it wis done wi' linseed. It was painted over. And here's the old horse havin' a good go at rippin' strips oot o' the back o' this thing. So ah said tae the lassie, 'Whae belongs the motor car?' She says, 'The manager o' the Palladium.' 'Oh,' ah said, 'wid ye go and tell him ah'm here?' So oot he came frae the theatre—two o'clock in the efternin and he comes oot wi' a tail coat on and a bow tie. Rowie Don was his name. Ah says, 'Christ!' And, oh, what he wisnae goin' tae dae tae me. Ah says, 'There's nothin' ye can dae. Ye'll jist need tae get St Cuthbert's tae repair it for ye.' 'Ah'll sue ye!'

Anyway that wis the start o' the day: a' the back end o' this motor destroyed. Then off we went again and ah goes doon the West Port and got delivered in the Gressmerket and a bit o' the Coogate, and we jist went intae Holyrood Road when the horse set sail. It suddenly took tae its heels for nae reason. It went beltin' doon Holyrood Road. And here's me tryin' tae stop it and ah didnae know how tae stop it—until we hit a lamppost. And of course that stopped it. It fell doon. And of course ah ended up on the back o' the cairt. So ah said tae maself, 'Well, that's your sojourn as a horse driver, Kitson, come tae a sticky end.' So ah went back and told Hector Dick. Ah said, 'Ah told ye ah couldnae dae anything wi' a horse.' 'That's a'right, that's a'right. We'll get it fixed up.' And that wis the end o' it. The horse recovered. The old stableman wis doon and sorted it oot, took the harness away and a' that.

Aboot a fortnight efter that ah'm waitin' tae go and do a job—ah wis goin' oot tae the ferm tae load up wi' tatties for feedin' or somethin'—when Hector Dick come tae me and said, 'Here, ye'll need tae go tae Gilmerton wi' this horse van.' 'Oh,' ah said, 'come on.' Ah said. 'Yer memory must be short. It's only a fortnight ago since ah must ha' cost ye a bomb.' Ah says, 'Ye cannae afford tae let me loose wi' one o' thae four-legged things.' 'Oh,' he says, 'ye'll need tae go, there's naebody else here. Away ye go. Jist take yer time,' he says. 'It's loaded tae the gunnel anyway. It'll no' be able tae run away wi' that load.'

It wisnae the same horse as before, and a bigger van—a bread van. And right enough we got oot tae Gilmerton. It wis goin' up that Gilmerton Road and pechin' it was. Well, we got tae Gilmerton and put the stuff in, and the old horse is oot on the road there and ah gave it a drink o' water. Ah said tae the van laddie, 'That horse is aboot knackered.' 'Aye,' he said. Well, the fitba' pitch wis right behind the Store at Gilmerton. So ah said, 'Let it oot the shafts and let it have a run in the field. Oo'll catch it when we need it.' We couldnae catch it. So that wis another episode—this stableman had tae be sent for tae come up tae

Gilmerton. It took an hoor and a half tae catch the horse oot this field. And that wis the end. That wis ma sojourn as a horse driver. It wis terrible, terrible.

Before the war, until 1937-38, the majority of the transport at St Cuthbert's would be horse. The whole o' the dairy was horse and, well, they covered the whole o' Edinburgh, other than the type o' job ah wis in at Saughtonhall wis a barrow. Anything that worked oot o' Morrison Street that wis oot the dairy wis a' horses. A few motors had crept intae it maybe '37, '38—a few that did the long distance, ah mean, tae the far side o' the town, the likes o' Liberton or Corstorphine. That wid be a motor. But ye could count them wi' one hand before the war. And then, of course, when the war started the job ah had done—the barrow job—that disappeared because o' conscription. Ah mean, the lads that were on that job were in that bracket, ye know, they were a' 18 to... Well, some were older but they never moved on, they jist kept that job. But they disappeared.[9] But St Cuthbert's still tried tae maintain a distribution service. So horses started tae mount in, oh, the number would be trebled. Ah mean, what happened wis a lot o' the motor transport that we had, such as heavy lorries and special lorries and that kind o' thing, were a' taken over by the government, and private cars as well. They left St Cuthbert's wi' the minimum that it took to run the show. So a' durin' the war they were buyin' horses galore, and they were stablin' them in places that had never been used for stables since before, ah think, the First World War. They had horses in Grove Street, which was the main stable. They had them in Upper Grove Place, which was a big, big stable. They opened up Hamilton Place, they opened up Juniper Green, Bonnyrigg, the Market at Chesser—they were a' opened up as stables. So it was a' horses in the Store, oh, there wis hundreds o' horses durin' the war.

Well, a lot o' the straw for them and the hay tae feed them, a lot o' that came frae their own resources. Well, ah think they had five ferms oot there at Corstorphine, and they had three in East Lothian, away doon Gifford way.

The horse drivers were all men. Women—even at the end o' the war—women drivers, horse drivers or van drivers, were very few and far between in St Cuthbert's. Oh, there were one or two women drivers. But the number of men horse drivers multiplied. Ah mean, well, there wis a change over o' staff. As the conscription age went up the older guys were bein' taken away and new faces were comin' in. No' many o' them were retired men comin' back, but that happened, that happened that guys that had retired came back and were workin'. But St Cuthbert's didnae draw horse drivers in from other cartin' companies. It wis jist that guys turned up lookin' for a job, maybe they'd had an ambition as a laddie tae drive a horse—guys like me that had never seen a horse or never driven one were there. And some o' them—young guys, ah mean—that were unfit for the army came and, oh, they took great pride in their animals, you know, in their gear and that kind o' thing.

The Store didn't employ its own vets. That wis the only thing they didnae employ. I think Wood—him in Bread Street—done most o' the vettin'. But they didnae have only one vet, ah mean, that depended on the transport manager, Hector Dick. He hired them. That wis aboot the only service contracted oot.

Then there was a shortage o' petrol durin' the war and there wis rationin' and horses were put on if they could make sure that the horse could do the job and the petrol driven waggon was taken off. But the shortage, ah think, wis pretty well rationed oot by the Co-op itself. Ah mean, there wis always plenty tae do the essentials.

Sean Connery wis one van laddie that ah had in St Cuthbert's. We knew him then as Tam Connery. Oh, he wis in at St Cuthbert's at the beginnin' o' the war, about 1940-42, '43. Tam wid be there aboot three years. Well, he'd been around as a laddie ye know. When he wis at school him and his mate used tae hang aboot the stables in Grove Street, ye know, they were always there. They were wantin' tae dae odd jobs, jist as laddies. And it could ha' been that Tam's first job wis workin' in St Cuthbert's. On and off he wis wi' me. But he lived near me, ye see, he jist lived roond the corner in Fountainbridge. Tam wis one o' a group o' laddies that were well known, runnin' aboot St Cuthbert's. They were always wantin' tae help, always wantin', 'Can ah come wi' ye?'—ye know, that kind o' thing. And that wis how ah wid know him aboot the street. Eventually he wis employed full-time as a laddie in St Cuthbert's. It could be that wis his first job. He wis jist another laddie, but ah remember him well and, ah mean, he wis the only one in his family I knew. My wife Ann knew his mother and, ye know, Fountainbridge wis a village, and of course Tam was the one that emerged. Then, oh, well, Tam wis in the Forces. He went tae the navy and ah think he wis invalided out the navy, and he came back—but no' tae the Store—and he tried everything. There wisnae many jobs he didnae have. When Tam got the Freedom o' Edinburgh the press gave him a dinner and ah spoke at his dinner. That's the last time ah seen him.[10]

When Ann and I got married in 1942 we lived wi' her mother in Edinburgh for about a year. And then we got a hoose. Hector Dick, the transport manager, eventually said tae Geordie Thorburn—ah'd lodged a couple o' years wi' Geordie till ah got married—'Is the lad lookin' for a hoose?' And Geordie had said, 'Aye, aye.' 'Well,' Hector Dick said, 'there's one goin' doon there at the stables in Grove Street. He might no' like it, it's in a helluva mess. The bloke that's been in it, Christ,' he says, 'he's kept everythin' in it but furniture.' So Geordie says, 'Let him see it, and if he doesnae want it he can tell ye.' So ah seen it and Ann said, 'Oh, let's take it.' So that wis another new environment, 'cause we were goin' intae a place that had a big sittin' room, a big bedroom and a big kitchen, bath, hot and cold water, and a' this, oh, everythin'. It wis somethin'. Geordie Thorburn's place in McNeill Street didnae have hot water or a bath. So ah lived there in no. 113 Grove Street frae 1943 until 1958. Well, it's no' there now but the entrance wis intae the stable. There was a stair on each side. It wis all on one floor. There wis only two in the stair. So even that wis another bonus. And it wis very central, well, it didnae work against me as far as costs went. Eventually, as ah say, efter ah'd been in no.113 a while, old Hector Dick used tae use me for a' sorts o' things, ye know—drivin' St Cuthbert's directors home at night, drivin' the undertaker somewhere at midnight, and a' that. Ah didnae protest about it—well, it wis money, ye got paid for it. But he maybe had a' that in mind when he got no. 113 as a hoose for us. He wis like that, Hector. He wis a hard guy but ah liked him. He was straight up, he wis honest.

As I say, I had the experience in St Cuthbert's that I did everything. I mean, there wisnae a department in St Cuthbert's ah never wis at some stage in ma career attached tae: furniture, fleshin', cooked meats, beef, clothin' in Bread Street, away through tae Shieldhall in Glasgow collectin' stuff oot o' the Scottish Co-operative Wholesale Society, and potteries and a' that kind o' thing. And ah did a lot o' the undertakin' for aboot eighteen month, drivin' the hearse, drivin' the cars. But ah wid go wi' the undertaker when he was takin' an order. You know, Jimmy Todd—we ca'ed him Toddy—the chief undertaker, would phone the garage and say, 'Come and pick me up.' Toddy came frae Newtongrange. He was an an ex-miner, Jimmy. Oh, a terrible man! But he wid phone the garage and say, 'Get Kitson tae come along and pick me up. Ah'm goin' tae a job.' Well, it wid be, oh, eleven o'clock at night. Well, ye went doon wi' him and ye went up and he had the forms and what have ye. Well, you were there a' the time—measurements and a' that sort o' stuff. Oh, ah went intae the house wi' him. Ah didnae know that he had eyed me for a job in the department. Well, ye went back and ye did the chist and that kind o' thing. Ye were involved wi' it anyway, in the funeral. The undertakin' wis a big part o' St Cuthbert's business. Well, ah got tae know quite a lot aboot it. Oh, it wis a bit rough at the start ye know. Ye would dae the job and then ye'd go away and jist sittin' thinkin' aboot it. Ah didnae find it depressin' but Ann, ma wife, did.

It wis a condition o' employment in St Cuthbert's that ye joined the union—well, ye couldnae join the union till ye were sixteen. But whenever ah got the job on the milk barrows when ah wis sixteen, I joined the old Shop Assistants' Union in the dairy at St Cuthbert's.[11] They covered us. It wisnae the Transport that covered us, it wis the Shop Assistants' Union. But ah wisnae really active in the union till ah came intae Edinburgh tae lodge wi' Geordie Thorburn aboot 1939, '40.

The Shop Assistants' Union had branches all over St Cuthbert's. Everything ootside o' transport and craft, the Shop Assistants' Union had—grocers, head office workers—they had the lot. The Scottish Horse & Motormen's Association had the transport men.[12]

But my first union activity, when ah wis about seventeen, was about the problem about raincoats. On the milk barrows we didnae have any protective clothin'. Everybody else had. There were some people had priority, you know, guys that were servin' customers had a' the priorities. They had dustcoats and raincoats. They had tae look good. It didnae matter what you were, a vanman, horse driver or what have you, but the barrow lads didnae have anything. Oh, ye were only a milk laddie. In fact, you would be at the bottom o' the scale o' the superannuated employees, you were right at the bottom. Ye got a fortnight's sick pay ower the year, and ah suppose they reckoned you had a good job, although you worked seven days a week in all weathers. Ye delivered milk on Christmas Day and New Year's Day, oh, ye didnae get paid for holidays like that. Ye got two weeks' paid annual holiday but otherwise ye were workin' seven days a week.

Well, the raincoats was ma first union activity. I wis on the committee for that. And that wis a big rebellion. What the milk laddies wis lookin' for wis a raincoat. Oh, ye got many a soakin' wi' the milk barrows, and freezin' cold, tae. And, of course, ah wis comin' intae Edinburgh every day eleven miles on the bike frae Kirknewton. There were nae changin' facilities—what ye had on was what ye had on: if ye got wet comin' intae work ye were wet until ye got home. Ah never had a cyclin' cape, jist an ordinary old raincoat or what have ye. Oh, ah wis wet many a day but, oh, ye were young! Ah never suffered any ill effects o' that. Well, the Shop Assistants' Union held their meetins in their office at 30 Walker Street in Edinburgh. And, as ah say, that wis a big rebellion over the raincoats. It was a woman, Annie Davidson, that wis the union organiser then. She'd be in her fifties, oh, quite an experienced woman, a toughie, she wis there, oh, for years. We didnae go on strike over the protective clothin'—but we didnae get the coats either. That wis the success o' that first venture! But ah wisnae disillusioned: the influence o' old Grandfather Greig was still harbourin' around wi' that idea ye should always be in the union. But eventually ye got protective clothin' when you were promoted.

Well, ah wisnae long there in there Shop Assistants' Union when ah went on tae drivin' and ah shifted tae the Scottish Horse & Motormen's Association. That would be the end o' '38, jist before the war. Ah'd be seventeen then. Well, in St Cuthbert's the Horse & Motormen had all the transport workers. That wis a' they had. They didnae have anybody else. But they controlled the dairy transport, the bakery transport, the heavy transport, the lads that worked on the cars in the undertakin' department—and that was their base. And again it wis a condition o' employment if you were on the transport ye had tae be in the union. It was really a closed shop. And then ah would say St Cuthbert's must have been one o' the first outfits maybe in the country that started deduction o' union dues at source. That wis durin' the 1939-45 war.

The structure o' the Horse & Motormen was different to other unions, because everything was centralised: funds, control. Oh, it wis completely centralised—well, it wid be regionalised. And if ye put it in that fashion the Edinburgh office o' the Horse & Motormen controlled everything: a' the members that were in

Edinburgh were serviced from the Union Street office. The office had started in Forth Street and then in Union Street. There wisnae a St Cuthbert's branch o' the Horse & Motormen as such. But if it was a dairy problem, the dairy lads met. If it was a general problem the general lads met and then ye would go tae the union and they would convene a meetin', maybe in the Picardy Place Halls. So there were no branches o' the Horse & Motormen at all.

When ah joined the Horse & Motormen in 1938 the name o' the full-time organiser in the Edinburgh office then jist escapes me,[13] but the guy that followed him—and he was there when ah started tae work full-time wi' the union in 1945—wis Sandy Rutherford. He used tae be a taxi driver. And he was a town councillor for Craigmillar. And then there wis three full-time officials in the Edinburgh office that were responsible for the contributions. That wis them that collected the contributions. Well, the National Health Service wasn't on the go in these days and ye had a National Health Section. These three lads collected, one in west Edinburgh, one in south and central and one in Leith and Granton, ye know, along the coast. So the Edinburgh office had four full-time officials, Sandy Rutherford the organiser and three collectors. And there wis one lassie clerkess in the office.

The Horse & Motormen's Association in these days worked on the basis that Edinburgh members met once a quarter and the general secretary turned up at the meetin' and gave ye a' the reports o' the Executive for three month, and then the financial statement. And any problems that you had—it didn't matter whether you worked wi' the town council cleansing department, St Cuthbert's or Leith Provident Co-operative, you went tae that meetin'—they were raised generally.

Now in Glasgow they had a three-way set-up. They had two sections o' the Co-operative and the Scottish Co-operative Wholesale Society, which of course was a big outfit. We would have aboot a thousand members worked in there in the S.C.W.S. Then they had the retail branches. That wis a meetin' that wis held on the same basis as Edinburgh, but they dealt wi' their own, ye know, S.C.W.S., retail. And then they had the local authority branch, and they had what they called the carters' branch, which was general haulage, ye know, motor drivers wi' private contractors and so on. Well, they controlled the whole o' Glasgow through those sections.

And then Aberdeen had the same set-up as Edinburgh. And then the different areas like Ayr, Dumfries, Methil, Dunfermline, they had a similar set-up in a smaller way. So there were these groups all over Scotland.

When ye had the quarterly meetin' in Edinburgh it wis held on a Sunday afternoon. Normally it would take from two o'clock till five or half-past five. Oh, sometimes it wis longer. Well, the whole o' the Horse & Motormen's membership in the town could attend the quarterly meetin'. So it depended on what problems there were. Ye might go doon one day and say, 'Who the hell's all these people that are here?' 'Oh, they're frae Burton's Biscuits.' Or 'They're doon wi' some problem—they're doon tae kick up hell!' And of course they would dominate the quarterly meetin'. But the system worked, it worked. Oh, ah mean, ye concentrated on your own problem. Once you left the meetin', well, then it was your problem along wi' the organiser and he then had tae take up what had happened at the meetin'.

At St Cuthbert's ye always felt that if ye had a particular problem it wis dealt wi' speedily under the Horse & Motormen's system. Maybe somethin' happened and the general transport lads in St Cuthbert's would call a meetin' in the bothy. 'Right, send for Rutherford. Get him up here.' Well, Rutherford would maybe be there within hours, at least he would be there within a day to find oot what had gone on. And normally they would set up a committee tae deal wi' that. Once that problem wis dealt wi' that committee wis disbanded. But people became recognised: 'Oh, we'll go and see Kitson' or 'We'll go and see Dewar' and so on.[14] We maybe didnae work alongside them but we all worked in the same department at St Cuthbert's—transport. You'd say, 'OK, I'll get hold of the other lads.'

Ye didnae have any official standin' in the union, well, in these days the only place that ye heard a lot aboot shop stewards was in the craft unions. But in the Horse & Motormen before and after the war ye had shop stewards. Oh, there wis recognised guys. Well, say ye had the Dumfries members and ye had a private contractor there, the members would have their own set-up. They would have a chairman o' the members at that private contractor and they would have a shop steward and two or three guys like me that were recognised, and if there wis trouble they were brought in. So it worked. If you had problems you dealt wi' them on your own. We didnae have tae go through any laid doon procedure: 'Ye've go tae go and see so-and-so before ye go and…' Ah mean, eventually as the Horse & Motormen developed and when later on, in 1964, ah changed the name o' the union tae Scottish Commercial Motormen's Union, well, things changed and there wis more co-ordination and co-operation between a' sections o' the union. But in the early days it worked that you were a carter and you were a carter, and the carters would be lookin' after the carters. Well, in these days we could use anybody tae push a strike or what have ye—ye never had any trouble. Ah mean, if you were wantin' tae black some place a' ye needed tae do was tae go tae a guy that wis recognised as the chairman o' that outfit and the steward and say, 'We need a bit o' assistance. They're drivin' the stuff in there. Can you give us a bit o' pull?' 'No problem.' They had that close—it was more like a family—link: solidarity.

When ah joined the Horse & Motormen in 1938 Hughie Lyon wis still there as general secretary. Ah never met Hughie Lyon but, oh, ah heard plenty aboot him. And ah heard more aboot him when ah got older. Old Hughie wis a dictator when the Horse & Motormen's head offices were in Oswald Street in Glasgow.

Ah mean, if he said it, it didnae make any difference what anybody else said. Ah think he had a system that the Executive met once a fortnight. If they came there and disagreed wi' him they jist went away and he went on his way as well and did what he wanted tae do. Lyon, ye see, wis thirty-five years the general secretary. Well, he had gone through a lot o' officials, he had gone through a lot o' members, he had gone through a lot o' Executive Committees, and the more he wis goin' on the more power he wis grabbin'. When he came in aboot 1906 or somethin' the union wis, well, they were skint. And of course he wis recognised as a scab, ye know, in the General Strike in 1926. But it didnae make any difference tae him.

And then Lyon got the sack and Bob Taylor came in as general secretary. Ah knew Bob Taylor frae ah wis a member and goin' tae the meetins. Taylor made sure, as did his successor John Brannigan, that he got tae know everybody that had a finger in the pie. They couldnae care aboot the masses that were oot there. They cared aboot the guys that were attendin' these meetins. If they didnae know who you were they werenae long in findin' oot and makin' theirsel' known to you. They would come and speak to you.[15]

They were keepin' a close eye on the sources o' power. They wanted to resist people who were maybe comin' up from the ranks who might challenge their authority. That wis the main thing. The likes o' Taylor, ye see, Bob had ambitions and it wisnae in the trade union movement. It wis Co-operative wise. The situation was that we had so many members in the Co-op. Oh, there wisnae a big lot in St Cuthbert's—maybe about a thousand—but a thousand powerful bodies. And that happened a' through the Co-operative Movement. Ah mean, in these days they had St Cuthbert's, the Glasgow Southern Co-op, the Aberdeen Northern Co-op—they had a' these Co-ops that they controlled. And of course Taylor used that machine tae further his interests. That was what he had his eye on—gettin' on the Board o' the Scottish Co-operative Wholesale Society. And ah think his ambition was to be chairman and eventually he became chairman. Taylor had a lot o' influence, 'cause in his job as general secretary o' the union he had contact wi' every Co-operative in Scotland. So he got tae know the top brass, the general managers, the Boards o' the Co-operative societies, and that's what paved the way for him. And, oh, the research he done on how he could get these votes was amazin'. They came across a book efter he had left the union that he had forgotten tae take with him and it had a' the fors and againsts on every Co-operative Board in Scotland. Oh, it wis careful plannin'. Oh, he had his sights set.

It would be about 1944 Brannigan came in as general secretary o' the Horse & Motormen. Well, Brannigan had been an officer in the union when he wis young and he left under a cloud and went tae America. The story never came out why he left. I think he had a bit o' a rough time when he was in America, ye know, labourin' and a' that kind o' thing. He didnae try daein' any real job. Of course his experiences in America—he was there about four or five years—and what have ye gave him the gift o' the gab. But anyway he came back frae America and he got a job in the union again, ah think jist after old Hughie Lyon got the bullet. Brannigan had started oot in Airdrie-Coatbridge area. He got the collector's job there. Well, he jist worked frae there, and of course there wis never any love lost between Taylor and Brannigan. There wis always infightin'.

As ah say, ah didnae become active in the Scottish Horse & Motormen's Association until some time after ah had joined it in 1938. Ah don't know what brought it about. But ah mixed wi' the guys that were always recognised : 'Oh, there's a problem. We'll go and see him.' And, well, ah mixed wi' them and so ah wis dragged intae the machine that way. One guy in particular that influenced me wis Jock Dewar. Jock was always active in the union. He wis at a' the union meetins and he'd a lot o' influence on me. 'Now you're a young bloke. You should be comin' about. I've heard ye talkin' in the bothy.' That kind o' thing, and that's maybe how it started. Then maybe a problem started and ah got involved jist frae there. You're part o' the machine—no' thinkin' that you're any mair important than the guy next door. But it happens tae ye. People come tae recognise ye, 'Well, we'll see him.' We didnae actually have recognised shop stewards in St Cuthbert's but ah became one o' that team that if anything happened and it was in my domain they would come and see me: 'Here we've got a problem.' Then I would consult wi' these other guys. I'd still be quite young when that was beginnin' tae happen, in ma early 20s or so, durin' the war.

Then by the end o' the war I left St Cuthbert's and became, in April 1945, a full-time official o' the Horse & Motormen. I wis appointed union collector for Leith. I wis responsible for the collectin' o' all the members' contributions. I had a territory: the boundaries were Pilrig and north, takin' in right along the coast. I didnae go tae Portobello, another guy done that. But, we'll say, frae Seafield—there wis a big contractor there in these days, Smart's— right along Granton foreshore, right tae the outskirts o' Davidson's Mains and a' the territory behind it. It took in everythin': the council cleansin' department, Co-operatives—Leith Provident, no' St Cuthbert's, Leith Provident, S.C.W.S. I had the whole o' the S.C.W.S. in Leith. And I did that job for eleven year.

The job meant I went to a' the depots, went to the members' houses, dealt wi' a' their domestic problems. Oh, well, it wis the wives ye were seein'. Ye only seen the member himsel' when ye went tae the stable or ye went tae the garage. Ye seen him then but he's no' payin you the subs—his wife's paid it. And of course ye're gettin' a' her worries as well as his when ye go tae wherever he worked. And so ye became involved in all sorts o' problems. Oh, ah mean, if the wife had a problem, then 'Wait till the Cairters' man comes'—that's what ye were called in Leith—in Leith, no' anywhere else, but in Leith ye were called the Cairters' man. 'Wait till he comes. See him.'

Oh, ye spent a lot o' time on that job. Ah think in the whole o' ma territory there wis only one hoose that the wife kept me standin' at the door. Otherwise ye'd jist knock at the door and walk in. Ye became part o' the furniture. Ye were a kind o' social worker as well as union official. And by then I was involved politically. So if the problem wis the cooncil, or something like that, ah wid say, 'Ah'll see So-and-so and he'll come and see ye.'

Sometimes ah knew the family better than ah knew the member. The only time I run intae him wis if he seen me in the street and had a gripe or something, or if ah went tae the garage and he happened tae be in the garage. But otherwise ma contact wis the wife and family. Ah've seen the families growin' up, tae. Eleven years and then, well, ah wis still in contact wi' them.

Ah dealt wi' the National Health Insurance as well, ye know, paid oot the benefits. That wis part o' ma wages. Before 1948, when the National Health Service wis introduced, ah got paid frae the National Health for that, no' frae the union, and ah worked on commission. That changed when the N.H.S. wis introduced.

When ah became a union collector in 1945 ah had roughly aboot 700 members in ma area. They were being serviced, ye can say nearly serviced individually, once a fortnight. Oh, ye didnae have hoors. That's the one thing that they told ye when ye went for the job: 'You've got a 48-hour week in St Cuthbert's. Ye'll no' get any 48-hour weeks here.' Oh, ah wis workin' Saturdays and Sundays an' a'. But ah jist, well, grew intae the job and that was it.

Well, the shift o' job suited me. It didnae suit ma wife Ann. Our auldest daughter was born, ah think, in the March o' '45 and ah started full-time in the union in April. Ann wis a bit o' a stable character, ye know. When ah had the job in St Cuthbert's it wis fixed and ah knew where it wis goin', no' like nowadays. And then ah said tae Ann, 'Ah'm goin' tae make a shift.' So she wisnae too happy aboot it. It wis an entirely different thing. Well, ah'd be away maybe aboot nine o'clock in the mornin' and by the time ye come tae Thursday, well, ye're no' hame until nine or ten o'clock at night. But maybe on the Monday and Tuesday I'd have an early stint, ye know, be hame maybe about lunch time or that. And we jist grew intae it. The story Ann tells is that, well, ah'd changed frae walkin' up Grove Street wi' dungarees on and tackety boots and that kind o' thing, tae goin' up wi' a collar and tie on. One auld wummin stopped Ann in the street— in these days their social life wis hingin' oot the windae, watchin' what wis goin' on—and said tae Ann, 'Ah feel awfy sorry for ye, hen. Is your man no' workin'?' The auld wummin thought that because ah wis goin' aboot wi' a collar and tie on I had got the sack or somethin' frae St Cuthbert's. So it was a change completely for us.

Ah really got tae know the members' wives and families in and around Leith. There wis characters around Leith. Ah mean, there wis a family in Ferrier Street, and this woman—her man worked wi' Leith Provident Co-op, her name jist escapes me—but anyway she used tae collect the money for the union in the stairs a' roond her. I used tae go tae her hoose tae collect it frae her. Well, she wis the *News o' the World*, ye know, for Ferrier Street and roond aboot that. And of course some o' the stories that emerged frae oot there, between divorces and fights and what have ye…

Ah had one or two unofficial and unpaid sub-collectors like that Ferrier Street woman. Oh, that helped me a lot—but, of course, ah had tae spend time wi' her! There wis another auld woman in Stanwell Street, Fraser wis her name, and they all worked also in Leith Provident Co-op. The grandfaither wis Auld Frank. And she collected frae all sorts o' guys in the stable and the garage and what have ye. And she wis a real character. They used tae go in and gie her the complaints tae gie tae me. Then sometimes she didnae agree wi' them, but she didnae tell me that. Ye'd meet this guy in the street and he's goin' through ye aboot, 'Ah told Old Fraser so-and-so.' 'Oh, aye, ah've no' seen her.' Ah had seen her. Then of course when ah seen her ah knew she hadnae agreed wi' what they were wantin' and she jist said, 'Oh, tae hell wi' him, ah'm no' goin' tae tell him.' So she wis another unofficial collector. There wis umpteen like her. Oh, it wisnae common in trade unions. I think it wis only common in the old Scottish Horse & Motormen, ye know. Oh, I think that's what went on frae the start o' the union, that's how it a' started.

Some o' the old cairters had very, very long hours right up to the 1914-18 war. Well, the old cairter thought mair o' his horse than what he thought o' his family. I'd be comin' up on a summer's night, say, frae the S.C.W.S. in Leith and if ye wanted tae know anything in Leith ye'd wait at the fit o' The Walk tae meet them there. It didnae matter what time, whether nine' o'clock in the mornin' or nine o'clock at night, ye'd always find a' the auld cairters there. Of course, they were always wantin' tae tell ye how things werenae as good as they were in their day, ye know, that kind o' thing.

Oh, there were a lot o' characters among the cairters. Reddie Ogilvie and wee Bent Aixles—Jackie Ramage—were in the council cleansing department. They used tae call Jackie Ramage Bent Aixles. He had a bad leg, ye know. And Big Ballantyne—och, ye can go through them. And the cairters in the S.C.W.S. they were an elite body. Oh, it wis the S.C.W.S.—that wis the king job. Of course, the bulk o' the cairters in the S.C.W.S. they stabled—they didnae have many horses, maybe when ah started in 1945 they'd have aboot ten or fifteen. Well, that wis their contribution durin' the war. But they were a' guys that had been oot on the land. They used tae ca' them the straw bashers and the dung trampers—farm workers. And they were the guys that drove the horses. And a lot o' them were on the lorries as well.

Oh, ye had different types among the cairters. Ye had the ones that were always the elite, ye know, in their dress. Ye would never ha' known they were a cairter. Oh, ye would get them comin' to the union meetins wi' their split-pea hats on and a' dogged up. Ye'd get the other guy wi' the old bonnet tae the side and forgettin' tae take off his choker, ye know. They were a' different types. But ah had very, very few enemies amongst these cairters.

The villains started tae come in when the lorries started tae come in. Ah mean, ye had the loyalty—it wis blind loyalty—amongst the cairters. A great deal o', ye know, 'Ah'll beat you' sort o' style. This cairter worked wi' Saddler and this one worked wi' Bennett's, and they were a' vyin' for the best dressed horse. But there wis a great deal o' comradeship amongst cairters, a sense o' solidarity. Most o' the stablemen—the guys that got elevated to the charge o' the stable—were a' ex-cairters. Some o' them were bastards tae others, ye know! Because they had been cairters and they knew…

One o' the notorious stables in Leith in ma day wis Bennett's stable. It wis jist at the Holy Land, they called it, right opposite North Leith Station. It wis a big buildin' there and Bennett's stables wis at the back. And a' the tricks that went on there—the hidden whisky and the eggs, a' that kind o' thing, ye know. Ye'd go in and get them lyin' drunk. Ah'd tae make sure ah wis there when wee Dishington—he wis the stableman—wis there. He came wi' a wee case wi' the wages. He didn't pey them oot in envelopes, he peyed them oot jist oot the case. And if he seen somebody no' peyin' me then they were pinpointed: 'If ye dinnae get that settled ye'll no' be here next week.' So that wis their way o' a closed shop. But it wis a notorious stable for theft. They were always comin' up—or drunk.

And there wis an old guy, Will Bathgate. He didnae work wi' Bennett, he worked wi' one o' the railway carters. This Old Bathgate, oh, a terrible man. On a Saturday ah used tae collect the money at the corner o' Jane Street. Ah stood on the open street, jist like a bookie. Ah mean, ah wis approached two or three times wi' detectives, guys that hadnae been on the job before, ye know, still tae get tae know who ye were, and they'd come and say, 'Well, what are you daein'? Are you liftin' lines?' Of course, that wis an offence in these days. And this old guy Bathgate wis last every fortnight Saturday tae come doon frae Leith Walk Station. And he's lyin' in the back o' the cairt, he's no' drivin' the horse. The horse is ploddin' on. Old Bathgate's jist said, 'Get up', and the horse knew, 'Well, we're finished': doon Leith Walk, intae Cunningham Street, Jane Street and intae the stable. And the horse jist stood there and Old Bathgate lyin' on the back o' the cairt. Then ah had tae rake his pockets tae get the contribution tae the union, ye know, the 10d. It wis 10d a week then. Ah used tae kid Old Bathgate on a lot. Ah mean, ah'd see him on the Monday in the street. He wis a'right, always batted on, always kept a good yoke. So: 'Here, you didnae pey me on Saturday.' 'What wis wrong?' 'Oh, ah don't know,' ah says, 'you were lyin' sleepin'…' (ah didnae say he wis lyin' sleepin' on the cairt)…'lyin' sleepin' in the straw.' 'Oh, aye, ah'd had a hard mornin'.' 'Aye, roond the bonds ye'd had a hard mornin' '—because that's what he done on a Saturday. But he wis a character,

Old Bathgate, and he always carried a' his gear wi' him in a haversack—the auld bottom o' a sugar bag—a' his brushes, his blackenin' and a' that. Drunk or no' drunk he always had this wi' him. He wis one that they used tae shout tae me: 'Aye, he's on his road back, he's on his road.' It wid be an hoor before Old Bathgate turned up. He wis a character.

The Transport & General Workers' Union wis a far bigger union than the Horse & Motormen. But the T. & G. meant nothin' tae us because it came intae operation thirty-odd years efter the Scottish Horse & Motormen. The T. & G.'s mainstay in these days wis Corporation trams and the buses. Oh, well, there wis a war seemingly in the late 1930s wi' Robert Taylor, our general secretary then, and the T. & G. They were poachin' members seemingly off o' Taylor. So Taylor set about poachin' tae. It wis amazin': the Scottish Horse & Motormen got a foothold in the S.M.T. in Edinburgh because o' problems the men there were havin' wi' the T. & G. and they came and joined the Horse & Motormen.[16] And of course the Horse & Motormen didnae have anybody that knew anythin' aboot buses—our members were a' cairts and lorries. So the S.M.T. lads that were the nucleus on this committee they were gettin' their own way. They did what they wanted tae dae. So they never left the Horse & Motormen. These guys were a' in the Horse & Motormen till they retired, and that wis frae the '30s. But that wis the only problem wi' the T.& G.

There wis maybe a wee bit o' problem frae time tae time wi' the National Union of Public Employees. N.U.P.E. had only one officer in Edinburgh, John M. Airlie. He wis a cooncillor and ah wis his election agent. But John never wanted any problems wi' the union: 'Ah'll tell them tae hand them back', he would say if there wis any trouble wi' poachin' members. So there wis never any real trouble.[17]

More or less around the time ah wis becomin' active in the Horse & Motormen in St Cuthbert's ah wis becomin' involved in political activities as well. Well, ma grandfather Greig had gone by that time but, well, a' his influence came through. And, well, when ah got in tow wi' Jock Dewar and company Jock said tae me, 'Ye want tae have a go at the National Council o' Labour Colleges. Take some o' thae courses. Ye dinnae need tae go tae classes. Ye can take them by correspondence.' And so ah started that. But then ah started goin' tae the N.C.L.C. classes at their office in Windsor Street in Edinburgh. The organiser then wis the one before Charlie Gibbons—his name escapes me. The first year ah went there Harry Girdwood wis the chairman. Harry became the general secretary later on o' the printers' union, the Scottish Typographical Association. And Eva Gibbons turned up at the classes wi' her kid, Workman Gibbons. Well, old Girdwood was always losin' his temper because the bairn was greetin' and what have ye. So ah used tae like goin' doon there tae the N.C.L.C. There wis a bit o' social activity attached tae it and there were some good lectures. Ah would be aboot 19 when ah became involved in the N.C.L.C. [18]

Ah didnae remain active for years in the N.C.L.C. I got one or two certificates off them that ah wis able tae use. They helped me a great deal. But even before ah went tae the N.C.L.C. ah had been in the Labour League o' Youth in the late '30s. Well, ah joined that for fitba'. Ah joined the League before ah joined the Labour Party. There were no branch o' the League at Kirknewton—there were nothin' there o' that sort—so ah joined the League branch at Gorgie in Edinburgh. It met at the Westfield Hall. Ah think it would be the West Edinburgh Constituency Labour League o' Youth. Well, ah widnae say that ah wis over-active in the League o' Youth. Ah got intae it for the sportin' side at the start. They had a fitba' team. Then ah emerged frae there intae the Labour Party. It could ha' been 1938, '39 that ah joined the Labour Party, jist round about the time ah became a driver wi' St Cuthbert's.

The first Labour Party ah wis in wis North Midlothian. That's where they sent me. Kirknewton wis in that constituency. But that didnae have any machine or anything. That wis controlled frae Dalkeith. In these days Jimmy Lean, a painter, wis the kingpin there. Jimmy stood in the '35 general election and he wis tae stand again in '40, which didnae occur.[19] And then when ah moved intae Edinburgh and lodged wi' Geordie Thorburn in McNeill Street ah went tae Central Constituency Labour Party. That's where ah was most o' ma active years then.

In Central there wisnae many of us young blokes, it wis a' old people. And ah wis involved in one or two fracases wi' Tom Wintringham's group, the Common Wealth party. Well, they were tryin' tae entice us away, because the bulk o' them had a' been in the Labour Party anyway, ah mean, the Dribergs and a' them that were in it. The guy that wis a Tory in North Midlothian died and the Common Wealth party put up a candidate—Kitty Wintringham—and she jist got beat by a handful o' votes in the by-election. And we all got disciplined for workin' for her. That wis maybe aboot '43. You know, they had made the pact that there would be no by-elections.[20] And then we had old Andrew Gilzean on our back by this time, and ah'm gettin' intae the party machine in Central constituency.

Well, ye see, Andrew wis selected tae fight the '40 election that never happened. He wis selected maybe about '38, '39. But he had got the Party agreed he wid be the candidate in 1940. And of course Andrew wis the leadin' light in the Town Council. I think he wis the leader o' the Labour Party there. He wis a cooncillor for St Leonard's ward and controllin' influence on the Central constituency Party. So of course as the years went by we had tae start considerin' the candidate for election efter the war, and old Andrew sprung up and said that he wis the candidate: he'd been selected in 1938 and never deselected. Well, there wis one helluva row, and if it hadnae been Andrae and who Andrew was in Central then ah think he wid have got the elbow long before. In the '45 general election he came out wi' a majority o' jist over 2,000.[21]

Well, by that time I'm becomin' more active in the Party in Central. Ah mean, I wis the secretary o' the St Giles ward Labour Party and chairman o' the constituency. Ah mean, ah wis one o' thae sort o' activists in the ward and the constituency. And, well, it developed frae there. Ah wis intae everything that wis goin' on.

And then of course we had the unfortunate experience at one stage o' no' havin' a Labour cooncillor in St Giles ward. They had a general municipal election in, ah think it wis '48—'49, and we had Mary Ingles and John Airlie.[22] And we always had this old publican. He owned a pub in Morrison Street and a pub at the corner o' Fountainbridge in Earl Grey Street. Of course he fed up a' the guys wi' the free pints or cheap pints and they could never get him oot. So we had had the two Labour cooncillors and the old publican. And we lost the two Labour seats: Airlie went oot and Mary Ingles went oot. So for the first time, ah think, in their history they didnae have a Labour representative. And we had a helluva job gettin' it changed. It changed eventually.

But, ye know, we had another municipal election later on. And by this time this guy Jackie Steedman had been workin' wi' me in the Horse & Motormen. Well, he wis one o' the old renegades in the S.M.T. frae the T. & G. By this time Jackie was readin' meters or somethin' wi' the Corporation. He never gave up his membership o' the Horse & Motormen, 'cause we had members, jist a smatterin'. So Jackie lived in Buccleuch Place or somewhere, which wis in George Square ward. His wife took in students. Jackie and I built up a relationship. He wis a helluva man, ye know. Oh, Jackie wis out o' this world. He wis a harum-scarum character. Ye know, somebody wid say, 'Ye cannae dae that.' But Jackie wid go and dae it and he got it done.

Well, the Labour Party couldnae find a candidate for George Square ward. That wis a' Tories a' the time, and a' we wanted wis a face. The Labour Party base for George Square ward was the bakers' union rooms in Lauriston Gardens. So this old guy, Old Jock o' the bakers' union—he worked in St Cuthbert's, a dedicated Labour Party man—he came tae me and he says, 'Can ye no' get us a candidate?' He said, 'We've no' got one and there's three seats.' He said, 'If we could jist get one candidate so as the punters could get a chance tae vote.' Ah said, 'Och, ah'll look around.' So we're sittin' in the Horse & Motormen's office on the Friday—we used tae a' meet on a Friday efternin—and ah said tae Jackie Steedman, 'D'ye ever go tae the ward meetins?' 'Aye, oh, aye, Teenie and I,'—that wis his wife—'oh, aye, we go. She likes tae go and have a drink wi' so-and-so efter, and it's a social outin'.' Ah said tae Steedy (that's what we ca'ed him), 'They're lookin' for a candidate tae fight in the election. What's aboot you?' 'Oh,' he said, 'ah'm no' too interested in the cooncil,' he said. Willie Campbell, who eventually wis the union organiser after Rutherford, says tae him, 'Aye, ye should have a go, Steedy. It's only a figurehead anyway. Ye're no' goin' tae win. Jist stick yer name up. Ye dinnae need tae dae anything.' So Steedy got me ootside, he said, 'What d'ye think?' Ah said, 'Aye, Campbell's right. Ye're no' goin' tae get in the cooncil.' 'A'right,' he said.

So ah go roond tae Lauriston Gardens and see Old Jock the baker and ah said, 'Ye know Jackie Steedman?' 'Oh, he comes tae the ward meetins but he's no' active or that.' Ah said, 'Well, he'll stand.' 'Oh, good, that's good.' Ah said, 'But ye better get hold o' him before he gets a few jars in him or you've had it!' So Old Jock got him and Steedy stood. Nae committee rooms, nae money—there's nothing. So in St Giles ward we had these stools, ye know, platforms for speakers, soap boxes. So ah said tae Steedy, 'Get Old Jock the baker tae come and have a go wi' that stool roond the backgreens in Glen Street, Lauriston, and doon the Grassmarket.' Half the Grassmarket was in George Square ward then. Ah said: 'The Ludgin' Hoose—take big Falconer wi' ye.' Big Sandy Falconer wis another renegade frae the T. & G. who was active in the Horse & Motormen. He wis on the Executive. 'Take Falconer wi' ye. Sandy'll talk aboot anything.' 'Aye, oh, aye, right enough. Well, where will we meet?' Ah said, 'Ah'll come roond tae that pub at the corner o' High Riggs. Ah'll tell Old Jock o' the bakers tae come roond.' So Auld Jock comes roond. He wis a' slow. So ah told him what we were goin' tae dae. 'Oh, well,' he says, 'that's never been done.' 'Oh,' ah says, 'Steedy'll gie them a haul and Sandy.'

So they went doon tae the Grassmarket wi' the soap boxes and, oh, the windaes are open and folk hingin' ower the windaes, and they're daein' no' bad. So eventually ah gets them intae the Ludgin' Hoose at the Grassmarket—the Castle Trades, it wis the biggest ludgin' hoose there. They'd been kiddin' on the guy that owned it that if Steedman got in tae the cooncil he'd be fightin' for assistance wi' his ludgin' hoose, toilets in the Grassmarket, and what have ye. So we got intae the Castle Trades ludgin' hoose. Christ, ah thought there was goin' tae be a revolution! There wis guys that lived in there and, well, they were down-and-outs. Some o' these guys had good educations and they were goin' aboot the streets rakin' the buckets for *The Times* and *The Guardian*—no' lookin for the *Daily Express*. And of course we went in and Steedy gies one o' these stirrin' speeches. Oh, this wis a' for them. Then Falconer comes doon. He wis worse. He wis an ex-member o' the Communist Party, and he wis worse than Steedy. The guy that owned the Castle Trades threw us oot. But, oh, the down-and-outs in there they were wantin' tae burn the place doon and lynch the owner and what have ye!

Anyway the election came along. We were at the count away oot in Gorgie Markets and ah wis the agent. Ah'm interested of course in what wis goin' on at the count for St Giles ward. No—we didnae make it in St Giles. 'I'd better go and see how Steedy's goin' on.' So ah goes up tae see how things are goin' at George Square, and they were jist startin' the count. Steedy's half-cut by this time—they've been in the pub. Ah says tae Steedy, 'How's it goin'?' 'Oh,' he said, 'good, aye, it's great.' Ah thought it wis the fumes that wis talkin', ye know.

But Steedy got in wi' a 1,000 majority in George Square! He was the kingpin o' the City Chambers then. And nae election address, nae money, nothin'—jist this old stool or soap box. And here's Steedy up in the City Chambers![23]

Oh, he caused havoc up there. He got hissel' intae some terrible scoops up there. Whae wis the Secretary o' State for Scotland at that time, it must have been in the '50s? It would maybe be Maclay.[24] And Steedy's in the City Chambers, up ravin' aboot they were bein' held back by the Secretary o' State. And Steedy says, 'This fellae along in St Andrew's Hoose, we'll need tae deal wi' him.' The Lord Provost then wis a real rabid Tory and demanded an apology off o' Steedman for callin' the Secretary o' State a fellae. Steedy refused tae withdraw so he got flung oot. And then of course this shakes the hierarchy o' the Labour Party, doesn't it? Ah mean, they're no' for havin' any open rows like that. So Steedy wis disciplined by them. And it wisnae long efter it that somethin' else happened tae him in a committee, and he got hissel' intae stook aboot that. But the Labour group needed his vote so they never got the City Labour Party tae deal wi' him or anything. So that wis part o' the machine in Central Edinburgh that we were dealin' wi'.

As ah say, when it had come tae the '45 general election we had that row wi' Andrae Gilzean aboot who's standin'. We had the same row in '50. By that time they were takin' him doon tae Westminster on a stretcher. Oh, Christ, Andrae wis old by that time. He wis over 70 when he stood in '45. And of course by '50 the young guys that had been in the war were back in the field. When we were reselectin' a candidate, oh, Andrae wis goin' tae stand. He wid stand as an independent. We jist said, 'Well, OK, then, we'll end there. We've got tae get another candidate.' And that's when we got Tam Oswald.[25]

Later on ah became Tam's election agent. But ah knew Tam as a union official: he wis in charge o' the buses in Edinburgh. He wis the Transport & General Workers' Union officer in charge o' passenger transport there. So ah knew Tam well. Ah wis in charge o' transport in the Central constituency in the general election in '51. Pat Rogan wis the election agent in '51 and then ah wis made sub-election agent.[26] Ah wis agent in the 1955 general election. But ah'd worked wi' Tam frae he came in as Labour candidate in 1950. Ah had a high respect for him, he wis a very hard-workin' man. The punters got the best oot o' Tam, ah mean, his constituents got the best oot o' him because he attended tae them withoot fail.

Tam used tae write on the back o' his letters the number o' that letter. We used tae meet on a Saturday mornin' and go through the mail in the Melbourne Hall in George IV Bridge, and Tam wid say tae me: 'They're yours. You deal wi' them and ah'll deal wi' this.' He had a' the Warrender Parks and the Marchmonts and what have ye, a' the George Squares—a' the solidarity Tories. And young Jimmy Durkin and me and the other guys we got the Tron Squares and the Coogates, a' roond that area—the working class areas.[27] Tam needed tae woo the Tories: he needed their support. The working class area wis solid. But he went up there in the Marchmonts, George Squares and Warrender Parks and he knocked on the door and said, 'Ah'm Tom Oswald, your MP.' 'Oh?' 'Yeah, ah got a letter from you here. You'd maybe like me to discuss it wi' you?' 'Oh, come in.' He would stand first at the door wi' the flannel then in he would go, and by the time he came oot again he'd convinced them he wis a great guy. Then, of course, the wummin's seein' so-and-so doon the stair and she's tellin' them, 'Oh, that man Oswald wis here tae see me personally. A very nice man.' And the support that he boomed up over a period o' three years up there in those places—that's what won the elections for him or kept him. He wis the only Labour MP in Edinburgh in these years that never had his majority reduced like the others. For example, in the '55 election, Jimmy Hoy in Leith had had a majority o' about, oh, 5,000, somethin' like that, and George Willis had a majority o' 11,000 in East Edinburgh. Jimmy got back in wi' a majority o' 82, George Willis wis reduced frae 11,000 near enough tae 307. So Tam Oswald's standin' there shakin' in his shoes. We only had a majority in Central o', I think it wis 800. And Tam's sayin', 'Oh, well.' He came oot wi' a majority o' 600 and odds.[28]

So Tam held on tae the seat the whole time, and that was in spite o' the fact every year we were losin' electorate—St Leonard's and Holyrood wards and that wis a' becomin' depleted. So Tam he did a good job, and ah respected him. Then ah discovered—no' from Tam—that he did have connections wi' the Moral Re-armament Movement, and so did his wife.[29] Ah would say this must have been in the mid- tae later '50s, because ah shifted out the constituency in 1958. Ah moved house tae Pilton but ah tried tae keep ma connections in Central Edinburgh. But the Party had taken a decision that if you lived in a constituency that's where you had to have your membership and what have ye. Well, ah maintained ma membership but ma activities ceased.

What happened wis we were havin' a meetin' on something and Tam wis tae be there and he didnae turn up—something that you could never previously accuse Tom Oswald of, making an appointment and he didnae turn up. And it wis then that the rumours started tae spread through a councillor who was a member of the Central constituency. The councillor said tae me, 'He's away at a Moral Re-armament meeting.' And his wife was away with him. And this councillor said tae me, 'Ah think it's his wife that has been involved in M.R.A. but Tom has been trailed on tae the bandwaggon and he's now involved in it.'

So when Tom came back, or the next time ah seen him, ah said tae him, 'Ye didnae turn up at that meetin'.' 'No, oh, ah wis called away.' He gave me an excuse that wisnae satisfactory tae me because o' what ah'd heard. So ah openly challenged him. Ah said tae him, 'Are you involved wi' the M.R.A.? Are you a member o' the M.R.A.?' And he said, 'No.' 'Well,' ah said, 'Tam, ye're goin' tae be challenged at the next Constituency Party meetin'. So if you want any defences ye'd better get your supporters on board, and ah'm one o' your supporters or ah'll be one o' your defenders if ye gie a satisfactory explanation, because you know what we think in the trade union movement about the M.R.A.'

Now ah don't know if M.R.A. was at that time an organisation proscribed by the Labour Party. But anyway the M.R.A. werenae acceptable tae either the Party or the unions. Later on, when I was general secretary of the Horse & Motormen in 1959, these two guys, they were Swedes, came to the head office of the union in Albert Drive in Glasgow and asked to see me. I agreed tae see them and I had a discussion wi' them. They wanted me tae get the union involved wi' M.R.A. I said that I wouldnae even be puttin' their request to the Executive. A lot o' unions were involved wi' the M.R.A., because a lot o' unions affiliated tae the Scottish Trades Union Congress and the Trades Union Congress were associatin' wi' M.R.A.

Anyway ah said tae Tom Oswald, 'It's goin' tae be raised. So ye would be better tae be able to defend yourself.' And he said, 'No, ah'm no' a member o' the M.R.A.' So ah said, 'Well, OK.' And ah did nothing else. I had told him, or I had asked him. We came to the Constituency Party meetin' and this councillor, who was a delegate from his ward, which was in Central constituency, he raised it. And Tam still denied that he was a member o' the M.R.A. And ah got him after the meetin' and ah said, 'Now, Tam, come clean. You were in Caux,' ah said, 'because another councillor has verified that wi' me.' It wis wee Donald Renton, he wis there.[30]

Now it wis common knowledge that Donald Renton by this time had got involved wi' M.R.A. Wee Donald had sort o' fell off the spar anyway, ye know, he had lost his marbles sort o' style, and had got intae the drink, ken, and that. Anyway Donald confirmed that Tam had been there in Caux. So ah confronted Tam wi' this. 'Well,' he said, 'there's a difference, Alex, between being a member of M.R.A. and being associated wi' M.R.A.' He said, 'Ah'm associated.' Ah said, 'Well, that's no' comin' clean, Tam, wi' me. But nevertheless if you want tae tell that tae other people in the constituency, well, fair enough.' So in ma opinion, well, Tam had gone doon a couple o' steps. But ah still continued to work for him and ah wis his agent right up until the '59 general election. And then after that it wis a question o' ah'd dropped oot the constituency but ah wis still friendly wi' Tam, ah mean, right until he died.

But that wis where Tam let hissel' doon. Ah widnae take anything away from him in the work that he done, both in the constituency and in the House o' Commons. After all, he was Parliamentary Private Secretary tae Willie Ross, and he was a Whip. Ah mean, he had achieved a' these back while he wisnae up in the front line punchin' on Question Time or speakin' in the House.[31] Tam did a thorough job for the Party and for the Labour Government. But ah think that that's where he let hissel' down. In ma opinion, he should ha' came out and defended. If he wis associated wi' the M.R.A., well, what wis wrong wi' that? Ah mean, Buchman had a point of view. And if that wis Tam's philosophy... Well, ah could say he wisnae the only MP associated wi' the M.R.A, because there were many Tories, Liberals as well, associated wi' them, and there was many more Labour MPs that were associated wi' the M.R.A.

Ah don't know about how they worked, the M.R.A. Ah mean, they used names o' unions. Now how they were involved wi' them, whether they sent them material or they helped tae distribute their material, I don't know. Well, ah think some unions actually were associated wi' them, whether it wis through their Executives or through their general secretaries. But they had close links. But ah don't think that ye could say that any union at all, or if ah take Tom Oswald's point of view, that any body, was affiliated to them. Ye'd need tae use Tam's words—that they were associated with unions, no doubt. Ye didnae pay them any money. They paid the money. Ah mean, they provided the education a' at their expense. So a union could be associated wi' them and no' payin' them any money but givin' them support. And I think that's how it worked. Well, the M.R.A. were deeply involved in Germany, in Sweden in particular, in Norway. I think Stockholm was the sort o' base ootside Switzerland that they operated their contacts wi' the unions from. One o' these two Swedish guys that came tae see me in Glasgow admitted their job wis tae discuss the organisation wi' the trade union movement. Vic Feather had seen them and maybe George Wood-cock as well, ah don't know. But ah know George Middleton o' the S.T.U.C. seen them, maybe gave them short shrift and what have you—but he met them.[32]

The M.R.A. had a machine that tried tae drag the unions intae this moral situation that they portrayed and they preached. They wanted tae change—what would ye say?—the hard Left, or the Left even, into a vein that there should be greater co-operation wi' industry and wi' governments. They were involved in government. So they were a strong organisation. And Tam, in ma opinion, unfortunately got hissel' tied up when the mass o' the movement was against it.

Well, ah can say that in the follow-up to the Constituency Party challengin' Tom Oswald ah wis a sufferer in later year wi' individuals that were involved in that attack on Tom Oswald and were accusin' me o' havin' been in the same boat as Tom, which ah didnae pursue because ah wisnae goin' tae give the individual—it wis one individual—an opportunity tae have some confrontation in the press or what have ye. It wisnae worth it. But ah suffered by an individual havin' suggested in the press that ah had been. He wis jist gettin' at me.

Most o' the years ah wis active in Edinburgh Central Constituency Labour Party ah wis also a delegate to Edinburgh Trades Council. Ah became a delegate from the Horse & Motormen to the Trades Council jist before the end o' the war. Ah wis an active delegate and represented the Trades Council several times at the Scottish T.U.C. and what have ye, for fifteen years easily from the mid-'40s.

Well, Edinburgh Trades Council was also a very, very active organisation followin' the war. Everybody looked forward to goin' to the Trades Council meetin' every couple o' weeks, because there wis some really good debates—educational debates and of course political debates, especially after the Cold War started. Then the Trades Council divided. There was the real pro-Cold War and anti-Cold War, there wis the pro-Soviet and the anti-Soviet. And that's how the Trades Council divided. Ah would say for years, maybe up till Hungary in '56, there wis more political debate took place in the Trades Council than there wis industrial debate. The industrial debate wis there but it always fringed on the political debate, like East-West trade, which of course wis industrial. Well, ye had the factions on either side.

At the Trades Council there wis well over 200 delegates. The secretary wis W.P. Earsman. Well, ah had a good relationship wi' Wullie Earsman. Ah had met him even before ah wis a delegate to the Trades Council. Ah met him when ah wis workin' on one o' ma days back wi' St Cuthbert's, up from the Ministry o' War Transport. It wis a Saturday and it wis the Edinburgh Royal Infirmary pageant. Well, of course the Trades Council were deeply involved in the likes o' that, ye see. And Earsman wis the kingpin o' the machine. He always wore a big broad-brimmed hat, oh, away oot here.[33] The ones that Abe Moffat[34] and them wore were nothin' tae the one that Earsman and his pal Jack Moffat o' the Co-op wore.[35] They were pals and they were always thegither. So Earsman stood oot anywhere: the man wi' the big hat. He had a big temper an' a'. His office wis in India Buildins in Victoria Street. Anyway ah wis sent up there this Saturday mornin' o' the Infirmary Pageant tae lift the collectin tins. Ah had tae see this man Earsman. Ah went up and, oh, he started tae curse and swear at me. So we had a cursin' and swearin' match. He wisnae goin' tae so-and-so talk tae me like that. Ah didnae work for him and anyway ah wis daein' this work as a volunteer, ah wisnae even gettin' paid by St Cuthbert's. They'd asked me if ah wid dae it and they'd given me a car tae come and get these tins, and he's causin' a' this scene and blamin' me because he couldnae find the tins. This was what the row wis aboot! Well, we got the job done. When ah left Earsman, once we got the tin thing sorted oot, he said, 'You'll come and pick me up, wull ye?' Ah said, 'Aye, certainly, aye. There's nae problem.' So ah went and picked him up at lunchtime. They had their usual meetin', ah think, and a drink or somethin'. Anyway ah took him along Princes Street, and they were a' in the doins at the Art Gallery at the Mound and Earsman, of course, he wis there.[36] So ah drove him for the day. They had a meal at night somewhere. He asked me if ah wid come back and take him home—it wis ower the Soothside, either Dalkeith Road or Lutton Place—and ah did it. And frae then Earsman never forgot me. He used tae come oot and in St Cuthbert's quite a lot in these days because, ah think, o' the Co-op Party.[37] Any time he seen me Earsman never, never once did he pass me. He wid always stop and have a word wi' me. Oh, he wis really friendly. Well, he liked if people could stand up tae him—hence when he wis at the Trades Council in his dictatorial fashion as the secretary he liked people tae have a go at him. And of course there wis people there—especially the Communist Party lads—that enjoyed havin' a go at him. There was a story—who started tae circulate it, ah don't know—that he had been involved as a commissar wi' the Soviets in 1918 or '20, or somethin' like that. And the story went aboot there wis a Russian ship in the Forth durin' the Second World War and they tried tae entice him on tae it tae kidnap him. And that wis the story that wis rife around the trade union movement, that they were tryin' tae kidnap Earsman.[38]

Ah couldnae tell ye if Earsman wis an Englishman. He didnae have a Scottish accent. Ah didnae know anything aboot his family nor nothing. When ah became a delegate tae the Trades Council, 'Oh,' he said, 'aye, ye're doin' the right thing.' Ye know, ye got yersel' mixed up in the trade union movement and ah always got on pretty well wi' W.P.

And then Earsman had his side-kick that he used tae get the right-wing together: Wullie Stewart o' the General and Municipal Workers' Union. Wullie wis the organiser in the East o' Scotland. He had an office in India Buildins as well. And of course he wis Earsman's ear tae the right-wing trade unions. And of course in these days the Electrical Trades Union were prominent, led ably by Mr Blairford. And there wis quite a lot o' good contributors like wee Donald Renton frae the clerks' union. Donald ended up gettin' expelled frae the Trades Council. He had cooked some vote for Trades Council delegates or somethin', him and Eva Gibbons. There wis aboot five o' them expelled. Then there wis J.S. Stewart o' the Buildin' Trade Workers. J.S., who was the husband o' Isa Stewart, a town councillor, was on the Right and he wis in the middle o' the furore aboot the expulsions o' the clerks' union delegates. Wee Hughie D'Arcy and Jackie Currie were Buildin' Trades—the bulk o' the lads frae that outfit were members o' the Communist Party. And then in the Woodworkers you had the right-wingers, hard right-wingers. This was in the early '50s, before Hungary. Oh, an interestin' time. And, ah mean, there wis some o' the civil service unions used tae get up Earsman's nose—a guy called Deans, it wis him. Oh, he wis a forceful lad. Ye never knew what political party Deans wis. But anyway we always sided wi' them. But Deans wis a main protagonist, maybe takin' away frae the Communist Party, tae Earsman—Deans and a wee guy named Willie Pratt, who became a cooncillor. Willie Pratt wis in a civil service union, tae. These guys were messengers. They, plus Eva Gibbons, were a real stinger in the heart o' Earsman. That went right on, ah wid say, until Hungary. When Earsman left the Trades Council George Lawson came in as secretary, then George High. Well, when George High got the job, it must have been before Hungary, because the Communist Party were united then and they put up Fred Lawson o' the Scottish Painters. Wee Jimmy Jarvie o' the Blacksmiths' Union wis the chairman o' the Trades Council for three years and the right wing didnae even know he wis a member o' the Communist Party. The right wing wis led then by Harry Wilkinson o' the Shop Workers. Well, Harry Wilkinson had George High in his pocket. The divide went on until Hungary in '56. But the Edinburgh Trades Council wis a really active body.[39]

The Trades Council was fairly evenly balanced between the Left and the Right. The C.P.ers, oh, they had tae work at it. But they had a' able debaters, and they had a hard core o' Party members that they made sure all attended. They were strong in the likes o' the E.T.U. Ye never found that the E.T.U. secretary wis a member o' the Communist Party. In the years that ah wis there Jimmy Deans wis the organiser and Jimmy wisnae a member o' the Party. And then ye had guys like Joe Mackail and Duncan Milligan, Eric Milligan's old man.[40] Well, Joe and Duncan were on the Right and led the right wing of the E.T.U. Ah mean, if an E.T.U. branch delegate said something—I think Duncan and Joe were in the same branch, so they were always reminded that they were only speakin' for their own branch. But Blairford was talkin' as the representative o' the mass o' the membership. And he wis a brutal bastard.

Oh, he wis an evil guy, Willie Blairford. But, oh, devious. Well, he proved it. In the famous case o' the E.T.U. Blairford turned turtle in court and went against old Frank Foulkes, the chairman o' the E.T.U. Old Frank warned me aboot Blairford. And then Blairford got on the Executive o' the E.T.U. And, oh, he wis a real Communist Party man. Ah mean, Peter Kerrigan said it, Blairford done it. Maybe he'd dae mair than Kerrigan. And then all of a sudden he turned on them. He came oot the Party before the E.T.U. case in 1961. But it a' started aboot '58, well, it a' started frae efter Hungary in '56. Well, wee Frank Foulkes ended up livin' in a caravan in Blackpool. Ah used tae go and see him: ah thought he wis a real honest guy that had been taken on by Haxell. Haxell wis a bad yin.[41]

But Edinburgh Trades Council it had a' that flair. Oh, there were first class debates at the Trades Council. Ye had guys like Blairford, who led the band o' C.P.ers along wi' Donald Renton, and ye had Hughie D'Arcy. Ye had Jimmy Batchelor, the son of the organiser o' the Engineering Union in Edinburgh. Jimmy used tae come wi' a' the books, ye know, he always had a big load o' library books every time he came tae the Trades Council. Oh, there were some laughs.

Ah learned a lot from attendin' the Trades Council as a delegate from the Horse & Motormen, oh, there wisnae any doubt. Some o' the banter that went on as well wis really musical hall stuff, ye know, really good, really good. Then there wis a wee guy who was the teller, wee Jimmy Cameron. He wis the Plasterers or somethin', and he stamped your ticket when ye went in. Oh, he wis the kingpin, ye know: 'Nobody gets in here unless they have their credentials.' Oh, very strictly conducted meetins in these days! And, oh, Eva Gibbons—always late, always late! Eva always turned up wi' a big message bag full o' newspapers. And auld Jimmy Cameron, he's there, and late in comes Eva wi' a bag and thon hat on. She's goin' tae walk right tae her seat, oh, a special seat for Eva, she sat beside so-and-so, ye see. And auld Cameron cries: 'Here! Where are you goin'? Where's your credential card?' 'Well, you know…' 'Where's your credential card?!' And Eva had tae empty oot a' these newspapers and what have ye, and she's mumblin' away a' the time. And auld Cameron's sittin' wi' the glasses stuck up on the top o' his heid, waitin' and no' lookin' at Eva at all. And that happened fortnight after fortnight. She wis tryin' tae break Cameron doon but, oh, that wisnae a hope in hell. So these were the kind o' things that made the Trades Council.[42]

Well, ah would say that what ah got out o' the meetins was a broader knowledge o' the trade union movement and o' the political scene, because ye were discussin' both sides o' the spectrum—the political and the industrial side. And of course in these days there wis a lot o' big industrial disputes that came in front o' the Trades Council. One guy wis always sort o' despised when he came tae the Trades Council. He wisnae a full-time official o' the Transport and General Workers' Union but he wis in charge o' the trams, where they were a' T.&G. members. Ah cannae remember his name, but he wis the sort o' chairman o' the branch committee, elected by the members. But he used tae come and argue at the Trades Council for the tram fares tae be put up so as his members could get an increase in wages. So he wis very popular that guy, ye know, every time he came! They a' had a go at him. That wis an event o' the year. Every time he got one o' thon cheers, ye know, that ye get when ye're so unpopular when ye arrive. Oh, it wis a lively meeting!

And then ye were gettin' the experience o' guys that were active in the movement. Ah mean, ye werenae turnin' up listenin' tae guys that were moanin' a' the time. Ye were listenin' tae guys that had a contribution tae make, whether ye agreed wi' it or disagreed wi' it didnae make any difference, they had a contribution tae make. That could start you thinkin'. Instead o' goin' intae the bothy and a' ye got wis, 'What are ye goin' tae dae wi' this, and what are ye goin' tae dae wi' that?', everybody's wrong, union officials and the lot—instead o' that, the Trades Council wis a forum and of course things sprung frae the Trades Council. Ah mean, ye were delegated tae different bodies, and ye gained further experience frae that. Oh, ye were sent as a delegate tae all sorts o' things frae the Trades Council, and ye got mair experience frae a' that.

Well, ah left Edinburgh Trades Council aboot 1959, ah wisnae a delegate frae then. Ah worked in Glasgow frae then and ah wis a member o' the Glasgow Trades Council, which was another lively body. They had got expelled frae the Scottish T.U.C. before then, in the early '50s. It wis a' changed by the time ah went tae Glasgow. Hill had been the secretary when they got expelled, and John Brannigan o' the Horse & Motormen wis the chairman o' the S.T.U.C. at the time. Well, Brannigan went tae the Trades Council and he wis lucky tae come oot alive. Glasgow Trades Council was expelled because o' the infiltration o' the Communist Party, and no' carryin' oot S.T.U.C. policy. And George Middleton, the general secretary o' the S.T.U.C.—he wis a past secretary o' the

Trades Council—went for them. It wis Middleton that expelled them, he done it.[43] Ah didnae go tae Glasgow Trades Council until aboot 1960-61. It wisnae very common for somebody to have been a delegate to Edinburgh Trades Council and then to become one to Glasgow Trades Council. Ah wis a delegate there until aboot the late '60s. I didnae turn up much as the years went on.

But ah would say that Glasgow Trades Council was a different situation from Edinburgh Trades Council because it wis broader based in Glasgow. Well, they had more o' the industrial unions, such as the shipyard workers—that wis the representation frae the Engineers and the Boilermakers and the finishin' trades. Glasgow Trades Council had fewer white-collar delegates. Basically, it wis an industrial set-up more than it wis a general one. The standard o' debate wisnae any higher in Glasgow than it wis in Edinburgh—ah mean the standard o' debate, because ye had the same arguments.

It wis a' more o' the rank and file, shop steward, type that ye got in Glasgow Trades Council. And guys like Hughie Wyper, who wis in these days a sheet metal worker. Hughie wis a guy of course that had a big influence. Then there wis Alex Grant o' the Transport & General Workers' Union. In these days he wis the union officer in charge o' the buses in Glasgow. Oh, there wis a stack o' these lads at the Trades Council. But the bulk o' them were workin', active trade unionists, and that's what made Glasgow something different. Ye never got any o' the big shots among the full-time union officials, guys like Tam Meikle, the Regional Secretary o' the T.& G.W.U., or McGinniss o' the General & Municipal Workers. Ye would get the Davie Curries, ye know, o' the Clerks.[44] And of course the debates were different. The political debates were the same as in Edinburgh, but the industrial debates, well, they were centred around the Clyde and heavy engineerin' and shipbuildin'.

The secretary when ah wis a delegate wis John Johnston. John wis a quiet lad, but a very able man, a very good organiser, oh, aye, John wis a man that got places. He wis the Lord Provost o' Glasgow. He wis a member o' the Labour Party.[45]

Glasgow Trades Council used tae meet in these days in Bath Street. The hall belonged tae the Shepherds Friendly Society. Oh, the attendance at the Trades Council would be double Edinburgh's. Ah wid reckon, oh, they wid get 300 delegates withoot any difficulty. It had a bigger catchment area, of course. Edinburgh Trades Council had a fortnightly meetin', but ah think Glasgow wis monthly.

Ah got a lot out o' going tae the Glasgow Trades Council. Ah mean, it spread your knowledge. You werenae confined to a corner o' dealin' wi' lorry drivers and carters—in a' due respect tae them, because they gave me ma education. But it gave ye a broader outlook on the Movement as a whole.

The reason ah moved in 1959 tae work in Glasgow was that ah became then first the assistant general secretary then the general secretary o' the Scottish

Horse & Motormen's Association. The head office wis in Albert Drive, Glasgow. But ah still lived in Edinburgh. Ah'd been a full-time collector for the union in Leith and Granton for eleven years frae 1945. Then in 1956 ah wis appointed an organiser, and then in the middle o' 1959 assistant general secretary. Both these appointments were against the wishes o' John Brannigan, the general secretary.

As ah say, there wis never any love lost between Brannigan and Robert Taylor, the general secretary before him o' the Horse & Motormen. There wis always infightin'. There wis a big element o' sectarianism in the union in these days. Brannigan made sure he kept things clean wi' the Catholic Church. Mrs Brannigan, his wife, was a devout Catholic, a really devout Catholic. But Brannigan played the Catholic card, aye, he played anything. Ah mean, if he had tae go tae chapel on a Sunday morning he would be there. But most Sundays he widnae be there. He seen the call for it, it wisnae them that seen the call for it.

In these days—durin' the war and jist after the war—there wis quite a few devout Catholics in power, in the Executive, in the Horse & Motormen. Oh, there wis a lot o' sectarianism in the union then, more so in Glasgow. If ah look back tae old Hughie Lyon's days as general secretary, sectarianism wisnae allowed tae be so prominent. When Hughie wis there in his last fifteen years, in the 1920s and '30s, it didnae make any difference what ye were or who ye were—he dealt wi' it. I mean, he widnae even let them see the minute book. They had tae nearly throw him doon the stair, take the keys oot o' his pocket, get the polis! I don't know aboot Hughie's life ootside the union, but readin' and hearin' how he acted and reacted he seemed to be—let's say he wis—a dictator. Ye either did it his way or ye didnae dae it a'. But then gradually when Robert Taylor came in as general secretary after Hughie in 1936, ah take it—and this is only ma opinion—that Taylor had his sights set and he got his goal. His goal wis tae become a director o' the Scottish Co-operative Wholesale Society, and eventually he became its president.

Then at the beginnin' o' 1944 John Brannigan came in as general secretary efter Taylor left. Brannigan came in, had his sights set—and let hissel' doon. Oh, well, he wis goin' tae make the Horse & Motormen the best union in Scotland and the biggest and what have ye. But he let hissel' doon. His ambitions were self-aggrandisement. He was always protective o' Johnny. Ye know, if it was goin' tae affect him he knew first, and that wis his attitude and ah think he suspected everybody. He wis a bit paranoid. That's maybe a problem for a lot o' people that are responsible for an organisation and they hear rumours o' plots and so on. But if ye don't let that get on top o' ye but keep control o' it then ye know what's goin' on. And if ye can divide the camp ye're OK. Ah wis lucky: ah could divide the camp. So ah got away wi' a lot that even Robert Taylor couldnae achieve, 'cause ah could go tae either side.

What happened in 1959 wis they had just made me the assistant general secretary, and that really got on Brannigan's gullet. Him and I werenae talkin'. And, ye see, some o' the guys that put me there as assistant general secretary were in his sectarian camp. They voted for me. Maybe they had become a bit disillusioned wi' him. But ah wis able tae take these guys. Ah could leave aside the sectarian situation. Ah didnae need tae use it, ah didnae need tae go tae the Protestants or the Masons and get them and go tae one that ah knew ran the Catholic field and see him.

Brannigan and I had rows for weeks on attitudes aboot certain things, ye know, in connection wi' the runnin' o' the union. Ah mean, ah wid be daein' something and he widnae come or he widnae send for me and say, 'That's enough. Ye're not on.' He jist stopped it. Ah mean, he didnae tell me. Well, we were goin' tae London that July tae a Road Haulage Wages Council meetin'. We used tae leave frae St Enoch's Station in these days and Brannigan and I were tae be on the same train but ah hadnae seen him. Ah wis walkin' up the platform tae get on the sleeper and ah saw a crowd o' people aroond somebody. Ah thought, 'There's somebody fainted' or what have ye. Ah didnae know it wis Brannigan. He had collapsed on the platform. He never regained consciousness. He died, ah think, three days efter that.

So the Executive o' the Horse & Motormen wis divided before ah became the general secretary in late summer o' 1959. There would be twelve on the Executive. The bulk o' them of course were Glasgow. They had aboot four seats, and there were a couple from Edinburgh and the Lothians. It had shown through the whole time that the Executive had Catholic and Masons factions. Ye could tell. If ye looked at an Executive vote ye could tell. Callaghan, McQuade and So-and-so voted that way, and So-and-so and So-and-so voted this way.[46] And the chairman in these days wid dae what Johnny Brannigan wanted him tae dae until we got a chairman that widnae dae it—a bloke called Jackie Carabine.

Jackie's old man had been wi' the National Union o' Public Employees and then he got the sack. Well, that wis in the days when N.U.P.E. were nothing. And that's what blotted the family copybook. And then Jackie had had a job wi' the Horse & Motormen at the same time as his old man got the sack. So that brought a cloud over the whole situation and Jackie went oot. Ah wis very friendly wi' Jackie's brother Joe Carabine in Edinburgh. Joe worked in the council cleansing department and he was a shop steward o' mine. Joe lost his arm at his work. And when the war finished, ye know, ah jist knew Jackie by meetin' him. Ye know, he'd be on leave and ye'd be somewhere and somebody wid say, 'That's Jackie Carabine.' And when the war finished ah said tae Joe one day—by this time ah wis a union official, of course—'Where's Jackie? Has he got a job?' 'Oh, he's back labourin'.' 'Does he no' come aboot the union?' Joe said, 'Tae be honest, ah dinnae see him.' So eventually ah run intae Jackie and after about a year's persuasion ah got him back intae the union. He wis one o' ma stalwarts. By

1953 Jackie had got elected on to the union executive, and he became chairman for the year in 1956 and again in 1961. Jackie had a good background: National Council o' Labour Colleges, Labour Party—which the union didnae have. That wis their problem in the Horse & Motormen: there wis nae political animals.

For years the union wisnae affiliated tae the Labour Party. They would never hold a ballot. Old Hughie Lyon didnae believe in these outfits, so nae ballots, nae nothin'. And Robert Taylor, well, he jist shunned it off. For his ends—tae get on the Board o' the S.C.W.S.—the Labour Party couldnae dae very much. So when Brannigan came in as general secretary near the end o' the war he initiated a ballot for political affiliation. And that came aboot, oh, aboot 1946.

By the time ah became the general secretary o' the Horse & Motormen in 1959 there wis a younger element creepin' intae the union. The old carter had gone, young guys were comin' in drivin' lorries. They had different ideas, ye know. It wis like me tryin' tae tell ma grandchildren who are now in their twenties, 'Ah, well, ye know, when this happened and that happened.' 'Aw, for Christ's sake, dinnae start that. We dinnae want tae hear that. We want tae hear what's goin' tae happen next week.' And that's the kind o' element that wis startin' tae creep intae the Horse & Motormen. Where the average age o' the guy that used tae attend the union meetins wid maybe be aboot 55, it now reduced itsel' tae aboot 35, no' rapidly, but… Ah sensed that the union's membership wis ready for change. After Brannigan we had a lot o' leeway tae make up. For instance, the Horse & Motormen didnae have representation on the Scottish T.U.C. from 1953. Brannigan wis the chairman o' the S.T.U.C. in 1951-2, but then he wis voted off its General Council. He stood every year efter that and never made a come-back.

Well, ah seen changes comin' and from 1959 ah gradually built up the Executive—which wis still an old Executive—intae believin, 'Well, aye, this is right.' So ah didnae do it in a once-over, ah did it gradually—changed policy.

For instance, until then no Communist could stand for office in the Horse & Motormen—shop steward or anything. Brannigan had introduced this policy after the war, the year after Arthur Deakin, who was then general secretary o' the Transport & General Workers' Union, had introduced it there.[47] Well, ah changed that in ma first year as general secretary. Ye see, ah had discovered in ma years as a union official in Leith that ah lost personally in Leith a real nucleus o' hard-workin' trade unionists but who were members o' the Communist Party, lads that had came back frae the army. OK, they had never tried tae impose the Communist Party point o' view on me or the branch or what have ye, but they were always there wi' ideas: 'Well, we shouldnae be thinkin' o' thirty years ago, we should be thinkin'…' And many o' the things that happened were initiated by these people. They were activists and then of course they were jist cut off. And ah said tae Brannigan, 'Why the hell did ye no' cut them oot o' attendin' branch meetins? Because they've no' got any power. Ye'd be as well goin' the whole hog and puttin' them oot the union.' And of course this wis one o' the things that didnae go doon between him and I right frae then. And then of course by 1952 politically ah had become a member, well, an associate o' the Tribune Group, and that didnae suit him.[48] So it wis ma opinion in the '50s that gradually the union was comin' tae a situation that it had tae change. And we couldnae jist change it by changin' faces. We had tae change it by changin' policy and maybe changin' the structure.

When ah became general secretary o' the Horse & Motormen in 1959 we had 15,000 members. It wis quite a small union and, oh, it was gettin' smaller, 'cause we were losin' them. They were leavin' us for a' sorts o' reasons—no' only leavin' us because they were retirin' or died, they were jist leavin' the union. And that had been the case for some years. Ah mean, Brannigan's attitude and his conduct—the members jist deserted. So ah wis startin' frae a real weak base that ah could build on. Well, ah built up the membership eventually tae 27,000—almost double—by the late 1960s. Then we reduced a bit in 1968-9, 'cause we lost quite a lot o' members then at the time o' *In Place o' Strife*, that were disgusted wi' the Labour government's policy.[49] And then we had wage freezes and a' that kind o' thing, so the momentum started tae reduce. But we were solid on about 24,000 members by 1971.

Another change wis in the name o' the union in 1964. Horse transport had gone by then, well, apart frae St Cuthbert's milk carts! But there wis a lot o' opposition tae changin' the name o' the union tae Scottish Commercial Motormen's Union. A lot o' the opposition came frae ootside the union, frae non-members that were sentimental aboot horses. Oh, we got a lot o' correspondence aboot it, people saying: 'Why are you changing? Keep the horses! This is something that's engraved in history, the Scottish Horse.' Well, it had been known as that since ten years after it wis founded in 1898 as the Scottish Carters' Association.

As well as becomin' general secretary o' the Horse & Motormen in 1959 ah got elected the next year on to the General Council o' the Scottish T.U.C. Ah'd first gone as a delegate tae the S.T.U.C. jist before the end o' the war, about '44, and then I'd been goin' every year in the main from Edinburgh Trades Council. Ah didnae go wi' ma union. Ah must ha' been five or six years an official o' the union and never got the opportunity tae go. Brannigan, the general secretary o' the Horse & Motormen, didnae trust me. Ah widnae say he didnae like me but at least he didnae trust me. So anything like that he made sure that he could always find somebody else that went tae represent the union. And so it wis the mid-'50s before ah went along tae the S.T.U.C as the Scottish Horse & Motormen's representative.

Ah wis around the Congress, plus the fact that bein' a delegate tae the Trades Council kept ye in touch wi' the Congress, when George Middleton became the general secretary o' the S.T.U.C. in 1949. Durin' the war and after the war, when Elger wis the general secretary and then wee Charlie Murdoch o' the Bakers' Union, the S.T.U.C. wis nothing. Elger jist used it as a job and he got recognition here, there and anywhere, where Murdoch used it as a vehicle. When Charlie Murdoch left the Bakers for the S.T.U.C. he didnae have any intention o' making his name out o' the S.T.U.C.[50] There wis other guys in the S.T.U.C. in these days that were headin' tae make their name, guys like Davie Currie o' the Clerks' Union. Well, the S.T.U.C. was broken up and it broke up more after George Middleton became the general secretary in '49.

Ah mean, it's funny lookin' back on these days when ah wis a young guy, goin' tae the S.T.U.C. as a delegate and watchin' the manoeuvrin' that went on. The miners were the strong point in the S.T.U.C. then. The old county unions—Fife, the Lothians, Lanarkshire and so on—had amalgamated intae the National Union o' Mineworkers and they were beginnin' tae build up their power. They shifted their base, their office, ah think, frae Glasgow through tae Edinburgh. Then they set up these machines in Lanarkshire, Lothians, and Fife, and they operated on, well, a very strong political base.[51]

And of course when it came tae Charlie Murdoch goin' tae the Gas Board—he wis only the general secretary o' the S.T.U.C. for aboot a year or two years—there was a' the infightin': who's goin' tae get this job. Davie Currie o' the Clerks, a very astute guy, wis the front-runner. And George Middleton by then wis oot the Communist Party and flurryin' aboot. He wis the secretary o' Glasgow Trades Council and he wis on the General Council o' the S.T.U.C., representin' all the trades councils in Scotland.

So of course it came tae the crunch day when they had tae vote whae wis goin' tae be the new general secretary. And naebody ever thought that how Middleton got the job he would ha' got it, because he got it through the miners. Willie Pearson, the secretary o' the Miners' Union and a Communist, wis on the General Council and had tae make his mind up between this renegade Party member Middleton or this hated right-winger Currie. Oh, Currie wis fiercely on the Right. So Pearson had tae get the two evils sorted oot and he voted for Middleton.[52] So George won it by one vote. That changed the whole face o' the S.T.U.C. Ah mean, George Middleton's the man. They can a' talk aboot what they dae nowadays and what they've done. But, ah mean, ah lived through that era, workin' wi Middleton. Ah had a great association wi' Middleton. He changed the whole position—he put the S.T.U.C. on the map, no doubt about that.

Well, as ah say, ah got on the General Council o' the S.T.U.C. in 1960. The General Council wis a great experience. You were really intae both sides o' scenes, and dealin' with governments.

The General Council in these days only consisted o' twelve members and they were pretty well sewn up as to who wis on, and there had tae be vacancies if ye had a chance tae get on. There wis no guarantee ye were goin' tae get on because usually when vacancies occurred wi' retirement or death the union that had that seat were part o' the set-up and they usually were able tae retain it. But a big campaign wis goin' on at the S.T.U.C. tae change the front of the General Council. The General Council at that time wis dominated by the right wing, no doubt about that, and had been, ah think, as long as ye could remember. It had been dominated by the right wing during Elger's days, even away maybe tae its inception in 1897.

So come 1960 there wis, ah think, maybe three people—there were two anyway—that were members o' the Communist Party on the General Council. There wis Alex Moffat o' the Miners and Jimmy Milne o' Aberdeen Trades Council, and Jimmy Milne was maybe supported by one or two—two at the most—o' the other members. So that made the General Council predominantly right-wing—eight to four, and maybe no' even that, maybe ten to two.[53]

Middleton, of course, had brought a new atmosphere tae the General Council. Ah mean, it wisnae jist dealing wi'—in all due respect tae them—the local and parochial things that went on, mainly in Glasgow and Edinburgh and Aberdeen. He tried tae broaden the front: that it wis time that they should take notice o' what wis happenin' in Scotland generally, economically and industrially. Well, he didnae have much hope for his first ten years frae 1949. He had the contacts. But ye had tae remember that George Middleton wis always sort o' pinpointed when he got the job as general secretary o' the S.T.U.C. as an ex-Communist, plus the fact that it wis a Communist vote that gave him the job. And he had tae live wi' that for quite a long time and justify hisself in many quarters, politically and industrially. And ah think the place that he did it first was on the industrial wing. Ah mean, he got the support o' trade unions affiliated to Congress, and he built that up as his base. They started tae trust Middleton, it didnae matter whether they were Right or Left, although there wis fights went on between the Left and Middleton. Nevertheless—this is ma opinion—the Left seen that there wis nobody better than Middleton tae carry the S.T.U.C. forward.

Middleton from day one, bein' hisself a previous secretary o' Glasgow Trades Council, started tae take control o' the trades councils by imposin' S.T.U.C. policy on them. He wis sayin', 'You'll remember that you're only here at the Congress because it's the S.T.U.C. and you're an affiliate.' Where previous S.T.U.C. general secretaries jist treated the trades councils as a sort o' addition, Middleton treated them as a wing. Maybe it's not too strong to say he treated them as a threat politically, mainly political, which they were, especially Glasgow Trades Council. 'Cause when Middleton had left Glasgow Trades Council they got a hard Left, Bill Laughlan, a member o' the Communist Party, as their secretary.[54] So Middleton seen the value, ah think, o' trades councils. They had a big representation at the Congress itself, and they were all votes. So Middleton cultivated them. If you were dividin' the Right and the Left ye needed the trades councils. Well, the biggest affiliate wis on the Left—the Miners, and they had quite a lot o' allies. They never had the Transport & General Workers or the General & Municipal Workers or the Amalgamated Engineering Union, but they had the likes o' the Boilermakers. So the divide wis there and the trades councils' representatives were an important weight factor when it came tae votin'. So Middleton realised this and he cultivated it.

So we come to the late 1950s, when there wis an upsurge o' support for the Left. And of course the main leader o' the Left—he would maybe only speak at Congress twice durin' the week—but he always spoke on the main two topics and usually he would move the motion or the composite that would be leadin' the attack on the General Council, if ye could put it that way, wis Middleton himself. He wis the general secretary and he would lead for the General Council on these main debates. Ah mean, that disnae happen so much nowadays. But he did it himself. And his main opponent, of course, wis Abe Moffat o' the Miners. Abe Moffat wis always the leader and maybe would only participate in two debates. But Moffat had a big influence on Congress because he had that approach. While he wis a hard guy in his thinkin' and that kind o' thing, Abe was a friendly person and he could talk tae anybody, ye know. So he built up quite a support ootside o' the Right/Left situation.

So at the 1960 Congress there were two vacancies for the General Council. One wis John Bothwell of Transport Salaried Staffs, who'd shifted tae London tae become, ah think, deputy general secretary of his union.[55] And the other one, ah think, wis the buildin' trade. But anyway there were two vacancies, and Abe Moffat came tae me and said, 'OK, you're a young guy. You're now general secretary o' your union. We didnae support your predecessor, Brannigan. We'll no' go intae that. But ah think that as a young guy, and we've heard your contributions at Congress when you were here frae the Trades Council and since, if ye stand for the General Council the National Union o' Mineworkers have taken a decision—no' Abe Moffat, the N.U.M.—that they'll support ye.' Ah said, 'Well, thanks very much.' 'But,' he said, 'it's up tae you tae build up your support because it's difficult tae beat doon the system here.'

The system for election tae the General Council then wis a free-for-all. There wis nae trade groups in these days. There would maybe be twenty nominees for the vacant places—there wis always a big influx o' trades council nominees. The trades councils had the right tae one seat on the General Council, but no union or groups o' unions had a right tae a seat. Only the trades councils had that right. The other eleven members o' the General Council came frae the body o' the kirk, if ye care tae put it like that—a free-for-all.

But then of course it wis an organised situation. There wis a caucus on both sides, Right and Left. The stronger o' the caucuses would be the right wing, 'cause they consisted of the T. & G.W.U., the General & Municipal Workers, the Shop Workers, and—well, they had their slate that would include the ones they wanted that wid support them on the General Council. So for the first time there wis goin' tae be a serious challenge tae this situation. Ah wis nominated by the Horse & Motormen to stand, and of course ah went to various people, and ma colleagues in the unions that supported me did the same thing. Ah didnae get the support o' any o' the big unions—Engineers, T. & G., or Shop Assistants. Ah got the Miners and the National Union o' Railwaymen—they wid be ma biggest supporters. Oot the shipbuildin' unions that were affiliated ah wid take ninety per cent o' their votes. So ah wis elected and Jimmy Jarvie, deputy general secretary o' the Blacksmiths, who was a member o' the Communist Party, wis elected. He got the other seat. So that wis two new Left members on the General Council o' the S.T.U.C.[56]

Well, the movement towards the Left in the later '50s wis a result of a lot o' changes. One wis the nuclear policy. The Transport & General Workers had got a new general secretary, Frank Cousins, in 1956. By the time he had been in place for three years or somethin' like that he was responsible at the Labour Party conference for Gaitskell's speech 'We'll fight and fight and fight again'.[57] So Cousins' attitude and the changed attitude o' the T. & G. changed attitudes at the Scottish T.U.C. So then there wis a bit o' a shift. Ah mean, as from that day ah got the votes. And gradually there were things comin' up at the S.T.U.C. that normally there would be a block on them but that were then findin' common ground, and Middleton was beginnin' tae take control. He was gettin' tae go the way that he wanted tae go and, well, it wis big strides forward. Middleton was insistin' then that we should be represented on bodies that had effects on the workers and the trade unionists in Scotland—all the bodies from the hospital boards tae anything that the government appointed representatives to. The S.T.U.C. were on nothing. But Middleton started tae insist, and he started wi' the Tories, because the Tories were in power then. So he built this up. And he got hisself into the Scottish Council for Development and Industry, and he was makin' a big impact industrially because people were listenin' tae him, and he became a vice-chairman o' that Council. So he wis gettin' the influence there, and everything he done wis a reflection o' the S.T.U.C. And he made sure that he got the General Council tae come wi' him. Always it wis the S.T.U.C.'s thinkin' or decision, he said. We had a helluva fight aboot the Scottish Council for Development and Industry. Ah wis one o' them that said we shouldnae have anything to do wi' them. The Scottish Council wis politically hidden, they supported the Tories up tae the hilt, and ah couldnae see us breakin' this. Then Middleton got me one day on his own and he said ah wis buryin' ma head in the sand, that we had tae get in there and fight or we could do nothing. And ah've never forgotten that philosophy: that ye dinnae go away from anything because ye think that ye cannae control it. Ye've got tae get in there, and if you're in the minority, well, let the minority be heard. And ah followed that opinion for the rest o' ma career. And eventually of course Middleton got me on tae the Scottish

Council for Development and Industry aboot the mid-'60s. The S.T.U.C. General Council had six representatives on it, Middleton got six. And we didnae pay the same affiliation fees as the employers. He got a' that intae place then he got six representatives on the Council. And we had two on the Executive o' the Scottish Council—Middleton as a vice-chairman and another one. It wis Lord Bilsland that wis the chairman at the start while ah wis there.[58]

Oh, Middleton kept everythin' under wraps. When it came tae the likes o' Health Boards, ye know, when things changed in '64, Middleton always made sure that the trades councils were given the opportunity tae get on tae these things. Ah mean, if it wis an individual union general secretary or somethin' like that he had done the vettin', but otherwise it wid be trades councils. Middleton wid say tae them, 'Ah think ye should go on that committee'— whatever it may be.

So the S.T.U.C. or the General Council wis becomin' more and more active in all these outside bodies. The likes o' the B.B.C. Scottish Council: we made sure that we got representation on there. Ah sat on that for ten years.

Well, year by year after ah went on tae it in 1960, the Left began tae get a controllin' influence on the General Council o' the S.T.U.C. Ah think the next one that we got on was Enoch Humphries o' the Fire Brigades. He had been a member o' the Communist Party, but he wisnae then. But he wis Left, oh, aye. It built up from then, maybe one a year, till maybe a couple o' years after Jimmy Jack became general secretary in 1963.[59]

Jimmy Jack wis never the strong opponent o' one side or the other. Where Middleton took a stand, ye know, Jimmy Jack wis like the civil servant. But nevertheless Jimmy was under the influence o' Middleton for years—for a' durin' Middleton's period as general secretary Jimmy Jack wis around the S.T.U.C. office. Jimmy wis a good civil servant: if Middleton said it had tae be done Jimmy would do it. He might, if he wis close tae ye, criticise it but he wid never come oot openly and say, 'Ah'm disagreein'.' Middleton had been a leadin' activist in the Communist Party before the war, where Jimmy Jack wis an activist in the Labour Party from an academic point of view, ye know. But Jimmy Jack wis a good lad. Ah mean, ah worked well wi' Jimmy Jack. He changed his opinions on many things. Jimmy was a good thinker. But by the time Jimmy had got settled in as general secretary o' the S.T.U.C. there had been a change in the atmosphere at the General Council, and he'd become more co-operative. The Right werenae floggin' things and goin' oot wi' intrigue.

In ma early days on the General Council there wis only three people actually worked in the S.T.U.C. offices. There wis Middleton, Jimmy Jack, and Agnes Richmond. And Agnes Richmond wis the liaison person for the right-wing. She kept them advised. She wis a real activist in the Clerks' Union. The Clerks' Union wis Davie Currie. And she wis the one that made the lists oot for the votin' for the General Council.[60] And then the Right paid Joe Gerrard, a very astute guy and an ex-Communist Party member who became the Glasgow secretary o' the Labour Party, tae come tae the annual Congress tae lobby for the right wing slate and they paid his digs. And of course that became exposed. Ye know, the Left started tae dabble: 'We don't need tae pay anybody to do ours. We can do it ourselves' sort o' style.'

When we started tae expand—ye see, Middleton wis always very canny wi' spendin'—Jimmy Jack was made sort o'… I don't think they ever elected Jimmy Assistant General Secretary or anything, but it became obvious that he wis second in command tae Middleton. And we took on in the office Jimmy Craigen as research officer. Later on Jimmy Craigen became an MP.[61] Middleton brought in Robert Mure, he wis Middleton's pal on the Left. When Robert came to the S.T.U.C. he was a proof-reader on the *Evening Times*. They used tae say Middleton and Robert held their own parliament on a Saturday mornin'. Ah don't think Middleton consulted wi' the General Council or anything about takin' Robert on, he jist employed him. Robert did everything, a great lad.

When Jimmy Jack got this power, ye see, Middleton pushed Agnes Richmond gradually into the background, took away her power. Oh, well, Agnes wis the deputy general secretary, she was anything—ah mean, in her eyes. Agnes wis very friendly wi' Davie Currie, very friendly wi' Tam Broon o' the Shop Workers, very friendly wi' big Jock Lang o' the Steelworkers.[62] And of course they a' confided in Agnes, and Middleton wis suspicious that she wis the mole. So gradually Middleton eased Jimmy Jack up the ladder and pushed Agnes doon. And then eventually, the humiliatin' part tae Aggie wis that Middleton gave her a designation: she wis a secretary. Well, that never went doon wi' her. She hated Middleton and Middleton jist used tae laugh aboot her, ye know. But he hated her. And there was never any love lost between Jimmy Jack and Agnes Richmond. And, oh, Jimmy Jack and Robert Mure as well didnae get on, although Jimmy respected Robert Mure's ability, because he didnae lack it, and of course Robert must have been a great reader and he wis well versed in politics.

Robert Mure wis aboot as eccentric as his boss, Middleton, ye know. The two o' them were always together. Robert had thon old pork pie hat and the long raincoat. He was always very posh. But ye would hear a rumour and ye would say tae Robert, 'Oh, here, have you heard this?' And he'd say, 'Oh, there must be something in that then.' And he widnae say anything tae ye then but maybe in about a couple o' weeks he'd say, 'You remember, Alex, speaking to me about this? Well, here's the story.' He'd been away and he'd found out about it—he'd crawl under stones and everything, Robert. And of course Robert had, oh, a hatred for Rome. I widnae say he had a hatred for Catholics, but he had a hatred for Rome. Robert lived in the village o' Cumbernauld. Of course, in Cumbernauld new town there wis the church and the chapel and what have you, and there wis a great controversy goin' on, oh, goin' away back years, in the Catholic community about condoms and abortion. So Robert decides on a one-man campaign in

Cumbernauld, supportin' condoms and abortion. Well, Cumbernauld was growin' like a mushroom and ah wid say at the start the bulk o' them were Catholics that were goin' tae live there, because they were comin' frae the Gorbals and, ye know, the hard-up parts o' Glasgow. And Robert got an old pram and he put an image in it o' the Pope and plastered it wi' bills, havin' a go at the Pope and his policy. And he wheeled it roond the ootside o' the chapel a' the Sunday mornin', frae seven o'clock till eleven. That wis Robert. If he got anythin' intae his mind and he thought there should be a demo aboot it he wis on tae it. But ah must say Robert wis, tae me anyway, always very helpful. And Middleton of course just gave him his head. When Middleton retired frae the S.T.U.C. in 1963 Robert Mure went wi' him tae the Herring Board. Well, Robert couldnae get on wi' Jimmy Jack, ye see, and Middleton gave him a job. He wis always intae the fishin' industry, Robert, because he came frae Tiree and of course the fishin' industry wis a sort o' pet theme wi' him. What Robert didnae know aboot the fishin' industry wis naebody's business. Then he came up wi' an idea when Middleton and him were at the Herrin' Board: herrin' sausages. Christ, he got a big butcher—Brechin's, or some o' them—and he got them convinced and they sponsored this herrin' sausages. And we all went tae the Savoy Hotel in London— they didnae float it in the Charin' Cross Hotel in Glasgow—ah mean, it wis the Savoy in London. And the herrin' sausages took off for a while. But that wis Robert. He wis somethin' different and he brought a new flair tae the S.T.U.C.

So the whole scenario at the S.T.U.C. started to change in these days. Affiliations were increasin' and they had more money. But, ah mean, when ye took the work that Middleton was takin' on, and wanted tae take on, that he thought wis a function o' the S.T.U.C., they needed tae get bodies. Middleton had some queer ideas aboot who the bodies should be. Wee Jackie O'Connor frae the Clerks' Union wis brought in by Middleton. Wee Jackie wis the real thorn in Aggie Richmond's flesh because he wis in the same union as her. So Middleton brought him intae the office and wee Jackie built hissel' up as a research officer. Jackie drifted away when Middleton went. Ah got George Elvin, the general secretary of the Cinematograph Technicians in London, tae gie Jackie a job and he went there. But he died a young man, wee Jackie. But that wis a' Middleton's build-up at the Congress.[63]

When Middleton retired he had left a real base o' power in industry and politically in Scotland. There is no doubt about that. He wis the man. And Jimmy Jack picked it up and did a good job an' a'. I got on well wi' Jimmy Jack and he confided a lot in me in various things and especially in the fact that ah wis a member o' the Labour Party. Well, if anything wis comin' up in the Labour Party he wid have a word wi' me aboot it and we would see what we could put up to the General Council, and if ah needed tae influence any o' the Left, well, that's how we done it. And Jimmy wis very good.

When Jimmy Jack wis general secretary aboot the only thing we didnae see eye to eye on wis when ah suggested—we were lookin' to the future o' the S.T.U.C.—we should appoint an assistant general secretary. Well, we looked around at it and tae me and some o' ma colleagues like Bill McLean o' the Miners and wee Hugh D'Arcy o' the Buildin' Workers, we thought Jimmy Milne o' Aberdeen Trades Council would be acceptable because Jimmy wis acceptable as a delegate tae the Congress and wis always well received.[64] And the word got oot that we were gunnin' for Milne, and of course Jimmy Jack and I sort o' fell oot aboot it. Ah said, 'Well, ah'm goin' tae support him if he applies.' Ah think Jimmy Jack jist didnae want an heir apparent. Anyway the guy that wis the front-runner against Jimmy Milne wis Gavin Laird o' the Engineers.[65] And Jimmy Milne got the job. Jimmy Jack settled doon tae acceptin' that he should be delegatin' responsibilities. Ah think he and Jimmy Milne got on well enough. Maybe they would have their ups and doons. Maybe Milne thought Jimmy Jack didnae delegate enough, but nevertheless Milne wis in place, and when it came to Jimmy Jack retirin' ye could say it wis a foregone conclusion who wis goin' tae be general secretary.

Jimmy Milne had got on tae the General Council o' the S.T.U.C. durin' the start o' the shift o' the Left. Jimmy wis the first one. In 1954 he ousted Jimmy Stewart who'd been on the General Council for years representin' the trades councils.[66] Well, anyway we got Jimmy Milne first as assistant general secretary then frae 1975 as general secretary, and Jimmy maybe wisnae everythin' that the Left thought he wis goin' tae be. Oh, there wisnae any disappointments. It wis jist the old story—it wis like the Michael Foot saga in the Labour Party: 'He's one o' us, so if Michael Foot gets the job as leader he'll dae what we say.' It didnae work. Jimmy Milne wis his own man. If he took a point o' view, it didnae matter whether you were on the Left or on the Right, if he thought that wis the direction that the General Council should go Jimmy went for it. And he wis respected for it. And he wis always goin' oot lookin' for the pitfalls if ye did it this way, ye know, explainin', 'It's no' jist as simple. This is what ye've got tae face.' And Jimmy Milne did a good job o' work. He wis a very popular general secretary o' the S.T.U.C. Jimmy Milne would ha' went a lot further both in the representation industrially and political appointments if he hadnae been a member o' the Communist Party. And he never left the Communist Party. He jist fought his corner and, well, he again kept the S.T.U.C. in the forefront. And unfortunately Jimmy wis comin' tae Congress tae get his retirement presentation in 1986 when he died.

Well, ah wis on the General Council o' the S.T.U.C. frae 1960 until 1980, and ah wis treasurer frae 1969. But after 1980—and by this time ah'd been in the T. & G. in London for aboot ten years—ah still had ma contacts wi' the S.T.U.C. Ah had some power in the T. & G., ah wis Executive Officer—ah wis the third man frae the top. Ah had certain responsibilities, mainly political, and ah still kept ma contacts up here through Raymond Macdonald, the regional secretary o' the T. & G. in Scotland, and Mick McGahey o' the miners. So ah had ma close contacts—and ah wis still livin' in Edinburgh.[67]

Well, ma situation had changed durin' ma last ten years on the General Council o' the S.T.U.C. in the 1970s. The Scottish Horse & Motormen, or Commercial Motormen, as the union wis renamed in 1964, had no members in England. That wis policy. Ah wisnae a year in the job as general secretary in 1959-60 when Frank Cousins, the general secretary o' the Transport & General Workers' Union, tried tae get me tae amalgamate intae his union. But he widnae produce the conditions that wid satisfy me recommendin' tae our Executive that we should talk. It wis tae be a complete take-over—ye didnae amalgamate intae the T.& G., ye jist merged. Ye jist fit right intae their machine. Ye've got no control. And ah widnae have it. Oh, ah got on very well wi' Frank Cousins personally. Ah mean, well, ah travelled a lot wi' Frank Cousins through the International Transport Workers' Federation. He got me on tae one o' the committees there, and ah travelled a lot wi' him. So the problems over amalgamation didnae arise because Frank and I didnae get on, no, no, there wis nae personalities. It wis because o' policy. Frank wis no Deakinite by any means but he had Deakin's philosophy aboot the T. & G.: if ye wanted tae come in with us then ye came on oor terms.

By the later 1960s ah could see the need for the Commercial Motormen's Union tae amalgamate, and the T. & G. wis the obvious union for us tae amalgamate wi'. Well, there wis feelers from the National Union o' Railwaymen. But they werenae in the haulage business, and we were in the haulage business—though we were in every other business as well. But mainly the growth wis in the haulage business, and the T.& G. were the mainstay. So they were the obvious ones tae talk tae. And by this time Jack Jones wis the general secretary o' the T. & G. Frank Cousins retired in 1968-9 and Jack Jones started up talkin' tae me about amalgamation. Jack Jones had a different approach frae Frank, and eventually we reached a stage that ah had a basis for talkin' tae the Executive.[68]

When ah negotiated the deal for the Executive at the amalgamation ah did it first of all in what ah thought wis the best interests o' the union. We were in an isolated situation, the industry wis growin', control wis shiftin: control wisnae wi' individual firms—it wis goin' intae multis, like the Transport Development Group who took on most o' the big hauliers in Scotland. And ah seen this as a situation where we were goin' tae be isolated up here in Scotland and control would shift.

Ah think Jack Jones regretted our amalgamation in his later years. Ye see, at the same time as he wis talkin' tae us he wis talkin' tae the Vehicle Builders and they were well on the road tae amalgamatin' wi' the T. & G. It wis when it came tae ma terms that the stumblin' blocks started tae arise. Ah mean, ah knew if ah went tae a ballot the membership wid support an amalgamation wi' the T. & G. Ah got the staff fixed—everybody wis tae have a job—but if in two years' time after amalgamation they didnae fancy it they had tae be given severance pay tae go. Well, a' these things had never taken place in the other amalgamations intae the T. & G.

And then when it came doon tae me, Jack Jones said, 'Oh, ah'll make you the regional secretary o' the T. & G. up in Scotland.' Raymond Macdonald wis the regional secretary at that time. Raymond wisnae due tae retire. Raymond came tae me and said he wis goin' tae stand doon tae let me in. But that was because o' Jack Jones. Jack had said tae him, ah think, 'If you offer… ' that would be enough for me. But that was a really generous offer by Raymond. Ah said tae Raymond, 'Efter you've done a' your years as regional secretary and ye see a guy walkin' intae your office and you're walkin' intae an office next door wi' nae power, you wouldnae be subservient tae me? Come on, Raymond.' Ah said, 'Anyway ah'm no' goin' tae take it. So you can go away happy that ah've told ye.'

Anyway ah didnae take the offer. And Jack Jones wisnae too happy aboot that: ah wis gettin' a first-class job, the biggest union in Scotland, and power. But ah had a' that power. Ah wis on the General Council o' the Scottish T.U.C. Ah wis top brass in the Labour Party in Scotland. Ah already had a' these kind o' things. That wisnae goin' tae influence me. Ma scope wouldnae be broader if ah had become regional secretary o' the T. & G. because ah had built up international relationships that the T. & G. regional secretaries didnae have the right to do. And ah made this point tae Jack Jones. Ah said, 'These things are no' goin' tae go away, ye know.' And, as ah say, he wisnae too happy but nevertheless he didnae cause any scene aboot it because he was still determined that he wanted me tae amalgamate. So eventually Jack said tae me, 'Ah'll give ye the job that ah had.' Ah said, 'What was that?' Ah knew what it was. He said, 'Executive Officer.' Ah said, 'Wi' the same powers as you had there?' 'Oh, yeah. Ah'll gie you the job.' Ah said, 'Well, that's a fair offer,' ah said, 'but there's other things. There's the National Executive o' the Labour Party. Ah'm on that. Ah'm no' givin' that up.'[69] 'Ah'll make an accommodation,' he says. Ah said, 'Who with?' He said, 'Wi' the Labour Party.' 'You get that in writin', Jack,' ah said, 'and put it doon and ah'll have a look at it.' And of course that took another couple o' years. But it wis a' a long-term negotiation and, as ah say, ah eventually wheedled that oot o' him as part o' that agreement. Now this wasnae the terms o' transfer engagements, because that's what they called it in these days, well, that's what they still call it: it's no' an amalgamation, it's a transfer o' engagements. And this was the memorandum of agreement between us. That wis a' these sidelines aboot the staff, and so on. Ah got three seats for the Scottish Commercial Motormen's Union on the T. & G. Scottish Regional Council. Ah got seven seats on the regional Trade Group. A' these things were a' built intae what ah wanted—and ah got them all.

The situation reached the stage that ah don't think there wis any real disagreement until ah came tae Jack Jones and told him ah wanted money. 'What do you want money for?' Ah said, 'Well, there's certain things that we do in the Commercial Motormen's Union that ah want tae continue. One is that we've got a benevolent fund that is used for a' sorts of benevolence and retiral payments. We gie the members a lump sum when they retire and ah want that tae continue. You've no' got that in the T. & G. And,' ah said, 'ah'll set a contribution that they'll pay in addition.' 'You'll never get them tae do that,' says Jack. Ah said, 'Look, you give me agreement on it, Jack, then ye can see if ah'm a failure. Then your point o' view'll prevail.' So he gave me that. And ah said, 'It'll be a benevolent and general purposes fund, a committee'll be set up, and ah can use it for anything that they want tae use it for. It'll be under their jurisdiction, no' yours.'

Well, that wis another sticking point. Eventually the fund wis set up. Jack Jones said, 'How much are you wantin'?' He said, 'We'll gie ye £10,000.' Ah said, 'Ye're jokin'. Ye're gettin' over £1 million off o' us, plus property.' That wis the benevolent fund. Ah said, 'No, ye're not on. Ah want £100,000.' Oh, Christ, Jack Jones nearly went through the ceilin'! Eventually anyway ah ended up wi' £60,000 and that £60,000 is still there. Well, once we were amalgamated wi' the T. & G. and ah had the money ah then went intae equity. Ah went and got a broker and said tae him ah had the money, and he said tae me, 'Are you a get rich quick merchant?' Ah said, 'No, no, this has got tae last at least 25 to 30 years.' 'Good, that's OK.' So he took it and ah think now the total assets are about £70,000 and we've paid oot over £500,000 on retirals and a' sorts o' things. So ah wis very happy wi' the outcome o' the negotiations for amalgamation. And ah kept up the international contacts that ah had made.

The amalgamation wis in 1971. But, as ah say, it caused Jack Jones quite a bit o' trouble later on. Because the T. & G. were tae sign an agreement aboot amalgamation wi' the National Union o' Vehicle Builders. The week that they were tae sign the agreement Alf Roberts, the Vehicle Builders' general secretary, died and of course that put the whole thing intae turmoil.[70] The guy that wis in line tae become the general secretary after Alf Roberts came tae see me. Well, ah knew him. He wanted tae know everything that had happened in oor amalgamation. 'Oh,' ah said, 'come on. Ah'm no' spillin' the beans. You're goin' tae go and demand this off o' Jack Jones. Well, ah've got it. Ah dinnae need tae worry, ah've got it.' But ah didnae tell him. But he went tae Jack and he wanted tae switch the agreement that wis jist ready tae be signed. He got some changes—for his personal arrangements—but he didnae get anything like we'd got in the Commercial Motormen. So of course Jack seen me and he says, 'You nearly put us in the bloody stew wi' this amalgamation wi' the Vehicle Builders.'

Well, when the amalgamation o' the Commercial Motormen and the T. & G. took place and ah became the Executive Officer o' the T. & G. it wis a change in responsibility for me. Ah mean, when ah had the Scottish Commercial ah had everything—finance and politics and industry. When ah went doon there tae London tae start in the T. & G. Jack Jones and I sat doon and he said, 'Well, ye can have three Groups that ye can oversee. Ah mean, ye're no' goin' tae do negotiations or anything. If there's any trouble these National Secretaries will have tae consult wi' you before they get tae the Executive or me.' Jack gave me the road haulage, the docks, and the food and drink. Well, two, haulage and docks, were complementary. Ah knew a lot about the dockin' situation, because, well, in the Commercial Motormen ah had had guys that worked in the docks, ah mean, oot o' Glasgow and Leith and Grangemouth and a' these places. So ah knew a bit about the union structure in the docks. But they had become a wider field because it wis everything. Some o' these guys had never even heard o' me, far less known me. And ah had tae build up that liaison between them and me. So ah went roond a' the district dock committees in the United Kingdom and met them. A lot o' the dockers knew me.

Oh, that wis a heavy burden. But the dockers had a structure, bein' one o' the first unions in the T. & G. when it had been formed. It wis almost like they were only affiliated tae the T. & G. You know, they had their own structure—district committees. And they had a' these before Jack Jones restructured the T. & G. They had their own docks officers, and of course when they got the Dock Labour Scheme that made big changes as well and they were intae the inside o' that. Well, ah had tae get a' that straightened oot and ah had tae understand it.[71] But ma knowledge came through practical experience rather than readin' up the minutes or histories. And then ah decided that ah had tae select oot certain docks, ah mean, where there wis power. So London, of course, wis an obvious one.

Well, there wis a lot o' problems in London at that time. There were still the old two-union structure in London—the 'Blue' union and the T. & G.W.U. dockers. Newman, ah think, wis the general secretary o' that 'Blue' union. But the power didnae lie wi' Newman. It lay wi' the representatives on his Executive. So ah didnae only get masel' known tae T.& G. dockers, I got mysel' known to them as well. Then there wis the Lightermen. Luckily, ah knew the general secretary o' the Lightermen, wee Wullie Lindley. Ah'd been at conferences wi' him in Germany and Moscow and what have ye. So ah had tae get in the inside o' them. And then of course the guy that followed him, Sid Staden, ah built up a good liaison wi' Sid, who became regional secretary o' the T. & G. in London after the Lightermen amalgamated intae the T. & G. So ah got masel' well known in London docks, then ah shifted tae Liverpool.[72]

Of course ah had worked in Liverpool a bit durin' the war in the docks so ah knew part o' the structure there because ah wis active in our own union.[73] And ah built up the same sort o' dialogue there, and then ah shifted up tae Hull.

Ah went roond the docks gradually. And then they have a docks' conference, so of course that wis ma first opportunity because it wis the first time they had

had a National Officer other than their own, you know, the Docks National Secretary, an executive officer bein' responsible. It wis at that time there wis some good political topic goin', so that suited me. Ah went and gave it a bash and that gave me the standin' for the whole o' the country. And frae then on ah never had any problem wi' the docks. Ah mean, ah had a good liaison, even when the trouble came—the strike in 1972, which Jack Jones jist hated happenin'. Ah mean, he wis always able tae pacify the dockers but on this occasion the 'Blue' union had needled its way in and it wis runnin' the show in London. Oh, it wis rough, real rough stuff—the Bernie Steers o' this world, and well, we had the Pentonville Five, big Turner. Ah had a good liaison wi' these guys and even wi' the strike committee, because ah never refused tae go and see them, even although we werenae supportin' them ah wid go. Maybe ah wid get a rough ride but ah had always the protection o' these guys that were runnin' it, ye know, they were on ma side, the Jack Dashes and that. Then of course we had the problem o' the dockers. At that time we were bein' accused o' bein' run by the Communist Party and what have ye. So ye had a' these kind o' things, oh, we didnae have troubles tae seek.[74]

Incidentally, ah had got involved in ma early days durin' the seamen's strike in 1966. That wis the 'eight motivated men'. And ah wis then warned by a source in the Labour Party that if ah didnae watch what ah wis doin' ah wid be the ninth motivated man, because ah wis goin' oot speakin' for them.[75]

When ah went doon tae work in London in 1971 after the amalgamation o' the Commercial Motormen wi' the T. & G. ah kept ma home in Edinburgh. When ah went doon tae London first, well, ah did what ah wis' doin' wi' the auld Commercial Motormen's Union—ah jist stayed in hotels. And then eventually the T. & G. said tae me there wis a flat—the old Plasterers' Union offices, they'd turned intae flats. And if ah wanted one o' them they'd rent it tae me. And ah took that on. That wis in Highgate, ootside o' Highgate cemetery.[76] It wis quite far frae ma office at Transport House in Westminster. In the mornin', of course, ah used tae leave aboot half six tae go tae Transport House. Ah could go doon tae Transport House in twenty, twenty-five minutes at that time, but if ah went at eight o'clock it wis an hoor and a quarter. Ah took the bus, ah didnae have ma car in London. Then the T. & G. took over the Agricultural Workers' Union and they had a place in Gray's Inn Road, jist ootside King's Cross. And they had a flat they done up and ah got that. It wis jist ten minutes in the bus tae Transport House.[77] Well, ah did that until ah retired in 1986. But ah never shifted ma home frae Edinburgh.

Ah didnae find the work in the T. & G. more demandin' than it had been wi' the Horse & Motormen or Commercial Motormen. Ah would say in a wee union you've got more tae do than in a big union, well, you're dealin' wi' everybody. In a big union ye could have a division o' labour. Ah mean, if you were dealin' wi' the dockers you were dealin' wi' the dockers. Ma big problem was that there was no real friendship between the dockers and the lorry drivers. They were always at each other's throats. Ye see, when containerisation started tae grow then there wis a big fight between dockers and lorry drivers. Jack Jones is on the side o' the dockers; he wants the American system o' bans introduced. The containers had tae be stuffed at least five miles away frae the docks. Ye didnae bring the stuff tae the docks and stuff them. This protected the dockers because it wid be their work, ye see. And Jack got hissel' intae turmoil aboot that wi' the lorry drivers. Well, now, there's no' any dockers. Oh, that feeling jist disnae exist. Ah mean, when they lost the Dock Labour Scheme that wis the end o' the dockers.[78]

Ah wis in the T. & G. when the Scheme wis set up. And then when they started tae run doon the docks it wis still goin' on efter Jack Jones retired in 1978. Moss Evans, who followed him as general secretary o' the T.& G., gave me complete control. He didnae even want tae discuss what wis happenin' in the docks—'It's your job. Get on wi' it.'—where Jones always wanted his finger in the pie because he wis an old docker hissel'. But when Jack went then Moss jist washed his hands o' it. Ah mean, some o' the feudin' that wis goin' on in Liverpool, it wis rough, and Moss didnae go tae Liverpool and see them. Ah didnae have the same respect for Moss as ah had for Jack Jones. Moss wisnae in the same category, no' the same calibre.[79]

Well, in ma dealins wi' Moss Evans ah learnt a bit off o' the situation that existed between Harry Urwin, who was assistant general secretary, and Jack Jones.[80] Harry went his own way. So when Moss came in as general secretary ah jist went ma way. Ah mean, ah did ma job, what had been delegated tae me. If he tried tae take anythin' off me, when he tried tae change it, then that's when the feudin' would start. Oh, God, there were things Moss Evans didnae even know anything aboot and politically he wis dumb. But he portrayed himself as bein', ye know, involved. Ah wid say that the bulk o' the National Executive o' the Labour Party didnae know Moss Evans. Ah mean, he wis never involved politically. And that of course wis a' done on purpose by the hierarchy. Ah mean, they didnae allow officials tae become involved. That wis left tae the Arthur Deakins, the Frank Cousins, the Jack Joneses. They dealt wi' that level. It wis only because ah wis on the Executive o' the Labour Party—ah had made that a condition o' amalgamation wi' the Commercial Motormen—that ah wisnae put in the same category as they were. So, no, ah didnae have the respect for Moss Evans that ah had for Jack Jones, Frank Cousins, or many o' the National Secretaries o' the T. & G.

Then the deputy general secretary o' the T. & G. retired in 1979 and ah wis appointed. But of course there wis a big campaign went on against me, to prevent me from becomin' deputy. Moss Evans didnae want me, he wanted Ron Todd. Maybe it was because Todd was in the car industry and Evans had been in the car industry, maybe it was personal, ah don't know. But he didnae want me anyway and of course the appointment wisnae by a membership ballot, it wis an Executive appointment.

There were five o' us got interviews for the job: maself, Larry Smith, Ron Todd, George Henderson, and Johnny Miller.[81] And in the first ballot—it wis an exhaustive ballot, ye see—ah took 25 votes oot o' 39. So ah wis appointed on the first ballot. And that wis that. Well, Evans wisnae too happy aboot that. Ah'd had rows wi' Moss but, ah mean, ah'm no' a guy that carried on vendettas. In ma opinion that doesnae get ye anywhere: ye've got tae live wi' people if ye work wi' them. As long as you make your position quite clear as to where you stand then if they want tae carry on the vendetta that's up tae them. They'll fall foul if the other fellow's no' bitin'. So Moss and I never publicly displayed any disagreement. If there were any disagreements they were in his room. Ah mean, ah wid go there tae see him.

And then of course Moss Evans went. That section that had voted for him discovered what he was and they then came and asked me tae stand for the job. Ah said, 'No. Ah've only got two and a half years tae go,' ah said, 'and it takes a year tae get the general secretary. So it means ye're goin' tae start lookin' for another general secretary when ah've only been there a year. So, no, no, jist leave it.' So it wis then between George Wright and Ron Todd and Ron Todd wis appointed general secretary.[82]

So ah served as deputy general secretary under Ron Todd for two and a half years. Oh, ah had nae problems wi' Ron. Ah mean, Ron jist left me tae ma own devices. But he never interefered. In the political side, efter Jack Jones retired, ah never had any problems. Moss Evans never interfered. He would make a point of view, it never became an issue. And the same wi' Ron Todd.

Well, a' ah could say aboot the time ah worked there in the T. & G., which would be nearly seventeen years, is that ah found it really interestin'. Well, ah would put it this way: when ah wis a lorry driver ah hated gettin' up in the mornin' and goin' tae ma work. Ah wis a'right once ah got there. But in ma job as a trade union official a' these years frae 1945 ah enjoyed gettin' up and goin' tae ma work because there were somethin' stimulatin' goin' tae happen. And it could be different every day. So when ah went intae the broader field in the Transport & General Workers' Union frae 1971 that wis another field that wis entirely different—more interestin' challenges, and more involvement. So ah enjoyed it every minute.

One of the terms, as I've told ye, o' amalgamation o' the Commercial Motormen's Union wi' the T. & G. in 1971 wis that ah would remain on the National Executive Committee o' the Labour Party. And Jack Jones come to an arrangement wi' the Labour Party. He gave them the undertakin' that they had a representative on the Executive, that my union would still affiliate as the Scottish Commercial Motormen's Union, which would allow me tae sit on the Executive. They had an understanding that it didnae matter how many members ye had affiliated tae the Party ye could only have one representative on the National Executive. So Jack got the arrangement that in three years' time the T. & G. representative would retire and they would replace him by nominatin' me. Ah mean, they couldnae jist put me on but they would nominate me, and that wis how it wis done. So ah still had this continuity o' workin' in the Labour Party.

Before ah had become general secretary o' the Horse & Motormen in 1959, well, ma position in the Labour Party wis that ma activities were a' based around the constituency. When ah became general secretary, well, the Labour Party had direct contacts wi' general secretaries and hierarchy in Scottish unions. At that time ah think there were fourteen pure and simply Scottish unions. So the Labour Party had the contacts wi' them, so that became ma contact—tae Wull Marshall, secretary o the Labour Party in Scotland. Wull immediately came and had a meetin' wi' me when ah wis elected general secretary o' the Horse & Motormen. He knew me well because he had seen me at the Party conference, he had seen me performin' and what have ye. And so ah started up, but any contacts ah had wi' the Labour Party came through Wull Marshall.[83] Ah didnae go on the Scottish Executive o' the Party because the understandin' was somethin' the same in Scotland as it was in Britain, that if ye were on the one Executive ye werenae on the other. And it wis always the second strings that were on the Labour Party Executive in Scotland. The Horse & Motormen had no representation on the Scottish Executive and ah said we had tae get it. So we got it after a couple o' years, ah think, maybe '63, jist before the first Wilson government. Ah had tae work a bit at it, and then ah got Peter Talbot on. He wis sort o' national organiser or somethin' then for the Horse & Motormen. And, well, we had representation right until the amalgamation in '71 wi' the T. & G.

Well, ah became the chairman o' the Labour Party in '81. And ah chaired two conferences in ma year: the annual conference, and the special conference at Wembley on this question o' the Social Democratic Party.[84] So it wis a memorable year in more ways than one. But ah dinnae see bein' chairman o' the Party as the climax o' ma life's activity. Ah mean, it wis a great honour, and it wis an honour that had been bestowed on very few Scottish people who lived in Scotland. Ah think there wis only one other person resident in Scotland that wis Scottish ever chaired the Labour Party. That wis Margaret Herbison. She lived in Shotts. Ah lived in Edinburgh. Johnny Boyd lived in London. Whae else wis there?[85]

Well, there's been nearly 100 chairmen since the Labour Party wis founded in 1900. Some o' them have been chairman twice. Durin' ma time there were two people that were twice chairman: Joan Lestor and Ian Mikardo.[86] So that reduces the total by two. So in the whole lifetime o' the Party there's only been ninety-odd people that have had that privilege o' being chairman. Ye know, ah took it as a big privilege. Tae have come frae such small affiliations, ah mean, tae be a member o' the National Executive o' the Party frae, ah think, the smallest union that wis affiliated. There wis no member on the trade union side o' the National Executive a' durin' its history that's had such a small affiliation as the Horse & Motormen—16,000. Ah wis proud and it wis a privilege.

Ah first got on the National Executive o' the Party in 1968. It takes ye aboot thirteen years tae become chairman. They've changed the whole format now of course. But ah don't think they've changed how their elect their chairman, like it's Buggin's turn. But at the conference itself ah wis the last chairman to chair the whole o' the conference every day. Now they change every afternoon. Ah mean, they've got somebody in the mornin', they've got somebody in the afternoon.

Oh, bein' in the chair wis quite a strenuous experience, because there wis a lot o' trouble. Ah had a lot o' trouble in the T. & G. that year: the general secretary went off ill and ah wis actin' general secretary. And ah had a lot o' strife in the union, in the docks in particular. And ah wis chairman o' the Labour Party. It wis a hard year 1981. But ah didnae look back on it as bein' that difficult. Ah wis lucky. Ah had the support o' ma family—ah wis away frae home a lot, that kind o' thing. But I enjoyed it.

Well, I've been a member o' the Labour Party since ma youth—three generations and a half I've been around the Labour Party. Ah never wis a revolutonary. Ah maybe wis a rebel and didnae think that the Party were goin' fast enough tae secure the kind o' things that ah thought the people o' this country were entitled tae, in particular the working class people. We achieved a great deal as a party in government in 1945-51. But ah didnae think even then we had gone far enough. Ma opinion in these days and even now still is we could have secured this country for whatever kind o' socialism they want tae cry it now if we had ha' nationalised the land in 1945. That wis the key. Take the land and ye've got the country. Well, we didnae do it for reasons known tae a lot o' people that were influenced that we shouldnae change things, and maybe the country wouldnae have stood for it. But nevertheless if we had done it in '45 when we had a' the power, come 1951 it wid have been a real anchor for us. Oh, there's no any doubt that wid have been a turnin' point. The rest would have followed. And of course it started tae drop as we went along, and it made a platform for the likes o' Thatcher. They call it privatisation now, we called it denationalisation.

But these are the kind o' things that ah wis fightin' for and still fought for up until the late 1960s. But things begin tae change. When the attacks were bein' made on the trade union movement first—well, there were many attacks made— but Heath wis the first guy that tried tae establish industrial relations, and it was then ah suddenly seen that if you don't change it somebody else is goin' tae change it for ye.[87] And, well, that's what's happened. Of course, even before Heath there wis Barbara Castle's white paper o' 1969, *In Place of Strife*. That wis another weakness as far as ah wis concerned. But the first one ever ah had was when Cripps when he was Chancellor introduced the first wage freeze in 1948-9.[88] That wis the road back, because they tried it and then we tried it again. But we started tae take the slip, but as ah say once we came intae the '70s it wis obvious that the Labour Party had tae change. And then Thatcher got power in '79 and again in '83 and '87—and it wis more apparent that we wernae goin' tae win by pursuin' the same old field.

And the field had changed. Ah mean, we were changin' in energy, nuclear wis comin', electricity wis buildin' up, gas wis buildin' up, coal wis goin' back, shipbuildin' wis disappearin', heavy engineerin' wis disappearin'. So the bases that we were foundin' the policies on were beginnin tae be non-existent. And there had tae be a change. Kinnock tried, and ah wis party tae that. Ah wis involved when he had tae start cleanin' up the Party—no' cleanin' up government, but gettin' the Labour Party back on keel. And when Kinnock started his campaign against Militant ah wis a hundred per cent behind him, 'cause ah always argued wi' these guys. Well, ah knew many o' them and ah wis friendly wi' them but ma argument was, 'You've got money, stacks o' money, in Militant. We've no money, and you're fightin' us. You're fightin' us wi' our people's money. If you want that, you're a party wi' money—go and set up your own party. The Communists did it, the Communists did their own thing. You go and do yours and stand against the Labour Party, but no' wi' your infiltration. And ah'm no' wearin' it.' And that's when ah came doon on the side o' Kinnock. And of course along wi' ma colleagues then like Tony Benn and Dennis Skinner—no' so much Dennis openly—but these people in the Left, wi' the exception o' the likes o' Mikardo, who eventually got dumped off the National Executive for his supposed traitorship to the Left, realised it as well. And Kinnock did a good job o' work and he made the base for Blair.[89]

Unfortunately, the powers that be that were runnin' elections seemed to think that they could run the general election in 1992 based on the American razzmatazz and that worked against us. Ah supported John Smith up tae the hilt and ah think he wid have made a first class prime minister.[90] But the big boob he made in 1992 wis when he declared the income tax. John wis talkin' about a ceilin' o' £40,000, or somethin' like that. Well, there were people workin' in jobs in London that wernae the fat cats by any means who would have fell intae that trap. And the Tories exploited it. So when Blair came up wi' his changes—OK, some o' them ah'm no' a hundred per cent behind—but they're changes that are changin' the thoughts o' the people you need, that's the electorate. If ye want to get government then you've got tae get the electorate behind ye. So his policies seemingly are workin' tae shift the electorate away from their traditional Tory outlook. In fact, the shift came durin' this Parliament, 1992 tae now in 1996. So that change ah agree wi', and ah agree wi' it mainly on the basis that ah want power. Ye cannae jist keep sittin' on the sidelines howlin', bawlin' and gettin' nowhere, and people jist castigatin' ye when ye can do nothin'.

Ye've got tae get intae power. Once ye've got intae power, make sure ye use it. We didnae in 1945-50 and, well, in 1950-1 we couldnae dae very much, and we didnae in 1964. In the '64 Labour government we didnae change it—in fact, we came the other way and made an attack on the people that we needed support from.

And so if people accuse me o' bein' a turncoat or whatever ye want tae dub me nowadays that's the reason ah done it. Ah've no' changed any: ah still want a Labour government, ah'll still have ma say as to whether ah agree wi' them or disagree wi' them. But ma main function is power. And if ah've no' got power it's like when one time—away back tae 1959—it was suggested ah should go intae the House o' Commons, take a parliamentary seat, which ah think ah could have got. But they used they tae say tae me, 'Why did ye no' take it?' Ah said, 'Because ah wouldnae have any power.' Ah widnae have had any power. The only power ah could get was if ah got in and it wis a Labour government and ah had a prime minister that wis sympathetic tae ma point o' view and gave me a job. But otherwise ah couldnae have done anything but be fodder. But as a trade union official I'd power. It didnae matter what level it was at, I had power. And the higher up the trade union ladder I got the more power I got. So ah was more powerful as a trade union official and a member o' the National Executive o' the Labour Party than I wid be as an MP.

But anyway we've reached that stage now that we are in sight o' success.[91]

Margaret Davie

AH'M NINETY-FOWER. Ah wis born the 6th October 1900 at 23 Middle Street, Cuthill, Prestonpans, doon where the Cuthill schule is.

Ma faither wis a miner, he wis always a miner. He worked in Prestongrange pit at Prestonpans. But he came frae the Ramsay pit in Loanheid. Ma faither came frae Polton in Midlothian, he wis born there. Heez side lived in Polton, that's where Annandale's paper mills wis, and ma grandfaither Clapperton and ma uncle they worked in the paper mill. And it wis jist a wee row o' hooses and there were only, ah think, four or five hooses. Ma grandfaither lived in there. And that's where ma faither went up the hill tae the Ramsay pit in Loanheid. And ma faither and another yin o' his brothers worked in the pits.

Well, ma faither wis in that district but ma mother wis in this district here at Prestonpans. Ma mother belonged to Prestonpans. But before that they came frae Carnwath. But ah dinnae ken much aboot Carnwath. But that faimly o' ma mother's came frae there and there were different yins. Noo ah'm gaun faur back. See, there were the like o' ma grandfither Watters, ma mother's faither. Well, him and the different yins belongin' tae his faimly a' came frae Carnwath tae Prestongrange. There wis somethin' like a strike or something—ah cannae go tae that—but of course they a' came tae Prestonpans. Yin came tae the 'Grange and then they a' followed and then they jist a' worked in the 'Grange. Throw a stane onywhere in the Pans and ye'll hit a Watters. Ye see, that's where a' the Watters belonged. George Watters's faither and ma mother wis brother and sister, heez faither wis ma uncle.[92]

'So efter that ah went on the pitheid at Prestongrange. Ah got a job through the brickwork, where ah yaised tae gether the coal in the mornins, and then it was up tae the pitheid. But ah'll tell ye, ah enjoyed it.'

Ah couldnae jist say whether ma mother wis at schule, ken, when they came frae Carnwath first, for ah cannae go tae that length. Ah take it tae be she wis at Carnwath as a wee lassie then she came here tae the Pans. Ma mother wis a domestic servant. She worked wi' Lady Grant Suttie at Prestongrange Hoose.[93] Ma mother wis everything there, because, ye see, when ye worked wi' the Lady she brought ye up tae everything. And efter Lady Grant Suttie brought up servants tae a certain stage she sent them oot tae somebody else. And ma mother wis sent tae this Dr Ireland up Loanheid wey. And that's where ma mother and faither fell in. They were mairried on the 28th o' July, either the 26th or the 28th o' July—ah've seen it in print, ye ken—in 1898.

Well, when ma faither wis jist a laddie in the minin' there were something went wrong and they came tae Wallyford. And he wis workin' in the pit at Wallyford a wee while when the water broke in in Wallyford and there were some got caught in it. A lot o' men wis drooned. There were jist some survivors. Ah couldnae tell ye hoo far back that wis because ah wisnae very auld when he went tae Wallyford. But we werenae long in Wallyford. When the water broke in, of course, that wis the pit shut doon.[94] Well, efter that he came doon tae the 'Grange. And then ma faither of course wis a freend tae the Watters and of course they were lookin' efter him. And, ye see, that's how he come tae come doon tae work in the 'Grange.

Ah wis the oldest o' the faimly. Then there's Tommy, and then there's Willie, Jenny and Jeanie and Chrissie and Agnes and Bella and Helen. There were nine o' us a'thegither, ah had two brothers and six sisters. The last wis twins, twae lassies. But yin o' them died. She wid be over a year auld, ah think. And then there wis yin, that Agnes, she died when she wis aboot twelve. She wis swingin' roond thon ropes and her heid caught or somethin'. She died wi' meningitis. But the rest o' us wis a' brocht up.

And mind ye, ah had a mother and Margaret Thatcher hadnae a look-in tae her. She wis what she said. See, when she said, 'No, no, no!'… Ma mother wis a real hard worker. She worked for onybody and everybody. But she never neglected her faimly.

Every yin o' us had wir job tae dae in the hoose. Well, ah had tae help wi' the bairns. And in the mornins me and ma brother, Tommy, the next yin tae me, we had tae go tae the coal bing. Well, ah wis born that October and Tommy wis born no' the next but the next again November, the 9th o' November. And him and I had tae go in the mornins at six o'clock up tae the coal bing and gether a bag, maybe a couple o' bags, o' coal and bring them doon. Of course ma other sister Jenny—she wis next in age tae me—she had tae get the rest o' them ready for the schule.

So in the mornins we yaised tae go intae the brickwork. The brickwork wis at Prestongrange, that's the Musselbury end o' Prestonpans—Prestonlinks wis different a'thegither. Ken, there were redd that come frae the pit at Prestongrange and wis put ower this bing. And then the chap that wis on the mill couldnae pit coal in: if he seen coal comin' doon he had tae pick that oot because that redd went tae make what they cried composition brick and he couldnae pit coal in it, because that's what made thon black burnin' in the brick. So he had tae pick it oot. Well, what he picked oot sometimes, well, we gi'en him a packet o' fags and we got the coal.

And ye ken what we had tae dae before we could waken the neebours? We had tae cairry the barrie, we had tae cairry the barrie tae the end o' the street because the wheels squeaked and it might waken the neebours. It wis a twae-wheeled barrie, a wee barrie. But it wis heavy enough onyway. Ma brother and me had tae cairry it up.

We got out o' bed when ma mother wakened us. She always wakened ma faither first and aye had toast and that ready for him. And, well, if we were lucky we got a bit toast an' a'. Ah mind ma brother says yin mornin', he says tae ma mother, 'Ah'm curly heided enough. Ah'm no' wantin' nae mair toast!' But she used tae sort ma faither first. Ma faither had a touch o' that miner's… well, it wis mair like emphysemia. He didnae smoke fags, he smoked a pipe. He wis a bit breathless in the mornin'. We had a brae tae gaun up, jist at Morrison's Haven.[95] By the time ah wis workin' ah've seen me meetin' him on the brae when ah wid be goin' tae' ma work an' a' and ah could have ta'en a big braith for him. He couldnae breathe properly.

Well, when ah started schule it wid be when ah wis in Wallyford, for ah can mind o' goin' tae the schule in Wallyford. But it wis jist for a wee while because we werenae long in Wallyford. Then we came tae Prestonpans and ah went intae what we cried the Rid Schule, ken, it wis a' sort of a—see, there were nothing like a Rid Schule and a Grey Schule and that, ye ken.[96] In thae days there wis only the yin schule and it wis a right auld schule, wi' a' the coal fires and, ken, the widden flairs. Oh, it wis a big class. Ah can mind o' a' the teachers, tae. When ah first went tae the Cuthill Schule there were a wee schule there and, well, by that time ah wis gettin' too big for there and had tae gaun tae this old schule jist up Ayre's Wynd. It wis a right old schule, ken, right old classrooms and that, old wooden benches. But, oh, ah liked the schule, ye ken. Ah didnae like spellin'. But ah wis awfy guid at geography, and ah wis no' bad at Bible. And poetry: ah wis excellent. Ah liked readin' poetry or sayin' the different poetries, ye ken. Oh, ah loved poems. Oh, ah liked readin'. Ah liked war stories, ken. It wis books frae the schule ye read. Ah've never yet been yin that's been in the public library. And ma mother and faither didnae have books, ye didnae have them in the hoose. Oh, ye couldnae buy books, ye could never. And then, if you were sort o' interested in a thing, well, then your teacher seen that ye got it, because ah had guid teachers.

But, ah mean, in thae days they were a'right, they were a'right if, ye ken, ye picked up yeer ain company and a' the like o' that. Oh, ah had plenty o' freends at the schule. Ah think ah wis the bully o' the schule! Ma next sister Jenny when she came up that length o' the schule, onybody sayin' onything tae her she wid come greetin' tae me. And, of course, 'Oh, ye'd better tell Margaret', ye see. Of course ah had tae settle for her.

And nae maitter what it wis ma mother always stood for Jenny. Ah mean, she didnae pamper me nane. Me and ma brother Tommy wis never pampered, but Jenny she wis. We would be shoved oot in the rain and Jenny wid be... ken. That wis jist the style o' it. Oh, Jenny wisnae delicate. Ye see, she wis yin o' thir kind, if you said onything, see, she wid tell ma mother. Oh, she wis a clype. And ah'll tell ye another thing: she wisnae really truthful tae ma brother and I. She wis really jist a pet in the hoose. She wis the sleekit yin. If ma mother wanted ony news she went tae Jenny. But, of course, ah wis right strong, ah wis really a strong person.

And then, see, the like o' a Friday night, well, a Friday night ye didnae get oot much on a Friday night because ma mother had, oh, a lot o' brasses, ken, trays and candlesticks. Well, ma brother and I yin week he wid pit the Brasso on and ah wid polish it off. And the next week it wid be chinge aboot, see. Then we had a big fender, a steel fender, well, we had tae polish that, see. Jenny used tae be playin' wi' the bairns. She got off wi' the like o' thae things. And then ma mother on a Friday nicht, she wid say: 'Dinnae clean that tray! Leave that tray the noo!' Then of course we'd be bone-combed intae this tray! [97]

Oh, it wis hard times. But, ye see, ah didnae take it much hard at the time because ah wis fine and strong, ken. Ma brother Tommy and I we got on fine. And we liked tae dae jobs like that.

In the mornins, before we went tae school on the washin' day—it wis ootside washin' hooses and toilets—we didnae gaun for the coal. We went doon tae the seashore and got shingle. Ken what shingle is? It's jist the rubbish off the shore, jist wee bits o' coal, a wee bit bigger than dross. It wis washed up on the shore. Well, we yaised tae get shingle and take it up. That wis instead o' burnin' coal they burned the shingle for tae boil the claes. Ah'll tell ye, ah loved a' that. Ah mean, we were greetin' at the time because we were greetin' aboot this and that. But still ah liked it a'.

The washin' days wis yince a week. Well, ma mother took in washin' for tae dae. See, in thae days, well, ye'd get maybe 1s.6d. for daein' a washin' for some-body. Well, she yaised tae dae a washin' for somebody. Efter somebody was fin-ished, hadnae much washin' tae dae, ma mother wid gaun in behind them and start tae wash. We had a rare big green for tae hing them a' oot in. Oh, it wis a common green, a' their hooses were built roond.

Oor hoose in the Pans wis a room and kitchen in the Summerlee rows. It wis a row o' eight stairs. Each had a stair up and that, and four houses under the stair. There wis ten or eleven o' us in oor faimly—yin o' the bairns died quite young and then Agnes died when she wis twelve. Well, there were twa beds in what we would cry the kitchen. See, ye didnae have a livin' room, a parlour, and a' the different things then. Ye had the room and kitchen, that wis that. So twa beds in the kitchen, oh, well, ma mother and faither had yin. They had the best yin. And then of course there were aye aboot maybe three o' us in the other bed. Ma sister and I wis in the room and another younger yin wis in the room, so me and ma two sisters slept there. Then they had a spare bed in the room, no' a single bed—mair than a single bed but no' a double yin. Then twa could sleep in that. The twa laddies they were usually in the single bed in the room beside us. Ah thought that wis a'right, ah never thought anythin' o' it. Nooadays the bairns have tae have their own room, but no' then. Well, it wis jist a maitter o' arrayin' their beds, well, 'You can go tae your bed noo.' The boys went first, then the girls—but sometimes the boys were last. It a' depended. Oh, there were like curtains drewn for tae separate ye, the laddies and the lassies, the same in the livin' room an' a'.

The toilet wis ootside. They had in thae days what they cried middens. Ye had four jist wi' a big place that ashes were threwn in, and four sort o' stalls that ye had for a toilet. And that wis a' ye had. That wis for the whole o' the Summerlees hooses. That wis long before the whole scheme got toilets putten on tae it aboot 1939 or something like that, later on. Well, ye had tae trail away up there twenty or thirty yards. Ye had tae come oot and jist cross what we cried the sheuch, where the water frae the thingmy ran doon like that, and cross the road. But, ah mean, ye could gaun oot through the nicht then and nae fear.

There wis nae runnin' water in the hoose. It wis a tap ootside, a wee bit frae the front door. The tap did aboot twa hooses up the stair and twa doon the stair. Well, when ye came hame frae the schule ye'd tae empty the buckets and get water up, ye'd tae get the coals up, ken, a' the like o' thae things. Ye'd a' that tae dae. Ye had a coal cellar, like doon the stair there were yin, under the stair. Ye fulled up the pail and took it up tae the hoose. That's tae save yer mother comin'.

Ma mother wis steyin' up the stair till the twins Bella and Helen wis born then she got doon the stair. When we steyed up the stair it wis a room and kitchen and it wis jist the same doon the stair. But, ah mean, it wis life, and that wis that. Everybody wis the same. Ye never thocht nothin' aboot it.

Ah wis at the school when the 1914 war broke oot. That wis in August, the 4th o' August. Ah think ah wis only fourteen. Well, ah jist mind o' them sayin', 'Oh, the country's at war,' ken. And then when ye went ye jist heard first yin talkin' and then another talkin'. Oh, ah kent some o' the chaps that went tae the army. See, thir chaps, there were twa or three o' them and they had a guid drink in them this day. And this yin ah mind o' him sayin' tae ma mother, ah can mind o' him jist faintly speakin' tae ma mother, and him bein' drunk he says, 'Aye, Mrs Clapperton, aye, Mrs Clapperton,' he says, 'ah've 'listed, ah've 'listed, ah've ta'en the shillin'.' Ken, and hoo they were cairryin' on. He says, 'If ah dinnae get killed, if ah dinnae come back wi' the Victoria Cross,' he says, 'ah'll come back wi' a widden leg.' And he came back wi' a widden leg.

Danny Ferguson wis his name, he wis a miner. Well, he wis jist a young fellae tae. They steyed in the end stair, and ma mother's hoose wis underneath the third or fourth stair, see. And, ye see, he had tae pass ma mother's door comin' up. And that's what he says.

Oh, ah remember young chaps goin' off and gettin' killed in the war, oh, ah knew some o' them. Their names are on the war memorial. There were a lot o' them. See, we were all vexed for the volunteers, ken. Well, they were nearly a' at Dunbar, at a big buildin' in Dunbar, at the battery. Well, ken, there were a lot o' them and they a' went away. And then jist efter that ah started tae work.

Ah left the schule, ah wis jist on fourteen. Ah think ma mother wis too late o' pittin' in for an exemption for me or somethin'. But ah wis workin' quite early. Well, ma mother wis wantin' iz tae gaun tae service, the same as her. But that didnae suit me, that didnae suit me. Ah made a start—but no. Ye ken where Shorthope Brig is in the centre o' Musselbury, jist before ye come tae the lights yonder? Well, that's Shorthope Street and there's a wee footbridge over tae Loretto School. Well, jist across that brig there yaised tae be a sort o' private school, Trinity House they cried it. And ma cousin George Watters's sister wis in that job and she wis leavin' it, and she thought, well, it wis a guid job. So ma mother said, 'What aboot you goin'?'

Och, ah wis there yin winter that ah can mind o'. Ah wis there as a servant, ah didnae have anythin' tae dae wi' the pupils in the school. There were jist yin servant, jist me. Ah think it wis ten shillins a month, ma wages—half-a-croon a week. Ye had tae sleep in and everythin'. Ken, ye were at their beck and call. It didnae suit me. In the mornins, it wis aye aboot half-past six, the woman in charge—that Hope frae Hopetoun Hoose, heez mother, well, it wis some freend o' theirs—she jist rung a bell and that's you: you had tae get up. Ye were workin' frae the time ye got up in the mornin' till ye went tae your bed at night at nine o'clock. Ye never were oot their beck and call. Ye see, she had the private school in the hoose. Well, her daughter wis the teacher for the private school. See, it wis a bit attached tae the hoose. And then she had a sister wis a teacher in the Musselbury Grammar School. Well, she wis in the hoose. And she had a son John comin' oot for a doctor, and he wis in the hoose. Ye see, ye had tae dae for them a'. Ye had tae wash up. And she wanted me tae go tae the night school and everythin', ye ken, and ah wisnae for that. And then ah had tae follow her doon tae North Berwick or somethin', ye ken. Ah wisnae wantin' that. Ah wisnae wantin' that job. It didnae suit me. Oh, ah wis there, well, jist aboot, say, nine month. Ken, ye were at their beck and call. It didnae suit me. Ah jist left there.

Ah left and ma mother says, 'Noo there are joabs in the fields.' And we were at the tatties. And it wis at Wallyford and Goshen for different things appertainin' tae vegetables—celery and a' the like o' that kind o' thing. It wis mair like a market gairden. But ye were pullin' plants, ye were daein' everythin'. And ma mother thought it wis a bigger pey and a' the rest o' it. We got 12s.6d. a week for the tatties. Ye got 12s.6d. and a shovelfae o' tatties for tae take hame. Seven o'clock ye started then, oh, well, ye had tae be away early. Oh, ye had tae walk tae work. Well, we walked it tae Preston and we got a lorry frae Preston oot tae Wallyford.

Ah wisnae very long there. And ma mother she wis wantin' money. She wanted money. Ah got 2s.6d. for the tattie week and ma mither says, 'Here,' she says, 'there's a bigger pey goin' wi'…' She wis sendin' iz tae some place tae work. It wis the fields again. Onywey, ah dug up half a sovereign this day in the earth. And here when ah seen it ah says, 'Oh!' Ah didnae ken what it wis. Ah'd never seen yin before. It wis shinin' braw on the black earth ahead o' us. And of course the man that wis gafferin' us wanted it and some o' the weemen said, 'Oh, if ye gie him that ah'll tell yer mother!' And here when ah gave ma mother it, oh, she wis that pleased. Oh, ah wis goin' tae get a'thing. Ah, but here, on the Tuesday ah says tae her, 'Mother, what am ah gettin' off the half-sovereign ah fund?' She says, 'What?!' Of course, cheek again, ah says, 'What am ah gettin' off the half-sovereign ah fund?' She says, 'Say that again!' And of course she didnae dae that, it wis that way—airms akimbo. Ye kent it when it wis that way. She says, 'Ye got a pair o' stoackins six weeks ago.' So that wis that.

So efter that ah went on the pitheid at Prestongrange. Ah got a job through the brickwork, where ah yaised tae gether the coal in the mornins, and then it was up tae the pitheid. But ah'll tell ye, ah enjoyed it. Ah never shirked ma job, ken what ah mean. Ah wis strong enough tae dae it. And ah wis the youngest there. There were four o' us and ah wis the youngest o' the four lassies. Ah wid be sixteen then, goin' on seeventeen. And there were Jeanie Inglis, Mairn Owenson, ah cannae mind the other yin, and me. Ah wis the youngest. It wis jist a maitter o' hard work if ye wis anxious tae dae it. But ah really enjoyed it and ah never shirked ma work. Ye ken, ah wis constant at it.

Well, on the pitheid there were what ye cry the windin' engine. Well, that ta'en the cage up and doon. Well, in the mornin' men went doon until six o'clock, tae the horn blew. And then efter that it wis coal came up. Well, the men went doon and went tae their different jobs and that. But there wis yin man he went doon about fower o'clock in the mornin' and of course he wis the only man there. He wis the ostler. He had tae go doon fur tae feed horses, ye ken, the pownies that wis workin'. He had tae clean them and feed them and get them ready for the fellaes comin' doon. And yin fellae wid, ken, maybe take a carrot for his powny. They yaised tae be guid tae their pownies, ken, the fellaes. But we never got near the cage or anything. We had tae be away back, well, we werenae past this mark. There were only yin man, what ye cry him that wis diggin' on. Well, he wis puttin' the men in, and he had tae ring this bell. And then he got word frae the bottom, ken, when they were comin' up or somethin' wis comin' up.

Then the coal came up, ken, maybe twa hutches. Well, he wis diggin' thae off. And another man at the other side, they were what they say, diggin' off and diggin' on. And then the coal went roond like that on wee rails and they came tae what ye cry the justicemen. Well, there were yin justiceman for the company and yin for the men, see.[98] And say yin hutch wis ower heavy, or he thought it wis ower heavy, that wid go doon a certain rail tae the end and that wis cowped up for tae take the stanes oot o' it. See, this wis somebody tryin' it on. And then they had a nail there on yin corner. It wis the corner nearest where the justicemen wis. There were a wee bit string on a bit metal thing. And that would be your hutch, see. Well, that wid be markit doon, see. Well, they wid ken really what run. They kent they had a run o' hutches comin' up, they wid ken whae's should be comin'. And then, well, there were some men doon the pit wis pinnin' hutches. Well, ye see, that wis bad. That wis takin' your pin off and pittin' theirs on, ye see. Oh, that happened.

Well, we wrocht the tumblers on the pitheid. There were three tumblers, what ye cried tumblers. See, they had sets o' rails side by side and underneath there were hutches. That's what the men put the coal intae tae come up. Then there were bogies, which wis a bigger size again but they never left the pit. They did a' the grund work on the pit. And then there were the waggons, but that wis the railway.

Well, the railway, the big waggons, there were a man wi' yin airm, Dod Shaw they cried him, ticketed them. He did a' the ticketin'. Ah think Dod Shaw got his accident no' in Prestongrange, some other pit. But onywey ah think he came tae Summerlee, ken.

But onywey when you put the certain tumblers the hutch went in and you stepped on it and turned it, and a' the coal fell doon at the other end. Ye pit the hutch away oot the road—another yin comin', ye see. And ye'd tae keep this tumbler goin'. And the waggons underneath wis catchin' the coal. And then some o' it wis overweight and that had tae gaun doon on tae the tables. They'd tae gaun doon another bit, because there were laddies on the tables pickin' the stanes out o' thir coal.

And then efter that there were yin wi' what they cried redd. White rock went intae a tumbler jist there, jist at the side where it came oot o'. And then there were a big long scaffold for the redd, and the redd wis taken up frae the bing and it wis put ower the bing. Well, this wis where we used tae get the coal in the mornin' for the hoose. Well, ah had a horse tae drive for, oh, over a year. Ah wis on this long, long scaffold masel'. Oh, ah wis seventeen past then. So ah wis on the tumblers first and then ah wis put on tae the horse.

Ma wages when ah started first on the pit heid wis nineteen shillins. Ah got a shillin' for somethin': it wis eighteen shillins for wir pey, but ah had nineteen shillins. Ken, ye jist got your pey line and ye had tae gaun doon tae the office and get your pey, and that wis that. Mind ye, it didnae gaun very far nineteen shillins.

But it wis a big improvement on what ah'd had before.

That wis still durin' the First War, of course. And me startin' at six o'clock in the mornin' ah got hame for ma breakfast aboot quarter tae nine, ye see. Then ah came back up tae the pitheid at ten o'clock. Well, by that time the post wis roond the doors and then ye wid hear, 'So-and-so's been wounded, so-and-so's been killed,' ken. Well, of course, they were a' waitin' on ye at the pitheid comin' in: 'What news did ye get? Did ye get news about this yin, get news aboot that yin?' That wis a daily event, the postman comin' roond. They were a' wantin' tae ken a' what the news o' the Pans wis.

Frae ten o'clock ye worked on tae twa o'clock. Then, well, if maybe some lassies, the like o' some o' the brickwork lassies, were wantin' tae gaun tae the dancin'—there were aye dancin' at the Drill Hall, ken, that's where the Labour Club is noo, there yaised tae be dancin' there on a Monday and a Thursday, Monday and Thursday or Monday and Friday—and yin wid say, 'Margaret, go and take a shift for iz,' ken, tae get tae the dancin'. Well, they had tae pey me for their shift and ah run the brickwork for that.

On the pitheid ye worked yin Seterday and no' the nixt, alternate Seterdays. On a Seterday ye were feenished aboot twelve o'clock. But that's hoo the miners had tae work: they worked yin Seterday and no' the nixt. What they cry a lie Seterday, an eleven-day fortnight.

So there wis only the four o' us lassies workin' on the pitheid at the 'Grange, everybody else wis a man or a laddie. And there wisnae women workin' in the pitheid office. There were Willie Dempstey there, and there were Jock Downie and there were Tammy Newlands—that wis three clerks ower in the office.

Oh, Prestongrange colliery wis a busy, busy place, because ye had the brickwork tae contend wi', and ye had the sea tae contend wi'. There were 250 worked at the colliery in thae days, ah think.[99] There were two men like jiners, and they were on the bogie-mendin'. Ony broken bogies come up, well, they went tae them. Well, this yin man, he wis the pilot. And if a boat wis comin' in for coal or bricks or pipes, onythin' like that, he had tae go oot and pilot them in tae Morrison's Haven. Well, that's where thir bogies ah'm tellin' ye aboot, that's where they din the work, because they yaised tae get loaded up wi' whatever the boat wis wantin' and ta'en it ower tae Morrison's Haven. Ah've seen a boat in the herbour gettin' loaded and yin oot in the water waitin' tae get in. It used tae be that busy when ah worked there.

Jist efter the war there wis one boat came in and the rats deserted the boat while it wis in the herbour. And they loaded up wi' coal. They used tae come in and get aboot 500 ton thae boats then. And the boat got oot and it only got aboot the length o' the May Island and it sunk oot there. They were collier boats comin' in tae lift the tons o' coal. And there wis one frae Bremen, a German ship. But they used tae come in pretty regular for coal. It took them aboot three days tae get in and loaded up and that. Ma man later on when ah wis married, he worked on the pugs, the colliery engine. And his joab wis bringin' the coal frae there in the waggons, takin' them oot there. He ta'en them away up wi' the engine, away up tae a sidin' away up there above Prestongrange Hoose. Ye pass it on the road, that sidin'. And that's where he used tae gin up there. But, see, when they came in we used tae love the Germans. They used tae bring in tobaccy. Ah've seen me gie'n ma faither, ken, a big bit o' tobaccy. Ah've seen ma faither havin' a bit o' this tobaccy left frae the last time ah brocht him another bit. It wis a square, ken, a square, and ma faither used jist tae cut a wee bit. He had a wee penknife and he used tae cut it and he used tae love this tobaccy. The Germans used tae gie us it. They wanted coffee

Ah dinnae remember any o' the German sailors merryin' Prestonpans lassies. They yist tae come doon, they yist tae come doon. There were yin wee shop, it wis post office and everything, and that wis in the middle o' Cuthill, and it did a roarin' trade wi' the boats. Because the boats used tae come doon and get their meat there, and they used tae aye get the stuff in for them, ken. The sailors jist steyed on the boats when they came in, ye never seen them. There were never nae contact between them and folk in Prestonpans. The boats wis only three days in the herbour, unless it wis a storm and they couldnae get oot or anything like that.

Everything wis a' in compact at Prestongrange, the brickwork and the pit. The redd that wis gaun oot, that this powny wis takin' oot, wis cowped ower a bing. And there were a tumbler there an' a'. Well, ah had tae work this tumbler and if the tumbler wis full—maybe the brickworks stoppin', maybe somethin' wrong, and the tumbler full—well, ye had tae pit the rest o' the redd ower this bing. And that's where thae two men sortin' the bogies wis, on the top o' it.

Ah never worked makin' the bricks. But that bit there, where this blaes, this redd wis put ower, that wis for composition brick. That wis put intae this tumbler and it wis put intae a machine runnin' and two heavy rollers, and then put intae dust. And then the dust wis cairried up in sort o' shutes, ken, yin on top o' the other. And this man watched it. And that's what went intae the machine tae make the bricks. When the brick came oot the brick wis pressed and everything and the name written on it: Prestongrange. Then they were putten intae a kiln. And it wis heated frae the top. There were a wee bothy on the top and they ta'en a fire oot o' there and put it doon this hole and of course that heated, ye ken. And they were in there and it jist started at that yin and went richt roond in a circle. See, a kiln every day, because it ta'en that for tae heat them.

See, there were two men—a man and his son—had tae pile thae bricks. But they had a certain wey tae dae them. You couldnae dae them, ah couldnae dae them. And if yin o' thir bricks wis soft, too much coal in it, it weighed the others doon and what came doon along wi' it. And that wis that kiln wasted. So they had tae see that the bricks wis rectangular, and they had tae be built in.

It wis only men that did that work. Well, the weemen took them oot. Sometimes the bricks were rid hot. And ye took them oot and fulled this bogie and then put them intae waggons. Jenny Imlet and me, we did a lot o' that. There were two men, Sandy Downie and Wull Erchibald, they thingmied the kilns and they said whether the bricks wis tae come oot or no'. Then they wid knock doon the door. It had tae cool for so long and then they had tae gaun in and take the bricks oot. Oh, it wis awfy hot, oh, it wis awfy, awfy warm. That part o' the brickwork is still standin' yet.

And then, ye see, a' the vagrants at night yaised tae sleep in the warm kilns. That wid be efter the 1914-18 War. Oh, well, there were twa or three vagrants but, ah mean, they were regulars. Ye kenned them. There were Auld Scotty and Johnny Kelly, and Cauld Seanie. Oh, they werenae Prestonpans fellaes. And there were yin o' thir men, he went in yin mornin', and of course they had long planks, ken, for runnin' the bogies on. See, they pit yin there and yin there and then run the bogies, tae make it easier. And here of course he jist went in wi' this palin' and jist banged it doon. And here weren't yin o' thir men in the kiln, yin o' thir vagrants. And he got sich a fright, he up and he put a knife in the man's back. If it hadnae been for, ken, that thick bit on his braces, if it hadnae been for that that man wid ha' got it right in the back.

Oh, the vagrants jist came in off the road intae the brickworks. Ah'll tell ye when they yaised tae get a lot—when it yaised tae be the race meetin' at Musselbury. Ken, a lot o' them at the race meetin' yist tae come up frae Levenhall doon tae the brickwork and they slept the night there.

Ah remember accidents at Prestongrange. There were twa or three bad yins. There were yin man, he wis gaun doon on the back shift and here him and his mate had been sayin'—ah cannae express tae ye what, ah've jist tae imagine it, jist how you'll have tae imagine it an' a'. They had tae gaun through this low bit here, they had tae gaun through this laigh bit, and Sammy Fraser's faither and George Miller wis arguin' whae wis gaun tae go first, see. And George Miller he says, 'Ah'll go first.' And this man says, 'No, ah'll go.' He went and he wis killed. The roof jist had fell. It wis hingin'. It wis needin tae be propped up. And he wis killed. That wis before his shift started, that wis at twa o'clock, jist before they started. And that man's son wisnae born till aboot two month or three month efter his faither wis killed. Oh, there were a lot o' accidents.

When an accident happened there were nae motor ambulances then. There wis the pit ambulance. Well, ye could walk it quicker. Well, the man that emptied the middens, of course he had a horse and cairt. He yaised tae take it tae the shore and cowp it intae the sea. But that horse had tae come and take the ambulance intae Edinbury if onybody wis hurt. It wis a horse ambulance. But that man Wull Harkness he used tae drive the ambulance and the ambulance had tae go. There were a lot o' accidents there.

The 'Grange pit wis aboot the best aired colliery in the whole o' Scotland. Ah mean, it wis the best aired. They hardly ever saw any gas. Ah've been doon baith pits at the Pans, ken, doon tae the bottom o' the 'Grange pit and the Prestonlinks pit, ah mean, no workin' or anything, the Links pit and the 'Grange pit. But the Links pit wis a different bottom a'thegither tae the Grange. Prestonlinks wis a' whitewashed. Of course, ah wis only doon tae see it. But the 'Grange pit's no' a bottom at a'. Oh, the pit bottom in the Links ah wid say wis huge compared wi' the 'Grange, because the 'Grange pit bottom wis under different stuff—it's the whin. There were no' much room in the pit bottom in the 'Grange pit. Ye've only tae walk a hundred yards frae there and ye can see the whin rocks oot in the water o' the Firth o' Forth there. Oh, ah've jist been at the bottom o' the twa pits, ye ken. It wis only for curiosity.

It wis the Summerlee Iron Company owned the 'Grange pit. Ah dinnae ken aboot which company owned the Links pit.[100] The 'Grange pit wis the oldest. Ah mean, maybe jist prejudice but the 'Grange pit tae me is the best. The Musselbury side o' the toon—ye see that part o' the road there, Ayre's Wynd?—well, that Musselbury side o' it wis a' the 'Grange men. This side—it wis funny—there were very few. Ye got an odd man that maybe shifted wi' a different joab or married a lassie doon here or got a job wi' his guid-faither, or somethin' like that. It wis only ones like that. Ah mean, ma faither a' his days in the Pans worked in the 'Grange, and he wid tell ye the same, 'Och, ah'm no' gaun tae the Links, ah'm no' gaun tae the Links.' He used tae say if he'd got hurt in the 'Grange he'd been bloody killed if he'd been in the Links. He used tae say that. The Links had two or three explosions there. In fact, there wis one time that the rats went missin' frae the Links pit. And the old man that wis the under-manager there at the time, Old Storrie, he told them tae get the rats back doon the pit because when they go that wis the sort o' first sign o' an explosion. They still had horses workin' in the 'Grange pit efter the Second War, they were still there. Well, they used tae get a lot o' mice come doon the pit. In fact, in the actual seam in the 'Grange, when they cut underneath the coal the men could put their shovel in and bring oot a shovelfae o' mice, jist wee, wee things. Of course, they were in there in the warm.

When ah worked on the pitheid ah wis in the Miners' Union, oh, ye had tae be, ye had tae be. As soon as ye got a job on the pitheid ye had tae join the union. Ah think it wis 1918, ah'm no' very sure, the miners a' got a rise. It wis Lord Sankey. Well, if ye were eighteen ye got two shillings on tae your shift. If ye werenae eighteen ye only got a shillin'.[101] Well, ma brother only got a shillin', ah got twa shillings. And, oh, ah had a big pey that week. Ma faither stuck up for me then. Ah wis only gettin' ninepence o' pocket money, mind ye. A' ma wages went tae ma mother. Ma faither used tae aye gie me a wee thruppenny. Ah can aye mind o' it. He aye gied me a wee thruppenny, either Tuesday nicht or Tuesday mornin'. And it wis efter that we got this Lord Sankey award, and ma faither telt ma mother, he says, 'Ye'll hae tae gie her a bit rise in her pocket money noo.' He stuck up for me.

Ah wis never active in the Miners' Union, ah never went tae meetins. Ah remember the 1921 strike, though. Ah wis still on the pitheid then. It wis a bad strike because we had nae money. But there were a Danish dairy in the Pans. That wis a shop in the Pans. Ye got a line frae the union, ken, ye got a line frae the union. And of course ah yist tae take the line an' a'. But the Danish dairy yaised tae gie ye so much on your line as long as ye dealt wi' them. Ken, they wid come and go wi' ye.

Oh, the miners were stealin' right, left and centre in that strike—takin' turnips or tatties or poachin', whatever they could get. But ah'll tell ye, ma yin wid raither let me go as go hissel'. He wis feared, aye, he wis feared o' being caught takin' rabbits. Oh, he widnae take nae risks. He wisnae like me.

Before ah wis mairried ah didnae gaun much tae dancin'. When ah wis a lassie ah'll tell ye ah went tae the pictures in the Pans. We yaised tae cry it The Scratcher and, of course, ye came frae very little up tae The Scratcher. Ye yist tae take in a jeely can or rake up a beer bottle and ye got in. That's when ye were young, when ah wis still at the schule. It wis a jeely can or a beer bottle, and ye got intae the picturs. How often ye went, oh, well, it a' depended on how mony jeely cans ye got. Ah couldnae go if ah had tae pey money for ah never had nae money.

And then we yist tae have goin' ower tae the washoose and havin' sing-songs and, ken, a'thing like that jist. And then in the 1914 War a' the sojers wis in Prestongrange Hoose and they had tae dig a' the trenches. And, ken, ye used tae run a' the different trenches and that.

And ye went for walks and ye went tae the church on a Sunday. Ma faither had tae gaun tae the kirk on that Sunday when the miners had a lie Seterday! He wisnae workin' on the Seterday. Ma mother and ma faither aye went tae the parish church down there. Oh, ah had tae go tae and as a bairn ah went tae the Sunday School. Ye had tae go when Lady Susan Grant Suttie passed by there. Well, she used tae come in a sort o' carriage. She drove right doon through Summerlee. Of course, ken, ye were hurryin' on a Sunday mornin' tae get your breakfast and a'thing a' ready. Of course, the shoes and the bits and that wis din the nicht afore. They a' had tae dae their ain. The young yins of course got theirs done. But on a Sunday morning the lady wid gaun doon, drivin' doon, and of course efter ye seen her ye kent ye'd tae hurry. Ma mother wid say, 'Is the leddy doon yet?' Of course, they cried her the leddy. 'Is the leddy doon yet?' and, 'Oh, ah never seen her.' But there's yin thing: we never walked in front o' ma mother and faither. They took the lead. We walked behind them. It wis really a' different tae what it is now. Ma mother wis a big, big wummin. Christina Watters wis her ain name, and Christina Clapperton wis her mairried name.

But ah wis lucky, ah mean, ah wis lucky when ye pit it a'thegither, because ma mother yaised tae keep us. She seen that when ye were workin' ye were well dressed for your work. Ye had strippit petticoats on and a jumper, and then ye had a coorse apron, a tack sheet. That wis made oot o' an auld sack. If ye got a guid yin—maybe the baker wid gie ye a guid yin.

Ah'll tell ye, ah've never been in a political party but ah'm a right royalist, a right royalist, out and out, always have been. Ah dinnae ken what made me a royalist. Of course, ah'm mad at the wey it's turned oot, thae things.

Ah'll tell ye this, tae. See, we never got nae holidays. The only holidays ever we got—this is when we were at the schule and that, we yist tae save up wir pennies, ken. Well, there were twae weemen, twae auld worthies o' the Pans, and they yist tae take in shawin' turnips and that away up at Shields's at Dolphingstone. And of course ye wid maybe get a ha'penny, ken. Well, if ye got a ha'penny and saved up—your pocket money wis a ha'penny—well, say ye were tae save up for a wee while. So we were a' pittin' wir money thegither, and there were aboot, oh, half a dizen o' us. Ah wis goin' tae take them a' tae Edinbury: 'Gie Maggie your money and she'll take ye tae Edinbury.' Well, ah took them a' tae Edinbury in the train frae the Pans, and that wis the furthest ah got. Ah didnae ken the road oot the station at Edinbury! We never got oot the station. Ah didnae ken the road oot. So we spent wir money on thon chocolate things in the station. We spent a' wir money. We couldnae get hame. And we were a' greetin' thegither! And then at the hinder end the railway fellae chucked us a' intae a cattle truck and got us hame tae the Pans!

See, there were nae buses or nothin' then. And then when we were jist a' at the schule ah've seen us goin' tae Portybelly. Well, we'd walk tae Levenhall and we got a penny in the tramcar frae Levenhall tae Joppa. And we had this bottle o' sugarallie water and a slice o' breid. And we went tae Portybelly sands, and that wis wir day there in Portybelly. It yist tae be rare.

But, oh, ye couldnae go tae Edinbury very often in thae days. Ma mother and ma faither never had a holiday. Ah'll tell ye this uncle that used tae work in the paper mill at Polton, ah've seen him comin' doon tae ma faither. They yist tae have a society cried the Foresters, a friendly society. And ma mother always peyed heez friendly society, aye peyed it. So he always came doon at the holiday time and the New Year time and peyed her what he wis owin'. And that wis yin day we had. But, mind ye, ma mother never spent a penny the wrong wey. Ah'm tellin' ye, Maggie Thatcher hadnae a look in. Oh, ma mother lived tae she wis 85, a big, big wummin. Oh, ma faither died long before ma mother, oh, a long, long while before it. Aye, but he had the emphysemia.

Well, ah wid be mair than twenty when ah stopped workin' at the pit. Ah wis mairried in April when ah wid be nineteen, ah wis workin' efter that. Ah jist cairried on workin' on the pitheid. Ah had yin bairn—Wullie, we ca' him Bing— when ah wis workin' in the brickwork. Ah wis workin' for a while, for ma mother kept the bairn and ah worked for a while. But, ye see, ah wis fine and strong. Ah'll tell ye, ma man wisnae a big strong robust man. Ah'll tell ye the truth, ah wis even stronger than him. Ah wis forty year auld when ah got ma tonsils oot withoot an anaesthetic or anythin'. And that wis the first illness ah'd had in ma life.

When ah got mairried ma man wis the colliery engineman. And then he got doon the pit long efter that. But he wisnae doon for a miner's joab. He belonged tae Musselburgh. But they came doon tae Prestonpans, they came doon tae Summerlee. Ah met him at the pit. Every noo and again he seemed tae come up wi' the engine.

When ma second bairn wis born, ma lassie Chrissie, ah'd feenished then at the pit. Ma mother widnae keep nae mair. Ah'd worked on the pitheid for aboot five or six year a'thegither. Ah didnae go back after Chrissie wis born.

When ah'd got mairried ah got a hoose, a company hoose. In thae days it wis easier tae get a hoose. This old man that had tae dae wi' the hooses—ye ken, the factor he wis for the company—ah'd gied him a couple o' bob, and it wis through ma mother. And ah got yin jist twa doors between ma mother and me. So ah didnae have far tae move yince ah got mairried.

Ah've had three sons and three daughters. There's Wullie—ye cry him Bing—Chrissie, James, Bella, Margaret and Bobby.

Oh, ah've been lucky. Ah never had regrets aboot workin' on the pitheid. Ah enjoyed it and ah never shirked ma work. Ah mean, ah never put it on tae naebody. But ah loved ma life a'thegither, ken, workin' life and everything. But, mind ye, ah've had heck of a hard times. Ah've had awfy hard times. But ah've had some guid times, ah've had some guid times.

Tommy Kerr

TO RECALL THE early days o' ma life is quite easy because it's so vivid in ma memory.

I wis born in a place cried The Big Square, Elphinstone, a minin' village in East Lothian, in a single apartment, on the 18th o' May 1912—two months earlier than what ah should hae been: ma birthday should ha' been in July. As an infant ah moved wi' ma father and mother tae The Wynd in Elphinstone—tae another single apartment—and that's where ah wis raised.

Ah wis the first child in Elphinstone that Dr Spiganovicz delivered. Now what ah know about Dr Spiganovicz is that he had left durin' one o' the revolutions in Russia. It must ha' been in 1905, because they cried him Count Spiganovicz and he wis recorded as bein' a Russian count. But he had studied medicine and he became a doctor and he wis a doctor in Tranent for a considerable time. He wanted ma mother and faither tae cry me after him. So ma name wid hae been Thomas Spiganovicz Kerr! It didnae take place, though. They didnae agree wi' it. When Dr Spiganovicz died in Tranent he got a military funeral. Ah can always remember the gun carriage, draped wi' the Union Jack. Oh, ah wis a guid age then, because ah can always remember him. He used tae address ma mother as Mrs Tommy—ma faither's name wis Tommy, ye see. And ah can remember a clear picture of the doctor, ye ken, a tall, thin man.[102]

Ah always remember the stories in relation tae ma great-grandfither, who seemed tae be a religious man. Tam Kerr wis his name. Ma grandfither was cried Tam Kerr, and, as ah say, ma father was called Tom Kerr, and ah carried on the same name without any middle names.

'Ah went doon the pit at Limeylands, Ormiston Coal Company, at fourteen. The pit wis at Ormiston. That wis in 1926. And the only reason ah went doon the same month as ah started at the pit wis that a pal o' mine cried Jimmy Fleming he got killed in a haulage accident. He fell intae a band rope wheel and got torn apart.'

Ah can remember well ma four grandparents. Ma grandfither Kerr he wis a heavy drinker. He wis a mine under-manager. Ah don't know what qualifications ee had tae have then, but he was made an under-manager. But it wis known for him tae take his own sons frae a soft place in the pit where they could make two or three pound, for his drinkin' cronies tae go in tae get the easy money so that he could get drink. So that wis the type o' man grandfither Kerr wis. Him and ma granny Kerr separated, ah suppose she couldnae tolerate the continual drinkin' habits, and she more or less reared the family on her own. She flitted tae Ormiston.

Ee can understand ma granny Kerr had a considerable struggle tae rear the family. Well, ma father and ma uncle John wis in the coal minin' industry, but ma uncle George he widnae gaun tae the coal minin' industry. They used tae say he wis lazy, but ah think he wis wise tae some extent. He wis awfy interested in cars a' his life. He became a chaffure finally tae a doctor. After the doctor died he went as an orderly tae Edenhall Hospital. There wis ma Aunty Famy and ma Aunty Nan. Then there wis ma Aunty Bet. She's ninety-odds noo and she's in a home in South Africa and she talks about her house-boys. She had a chest condition, that's why she went tae South Africa, on the advice o' the medical profession. And her husband wis a man cried Jack Cessford. Now he belonged tae the Cessfords frae Dalkeith that had one o' the first transport organisations about the area. In fact, he used tae run buses. There were a mysterious fire took place in Cessford's premises at yin time, and the son Jack he went away tae Africa and tied doon a good job and he must have had a good salary. Ah never bothered wi' him. Anyway ma Aunty Bet wanted tae take me wi' her tae South Africa because ah wis her favourite nephew at that time. Ah wis a wee boy at that time. But the result wis ma faither and mother wouldnae let iz. And when ah started tae get wise later on in life ah didnae want tae know Aunty Bet and Jack Cessford, because they were supporters o' apartheid and a' the other things that ah dislike.

As ah say, ma father wis a miner. Ah can always faintly recollect when ah wis a wee boy ma father comin' hame frae the pit wi' a black face. That wis when the First World War took place. Ah can remember ma dad takin' me tae the bottom o' the garden and showin' me a Zeppelin goin' across. Of course, he was in full employment a' that period. But as a result o' war and privation and the other things that happened in working class life, ah suppose he developed a tendency tae become a rebel. In fact, afore ever ah knew that there wis a Socialist Soviet Union ah can always vividly recall that in 1917 ma father used tae gaun aboot sayin', 'Hands off the Soviet Union! Hands off the first workers' country in the world!' It was evident he had some consciousness, of course, tae the struggle o' human beins for a better life.

It wis aboot that period, followin' the 1914-18 War, that ma father was destined tae turn ill. Followin' his illness, wi' the slackness and the 1921 miners' strike, he developed tae be a rebel and as a result o' that he got only periodical employment up until about '26. But from 1926 onwards they wouldnae employ him in the minin' industry. Oh, there wis definitely, definitely a blacklist. When he went tae another pit he still couldnae get a job. And no matter where he went he couldnae get a job. Ah can always remember ma father's auld pals Dick Scott and Jimmy Christie. Jimmy and him and Dick used tae go tae Tynemount colliery lookin' for jobs in the period o' the recession. And the manager—cried Scobie— called ma father in one mornin' and said: 'There nae guid o' comin' back here. Ah've been instructed wi' the coalowners ah'm not tae employee ee.' Finally, his two mates—ah think Masonry had somethin' to do with it—they got employed at Tynemount.

And as a consequence o' the blacklist, o' course, ma father had tae resort tae other things. He got casual work wi' some o' the farmers, doin' the farmers' gardens, because he was always interested in gardenin', and he had greenhooses and the rest o' it. He applied tae the smallholders' association tae help him and he acquired aboot an acre and a half or two acre o' ground and he reared several hunder hens. And he used tae say, 'Ah've got fower goats noo.' He had three sons and the goat that he got! But if it hadnae been for havin' hens in oor small garden—well, oo could get an egg to oor breakfast in the mornin'— and ma father acquirin' the plot, there were many times that we would ha' been pretty hungry. And if things came tae the worst the cockerels that he wis feedin' up for Christmas time tae sell—the neck got stretched and a cockerel went intae the pot. Ma father even had tae go on tae the roads tae dae a job.

But the funny thing aboot village life wis that everybody had a kinship, a relationship. Whilst they could speak aboot one another and the rest o' it—it wis part o' life—if there were a hardship in a family, sickness or the other unfortunate things that could happen, you could be assured that neighbours and other people found their way tae help. A woman would bake half a dozen scones, somebody else wid make extra soup. And them that poached, ah mean, ye could go in the mornin' and get a couple o' rabbits or a brace o' troot hingin' on the sneck o' the door. And if it wis some o' the things they didnae want the polis tae know aboot, it wis put in the bucket at the front o' the door—and ye discovered a pheasant or somethin' else, tae keep the family goin'. The hard-ships that were faced then were crucial. Ah can remember well maself that ye could work a whole day gatherin' berries or at the potatoes. And ye came hame tae a plate o' porridge and fell asleep intae them. Ah can remember these days well.

The other thing wis that in these days ye hadnae very much entertainment like what we have at the present day. When ah wis a wee boy ah wis taken wi' ma faither jist for coppers tae see films at a place in Tranent doon at what they cried the bottom o' the hedge at Well Wynd, cried The Gaff, Snape's Gaff. Ah dinnae ken how it got its name. And they used tae run plays wi' local dramatic groups. The miners had quite a number o' dramatic groups, it wis quite a prominent thing in Tranent. In fact, the Co-operative used tae run competitions and Tranent groups won quite a lot o' these Scottish and East o' Scotland competitions in that line. And I think a man called Willie Sommerville in Tranent at one time had a choir goin'. In fact, the entertainment in the local villages like Elphinstone was a visitin' concert—Wullie Sommerville and these folk comin' tae sing. Ah cannae remember a miners' choir in Elphinstone itsel'.

Thinking on these early days: this Wynd in Elphinstone where we lived in this single end, I think there were aboot five hooses in the raw. The top one wis the only one that had a room. And quite a large family that oo wis friendly wi' a' oor life, the Greigs, lived in that particular house. But it wis the only one wi' a room. But it meant that the daughters and sons were together in the only room that they had. Fortunately for us there were only two boys in ma family in the early days: ma brother Wullie was born several years after me, and ma younger brother Jimmy, who still stays in Elphinstone, wisnae born till a long time after us.

In this single end in The Wynd ah can always remember the old type o' black lead grate. Yer mother spent aboot five or six hoors a day polishin' the clear bits o' steel and pittin' black lead on the rest o' it. The rug that covered the fireside wis handmade: oor old jackets or old clothes were used tae make it. And in these days wi' the housin' conditions it meant that a curtain was pulled where yer faither and mother slept in one part o' the single-end hoose and you slept wi' the two brothers in the other part. If ee required tae go tae the toilet through the night—and even when ee wis a wee boy—ee got up, pulled eer trousers on and down to the garden tae the dry toilet. And in the summertime the flies they congregated at that place, where ee got them even active through the nicht. And the toilet wis only a widden erection that two families used. And it wis a question o' once maybe a week the mothers went doon there wi' Lysol and water and scrubbed the widden seat. And the stench that used tae come oot o' this dry closet wis deplorable. And tae dispose o' the material a hole wis dug in the gardens time aboot, down the length o' the clay and it wis deposited in the bottom o' that hole and filled in. There were no doubt the natural chemical uses, the feedin' quality of the material, seemed tae grow good vegetables— good leeks and pretty hefty vegetables! That's the kind o' life that ye had tae live in these days.

Ah can always remember the square in Elphinstone, the Big Square they cried it. There were a Wee Square and a Big Square. And round the back o' the Big Square—it had two vennels on each side—they used tae gaun through the vennels intae the back where there were a large row o' what they termed dry closets. And in the summertime, ye know, that's where a' the youngsters used tae play, maself included. And the stench that came frae these places durin' the summertime wis atrocious. The facilities were horrible. And ye can appreciate the circumstances that prevailed in the communities then.

Ah can always remember when oo made a break frae oor single end in The Wynd. Rintoul had a chip shop, ye know, on the main street in Elphinstone. And it wis an auld type o' buildin' and it had a clay floor. They used it as a chip shop. But the Rintouls flitted across the street tae another place. Ah can always remember ma father got the chance o' the Rintoul's hoose. Whilst there were no toilet facilities in it—the toilet wis still ootside, ye know—there wis a back room in it in guid condition. And ye ken what ma father din? He spent weeks diggin' oot the inside o' that floor, took a' the clay oot o' it, and discovered that they had kept puttin' rugs on the tap o' rugs, and ah think there were aboot twenty-five rugs that had been walked intae the cley in front o' the chip pans! Ma father put a concrete floor in, and oo moved intae that hoose. It wis the first time in oor life oo, ma brothers and me, had a room tae oorselves, ken.

Later on oo flitted intae a cooncil hoose, of course, at 8 Buxley Road, Elphinstone, and they were modern in these days: a nice bathroom, back kitchen, and a' the facilities. Ma mother and father finally stayed in an old-age pensioners' house, and it wis quite comfortable. But unfortunately they didnae get long enough in it thegither, ye ken, through life's hard tear and wears, difficult circumstances. Ma mother lived on till she wis eighty, ma father lived till he wis seventy-four.

Ah went tae the school in Elphinstone when ah wis seven. Well, ah didnae like the school because oo had a madman as a headmaster, T.G. Young. And he was a Master o' Arts—M.A. Ah always vividly remember the expression o' the adults in the community that T.G. Young wis an M.A.—a Mad Ass. He, of course, used tae gaun intae the school drunk. The only thing ah can recollect that ah liked aboot him—he had a nice motor bike and side-car! But, no, there were teachers—Miss Symington and Mr Lonie, who was a gentleman teacher, he stayed in ludgins wi' a pal o' mine, Rintoul—and ah can remember most o' them they din everythin' tae encourage ye, there were no doubt. Well, ah could read and write and dae a bit o' calculation when ah wis quite young, ye ken. Ah often sit here noo and watch the television and see the opportunities the youngsters get noo tae understand things. Oo hadnae no chance o' bein' able tae understand. It's only when ye get up in years that ye are startin' tae realise what ye had missed in education.

Oh, ah wis a keen reader at the school. Well, the first things that I liked wis jist natural for boys. There were twae comics come oot and ah couldnae judge what kind o' literature it wis as far as the phraseology wis concerned and its ability for grammar or any other thing. But ah can always remember the Red Rovers and the Funny Wonder and the Lone Star Ranger in the *Jester*. And that wis the first things ah read on a Monday. Ah well, it wis bound tae assist in your readin'. Afore ah got doon tae serious readin' of course wis a wee bit later than that.

Ah feenished up at the school jist efter ma qualifyin'. I'd be aboot twae or three month at the higher school. Oh, Christ, ah wis in and oot! Ah wis aboot four month or somethin' off ma fourteenth birthday before ah went tae the higher school. Well, the point is this: ee wis thrown intae industry. In fact, the funny thing aboot it is ma faither didnae want me tae go near the pit. And ah didnae want tae go either. Whilst ma capabilities were jist as guid as onybody else's ah believe, ma appearance wis against me. Ah applied for a job wi' Hay's Cash Stores and ah wis on the shortlist in an interview. Well, ah wis second choice. And the explanation ah got for no' gettin' the job wis that Ronnie Hannay, whae did get it, had three months' previous experience. But ah know that that wisnae the reason. And ah ken the reason. At the interview ah had ma uncle Jimmy's auld jaicket on and ah had ma uncle Jimmy's auld troosers on—they were cut doon tae fit iz—and there were a hole or twae in ma jersey. Ah kent then when ah wis jist a boy that that wis the reason. So that's the reason that ah didnae become a grocer! Ah became a miner.

When ah left the school ah started in Limeylands pit. As ah say, ma father had been blacklisted and no matter where he went he couldnae get a job. In fact, ah got a job nae bother, because ah believe he wis a kindly auld manager at Limeylands and he knew ma circumstances. He used tae take classes at night school and ah went tae night school. In fact, a condition that ah believe wis correct when ah left school wis that ma faither put pressure on me tae gaun tae night school. So ah went tae the night school until ah wis eighteen religiously. In fact, ah took up studyin' minin', motor mechanics—several things. And ah even went tae Heriot Watt's and ah sat ma first examination and ah passed it. But the auld manager and a wee man cried Blaikie used tae say ah had an aptitude for motor engineerin', because ah went tae the classes for motor engineerin'. And they encouraged ye for tae keep goin'. Well, some o' the things that ah didnae get at school, through gaun late they improved yer understandin'. Ah believe it made iz mair convinced tae o' the inequality o' human sacrifice in this world. But ah gave it up 'cause ah felt that as a consequence o' ma faither bein' boycotted and couldnae get a job, ah wis the breadwinner o' the family. And as a consequence o' workin' hard at the coal face even frae sixteen year auld, ah wisnae able tae continue studyin', ye ken. And the wages werenae big when ah went doon the pit.

Ah went doon the pit at Limeylands, Ormiston Coal Company, at fourteen. The pit wis at Ormiston. That wis in 1926. And the only reason ah went doon the same month as ah started at the pit wis that a pal o' mine cried Jimmy Fleming he got killed in a haulage accident. He fell intae a band rope wheel and got torn apart. And the rest o' the laddies that should ha' went doon afore me they were reluctant. So ah stepped forward and went doon the pit tae get that extra twae or three shillins.

It wis jist efter the 1926 strike ah went doon the pit. Ah wis involved in bein' witness tae a lot o' the things that happened durin' the strike, ee ken. In fact, ah had seen part o' the near-revolution in Tranent: the boys stealin' the rubber shoes and the windaes bein' broken and the cheeses bein' rolled doon the street and the lorries bein' tipped up and the police battlin' wi' their truncheons, oh, aye. Ah wis jist mair or less a boy then. In fact, ah can always remember ma faither tellin' me tae stay away, ye ken, whilst he wis involved, along wi' others.

Followin' the '26 strike, for years and years and years after it blacklegs were shunned. If they walked intae a bar it wis very rare they could get a pal tae drink wi' them, or a person tae drink wi' them other than a member o' their own family. And at Elphinstone if any words were borrowed ye could always be sure that it wis brought up: 'You, ya scab! We dinnae forget what you did durin' the strike!' Oh, ah've actually heard it said. In fact, many years after the '26 strike they used tae refer tae somebody's father: 'Beware o' him, because his father was a bloody traitor, a blackie, a blackleg!' And that wis umpteen years after it. Ah know it happened, but personally ah cannae remember it in Elphinstone, that windaes were broken, night visits. Ah don't believe it wis on the basis o' terrorisin' the family, because miners on the whole, ee ken, they respected human beins in a home.

But in the '26 strike the poverty in the homes wis tremendous. Ah can remember as a boy waitin' on the soup kitchen openin' and ee got a muckle big doughy roll, wi' a clatter o' margarine in it and a drink o' tea. Now immediately followin' the strike, as ah say, ah wis gettin' tae the age that ah wis gaun tae start and work. But ah always remember poverty bein' so bad then while we were stayin' in The Wynd at Elphinstone, and a situation where ma mother had turned sick. And no wonder! Tryin' tae make ends meet, the rent fa'in' back and havin' tae be recovered wi' a sale o' eggs that ma father had, or the sale o' somethin' else. And ah can always remember ma mother got the opportunity tae go tae a place no' sae verra far away cried Almondhill. That's where ma grandparents lived on the farm, where ma grandfither, ma mother's faither, worked at that time. And ah always remember ma mother havin' tae send away and borrow a coat—wait until ma Auntie Georgina sent her a coat tae cover her pinafore so that she could travel in the train tae Almondhill.

When oo started in the pit at Limeylands in 1926 , well, it wis 1s.11d. a shift wages. It wis an eleven-day fortnight. Ah think it worked oot at, efter everything wis off, aboot eicht bob a week. But it wis helpful tae ma family ah've no doubt.

Well, the funny thing aboot it wis that at that period in ma life ah started tae take an interest in physical culture, and ah did a lot o' readin' on physical culture. And ah took up courses because ah wis a wee boy and ah wisnae awfy strong. And ah built up ma physique. And the funny thing aboot it wis for a period o' aboot three month when ah wis fifteen ah wis drawin' tubs tae a wee man cried Tom Davidson, and then yin o' the under-managers who wis a brother o' the manager says, 'Tam,' he says, 'there's a place there for you, son, at the coal face.' And ah wis only sixteen years of age, a month off ma sixteenth birthday. So ah got a place at the coal face. Oh, that wis young, sixteen, oh, shairly. The normal age wis between eichteen and twenty. Well, ah got a place when ah wis sixteen. Ah couldnae even fire ma ain shots! And Sandy McIvor, the under-manager at Limeylands, ye ken, the old man was awfy nice tae me. He used tae come in and fire ma shots for iz, because ah wisnae allowed tae fire them. And it wis whit ye cry splittin' stips in the auld minin' sense, where ye had tae hole oot yer full length o' face line, twelve feet wide, and fire a shearin' shot in the corner and then a tail shot in the other end efter it. Well, a pick shaft wis aboot twae and a half feet. Ye had tae gib it—ye know, support it—and lie in below it and take oot underneath that aboot three feet. If ye could get three feet ye had a good shot. Oh, there wis no machine minin' at that stage. In fact, the first o' the shots that wis ever fired at ma place wis what they cried pirns o' pooder. And, oh, they were acrid in smell. They werenae very comfortable. They went on tae other types o' explosives after that, which were a lot better as far as daein' the work wis concerned.

When ah worked wi' Tommy Davidson drawin', ma wage ah think it wis either 7s.2d. or 7s.4d. or somethin' a shift. That wis a big increase then on what ah'd begun wi' at age fourteen. Ah wis workin' like hell for it, of course. And then later on, when ah went on ma own, ee could earn in the region o' aboot nine bob. But ee had tae produce extra—ee was on ton rate, ee see. But that wis aboot the maximum ee could make. And ee had tae have good conditions tae earn that. Normally the wages wid be aboot 7s.6d. That wis before the 8s.4d. a day came into operation.

Limeylands wisnae a big pit. Oh, ah think there were aboot 800 miners there. And then finally the machines come in. Now the first machines that wis in that pit would be in the region o' aboot 1928, 1929, or that, jist aboot the beginnin' o' the '30s. And it wis under-cuttin' machines. The first yins were, oh, horrible creatures. Ah believe they were in other pits long before that, ye know. But that Ormiston Coal Company hadnae the under-cuttin' machines until the '30s.

The Ormiston Coal Company had quite a number o' pits, wee pits. They had Limeylands—that wis ca'ed the Bog—Tynemount, Airfield. But ah didnae stey there in Limeylands, ye ken, ah wis comin' and goin'—no' satisfied wi' conditions, and them tellin' ee that ye werenae gettin' nae mair. Ah jist used tae pack up and go. Ah wis in the Fleets pit, ye see, ah wis in Fleets periodically.

Ah remember in relation to victimisation when ah wis a young miner ah wis a bit o' a nuisance in the agitation sense in Ormiston pits. Oo wis fightin' for water money and tonnage. And ah think it came from above, because ah always remember Jim McIvor, who was manager, the aulder brother o' Sandy McIvor—and a verra nice man—he came tae me. He says, 'Tom, ah'm gaun tae give ye every opportunity tae earn money.' He says, 'Ye're a young man and ee're strong and ee're daein' a guid job and,' he says, 'if you take a job on the back shift, fillin'…' What they said was cundie coal—that's the coal that wis left wi' the previous shift, that wis the name they had for it: cundie coal. And ee filled that and ee got a wee bit bigger ton rate. Jim McIvor says, 'When ee get that cleaned up, he says, 'ee can take the loose coal o' the cuttins off the roadheads.' So ah says: 'What shift's this supposed tae be on? It's bound tae be back shift?' 'Aye,' he says, 'it's back shift.' Ah says, 'I'll be as weel deid, Jim. Ah'm verra active. Ah cycle, ah like ma sports club, ah box, an',' ah says, 'ah keep masel' fit an',' ah says, 'ah've a lot o' pals on the same shift—day shift.' An' ah says, 'Cheerio, and you won't see me back again. If that's yer way tae get rid o' iz ye've succeeded.' And ah left and ah finally got settled in elsewhere, of course. But it shows ye the kinds o' things that happened tae a young man in these days. In fact, if it hadnae been for the 1939-45 War comin' along, ah'm certain the pressure would ha' been put on a whole host o' ma kind. There were no doubt, because ah always remember a significant feature o' bein' an agitator and fightin' for conditions, ee see, wis that in these days ee didnae win ee're place at the coal face wi' a draw oot the hat for a place: ee were put in the place. And if you were workin' wi' a contractor and the contractor got this information frae them that employed him ee wis put in the worst place—the yin wi' water, the yin maist difficult tae work—because they always had a method o' tryin' to get at you and tone ee down.

Ah can always remember a manager sayin' tae me when ah wis a young miner, 'Tam, it's taken us ten shillins a ton tae fetch the coal in Limeylands tae the pithead.' He says, 'Oo can go tae Leith Docks and get it frae Poland for eight shillins a ton. So there'll hae tae be tuppence comes off yer ton.' Well, you can appreciate the circumstances that that brought aboot, because miners met in the place where they got their piece in the pit, or in the sections that they worked in, and talked aboot thae things. And gradually a militancy developed. And ah think it wis in 1935 oo had yin o' oor first strikes. There wis one for five days and yin for five weeks. And ah can always remember Andrew Clarke, the Miners' Union secretary, wi' his bowler hat and umberellae come and talked doon tae the men, and they werenae havin' it.[103] And from then on ye had the development o', well, people boycotted in their own place. For instance, Alex Cameron had tae leave Tarbrax and he come through here tae the Lothians and some organisation had tae take place because he couldnae even get a job. And he wis finally elected as a checkweigher—and the tremendous difference that made![104] And from there, wi' the activities o' a man cried Wullie Selkirk, and o' George McLaren, who became a director o' the Coal Board in later years!—wi' their activities changes took place and we that were younger of course associated ourselves tae the progress.

In fact, ah can always remember when pithead baths were first built at Fleets pit. There were resentment because it wis a lot o' money, ye know, in these days—9d. off yer wages tae pay for the baths. And ah always remember Alex Cameron sayin' tae me, 'Tam,' he says, 'ye are a spokesman for young folk.' He says, 'Dae a bit o' campaignin' and accept the baths,' he says, 'because ah can assure ee the battle's on tae get them free.' Ah, well, that came true later in history. That battle continued tae get them as a part o' the necessity for tae make life tolerable for miners gettin' washed. In fact, it went further later on, because some o' the campaignin' that ah masel' and others din for such things as laundries, free protective clothin' and a' the rest o' it came aboot much later on and it wis well worth a fight. Once ee had a wee bit o' success in one campaign the coal owners and that recognised it tae—and that's why there wis as much resistance by them tae giein' away anything.

So when ah wis sixteen year auld ah became interested in the union. Ah believe the contacts wi' Wullie Selkirk made iz interested. Wullie Selkirk wis the trade union branch secretary—Mid and East Lothian Miners—for these pits. And Wullie Selkirk was the brother o' auld Bob Selkirk.[105] Wullie wis a member of the Labour Party, of course, and he wis a councillor. Ah used tae hae discussions wi' Wullie at ma work and he used tae bring oot books, the history o' the labour movement. Ah can remember yin wis the Tolpuddle Martyrs. Oh, Wullie brought a whole host o' literature oot and he introduced me tae *The Ragged Trousered Philanthropists*, tae Leontev's *Political Economy*.[106] They were a' designed tae get ee readin' and make ee think. Well, ah liked readin'. But ah believe ma tendency tae read wid have been on a different line if it hadnae been for the introductions, ye ken, by Wullie Selkirk. He aroused ma interest in becomin' an organised trade unionist.

In fact, ah got an introduction wi' that man tae the auld stalwart Shinwell. Ah got an introduction in Tranent tae Shinwell through wee Wullie Selkirk. And ah can always mind o' auld Davie Kirkwood comin' and addressin' meetins and Jimmy Maxton. Maxton used tae come there tae Tranent tae the old Independent Labour Party.[107] Of course, there were a whole host o' I.L.P.ers in oor area at that time. The I.L.P. were pretty militant in the East Lothian area, and there wis good organisation o' political Lefts. Robert Logan, for instance, was so Left. Robert Logan was a miner, he worked in the Fleets pit. Ah cannae gaun intae the details o' the awkwardness that come intae his life. But he wis persecuted, victimised, and he wis forced tae emigrate, well, his life wisnae worth... And it wis because o' his politics. But he played a part in mouldin' ma ideas, a straightforward, decent, fightin' workin' class man. So he went away. Ah think he finished up in Canada. He became a tycoon—a landscape gardener! Melrose, he wis another good man. He was a Labour cooncillor in

Tranent or Macmerry and he wis in the I.L.P. tae. Ah cannae mind his first name.

Another man that played an important part in ma life politically—and this must have been early on, oh, in the '30s—auld Bob Paterson. An old man, I think he wis along wi' Wullie Baxter, and both o' them had been trade union officials durin' and prior tae ma period o' time, ye ken, and they had a tremendous record in the opinions o' the workers as bein' the kind o' fighters that wis required. Auld Bob Paterson played an important part in mouldin' me. Auld Bob wis a member o' the Communist Party and Wullie Baxter wis a member o' the Communist Party. And there nae sayin' that the whole o' the Watters family— George Watters fought in the International Brigade in Spain—these folk played an important part.[108]

Ah wis never a member o' any other political party before ah joined the Communist Party durin' the Spanish revolution in 1936 or 1937. In 1931, I think it was, ah can remember there were only five or six Communists that ah knew in and around Tranent. But at the time ah joined the Communist Party the Party grew. Ah wis influenced tae join the Communist Party wi' readin' the *Worker's Weekly* and the *Daily Worker*.[109] And ah wis influenced wi' listenin' tae the broadcasts frae Bilbao radio on the Spanish revolution. So ah joined the Communist Party partly or mainly as a result o' the Spanish war. But though ah didnae join any other party before then, ah mean, they had a tremendous influence in formin' ma opinions like, ah mean, the necessity o' fightin' the boss class, the importance o' a union tae the workers, the determination in yer lives tae win socialism, ken, in the social means tae end the exploitation o' man by man. A man'll get what he produces for use in a distribution system that encourages him to buy back off the markets that he produces on to. And there's no doubt that ah wis convinced through the contacts wi' these folk that that had tae be the steps taken tae win the progress necessary tae achieve these things.

So ah wis aboot 24 or 25 when ah joined the Communist Party. Only one reason why I never joined the Labour Party or any other party before then wis because there wir organisation in the trade union movement, and by the way I had attended trade union meetins and other things. And the folk that appealed to me most in the movement because o' their honesty and their sincerity were the I.L.P.ers and the Communists. Now the I.L.P.ers of course became the victims o' the smash o' the Labour right wing. There were a man locally—he wis the chairman o' the council—and George Ross wis one o' them,[110] and there wis a wee pumper in the pit, now what wis his name? But anyway these folk used their influence inside the trade union, and any time they did make a contribution it wis tae upbraid or to oppose people that were wantin' somethin' din for the majority. And it seemed tae me that their attitude wis an attitude that things should stand still, that there shouldnae be any chinges. And they continued in that line, till finally, what ah mean, with the world changin'—and the Spanish revolution wis a big example o' the workers fightin' tae defend democracy, no' tae establish somethin' but only tae defend the democratic government that had been elected—it wis a lesson tae me that the forces o' reaction and Fascism developin' a last ditch stand wid throw everything intae the battle tae destroy any progress for humanity.

Aboot joinin' the International Brigade maself, well, the funny thing, ye know, ah kind o' regret it tae some extent. But there wis only one time ever there wis an approach, and it wis a casual meetin', because ah hadnae been in nae party at the time, ee see. And it wis Fred Douglas frae Edinbury. But he wisnae Communist Party organiser at that time. It wis after that he wis made organiser. And Fred Douglas wis addressin' a meetin' in Musselburgh, ah think it wis, or Tranent. But anyway ah never drunk then, never took a drink. But ah used tae go intae the pub tae meet, ken, some o' the pals, and ah met Fred Douglas either when ah wis comin' oot or gaun in and the question wis raised aboot recruits for the International Brigade. But it never went nae further. Oh, well, ah never volunteered.[111]

When ah joined the Communist Party at Tranent aboot 1936 or 1937, well, there were Bobby Neil, Bob Paiterson, Alex Neil, Bob Watters—there would be aboot seven members, ah think. But some o' them ah'm talkin' aboot come in efter ah joined. But old Bob Paiterson had been a member o' the Party in name at least. He had joined the Party away back in the early '20s, when they were in the Federation o' Labour. And he had continued his contacts, and whilst he maybe didnae pay dues he wis recognised as bein' a Party member. The Federation o' Labour wis really the Labour Party. The Communists, the I.L.P., and the whole lot was in that Federation o' Labour. It didnae break up until 1920, and it wis the right-wingers that excluded the Communist Party. The Federation o' Labour included a' organisations o' the working class. It wis 1920 that the Communist Party wis formed. [112]

Well, after ah joined the Communist Party ah wis made the secretary o' the Party. Oh, ah started tae work and ah wis elected as a delegate at Fleets pit. And ah became prominent in the Co-operative Board agitation. In fact, ah wis beat wi' one vote for the Board—and the Party members never turned oot tae vote for iz! So ah became well known. Oo used tae dae street meetins, and agitate, and above all get representation o' workers at the colliery. In fact, ah recruited in the period o' aboot, oh, four months aboot twae hundred folk tae the Communist Party. That wid be jist immediately after the Spanish war and jist immediately before the Second World War. That's when maist o' that work was din. Oh, at one time we had a tremendous amount o' influence in Tranent.

The signin' o' the Nazi-Soviet Non-Aggression Pact in 1939 didnae affect the membership in Tranent. Ye see, these things they jist became nine days' wonders, because we were able tae convince folk that nae maitter hoo much propaganda wis raised… Ye see, we explained what the Soviets were afraid o', where there were gaun tae be a United Europe, includin' Britain, and it wid make it mair difficult for them. And ah'm certain the folk understood because oo yaised tae hae public meetins, street meetins, and explain. Oh, there wis nae fallin' away in membership, no, no, membership grew in strength. The Russo-Finnish War affected membership tae a wee bit, well, some dropped oot the Party, och, nothin' tae talk aboot. We recovered quick enough again.[113]

When ah joined the Mid and East Lothian Miners' Association after ah became a face worker when ah wis sixteen ah widnae take responsibility for, oh, five or six years. Ah used tae say, 'Naw. There are aulder folk than me can run for office.' Until finally ah wis left no choice. And ah think ah wis 29 when ah wis elected on tae the Board of the Mid and East Lothian Miners. Before that ah had been associated, nominated for different wee jobs, ee ken.

The Mid and East Lothian Miners' Association wis a' the pits in Mid and East Lothian, wi' a membership o' so much—now ah cannae jist remember. Some o' them had joint membership, like Newbattle. And they had one delegate, and they had so many Executive members from the area, ye know. The Association had three agents—a secretary and two workin' agents. Bob Burnside wis an agent,[114] Peter Chambers wis an agent, and Andrew Clarke wis the general secretary. And then they had a treasurer, tae—what's his name now? Ah forget the man that used tae be the treasurer.[115]

Andrew Clarke, oh, ah met Andrew Clarke. But he wis the type o' man he had a lofty attitude. He seemed tae want tae stand—ah suppose it wis some o' the tricks o' the trade—as he wis standin' on the stage a' the time. Ah'm no' criticisin' the man's dress but ah had mair time for a man wi' a bonnet and an auld jacket but clean than for Andrew Clarke's umberellae and his bowler hat. Oh, he always wore those when he came tae meetins. And there wis things said in these days tae of course that the opposition tae miners like the boss class helped tae spread around. They used tae talk aboot the Federation greyhound, and ah suppose that Andrew Clarke and his son maybe got the greyhound on their own. But they used tae say that that's where the trade union funds went tae—on the 'Federation greyhound'. See how they undermined the whole development o' the struggle and fight? And there were no doubt that there could be some truth in it. But it wisnae a' true. Well, ah wouldnae say that Andrew Clarke had helped the movement forward tae any great extent. If anything, wi' ma recollection o' some o' the things that happened he wis mair o' a force tae prevent progress, because he wis right wing and he tied hissel' up wi' a whole host o' folk in Prestonpans area—there wis a man cried Rowan wis a delegate, and in fact his son Joe wis a delegate after him, and a whole host o' others—that played the right wing game on the Board o' the Mid and East Lothian Miners' Association at Hillside Crescent in Edinbury. There's some o' it very vague, ye know, in ma memory but there's some things do stick. And from the time o' a strike that we had in Limeylands in ma early days in the pits ah had a disrespect for Andrew Clarke. He wis tryin' tae talk doon tae men that were sufferin' starvation tae try and win a point. Andrew Clarke and the other agents wis elected for life. It wis very difficult tae get them oot o' office. Ye have tae be able tae command a two-thirds majority. In fact, as Communists we conducted a campaign over a period o' years, whilst Alex Cameron wis an official and Guy Stobbs and many others were officials and they always supported the idea, that there should be re-election every five years.[116]

The Board o' the Mid and East Lothian Miners' Association used tae meet—ah think it wis yince a month oo met—at Hillside Crescent in Edinbury. Well, ah can remember the Board bein' 29 members in all before ah went on aboot 1941, but it dwindled doon tae 21 or 18 or somethin' finally, ye ken. So ah wis in the organisation when they transferred tae the National Union o' Mineworkers in 1944.[117]

In the Mid and East Lothian Miners' association the branches wis pit branches. Each pit had its problems tae deal wi' itsel'. Now if ye had difficulty ye sent a letter tae Bob Burnside, one o' the agents, or tae the general secretary. He put an agent on tae it. It could be Petie Chambers or Bob Burnside that come oot tae the pit tae discuss that question and try tae resolve the dispute. Well, as ah have said, there were a limitation tae hoo far they were prepared tae go. Ah suppose in their earlier age they wid be deemed as revolutionaries. But if ye compare the idea o' changin' society as ah know it today they werenae prepared tae fight or work tae the same extent. They got appointed tae a union job and it wis as easy as they could make their job. And no doubt that the coalowners at that time had a tremendous power. When ee consider the Association o' coal owners that were in Britain at that time before the Second War, the Miners' Federation o' Great Britain had a difficulty in dealin' wi' them.[118]

Ah liked Bob Burnside. He wis an efficient enough man and he wis a friendly man. Whilst ee compromised in the present age their compromise in that age wis a subdued compromise rather than a revolutionary compromise.

Petie Chambers on the other hand blotted his copybook. At yin time Petie wis a right militant. He used tae fight for conditions. In the early days he wis a fighter and he had the courage at yin time tae go intae the Lady Victoria colliery and withdraw the fires durin' a strike.[119] So there must ha' been somethin' in him at yin time that made a contribution tae the struggle o' the working class. Then he went like a lot o' other trade unionists tae the drink and became a bloomin' nuisance in the movement. Everybody lost respect for him because o' his drinkin' habits, and his association wi' women that he boasted aboot. In fact, ah can remember away far back when ah wis jist a boy, ma faither wid be takin' me by the hand, and we went doon tae a meetin' at Prestonpans: A.J. Cook wis speakin' at Prestonpans. But ah can always remember A.J. Cook climbin' on tae the platform and Peter Chambers gettin' up at the back o' him. Cook says, 'Ah dinnae want that man on this platform.' Cook says, 'The quicker ye get rid o' him and heez kind the better for the organisation.' So even in thae early days Petie Chambers wis jist disrespected in many ways.[120]

Petie Chambers wis a friendly enough type. Ah wis very friendly wi' his boxin' son Josie Chambers and he stayed in Dalkeith. His other brother wis a cobbler and he stayed in Musselbury, and ah believe that Auld Peter lived doon aboot Musselburgh or Wallyford area. Ah remember when ah worked for a short time at Smeaton pit at Dalkeith ah helped tae organise some activity and it meant action o' the miners. And the result wis Peter Chambers come oot tae the meetin' and the miners shouted him off the platform. Somebody wid shout up tae Peter, 'Gie us a report o' the conference, Peter,' he says. 'Tell them aboot ye lyin' in the jail and gettin' the report oot the newspapers.' They kent that wis the kind o' thing that wis happenin' wi' Petie and at that stage he wis disrespected. And when he came near the end they used tae send Petie oot on these tribunals and ah know for instance that some o' the opposition that sat on these tribunals, chairmen and others, jist laughed at Petie and he wis treated at the end o' his life wi' disrespect. But when ye think back ah suppose that them that want socialism in oor age'll maybe record that Tammy Kerr, whilst he claimed tae be a militant, wis a softer militant than them that finally achieves the goal, ye ken! And ah believe, in accordance wi' the age ye live in, the diffi-culties that ye run against and the measure o' support ye get frae the commu-nity and yer workmates makes a' the difference in the world tae the character o' the person or hoo far they can take things.

The agents o' the Mid and East Lothian Miners' Association were elected for life. And they were elected wi' a branch vote. And there were folk came tae the branch meetins on these occasions that ye never seen for the rest o' the year, because they had been got at. And there were a whole gangin' up process. And ye could only counter the right wing by doin' the same things that they wis daein', tae try and get a bigger majority than them there. Oh, there wis quite a bit o' division between the left wing militants and the right wing within the Mid and East Lothian Miners' Association, no doubt about that.

The other miners' county unions in Scotland in these days, well, ah wid say that Fife wis outgoin'. Long afore the period when the United Mineworkers o' Scotland wis born, Fife were outgoin' in the sense that some o' the barriers wis bein' broken doon and they were projectin' theirsel' intae the Lothians. A whole host o' these folk that ah mentioned were U.M.S. members.[121]

Well, in the late '20s and in the '30s—that's when Abe Moffat wis comin' through difficulties—ah got acquainted wi' the names o' some of the militants in Fife and Lanarkshire through some o' the boys that had joined the United Mineworkers o' Scotland. And ah got to know some o' their activities, for instance as workmen's inspectors—somethin' that didnae exist in East Lothian at that time.[122] They were away ahead in the revolutionary fight. So ah heard aboot them. So the battle wis on in the '30s tae transform the trade union movement in such a fashion that wis gaun tae bring about the National Union o' Mine-workers finally, and tae unite Scotland especially—insteed o' havin' county unions meetin' as county unions, that there should be Scottish conferences and all the other things that developed from that fight.

Ah wis in Musselburgh one night and it was on the threshold o' formation, so ah went tae ma branch meetin' on the Sunday and ah explained. Ah says, 'Ah don't know a' the details but,' ah says, 'there's one thing evidently certain that in the fight that's gaun on in Fife, along wi' some o' the boys that's in the Lothi-ans here, whether auld Chairlie Plain or Wull Lindores or any o' the aulder hands likes it or no',' ah says, ' these boys are fightin' tae improve and unite the forces o' labour in the mines, tae make changes.' And ah says, 'There's a post comin' up and we'll be votin' in it and ah'm gaun tae take the opportunity now o' nominatin' Abe Moffat.' Ah says, 'In Fife they've got workmen's inspectors—somethin' that we've no' got here in East Lothian—workmen's inspectors that can dae a tremendous job in the safety o' miners in their localities. So we should be in a similar position to do it here. And thae people's leadin' the fight. So ah would move that Abe Moffat…' Ah forget what post it wis that wis comin' up. Ah always remember that an auld man cried Geordie Lamb got up at that branch meetin': 'Abe!' he says, 'Abraham. That's a Jew frae Fife!' Ken, that wis the atti-tude they took. And on that occasion ah think oo got beat. But oo went back again and persisted and finally the changes were made. Sandy Cameron wis elevated tae become an agent.

The U.M.S. had yin branch, I think it wis, in Mid and East Lothian. Now ye'd hae tae look the record back tae find oot, but ah think there were only yin branch, because ah always remember ah supported them—and ah wisnae a member. Why ah never joined the U.M.S. masel' is a question ah couldnae an-swer for ee. Ah cannae answer it for masel'. Ah suppose it wis jist ah supported the militants. Maybe it's because ah wisnae approached. That wis before ah really became active in the Mid and East Lothian Miners. But ah used tae go tae Carberry wi' Sandy Cameron and ah can always remember them a' meetin' in Prestonpans. So ah reckon there could be only yin branch. But they projected theirsel' until they influenced Carberry pits and other pits in the area. Oh, there wis quite a number o' them in the U.M.S. in the Lothians, but it wis a small minority in comparison tae the amount o' miners that wis in the county union. Ah reckon there were bound tae be, oh, 7,000 or 8,000 miners in Mid and East Lothian in these days.

Ah suppose the simple reason that the United Mineworkers o' Scotland didnae make so much progress in Mid and East Lothian as they did in Fife or Lanarkshire is the restriction in the resources, because that's the first time ah heard aboot Proudfoot, Alex Moffat, McArthur, Abe Moffat, and the lot o' them.[123] The only time ever ah heard anything aboot them wis durin' the activities o' the U.M.S. And ah supported everything that they stood for. Ah knew the background tae that struggle wi' William Adamson, MP, in Fife—a bloody rat— and the struggles that wis goin' on in the trade union movement.[124] And there's no doubt that there were a whole host o' folk knew about the U.M.S. in the Lothians area, in Mid and East Lothian.

In Midlothian and East Lothian everything wis mair progressive, far better organised below Dalkeith, east o' Dalkeith. East Lothian wis better organised than Midlothian. Well, East Lothian started doon aboot Wallyford area, and East Lothian pits were far better organised. Well, they werenae prepared tae accept the subjugation and attitudes o' folk like Mungo Mackay.[125] They fought them. Oh, ah think Mungo Mackay wis quite an imporant influence on the Midlothian miners' organisation, oh, decidedly, decidedly. The ruthlessness o' the type o' Company—the Lothian Coal Company—they had, there were no doubt about how well organised the Company must ha' been. Ye see, the other thing is ye can measure it by the wealth o' the coalfield, tae. The resources o' mineral wealth in that area—Midlothian—made them powerful. Whereas in East Lothian it wisnae so much so. The conditions were worse in East Lothian—poor seams, water, and a' the other uncomfortable things. That made the miners in East Lothian decidedly more militant. Better workin' conditions in Midlothian made the miners less militant. Oh, there's that, along wi' the financial power o' the Lothian Coal Company tae, because when ee have the conditions and ee're producin' the goods, well, their resources was bound tae be tremendous in comparison. Well, in Mid Lothian there wis the Lothian Coal Company and the Arniston Coal Company, and in East Lothian the Edinburgh Coal Company and the Ormiston Coal Company were the main yins. Well, the Edinburgh Coal Company wis Prestonlinks. And doon on the coast at Prestonpans and Port Seton ah believe they were Deans & Moore.

Ah believe on the major issues there were a close affinity in the activities o' trade unionists. In fact, the militants were united in their attempts to improve conditions. But in the local villages, ah'll tell ee, though, when it came tae sport there wis some difference—rivalries. It wis football, and the local derbies used tae throw up a whole host o' troubles, even tae the extent o' fisticuffs durin' and after the match. Well, miners in the localities of course had very little recreation other than their local sports. The younger element played football, the spectators were the aulder element, and ye got the older generation liked their anglin'. There were a section o' the community liked their poachin' and they went oot wi' their snares, their whippets, and they carried on in that fashion.

Ah can remember well, in a place cried the Pantry Gate in Elphinstone, where the quoitin' competitions used tae take place between rival villages and between rival teams in the same village, there were some hectic days' sport. As laddies, prior tae their games at quoits we used tae gin up and foul the end in a devious way—tae pour water in, and mix up their clay and pit their pin in—tae see the reaction when they came tae play in it! They werenae very happy at some o' the things that we did!

Ah wid say that rivalries didnae exist in the one village tae any great extent. Ah mean, ee got miners meetin' on a Saturday night after a week's work and they couldnae go tae a club like what they can nowadays. They used tae meet in Elphinstone at the licensed grocer's, a man named Tam Fortune. And next tae the licensed grocer's there were a narrow close. The close wis the road intae his back door tae get his supplies o' bottled beer. They didnae sell draught in these days, but bottled beer. The miners used tae sit on their hunkers, as the old minin' expression is, and drink their wee heavies and their brown ales and their porters from aboot, say, six o'clock right till shuttin' time. And as boys we used tae sit on the Memorial—it wis a monument tae the First World War heroes—and wait on the fisticuffs startin'. Because ee always got somebody that felt he wis better than another yin. Arguments did arise and it finished wi' a squarin' up. But ah wid say one thing for these days. If men or youngsters fell oot it wis always clean sport, in fact the Queensberry rules were observed. There were no knives and no boots. In fact, if a person did attempt at any time to use foul means he was shunned by his fellow men. Sometimes an argument wisnae settled because the local bobby Jimmy Pryde or somebody else wid come on the scene and brek it up. But they used tae make an appointment for the Sunday mornin' in the March Wood and finish it there in a sportsmanlike fashion. But by and large, ah believe, the majority o' persons in these days couldnae afford tae drink and their families came first. And ah believe it wis them that were better off—quite a lot o' contractors in the coal minin' industry that had so much a light or lamp off o' their fellow men—that used tae be able tae enjoy the pursuits o' drinkin'.

They used tae cry Elphinstone in the 1930s Little Moscow. There wis only one family in the village never took the *Daily Worker*. It wis the Higginses. They were Roman Catholics and Matt Higgins widnae hae it. The Higginses were very nice folk, no doubt. Matt Higgins worked on the land and ah believe he worked on the roads at one time and he had quite a large family. It wis the only family that ah couldnae get tae buy the *Daily Worker* at that time.

There werenae a church in Elphinstone as such. They cried it the Chaipel and it wis Plymouth Brethren. A family o' MacFarlanes used tae rule the roost there and follow their Gospel habits. In fact, they used tae gaun on tae the street on a Sunday night, like the Salvation Army did, wi' their organ. Well, if ye can cry it entertainment, they played away and sung away there for several hours and lectured the boys that used tae meet on a Seturday night or a Sunday mornin' aboot evil doin', ye ken.

But Ormiston seemed tae be a different place. What ah mean, there were a history associated wi' Ormiston. The great Moffat, he wis a pioneer in prospectin', ah suppose, and he went tae Africa and elsewhere and he wis a legendary name.[126] But they did build churches in Ormiston. And somethin' that struck me very forcibly wis ye got the managers o' the coal companies and ye got the coalowners—the Hydes and them—who had their special pews. And they used tae get placed in their special places in the church. And then the oversmen and under-managers, a similar situation existed for them. And then ye got the aspirin' type o' individual that used tae go wi' his bowler hat on and his coat tails, tae be identified wi' the religious habits o', ah wid say, the rulin' class. And that continued for a number o' years and ah believe, whilst ee couldnae cry it intimidation, it subjected people tae this kind o' life.

And then Prestonpans and Port Seton area was the Orange centre. There were some Orangemen in Tranent, and ah believe the leanins o' a few in Elphinstone to extreme Protestantism did exist.

There were no real religious bias in any shape or form that showed up in the union. Well, ah believe there was some in Tranent area in the latter years o' the registration o' the Communist Party, because Catholics themselves have come tae me—nice workmates, good fellows—and said, 'We've been instructed no' tae vote for ee. The priest had a special meetin'. Ye might be a guid delegate in the pit but ah'm no' tae vote for ee in the local elections.'

Ah've mentioned the contractin' system earlier. Well, ah helped tae destroy the contractin' system in the Fleets pit, and it wis finally destroyed elsewhere, tae. Ee see, in some collieries the men didnae negotiate under the contractin' system. The contractor wis called into the colliery office wi' the manager and he wid say tae him: 'Ah've got a contract for you, Alex. Now ah'm proposin' that oo negotiate a rate. Now ah dinnae want the men peyed nae mair than basic rate. Ye can pey them below it if you want.' And that happened, because they wid maybe have a man that wis desperate for a job and if the wages wis 8s.4d. ee found oot later on that that man wis only gettin' 7s.6d. because he had got a job. But the contract was sometimes built on tons or fathomage advance, and the contractor who paid the wages pocketed everything above the wages. And on top o' that sometimes he got so much per light or lamp—for each man, that is. If he had 35 men he maybe got 10d. a week for each light, each headlight, each man. In fact, it wis so apparent that when ee met contractors they could go tae the pub and they were drawin' oot pound notes and fivers frae their pockets. And we never seen fivers in these days. The maist o' the average wage that wis taken hame by the miners wis aboot £2.10.0 or £2.8.0. That wis later on, of course. The point is this, the contractors could draw oot handfu's o' pound notes in the pub and drop them on the flair. And they were swingin' up and doon drunk and they had their ain car waitin' outside on them gaun oot. They were the only folk in the community in these days that had cars. Oh, the contractors lived in the village, in the housin' scheme along wi' the rest o' the miners and their families, the same housin' conditions. A bit better off—better furnished and a' the other things. Oh, the contractors used tae go away frae Elphinstone on a Sunday wi' their cronies and somebody drivin' the car for them when the pubs shut in Gifford or Haddington or elsewhere.

Oh, there wis division in the community in these days wi' the contractors employin' miners but peyin' them the lowest possible wages, oh, decidedly. Ah can remember well one man, a fine auld man, Auld McNeill. And he used tae go tae the Plough Inn tae get paid—at the Plough Inn! Ee met the contractors there and they gave you yer wages. And in the first instance that wis an encouragement for young folk tae start drinkin', because ee met a' eer workmates there at the pub. They were there for their wages tae, some o' them older, ye know. And that's hoo things developed in eer life.

Well, it wis known for miners tae beat contractors up, ah well, get involved in a fight. Maybe, ye know how an argument starts and words borrow words, and finally... And the resentment! In fact, oo widnae ha' been able tae break the contractin' system if it hadnae been for the obvious resentment that built up. Ye can imagine a miner gaun hame tae the hoose and he has tae sit and watch the bairns tae let his wife oot tae the pictures. When she comes in he gins up tae the pub aboot half past nine, jist before closin' time in these days at ten o'clock, tae get the one pint and then back tae the hoose. And in the pub he witnesses the contractor he's workin' for throwin' pound notes up and doon a' the place—and he learns tae be able tae calculate and coont up and what he's got in comparison! In fact, it was known that when some o' the contractors were drunk they boasted about hoo much money they could get above somebody else. Ah had a guid-brother a contractor and he wis one o' that ilk, he thought he wis the best man in the world, though he didnae live very auld. In fact, if contractors turned sick and were taken tae 'ospital they had tae take the pay packets intae there wi' them tae be divided oot among the miners. Ah think it wis a ridiculous situation.

Well, at the Fleets pit masel' and a wee fellae called Sandy McNeill o' Tranent and Will Lindores, who was an old trade union secretary, wis determined tae break the contract system in the Fleets. Wee McNeill wis a guid wee man tae a considerable extent. He wis anti-Communist but pro-Labour, he wis a Labour councillor but he wis a guid trade unionist. Ye could always depend that he wis there in a struggle. And ah said, 'Aw, oo've got tae get rid o' it.' But the weapon that the management and the contractors used tae use over ye, ye know, wis that tools cost a considerable amount o' money. So oo organised and the men agreed tae try tae end the contractin' system.

Ah went and seen Davie Livingstone, the manager o' the Fleets colliery. Davie wis church mad and he always talked aboot the women gaun doon the street wi' their bits o' paper glowin' in their mooth, ye ken. And he had a particular attitude tae human beins that wisnae verra nice at times. But Davie Livingstone wis the type o' manager if he'd made an agreement wi' ee he stuck tae it. So ah says tae him, 'Now the men have decided they want rid o' the contractors and there's no use o' us marchin' intae this stupidly because,' ah says, 'your friends the contractors are sayin' they'll have them back in a fortnicht again.' And ah says, 'That'll no' be true because if it's organised properly and the men sees the advantages, you'll get better work because they'll no' be gettin' exploited wi' you and wi' somebody below you. And,' ah says, 'oo want assistance.' Ah says, 'The main thing that the men need—they can buy shovels themselves, and some o' the things they'll hae theirsel'—is borin' machines and suitable picks.' Then ah got the shock o' ma life because Davie Livingstone says, 'But how d'ye propose that ah can help ye?' Ah says, 'Ah'll tell ee, Davie,' ah says, 'a line for the Co-operative because,' ah says, 'ah've been at the Store manager and he's got sufficient equipment there tae get the seventeen runs where the contractors were usin' borin' graith especially.'[127] 'Well,' Davie Livingstone says, 'I'll gie ye a line,' he says, 'but they'll need tae contact me aboot the cost and,' he says, 'ah'll keep it off the men's wages at so much a week.'

Well, Black and a whole host o' other contractors at the Fleets agreed tae hand over the contracts tae the men at the coal face. And ah always remember a man called Alex Forsyth wis the last contractor tae contact. So he wis the last stumblin' block. So ah went and met him in the baths and ah says, 'Alex, the men have decided tae take the contracts over themselves.' 'Oh,' he says, 'oo'll get them back in a week. They'll no get any graith. They'll be comin' beggin'.' Then we told him, 'They'll no' be needin' your tools, Alex. You'll have them in the coal hoose long after the pit's closed.' Little did Alex Forsyth know that ah had went and seen Davie Livingstone aboot it a'.

Well, oo broke the contract system in Fleets. And it jist spread like wildfire everywhere. It went on tae a pool system. Now the men's wages in Fleets—and the wages then wisnae verra big, ye know—but they went up wi' as much as £2.10.0, £3, and £5 a week after that. So it showed ee how much…Ah, well, the attitude o' the men in Tranent was that when folk couldnae afford a car or onythin', some o' the contractors were runnin' aboot wi' a chaffure or somebody drivin' their car tae the pubs on the Sundays—away tae Haddington, Pencaitland, Gifford, and they were comin' home drunk, ee ken. It wis obvious tae everybody.[128]

Well, ah worked in the pits for jist under 49 year, and ah wis a miners' representative for 33 years o' that time.

James Darling

AH STARTED IN the pit bottom at Lady Victoria colliery at Newtongrange aboot the beginnin' o' 1918, jist afore the war ended. Ah wis fourteen, jist left the school. That wis ma first job. That wis aboot the first job ye got, on the pit bottom—couplin'. That wis couplin' all the hutches to-gether to go away intae the different sections.

Ah'd only be there about a month and then ah got a job drivin' a pony doon in Dalhousie section. That wis some job! There wis some great lads down there. There were some Dalkeith and a' roond aboot Newtongrange. That Biel Darlin' he wis a pony driver, and Bob Barton. They were a' pony drivers. But they were up tae a' the tricks under the sun. But ah wis only there for aboot six or seven months, and then ah left and went tae Lingerwood pit.[129]

Ah got that job at Lingerwood through a chap that wis leavin' tae go to the store. And auld Bob Glen says tae me, 'What aboot you havin' a go at it?' Ah says, 'What aboot the money?' 'Oh,' he says, 'ye'll get the money a'right.' So he paid me eight bob a day. That wis a lot o' money, ye know, for a chap like me no' sixteen year old. But at ma age fillin' and drawin' at Lingerwood wis a very, very hard job.[130] And although ah wis as big as what ah am now I wid only be about comin' up for ten stone.

But ah widnae be a year hardly in Lingerwood when ah went back tae the Lady Victoria again. At that time there were a system came out where each faceman took a young man along wi' him as a learner, like a sort o' trainin' scheme. And he took another twelve feet o' coal extra, for tae help tae pay for the young yin. But ah heard aboot this startin' in the Lady Victoria. So ah came back. And ah wis gettin' fourteen

'The contractors were regarded by the miners as slave drivers. That's a' they were, slave drivers. They would sit at the bottom o' the coal face wi' a big flannel shirt on, and never move. The miners were stripped tae the waist, but the contractors sat wi' a flannel shirt on—tae keep theirsel warm… They talked about slavery in America. Slavery wis here in Newtongrange.'

103

shillins a day, fourteen bob a day! Oh, God, that wis good money! That wis a big help, comin' back wi' fourteen bob a day.

In fact, frae then right up till ah started tae get bother wi' this leg, ah wis on the coal face. And then after that ah wis gettin' awful bothered wi' this carti-lage—ah had a double cartilage—and wis tae go for an operation. Ah went tae the Edinburgh Royal Infirmary and ah saw Mr Jardine, the surgeon. And he says, 'Ye'll have tae get an operation, son.' Ah says, 'Hoo long will it take?' He says, 'Oh, ye'll be layin' for aboot three month.' That wis a long time, ye know. 'Oh,' ah says, 'ah cannae dae that.' So ah never got the operation.

Eventually, that's what ah finished up wi'. Ah got another accident tae this leg. And then ah started as a deputy and ah wis a deputy in Dalhoosie section right till Dalhousie finished. And then ah went tae the splint. Benny Martin wis the oversman in the splint. He was the under-manager. A right clever wee chap he wis. And when he left tae go tae Easthouses pit as a manager ah wis nomi-nated tae take over heez job. So ah wis there till the splint wis finished.[131]

Ah wis in Fraser's mine wi' the splint, taking coal oot. Ah didn't know, but it belonged tae Bilston Glen pit, Fraser's mine. Ah didn't know aboot it! Then one day ah wis in the colliery office and we were daein' the books and there were a boy came from the Coal Board office at Greenend in Edinbury. 'Hallo, Jimmy,' he says. 'Where are ee workin' now?' Ah says, 'Ah'm in Fraser's mine.' He says, 'Fraser's mine's no' workin'.' Ah says, 'Ye're kiddin'?' Thousands o' tons o' coal had been taken oot o' there! On Monday mornin' it wis stopped!

So ah wis maist o' ma time in the Lady Victoria pit. Before nationalisation in 1947 it wis one o' the pits o' the Lothian Coal Company at Newtongrange. The others were Lingerwood and Easthooses. And then over at Rosewell the Com-pany had Whitehill colliery. And ah remember another one they had at Polton, but that stopped producin' before the Second War.

The war wis the only time ah wis oot the pits. Ah wis in the Terries, the Dandy Ninth—Royal Scots. Ah wis in the Territorial band. So ah wis cried up of course at the beginnin' o' the war. A'thegither ah wis away aboot two year and a half. But ah wis never sent abroad. Ah jist missed Norway. Some o' oor boys went tae Norway.[132] But ah wis sent back tae the pit. Mind you, ah didnae want tae come back, because ah had a good job in the army. Ah wis across there in Fife and ah wis sent tae the depot at Glencorse tae prepare the instruments for the divisional training corps band. And ah wis goin' tae be there permanently wi' this band. And ah had been on guard three times that week. Oh, ye couldnae complain. Ye could complain efter it but if you wis on gaird ten times a week ye had tae go if your name wis on the board. Everything had tae be polished up before ye went on guard, because we were right on the main street. So ah wis sittin' polishin' up everything tae go on guard again. And a chap comes roond and he starts readin' off names. And ah heard ma name shouted. Ah says, 'What's this for?' 'You get hame at six o'clock,' he says. Ah says, 'What's the idea?' 'Minister o' Labour.' That's what he said. So we went up and seen the colonel. Ah says, 'What's this? Why are we gettin' sent home?' He says, 'Ah can do nothin' about it. Ah don't want ye tae go,' he says, 'but ah can't stop it. The Minister o' Labour says ye've tae go. Ye've got tae go.' And that wis it. So ah went back tae the pit then. There wis a shortage o' labour in the pits.

Ma father wis a miner, tae, but ma grandfather, that wis old Rob Darlin' he wis a limestone worker. He worked in the limestone up at Westhooses. He did that a' his life—and he went poachin' in his spare time! Ma granny Darlin', ah know that she came from Ireland, I think it wis southern Ireland. But ah wouldn't like tae say the date that she came from Ireland. And she worked in some o' thae big houses in domestic service. Ah don't know if it wis round about Newtongrange. She wis dead afore ah wis born.

Ma father went down the pit when he wis twelve. Ma father was ninety when he died. That wid be aboot 1935, so he wis born aboot 1845. He wis only twelve year old when he went down first, I think it wis the Bryans pit, aboot 1857. That wis at Newtongrange.

There used tae be another pit across there cried the Vexem. There wis the Easthouses pit, and then there wis the Vexem, and then there wis the Bryans. Of course, the Vexem wis a wee-er pit, ye know. Ah couldn't tell ee why it wis called the Vexem. There a row o' houses at the park at Easthouses, jist thon side o' the bank, that's where the Vexem wis, half-way across that road. Ah can remember the Vexem workin'. And ah can remember a wee girl bein' burnt tae daith wi' the ashes up there from Easthouses. There wis a bing, ye know, where the ashes come oot the boilers. And she walked across the ashes and she sunk intae them and burned tae daith. And then there used tae be a pump in the Bryans there went for years and years. It used tae always 'sssssshhhhh, ssssshhhhh'. Oh, ye could hear it all the time in Newtongrange, especially away up at the top o' Fourth Street there.

Ma mother's family belonged Easthouses. She wis born in Easthouses. Oh, ma mother never worked on the pitheads. As far as ah know, she worked on the farm at one time. Ah dinnae ken what farm she worked on, whether it wis in the big house or somewhere, but she worked on the farm at one time. And ah know that she used tae work in the Eskbank carpet factory at one time, because ah've heard about her travellin' frae Easthouses tae Eskbank, and there used tae be a brake—a pony, ye know—and there'd be half a dozen girls, and some o' the fun they used tae have in the brake comin' back frae the carpet factory.

Ma mother's father wis a miner. Ah think it would be Lingerwood he worked in, because Lingerwood wis an older pit than the Lady Victoria. Ah never heard much o' him and ma granny. They must have died young because ma mother wis brought up wi' her uncle.

Ah remember when ah wid be aboot nineteen ah wis workin' in the Lady Victoria on a conveyor. That's where the hutches comes under the conveyor and ye've got tae push them out, ye see, as they get filled, push them out and they're always runnin' at the back, followin' at the back. So ah wis pushin' them out and the men that had shifted the conveyor on the night shift hadnae put it up high enough. And there were cog wheels and there wis grease on the top o' the hutch as ah wis shovin' them oot. And the push wis on because they were fillin' heavy, and ah wis goin', oh, as hard as ah could go and ah wis shovin' it. And ah pushed ma bloody fingers intae the cog wheel and it nipped a wee bit o' the pint o' ma thumb. So ah wis standin' wi' ma thumb covered wi' blood and grease and everything. This chap says, 'What's wrong?' Ah says, 'Ah've lost one finger. Ah dinnae ken aboot the rest.' And he jist looked at me. The next thing he wis lyin' on the grund. He fainted. So ah came home and sent for the doctor. Old Dr Mackenzie came in and ah telt him what had happened. 'Oh,' he says, 'ah cannae… Come doon tae the surgery.' That wis at Eskbank.[133]

So ah went doon and intae the surgery. Ma father went wi' me. Dr Mackenzie brought a basin, filled it wi' hot water, in wi' the Lysol. He says, 'Put it in there.' He wis a right gruff old boy, ye know. Ah put ma hand—this stump—intae this hot water and Lysol. It wis murder! And Dr Mackenzie went away. He'd be away for two or three minutes. And ah wis sittin' wi' ma hand in this basin. And he come back wi' a pair o' scissors. Ah seen them, they were big scissors, and they had a grip on them. So he comes across and he has a look at ma thumb and everything.

Ah never thocht for a minute he wis goin' tae start on the finger wi' this, ye know. He says, 'Turn your head away.' And ma father wis sittin'. So ah turned ma head away and held ma hand up. He lifted ma hand up. He took a haud o' it wi' the scissors—cluck! Phew! Right through, right through the bone there! Ma knees struck me under the chin—wi' the nerves, ye know. And then ma auld man went mad. He cried Dr Mackenzie for everything. He says, 'Cry yersel' a doctor? Ah widnae ha' din that wi' an animal.' Dr Mackenzie says tae ma father, he says, 'You be quiet,' he says, 'you're makin' mair noise than the patient.' So he stitched the thumb up after that. See, a' that bit wis hingin' off, so he brocht it back and stitched it up. But ah'd nothing! Ah never got any anaesthetic nor nothin', nae anaesthetic nor nothing. But ah'll tell ye something. That wis nothing compared tae what it did tae the nerves. Because ma thumb healed up but the nerves never healed up. It affected ma nerves, the nervous system, it definitely did. Ah should have been taken tae hospital and put under an anaesthetic tae get that done.

Ah can remember the Pole miners comin' here tae Newtongrange, and that wis when ah wis only about nine year old really, aboot 1912, afore the First World War. And a lot o' them went away back and were never heard o' again. They left Newtongrange jist aboot the beginnin' o' the 1914 War. There were a crowd left. They were in the Dean Tavern that night havin' a celebration before they went away. And that's the last they were ever heard o'. Oh, ah don't know whether they were called back or no' but they went tae fight in the Russian army. But they were never heard o' again. There's some o' the families here still. The Dubikas wis one o' them. Then Gorman came here, tae, but he wisnae yin that went tae the war.

The Poles maybe didnae take names but they were given their names. There wis one called Paddy Line, and there wis one called Peter Fiftysix. Ah don't know why he wis called that. Ye never heard nothing else but Peter Fiftysix. They were jist a' by-names, ye know. And then there were one called Joe Stowbogie. He wis in the pit and he wis workin' away. So they came when he wis workin' at the face and they telt him he'd have tae go home because his wife had died. His wife had died through the night. He didnae ken. And he came oot tae his work. He says, 'Oh, so troublong. Me speak, nothing speak.' This is what he says. He had spoken to her before he'd come oot in the mornin' and she hadnae answered. She wis lyin' deid in the bed and he didnae ken.

Oh, they were a gey rough bunch, the Poles. They were a' Poles they brocht in tae Newtongrange—but they were a' Lithuanians. But they were known as Poles. Ye used tae go doon there at Abbeyland in the village, where the houses are facin' the Dean Tavern there. Well, thae wis double storeys, a hale row o' double-storeyed hooses. And all roond aboot it wis wooden palins, ye know. And if a fight started in the Dean Tavern there, the Poles didnae fight wi' their hands—they came oot the Tavern and pulled oot the stabs in the palin' and they were layin' in tae each other wi' thae palin' stabs.

Oh, there wis quite a crowd o' Poles. And up an' a' in the Stane Block—what they cried the Stane Block, that wis a row o' hooses where the baths is now. They were built for the men that sunk the Lady Victoria pit in the 1890s, and these were the only hooses in Newtongrange that had runnin' water and lavatories. That wis the Stone Block.

There were two Poles killed beside me in the Dalhousie section, in tae the same face as what ah wis in. One wis killed wi' a fa' in the waste. Another wis killed when he fell asleep in the bogies and he fell oot and a' the bogies went ower the tap o' him. He lived in Fourth Street. He had a name—Joe. They were a' Joe, they were a' Joe somethin'. There wis yin they cried him Star Blue because he followed the Newtongrange Star fitba' team. Miller wis a common name for the Poles, Miller or Muller.

The Poles kept thegither in the village. There's some o' them up till this day couldnae speak right English. There were some o' them could talk Nitten the same as me—the like o' auld Chairlie Smith. Chairlie Smith's he's the best speaker ever ah heard. He wis absolutely perfect. But a' the rest o' them—a' broken English. They never seemed tae be able tae talk the same as Chairlie Smith. Why, ah don't know.

The Poles were up and doon a' the place, Bonnyrigg and a' roond Midlothian. But ah suppose they would be maistly roond aboot Newtongrange. They a' worked in the pits. And ah'll tell ye, there were some o' them great workers. Oh, Paddy Glen he went away tae Canada or America long efter he retired. He had folk tae in America. But he wis a big, strong man. Him and that chap Spire, he wis a fine lookin' chap, and he wis always smart. He wis aboot the smartest Lithuanian o' the lot. He always had a collar and tie on, a nice suit, ye ken. He worked wi' Paddy Glen, and durin' the war—there wis a shortage o' steel, of course—at times we were short o' girders because o' the brushers puttin' up the girders. And this is true. Spire and Paddy wid come doon this Dalhousie dook.[134] And a' the roads wis bricked, and there were some spaces, ye ken, where it wisnae bricks. They wid come doon and they wid look and see maybe a set o' girders: 'We take them.' And they wid get a couple o' keys off the plates and they'd take half o' it each on their shoulder away doon the dook and away in this road aboot a mile, oh, mair than a mile, wi' the girder on their shooder, do their brushin' and put it in. Oh, they were remarkable men, they definitely were.

Oh, there were a lot o' the Poles in Newtongrange. There'd be fifty scattered aboot in the village. Paddy Glen lived next tae us in Fifth Street for a while. They didnae mairry local lassies—well, some o' them did. They maistly a' mairried Poles. Maist o' them brocht their wives wi' them. But that's aboot two or three generations ago noo. Well, ah dinnae think there are very mony left o' the auld Lithuanian miners that came.

Ah spoke tae old Willie Gorman, ah asked him one time, ah says: 'What made ye come here?' He says, 'Oh,' he says, 'this is heaven here compared to what it wis in Lithuania.' He says, 'I lived beside a big river,' he says. Of course, they lived in a shack. He says, 'Every winter—nae hoose.' His hoose wis swept away by the river. He says, 'This here heaven. Nice hoose, nice and warm, fire.' He says, 'Oh, it's jist like bein' in heaven bein' here.'

Ah remember bein' at school in the village wi' some o' the Poles. There wis Claude Mitchell, he wis a boxer, and he wis a guid boxer. He wis killed in the Lady Victoria, tae—well, he would have been better killed because he had a very bad accident. He wis never the same. But the Poles' children at the school werenae bullied, they were jist the same as the rest. Ye never heard a thing, jist kids the same as us. Of course, they could talk, ye ken. They would jist talk the very same as us, ye wouldnae ken any difference.

Then ah remember a big squad o' shale miners came here tae Newtongrange in 1925 when the shale shut down, jist afore the 1926 strike. The Andersons and Whites and, oh, quite a crew, came frae Pumpherston and Broxburn and roond aboot that area. The Andersons they came from Broxburn. Oh, they were a' jist much the same as oorselves, jist much the same though they'd been in the shale and we were coal miners. Their wages must ha' been lower than ours.

Then ah've seen miners comin' frae Fife or Lanarkshire and there were very few o' them stayed, because ah think they couldnae understand the work. Ah can remember one instance especially, when ah wis workin' wi' auld Wullie Neilson in Dalhousie section at the Lady Victoria and a chap came from Fife. And it wis the brushin' and, ye know, it would be about eight feet o' a carry for the brushin', and it would be about over three feet o' a cut, ye see.[135] So they bored the holes, ye know, and they blew it a' doon, and there were a mountain o' redd lyin' there. So this Fife boy came in and he looked at this. He says, 'When is this tae be cleaned up for?' Old Willie says, 'That's tae be cleaned up for the day shift comin' in.' He says, 'It'll be cleaned up before ah come back.' And he went away. He thought oo wis finished! He went away up the pit! He wisnae used tae that type o' work. He couldnae understand how that would be cleaned up. Ah mean, ye see, there's a certain time they clean that up and have everythin' ready for the day shift. So ah think oo worked harder here than they did in Fife, must have, must have.

Ah'll tell ye, ah reckon that the best miners in Scotland came frae here. It's hard tae tell why. But ah know that any miner here could go and work anywhere, but ither folk, comin' frae England—even England—comin' here, they were no' good. Ah've seen them. We used tae have a system when ah wis workin' at the coal face if a man came from Fife or anywhere else at all. This wis in the penny aboot system. The first day of course we got 24 feet of coal to strip off. And ye'd tae bore your own holes and supply your own tools and pay for your own explosives and everything. We gave them a day. They got a day. If they didnae manage it in the first day the pool leader o' the penny aboot says: 'Don't come back the morn.' That wis it. 'There's nae use o' comin' back the morn. If ye cannae manage it the day dinnae come back the morn.'

Durin' the Second War there were women workin' in the hutch shop at the Lady Victoria, buildin' hutches. There wid be aboot a dizen o' them worked in the hutch shop. But when ah first went doon the pit in 1918 there were always girls on the tables, of course, pickin' the stones oot, cleanin' the coal. Oh, there would be aboot ten o' them. They were paid less than the men, oh, aye. They were a' small wages in these days, of course. Pitheid workers always had less than the men that wis doon below. But the women wid be paid less than the men pitheid workers.

But in the Second War the girls that wis in the hutch shop they were on contract—so much for buildin' a hutch. They didnae put the wheels on but they built the box, ye know. It wis a case o' puttin' the plates thegither and riddin' them. They did a' that. And some o' them did no' too bad, considerin' the wages at the time, ah mean tae say. They were mainly a' young women, oh, jist maybe somewhere aboot twenty. There were nae aulder yins among them. There were some very refined girls there. Ye would ha' been surprised if you knew them. Some o' them married miners in the village, some o' them did. One o' them was ma sister, she worked in the hutch shop, buildin' the hutches. That wis only durin' the war. She'd be there a couple o' year jist. And she married a schoolmaster. Another yin married Wullie Samuel. He wis an engineer, one o' the bosses, at the Lady Victoria.

Although there were a contractin' system here at one time at the Newtongrange pits ah never worked tae contractors. Ah always worked in what ye cried the penny-aboot style, ye know. Oh, well, the penny-aboot meant ye would have maybe aboot fifteen men, ye see, on this coal face. And everything that came off that face—ye had tae pay your own conveyor men and your chalker, and things like that, but a' the rest wis oncost—but at the end o' the week how many tons had been produced for that week wis all on the pay line, and the amount of monies. Ye maybe had 3s. and somethin' a ton. At one time ah've seen about 3s. or 3s.1d. or something like that a ton, ye know. So that's what ye were paid. At the end o' the week it wis all jist fifteen men for so much money—the total sum was divided by fifteen. That's what wis called penny aboot. It wis jist a case o' a half up, ye know, splittin'.

And then of course the contractin' system—that wis in the splint seam usually at the Lady Victoria. The Allans and the Holgates and the Andersons, these men all had their sections, they took a section, ye see. And they were always higher seams, like the splint wis a seam aboot sometimes four and a half feet, up tae five feet. And there were a big production and it wis good coal. The best coals in Scotland wis splint. But at the end o' the week when they drew their pay line thae contractors they paid each man that wis on that coal face maybe eight shillins a shift. And when that all wis calculated oot the contractors theirsels they were goin' home wi' aboot £15 or £20, ye see—far mair than their workers. Allan's Garage at the Auld Toll at Gorebridge, that's where the garage came from. There wis Wullie Allan and then there were Dave Allan, he wis a contractor, tae.

The contractors were regarded by the miners as slave drivers. That's a' they were, slave drivers. They would sit at the bottom o' the coal face wi' a big flannel shirt on, and never move. The miners were stripped tae the waist, but the contractors sat wi' a flannel shirt on—tae keep theirsel warm. They wid jist shout if the work stopped. That's the only time they shouted. 'What's wrong? Keep it goin'!' Oh, they didnae do any physical work theirsels. They jist supervised. They never did nothing. They had tae be paid and they got the biggest swack o' the money. And the boys that wis goin' hame and workin' like slaves—for them it wis jist slavery. They talked about slavery in Americae. Slavery wis here in Newtongrange.

Oh, the contractors were mostly strongly disliked in the village. Of course, there were some miners maybe got a couple o' bob more than somebody else—ye get that everywhere. That's how the contractors worked it. Oh, there wis a lot o' division among the miners. But of course Dalhousie section, where ah worked, wis different a'thegither. There were never any contractors in Dalhousie section, except the oncost, like o' Jock Darlin'. He had the haulage. But on the coal faces there were nae contractors in Dalhoosie. It wis always jist what ye cried the penny-aboot system there. It wis jist the system. Oh, the contractors never got in tae the Dalhoosie section. Maybe that's because they were kept out—the miners wouldnae have it. It wis a smaller face, of course, the parrot, ye know, than the splint. The parrot could be three feet. Ah've seen it doon tae aboot two feet. Ah've worked in it aboot two feet. Oh, that's a very small seam. Ye couldnae sit up. Ye wis workin' that way—practically lyin' on your side. Oh, it wis sair, tirin' work, seven and a half hours a day.

Ah wis a member o' the Mid and East Lothian Miners' Union. Everybody at the Lady Victoria wis in the union. Of course it wis what they called the Federation then. It wisnae called the Union, it wis the Miners' Federation in these days.[136] Well, the union wis very, very weak in these days. The union wis weak right up tae nationalisation efter the Second War. Old John Rutherford he wis the secretary of course o' the union. He did all that he could. Oh, he wis a keen union man. And he wis a good man. He'd be the president o' the Newtongrange branch o' the union. John had a pin leg. So had old John Hamilton, ah think he would be the secretary or something o' the union. Hamilton had a pin leg. As long as ah can remember John Rutherford and John Hamilton had pin legs—pit accidents, before ma time.

And then ah can remember old Peter Chambers, he wis the District man for the union. And ah can remember him goin' up tae draw the fires at Arniston in the 1921 strike. And I remember the troops standin' on the bridge up there at Newtongrange then. But old Peter Chambers he led and the band wis oot playin' a' the deputies that went up there, and right tae Arniston! They went up tae the Emily. And there were a battle up there wi' the police, of course, at the Emily pit.

Ah remember bein' at a meetin' when Petie Chambers wis there at the Lothian Halls here in Newtongrange. And he wis a great man for the whippets, ye know, at Gilmerton. The racin' used tae be at Gilmerton. And he was havin' a meetin'—and they say that when it came for the time for the whippets at Gilmerton that wis the meetin' finished! He wis away tae see the battle o' the dogs at Gilmerton!

Petie Chambers wisnae a Newtongrange man. He lived in Eskbank, jist up on the Bonnyrigg road there. But ah don't know where he came frae. He must have been a Lothians man, he spoke like Lothians men. But he wis here a long, long time. Before that it wis old Provost Brown, of course, that wis the union man. Ah remember him. Oh, well, of course, ah wis in the band and old Jimmy Broon—that wis his son—wis the bandmaster at Newtongrange. But ah can remember old Provost Broon. Ah reckon he'd be about 5 feet 8, slim built, very like Jimmy, jist aboot the same size. He wis the Provost o' Dalkeith, oh, a good speaker. He stood for Midlothian, ye know, one time, a Member o' Parliament. That wis the time Sir Donald Maclean wis standin' here for parliament. But

Provost Brown lived in that same house that Peter Chambers lived in at Eskbank. Petie Chambers went intae it efter he left. But ah never seen very much o' auld Robert Brown, except when he came up tae see his son, of course.[137]

Oh, ah remember the '26 strike. Well, it wis a lock-out. They just shut the gates. That wis a'. They shut the gates. Ah wis workin' in the Dalhousie section in the Lady Victoria at the beginnin' o' the 1926 strike. Ah'd be 23 or 24. There were ma father and ma brother, two year younger than me, and I all workin in the pits. Of course, the lock-out went on for about seven months. And we never got anything. There were no relief nor nothing, except there were a soup kitchen, of course. Most o' the people went and got parish relief but ma father wouldnae go for the parish relief, and ma mother. So we had tae live on what ma father and mother had saved up. But the main thing in these days was tae get coal, because the coal went done, of course. And we went tae the bing at the Bryans pit, ma brother and I and ma dad. And we turned the bing upside down lookin' for scraps o' coal. But sometimes we were lucky, we got maybe about half a bag for the day. But then we had an idea. There used tae be a bourgate went down into the Bryans pit under the kilns at the Bryans.[138] And we went up there and there wis no door on it at the time. So we thought, 'We could go down there and there'll be coal down there.' So another chap and I and old Alec Taylor o' Fifth Street, and his son and ma father we went across there. And Bill Taylor and I went down the bourgate and we jist needed tae give it a kick. There were a seam o' coal down there! Only it wis a good bit down, and it wis wet, ye see, the water runnin' down, of course. And we had tae carry the coals up, maybe about a quarter o' a bag at a time. But we filled oor coal cellar off that coal from the bourgate! Later on they put an iron door on and a padlock, so that finished that.

But, of course, as time went on in the strike there were some miners went back tae work. But there werenae very many, most o' them stayed oot. Ah stayed oot maself right tae the end, seven and a half months. Oh, it wis a long time. But J.H. Thomas wis the railwaymen's leader. If he'd stayed out, ah believe, it would have been more effective. But ah can remember the first train after about a week o' the strike goin' up through Newtongrange. Ah heard ma dad sayin', 'That's the strike finished,' he says, 'that's it finished.' He says, 'That's the railwaymen.' The railwaymen came out for a week in that strike. He made a settlement, J.H. Thomas. Thomas sold them out.[139]

But, as ah say, the union wis very weak, because the people didnae go to the meetins. Apathy wis the thing. They didnae go tae the meetins. The union wis organised on a village basis. There wis a Newtongrange branch, ah wis a member o' it. Oh, everybody was in the union, oh, they'd a' be in it, over 2,000 at Newtongrange. Oh, there were no non-unionists, there were none I'd say.

Apathy wis the thing, as ah say—but maybe they were scared for auld Mungie Mackay! Because he knew everything that went on. The Gestapo hadnae a look-in wi' what it was here at Newtongrange. Mungie lived jist right opposite the

Lady Victoria pit—Lingerwood House they cried it. Mungie wis six feet, straight as a die, and he had a wee moustache, ye know. And if ye seen him on the surface he always had his bowler hat on and his walkin' stick over his arm. Ah've seen him doon the pit, too. He used tae come doon now and again. Quite a pleasant man tae speak tae, he wis, quite pleasant tae talk tae. Oh, he had his good points, ah suppose.[140]

But ah'll tell ye, the vast majority o' the miners disliked him, the vast majority. The minority wis the favourites. Oh, Mungie Mackay knew all that wis goin' on in Newtongrange. It wis true. Because there were spies, crawlers. He could tell how many pints a man could drink in the Dean Tavern! Or if he wis drunk. Aye! He knew everything, because folk wis goin' up there tellin' him a' the stories. And then of course he had the polisman, ye ken, Frank Taylor. That wis the Gestapo again! Frank Taylor wis a Company policeman, well, he was what they called the works policeman. But he wis jist the same as an ordinary policeman tae look at. He lived in Lothian Terrace in Newtongrange. And when ye went up tae see Mungie Mackay at the Green Table Frank Taylor let ye in and he stood at the door. And when you went up he didnae bother whether it was private or no', he wis standin' at the door. Ye couldnae get oot until ye were past him.

Mackay sat behind the Green Table. It wid be about six feet long and aboot four feet broad. And it wis a green baize in the centre, ye know. It wis jist a desk really. If ye were sent for tae see Mungie Mackay before the Green Table, ooooh! Ye had tae go up wi' your collar and tie on. Ye couldnae go up there unless ye wis dressed. Ye had tae have your collar and tie on. It wis as if ye were goin' away tae a weddin' or something! There werenae sich a thing as goin' up there wi' a muffler on or anything like that. Ye had tae be dressed. Oh, ye had tae take your cap off and stand tae attention in front o' the Green Table.

Ah heard aboot a lot o' the pony drivers in the pit, ye know, had been daein' things. Of course, at lousin' time, comin' up the haulages, sometimes it would be about near a mile away frae the workins tae the stables underground. So, of course, young chaps, ye know, they had the ponies there and they werenae goin' tae walk it. Whenever they got oot under the haulage they jumped on the ponies' back. And that wis a dangerous job. Ah've seen us—ah wis one o' them—there were no saddles, there wis nothing—ye jist held on tae the mane. Ah reckon they were some o' the best bare-back riders in Britain! And they used tae come gallopin' up the haulages—and hutches comin' doon and hutches goin' up, and they wis jumpin' through between them! Ye wis takin' your life in your hands. It wis jist daft, ye know—young chaps. Oh, Mungie didnae approve o' that! Ye wis fined if ye wis caught on a pony's back. Oh, ah think most o' them wis fined. Ah wis never caught. But there were one o' them, he wis caught right enough. He wis comin' up the haulage—Rutherford wis his name—and he wis on a pony's back and there were a low girder. And the pony wisnae walkin', it wis runnin', it wis trottin', ye know—well, gallopin'. And this laddie he didnae judge quick enough. The girder knocked him right off and broke his nose and split his face. He wis in an awfy mess. Ah don't know whether he got fined or no'. But everybody knew what it wis. Ah suppose Mungo Mackay knew what it wis tae, but ah never knew that anything happened aboot it. But everybody—a' the powny drivers—did it. And the stableman, of course, sometimes caught them. If they were caught they were fined ten bob. That fine went tae the Edinburgh Royal Infirmary. Mungo Mackay used tae take the fines off your wages. In fact, ah believe the Infirmary when they found oot what wis happenin' they refused tae take the money. They didnae know at the time where the money wis comin' frae. It wisnae legal. Mungo Mackay jist got away wi' it. Ah think it wis jist through an accident that they found oot in the Infirmary that it wis for fines. So ah heard that they refused tae take it at the end.

Oh, ah've heard aboot evictions, right enough. Ah couldnae name folk that wis evicted. But it wis common knowledge that if you didnae jist toe the line you was out. Ma father left the Lady Victoria—he wisnae evicted—but he left the Lady pit and he went up and worked in Arniston. Ah don't know whether he had a row or no' wi' Mackay, but he went tae Arniston for a while and then he came back later on. He worked in the Emily pit at Arniston for a while.

But, oh, Mungie Mackay wisnae very pleased if any o' his miners went tae work at Arniston or wherever. Oh, that's true. In fact, he practically told ye your job before you left the school. Ah heard o' a case about a man that got a job for his son in the engineers' shop. And Mackay sent for the man and he says, 'What's this I hear?', he says. 'They tell me your son's got a job in the engineers' shop?' The chap says, 'Aye.' Mackay says, 'Why?' The chap says, 'Oh, ah understand that he'd like tae better hissel' a wee bit.' Mackay says, 'Ah've got a job for him.' He says, 'He's not startin' in the engineers' shop. He'll start on the job ah've got for him doon the pit.' Ah heard aboot that. Ah couldnae name the person but ah heard aboot it.

Oh, there were nae arguments wi' Mungie Mackay. He wis the boss. He wis a dictator. Hitler wisnae in it. He did what Hitler did. When Hitler and the Germans came intae France, anybody that didnae work didnae get a ration card. It wis the same wi' Mackay. But he did it long before Hitler. If you didnae toe the line—even if ye had a wife and faimly that ye kept as well—ye wis jist out the gate, that wis a'. Ye lived in a hoose that belonged tae the Lothian Coal Company.

Everything in Newtongrange belonged to the Company, except the shops. Maist o' the shops belonged tae old Quinto Burgari, an auld Italian. He yaist tae hae two shops up there and he had that one doon there in the main street, where the Italians are there the now. Well, eventually that middle shop where the Chinese restaurant is, that wis his. And then the houses up above the shops belonged tae him. Oh, old Quinto had lived in the village as long as ah can remember. And then old Quinto had the ice-cream shop there. Ah know, because ah used tae get sent tae Sunday Schule and ah got a penny tae put in the collection plate, and ah used tae go and put it in the sun and moon machine in old Quinto's shop, tae try and win another two or three pennies.

But, oh, Mungo Mackay wis a dictator. If there wis an accident in a section in the pit and a man wis injured, Mungo Mackay took a tanner a day off the deputy until that man started work again. That's unbelievable but that's true. That's sixpence a day. The deputies—that's what ye cried the firemen—their average wage at that time was only about eight or nine bob a day.

Ah mind when ah got an injury tae ma finger. Ah never went tae the doctor wi' that. And, ye see, it wis never set: it wis broken and smashed. Ah wis comin' home from ma work and there wis a hutch off the road—ah had nothing tae do wi' it. But ah said tae the oversman, 'Oh, ah'll gie ye a hand.' Ah wis liftin' the hutch and ah put ma hand doon and ah gripped the bottom o' the hutch. But here the bit the oversman had wis loose and when he put the weight on, ma fingers wis in between there and the bottom o' that hutch and it smashed ma finger. So ah went oot tae the fireman—that wis Provost Brown's son—and ah told him aboot it. Ah says, 'Put a bandage on that.' 'Oh,' he says, 'ee're no' goin' tae be off, are ee?' He wis terrified in case he lost sixpence a day wi' Mungo Mackay! Oh, ye've nae idea what like it wis! Conditions wis terrible.

And then of course, as ah say, Mungo Mackay wis a brilliant minin' engineer. And he had his good points—outweighed by his bad points. He had his very bad points. Of course, there are some o' them that'll praise him up—them that wis contractors and a' these fellows, these are the folk that backed him up. They've always been gettin' somethin'—but no' the ordinary miner. Mungo Mackay used tae come walkin' doon through there as if he wis the king goin' through Newtongrange, right doon the middle o' the road there, and round aboot the streets. And if he saw a garden that wisnae done, the man o' that hoose wis sent for tae come up tae the office, in front o' the Green Table. 'What wis wrong that ye didnae do this garden? Now if ye're no' goin' tae do it somebody else'll dae it.' And that's what he did: he sent somebody tae do it and kept the cost off the man's wages. Things wis bad at that time really. There were nae human relationships then because Mungo Mackay wis the boss. There were nae arguments.

There wis one time ah wis workin' in the Dalhousie section o' the Lady Victoria and right in the middle o' the coal face the water wis two feet deep. Now ye can imagine a seam three feet and a half high, and the water aboot two feet in the middle o' the face. And you're supposed tae go in and clean that coal off. It wis cut wi' a machine, ye see. But ye crawled up in the conveyors tae keep yoursel' dry. Ye stepped oot the conveyor, right up tae the waist in water. And ye worked in that the whole day, up tae the waist. So the pay day came, and of course production wis doon, wages wis doon tae under seeven bob a day. So when the boy that wis the pool leader told me the wages, ah said, 'Ah'm no' workin' for that,' ah said, 'ah'm definitely no'.' Ma brother said the same. So we walked oot. We went up the pit. Three month—ah wis idle for three month. Mungo Mackay kept us idle for three months because we refused tae work in these conditions, because we were the agitators. The rest o' the men followed us, ye see. We were the agitators. There wis a walk-out, jist in that one section. We were the agitators. He kept us idle for three month.

Well, ah went up and doon a' the place. Ah could ha' got dozens o' jobs. Ah could ha' got umpteen jobs in Newtongrange. But whenever ah went up tae the office—that wis it finished. We wis blacklisted right roond aboot. Oh, he jist sent word tellin' them no' tae employ us. He even tried tae stop wir buroo money. We went tae Edinbury tae a panel, and there were a colonel wis on the panel. And we went in and we told them what happened, ye know. And the colonel says, 'Well,' he says, 'they're two respectable chaps,' he says. 'I don't see why Mr Mackay's stopped their money.' So we got oor money right away. We got oor back money for the time that he had stopped it.

So at the end o' the three month Mackay sent for ma father. And Mackay says tae ma father, 'They tell me your boys are still idle, Jim?' Ma father says, 'Aye, ye should know that,' he says, 'it's you that's keepin' them idle.' Mackay says, 'Well, tell them tae come up and they'll get a job.' Ma father came hame and told us, ye know. So eventually when ah went up tae the office—the under-manager wis John McIntosh—and ah says, 'Ah want tae get started.' McIntosh said, 'Have you seen Mr Mackay?' 'No.' He says, 'You better see Mr Mackay.' Ah says, 'If ah've tae see Mr Mackay,' ah says, 'that's it.' Ah turned and walked away oot again. McIntosh wis only doin' this on his own. Whenever ah started tae walk oot the gate again he cried me back. He says, 'Go and get a line and get started.' That wis after three month. That wis Mungie Mackay!

Oh, ah remember Mungo Mackay's funeral. Ah didnae go tae it. There were some went but there were no' very many. Ah can remember his funeral goin' doon through the village, although ah wis livin' away up in Fourth Street at the time. Most o' them were relieved!

The only time ah wis up in front o' the Green Table wis that time that ah put the powder can in the hutch. The miners that were workin' beside me in Lingerwood came from Dalkeith and some from Bonnyrigg, ye see. So tae save them frae goin' tae the magazine ah said ah wid bring their can. So ah went and collected the can and took it down the pit. But instead o' handin' it tae them ah put it in the hutch, goin' tae shove it in tae the coal face for them, tae dae them a good turn. But when ah wis doin' something else somebody else came and took the hutch away, and the powder can wis inside it. And of course they filled it away. And of course they had tae mark all the hutches after that, ye see. They marked them a'. They went up tae be emptied on the pithead till they got the pooder can. And then ah wis on the carpet! And Mackay gave me a lecture about what would happen if somebody had got this can. The stuff would have spilled out amongst the coal and somebody would have put it in their fire and blown the place tae bits. It wis gelignite, ye know. It wisnae the ordinary black powder, it wis gelignite.

That place in Lingerwood wis stoop and room workins. Stoop and room workins is like, ye drove a road in there, straight in. And maybe about 25 fathom ye drove another road in and parallel tae the first one, ye see. Now efter ye went in so far ye drove a road up there at right angles. So that the air came in there, along here, and back oot here, ye see. But before you got in here the conditions wis terrible. It wisnae so bad when ye went doon in the mornin'. But whenever they fired the shots that wis it for the whole o' the rest o' the day—what do ye cry it, dulite reek. It gave ye severe headaches. But ye got that every day. Ah remember one time ah wis workin' wi' Geordie Semple, and heez brother-in-law dropped on the way comin' out. They had tae drag him out tae the outside—fainted, jist wi' the conditions, no' air, lack o' oxygen. Oh, the conditions wis terrible in the stoop and room. Of course, there came a time when ye went in so far and ye stopped there, ye see. That's when the fun started. Ye came and ye started takin' out that coal that wis left in there, yon big squares, what they cry a stoop. Ye started tae dig this out. And then the roof started tae come in. And ye talk aboot thunder! Ye never heard the likes o' it in your life! The rock and a' the strata breakin' up, ye know. So ye got chased, ah don't know how often. Ye'd tae run for your life wi' thae strata startin' tae come in. Oh, it wis very dangerous stoop and room workin'. But ah wisnae very long in it.

Pat Flynn

MA FATHER WIS an Irishman and ah think he came across from Ireland somewhere round about the 1920s. Ah know he wis in Scotland in 1930 because ah wis born then. I wis born in the village o' Rosewell, 17 Preston Street.

The only work that wis in the village wis the local colliery. The colliery wis called Whitehill colliery. Well, ma father worked up there. And the village wis very, very much a minin' village. Everything in Rosewell belonged tae the Lothian Coal Company. They owned the Co-operative Store, which ah'm sure dates back for long, long years, where the coal company gave ye money wi' one hand and took it back wi' the other hand. The old Store used tae stand joined up tae the Tavern in Rosewell. Now the Tavern, the local pub, also belonged tae the Lothian Coal Company. As far as ah know the chemist's shop belonged tae the Coal Company. And all the houses in the village belonged tae the Company. There's no houses that ah know of in the village o' Rosewell that did not belong tae the pit, none whatsoever.

The Lothian Coal Company incorporated a few other pits round about, namely the Lady Victoria (which closed in 1981), the Lingerwood colliery—it wis called the Old Colliery and it wis jist across the road frae the Lady Victoria in Newtongrange (ah think Lingerwood closed round aboot 1960)—and there wis the Easthouses colliery (which ah think closed about 1970), and there wis a colliery ah remember vaguely again: Polton colliery, which wis round about the minin' village o' Sherwood, which is near Cockpen.

Ma father came from the west of Ireland—County Mayo. Ah don't know exactly where ma father wis born. It wis somewhere round about that area in Mayo where the local

'There wis ten in our family in the room and kitchen, includin' ma mother and father and ma Granny Loftus. We divided oorsels oot. It depended what age you were and what sex you were. They tried tae keep the boys away frae the girls obviously. Well, ah remember sleepin' wi' three brothers at one time in one bed.'

postal address is Knockmore. Knockmore is like the head village, and a' the wee villages sort o' cluster round it. Ah think ma father wis born in one o' the wee places round aboot there. Ma mother was born in the same area as ma father. In that part o' Ireland three houses is a village, and there are that many villages round aboot. The place ah remember of is a place called Carragorra. Ah actually went tae school in Carragorra in County Mayo when ah wis about seven or eight. So that would be 1937, '38, maybe later, ah'm no' jist sure. Well, we owned a smallholdin', which sounds as if you're a landowner. But everybody owned a small bit o' ground and you needed a bit o' ground tae survive. Ye always had a wee patch for growin' tatties for tae survive. We had that when ma dad came ower here tae Rosewell. We also had a house at the smallholdin'.

Ah don't know if ma mother and father wis married before they left Ireland but ah think they were, because ah've heard bits and pieces, sayin' it wis a marriage of convenience. One needed land and one needed a wife—or something like that. Ah forget the details. But ma mother wis very, very young when she married. Ah think she wis eighteen or nineteen, and ah think ma dad wis aboot forty. He wis quite a bit older than ma mother. Later on in life ah heard her sayin', 'Ah didnae want tae get married tae him.' She wis too young. But it was an economic necessity: one needed the other.

Well, ma mother and dad had eight children. One o' ma brothers, James, died when he wis about, ah think, between six month and a year old. That must have been round about 1937 or '36. Ah think he died o' pneumonia. Ah remember him dyin' actually, well, ah remember them comin' in the house in Rosewell and he wis lyin' in the bed. The thing they done at that time wis people used tae come in and say prayers. They used tae kneel at the bedside. And when James died they came in and says a rosary, or somethin' o' that fashion. So there wis seven o' us survived. The oldest wis Madeleine, then Tommy, Micky, maself, William, Rosemary and Kathleen.

Ah never ever heard o' ma father's parents or heard anybody speakin' about them and ah never met them. Ma father had brothers and sisters. His oldest sister died jist aboot the early 1980s in Ireland, she wis aboot 88 or 90. So ah think she wis the last o' the survivin' brothers and sisters o' ma dad.

Ma mother's mother, Granny Loftus—Honor Loftus, lived wi' us in Rosewell. In fact, she lived wi' us in Rosewell frae ah wis born and she stayed wi' us till she died. Ah think she died round about 1946, 1947. Ah think in thae days the grandmother played a very, very big part in the runnin' o' the family. In fact, ah think ma mother wis no exception that her mother used tae run the house and keep her daughter in line, keep her right, guide her. Ah even remember ma dad speakin' tae ma granny and sayin', 'We'll need tae do this, Honor.' He spoke mair tae ma granny than he did tae ma mother, because Granny Loftus wis much more experienced in the things o' life—what we needed and how we could economise, what wis the best thing tae feed us on, and a' the rest o' it.

Oh, Granny Loftus wis very Irish. She only had the one daughter as far as ah know, and ma grandfather Loftus he run away, as far as ah know. So Granny Loftus wis left hersel'. Well, in our house—it seemed tae be the same system in quite a lot o' the families—the old lady, as she wis called, Granny Loftus, done the runnin' o' the house, ordered the bread or potatoes or whatever and sometimes done the cookin', which ah think wis reflected in the mother havin' more time for the kids. Ah don't think Granny Loftus could read very well. Ah don't remember ma granny readin' at a'. Ah think she wis slow in writin' also. Ah remember seein' her writin' her signature once, and it wis ever so slow. Ah dinnae think she wis very literate, ye know. And I never heard ma Granny Loftus speakin' Irish Gaelic.

Ah don't think ma mother was a Gaelic speaker either. Ah never heard ma mother speak it. But ah would think ma father wis, although ah never heard him speaking Gaelic either. Ah wid imagine he wid, comin' frae the west coast o' Ireland, because even tae this day there's quite a strong contingent o' Gaelic speakers away in the west coast, further west than us, in Connemara—very strong Gaelic speakers in that area. So wi' comin' frae that area ah'm sure that ma dad, while he never spoke it in front o' us, would have a basic knowledge o' the Irish Gaelic. But ah never ever heard ma parents conversin' in Irish.

Ah never thought ma dad wis very, very bright. He wis not a careerist in any way. He wis a man that needed tae be led, rather than a leader. Ah don't think ma dad wis a very affectionate person and ah think the reason for that wis he had tae devote damn near a' his time tae provide for his family. Ah think he wis very concerned aboot his family in general. But ah cannae remember him takin' me on his knee and bouncin' me up and down and tellin' me stories, ah cannae remember him daein' that. But ah think he wis very conscientious of his family in general.

Well, as ah say, ma father worked in the Whitehill pit at Rosewell. Ah always remember them sayin' that he wis a very, very good worker. To this day ah think the Irishmen are good workers, physical workers. And ma dad wis well respected in the pit as a very, very hard worker. Ma dad certainly worked six days a week regular and probably worked seven. And ah do remember bein' at school at Rosewell—ah'd probably be about eight, nine or ten—and him comin' in round about eight o'clock in the mornin'. Well, that wis frae nine o'clock the previous night. And there wis no overtime, they didnae get paid any overtime. He got paid accordin' tae what he done. And if for some reason he wis held up in the pit—'That's not ma fault,' the contractor wid say. 'It's your fault. You get it done. Ah'm payin' you for doin' that.' Supposin', for example, ma dad had tae put up an arched girder or some sort o' supports and there were none available: 'That's your problem. Ah'm payin' you for tae get one up'—that sort of thing.

The system that prevailed in the colliery wis the contractin' system. It worked something like this: you left school, ye'd go up tae the pit and ye'd get a job. When ye got that job ye'd be on what ye called oncost work, which is away from the face line. And through time there were men used tae go and meet the manager o' the colliery and they would take out a contract, drivin' a roadway, £6 a fathom, or somethin' like that. And then these contractors went and hired other men. The contractor'd make a contract wi' each man. He'd say, 'Ah'll gie ye £1 a shift, or fifteen bob a shift. Ye supply your own tools and ye supply your own explosives,' and a' this. So they made the deal. Well, ma dad worked under that system a' his days. Later on in life ah used tae think ah wished he had been a contractor, maybe for selfish reasons that ah'd liked tae have seen him better than what he wis. Ah felt as if he wis really taken a loan of wi' bein' such a good worker. Ma dad had a brother also lived in Rosewell, Paddy Flynn—well, he wis called Punch. And a lot o' people reckoned that they were two o' the hardest workin' men they'd came across. And when ah started maself in the pit it wis quite a common thing tae be asked, 'Who are you? Are you Mick Flynn's son?' 'Yeah, ah'm Mick Flynn's son.' 'Ye'll never be a Mick if ye live a hundred years!' Probably ah never wis as good a worker as ma dad.

Ah remember ma mother wi' great, great affection. Providin' for six or seven kids in thae days wis much, much more o' a problem than today's wives have. There were no washin' machines, no half-dozen pair o' trousers or half-dozen frocks for each bairn. The one came off: it had tae be washed, dried, ironed, and put back on again. Wi' that in mind ah remember ma mother wi' the greatest affection. Ah felt as if she wis very, very close tae us and she cared for us quite a lot.

The only outside job ah remember ma mother ever doin' wis the tatties, and she could only get tae the tatties when she wis not pregnant. And ah even remember them sayin' that ma mother wis out workin' when she wis pregnant. Obviously in the latter stages o' pregnancy she wouldnae be able tae bend. But ah remember it wis a great time because this extra money wis looked upon as a windfall, a real bonanza.

Well, as ah say, we owned a smallholdin' in County Mayo in Ireland, and we also had a house there. And the house was gi'en over tae somebody. So we went back and forward tae Ireland tae keep tracks o' the smallholdin'—whom ye were lettin' it out to, ye know. Ah remember ma father and mother speakin' about accountants in Ireland. So whether they had tae pey money for it to the land people or whatever, ah do not know. But over the years each o' our family used tae go back there tae County Mayo and then come back tae Rosewell again. Probably we'd go for a year at a time and we got turn about o' goin', ken. When the Second War came that changed a bit. Ah dinnae think we'd cross the water wi' the German U-boats goin' up and doon the place. Ah can remember there were quite a few families in Rosewell that went away for a few months or a year at a time to Ireland from Rosewell. There were strong connections, especially wi' the west coast o' Ireland and Mayo. There were quite a few families. The

Donleavys wis one. There wis other ones that slip ma memory. But we spoke about goin' across: 'When will you be goin' across? When will they be goin' across?'

Ah jist remember travellin' tae Ireland wi' ma Granny Loftus actually. Ah cannae remember travellin wi' ma mother. My granny used tae go back—the times ah remember—and ma mother and father stayed in Rosewell. Ma father stayed on at Rosewell a' the time, he stayed and worked in the Whitehill colliery. So Honor Loftus wis the one that took us back and forward. And as ah say, ah actually went tae school in County Mayo when ah wis about seven or eight. But ah had the feelin' that Rosewell wis ma home when ah wis young. Ah wis born there and ah had by far the most o' ma schoolin there, apart frae these short journeys across the water tae Mayo. So ah felt Rosewell wis ma home ground. But as ah grew up ma mother and father would speak about the Old Country and havin' a wee bit property there, so we took a bit interest in it and it certainly became a second home after that, a very important place for us, ye know. Ah've still got a cousin in County Mayo, one that ah know of, and he farms in that area, in a place called Tavknockmore. We've never kept up any sort o' relationship, on either his side or ma brothers' and sisters' side. We jist drifted apart, ye know.

Ah started school at five year old in Rosewell, at St Mathew's School. The infant school teacher wis Miss O'Lone. The next class after that wis Mrs McLaughlin, and she took primary one and two. Primary three and four, ah think, that wis done wi' nuns from St Joseph's Hospital at Rosewell that used tae be for the mentally retarded. But it wis more a convent that it was a mental hospital. The convent cared for mental patients and it wis supported by the Catholic people theirsel', it wis not state run in any way. So they had nuns over the teachers then. Ah remember goin' intae the Qualifyin' class, the teacher wis Miss Morgan. Ah remember Miss Morgan thumpin' it intae us. She wis a very, very firm teacher, but at the end of the day she wis ever so worn and you felt as if you could take a thumpin' and a leatherin' frae her, because ye had the feelin' that she wanted ye tae do well. And she used tae reward us: ah think she used tae gie us oranges and apples and nuts and things like that if we passed our Qualifyin'. Luckily enough ah passed ma Qualifyin'.

Then ah went on from there tae what we called first, second and third year. So we were three years along wi' the headmaster, John Scolin, who also taught these three classes. Ah wis very much lookin' forward tae goin' intae the headmaster's class. But ah got a big, big disappointment. Ah felt as if he was pickin' on me and a few others like maself, and ah think it wis tae do wi' probably no' bein' very well dressed, which we couldnae afford. He called me an Irish ragman once in front o' the class. And ah'll never forgive that chap for that. Ah never enjoyed thae three years. Even although ah'd done no' too bad academic-wise, ah didnae enjoy them. Ah felt as if ah wis an outcast.

St Mathew's School wis originally a church. And as the community grew in Rosewell—it wis a very, very Irish community: in fact, it wis called Little Ireland—they got another church built. Ah think it must been built about 1930. For the size o' the village the beauty and the size o' that church is amazin'. The poverty the village must have been in at that time ah don't know how they decided tae build that church and where they were goin' tae get the money for it. Ah don't know how many people wis in Rosewell, probably round about 2,000. And while there wis a high percentage o' them Catholics there wis non-Catholics in the village. Well, this church, ah don't know how many people it could take but ah'm sure it would be hundreds. It's a big, big church. The church, the church house, and the grounds takes up quite an area.

The priests played quite a big part in St Mathew's School. They came along quite often and gave ye an examination for quarter o' an hour or half an hour. Ah think we got religious instruction frae nine o'clock tae quarter past, and then frae twelve o'clock tae half past, and that wis it for the day. So the priests used tae come along and quite often they were there, and ah always felt they were dauntin' people, ye know. They were very much in control o' the situation. There were yaisually two priests—the parish priest and the curate. Ah remember Father Wood and ah didnae care too much for him. But as far as ah know he wis the chap that took on the charge o' buildin' that fantastic church. Ah don't think Father Wood wis Irish, ah think he wis a Scotch priest actually. The curates were usually fairly young, in their twenties. But the parish priest was the dominant figure, well, Father Wood wis dominant anyway. He wis there when ah wis at school.

Well, the people that were members o' the Catholic church in Rosewell, ah think there were a very high percentage o' attenders. If you decided you were not goin' tae church then that wis a mortal sin. If you were ill it wis different. And it wis very, very unusual for anybody tae miss mass. At Rosewell they used tae have a nine o'clock mass and an eleven o'clock mass, and they were very, very well attended. Ah never remember missin' mass. We never missed mass, it wis a regular thing. We felt as if we had tae go. Ah used tae go wi' ma mother and dad, but mostly wi' ma mother. Probably ma dad wid be workin'. Ah dinnae remember goin' wi' him an awfy lot, although ma dad wis deeply religious. He used tae like sayin' the rosary at nights in the house. Ah saw him kneelin' down and sayin' the rosary.

Tae me Rosewell wis a very religious community. Ah remember the parish priests visited the houses very regularly. You were well indoctrinated intae the religion. Ah think it wis the influence o' the priests, visitin' the house, and your parents obviously and the school. Ah cannae remember it bein' a real bugbear goin' tae church. Ah got intae the habit ye had tae go tae church. There were very few o' the Catholics in Rosewell missed church.

As far as ah know the other church up the road, the Protestant church, wis pretty well attended, too. Ah don't remember any friction. There's nothing comes to ma mind about bein' different, about bein' a Catholic or a Protestant in Rosewell. Ah think they lived pretty amicably. Ah think oo mixed pretty well. Ah don't remember any bitter hatreds between the Catholic and Protestant communities in Rosewell at all.

Ah remember ma dad had a chist—ye know, in thae days that wis your secret locker—and he had what ah thought wis a scarf in it. But it turned out it wis a sash, and *Hibernian* wis marked on it. So ma dad must ha' been a member o' the Hibernians or he got it from somebody.[141] Ah vaguely remember him puttin' this sash on at church on special occasions, probably St Patrick's Day. But there are no vivid memories o' him dressin' up regally every third week or month or whatever. Ma father never telt me nothin' aboot the Hibernians. He never telt us we should be in this or we shouldnae be in that. He never turned us against anybody. While he wis a devout Catholic he didnae press it upon us wi' great vigour by any manner o' means at a'.

The time ah remember wis a happy time at Rosewell wis the village Gala Day. It wis a mixture of all people, and it wis one o' the times in the year when ye got something new tae wear—maybe a white blouse and a pair o' grey shorts and, if you were lucky, a pair o' white rubbers. Ye got a tinny wi' a white band round your neck and ye carried that tinny tae the Gala Day. That wis your cup for gettin' your tea—ye wouldnae be able tae afford fruit juices in thae days. And ye'd get a bag o' buns. Then we'd have races and three-legged races. That wis a great time. Ah think it wis held some Saturday in July, durin' the school holidays. But it wis a joyful time and it wis great tae see the village mixin'. Ah dinnae remember where we walked but ah remember a parade. We a' marched tae the park. That wis a great time, a lovely time.

The Gala Day wis one o' the two times in oor lives each year we used tae get new clothes. The other time wis when ma mum had that seasonal job at the tatties, and when durin' the war we got released frae school tae go tae the tatties for three weeks. And that wis a great time also for you were away frae the school and ye got paid for it. And it wis a great time as regairds gettin' a new pair o' shoes or whatever. So ye fairly looked forward tae it. It wis very, very tirin' work, the tatties. Ah remember o' bein' a' sore, o' havin' a sore back wi' bein' bent a' day, no' bein' used tae it. But the rewards at the end o' it wis worth it: a new pair o' rubbers and maybe a new jersey or a pair o' Wellingtons if you were very, very lucky.

Ah often felt ah wis terrible dressed. Ah wis very self-conscious o' it. Ye know, if ye have a family o' seven it's much harder tae keep than a family o' two. There were two or three families in Rosewell wi' two o' a family and they were much better dressed than us. And if you were a contractor's son or a foreman's son, or somethin' like that, they were always better dressed. Ma dad never had very much money. Hard workin' though he wis he never made no money. So times were very hard in the dress sense.

But ma mother, through ma Granny Loftus, always tried tae make sure that we got somethin' tae eat and ah don't remember ever bein' starvin'. Ma mother and father carried on the Irish traditions of food, the basic food bein' potatoes. But we always got some sort o' boiled meat, maybe no' on a regular basis. But ah cannae remember ever bein' hungry. Ah mean, if ye got a good plate o' tatties wi' a daud o' butter on it or a bit cabbage, ye felt fine.

As a laddie at Rosewell ah didnae feel isolated. Ah felt, 'This is where ah live.' Ah felt that we were a community o' oor ain. Goin' tae Dalkeith wis a big thing, quite an adventure. OK Bonnyrigg, OK Rosewell, but Dalkeith…! Ah don't remember ma first visit tae Edinburgh, tae be truthful, but it wid quite a venture goin' tae Edinburgh.

Ah don't remember ever seein' a book in our hoose at Rosewell. Ma father and ma mother were not readers. In fact, he wis a very bad writer ma dad. Ah think he wis semi-literate as regards writin'. Ah think he learned tae write his name pretty clearly as time went on, but ah don't think he wis very good at writin' a letter. Ma mother wis a good writer. But she wis not a reader. And ah don't remember ma Granny Loftus readin' at a'.

There wis a public library in Rosewell where the Miners' Institute is. There wis a library there. But ah wis never a frequenter o' it, ah never used it. Ah think the library wis run by the council. The buildin' belonged tae the miners because it wis the Miners' Welfare. But obviously that wis in their interest tae get that, so ah suppose they agreed tae gie the council a room for the library. They had a readin' room, actually a readin' room wi' the newspapers up. It had a brass thing haudin' the papers in the middle.

Ma mother and ma father got one paper a day, as far as ah remember. And ah refuse tae name that paper—ah well, ah will: it wis the *Daily Express*. Everybody got the *Daily Express*. Ah suppose it wis the most popular paper at the time. That wis the only paper ah remember us gettin', plus we got a Sunday paper, the *Sunday Post*, wi' Oor Wullie and The Broons. That wis a' the readin' that wis done. We got comics later on: the *Adventure*, the *Wizard*, the *Hotspur*, ah remember readin' them, and the *Beano* and the *Dandy*. But we certainly never got them on a regular basis. We got them for a reward for somethin, because they couldnae afford them every week. But what ye used tae try and dae: 'If you'se get the *Beano* we'll get the *Dandy* and we'll swop.' And ye used tae try and get swop, swop, swop tae ye got through them a': the *Hotspur*, the *Adventure*, the *Beano*, the *Dandy*, *Film Fun*, and *Radio Fun*. Well, we used tae try and pass them around. That wis oor readin'. Ah never had any great time for readin' books, and to this day ah'm not a reader, bar things that interest me deeply. It has tae be political or trade union or social, somebody's tellin' a real story.

Ah jist lived in one house in Rosewell, in 17 Preston Street, which is about the eighth house on the right hand side goin' up. It wis two-apartment—the kitchen and one room. Ah think the room wis quite large. It could house two double beds, no problem, and probably a couple o' chist o' drawers or somethin' like this, ye know, and maybe a table or a trunk or whatever. The kitchen or livin' room wis also a very, very large place. It could also house two double beds. In fact that's what we had—four double beds.

There wis ten in our family in the room and kitchen, includin' ma mother and father and ma Granny Loftus. We divided oorsels oot. It depended what age you were and what sex you were. They tried tae keep the boys away frae the girls obviously. Well, ah remember sleepin' wi' three brothers at one time in one bed. Ah remember sleepin' wi' Tommy, Micky and William at different times. And probably mum and dad wid sleep thegither, and there wis always somebody slept wi' the granny. As a laddie ah slept wi' ma granny often. So three brothers thegither, and two sisters and the granny maybe, and mother and father. They sort o' spread them oot wi' the double beds that ways as best they could. Ah remember o' sleepin' two and ah remember o' sleepin' three.

Wi' the double beds there were plenty o' room for tae sleep a' heads up if ye wanted. But occasionally ye used tae say, 'Oh, ah'll sleep at the bottom tonight.' And it wisnae because we didnae have enough room, because three eight-, nine-, ten-year olds could sleep quite comfortably in a double bed. They were quite big beds. They were iron poster beds, ye know, wi' the brass knobs at the end and the metal springs, and a hair mattress.

Again ah can't remember jist exactly how we were placed oot. But ah think when ye were younger there'd be your mum and your dad and maybe they'd have one o' the youngest children in wi' them, maybe two o' the youngest children. There would maybe be one in a cradle. And then the next three, if they were boys, in that bed, and maybe divide the other two beds between ma granny and the lassies. Ma granny could maybe take two laddies or two lassies or whatever. Again it's no' a vivid memory, but it wid have tae be that way, it would have tae be somethin' like that.

The beds were end tae end. One bed wis shoved in a corner, and the other one wis shoved against it. So it took up all one wall, all one side o' the room. In fact, the aulder houses they had these sort of alcoves sort o' made for tae take double beds.

The room wisnae divided by a blanket or anything like that for privacy. Ye never felt there wis a lack o' privacy. It never entered your head. It wis what ye were brought up wi'.

If ah remember, they were stone floors in the hoose. Ah don't think they were wood. But ah remember if ma mother says we were gettin' new waxcloth or linoleum and a bit o' carpet, oh, good God, that wis like gettin' a wall-to-wall carpet nooadays and a Persian carpet! We had very little carpetin' at 17 Preston Street. They made rugs wi' old sacks, ye know, and wi' old bits o' cloth, and pulled them through. An awfy, awfy lot o' the families made the rugs theirsell, ye ken, grannies and mothers in their spare time made these things. Very few bought carpets, very, very few—ah cannae mind o' any at all.

The cookin' was done on an open range fire, wi' an oven at the side o' the fire. Ah dinnae remember the oven bein' yaised very often. If somethin' wis baked in there—what we ca' a crusty loaf today—that wis a cake. That wis somethin' unusual tae get the likes o' that. The bread wis bought. And the tatties wid be in yin pot and the meat in another pot, and the kettle, a big, black metal kettle, was always sort o' on the hob. It wis always sort o' simmerin' away a' the time. As soon as it wis empty ye filled it up and then put it on again. It kept heatin' away as it wis required.

We had gas in Rosewell but we didnae have nae gas cookers. It wis jist a gas light. There were no electricity in the 1930s up to 1942, as far as ah remember. Electricity came some time after that. The gas wis provided from the Whitehill colliery. There were gasworks there. There wis a wee cottage where the gas-works gaffer used tae stay, and that wis jist before ye come tae the pit. If ye turned left goin' intae Rosewell—ah think the houses is called Layton Crescent, where a' the bosses lived, the gaffers—you go down that road again about two, three hundred yards, and that's where the gas works wis. They provided the gas for the village. But, as ah say, that wis only for lightin' in the houses but also the street lightin'.

There wis no runnin' hot water, jist cold water. Ah don't remember the wa-ter bein' outside the hooses in Rosewell. But ah know it wis there a few years before that. But frae ah wis born in 1930 we had always at least runnin' cold water in the hoose.

The back kitchen consisted o' a wee bit but and ben with a boiler. This boiler wis coal-fired for boilin' clothes, and it had a wee chimney up the back. So every so often—once a week probably—this fire wis lit and it boiled the water inside the boiler, and got the whites whiter than white, withoot dyes or detergents. Ye'd get the local Co-op powder, the carbolic soap.

Ah've often thought aboot workin' clothes afore there were baths in the local pit at Rosewell. How some o' the mothers contended wi' maybe three or four sons workin' in the pit, along wi' her husband, and comin' back wi' clothes filthy, and how they managed tae wash them and dry them for the start on a Monday, never mind on a daily basis—ah wonder how some o' thae mothers coped in thae days. They must ha' been heroes.

The toilets were dry toilets, outside at the bottom o' the garden. These toilets, they were back to back, two little buildins'. We ca'ed them shunkies. And they had probably four compartments, probably six feet high, six feet deep and three feet wide. And one wis for coal—ye shovelled coal in it—and the other one wis the ootside toilet. The ootside toilet consisted o' a wood seat, maybe about eighteen inches or so high, wi' a hole in the middle and ye went oot there and ye sat on that and there wis a bucket in below. If ye had a nice ootside toilet ye'd have a wooden front. It's a credit tae some o' the women that some o' these toilets were like new pins. The women white-washed them and they put rid lead roond aboot the ootsides o' them. And the wood wis, ye ken, like a butcher's table, it wis shinin', ken, absolutely shinin' clean, and there wis paper hung up, and everything wis brightly white-washed, ken. Ye wondered where the women got the energy tae dae this apart frae lookin' efter the hoose.

It wis kind o' bad on a winter's night aboot ten o'clock if ye wanted tae go tae the toilet. Well, ye'd tae open the back door o' the hoose and walk aboot forty or fifty feet intae this cold toilet. It didnae seem much tae me as a young lad. But ye think aboot an old person on a frosty night or a snowy night o' bad walkin'. They had tae walk that thirty, forty or fifty feet. They were quite big gardens at the back, everybody had quite a big garden at the back. So ye'd have tae walk that length tae go tae your outside shunkie or toilet. And there wis no light in the toilet.

Some people locked the doors o' their outside toilets, but no' an awfy lot—quite a lot o' them left them open. There were a man came round tae clean the shunkies. There were a specialised cart for this. It wis made o' metal. It wis sort o' like a big barrel. Probably in diameter it'd be six, seven feet, and the normal width o' a cart—probably six feet wide. The houses were built in a fashion whereby there were roads—small roads, cairt tracks—actually between each row o' houses. And this man'd come roond, probably in the mornin', and empty the toilets—that bucket under the wooden seat. He'd take the bucket oot frae below the seat and go oot and empty it in the cairt.

And ye also put your ashes oot frae the fire. Well, ye put your ashes oot against the buildin', that shunkie. Naebody had buckets for ashes as far as ah remember. Well, that man came roond in the mornin' and emptied the toilet buckets, then he came roond in the afternoon—the same horse but a different cart, an ordinary conventional cart this time—and he shovelled the ashes intae the cart. So that wis oor cleansin' department in Rosewell at that time.

The chap that came roond wis a chap called Auld Wull Gordon and he wis employed wi' the Lothian Coal Company. That wis his job. There were nae rates paid for that. That wis part o' the house rent, as far as ah know. And that wis aboot a' the rubbish we had. Auld Wull lived at Poltonhall, jist doon the road frae Rosewell. As far as ah know he went roond the hale o' Poltonhall an' a' and he done Rosewell, tae. But that wis Auld Wull's job, emptyin' the toilet buckets and then takin' the ashes away.

Efter he loaded this toilet cart first thing in the mornin' he emptied the cairt and then come back in the afternoon and covered the stuff up wi' the ashes. Where he emptied it oot wis, well, if you're goin' from Bonnyrigg tae Rosewell, jist past the pub called The Four in Hand at Poltonhall, turn left and there wis an auld road in there and Auld Wull used tae go down there a hundred, two hundred, three hundred yards and that wis where it wis emptied. There wis a row o' houses there, tae, so it wid be a couple o' hundred yards frae the houses. Oh, there wis an awfy stench there. We used tae by-pass there when we went tae play down in the woods, doon where the pownd is, doon by Chesters farm.

So a' that wis still in operation when ah left Rosewell when ah wis aboot twelve, which would be 1942. Ah don't know when they got inside toilets but obviously it'd be after the war. They widnae be done durin' the war.

Oh, it wis very self-sufficient, the Lothian Coal Company. They owned the pit, the Rosewell coal mine, and they had a brickwork there. But they also had a large workforce for property, includin' the housin'—plumbers, slaters, joiners. Well, the plumbers done a' the gas work. Ah think they had decorators but they were few and far between. Ye done your own decoratin'. And they also had gas works in Rosewell.

Ah remember two hard times in our family when we wis at Rosewell. Ah remember ma mother and ma father speakin' about this. He got a bad acci-dent—ah think he got a double break in the leg. Anyway he wis off work for a long time wi' this. It wisnae a clean break, it wis a complicated break, and it took a long time tae heal and he wis off a few months. Well, durin' that time ah don't know if they got any money, and if they did ah don't know where they got money from. We were allowed by the Lothian Coal Company tae live rent-free for that particular time. But when ye got back workin' again it wis a long haul tae get back tae the low poverty line ye were at when ye were workin'.

When ye started back at work again it used tae be rent-and-a-half, rent-and-a-half. Well, say the rent for the hoose wis five bob a week, well, they'd charge 7s.6d. a week tae cover the back rent for the three months you were left off. Now that 2s.6d. extra on the weekly rent wis worth a lot o' money and it wis badly needed. But ye had tae pay the Lothian Coal Company their money. Also the Company provided ye wi' coal and ye had tae pay the cost o' that back also. So if ye were off a long time it wis one helluva job gettin' back tae any sem-blance o' livin' at that time.

So that happened tae ma dad twice. He'd two serious accidents. Ah don't know if they came on top o' one another. But, as ah says earlier on, there wis the contractin' system at the pit where a contractor employed ye and bargained wi' ye what he would pay ye. So the contractor paid you on the Friday. And ah re-member goin' for ma dad's pay tae a chap called Tony Hanley, who lived up opposite the new Store. And Tony Hanley says tae me, 'What are ye up for?' Ah says, 'Ah'm up for ma faither's wages.' 'You Mick Flynn's son?' 'Aye.' 'Come in.' And he had a table aboot this size and it wis loaded wi' money, and he had a sheet markin' doon the payin' off o' a' his men. And he looked up the sheet and he wid count it oot tae me, and he'd say, 'There ye are. And tell your father it's rent-and-a-half this week.' The nixt Friday ah'd go up again and Tony Hanley wid count it oot—five bob for that, six bob for that, thruppence for water money, thruppence for explosives, or whatever—and he'd add it a' up and he says, 'And tell your father it's rent-and-a-half.' And that rent-and-a-half seemed tae me as a laddie tae go on for ever. But probably if Tony Hanley repeated hissel' six times it'd seem an awfy lot at ma age.

But they were hard times, very hard times. Ah remember ma mother sayin', 'What am ah goin' tae dae?' No' on a regular basis, but ah remember her sayin', 'What are we goin' tae dae?', and often consultin' wi' the ould lady Granny Loftus. 'Ah, sure, and we'll get on some way,' ken. But things wis hard at that time.

Another thing that comes back tae ma mind wis that the ambulance belonged tae the Whitehill colliery tae. The ambulance served the whole o' the village. That created a wee bit fuss if the ambulance came intae the street, because tae see a motorised vehicle at that time wis probably like seein' Concorde passin' now. That wis a wee bit dramatic when you'd see an ambulance comin'. Ah dinnae remember ma faither goin' in the ambulance. But on another occasion ah got a real fright. Ah played wi' this chap Davie Graham, who wis a Protestant. And Davie's father got hurt in the pit. And the next thing we knew Davie's father wis dead. Ah mind o' half sobbin' wi' ma pal Davie Graham, wi' his faither had got killed in the pit. Hearin' daiths in the pit registered. It happened fairly often—ah don't know how often again, but as a laddie ah heard it a few times. Ah suppose that wid make me frightened o' the pit, ken. But that wis a dramatic thing.

But, as ah say, that ambulance served the whole o' the village. And ah remember we took scarlet fever. When ah say 'we' ah mean ma younger brother William and maself. And ah remember gettin' put intae the ambulance, wrapped in the rid blankets, the blood-coloured blankets, and gettin' taken away tae Loanhead 'ospital. Ah'd probably be about eight or nine then. But ah remember thinkin' that this wis a great jaunt. Scarlet fever's no' a very serious thing tae your mind because ah remember feelin' quite happy aboot it. Ah wisnae down in the dumps or painful anyway. Ah felt like sayin', 'Ah'm goin' a trip,' ken, goin' in this ambulance.

Well, ah don't know why ma father and ma mother left Rosewell. But as ah say we left Rosewell when ah wis twelve in 1942 and we went tae live a mile away in Poltonhall, which is jist part and parcel o' Bonnyrigg. So goin' tae Bonnyrigg wisnae a big thing.

Margot Russell

BUT WI' NO' havin' any pit background at all—the only actual background information that ah had about the pits wis frae the women ah worked beside, because obviously they were either wives o' miners or they were daughters o' miners—so ye got the stories o' when it wis before the pit baths and that type o' thing, and goin' for the carbide for the miners' lamps. And that fascinated me. But ah always thought, ye know, what a hard life it must have been for them. But that wis really jist all ah thought about it. But then, as ah say, ma partner Bill went on strike and that was the March '84.

I was born at 12 Beechwood Park, Newtongrange, on the 5th of November 1944. My father originally worked in the Co-op in Newtongrange and then he went on to own his own shop, a small grocer's shop, in Easthouses. We moved to Easthouses from Newtongrange, I think I would be about eight. Then the development in Mayfield took place and he got a shop up in Bogwood Court in Mayfield, and ah reckon I would be about thirteen, fourteen, when we moved up there.

My mum's father had worked on the railways as a train driver, although my mum advises me that he was involved in trade union activities. They went round and collected the levies. So she often says, you know, that all that type of thing missed a generation and has landed on me. So I'm a chip off the old block wi' my grandfather.

My mum's family originally comes from Hawick, and my grandfather moved through from there to the station house at Dalhousie in Midlothian. Mum and her two brothers were brought up there, and then I think when the family

'The social security claimed that the union paid its members strike pay. Oor men didnae get strike pay at all. What they did get, the men that went to the Strike Centre, the men that logged, the men that picketed, when the funds were sufficient on the men's side o' things, they usually got about £5 a week. You couldnae do much wi' that, especially if you had children.'

131

grew older—Dalhousie station house was quite an isolated place, and my grandfather was on shifts—they moved into Dalkeith. My mum actually she worked as a conductress on the buses when she wis young, and in Adams the butchers in Dalkeith. I'd be about maybe three or four when my grandfather died, but I don't remember him. My grandmother—my mother's mother—died when I would be about fifteen.

I originally went to Newbattle School at Newtongrange, then I went to the Bryans Primary School at Mayfield. From there, after failin' the eleven-plus, I moved back to Newbattle School, which by then had been changed into a junior secondary school. It's not there now, it was demolished. Oh, some of the lessons at school I enjoyed. I did enjoy history, English and geography. And that wis about it really But arithmetic, maths, science—sssshhhh! Oh, no. It wis not in my mind at all to remain on at school. The only thing I do remember when I was young, I love animals, I still do love animals, and it was in my mind to be a vet. I just wanted to care for animals. But you didnae have the practicalities of knowing, well, you've got to sit exams and you've got to know a' the different Latins and things. But I wisnae a good scholar. So as soon as I was fifteen I left school.

I got a job in a whisky bond at St Leonard's in Edinburgh. I totally hated it. I wis jist there for a short time, a few months. I wis on the assmbly line. You checked if there wis any impurities in the whisky, labelled the bottles and that type of thing. You worked from eight till five but the men in the bottlin' plant and things like that, they did different shifts. But the assembly line that ah wis on, it wis jist normal hours. Ah never did a Saturday. The men might have did a Saturday but ah don't think the women did. But, oh, ah didnae enjoy that job. It was very strict discipline. Well, I had got three warnins for talkin' too much! Well, I was only fifteen and your head was full of nonsense, you know, talkin' about chaps or pictures that wis comin' up and that sort o' thing. It wis jist about one warnin' per month I wis there! I got sacked. So that was that. Ah wis actually quite glad to get out of the bond, ah mean, it wis a lesson really in a sense. I totally hated it.

When I got the sack from the whisky bond I had to look again for jobs and got a job down in Munrospun at Restalrig in Edinburgh. My mother had already got herself a job there when I got taken on. She worked in the sewing department. She was a good dressmaker, my mother. As a young girl she had trained at Jenners' in Edinburgh. During the war years when my father was away she used to take in alterations, that type of thing. She jist picked that up, I don't think she'd ever worked as a dressmaker. People adapted in those days. She had made a lot of my own clothes. She used to say I used to go out like a princess and come back like a pauper, a richt tomboy. Well, you know, when you've got brothers to play with! So with Newtongrange bein' a minin' village there was a lot of men there in those days, so she had a lot of work to do with alterations and that type o' thing. So she went into the sewin' and the machinin' side o' things in Munrospun. And I got an appointment to go there and I got a job in the linkin'.

That wis the big machines—puttin' on the collars to the garments. You had the crew-neck collars or you had the v-neck collars. You had the Shetland wool and you had the cashmere and the lambswool and that type o' thing. I liked the job.

Oh, ah couldnae really remember what my wages were in Munrospun. Of course, it wis bonus work, ah mean, you started off as an apprentice type o' thing. So basically your first tasks were runnin' errands for the other girls that worked in the department. And the first day it wis, 'Will ye go and get me some tartan yarn?' So of course you went hither and thither—nae such thing as tartan yarn! That wis the way that everybody wis started. Ah did like that and ah liked the people ah worked beside, a lot o' older women that sort o' took you under their wing. Wi' ma mum workin' there she was company in the mornin', but she made her ain friends and ah made mine.

Well, I would think it was a well-paid job for women in those days. It wis bonus so, I mean, your head was down and you were workin' hard. It wis jist Monday tae Friday. Ah don't remember any overtime. You got an hour for your lunch. I'm sure the hours wis eight to five, because we would leave the house in Dalkeith—where she and I had moved from Mayfield—oh, about sevenish. You had two buses to get. I'm a terrible riser and people used tae laugh: 'Oh, there they go.' Ma mother would be draggin' me along the road! And I'm sure we finished at five. By the time we got home it would be well after six. Oh, it wis a long day. Well, I used tae have a sleep on the bus. Well, two o' ma chums lived in Gilmerton, so when they got off at Gilmerton I went and sat wi' ma mum and ah usually fell asleep. She woke me up when we got tae Dalkeith.

At Munrospun there wis a lot o' export. We did a lot o' work for one o' the Hawick firms—Lyle & Scott rings a bell. There wis always a lot o' orders for them, and there wis a lot o' stuff—the cashmeres and that—went across tae America. So the range o' goods, men's and women's, that wis produced at Munrospun wis quite wide. Oh, it wis far more interestin' work than the whisky bond. And they were a nice bunch o' women that worked at Munrospun, a nice bunch o' women.

The main part that ah worked in wis obviously mainly women. The actual knittin' o' the garments wis done on big looms, and the men did all that. There wis no women did that work at all, it wis all men. It wisnae heavy work, ah wouldnae think, but it wis jist all men that did that. It wis a man's job. It wis quite a big factory. There would be a couple o' hundred workers. There wis obviously different departments dealin' wi' different things.

I think it would just be about a week's holidays we got at Munrospun. It closed for the Trades Week and then obviously you had your Christmas holidays, a few days round about Christmas and New Year. But that wis about it.

Ma mum would be in her mid-forties when she started at Munrospun and mum retired from there. So she worked there for quite a few years. But ah wis only there a year and a half when ah left. Ah got married and got pregnant all at the same time and ah had ma first daughter, Jacqueline. I wis only seventeen when ah got married. It wis usual for women in those days when they got married to give up their jobs. But then there wisnae the child-care facilities and, of course, ma mum wis still workin' and ma husband's mother she worked as well. So therefore there wis nobody to look after Jacqueline. Ah was workin' up to when she was born then ah had to give it up. And tae be honest it didnae enter ma mind tae go back tae work after ah had ma eldest daughter.

Three years later ah had another daughter, Tracy. Three years later ah had another daughter, Mandy. And obviously ah wisnae workin' over any o' thae periods until Mandy would be about four or five. Then the Laidlaw & Fairgrieve factory beside us in Dalkeith had a five p.m. to ten p.m. shift. So obviously wi' ma past history o' bein' in the hosiery trade ah applied for a job up there. So ah got a job there, but for family reasons it jist didnae work out, and ah wis only there a short time.

Well, it wis a long day but ah enjoyed bein' at Laidlaw & Fairgrieve, because, ye know, bein' at home wi' three kids—and a' ye spoke to wis the neighbours, the milkman and the grocer, sort o' thing. Ah found ah lost contact. I mean, dinnae get me wrong, I had good neighbours. But, ye know, ye did miss that, ye know, jist the company at work, the chat about different things. You're really quite isolated as a housewife. I mean, there's quiet periods o' your time. Ah read a lot then at home. Ah enjoyed readin' so, ah mean, that passed the time for me a wee bittie. But it's no' the same as human contact.

Ah've always been a keen reader. Well, then it wis Agatha Christie. Ah liked crime-type o' books. Ah jist really felt that ye needed tae read a book that ye could put down at a minute's notice and then go away and do somethin' else, because o' the children. Tae go intae something deep ah thought wid have been too much for me. It's difficult to concentrate. And at that time, ah mean, ah did enjoy readin' history books, but not heavy readin'.

Well, when Mandy, my youngest one, started the school I got a job at Ferranti's up in Thornybank industrial estate in Dalkeith. Ah lived at Salter's so it wisnae far frae where ah stayed. Oh, a five- or ten-minute walk and ah run! It wis so handy, ah wouldnae have contemplated anything like that if ah'd had to go far. Ah started there as an early mornin' cleaner. Ah used tae get up about fiveish. So you would start at half-five and finish at eight. So obviously you were home for the kids, tae get them to school. Ah think three nights it wis then you went back from five till half-seven. So ma husband would be comin' in when ah wis goin' out. But then ah would still be home in time to put the kids to bed. So it wis ideal, it wis ideal.

The wages weren't good at all at Ferranti's, they weren't good at all. It wis a weekly pay but, oh, ah couldnae tell you how much. It wisnae very much but every wee bit helped! With three young girls you needed all you could get.

But Ferranti's wis a closed shop as well and we were approached tae join the union. Then ah said, och, ah wisnae happy aboot joinin' the union. Ah wis only part-time, ah didnae see the point o' it. But a wee bit pressure wis put on, so obviously ah joined the union—the Amalgamated Union of Engineering Workers. That wis the first time ah'd been a member of a union. And all the other girls who worked as cleaners joined too, they all did. But ah wasnae interested in the union, well, ye couldnae really be active wi' bein' on these shifts, tae be honest. Ah mean, growin' up obviously ye had your viewpoint on different things. But ma mum used tae say when ye're in business, especially a business like a grocer's shop, ye cannae mention politics because ye dinnae want tae offend anybody. So politics were never mentioned at all in ma house. It jist wisnae discussed. Ah suppose, come election time there was somethin' mentioned but nothin' that ah can remember. And ah'd always had a strong feelin' about injustices against people and that type o' thing, ah'd always had that strong feelin'. But ah'd never joined any organisations, nothing whatsoever. Ah wis not in anything, jist ma family—and that wis it.

Ah wis in Ferranti's at Dalkeith for nineteen years. The hours changed when the kids got older, and ah worked then from half-past five in the mornin' to ten. That wis overtime, because ah think there were shortages o' all cleaners. There wis aboot eight o' us that worked those extra hours. So then ye actually got to know the people in the factory. Before that you'd finished when they came in in the mornin', so you didnae really know anybody, tae be honest. And the same in the evening.

The department that ah worked in—ah worked in one or two—but it wis never offices. It wis always there were certain machines involved, shop floor type o' thing. The other girls cleaned the offices. We all had different floors and really ah think ah kept tae the same floor all the years ah wis there.

At that time there'd be about thirty cleaners all told in Ferranti's. They were mixed ages. The men were durin' the day. The men actually did like the machine shop-type o' thing and that wis basically where they worked, the labourers. They cleaned up in the machine shops, swept up metal shavins and that sort o' thing. But there wis no, well, no men cleaners, jist the labourers.

None o' the women cleaners wis interested in trade union issues. Well, the usual: when it wis about a wage rise the men used tae complain that because it wis a factory there wis a lot o' women in it, and basically they were annoyed that the women's pin-money could influence their bread-and-butter wages. That wis the usual crack. But there wis none o' the women ah worked with interested at all in any aspects o' that. That wis usually the only time they moaned, when it wis wage rises. None o' the women wis active trade unionists or agitators, none o' them. It ended up much later on ah wis the agitator! But none of them at that time, no. There wis none o' them really influenced me at all, tae be honest.

Ferranti's was a very big factory in Thornybank industrial estate. Ah would say there would be 500 workers there at the height.

Ah didnae find ma workin' hours a strain at Ferranti's. You know, ah had a pattern o' life. Obviously the girls were at school, so you could have forty winks on the couch. And then the girls could look after themselves—get themselves up and go out to school. When I started to work at Ferranti's till ten in the mornin', well, there were two at the High School and one still at the primary school. Obviously the two at the High School helped the one at the primary school. Oh, they were quite good at helpin' each other in that way. Jacqueline, the eldest, had a wee bit exception to it all but, ah mean, she knew she had to do it, because by this time her dad had left. Jacqeline was thirteen when her dad left and the youngest, Mandy, would be about five or six, jist begun at school. So they a' jist had to muck in thegither, tae be honest. Ah wis really the breadwinner then.

Ah don't suppose it wis easy. But ye jist had tae get on wi' it. Well, obviously their father was payin' them maintenance, and, you know, you would get the various benefits that were there, the rent rebate, and that type o' thing. There wis other people in the same position so moanin' widnae… But ah think it started me. Before then ah wis a very quiet person, ye know, ah wouldnae say boo tae a goose. But then when you're on your own ye have tae stick up for yourself. So ah think really that's what started me bein' able tae speak up a bit more for maself and take an interest in things.

Ah wasn't political then. Dinnae get me wrong. Ah always voted. Ah always voted Labour. Ah always made a point o' that, because always at the back o' ma mind wis what the suffragettes had done. Ah think if anybody inspired me it wis the suffragettes. Ah'd heard about them and read about them at school, and obviously it must have been in the subconscious. And ah always voted. Ah thought, well, you know, what thae women did, ye must vote. And ah still do say that. No matter what ye vote, always vote. And ah still instill it in ma ain daughters. Sometimes they forget and ah get on tae them! But that wis one thing: if anything influenced ma life it would be the suffragettes.

As ah say, ah wis at Ferranti's for nineteen years. It wis round about the early '70s ah started there. Ah never felt really tired and fed up—it wis too handy. We a' said that, ye know. And ah liked the women ah worked beside. We had a good banter wi' each other, we knew each other so well, and they were all local girls. But the hours suited me because ah wis at work and then ah could be home for the children, that type o' thing. The wages got better obviously when equal pay came in, so we got the same as the men labourers. So things obviously definitely got better. So ah wis never—och, there wis days ah felt tired—but otherwise ah liked the job, ah liked the women ah worked beside. It wis the type o' job ye jist didnae have tae think, ye know, ye jist did it.

It wis the same work in the same place every day. Ye cleaned particular areas. There wis an odd time that ye went to a different department if somebody had been off there and you helped out, that type o' thing, but otherwise it wis the same a' the time.

It would be about '89, '90—that's when the problems started at Ferranti's. The cleaners were the first to go, oh, the whole lot, tae be made redundant. They got private contract cleaners. So we were the first to go. And that wis another turning point because at that particular time the Woodburn Training Centre opened up at Whitehill village at Dalkeith. And maself and one o' the other girls we went up there on the computer course. We were made redundant in the August and the Trainin' Centre started in the September. So we moved straight up there.

Well, ah did regret havin' to leave Ferranti's, but there wis the challenge then o' the computer course to look forward to at the Trainin' Centre. And by that time, although I did like Ferranti's, my horizons had broadened considerably because obviously of the miners' strike.

Ah became involved in the miners' strike in 1984. Ma partner Bill—ma husband now—he worked at Newbattle Workshops at Newtongrange, at the old Lady Victoria colliery, and obviously he took part in the strike. Bill actually went on strike. Now the press at that particular time criticised the fact that there wis no ballots by the miners. But the explanation that ah wis given by Bill was there wis pithead ballots and under section 5 or something o' the National Union o' Mineworkers' rules that wis sufficient tae constitute goin' out on strike. And ah must admit ah had obviously heard o' thae bits in the press and that, misinformation about Scargill, that type o' thing, and ah wis dubious because ah'd never been involved in a strike.[142] Well, tae correct maself, we had one strike at Ferranti's that ah wis involved in. Obviously everybody else wis involved in it as well.

But wi' no' havin' any pit background at all—the only actual background information that ah had about the pits wis frae the women ah worked beside at Ferranti's, because obviously they were either wives o' miners or they were daughters o' miners—so ye got the stories o' when it wis before the pit baths and that type o' thing, and goin' for the carbide for the miners' lamps. And that fascinated me. Ah always thought, ye know, what a hard life it must have been for them. So ah knew people that had connections wi' the minin' industry but ah didnae know an awful lot about it, tae be honest, jist really gleanin' information from the people ah worked beside and, ye know, that it was a heck of a hard life. But then, as ah say, Bill went on strike and that was the March '84.

Bill had actually worked in the minin' workshops at Newbattle for a good number o' years, so he'd been involved in strikes before. He wis in S.C.E.B.T.A.— the Scottish Colliery Enginemen, Boilermen, and Tradesmen's Association. I mean, he knew all the ins and outs o' these type o' things. I think we'd known each other for a couple o' years and we had jist made the decision for him tae move in and live with me when the strike came. So we had obviously a bit upsettin' time, needless to say, because ah wis a wee bit unhappy aboot the strike. There hadnae been a ballot, and this type o' thing. And Bill wis away picketin'. We had a bit o' friction, ah must admit. And then ah think it wid be the May, two months after the strike began, when Bill said tae me: 'They're havin' a meetin' tae set up the Women's Support Group. Ye should go and ye might hear things and ye might understand things.' And ah thought, 'Oh, well, all right, ah'll go.' And ah did. The meetin' wis held in the Dalkeith Miners' Club. And ah didnae know any o' the women at the meetin'—well, ah knew one and that wis one o' the women ah used tae work beside as a cleaner, Nancy Hamilton. Her husband Robert, ah think he worked at Monktonhall pit. His brother wis David Hamilton. So Nancy wis the only person ah knew at the meetin'. Ah didnae know any o' the other people, although we all lived in the same area. So there were discussions and different things, and there wis people there that came that were also in the Labour Party at that time. And we werenae really interested in that side o' things at all.

So we were advised that if we set up oor Women's Section we'd have our own autonomy, we'd have our own meetins', and make our own decisions—fund-raisin', all that type o' thing. So ah wis really quite impressed by the strength o' feelin' o' these women. And ah said, 'Well, ye know, everybody cannae be wrong. They sound as if they know what they're doin'.' And ah think it makes life a bit easier if ye're involved in things as a group. So ah became actively involved in the Women's Support Group at Dalkeith from that period.

Initially it wis mainly really takin' over the kitchen duties. They really jist had one or two men that were daein' pies and soup and that kind o' thing. So once the women became involved in it we were very fortunate that we had Clara Potter. She was an N.U.M. member that worked in Monktonhall Colliery, she worked in the catering. So Clara looked after us. Ye know, she would advise us, 'Well, ye need tae peel X amount o' potatoes.' Ah mean, none o' us had cooked in bulk before. So Clara was a gem.

To give you a wee bit o' the background: the Central Strike Committee met in Dalkeith Miners' Club. The Central Committee was the one that looked after the whole o' the Lothians. And there wis nine strike committees in Midlothian for the various areas. It wis really based on the districts o' Midlothian. There was one for Danderhall—Monktonhall pit wis Danderhall—Bilston had one, Dalkeith, Penicuik, Roslin, Newtongrange, Easthouses went with Mayfield, and Gorebridge. There was another one: ah cannae remember that one.[143] The nine strike committees wisnae based on the pits, it wis based on the nine districts of Midlothian. Bill obviously he was in the Dalkeith Strike Committee, but he wasnae in the Central Strike Committee. Davie Hamilton, Nancy

Hamilton's brother-in-law, was in that one. That's where everything came from, everything came frae the Central Strike Committee in Dalkeith.

So the Women's Support Groups were based on those nine districts. So my one was the Dalkeith Women's Support Group because ah lived in Dalkeith. So that wis set up in the May. In the June they decided tae set up the Lothian Women's Support Group, which wis a similar type o' thing. It took in all the strike areas in Mid, East and West Lothian. Ah wisnae on the Lothian Group, I jist stuck on the Dalkeith one, though there wis members from our committee delegates to the Lothian one. Nancy Hamilton and her sister-in-law Jean Hamilton, who wis Davie Hamilton's wife, were on the Lothian Women's Support group.

There wis about twenty o' us on the Dalkeith Women's Support Group. The number fluctuated a wee bit, that type o' thing, or maybe they couldnae a' manage to come to the meetins a' at the one time, different things. They were all volunteers. Ah mean, the rota for the kitchen was worked out. We all obviously tried to take different turns, different times o' the day. Oh, it wisnae easy to work it out. There were some that worked. Ah mean, ah still worked then at Ferranti's and ah finished at ten in the mornin'. Ah'd maybe go home jist for a quick wash and that and then ah'd go across tae the strike centre and help prepare the food. Maybe some o' them that worked different hours would come and help tae do the washin' up, ye know.

Well, Clara Potter obviously would be there first and she would start the preparations. Ah think the meals were usually from the school hours, because the school kids they used tae come up for their dinner some times, them that didnae want tae get school dinners. So ah reckon it would be about from twelve till two wis the sort o' hours that the meals were set for. That wis the busy time. Ah'd probably go down to the strike centre about half past eleven or earlier, dependin' on what the rota wis if there wis problems. Ah'd be there till about after two and then, as ah say, you helped to wash up. Then obviously ah had tae go back home tae get organised tae go tae ma work again at five. I'm afraid that my daughters kind o' got put by the by, because they were well up in years by then. My oldest daughter Jacqueline was married by then. So ah jist had Tracy and Mandy at home. Tracy wis out workin', Mandy wid be in her last year at the High School. Och, they were well able to look after themselves. Ah didnae have them tae worry about.

Ah wis doin' that work with Women's Support Group in Dalkeith every day in the week. There wisnae any meals on the Saturday or the Sunday. But Sunday wis usually when we had our meetings. Saturdays we were maybe at rallies or different things—not every Saturday. But, ah mean, Saturday was usually the time for rallies and that.

The work we did at the Strike Centre in Dalkeith was preparin' the food for the meals and obviously servin' it and that. Well, it wis self-service. We didnae go roond servin' them individually, they would come up and they had the bowl, sort o' thing. It wis the Miners' Club, no' the Ritz! We put a ladleful of soup or tatties and meat or whatever on their plate. Ah mean, we were very fortunate we managed to usually give them a three course, because Nancy Hamilton wis great at apple pies, oh, famous apple pies. Oh, she made a lot o' apple pies! Ah'm jist tryin' tae recall how many families we would have. Obviously, it varied, but ah wid say about thirty on average. Oh, ye had tae make quite a few apple pies for them! But Nancy Hamilton didnae work till ten, Nancy worked till eight. So she had plenty time tae go and make her apple pies!

Well, all families o' strikin' miners were eligible tae come for their meal. Not everyone came. Oh, they werenae given any sort o' identification. Tae be honest, ah think everybody sort o' knew each other. The men mair so knew each other. Nobody came who wasnae entitled to come, not that we were aware of. It wis quite a tight community actually. The ones that belonged tae it, obviously more so the men, really knew each other, or if they didnae know it wis a noddin' acquaintance type o' thing, or they knew they worked at such and such a pit. So maybe they didnae know the families but they knew the men. But it wis really the same ones that used tae come all the time. They would come as families—husband, wife and the bairns. There were a few bairns that came from the schools because ah think they didnae want the stigma o' gettin' free school meals. Because obviously you would have tae apply for a free school meal, you see, and they didnae want a separate coloured ticket.

Well, ah think a lot o' families didnae come for the very fact that possibly the men would be concerned that, if they were gettin' a meal at the Strike Centre, they might be asked tae picket. The Centre always looked for pickets. I think some men were concerned that pressure might be put on them, so that's why a lot o' them didnae come for a meal. Oh, you werenae refused, well, 'Ye're no' picketin', ye're no' gettin' fed,' oh, no, no. There were some men that didnae want tae picket but they went out and did the loggin', you know, they cut down the logs and bagged it a' for pensioners. So that wis fine, that suited those men. But there wis a lot o' people stayed away, although there wis plenty information goin' out frae the Strike Centre by word o' mouth, and there were probably things in the newspapers, tae say there were meals there for strikin' miners and their families. But whether it wis pride ah don't know, but ah think maybe in the back o' their mind they were concerned that they might have tae become involved in it. And possibly a lot o' them maybe didnae agree wi' the strike either. But they were in a position, 'Well, if everybody else is oot ah'm oot', sort o' thing. Ye had that as well.

Possibly some had resources o' their own. Ah mean ma own family and Bill's family they were good in the fact that they would give us bags o' messages sort o' thing. Although we got fed, there obviously wis times that ye only got one meal a day sort o' thing. Ah know a lot o' families supported each other. That wis the case in ma family. Although ma mum wis obviously on her own but, ah mean, she managed what she could get type o' thing. Ma mum was supportive in that aspect. She didnae agree wi' the strike. Bill's family, his father had been a deputy in the pits, he wis in the National Association of Colliery Oversmen, Deputies and Shotfirers. He didnae agree with Arthur Scargill. So there wis odd arguments at times but they were always supportive with things like—well, ah never smoked but Bill smoked—so there wis always cigarettes for him, that type o' thing, and tea-bags for me, bits and pieces, ye know. Bill's family were supportive in that respect. And ah'm sure a lot o' families were in the same position.

Well, ah mean at that time the strike wis solid so everybody wis out. You know, there wis obviously a lot o' people there that didnae agree with it but because o' pressure, well, you know, you cannae be seen tae be goin' back, although obviously later on things deteriorated intae that. And that's when it a' surfaced. We had women comin' tae us in tears obviously and we discussed things with them and tried tae support them, be it all wi' maybe some messages and physical support. But the men wid maybe come and say, you know, 'Things are difficult at home, the wife's talkin' about leavin' me,' and this sort o' thing. So ah mean, there wis a lot o' problems, a lot o' problems oot there. Ah wid say the men were coming more so as the strike deteriorated, the longer it went on.

Oh, it wis a long strike. Ah mean, financial problems developed: people possibly before could cope, they managed to keep their payments up on different things, and obviously now they were losin' their cars, their televisions, whatever, and that wis puttin' a great strain. You must remember miners had a good wage in those days. So ah mean they would have quite a good lifestyle. And at the beginnin' the banks, etc., would be quite supportive: 'Oh, ah wouldnae worry,' sort o' thing, 'you can pay later.' But as the strike progressed things were gettin' tighter and tighter and they were demandin' more, and that type o' thing. The first two or three months werenae too bad, it wis more into the strike that things got more difficult.

And of course we were fortunate that it wis a good summer in '84—no' fortunate for the strike, but that wis mair a logistic type o' thing. But weather-wise that made a difference, 'cause ye werenae worried about heatin' your house, and clothin', and that type o' thing. It wis really when the winter came in, ah wid say, comin' near Christmas there wis a problem.

We did a lot o' work to raise funds for the children to have holidays. Well, we were fortunate in Dalkeith area we had Fred Ayres, who had a bus company, and he was a great supporter of the N.U.M. Ah think Fred Ayres had been a miner. He had two or three buses, and he had an international bus that went abroad. He also took a lot o' men, the pickets and that type o' thing. But ah think he gave us good rates. He was excellent. Ah don't know if other bus companies had been approached, we always jist used Fred Ayres.

And we did a lot o' fund-raisin', went round the shops, did raffles, all different fund-raising' events. And we took the kids away on day trips durin' the school holidays. We were fortunate livin' in this area actually. And they managed tae go to the beaches in East Lothian. We didnae go to Portobello because the shows were there: we didnae have any money for the shows! So we went where there wisnae anythin' like that. And then we went maybe up tae Peebles tae the parks, that sort o' thing, within a thirty- or fifty-mile radius, no' too far.

Ah think the local shopkeepers were supportive. 'O.k., the strike's no' goin' tae last for ever and these miners are oor customers': that would be at the back o' their mind. When we went round askin' for things for raffles and that there wisnae many really that turned us away. We always obviously said, well, miners have been good customers in the past and they will be good customers again. There wisnae really much difficulty wi' the shopkeepers, no' really. Mills the wallpaper shop, he wis very supportive financially. He gave us money, very supportive. We had Stewart Denholm, who had a catering firm, he was very supportive. He provided food for us and he had a Christmas party for the kiddies. There wis a gentleman who was anonymous who gave us hampers at Christmas time. Ah think there wis twelve very, very good hampers. He's still anonymous to this day. We had a person, he lived in Dalkeith, who was an ex-miner and had a mobile shop that sold vegetables and that type o' thing. So he brought vegetables in. Midlothian District Council they gave us support in the fact that ye could use their amenities, leisure centres, that type o' thing, free. There wid be rent rebates. Ah don't really remember any farmers donatin'. But dependin' on where the men were picketin' they could come back wi' some vegetables that were donated or otherwise acquired on dark nights! So there wis obviously that type o' support.

But there wis concern obviously wi' the social security benefits side o' things. They started bein' very restrictive wi' the benefits. Ah've still got this cuttin' from the papers: 'Department of Social Security turn the screw. The new Social Security rules which is creatin' hardship among the families o' strikin' miners… Only £6.45 in cash every week. Normally a couple dependent on benefits receive at least £43.50. A family with two children under five received only £24.75 a week… They were basin' it on the £15 cut in the benefits.' The social security claimed that the union paid its members strike pay. Oor men didnae get strike pay at all. What they did get, the men that went to the Strike Centre, the men that logged, the men that picketed, when the funds were sufficient on the men's side o' things, they usually got about £5 a week. You couldnae do much wi' that, especially if you had children.

In the case o' Bill, ma partner, and me—we werenae married then—so, ah mean, ah obviously wisnae claimin' for him. Bill had children, they were livin' wi' their mum. So he wis basically classed as a single person. So he wisnae gettin' any benefits whatsoever. But ah think the very fact that ah knew what the position was made it easier to cope in the sense that, well, you know, it wisnae his fault the situation he was in. So, ah mean, ye didnae really worry about money. Ye jist worked wi' what ye had and that was it, end o' story. And we always had that in the back o' our mind that the strike, however long it lasted, wouldnae last for ever. You knew that the light at the end of the tunnel, sort o' thing. Ye actually lived from day to day basically. Ye couldnae plan ahead. Ye jist didnae really think about the future. Ye jist kept workin'.

Oh, we always got fed at the Strike Centre. At home probably at night ye'd maybe have toast or somethin'. Ah mean, ye actually had a three course meal durin' the day at the Strike Centre. So that wis sufficient. Well, Bill would go out in the mornin', he would go on strike duty in the mornin', and there wis always someone there. Usually you would get bacon and egg or sausage, that type o' thing. So he would have his breakfast and then he would have his main meal. So that wis quite sufficient.

Ah think there would be about 200 miners and the families livin' in Dalkeith. Well, the men worked on the lists usually but that wis mainly the chaps that came to the Strike Centre. But ah'm sure we did have lists because we tried tae keep in communication wi' as many as possible. But the majority worked at Monktonhall pit or Bilston Glen pit, and obviously the workshops at Newtongrange. These were the only three places in Midlothian that still employed miners at that period.

The miners' children that came tae the Strike Centre seemed generally cheerful. They didnae complain or anything. What we did do come Christmas '84—we obviously felt that was a crucial time—there wis a Children's Fund set up. The Scottish Trades Union Congress they were givin', obviously through gainin' contributions frae the unions, ah think it wis £25,000 to the Children's Fund for the whole o' Scotland. What we did we actually contacted various organisations within Dalkeith for the Children's Fund. And we were quite distressed at the Dalkeith Rotary organisation. We actually went to the Rotary chap's house, met him and the other two or three officials, and made a plea for some financial support towards the Children's Fund. But he came back with us to say that they couldn't help. He was quite distressed about it. He jist said they didnae agree with it. And that wis it. Ah presume they were of the opinion, well, it might no' go to the children. Ah thought that wis quite distressing. It wis basically set up for the Children's Fund.

Actually, the Lothian Women's Support Group wis the umbrella group that looked after the Children's Fund money that came frae the S.T.U.C. They took that money on board. They went and negotiated with various big stores in Edinburgh. They worked out the best deal with British Home Stores, and we were given vouchers for the older children—ah wid say age ten upwards. They were tae get vouchers. So then we worked out how many strikin' families there were at that time, and the ages o' their children, that type o' thing. Ah think the vouchers were worth about £15, round about that figure, for each child, dependent on their age. And then we run a bus into British Home Stores in Princes Street in Edinburgh—an evening was set aside for us by the Store—and the children went in and they spent the vouchers.

And then we had a' the toys from France. The French trade union, the C.G.T., they sent the toys across. There wis a toy for each child o' a strikin' miner's family in Dalkeith. The Central Strike Committee would take a' the information frae the various local strike committees, and they would work it out. They were quite good toys, oh, they were quite good toys. There was a shipment o' the toys sent from France and they were deposited in Edinburgh. The men took turns in guarding the toys, because ah think it wis in a library buildin' down Leith that they were all deposited in. I think the toys came by ship to Leith docks. They were stored in Leith and then distributed to all the main strike centres, so every child got a toy. Ah think the toys were for the under-10s. The older children, as ah say, had vouchers and they could get whatever they wanted for their age group. But the toys from France for the under-10s were good quality. Obviously there wis dolls and games and footballs, that type o' thing.

So the Women's Support Group, because we were based in Dalkeith, we usually ended up with the sticky wicket, you know, doing all those tasks—puttin' things in piles for the different age groups and the different centres and that type o' thing. And it wis the same when the food came frae the S.O.G.A.T. union—everything came to Dalkeith, and the branches had tae come down tae Dalkeith for it.[144] Well, there wis X amount o' soup, X amount o' mince, you know, that type o' thing. It wis quite a big job gettin' the numbers and makin' sure everybody got something. Obviously we hoped that nobody got overlooked.

We wrote to the various pantomimes, circuses, that type o' thing, and we got tickets for those and we went round tae visit the various houses o' the strikin' miners and said, well, 'You've got such-and-such a child aged… Are you wantin' tae go to a pantomime?' So that in a sense wis good public relations as well. Oh, it wis a lot o' work. But it wis a strange time because ye didnae feel tired. Och, ye maybe felt tired later on. But when ye were doin' a' this sort o' thing…

But to be truthful there wis times when in the Women's Support Group we didnae always see eye tae eye. There'd be various arguments about different things. Sometimes pressures jist got tae ye, ye know, and personalities bein' as they are we had oor arguments, and there wis times when, 'Oh, ah'll no' go back.' But ye did because ye were a' fightin' for the same thing. And what surprised me so much wis, more so wi' the men, they could have some real howlers, oh, arguments, and the language wis choice. But they'd be pals again. They never ever fell oot. It wis part o' the miners' tradition to speak bluntly. It's to be admired. Oh, but they never took offence. If ah had said half the things tae other women it'd be a different story. But the men knew each other so well. And that went through the whole strike: lookin' after each other on the picket line. And that wis one o' the things that ah admired and understood more about the miners, that close comradeship they had with each other. And it wis really a delight tae watch actually. Unfortunately, the women werenae so blessed. But we had the cause tae fight for, so we jist tried tae forget about things that had been said.

Ah think we really stayed basically about the same number o' activists really in the Women's Support Group at Dalkeith as the strike went on. Some couldnae attend meetins all the time, some o' them couldnae help in the kitchen all the time. But basically there wis the same faces runnin' through.

There wis one occasion ah went on a picket. Bill, ma partner, wis always against me picketin' from the very fact that he thought it wis wrong that women should be there, based on the fact that if you had a member o' your family there you'd be concerned that somethin' was happening to them, they could get hurt. You couldnae concentrate on what you were there for. Basically that wis Bill's objection to it. There wis only one time that ah overruled him. That wis Ravenscraig, the steel works. We went tae picket there. Bill wis opposed to me goin', he wasnae very happy. But ah says, 'No, no, no.' There wis quite a few women goin', you see, and ah said to Bill, 'Well, no, that's no' fair. Ah feel that ah've been involved thus far and that ah should go.' And that wis the only one time we went. And it wis quite frightenin' because the police were obviously there in great strength and we were pushed against the fences at Ravenscraig. It wis quite a worryin' time for us as well as for the men. And ah could see what Bill meant aboot the fact that he couldnae commit hisself because he was wonderin' what wis happenin' at ma end. Ah mean, the picket started quite good because ye saw the busloads come in and, 'Oh, this is great, this is marvellous.' And then obviously ye saw the police come in. Ye know, somebody wis churnin' a machine! And that's when ye noticed that the army were involved.

Well, they were in police uniform. But ye knew—the bearing of these men. Ye knew they were soldiers by the bearin' of them. Ye knew the way they marched, a different way frae how the ordinary police officer marched. That came out, that came out two or three times durin' the strike. Ah think actually there wis one story that came through that someone recognised a person from their village that wis in the army that wis on that. That wis one that came through. Whether that wis substantiated, ah don't know. Ye know, it wis like everything else. But ah really felt that, ah really felt that they were soldiers at Ravenscraig. And the other women wi' the Dalkeith Group shared that view. And obviously the men got word that they knew that as well. They were in police uniform these men that ah believe were soldiers. They didnae have numbers, no numbers, no numbers. Ah mean, ah wis obviously brought up tae believe in law and order: if ye have any problems ask a policeman, sort o' thing. And it wis quite distressin'. Ah know they had a job tae do in difficult situations for them. But they were bein' used obviously by the government. That's what the police were there for, it wisnae jist tae help old folk and children across the road!

By this time we were all very political. Ye couldnae not be, ye couldnae not be. Ah had never been politically active before the miners' strike, oh, no, no. Bill, ma partner had, he had. His family belonged Fife, he wis brought up in Fife, and his father and his mother, she wis in the Co-op movement. His father wis in the Labour Party. They had relatives that were councillors in the Labour Party in Fife. They came over tae Midlothian and they were founder members o' the Mayfield Labour Club. Bill always tells the story that even when he wis a child in the pram they went oot deliverin' leaflets. So he had a really good background o' bein' in the Labour Party but never really active as such, jist a paper member.

So Bill and I we both joined the Labour Party and became active obviously through the local elections in Dalkeith in 1986. That was our first one we were involved in, but jist obviously as workers. Then ah became a delegate to the Constituency Party, then ah became secretary o' the Dalkeith Branch, and ah still hold that position. Bein' a delegate to the Constituency Party I held the post of women's officer for the Constituency Party for a good period of time and enjoyed that position. I'm now the treasurer of the Constituency Party, because o' the chap standin' down and because o' the quota system that's in operation: they're lookin' for women. So ah enjoy that side o' things as well.

When Bill—who became ma husband—and I both joined the Party it really sort o' started the ball rollin' because other members that were in the miners' strike with us started tae come. There were couples. So there's a nucleus of us who date back to that time of workin' together in the strike. Obviously Davie and Jean Hamilton, Clara Potter and her husband Davie, Maureen and Bill Anderson, and there's Pat and Jackie Aitchison. And we obviously got the branch on a different footing.

So as ah say my horizons broadened considerably because of the miners' strike in 1984-5. Everything really eventuates from then! After the strike, and after ah wis married to Bill, ah first went to Dalkeith High School for further education. Obviously ah knew ma shortcomins but ah never had the inclination before tae do anything about it. That wis for 'O' level English. That wis in the evening. Then ah decided to go to St David's High School in Dalkeith for ma Higher English. That wis durin' the day, that wis with the school pupils. I must admit I really enjoyed that, bein' wi' the pupils and listenin' tae young people again and takin' part in plays and things like that. Then I went to Esk Valley Further Education College durin' the day for English again, Literature One, I think it was, modern literature. But I really enjoyed that as well. It wis jist a few months, a module. Ah had failed ma Higher English at St David's actually, that's why ah went tae Esk Valley, because if you got Literature One and something else it wis equivalent to the Higher English. This was all while ah wis still workin' at Ferranti's. So ah seemed tae get an awful lot in in a few years. But ah did enjoy part of all that, because it broadens your horizons a good bit.

And then we were made redundant at Ferranti's and then ah went up tae the trainin' course at Whitehill. Ah wis actually still signin' on as well and there wis a wee bit difficulty then because the Job Centre were sayin', 'Well, ye're no' really available for work because ye're at a course.' So ah wis gettin' a wee bit of a hassle. So nine month intae the trainin' course ah took a part-time position at an optician's in Dalkeith as receptionist and ah really enjoyed that. It wis dealin' wi a different aspect o' a thing that ah'd never dealt wi' before, learnin' aboot glasses and that type o' thing, and ye were still dealin' wi' the public, which I enjoyed.

And leadin' on frae there when Mr Eric Clarke wis elected M.P. for Midlothian in 1992 he had the task o' tryin' tae find staff. And ah think it wis because o' Bob McLean, the Constituency Party secretary, that knew o' my experiences at the Citizens' Advice Bureau in Dalkeith earlier on and the fact ah'd done the course, that Mr Clarke offered me the position as his personal secretary. And of course ah took it. It's a full-time job. It started off ah think it wis ten till three, but obviously it's nine till four now and it goes on some days! Ah mean, it's not the type o' job that if somebody comes in at five tae four ye can really say, 'Sorry, come back later', ye know. Plus the fact always at the back o' your mind you've got the image that this is the Member of Parliament's office and you have to present a good public relations tae the public. You have to. So ah'm always conscious o' that. But it's a fascinatin' job. Oh, ye're meeting with every sort of people, some extremely nice people, and some not so nice. But, ye know, ye deal wi' them in the same way as ye deal with everybody.

Mary Laurenson

I STARTED WORK in a laundry when I was fifteen years of age. That was in 1914. My first job was with the Warriston Green Laundry in Edinburgh. Well, my older sister Roby—we called her Ruby—spoke for me. I applied for the job and I was taken on as an ironer. The sort of things I ironed were pillow cases, napkins, clothes—underwear, but not sheets. The sheets went through machines.

At Warriston Green I worked from eight in the morning till seven at night and sometimes to four o'clock on a Saturday if we were busy. Oh, we never worked on a Sunday, and I never worked overtime.

We were paid weekly. Ten shillings a week was my wage—that was to start off with.

There would be about forty girls, I would say, worked at Warriston Green Laundry when I was there. I was there for a year. I left because the boss retired. He was too old and he retired.

I went on to Roseneath Laundry at the Meadows. I started with fourteen shillings a week there, and I got on to be a finery ironer and my wages rose gradually. When I left in 1927 to get married my wages were £2.10.0 weekly. That was the highest.

Finery ironer was a specially skilled job. We ironed dresses and blouses and chintz, and very large tea cloths—embroidered tea cloths. They all had to be hand ironed. And we ironed body underwear, sometimes shirts—we had to take a turn of them.

I think there would be about sixteen finery ironers at the Roseneath. I would say there would be between forty and fifty girls worked in the Roseneath then. Some of the

'If you were off sick at the Roseneath you didn't get paid. Especially in the summer it was very warm in the laundry. You weren't allowed very often to open the windows, because the soot came in on to the clothes. And you were standing all the time you were ironing. Well, you got very tired. Oh, you weren't allowed to sit, well, you couldn't. You would get the sack if you sat down.'

girls who were ironers were on shirts and collars. There was a collar machine. Some girls were on shirts, and others, well, we had a machine for aprons but you had to finish them off, put them through the machine and then finish them off.

The work was lifted every hour. You had to do so much an hour. The work was lifted and examined before being put into the drying room. It was the under-manageresses who examined the work. If they found work that wasn't acceptable, well, you got it back to do it over again.

And of course it was gas irons then. You had to light them with a taper and they were a bit awkward. If they were too high the flame came out the back and sometimes you burned things. Oh, I never burned myself, it wasn't possible to burn yourself. But if you burned work they'd have to try and repair it, and if it was past repairing they would have to give the customer something new or the value of it. Oh, they never took it out of your wages if you burned it. They never had off-takes like that from your wages.

I worked in the Roseneath Laundry for about ten years. In between times I went to the Waverley Laundry in Gorgie Road, at the foot of Chesser Avenue. I think I was about six months there. And then I went to the Pentland Laundry, at the end of Westfield Road, off Gorgie Road. I think I was about six months in the Pentland.

At the Roseneath Laundry the hours were eight in the morning until six at night. You didn't work overtime. We got away early on Saturday mornings when the work was finished. And we didn't work Monday forenoons. Well, that was to let the washers get started and the markers to mark the linen first, to mark all the clothes first before the ironers could get started. It had to be marked first and then washed, before the ironers got started.

At the Roseneath, oh, it wasnae girls who did the washin', it was women, elderly women usually, and a machineman. The young girls didn't wash. There was a man on the washing machines and the wringers. And then the women hand-washed woollies and special things.

There must have been about fifteen to twenty workers at the Roseneath in the packing room. So there would be about fifteen to twenty ironers, fifteen to twenty packers, and maybe about half a dozen washers.

The owners of the Roseneath Laundry were Mr and Miss Kirk, brother and sister. When I went there about 1915 or 1916 I suppose I thought they were elderly for I was young. But they would be in their fifties. They had owned the laundry for some years.

At the Roseneath all the holidays we got was two days in the summer. And you had to have a full week at work the next week or else you lost these two days—you weren't paid for them. That's to say, if you took your two days' holiday and then you were off maybe sick the next week you didn't get paid. You lost these two days' money. Otherwise, it was two paid days' holiday a year. You got paid for the two days provided you went to work the following week.

Relations between the girls in the laundry and the owners, Mr and Miss Kirk were very good. The Kirks stayed across the road from the laundry in Marchmont. Well, if you weren't well Miss Kirk was very good. She used to take some of the girls over to her house across the road if they werenae well and give them a drink of milk in the morning. The Roseneath was the only laundry the Kirks owned.

I can remember just one woman who was sacked in the Roseneath when I worked there. She was sacked for giving cheek to the manageress.

If you were off sick at the Roseneath you didn't get paid. Especially in the summer it was very warm in the laundry. You weren't allowed very often to open the windows, because the soot came in on to the clothes. And you were standing all the time you were ironing. Well, you got very tired. Oh, you weren't allowed to sit, well, you couldn't. You would get the sack if you sat down. And there was no tea breaks, none at all.

You started at eight in the morning and you worked until one o'clock, no breaks at all. And then you had an hour for your dinner. I went out of the laundry for my dinner, I didn't eat in the laundry. Well, sometimes I went to a restaurant. And then we came back at two o'clock and worked till six, and again no break.

Most of the girls at the Roseneath were very nice girls. Oh, I wouldn't say they felt working in the laundry was a better job than working in a shop and, well, I don't know about working in a factory. Oh, it wasn't that the girls in the laundry felt themselves a cut above some other sorts of workers. They weren't like that. It was just that they were a nice class of girls in the Roseneath, that was all.

Some of the girls worked at the Roseneath for a few years, others just come and went. There was a few at that time who were there for maybe ten years or so, but there was nobody who had worked there for years and years. But then there were others who came and went after a few months or so. I think they'd come and go mainly to other laundries, not shops or factories. But some of them changed their jobs quite often.

At the Roseneath there was a dance once a year. It was inside the laundry, in the marking room. There was plenty of space there for dancing. We had the old-type dancing, country dancing, well, eightsome reels and waltzes. You weren't allowed to bring partners in. It was just for the workers, just the employees of the laundry.

There were just about six men worked in the Roseneath. Well, there were the two vanmen and two van boys, and the fireman, and the man on the machines. That was fairly normal for a laundry then. I don't think you would expect to find more than half a dozen men in a laundry then.

I think the situation generally in Edinburgh then was that owners had only one laundry each, rather than several laundries being owned by one person.

Well, Craigmillar Laundry of course was a company. I don't know about the other ones, but I think they were just one owner mostly.

Craigmillar was a big laundry and I think the Store Laundry—the Co-op—at Slateford was just as big. Oh, there was quite a lot of laundries in Edinburgh then: Patriot Hall, Raeburn Laundry, Portobello Laundry, Holyrood... There was a hand laundry in Morningside. Well, there was no machinery in the hand laundry. The work was all done by hand, the washing and everything else. Oh, they were small laundries, the hand laundries. They only employed maybe two or three workers. I wouldn't think it would be expensive to set up a hand laundry. Well, you'd need tubs, of course, for your washing, and wringer and irons and maybe a little machine for polishing collars—of course they were all starched collars then—a machine for polishing them. I don't think the hand laundries were a bit cheaper for the customer to go to, I think their charges were much the same as the bigger laundries. Oh, I don't think hand laundries were set up by former laundry girls, not always. I'm no' sure who would set up in them.[145]

Well, the sort of people who sent their clothes or their bed linen then to laundries were big families, well-off families sent hampers. There was hampers sent. Ordinary working people, well, maybe sent a few things. But on the whole it was the better-off people. But the Co-op Laundry at Slateford, well, it was the ordinary people that sent their washing there, because they had the bag wash and different things there.

I was in a trade union just for a very short time. It was the Laundry Union. Mr Moore was the man who took it up. I think it was Melbourne Place we went up to to pay the union. Oh, it was very little, thruppence or so. There was just once I attended a Laundry Union meeting, and that was when we decided to come out on strike. Well, a few of the laundries there decided to come out on strike. But there was only the Craigmillar Laundry came out. I couldnae say why it was only them who came out. Well, the members of the union just seemed to dwindle away. We just all came out the union gradually.[146]

I walked to work in the laundries. When I worked at Warriston Green Laundry I stayed in Leith then. It took half an hour to walk—half an hour in the morning to work and half an hour back home at night. It wasn't possible to take a tram to work, there was no trams run that way. When I worked at Roseneath I lived in Salisbury Street, on the south side. I walked to the laundry from there through the Meadows. It took about fifteen or twenty minutes maybe to walk. Then I lived in Gorgie for a while and I walked to the Roseneath from there. There was buses then but I didn't take one—I didn't have the money. I can't remember how much the fare was, it wouldn't be very much, a penny or tuppence, something like that. But, well, I couldn't afford it from my wages.

Well, I left the Roseneath to get married in 1927 and I never worked in a laundry again.

Nellie Spence

WELL, AH LEFT school at fourteen and then ah went tae Cowan's, the printin' work in Arthur Street, Edinburgh, and ma wages were 5s.6d. a week.[147] Ah wis there for about a year and at fifteen ah went intae the Roseneath Laundry at the Meadows. So that would be the end o' 1917, beginnin' o' 1918 ah went intae the laundry. And ah went there because ah wis goin' tae get 8s.6d. a week.

At the Roseneath I was a checker and packer. That means when the dirty washins comes in ye check the washings, ye mark them and then ye put the stuff in different bins. And then for packin' ye have all the washins clean and ye sort them out wi' a' the different numbers. Then ye check the washins and ye pack them and ye parcel them up and these are ready for the vanmen for takin' out to the customers.

The washins wis, well, there wis more household, and also there wisn't so many hotels at that time, just about the end o' the First War and just after it.

Ah worked at the Roseneath from eight in the morning until six at night, and about two nights in the week we worked late. But we didn't get any extra money for it, we didn't get paid overtime at all. And also we worked on a Saturday until all the work was all packed and the vanmen had tae go on their way. So we worked on a Saturday, sometimes until four o'clock, sometimes five o'clock, it depended on the work that wis in. Ye had tae clear the whole lot. Ye weren't allowed tae go home until the work wis all packed up and parcelled and the vanmen were away with it. And ye weren't paid any overtime for that on a Saturday. Oh, we never worked on a Sunday, not on a Sunday. But it wis four and five at night before ye got away on a Saturday. Durin'

'Well, from the Waverley ah got married then, ah got married when ah wis twenty. That wid be 1922-3. Well, by the time ah left the Waverley ma wages, well, ah think it wis jist about £1 a week, if ah had that. Ah didnae work in the laundries for a good few years after that. Well, that wis the normal thing then, when women got married they gave up workin', well, the biggest majority did.'

the week we finished on the two or three nights we worked late about eight o'clock at night. Well, that wis if they had a lot o' stuff in, a lot o' laundry in. And you didn't get paid for overtime. You could work tae ten o'clock at night and ye still didnae get any pay extrae for workin' the two nights a week.

We went home for wir dinner every day. Well, we had an hour tae go home for wir dinner and be back again. Ma sisters and me we lived in Salisbury Street at that time.

Ma two older sisters worked in the same laundry, in the Roseneath, wi' me. Oh, there wis quite a lot o' sisters worked in that laundry. There wasn't mothers and daughters, it wis more sisters.

There wis men that worked in the laundry, too. There wis washouse men and the vanmen. That wis the only men.

The washhouse men, well, they had the machines and they put the washin'—the dirty stuff—intae the machines, washed them, and then they were put into barrows and put all over the laundry—divided: flat work and shirts, and different things. Flat work was what ye called sheets, table cloths, anything like that—big items. That wis put through the calender, the big rollers. The flat work wis put through the rollers by girls, at both ends—two tae feed in and two for folding at the other end.

So there wis checkers and packers, there were calender workers, and there wis pressers and ironers. The difference between a presser and ironer, well, one had tae iron the stuff with a gas iron, and the pressers had the machines for pressin' skirts and different things—trousers. The ironers did the ironin' o' the shirts.

Ah worked in the Roseneath between three and four years. By that time ma wages, well, had increased from the 8s.6d. ah got when ah started. Of course, it depended on your age, as you got perhaps maybe a shillin' or two shillins extrae as your age went on. When you were fifteen that wis 8s.6d. and then ye got aboot ten shillins wi' the next rise. So it went up aboot 1s.6d. or two shillins a year till you were about twenty you'd have about £1, jist over £1 a week. And that wis the maximum wage at these days.

The checkers and packers werenae paid more than the ironers and pressers. Everybody was paid the same. Oh, the men they would have more but not much more. Ah think they would only have about £3, if they had that. They worked the same hours as the girls and the women. Well, the vanmen had long hours. They had tae work well after we were finished on the Saturday. They were still deliverin' at tea-time on a Saturday. The idea wis tae get the laundry back tae the customers for that week. That wis the week's work. They had tae get it back.

About twenty women worked in the Roseneath laundry, ah would say. The owners wis Mr Kirk and Mrs Kirk, his wife. We saw them quite a lot. See, they had their house at the back o' the laundry, and of course they were always about.

Mr Kirk he wis always in the laundry doing something. And then Mrs Kirk wis very nice. They were very nice people.

The laundry wisnae always warm and stuffy, no' where you were checkin' and packin'. The like o' the calender room or the ironin' room, that wis much warmer. The checkin' and packin' wasn't.

You only got a week's holidays. We didnae get paid for holidays then.

Ah think ah wis sixteen when ah joined the Laundry Workers' Union at the Roseneath. It wis about the end o' the First War. Well, the only union one there was a Mr Moore. He had an office in Chambers Street. We went up tae pay wir union. Well, if ah remember right ah think it wis 6d. a week. And that wis a lot out o' wir wages. Ah never went tae union meetings. But ah think the union did a lot for us. Well, ah think that Mr Moore, ah think that he fought for to get us more money. And we did get ah think it wis extrae at that time. But we never got a reduction, never, in the hours we had tae work and no improvement in holidays either.

That wis one thing: laundry workers never went on strike and never even mentioned anything about strikes. Well, it wis jist everybody wis contented wi' the way they worked, and they had a job tae do and they did it well. Oh, relations were quite good between bosses and the workers. They were told to do the job, the workers, and they did it. And if one thing wasn't done right they brought it to you and told ye about it and ye got on with it.

We got a tea break in the mornin' in the Roseneath. We had a cup o' tea. Oh, ye brought in your piece. Ye jist had tae stand wherever ye were and ate your piece. That wis allowed. Ye got ten minutes. Ye got an hour for your dinner. But no teabreak in the afternoon, ye worked on.

If ye were workin' late, two or three nights week, well, somebody went out and bought something for each one. They took a note on paper—'What do you want?' and 'What do you want?' And then they went out to the shops and brought this things in and that was what your break consisted of. Oh, ye had tae pay for that yourself, the laundry didnae pay for it.

We used to have laundry dances in the Melbourne Hall in George IV Bridge. That wis for wir own laundry. We all brought a friend. Of course, there wis other ones used tae sell tickets tae somebody else. And there used tae be men there as well. That wis how ye got to know some o' the other women that worked in other laundries. Oh, we were quite friendly wi' them. At dances you used tae meet different ones.

Tae get tae the Roseneath we walked from home in Salisbury Street across the Meadows and back four times a day. The tramcars wis no good tae us because it wis too much o' a roundabout road. We were better walkin' right through the Meadows to the Roseneath. So we were walkin' back and forward to the laundry about four or five miles a day.

Well, ah wis at the Roseneath Laundry between three and four years. Well, from there ah went tae the Waverley Laundry in Gorgie. We had moved wir place o' residence—out tae Gorgie. So that's why ah went tae work in the Waverley, because we stayed nearer hand the Waverley Laundry then. We walked to the Waverley from Gorgie Road. We didnae take a tramcar because it wis too much. Well, the fare would be about 2d., ah would think. But four times a day that wis too much off wir wages. Even durin' bad weather we still walked. It wis about a mile from where we lived in Gorgie to the laundry.

Well, ah worked in the Waverley for quite a few years, two or three years. The Waverley wisnae any bigger than the Roseneath, much aboot the same number o' women. There wis very few young ones there. They were nearly all either in their twenties or over their twenties. Some o' them were married women. There wis more checkers and packers in the Roseneath Laundry than what wis in the Waverley. The wages were jist the same as at the Roseneath.

We didn't work late at the Waverley. That wis the only thing, the checkers and packers we had tae work until the vanmen got all their parcels out. So we were later than the ironers and the pressers. But the checkers and packers didnae feel theirself to be better workers than the pressers. Nobody ever thought theirself any better than anybody else that wis in the laundry. It didn't matter what they done, each one never thought theirself any better than the next one. There wis nobody in the laundry that ever thought theirself any better than the ones that wis doin' somethin' else.

The Waverley Laundry—Shannon's Laundry—had been open a good number o' years when ah wis there. We always saw the bosses at the Waverley, because there wis the aunt, Miss Shannon. She wis the manageress at the Waverley.

Ordinary workin' people sent their washins tae the Waverley, jist the same as the Roseneath. It wis a mixture o' them and hotels and some times other contracts.

Well, from the Waverley ah got married then, ah got married when ah wis twenty. That wid be 1922-3. Well, by the time ah left the Waverley ma wages, well, ah think it wis jist about £1 a week, if ah had that. Ah didnae work in the laundries for a good few years after that. Well, that wis the normal thing then, when women got married they gave up workin', well, the biggest majority did. Some carried on workin', but very few.

Well, ah went back to laundry work, well, ah did, but it wis a good few years. Oh, it be five or six years anyway. Ah went tae Liddell's Laundry. That wis down at Beaverbank, down off Broughton.

Laundry work there wis jist the same. Liddell's Laundry wasn't any bigger than the Waverley or Roseneath, jist much aboot the same. Well, in Edinburgh then—that wid be the 1920s—there wis a big laundry but that wis the Craigmillar. That wis about the only one—and the Store Laundry at Chesser. Oh, they would have much more workers, Craigmillar and the Store. Ah would say about sixty anyway, between the office and the laundry work. The Craigmillar had quite a number o' staff. The Holyrood Laundry wasn't any bigger than the like of the Portobello or the Roseneath.

Then there wis hand laundries, well, they were jist one woman that run these hand laundries, and perhaps she would have two workin' to her. But that wis about all. They were women who'd worked in laundries before they started up on their own. They were elderly women, well, they were more middle aged women that started up these hand laundries. They didnae need much money or equipment to start up a hand laundry, just a tub and a iron and ironin' table. Because what they call hand washin' is somebody washin' all the clothes wi' hand on the board.

Ah did the same kind o' work at Liddell's—checkin' and packin'. The wages were jist the same. Oh, ah wis only a few months in Liddell's Laundry because ah jist didn't care for it so well. Well, it jist had a different atmosphere altogether, not as friendly as the others.

When ah left Liddell's ah stayed at home for a number o' years. Well, it wis a good number o' years after that ah went into the Portobello Laundry. Ah wis in there durin' the beginnin' o' the Second War. Ah wis there when the war wis on, because we used tae have the soldiers' washins. But the Portobello Laundry did everything—hotels, ordinary householders, the army, everything.

It wis much about the same size as the others ah'd been in—about twenty women workers. Well, the wages were jist much about the same. Ye didn't get much wages there either. We only had about two pound-odds. And ye were there from eight in the mornin' till six at night. It wis the same hours—a' these laundries were all the same. The hours were still the same as when ah first went intae laundry work. Well, we used tae work on a Saturday if there wis work left over on the Friday. We had tae get it out for the Saturday for the vanmen. Although in the Portobello Laundry they never ever worked overtime there.

You got an hour for your dinner at the Portobello. Ah went home for ma dinner. Ah lived at Loganlea then.

You only got a week's holidays, you were only gettin' a week. Well, we started tae get paid for it when ah wis in the Portobello Laundry. We didnae get paid for holidays before then.

And in the Portobello Laundry, if you were two minutes later you got 6d. kep' off ye. Aye, ye got a sixpence kep' off ye. Two minutes—if ye were over the two minutes when ye clocked in your card you got that 6d. taken off ye.

Ah wis in the Portobello Laundry it must ha' been for about three year. Ah never worked in a laundry after that. Ah went intae mornin' cleanin', early mornin' cleanin'. Ah went later on intae mornin' cleanin' in the City Chambers.

Duncanina Cooke

AH KNEW WHEN you were fourteen that wis about the only place ye could go would be intae the laundry. Well, there was no question o' me stayin' on at the school. It wis jist when you were fourteen you went and then you had to get a job. Well, ah left the school, it must have been Easter, because ma birthday's in April, and ah can always remember—ma birthday wis on a Friday and ah started in the laundry on the Monday. That would be April 1924.

Ah wis a late baby. Ma mother was 43 when ah wis born. I wis born at 3 Reid's Buildins—that belonged to Reid's Tannery—in Gorgie Road, Edinburgh, on the 4th o' April 1910. Ma father wis a tanner in the tannery and he wis an ex-soldier. He spent all his life in the army before he went into the tannery. He wis a drummer in the Cameron Highlanders' pipe band.

Ma father came from Turriff. We didn't have any contact with ma father's family, none at all. But ah knew he came from Turriff. He had joined the army as a very young man. Ma mother met him when he was in the Castle, Edinburgh Castle. And she always used tae tell us, when she wis goin' up the Castle Wynd, the last window up at the barracks at the Castle—that was ma dad's room.

'Oh, very strict discipline at the Store Laundry! There wis a forewoman in each department but Miss Cronin wis the manageress and, oh, if she caught you lookin' one way that wis it. Ye werenae even allowed tae speak durin' workin' hours!'

When ma father was in the Boer War he kept a diary from the day that they left—ah forget where it wis that they left from. And it wis jist a plain notebook and a plain pencil, and it wis all the thing, right through the Boer War, and how many men they had lost in the one night. And ah always cherished that, even when ah wis small we used tae keep it. And when, oh, years ago, the Camerons were holdin' a reunion up at the barracks ah thought, well, maybe they'll like tae read this diary. So ah phoned up and one o' the officers came down and took it away and read it out at the reunion. And then he came back and asked if ah would give them it tae put in the museum. And of course ah did. Well, it's in the Camerons' museum in Inverness. But ah sometimes wish ah had kept it, because it was something to read, ye know.[148]

Ma father was a side drummer in the pipe band, and bugler. But he wis very good on the tin whistle. And ma mother used tae tell us stories about when he was in Edinburgh Castle, when they used tae blow lights out or whatever it wis, he wis sich a good trumpeter, or whatever it wis, that ye could hear him in Fife!

Ma memory o' him is jist a shadow really. I wis only about four or five, I wis jist startin' school, in the First World War like, when he died. I think he died wi' pneumonia. Ah think he wis in his early forties. He wis too old tae go fightin' so he went to the recruitin' centre at the depot at Inverness. He died the day before ah started school. So ah don't remember that much about him. All ah know wis that he wis tall wi' ginger hair and he wis in the pipe band. And he used tae take us on a Saturday, ma older sister Nessie and I, and there wis a pie shop in Gorgie—Simpson's was the name of it—and we always used tae go there for a cup o' tea, and then he brought us home.

Ma dad wis very, very keen on music and ah can always remember he had two sets o' black ebony drum sticks. And he used tae sit at the table wi' them, ye know. And of course when ah got married ma husband wis very musical. And he used tae sit and tap wi' these drum sticks and drive us a' crazy. And ah put them in the bucket. Now ah know ah made a mistake.

That's as much as ah can remember about ma dad, ye know. But ah can remember ma dad's funeral as if it wis yesterday. He wis buried up in North Merchiston cemetery. He had a military funeral. And ah can always remember the coffin wis on the gun carriage and they brought him from Inverness and ah can remember the night they brought him into the house. Of course, ah wis only five and ah didnae know what wis happenin'. And the pipe band wis there. But ah can remember the gun carriage goin' out o' Reid's Buildins wi' the Union Jack and the coffin on it. But it always stuck in ma mind, the noise o' the iron wheels.

Oh, ma mother wis terribly upset. Ah can remember the Sunday that they came in and told ma mother. I'd been out playin' and ah came up the stair, and there wis this man. Ah didnae know who he wis. But he must ha' been the minister or somebody. He had a long black coat and a round hat, and it must have been the padre tellin' ma mother that ma father had died. But of course ah didnae understand, ah didnae understand. Ma mother wis left wi' four o' a family.

Ah never had any aunts or uncles or grannies or grandads, because ma mother and her brother, their father and mother had died young and an aunt bought them up. But seemingly ma mother's brother wis killed by a cricket ball. He wis in the army too. Only one aunt ah knew and that was ma mother's brother's wife. And that wis the only relation really that we had.

Ma mother was a bookbinder. She worked in Waterston's down at the Botanic Gardens. That was her job when she left the school. It was a good job. But this aunt that brought her up she wasn't very pleased at ma mother because she wis marryin' a soldier, because in these days soldiers didn't get a very good name, ah don't think. I've no idea why that wis. But she used tae tell us about when they had dances up in the Castle all the pipers used tae take their plaids off and they used tae drape them round the wall, ye know. Bits o' stories like that she used tae tell us.

Ah had two sisters and a brother older than me. William wis the oldest, and then there wis two years between ma oldest sister Peg—Margaret—and him. Then, well, there wis seven years between Peg and Agnes—we used tae call her Nessie—and seven years between Nessie and me. And that's how we always knew the ages o' one another, because there wis seven years exactly between each of us three girls. And ah wis sixteen years younger than ma brother. William must have been born about 1894. He and Peg were born in Richmond Street, and both o' them were workin' before ah went tae school.

William wis workin' in the tannery, too. He used to bring the skins in and they used to have like a board and a big knife, and they used to scrape all the bristles off, and then they were put in the pits to harden, ye know. Peg worked in the laundry. But she worked in the Midlothian Laundry. That wis across the road and along from Reid's Buildins, at the other side o' Chesser Avenue, where the church is now. That wis a laundry in these days, that wis the Midlothian Laundry. So Peg worked in the Midlothian Laundry and she married the manager's son. He was a lovely man. And then ma other sister Nessie of course wis about twelve when ma father died.

Ma father, after he left the army before the First War, he worked in the tannery, because our house at Reid's Buildins went with the job. Maybe ma father had a job in the tannery when ma mother and him lived in Richmond Street. See, there wis another tannery—Legget's—that used tae be down in the Dean Village, and whether he started in that tannery first and then when they had the one out at Reid's Buildins he went there, ah don't know. Ah couldn't tell ye what ma father did in the tannery. Ma mother never really spoke much about ma dad's work in the tannery and ah wis young, ah didnae bother.

Ah remember the First World War. Ma brother Willie, he would be 20, 21 when the war broke out. He wis in the Royal Scots Fusiliers. Ah think he must have joined up right away when the war broke out. He volunteered and ma dad wis very annoyed. Ah can remember that because Willie came in wi' his three friends and they had gone tae sign up. And when ma dad heard that he had joined the Fusiliers he wis angry because he wanted him to join the Cameron Highlanders. Ma brother had passed for the Camerons but the other fellows hadn't, so they were all in the Fusiliers.

I can remember Willie used tae come home on leave from the army. And ma brother-in-law's father had the Midlothian Laundry at the time and used tae do all the laundry, all the uniforms and that, for Redford Barracks. And the first thing Willie used tae do wis go up there tae the Midlothian Laundry and have a bath and get a new rig-out before he came to the house! And if there wis tinned fruit or anything, Ideal milk or anything like that, it wis always put at the back o' the cupboard for Willie comin' on leave. Well, ah can remember once he came on leave and he brought me a bracelet and it wis made out o' a shell and it had *Arras* on it. But he wis in France for a long time. And ma brother-in-law, Peg's husband, he wis in the Dragoon Guards, it wis the horses wi' them. He jist joined up, too. Oh, he survived the war. He came through a lot.

But Willie wis wounded in the First War. He got shrapnel in his head and he wis in quite a bad way. And ah can always remember ma mother tellin' people that if the shrapnel had gone in—it went in with a flat piece in his head—if it had been the rugged bit it would ha' killed him. And Willie got mustard gas that really killed him later on. He served right through the war. Oh, his health wis ruined, it wis absolutely ruined. He always had a very, very bad chist wi' the mustard gas. But he never got a pension or anything like that. That wis a lot o' worry for ma mother—she lost ma dad and then had a wounded son. Willie worked wi' the Corporation for a long time after the war but he had tae give up his job. He must have been in his sixties, ah think, when he died. But he always had a very, very bad chist.

Oh, it wis sad times, the First War. Oh, there were a lot killed out o' Reid's Buildins. Mrs Fairgrieve, next door tae us, her son wis reported missin'. They never knew what happened him. He wis in the Flyin' Corps. And the chap up the stair frae us, Sammy Jack, he wis killed. He wis a kiltie but anyway he wisnae in the Camerons. Ma father came down from Inverness when Sammy Jack died and ma dad had picked the place up at North Merchiston cemetery where he wis to be buried. And it wis three weeks after that that ma father died and he wis buried at the very side o' him.

Oh, ah remember the postman used tae come wi' the telegrams. Everybody knew one another in Reid's Buildins. That's how ah knew about Tommy Fairgrieve. It wis an awful job for the postman because ye knew what the telegrams were, ye see. Whenever ye seen him at the door, ye knew exactly.

Ah remember the Armistice in 1918. When we were kids we used to put ropes round one another and play horses, and we were runnin' up Chesser Avenue and there wis a soldier comin' up the road, goin' up to the barracks, and he says: 'Run home quick! Tell your mother the war's over!'

Reid's Buildins belonged to the tannery. It wis Reid's tannery. There was a Mr Reid but ah couldnae tell ye where he lived. There wis quite a lot worked in that tannery, well, there must ha' been about twenty, ah think, when ah wis a wee girl there. They were all men, oh, no women. It wasn't a job for women because it wis a very hard job and a very dirty job, ye know. It wis a smelly job, a terrible smelly job. Hard on the hands, too. Ah don't think it wis a well paid job.

I can remember there wis the two big, high gates at the bottom that used tae be shut at night, because there wis an awful lot o' pits in the tannery where they used tae put the stuff for the skins and that. And they used tae shut the gates there. That wis the foreman's job at night, to see that the gates were shut. The foreman lived in Reid's Buildins, his name wis King. And of course when we used tae go tae play in there we used tae get intae trouble. It was dangerous. The pits wis full of chemicals and water. But there were no accidents, not that I remember. Ah don't remember anybody falling in. There wasn't a night watchman. That wis the foreman's job at night, to see that the gates were shut.

Nearly all the men that worked in the tannery lived in Reid's Buildins. There must have been one or two workers that lived elsewhere though. The tannery used tae belong tae Legget. They used tae have a place down the Dean somewhere, and they had another tannery in Currie. And there wis one or two o' the men at Reid's Buildins used tae go to Currie to work there. It would depend on what day they were busy. Ah don't know if Reid's had bought the tannery from Legget, unless maybe they leased it from them. But Legget was the top boss. Ah couldn't say when the tannery wis built but it must have been a pretty old buildin'.[149]

Well, as ah say, ah wis born at Reid's Buildins and ah lived there till after ah wis married. Now there wis four numbers—1, 2, 3, 4—at these Buildins. There wis three stairs and a main door. There wis three flats in each stair, and two houses on each flat. So there wis eighteen houses in the three stairs, and the main door. In no. 1 there wis five children on the top flat, and there wis about seven children on the middle flat, and on the bottom flat there wis about another half-dozen children. In no. 2—that wis the main door—there was Mr King, the foreman o' the tannery, and there wis five girls there. And in no. 3, where ah wis born, there wis seven on the top flat, and next door tae us—we were on the middle flat—there wis five children, and our four. And on the bottom flat—Mrs Fairgrieve was on the bottom flat—she had thirteen children. And next door there wis about four or five children. And the same in the next stair, no. 4. Well, ah don't know, ah haven't counted it up, but there must have been a heck of a lot o' children in these days in Reid's Buildins! And we had gas in the stair wi' the lamp—gas light.

And we had no hot water or anything like that. And on each two o' the flats there wis a toilet. There wis four toilets in each stair—two toilets on the middle landin' and two on the top landin'—and that did for all these people. The four toilets had tae be shared among the six houses in the stair, all these people, all these people. Oh, well, it wis jist a case that everybody had a key tae the toilet, and if they were lucky—first in! Ye had tae take your turn tae keep the toilets clean really. The stairs used tae be scrubbed every week and white pipe clay put on them. That's the mothers that did that.

The houses were three apartments. Ye went right through the door into the livin' room. And in that room there wis a sink and a coal bunker where ye kept your coal, and the fire, of course, your grate. And other two small rooms—two bedrooms. There wasn't a scullery or kitchenette, oh, nothing like that. And it wis jist a coal fire, not a range. Ma mother did all the cookin' on the fire. Ma mother would never have a gas ring or anything. And when the washin' was done, well, ye used tae have tae bring the wooden tubs out and boil all the water on the fire. Ma mother had a pretty hard life really.

There wis one cold tap in our house, that's all there was, no hot water, no running hot water. So we didnae have a bath—we had a zinc one in front o' the fire. There was not sich a thing as a bath then.

Well, ah slept with ma mother in the livin' room, and ma two sisters were in the one room, and ma brother wis in the other room. Ah must ha' been about eight, ah think, when ma brother Willie got married. He left the house then and he got a house o' his own in Reid's Buildins because he worked in the tannery as well. And then when he left, ma oldest sister Peg got a bedroom, and then ah went in the other bedroom with ma other sister Nessie. Then when Peg got married she had a house in Corstorphine, because her husband's father he started a laundry in Corstorphine. They lived in Gowrie Cottage in Rule Road at Corstorphine. When Peg left Reid's Buildins Nessie and I got a room each.

Oh, we used tae have some good laughs at Reid's Buildins. When we were small, well, naturally before we went tae school, there wis that many children there. And what we used tae do was we used tae pit bricks all round and make squares and make like a shoppin' centre. And the one had a fish shop and the other one had a dairy, and all this and that, ye know. The dairy we used tae use pipe clay, mix it up white, ye know, and that wis the dairy. Ah wis the fishwoman, because we used tae catch tiddlers in the burn, the Water o' Leith. And we used tae have some great times.

Oh, there wis loads o' children. And we used tae play at night-time what they call hide-and-go-seek. And then there wis certain seasons for skippin' or peeverie beds, as we used tae call them. And in the summer holidays we used tae down to Saughton Park wi' a bottle o' water and a piece o' bread and jam and that wis us away for the day. And nobody thought tae touch a flower in the Park. We never got intae any trouble or anything, ye know. And if we went out at night as children when it wis gettin' dark ma mother never used tae call us up. When we seen the gas light on, we knew that we had tae go up.

But at Reid's Buildins we were like a wee community. Everybody knew one another and we used tae help one another, ye know. Oh, ah've good memories o' Reid's Buildins. We used to have the Cairters' Trip they used to call it and we used tae go away to Balerno or something like that, ye know. That wis the folk in Reid's Buildins. And when we used to go on Sunday School picnics the farmers used tae all get the hay carts and put bars along and we all used tae have a new tinny on a new string on our neck, and the big horses used tae take us out tae Balerno, and that wis a long, long way then. This wis the Sunday School picnic every year.

Oh, we went tae church, the wee church at Chesser Avenue. Ma mother made us go. It wisnae a church then it wis a hut, it wis jist a hut. It wis called the Albert Hall, ah think it wis. It wis jist a wooden hut really. The minister, Mr Gray wis his name. That wis durin' and after the First War. We used tae go three times on a Sunday. We used tae go to the church in the mornin', the Sunday School in the afternoon, and then ah used tae go tae St George's Church at the West End on a Sunday night. But, oh, we had tae go to church. And then the Band o' Hope on a Thursday night. Oh, we used tae have some good nights there at the Band o' Hope, games and that, ye know. And we used tae have concerts on a Sunday. Ah played the violin. Ah learned down in the hall at Ardmillan. The teacher, Mr Mackenzie was his name, and the violin was £5 and we used to pay 1s.6d. a week, that wis 6d. for the violin and a shillin' for our lessons. Ah wis quite a good player but ma brother and sisters weren't musical.

As ah've said, ma father died the day before ah started school in 1915. It wis Gorgie School ah started at. Ah didn't like the school. Ah don't know why. Ah lost a lot o' schoolin' because ah had a nervous breakdown when ah wis ten and ah wis off the school for about a year. And then when ah wis about thirteen ah had another breakdown. So ah lost quite a lot o' schoolin'. Ah don't think it wis the school that caused ma breakdowns. Ah can remember ma teachers. We had a Miss Smith, she wis a very nice person, and we had a Mr Brown as we went on the years. And then we had a sewin' teacher and she was a fiend. And then ah left Gorgie School and went tae Craiglockhart School. And ah liked Craiglockhart very much. Oh, Craiglockhart wis a big school, but Gorgie wis a big school, too. But the teachers were different tae what they are now, ye know. They were very, very strict.

Ah liked sums, and drawin' and paintin', ah liked that. But ah never really was very interested in the school somehow or other. I got on well at Craiglockhart. We used to have to draw maps and that. Ah used to love that, anythin' to do wi' drawin'. And ah liked ma music. But ah didnae have any ambitions when ah wis at school tae be a nurse or a teacher or anythin' like that. Ah knew when you were fourteen that wis about the only place ye could go would be intae the laundry. And ma mother needed the money then. Ma brother Willie wis married years before that, and ma sister Peg was married by then, too. Well, there wis no question o' me stayin' on at school. It wis jist when you were fourteen you went and then you had to get a job. Well, ah left the school, it must have been at the Easter, because ma birthday's in April, and ah can always remember ma birthday wis on a Friday and ah started in the laundry on the Monday. That would be April 1924.

Ma oldest sister Peg had worked in the Midlothian Laundry, jist along Gorgie Road from Reid's Buildins, and she was married by then to the manager's son, as ah've said. But ma other sister Nessie worked in St Cuthbert's Laundry at the top o' Chesser Avenue. She'd worked there from leavin' the school about the end o' the First War. It must have been that Nessie spoke for me at St Cuthbert's, ma mother must ha' seen to that, ye see.

Well, ah liked workin' in the Store Laundry, ah liked it very much. Well, ma first job there was when the men used tae have the white stiff collars. When they used tae come in ye got the laundry mark on them, ye see, and there wis like a big board wi' different partitions in it wi' the numbers. Well, ma first job was that ah had tae put,—say the first number was 22 or something—well, ye had tae put that collar in that square. And then the girl that used tae do the packin' used tae go and pick them all up. And then you had tae put all the laundry books out and put all the stuff on top o' the books. It was a book that ye got from the laundry and when you sent your washin' in you put, say, two shirts, one tablecloth, and they all had tae be checked before they went through the machines. And when they came back clean, you had tae put them all in bundles tae see that everything wis back in the parcel before it went out. There was some wee metal tags wi' numbers on them. But that wis only in cases where it wis, say, jumpers. But if it wis shirts or blouses you had tae sew the number on by hand wi' thread. That wis a job ah did. The number was on a wee bit cloth wi' two little tags in it, and ye used tae push them through and jist flatten them down. And sometimes the wrong shirts went intae the wrong parcel! But, oh, not too many mistakes were made.

So the first job ah did wis sewin' the number on and that. And then ye went on tae the checkin'. And then later on they got machines, like button machines, like typewriters. You could check the number and do it on a machine, you know. That wis a bit o' promotion. That wis the number you put on the clothes. You see, you had a number on your book and then each article—say, two shirts—you had tae check to see it and tick it off and see that the number that wis on the book wis on the shirt. And then they were all checked as they came up the stair again. Each customer had a book and their own number. It wisnae their Store number, it wis a laundry number. Ah can still remember ma Store number, it wis 25174, but that wis the grocery number. That wisnae the number that went on the washin', no, they all had their own number. And it went under your initial, you see.

Ah never worked in all the different departments o' the laundry. The likes o' the ironin' and that, that wis a special job. It wis all girls that did the ironin', no men. The likes o' sheets, table clothes, and that all went through the big rollers, what ye called the calenders. But the ironers were for shirts and special items o' clothin' that couldn't go through machines. They had tae be hand-done, ye see. Well, ah would say the ironers were the sort o' most skilled work-ers. Ye could become an ironer, well, it depended if ye wanted tae ask, if ye wanted tae go. But the packin' wis a pretty responsible job, too, because you had tae watch that everybody's clothes got the right plate. Oh, it wis quite easy for mistakes to be made there, and especially if ye were rushed, ye know. Oh, it wis hard work. It wis all the time, ye never got a minute's break. Ye almost had tae ask tae go to the toilet.

We worked from eight in the mornin' to six at night, wi' an hour off for our lunch. And we worked from eight till twelve on a Saturday. So that wis 49 hours a week. And sometimes if they were very, very busy you had to work till eight on a Wednesday. And it wasn't a case of 'Can you work...?' It's jist, 'You're workin'.' There was no choice. And that's when ah wis fourteen.

And ma wages—ah can always remember ma first wages—wis 9s.8d. a week for all these hours.

The Store Laundry wis quite a big laundry. Oh, it wis a big buildin'. Ah think it wis one o' the biggest in Edinburgh. Oh, there wis quite a lot worked there. Ah would say more than a hundred, because the washhouse was all on the bottom, the ground floor where all the machines were. The majority o' the work-ers were women. It wis all men that worked in the washhouse. There were quite a lot o' men worked in the washhouses. There could be twenty, thirty men worked there. The men looked after the boilers and all the washin' ma-chines and everything. The machines went wi' belts, the belts used tae go roond. It wis driven by steam. And then where ye parcelled the parcels up, that wis up the stair, that wis the women's work. Then there quite a lot o' office workers in the laundry. There would be about a dozen, ah think

All the washin' used tae come in from the side gate in the vans—oh, they had quite a lot o' vans—and the men used tae take the laundry off the vans and put them in the checkin' room, and we had tae open all the parcels and check them. And then after that wis done ye were sent up the stair tae do the packin'. And there must have been quite a lot o' people workin' there.

Ah went up the road to the Laundry every day from Reid's Buildins wi' ma sister Nessie, right up and back down again for your dinner hour, then back up again. You had an hour for your dinner. The whole laundry stopped for an hour. That was the main meal of the day. It was a rush gettin' home and then back up again. It would take ten or fifteen minutes to walk up. It was a long walk away up there to the Laundry and then back down again at dinner time. But, oh, ma mother wis always on the spot, and ma mother always seen that we were never late. It was a rush. However, we were young then and it wis different altogether.

Some o' the workers didnae go home at dinner time. Some used tae have jist sandwiches and that. Ah don't remember a room where they could eat their sandwiches, ah don't think so. They jist ate them where they were. There wis no canteen or anything. And there was nowhere else you could get anything to eat. There wis no shops or anything in these days there. And, oh, no tea breaks in the Store Laundry! You worked from eight right through till twelve, and from one o'clock right on till six.

At the Store Laundry an awful lot o' the workers came from Gorgie—Wardlaw Street and Stewart Terrace, and all round about there. And there wis one or two besides us in Reid's Buildins that worked there. The two sisters Mitchells worked there. There wis no buses or anything like that went that way. The tram didn't go that far. Well, if you lived in Gorgie ye had tae go up tae the top o' the road at Robertson Avenue tae get the no. 4 tram along Slateford Road. But most of the girls, oh, nearly all, walked tae the Store Laundry.

Ah think there wis three doors into the laundry. Where they used tae bring in the vans wis down at the bottom, nearer Hutchison. And then they used tae go out the front. That wis another gate, one for comin' in and one for goin' out. But we went up the stair in the front o' the laundry, in Hutchison Road. There were about four or five steps up to the door from the street. The laundry hooter used tae go at eight o'clock in the mornin' and the manageress wis at the door. And if ye were standin' on the bottom step the door wis shut. And ye didn't get in and there wis a half-hour kept off ye. Half an hour, half an hour was taken off your money. It didnae happen tae me very often. You clocked in in the mornin' and out at dinner time and then clocked in when you come back again and out at night. And you had to wait until the clock went right on the tick before you clocked out, because if we were about three minutes early it wis off your wages.

Oh, very strict discipline at the Store Laundry! There wis a forewoman in each department but Miss Cronin wis the manageress and, oh, if she caught you lookin' one way that wis it. Ye werenae even allowed tae speak durin' workin' hours! We didn't, you had tae get on with your work. But a bit o' talkin' did go on, but not if she was anywhere round about, ye know. Then if ye wanted tae go to the toilet ye had tae ask the manageress, Miss Cronin. Oh, she wis a fiend that woman. She wis in her forties, ah think. She wis a spinster. She seemed old tae me as a young girl.

Ah remember when dry-cleanin' started ah got that job and there wis a girl Grace worked wi' me and a chap from Whitson. He used tae use all the chemicals and we used tae check them in. There wis three o' us doin' it, and he used tae make us a cup o' tea in the afternoon when there wis nobody lookin'. And Grace wis a bit of a case, and ah can remember one day there wis a black astrakhan long coat came in and like a round Russian hat. And Grace wis, oh, jist about four feet ten. And she says, 'Oh, ah would like tae try that coat on.' And of course she wis dancin' up and down wi' the astrakhan coat on and who comes round the corner—Miss Cronin! So there wis a right rumpus about that.

But everybody that worked there ah got on well wi' them, never had any arguments or anything. The girls and women were all mixed ages. There wis one woman there, she wis the manageress o' the ironers. She had been there all her life—well, since the laundry started. Ah've no idea when that wis but, oh, it must have been long before.

For holidays ye got Trades Week, one week. I expect we got New Year's Day. I don't know so much about Christmas. And ah don't remember gettin' any spring or autumn holiday Mondays, jist the week in the summer.

At the Store Laundry we were in the union. Ah've no idea what the union wis called. It wis tuppence or thruppence, something like that, ah think, we used tae pay for it. And there wis a man used tae come round and collect the union. Ah widnae remember his name. He was a shop steward. He worked in the Store Laundry. Ah jist remember he used tae come round on a Friday when you got your wages. Ah think most o' the girls were in the union. Some o' the time ye had tae be in the union. Oh, ye were told that ye had tae join the union, oh, aye, ye had tae join the union. There wis never any meetins that ah remember.

Oh, there wis never a strike o' the laundry girls at the Store. Oh, they wouldnae dare strike. Ye wouldnae get your job back or anything. Ah don't remember any strike. Ye jist had tae get on wi' your work and say nothing. You weren't encouraged to put forward suggestions or anything like that, not in there.

Ah don't remember any talks or discussion about Co-operation, the principles o' Co-operation there. There wis nothing like that at St Cuthbert's Laundry. No, ye jist had tae do what ye were told and that wis it. Ye werenae even allowed tae speak!

Ah can remember when there wis an accident in the laundry, and his name wis Jimmy Smith. And he lived, ah think it wis in Wardlaw Street. And he used tae put the clothes in, well, it wis the spin driers, ye know, tae dry the clothes. And he caught his arm in it and he got his arm off. And Jimmy Smith used tae work there after he got his arm off. But he wis jist a young lad when he got that done. And then there wis another one, the engineer. Ah can remember one day it wis after the dinner hour and his daughter worked beside me. Somebody had come in and put the machine on and he wis underneath oilin' and he got his arm off. They didnae know he wis there. However, he got back in the laundry and they gave him a job. But none o' the girls had accidents, as far as ah remember. They weren't doin' jobs like that that were dangerous wi' big machines, because they were big, heavy machines.

Ah can always remember Burns's Home, the Blind Home and all the hotels at the West End, you know, the hotels jist at Shandwick Place and there, they used tae send laundry tae St Cuthbert's. All these used tae come in, and all the girls' colleges', girls' private schools', laundry used tae come in. Their washins a' used tae come in there. And then later on they had what ye called the bag wash. And ye got a big blue bag from the laundry and you did all your washin' in that, and ah think it wis about two shillins. But of course the laundry wis goin' in wi' everybody else's laundry. Ah don't think it wis a very big success. Ordinary working class people in these days did their own washin'. People in Reid's Buildins used to send the bag wash. But they couldnae afford tae send washin' tae the laundry unless it wis maybe like curtains or something like that. Ma mother used tae get the tub out, a great big wooden tub. It used tae take all day, of course, by the time ye boiled the water and that. But she never sent her washin' to the Store Laundry, not till the bag wash started. And then when she wis gettin' older, well, if one of us didn't do it for her, she used tae put all her big stuff in the bag wash. But ah don't think that wis a very good idea. Well, the bag wash started in the Store Laundry when ah wis there, so it would be in the later 1920s. Well, they thought it wis a good way of gettin'—well, ah don't know what they thought. Maybe it wis cheaper to do that. But they had tae get new machines in for that, ye see, wi' partitions in them. And each bag wis emptied in. But the water and everything wis goin' through everybody's washin', and it wisnae very hygenic, I don't think. Some o' the washins used tae be terrible in there. Ah think the Store were trying tae get washin' from working class people who hadnae been able to afford to send their washins in before. But ah don't think it lasted very long, the bag wash.

There wis quite a few laundries in Edinburgh in these days. There wis the Waverley, and there wis one at Westfield Road—the Pentland. And there wis the Snow White. And then there wis the one up at the City Hospital—of course that wis a private one for the hospital. There wis one in Slateford Road, the Caledonian, that wis the railway one. Then there was Fowler's Raeburn Laundry, and Portobello, Craigmillar, and MacAdam's, as well as the Store. None o' us ever worked in the Waverley Laundry, and yet it wis jist across the road from Reid's Buildins. Ah think the people that were workin' in it wis a wee bit tough. The girls were regarded as a wee bit rough. Well, it wisnae sae classy as the Co-operative. The girls at the Store Laundry were supposed tae be more genteel. They were kept in their place.

At the Store laundry if you got married you had tae leave your job. You got no choice. You must leave. So ah left because ah had tae leave. Ah wis married from the laundry and ah wis eighteen. Ah had tae leave. But ah didn't want tae leave. Ah would have preferred tae stay. There wis no option, that wis the rule. Well, it must have been explained when I began the job, but I don't remember. And ah cannae remember how much the wages were when ah left. It wisnae very much. But then of course if you worked overtime, well, ye always had a couple o' shillins. Ye jist got your flat rate, there wis no time-and-a-half or anything.

Ah left the Store Laundry in December 1928, that wis tae get married. Well, ah met ma husband when ah wis fifteen, ah wis engaged when ah wis seventeen, and ah wis married when ah wis eighteen. Well, as ah wis tellin' ye, ma sister Peg's husband had a cousin and his name wis Cooke, too, ye see. And this cousin lived in Wales and he wis a great rugby man, well, anything in sport and he wis there. And him and his brother wanted tae come up tae Edinburgh tae see how the Scotsmen brought in the New Year. So he came up to ma sister Peggy and her man, his cousin, in Corstorphine for the New Year. And Peg had a party and of course ah wis there. Well, we met at the party and he stayed wi' Peg and her husband for a week and then he went back tae Wales. That wis at the New Year, and then he came up in the February for the international rugby match at Murrayfield, and that wis jist for the day. And then he went back again to Wales and we wrote for six months tae each other, and ah went down in the next summer for ma holidays. That wis when ah had one o' the nervous breakdowns, because ah wanted tae go for a fortnight's holidays and they wouldnae let me have that from the laundry. And ah got maself in sich a state that ah wis off ma work for about a month. And when ah came back ah wis home a fortnight and ah got a letter from him sayin', 'Ah'll be up on the twelve o'clock train at the Waverley.' So he packed up his job in Wales—he was a shoein' smith in the pits then—and came up here to Edinburgh. So he wis unemployed for quite a wee while, but he got odds and ends jobs tae do.

So we got married after he'd been up here for a wee while. Oh, ma mother approved. Oh, if ma mother had said no it would have been no. Mother was a good woman. And if you asked her anything and she said no you never asked again. But if she said, 'Well, ah'll see,' you know that you might have had a chance. But ah never remember ma mother ever liftin' her hand tae any o' us when we were young. She didn't need to. You knew when she said no. So ah wis married in the church at Chesser in December 1928, in the Albert Hall. We stayed wi' ma mother at Reid's Buildins then, we had the room there. Ma two sisters and ma brother of course were all married before then and they were away, ma mother wis on her own. We stayed there for about a year, ah think it was, till ma husband and me went down to Wales.

After we were first married ah worked in MacAdam's Laundry, oh, away up Morningside somewhere. Ah got another job up there. But, oh, ah didnae like that. It wis horrible, it was a horrible place. It was small—like a family laundry. And ah had tae get the tram in the mornin' about seven o'clock frae Reid's Buildins right away along tae Princes Street, then right away up tae Morningside, and ah wisn't gettin' home till goodness knows what time at night. Ah didn't get home for ma dinner. Oh, ah didn't like MacAdam's at all. Ah didn't stay there very long. That wis a terrible place.

And then ah wis at MacNab's Laundry at Inglis Green. Ah liked MacNab's, it was quite pleasant there. The hours wis jist round about the same, ah think. Ah don't remember. But ah expect it would be. That wis the hours that every-body worked.

And then we went down to Wales. Ma husband got word to say that his dad had got him a job in the Great Western Railway. Well, we were down in Wales for ten years but then there wis no work. It wis a depressed area. Ma husband said when he went back to get that job wi' the G.W.R. it wis the biggest mistake he ever made, he should have stayed up here in Scotland.

We lived in Caerphilly. Ma husband wis unemployed four years. And ah had two kiddies by then and we used tae get 27s.6d. a week and ah had tae pay 7s.6d. for rooms, because ah had a room down the stair off this lady and a bedroom up the stair. And ma husband's father used tae have a van with fruit and vegetables and fish, and he used tae give us our stuff Tuesdays, Thursdays, and Saturdays. And ma mother wis pretty good, sendin' for the kids, ye know, if they needed shoes or anything like that. It wis pretty hard. Ma two oldest daughters Barbara and Anne were born down there.

Ah got on all right wi' Welsh people. Ah liked Wales fine. Caerphilly wis jist a small place, well, Caerphilly town they used tae call it. We lived out a bit. There wis no buses or trams where we lived. It wis like miners' cottages and it wis all on farm ground and that. Oh, everybody wis unemployed. There wis nobody workin'. And what we used tae do wis, on a Sunday the whole football team—ma husband played for Caerphilly Town, he wis a good footballer—used tae get together wi' the kiddies and we used tae make sandwiches and go up on the mountain and spend our time up there, or go to the seaside and have a picnic. And if you went to anybody's house and you wanted a cup o' tea, well, if it wis bread and jam ye got it. And if they didn't have any nobody thought anything about it. Oh, it wis very hard times. It wis a real struggle for us. Bringin' up the children wasnae easy. And yet we managed. But everybody wis in the same boat. There wis nobody had any money at all. And in these days when they used tae have like what they called a market day on a Friday they used tae auction the meat, ye know, and ye could get a leg o' lamb maybe for about half a crown or something like that. But ye jist had tae do what ye had. And, oh, we had an allotment. It wisnae easy. Oh, they were very hard times.

Then ma brother-in-law—ma husband's cousin, ma sister Peg's husband—got him into the Post Office up here in Edinburgh, and we came back from Wales. The Second War must have just started then. He wis in the Post Office for about 37 years.

When we came back we stayed wi' ma mother at Reid's Buildins again for a time. And then we got a house ourselves in Reid's Buildins. By that time our landlord wis two men, brothers—Wishart—that had the fruit shop at the bottom o' Chesser Avenue. And he gave me the house in Reid's Buildins.

Well, the war must have just started, because ma husband got his papers to report to the navy, because he was a cables man in the Post Office, you see. And he thought he'd get a good job in the navy in that. But then of course when he took his papers into Queen Street they wouldn't let him go. He was in a reserved occupation. And of course durin' the war sometimes he used tae go away on a Monday and we never seen him till the Friday. We didnae know where he wis, because they werenae allowed tae... He spent an awfy lot o' time at

Pitreavie, ye know, on Secret Service work. It wis the cable gang, he had the cable gang. It wis all the diggin' wi' the pick and the shovel. And then he wis on call, he wis called out any time in the night. Oh, it wis a hard job, he had a hard job. But he loved it, he liked it fine.

When we came back to Reid's Buildins about 1938, 1939, there was no improvement in them. And the tannery wis still goin' on. But if ah can remember we were the first ones in the Buildins tae get electric light. That wis durin' the war. The chap next door wis an electrician or something and, oh, what a state ma mother wis in. She thought the place wis goin' tae blow up because o' havin' this electric. She wouldn't have it. She had the gas mantle.

But in the Second War at Reid's Buildings everybody used tae come down when there wis an air raid on from the top floor to the ground floor where we were, and of course ma husband and his friend used tae be always out then lookin' up tae the sky tae see what wis goin' on. We had one big stone air-raid shelter at Reid's Buildins. If a bomb had dropped it would have sunk down. And ma husband used tae get all the kids ready and get them intae the shelter and then he used tae come intae the house himself! And we would say, 'Well, what's the good o' that?' He wouldn't go in the shelter. Oh, it wis a horrible place, a horrible place. And ah can remember this night when the bomb fell on the zoo. And all the windows fell down, and some folk were rushin' tae get out and some were rushin' tae get in. And the next day—everybody had budgies! The budgies must have all got out from their cages at the zoo. It wisn't funny but it wis laughable at the time, ye know.

In the middle o' the war ah had ma youngest daughter Maureen. Ah didnae work again till Maureen wis about nine, ah think. We shifted from Reid's Buildins to Broomhouse, it wis jist bein' built then. Ma eldest daughter Barbara wis away workin' and her father wis away all day, and then when Maureen went to school ah thought, 'Oh, ah can't stand this.' So ah went up to the Store Laundry again, over twenty years after ah had worked there before, and ah asked the manageress—it wis another manageress of course by this time—could ah start again? And could ah have a part-time job? And she says, 'Yes, when would you like to start?' Ah says, 'Well, today?' And ah went in there in the afternoon. And when ah came home at night, ma husband says, 'Where have you been?' Ah said, 'Ah'm workin'.' He was not at all pleased. 'Don't ever come home and say you're tired, because you were never asked to go to work.' But ah liked it then. It wis different then.

There wis a difference in the manageress and a difference in the way the place was run. They seemed more friendly, ye know, not so strict as what they were before. The hours were jist the same, eight till six. But ah wis only part-time, in the afternoons from one to six. And ah didn't work on a Saturday morning. Of course, ah wisnae home till half-past six or so, but Barbara, ma eldest daughter, wis workin' then and she used tae help a lot because she used tae have the tea ready when ah went in.

Ah wis in the Store Laundry again jist for a few months. Then I went from the laundry to the telephone exchange and ah wis assistant cook there. Ah worked there for quite a long time. But then they wanted us tae work longer hours and drop our wages. And of course there wis five of us in the telephone exchange and we all refused to do it. So all of us jist finished. And then it came in the paper the next day that the canteen staff had all walked out and left the telephonists without any cookin' or anything. But when they showed you the photograph in the paper there wis about five telephonists cookin' the dinner. But the five o' us we were friends when we worked there and when the one finished of course we all finished.

And then ah went intae Tynecastle Secondary School. Ah wis in the cookin' sector there. Then it wis six weeks' school holidays and a friend says, 'They're wantin' a woman for the canteen in Ethicon at Sighthill for the holidays for a fortnight.' Ah says, 'All right, ah'll take it.' And when the fortnight wis up, 'Oh, ye don't want to go away? You may as well stay the six weeks.' So ah stayed the six weeks, and then after the six weeks, 'Oh, come on, you may as well stay.' Well, ah did, and ah wis there for ten years. But they're good tae their workers up there. Well, I retired from there.

John Macvicar

ANYWAY AH HIRED tae go tae this farm up in the Lammermoors there, and of course bein' young and sort o' inexperienced, jist after gettin' married and that, ah didnae go tae see the place first. And of course when it came the day for us leavin' home at Glendearg there it wis a cattle truck, ye know, that came for the few bits o' sticks we had then. Ye couldnae get furniture then. We had a few bits o' sticks, second-hand stuff that we'd picked up here and there. And we got it humphed on tae this cattle float and we trundled away up past Langshaw there, which is quite a reasonable road, jist up a side road, a by-road. We trundled up there till we got tae Lauder and we thought this was fine, quite nice. We came tae Lauder and then on past through Lauder and away along the Greenlaw road from Lauder, and then we turned off the Greenlaw road and along this other wee side road, and then turned off o' it up tae this farm in the Lammermoors. From the wee side road up tae the farm there, oh, what a track! What a disappointment we got. It wis jist a rough track like, and the lorry was rockin' back and forward. Ah remember ah had tae sit in the back o' it along wi' the furniture, because ma sister went with us jist tae see us settled in. And we trundled up this old rough road. Then we saw this couple o' cottages sittin' in the middle o' a field there. Ma wife thought, 'Oh, Jesus, I hope it's no' there, that cottage we're goin' intae.' So we trundled up round this wee field and up round and along through the farm and the cattle truck stopped at this gate jist at the end o' the farm buildins there and the lorry driver says, 'Right,' he says, 'this is as far as we go.' And we'd tae carry the furniture down through this field. It wisnae far right enough. And, oh, what a ramshackle of a

'Ye were early to bed. Well, when ah wis workin' in the dairies it wis usually aboot nine and ten o'clock. Ye had tae be, for gettin' up at half-past four, cold mornins, too, in the winter. That wis another thing aboot workin' in byres and dairies. It wis nice on a winter's mornin' tae go intae a byre, because ye got the heat off the animals.'

173

house it was! The roof o' the house—oh, saggin'! Oh, ma wife never got such a disappointment… And of course there was a buttress outside it—it must have been built to hold it thegither.

Ah wis born at the Back Muir, Dunfermline in Fife, jist after the First War, in 1923. Ma father was a farm worker all his life. He was born at, ah think it was North Slipperfield up at West Linton in Peeblesshire in 1886. His father was shepherd there. And my grandfather ah think he had two brothers. My great-grandfather Macvicar he was a minister at Manor Kirk up at Peebles there for 39 years and he's buried in Manor Kirkyard. And wi' ma great-grandfather bein' a minister ah think he wanted his three sons tae be ministers. But ma grandfather didnae want tae be a minister so he left home to be a shepherd and he wis a shepherd a' his life. That was all he wanted to do. And then of course ah think a bit o' the reason for ma grandfather leavin' home tae be a shepherd was ma great-grandfather got married twice, ye see, and then ah don't think he liked his step-mother a' that much. So ah think that wis part o' the reason why he left home. So the Macvicars were a' farm workers for many, many years in the Borders.

Ma father was the oldest o' his family. He had three brothers and three sisters. Two o' his brothers were shepherds, and the other one—that was the youngest one—ah don't think he did work on the farm really. Ah think he was in the wee post office shop up Ettrick for many a year. Most o' ma father's sisters worked in domestic service, that was the usual in those days.

To begin with ma father lived in some bothies when he worked on farms, and then after he got married he was in a wee smallholding farm in Fife, near Dunfermline. They called it the Back Muir. We were quite a big family—seven o' a family, ah had three sisters and three brothers—and of course that was jist after the Great War, and of course it was the depression, and things got too much for ma father. So he had tae give up the smallholdin'. And then he came tae a farm in Lanarkshire there, near Carnwath. He worked there for five years, I think, as a dairyman. He was quite good wi' his hands and he could do all aspects o' farm work. He had to work awfy hard there.

Ma father started work on the farms straight from school, so that would be about 1900. Oh, ah'm no' sure where he started work, but when he wis very young he went doon tae a place near Annan in Dumfriesshire and he was workin' there and livin' in the bothy. He didnae speak much about bein' in the bothy, but I remember him sayin' that when he worked on this farm at Annan he got his meals in the farmhouse. He said, 'We got porridge for wir breakfast, porridge for wir dinner, and porridge for wir tea.' And he says, 'Of course porridge fills ye up at the time but it doesnae keep ye full very long. So,' he says, ' by gosh,' he says, 'ye were ready for't.' But I think at the weekends they got some meat and what not.

Ah think ma father was a ploughman when he was in the bothy. Of course in these days they did all aspects of farm work. He was mainly a dairyman all his married life. In the First War ah think he tried tae join up but ah think he wis rejected because o' varicose veins or somethin' like that.

But he didnae mention other farms he'd worked on. As far back as ah can remember when he worked on farms it was the one near Carnwath there. I can vaguely remember bein' there. But I was only six when we left there and we came to a farm near Galashiels there, a Co-operative farm owned by the Scottish Co-operative Wholesale Society. The farm was called Glendearg, it's jist up between Galashiels and Lauder way, aboot three miles from Galashiels. Glendearg was a dairy farm, quite a big dairy. Of course, it supplied milk for the Co-op creamery—Hillside Creamery—at High Buckholmside, outside Galashiels. Glendearg also had sheep, a big herd, and there was a piggery, too.

Oh, what a difference ma father found when he came from that farm in Carnwath to Glendearg. And of course with it bein' a Co-op farm he was his own boss. He was the head of the dairy, quite a big herd it was there in these days. There wis two long byres which held about fifty cows each and then they had a wee byre at the end. It wisnae there when oo came tae Glendearg about 1929 but they built it. So there wis stalls for 107 cows. It was a big herd. There were no other dairymen at Glendearg, but ma two older brothers, Bob and Jim, worked along with ma father, just ma father and ma two brothers did a' the dairyin' work. And then of course it was a' hand milkin' in these days. Well, of course, they all milked when it came the milkin' time. But they had a lot o' women workin' off the families that lived in Glendearg. There wis five cottages on the farm, and apart frae my family there wis another big family. And ah think there wis also four brothers of this other family and three sisters. Of course the two older sisters of the other family milked the cows when it came the milkin' time. So there wis aboot nine milkers, hand milkers. It was quite hard work and they had tae milk their ten cows twice a day. Ah remember when ah wis a boy at the school helpin' at Glendearg at the weekends. Ah used tae go up there and wash the cows' tails and things like that on a Saturday mornin', jist tae help ma brother and that. He looked after one o' the byres and ma other brother looked after the other one. Ah did all these sort o' things, and puttin' chaff in tae bed them from what they called the caff hole—ken, the corn was thrashed there. I used tae enjoy when ah was a laddie goin' intae the nice warm byre wi' the heat off the cattle.

As ah say, ah had three sisters and three brothers. Ah'm the third oldest o' the brothers and the second youngest o' the family. Bob wis the oldest and then ma brother Jim. Ma three sisters came in between Jim and me. And then ah've got a younger brother than me. Jim worked on the farms all his life. But Bob, ma oldest brother, he started workin' on the farm with ma father at Carnwath and then when he came to Glendearg there he was still workin' on the farm but, oh, he never liked the farm work. So he gave it up and he went tae live in Galashiels in digs and he became a bus driver in the S.M.T. Then in the Second World War he enlisted. He wasnae a regular soldier but when he enlisted they whipped him away right away jist after the war started. He came a' through Dunkirk. Ah remember him comin' up to Glendearg tae see us. That wis in 1940, jist after Dunkirk, and, oh, he wis in a bit o' a state, ye know—a bit shell-shocked and that. But he gradually got over it. After that he was still in the army but he got quieter jobs until the war ended. He wisnae in any fightin' after Dunkirk. Ah cannae remember what regiment he was in, he wis somethin' tae dae wi' the transport.

Well, ma oldest sister never worked at all because, oh, she had permanent asthma. It's a history in the family. She couldnae work, ye know, wi' havin' asthma a' the time. She lived in the house and jist kept the house and did what she could. And she died at 29. But ma second sister she worked on the farms also, partly an outside worker and partly in the dairy. She's married and stays over at Stow. Then ma other sister, two years older than me, she was in domestic service in some big houses in Edinburgh. She started there and she got married quite young aboot 1940.

Ma mother, I think, was the daughter of a farm worker. She was a servant in the farmhouse at Annan in Dumfriesshire that ma father worked on. That's where he met her. I think it was 1911 they got married. Ah think she came from quite a big family, too. Ah never really met any o' ma mother's brothers or anything. And of course ma mother wis always bad wi' asthma. That's where the problem came from. I think it had an awfully bad effect on my life because she died when I was jist thirteen at Glendearg there in '36. Ma younger brother wis only about ten or eleven then. Oh, that wis a big burden for ma father then. Ma sister that wis workin' in service came home, and the two older sisters stayed at Glendearg there when ma mother died. So they could all buckle in and do the housework. My youngest sister I think she was in service at Galashiels at that time.

I remember the ambulance comin' for ma mother. She was very ill. It wisnae the asthma alone. I think she took pneumonia along wi' the asthma. I remember the ambulance comin' up tae Glendearg there and takin' her tae the cottage hospital at Newstead. That wis the local hospital. Of course, ah wis always expectin' her tae come back home. Ma father always went up to the dairy at Glendearg there jist before bedtime, say, seven or eight o'clock, and looked round the byres, jist tae see that everything was OK. I went up with him this night. Ah asked ma father when we were walkin' up the road tae the farm there, ah says, 'When's ma mother comin' home?' And of course he said, 'She'll no' be comin' home.' She died in February of '36.

Ah cannae remember the house we were in at Carnwath in Lanarkshire. But ah think it wisnae as big a house as Glendearg, ah think it was jist aboot a two-room house. But ah think they were far better houses at Glendearg. We had three bedrooms and the kitchen there. That made things a lot easier for ma mother. Well, wi' being quite a lot o' girls ma mother and father they slept in the kitchen at Glendearg. And ma two older brothers slept in one o' the rooms, and ma sisters had a room to themselves. And of course the other room was taken up wi' ma younger brother and me. When we were at Glendearg there we were all at home, up until ma oldest brother Bob left farm work and went intae digs in Galashiels. We were all there while we were growing up.

Ah started school at Carnwath. And the farm we lived on there was about three miles from Carnwath, so we had tae walk in these days tae the school. Then at Glendearg to begin with ah went tae the wee village school at Langshaw, which was a mile away from Glendearg there, and then when ah came eleven or twelve years old oo went tae Melrose Secondary. The buses were beginnin' tae come in then. I had tae walk tae the school at Langshaw a mile away, but when we started goin' tae Melrose School the school bus came up every mornin'.

Ah didnae like the school. Tae tell ye the truth ah might have liked it better but ah wis bothered wi' asthma. Ah had very bad attacks o' asthma. Ah didnae have asthma all the time but when ah took it ah took bad attacks of it. So ah fell away behind, ye ken, wi' the schoolin' and that and ah didnae like it very well. Ah might have got interested in some sports o' some kind but with havin' the asthma ah couldnae run or anything because it always started up ma asthma. And of course there wisnae any o' the cures that they have nowadays. Ye jist had tae put up wi' it till it wore off. So ah wis quite glad in a way to leave school when ah wis fourteen.

Ah had a bit of an ambition when ah wis a laddie. Ah would like to have been a joiner actually. But of course with ma father havin' quite a big family and wages bein' low, well, we jist a' started workin' wi' ma father actually. Actually ma father wis really our boss in a way because he took charge o' the dairies he was in when ah started work.

Actually, ah was goin' tae start workin' at Glendearg but twice a year the Co-op committee came up and interviewed ye for, ye know, stayin' on the farm. Of course in these days it was six months' terms. And ah think in 1937 when ah left the school my father went along to the farmhouse at Glendearg—the manager stayed in the farmhouse—and the committee came up and all the workers on the farm were taken in individually and asked aboot if they were stayin' on, and if there were anythin', ken, they were negotiatin' for and that. So ah think ma father wanted for me tae start workin' there. And he also wanted a bit of a rise for ma older brother Jim. Ma oldest brother Bob was away by then. And ah think the committee refused it. Ah don't know if they were prepared to take me on or no'. But anyway we left Glendearg and we went tae a farm jist outside North Berwick in East Lothian. It wis called Wamphray, and of course it wis jist a tenant farmer in there. And that's where ah started work in 1937.

Ma father had charge o' the dairy there. It wis a wee dairy there. And ma older brother Jim also worked along with him. Well, when ah started work there ah looked after some followers-on—that's the young stock like heifers. It wis a Friesian herd. And ah looked after this wee byre of heifers and what not for the followers-on for the dairy herd. And ah drove the odd horse. Ah did a bit of leadin' in, cartin'. I never did any ploughin' because actually ah wis too young. In ploughin' of course you have to have a pair o' horse. Ah never had a pair, jist the odd horse.

And of course in the harvest time and the hay time you went out into the fields makin' the hay, and of course the hay was oot intae wee kyles they called them. And then of course you put them intae the bigger ricks, and I used tae stand on the top o' them buildin' and ye had the forkers forkin' the hay up tae ye. I quite enjoyed that. Ye had tae bring the rick intae a sort o' peak. When ye had it at a peak for the rain, runnin' the rain off and that, ye had tae rake it down so that the outside straws were hangin' down to run the rain off. Ye were cobbling about on the top o' the rick. It was quite tricky. And then of course the ones on the ground threw the ropes over tae tie the ricks down, two ropes jist criss-crossin, and they tied them down at the foot o' the rick, jist wrapped them round wi' a bit hay at the bottom o' the rick. And then of course ye jist slid down from the top.

I quite enjoyed ma years at Wamphray. It was good experience. And actually, I don't know whether it was the sea air or no' but ah wisnae bothered wi' asthma there.

Ah cannae remember what ma wages were at Wamphray. It would jist be a few shillins, it might have been somewhere about a pound a week. There ah had also tae milk at the milkin' times along wi' ma father. We started at five o'clock in the mornin'. Oh, ye had tae be up aboot half-past four. At Wamphray there there wis four cottages on the farm, and they were quite a wee way from the farm—about a quarter o' a mile. It was quite a long way tae walk. At Glendearg there the cottages wis jist a few yards along tae the farm, but at Wamphray the cottages were stuck in the middle o' a field aboot a quarter o' a mile away from the farm. Oh, it wis an early start for a young laddie. Well, I did in a way find it difficult tae get up at that time in the mornin', bein' young and that.

The work was seven days a week, because of the dairy, milkin' and what not. Oh, it was a long week. Ye were pretty tired. Ye started at five and did the milkin'. You were milkin' from five tae aboot seven o'clock. After you did the milkin' you went home for half an hour and had your breakfast. Then you did other jobs on the farm until I think it wis twelve o'clock. Then you went home for your dinner, that wis an hour. And then back at one and you would do other work before the milkin'. Usually we had maybe a quarter o' an hour in the middle o' the afternoon for a drink o' tea and a piece and what not. Ye carried a piece with you, you didnae have time to go back home. Then ye were back tae milkin' again aboot four o'clock. It was a wee bit later there, it wisnae sich a big herd as at Glendearg. And then it wis Friesians, and Friesians are always heavier milkers than Ayrshires. It wis mainly Ayrshires and crossbred cattle at Glendearg. But it wis a pedigree Friesian herd at Wamphray, and the longer they had in between the mornin' and afternoon milkins wis the better for Friesians. You'd be finished milkin' about five o'clock. Ah wis finished for the day then. That wis about eleven hours a day. On a Saturday up until twelve o'clock you jist did the usual. But the Saturday afternoon, well, ah jist did the milkin' and what not startin' at four o'clock. You were finished on a Saturday from twelve till four. And it wis jist the two hours o' milkin' again. You couldnae go anywhere, of course, on a Saturday afternoon because ye had tae be there, ye know, for the milkin' and what not. But of course ma father, well, if there wis a cow calvin' and what not he had to attend then at a' other hours. He wis on call round the clock.

Ah didnae find it irksome that ah didnae have much freedom at Wamphray. I quite enjoyed bein' at Wamphray because at the end o' the harvest time mainly the neighbourin' farms had kirns and ye went tae them. At the kirns, well, it wis jist dancin' in the barn, barn dancin'. And ye hired a band. Ah remember when we were at Wamphray Willie Hannah's band wis there once. Ah think he had been a farm worker himself, ah'm no' sure. He played the accordion.[151] So ye just went round the kirns. Of course, they used tae agree tae have them at certain weekends. It wis usually a Friday night, at the end of the harvest. Of course the kirns lasted till about three o'clock or four o'clock in the mornin'. We usually cycled tae them. Oh, it was quite an active night o' dancin', oh, well, a' thae young girls on the farms round about. There were quite crowds at it, ye know. Ah reckon there wid be up tae fifty and sixty. It was nice. I enjoyed the kirns there.

I remember comin' home from a kirn this night. I'd been out all night, jist got into ma workin' clothes and went down at five o'clock in the mornin' to do ma milkin' o' the cows, and actually the farmer there he wis milkin' this mornin' as well. And ah fell asleep at the milkin'! And the farmer he must ha' seen me and he says, 'Jock! Jock!'

On Sundays ye were out from five to seven in the mornin' milkin'. In the wintertime, as ah say, ah looked after the young stock on the farm at Wamphray there, and on the Sundays ye jist did the necessary—jist feedin' the young stock and then cleanin' them out. And then ye went home. And that was you finished till the afternoon milkin' at four o'clock.

In the hay and harvest time ye had tae work of course Saturdays and Sundays on that. And when they were cuttin' the corn and what not ah went out stookin', stookin' behind the binder. It wis horse-drawn binders in these days. And then when the corn wis dry and ripe ah carted it in. Ye loaded your cart and drove it intae the stackyard. Wheat sheaves were quite big. It was quite a lot o' wheat he grew at Wamphray. Of course the main grain-growing area is East Lothian. Ah carted the grain intae the stackyard.

They built the wheat stacks on sort o' stools aboot eighteen inches from the ground. The wee stool things were iron, and of course there was a wooden platform wi' spaces in between the planks, to let the air in and also keep the vermin out o' them, oh, rats and mice. But even then they got intae it, ken. It's hard tae stop them. And then when it came time for thrashin' a contractor came in wi' one o' the big traction engines, steam, and thrashin' mill and the bailer. It wis big iron bailers, ye know, these big wire-tied ones in these days.

At Wamphray ah wis only aboot sixteen and seventeen, carrying the bags o' grain off o' the thrashin' mill and up a stair. And the wheat bags were two hundredweight—eighteen stone. I managed that. Oh, ye felt it a terrible strain, ye ken, if it wis a warm, sticky sort o' day, by gosh. And it wis these big railway bags, ye know, they were rough, coarse. And of course ye were in your shirt sleeves, nothing but your shirt on, and by gosh your back was quite raw at night after carrying the bags. The knack wis jist o' gettin' the bags on tae your back. Ye had your mate also carrying the bags turn about. And of course when the bag was full ye got it lifted up on tae a barrel, one o' these big oil drums about four feet high. Ye got it well on your back, ye know, after ye had it up on the drum. Well, the pair o' ye lifted it on tae the drum. Ye had a short piece o' stick, a fork shank maybe—that's the shaft of a fork, which had been broken maybe and jist the rough end sawn off. And of course one o' ye stood at each side o' the bag and ye both took a hold o' the bag wi' your right hand, one at either side. Then you put the fork shank near the bottom of it, and of course that made it easy to lift it up on tae the barrel tae get it on to your back.

Oh, ye had tae carry it sometimes twenty, thirty yards across to the barn and up a stair and dump it down there. Oh, it's hard tae tell how many bags you'd carry in a day's work—say aboot forty. That's eighty hundredweights. And ah wis jist a laddie o' sixteen. Ye jist left it in the bags, of course. And then sometimes, of course, the farmer he sold his bags o' grain tae the grain merchants.

Carryin' the bags didnae affect ma health in any way. In fact, ah wis never bothered wi' dust on the farm. It didnae seem tae affect me. I always found that when I was at Glendearg there thundery weather affected me, when the air wis close and humid. But no' at Wamphray wi' the sea near—it wis aboot a mile down tae North Berwick.

I wis sixteen in September '39 when the war had begun. I joined the Civil Defence. And I remember two nights anyway when we were at Wamphray, me and my mate Bill Paterson that worked on the same farm we went up to take night watch at the Bass Rock farm. We ca'ed it the Heugh farm. It wis the next-door neighbour tae Wamphray, and it wis jist a quarter o' a mile up the road. It sat just at the foot o' Berwick Law. It was a dairy farm also.

They had one or two wee holiday chalets on the Bass Rock farm, jist at the foot o' Berwick Law there, and this night after the war started me and ma pal Bill Paterson went out tae take watch duty. Bill was older than me, he was a married man. We didnae have any guns or anything, ye know. But, oh, we stayed the whole night there tae four o'clock in the mornin'. It was in the wintertime, of course. By gosh, it was cold! We were in a wee chalet thing, but, oh, there were nae heatin' in it and of course ye couldnae have any lightin' on it either for the German bombers comin' over.

That's what we were watchin' for, bombers' comin' over or anything comin' in off the sea and landin'. Then the second night—we left Wamphray in May 1940, so the war wisnae long begun—ah remember goin' tae Tantallon Castle and spendin' another whole night in it. And we hadnae any wee chalet tae go intae there. It wis jist within the old Tantallon Castle ruins. Of course we jist had tae keep walkin' about there, quite near the sea, tae watch for anybody.

Ah experienced some bombs comin' down when ah was at Wamphray. And me and ma brother Jim actually saw the first German bomber tae be brought down over land in Britain in the war, and it wis jist a couple o' field breadths away this day. It wis jist the middle o' the day and me and ma brother were in for oor dinner, and this German bomber came up the Forth and ah think he had been struck wi' guns off a boat in the Forth. And then ah remember the three Spitfires that were stationed at Drem aerodrome came screaming across. And ah think they'd fired at it and the tail bit of it went on fire and he jettisoned his bombs intae the Forth because he knew he was goin' tae come down. And he turned inland. And me and ma brother we saw it comin' down and of course we jist left oor dinner and we rushed across the two fields. It was beyond a wood. And it came down right in the middle o' a hedge. The nose was stuck in the middle of a hedge, the tail was up in the air. By the time we got across the crew were all out and one o' them wis very badly injured. His legs were all shot up and what not. I think he later died, and the rest o' them of course were taken prisoner. I think the policeman jist took them. Oh, they gave up anyway. That wis in October '39.[152]

And then ah remember another night me and ma pal were down at North Berwick. This was a Sunday night in the middle o' the wintertime. That was after the bomber was brought down. And we were walkin' up back home and it wis quite dark and, well, the lights and everythin' bein' out, another German bomber came up the Forth and he turned inland jist aboot North Berwick there. And he dropped some bombs. And there wis a new Co-op shop had been built jist on the outskirts of North Berwick there and it wis tae open on the Monday. And there wis one o' the bombs dropped right in the middle of it! Nobody was hurt. The same bomber dropped nine bombs that night, and one o' the bombs was jist up the road tae Wamphray. It wis jist in the field over this wall, in fact on the Bass Rock farm. And we heard it comin' down and it landed right in the middle o' this field, jist a few hundred yards from where we were walkin' up the road. And of course when we heard the bomb comin' down, there wis a sort o' whistle off it, we crouched down behind the wall. It wis quite frightenin'. And we heard the shrapnel off the bomb. It wis strikin' the roofs on the houses where we crouched down behind the wall. And there wis a piece o' the metal off the bomb landed jist over the wall, jist on the road beside us. Ah tried tae look for it in the dark. Of course, we daren't put a light on or anything—we didnae have a light with us anyway. So ah wis determined tae find this piece o' shrapnel as a souvenir. This wis aboot nine o'clock at night, and then we walked up home and ah got a torch and ah came back and ah found the piece o' shrapnel. Ah had it in the house for years. Ah was quite proud of it. Oh, it wis a jagged, ragged piece o' metal. It wisnae big but, oh, if it struck ye that would have been it.

North Berwick wis the main area for the German bombers comin' up there, attacking the railway bridge in the Forth and maybe Rosyth as well. There wis another night the German bombers were over Wamphray and ah remember ah wis away tae bed. And this bomber dropped three bombs in a chain and they landed right on the top o' Berwick Law. Ah wis sleepin' but ah actually think that the bed moved wi' the shudderin', ye know, o' thae bombs droppin' on solid rock, the concussion. Oh, what a report it was! But nobody wis hurt.

The farmer at Wamphray there he decided tae sell up in 1940. So we had tae leave. That wis in May. But ma older brother Jim had his girlfriend there at Wamphray and he stayed on. So ma father and me and ma younger brother and ma two oldest sisters came back tae Glendearg. Ma father was, ye ken, although ah say it maself, quite a good dairyman and that. They wanted him back then at Glendearg, so he came back. But by that time it wis a different manager there and, oh, it wisnae sae good then. But we were there for five years, until the end o' the war. And ah worked there too, in the dairy.

Of course that wis the time when milkin' machines were jist comin' in. Ah left the hand milkin' at Wamphray there and when we came back tae Glendearg within the three years they had got milkin' machines, because hand milkers were gettin' hard tae get. Ah think they had five milkin' machines there. It wis quite a dauntin' experience for ma father havin' tae come straight from hand milkin' on tae milkin' machines. He'd never been on the machines before and just had to learn. And of course when ye flitted, ah mean, the animals couldnae wait tae be milked. Ye had tae get your furniture and stuff off the lorry and intae the house and sort o' put up as best ye could, and then of course ye had tae go out and do the animals and milk them.

When we were at Glendearg there durin' the war we actually tried tae get finished aboot five o'clock because ah remember there wis once a week a bus run from Galashiels for the country folk up as far as Threepwood crossroads, that's about three miles frae Lauder, between Langshaw and Lauder there. In fact, ah think it wis ma father and some other folk on the farms that got up this bus tae run on a Saturday night for the country folk, takin' them intae Galashiels, like for a wee bit o' enjoyment and that, shoppin' and what not. It came up aboot between four and five and it went up tae Threepwood crossroads, and of course the folk frae the other farms all gathered at the crossroads and came down. It arrived aboot Glendearg aboot quarter past five. So if ye wanted tae catch it ye had tae have the cows all milked and the dairy cleaned up and everything by then. Usually, we couldnae make it workin' in the dairy. Sometimes ye could catch it, other times we jist walked three miles in tae Galashiels. Oh, ye didnae think anythin' o' that, ye were young and fit.

Well, in Galashiels ye went tae the pictures, and ye went and maybe had a drink or that. Sometimes we went tae the Volunteer Hall tae the dancin'. They had dancin' every Saturday night there. Ye went tae the dances occasionally, no' a regular thing, jist maybe once a month or that.

Ye hadnae much o' a social life really, bein' in dairyin', ye ken. Ah wisn't a reader at a', and ah wisnae an angler. Ye hadnae much time tae listen tae the radio. Ah remember joinin' the bowlin' club at Langshaw there the first time we were at Glendearg before the war. I wis jist a lad. Even at the school I had joined the bowlin' club wi' ma brother Jim. That's the sort o' entertainment we had then, and there wisnae a lot o' entertainment, ye ken. And I enjoyed walkin' and cyclin'. Oh, I remember when I was a boy at the school at Glendearg there—there wis quite a few young folk then on Glendearg, bein' a big farm, and the two big families—we used tae have an old wind-up gramphone. We used tae go out in the summertime, we used tae sit on the side o' the road and play the gramophone, ye know, jist sittin' at the side o' the road, jist one or two records. And of course ye had your Guy Fawkes Night and ye built a bonfire and that. And, oh, they had Halloween parties in the hall at Langshaw. I remember goin' tae some o' them, Halloween parties. We had games o' football, like five-a-side football, wi' the folk on Glendearg and maybe the folk frae the neighbourin' farms. And we used tae gather in the field nearest tae a' the farms, ye know, jist in a field. As a laddie ah played rounders at the end o' the house at Glendearg, and in the summer holidays when we were boys at the school we used tae go down and dook in the Allan Water there, dookin'. Ah could never swim, never. It wis jist the Allan Water there, ye called it. It run down through jist at the march o' Glendearg ground there. And ah remember me and ma brother and a pal that we had, Davie Wilson, that was next-door neighbour wi' us at Glendearg there before the war, we used tae go and play in the hills round about Glendearg, hide-and -seek, and sort o' cowboys and Indians.

Although, ye know, times were hard in these days workin' on the farms ah consider that country folk, durin' the war anyway, were a wee bit better off than folk that lived in actual cities, because ye could always get a rabbit, catch a rabbit and make rabbit stew. In fact, ma brother did snare some rabbits on Glendearg there and ma mother used tae make, ye ken, rabbit stew. Oh, it wis lovely. And of course ye were always handy for turnips, and your milk, ye ken, plenty milk and tatties. And another thing that wis sae good aboot Glendearg was, ye ken, there wis quite a few trees round aboot there and ye could always get a blown down tree for nothing. There wis plenty firewood. It was cheap livin'.

Ye were early to bed. Well, when ah wis workin' in the dairies it wis usually aboot nine and ten o'clock. Ye had tae be, for gettin' up at half-past four, cold mornins, too, in the winter. That wis another thing aboot workin' in byres and dairies. It wis nice on a winter's mornin' tae go intae a byre, because ye got the heat off the animals. Actually, it wis far colder workin' in the milkin' parlour, ye see, because the cows are no' confined tae a wee space there. But I used tae enjoy goin' intae the nice, warm byre wi' the heat off the cattle. Oh, it was lovely on a cold winter's mornin'. And then if ye milked by hand, ye know, leanin' against the cow and milkin' it, ye got the heat off the cow. Actually, when ah wis at Wamphray there in the harvest time when ah wis leadin' in the corn tae the stackyard and then of course ah stopped when it came the milkin' time and ah went intae the byre tae help ma father wi' the milkin' o' the cows. After bein' on your feet stookin' in the harvest time and that, and leadin' in, ah used tae quite enjoy gettin' sittin' down on the stool and milkin' the cows. Ye actually got a bit of a rest sittin' on the stool. It wis quite comfortable.

In these days on the farms there wis still a kind o' hierarchy among the farm workers. The shepherd and the dairyman, I would say, were on a par at the top, and the arable ones—the ploughmen—were below that a bit. The shepherd and the dairyman they got paid a wee bit more. Of course, their hours were longer than the ploughmen's. Well, at Glendearg there anyway the ploughmen had a day and a half off at the weekend. They stopped on the Saturday at dinner time, at twelve o'clock, and they were off tae the Monday mornin', apart frae stable duties and cleanin' harness. Oh, ye see, our work in the dairies wis a' the weekends, seven days a week.

Then ah remember at Wamphray there wis two ploughmen there. There wis the first ploughman—there wisnae like a grieve or that there—but there wis the first ploughman and the second ploughman. And then at Glendearg there wis four pair o' horse there. It wis quite a big stable. And there wis the first ploughman—he wis called the grieve, ah think—and the second plough-man, third ploughman, and the fourth ploughman, and there wis an odd horse as well. So the first ploughman always went out first and watered his horse in the mornin'. At Glendearg there there was a big, long watering trough which held the four pair o' horse. And of course the first ploughman he had his pair o' horse at the end o' the trough. He went out tae the field first. Then of course the other ones jist a' fitted in.

Durin' the war conditions on the farms were improvin'. I think ma wages at Glendearg there were somewhere in the regions of about £3 maybe, £3.10.0.

Ma father was active in the union.[153] That wis the first time we were at Glendearg. But he wis in the union after that, ye know, most o' his workin' life. And I've been in the union—the Farm Workers'—most o' ma workin' life. Well, ah cannae mind when ah joined the union. Ah think ah would join as soon as ah began tae work at Wamphray, because o' ma father bein' in it. Ah wisnae active in the union. Ma workin' hours—that's why it wis a bit difficult. I admired ma father for takin' an active part because, ken, bein' in a seven-day-a-week job. And of course they had meetins once a month at Langshaw. They had a wee hall at Langshaw there. And he got all the farm workers tae come tae the hall there once a month. And of course he got all his leaflets from the head office.

When ah became eighteen at Glendearg there in 1941 me and ma brother went intae Galashiels and enlisted, but they wouldnae take us. We were exempt because we were workin' on the farm. Ah was a wee bit disappointed. But of course later on you realised that you wis very lucky. One o' ma pals that had been there the first time we were at Glendearg, he joined the Air Force, and various other friends and that joined up. They all survived the war as far as I can remember.

Ah left Glendearg after the end o' the war in 1945. I got married in the September, jist in '45. That's where ah met ma wife Violet, at Glendearg there. She wis in the Land Army.[154] Actually, she was in London wi' the civil service. She left school and she joined the civil service aboot seventeen, ah think. And she went down tae London and worked in the Ministry o' Transport in London. And of course when the war broke out she come back home and she joined the Land Army. Ma wife belonged Lockerbie, Dumfriesshire. Her mother was off farm folk. In fact, her mother's brothers were all farmers in Dumfriesshire, and her father wis a postmaster at Lockerbie. Then he got a cashier's job wi' the General Post Office at North Bridge there in Edinburgh. Ma wife was only eleven years old then. But, oh, she loved the country ma wife. She hated it, she told me, she hated livin' in the town in Edinburgh. However, she went tae Broughton School. Then when the war broke out and she come back from London, she joined the Land Army and she was on a farm down at Jedburgh. She and another Land Girl stayed in a farm cottage on the farm there, and then she left there and came tae live in the Land Army hostel at Lowood House at Melrose there. And that's where ah met her. Well, ah met her the first time at a dance at Melrose and ah asked her if ah could see her home. But she had already been booked! But she came tae work after that on the farm at Glendearg there, and that's where ah met her mainly. And then they had sort o' do's at the hostel, ye know, no' very often, but at weekends they had maybe a party or that and they invited the young lads and that roond aboot. And then we got married at the end o' the war in September. Ah wis twenty-two then.

And of course there wis a stand-still order on for farm workers durin' the war and after it. And ye couldnae move at all. Actually, if ye moved ye got fined, ye ken—no' very much, but it wis a lot in these days of course.[155] Well, after we got married ah hired tae go tae a farm up in the Lammermoors there. Well, it was for gettin' the house, ye know, after gettin' married. Anyway ah hired tae go tae this farm up in the Lammermoors there, and of course bein' young and sort o' inexperienced, jist after gettin' married and that, ah didnae go tae see the place. The job wis advertised in *The Scottish Farmer*. And the farmer came to Glendearg and interviewed us. And of course the farmer—Captain McDougal wis his name, and the farm wis called Blythe[156]—he was all nice and everything and gave ye your erles or your arles. He gave ye half-a-crown, well, that was your agreement, a gentleman's agreement. And of course that wis you tied tae go.[157] I think that was for a year's engagement. Ah wasnae employed as a dairyman at Blythe. He hadnae a dairy. It was hill cattle, Galloway cattle. Ah went as cattleman.

And of course when it came the day for us leavin' home at Glendearg there it wis a cattle truck, ye know, that came for the few bits o' sticks we had then. Ye couldnae get furniture then. We had a few bits o' sticks, second-hand stuff that we'd picked up here and there. And we got it humphed on tae this cattle float and we trundled away up past Langshaw there, which is quite a reasonable road, jist up a side road, a by-road. We trundled up there till we got tae Lauder and we thought this was fine, quite nice. We came tae Lauder and then on past through Lauder and away along the Greenlaw road from Lauder, and then turned off the Greenlaw road and along this other wee side road, and then turned off o' it up tae this farm in the Lammermoors. From the wee side road up tae the farm there, oh, what a track! What a disappointment we got. It wis jist a rough track like, and the lorry was rockin' back and forward. Ah remember ah had tae sit in the back o' it along wi' the furniture, because ma sister went with us jist tae see us settled in. And we trundled up this old rough road. Then we saw this couple o' cottages sittin' in the middle o' a field there. Ma wife thought, 'Oh, Jesus, I hope it's no' there, that cottage we're goin' intae.' So we trundled up round this wee field and up round and along through the farm and it stopped at this gate jist at the end o' the farm buildins there and the lorry driver says, 'Right,' he says, 'this is as far as we go.' And we'd tae carry the furniture down through this field. It wisnae far right enough. It was one o' them two wee houses. And, oh, what a ramshackle of a house it was!

Actually, the people that had been livin' in there, they took the law intae their own hands on the stand-still order, and they left. They didnae care whether they would be fined or no'.

And of course when we got there and got out o' the lorry, the roof o' the house—oh, saggin'! It wis a slated roof, of course. Oh, ma wife never got such a disappointment, havin' come from a good house and also comin' from quite a decent farm, ye know, the Co-op farm at Glendearg there. It wis an awfy disappointment. And when oo got intae the house in fact it looked worse from the outside as from the inside tae begin with. And of course there was a buttress outside it—it must have been built to hold it thegither. Well, ah don't know if the buttress wis recent or no'. Ah think it had been there for quite a while.

Anyway we got intae the house. Right enough the next-door neighbour had put on a fire for us goin' in. But it was one o' these old open ranges with a swee, and the oven and the water tank at the side and, oh, it was an awful broken down thing. Oh, it was in an awful state. There wisnae even an ashpan in it.

Oh, the house wis completely unfurnished of course. Jist a cold water tap, and a sink in the back kitchen. There was a bit for a bathroom but there was no bath in it. There was space for a bath but they hadnae put the bath in. It wis jist a space, with the toilet in it. There was an indoor toilet, and there was sinks in the back kitchen, apart frae the toilet bit—it was a compartment off the back kitchen—and a boiler, ye know, one o' these old fired boilers that ye lit the fire under for the washin'. And of course we bought a tin bath ourselves for to have a bit wash now and again, one o' these long tin baths. And ye jist heated the water up in the boiler and had a bit bath.

The house had two bedrooms but one o' them was unliveable in. It wis rotten wi' damp. Oh, it was green wi' mould, in fact. The other one wisnae too bad but there wis also a bit o' damp in it as well. Of course, ah think, the damp must have come from the ground, ye know. In these days they didnae have any damp courses or anything.

And also in the livin' room there they had been playin' darts at the wall at the side o' the door. And, ye know, ye couldnae see it at first but when you looked close enough ye saw where the darts had missed the dart board. There wis tiny holes in it and if ye held your hand up to it ye felt the draught comin' through these holes. What plaster there was must have been gey thin, it must have just been the stone and the wallpaper on top o' it. Oh, it wisnae a well built house! They had been playin' darts and the draught came through the dart holes.

There wis a loft and of course it wis jist an ordinary old ladder, a wooden step-ladder that ye went up intae the loft. And there was no felt under the slates. In fact, ye could see the stars between the slates.

And of course there was no road intae the house. And the ashpit wis down at the corner o' the field there, it wis quite a distance away. If ye come out in the wintertime or in wet weather, ah mean, it didnae matter how clean ye had your shoes ye got mud on them.

Oh, Captain McDougal the farmer hadnae told us anythin' about anythin' like that, of course. Oh, and that jist put me against farms right away, ye know. Oh, it must have been terrible for ma wife. But she never complained. Ah always regret maself for havin' taken her tae there. The farmer never offered to do anythin' to improve the house while we were there. Well, I didnae ask him, I didnae. Well, as ah say, it wis a stand-still order then, and ah don't know why we didnae say. We should have maybe. But ah don't know, we jist accepted it.

And then in that terrible winter o' 1946-7, oh, ye know, when the wind was howlin' and the snow blowin', there was a wreath o' snow lyin' inside the door. There was only one door intae the house and there was a wreath o' snow lyin' inside! It had come through below the door. Ye know, there was quite a pile o' snow. And ah went up intae the loft and it was also the same up in the loft. It had been comin' in through the slates, and there wis piles o' snow up in the loft.

The people that were next door tae us there—Lothian wis their name—they were very nice people, kindly. He wis one o' the herds there. He was a man in middle age. He had three o' a family: two daughters and a son. They were about my age. His son was a bit younger but his daughters were aboot the same age as we were. Ah think the laddie was still at the school then. And of course they had been there for, oh, donkey's years, I think aboot thirty years. Of course, that's another thing that ah didnae agree with, people stayin' on under these conditions, ye know, for years and years. Anybody new comin' in were expected jist tae accept the same thing. Of course his wife and he slept in the livin' room. His two daughters slept up in the loft. Of course, with havin' lived in it all these years, they had it quite nice in there, and they made rag rugs and things. It wis as comfortable and cosy as they could make it. But the state o' their house wasnae much better than ours. And ah think in that bad winter o' 1946-7 they had snow comin' in through their roof, too. And the girls were sleepin' in there in the loft.

Ah went, as ah say, as cattleman tae Blythe farm there. He hadnae a dairy. It was hill cattle, Galloway cattle. Ah didnae do ploughing, but of course ah wis workin' in the fields in the summertime and that when the cattle were all out at the grass and ye jist went round them in the mornin', to see that they were OK in the fields. But of course in the wintertime, when they were a' in the cattle yards and that, ah had all them tae feed and look after in the yards. But there wis no milkin' at Blythe there.

Ah think he had a herd o' aboot thirty cattle, thirty calvin' cows. But of course ye had a' the followers, the young stock and that. It was quite a big place. There was more sheep than cattle. There was two shepherds on the place. Ma next-door neighbour was one o' the herds there. The farmer had an in-by herdin', and then he had a hill herdin' away out on the Lammermoors. Well, the in-by is usually the softer breeds o' sheep, like half-breds and like grey faces and that. I think it was mainly half-breds there. That's a Border Leicester tup to a Cheviot ewe. That's where you get your half-bred. But the ones up in the hill herdin' or out-by they're the hardier breed. Blackface and Cheviots they're the hardier breeds. They keep them out in the hills on the heather and what not. He didnae have any Cheviots at Blythe there, they were a' pure bred Blackface on the hill. Oh, Blackface sheep are very hardy sheep, they can stand the winter and that. They can even withstand several days under a snowdrift.

So ah had no milkin' at Blythe there. But the shepherds had a cow o' their own, for their own use. And after ah wis there about six months ah asked the farmer if ah could keep a cow also. So he said, aye, ah could keep a cow. But that all came off your wages for the keep of the cow. Ma wages were, ah think if I remember right, aboot £3 or just over it. And he took, ah think it wis 7s.6d. a week off your wage for your cow's keep. Of course ye had all your milk and ye could make your own butter and what not. And ye could keep a pig tae use up the surplus milk. Ah kept only one pig. The pig sties were jist behind the cottages. The shepherd, Mr Lothian, next door at Blythe there helped us when we killed oor pig and that.

As well as maself as the cattleman and the two herds I think he had a couple o' ploughmen at Blythe there. There wis a wee bit o' arable, no' very much. He jist grew corn though, jist oats.

Ah started at seven in the mornin'. And then you came down tae the house and had your breakfast aboot nine. I think it wis jist a break aboot a quarter o' an hour, just time for a cup o' tea and a bit bacon or somethin' and then back. Ah remember that bad winter o' '47 I had been out in the mornin' and ah wis on the top o' this stack o' sheaves o' corn and ah wis tryin' tae rive bunches o' straw off o' the top o' this stack, and they were all frozen thegether. It wis sich a cauld mornin' I wis fair nethered wi' the cold and ah couldnae stand it any longer. Ah wis really frozen. So ah quit it and ah came down tae the house jist for tae get a cup o' tea and sort o' warm masel' up. And ah wisnae that long in the house until the farmer came down tae the door and he says, 'Where's Mr Macvicar?' He says, 'The cattle are there roarin' tae be fed,' and he said, 'he'd better get out there.' Oh, dear me. So, well, naturally, ah jist, ye ken, ah jist had ma cup o' tea and ah went out and back up. Oh, he wisnae sympathetic and understandin', the farmer at Blythe there.

After you got your breakfast you went back up to the steadin' and worked till twelve o'clock. And then an hour for your dinner. There was no break in the afternoon, no' that ah can remember. But ah remember in the summertime we went tae fencin' away out in the Lammermoors there, and of course we went in the mornin' and we jist had tae carry our dinner. It wis sich a long way ye couldnae go back home at dinner time. It would ha' taken ye an hour or half-an-hour or more tae get home. So ye jist took your lunch wi' ye, your piece and your flask o' tea. In the summertime that was. And ye worked there the whole day till five o'clock. Ye never worked beyond five o'clock, except in the busy times like harvest and that, ken, and the hay-making, or if there wis a problem like some animal calvin' or maybe one that was sick or somethin'. Ye had tae attend it. Oh, ye could be up all night if it was a calvin'. But it wisnae so bad wi' them, the beef herds, because they usually calved on their own outside, ye know. Of course, wi' the Galloways, they didnae calve them in the middle o' the winter. They had them calvin' at two different times in the year: in the spring, after the rough o' the winter wis by, and in the autumn before the winter. It made it a bit easier for the cattleman like me. Whereas, ye see, dairy herds as we'd had at Glendearg there, they calved all the year round, ye see, tae keep up the milk yield.

The coalman came up wi' his lorry and ye had tae jist do wi' your bit bag o' coal. Well, ye did get logs with the job but ye had tae go and get them on a

Sunday or a Saturday afternoon in your own time. There wisnae many trees on that place up in the Lammermoors and we had tae go away down the road and through Spottiswoode estate there to this wood on the side o' the Greenlaw-Lauder road. We jist went along this wood and cut branches or any blown down trees. And ye jist went wi' the horse and cart, ye know, in these days. Ye didnae have tae pay for the wood. Of course, where ye got the wood it wisnae the farmer's wood. It wis jist blow-downs and bits here and there.

Ye got tatties, ah think it wis a half a ton at Blythe there. Ten one-hundred-weight bags o' tatties. That kept ye goin' over the winter in tatties. Of course, ye put them in pits and jist went and got a bag out when you needed it. It would keep ye going mainly the whole winter. Of course, ye had your garden there that you planted wi' vegetables and what not.

Up until ah got ma own cow, of course, ye had tae buy your milk off the farmer. He had a couple o' cows, of course. And ah had tae milk his cows. He had a couple, well, one was usually dry—that wis yeld—while the other one was in milk, tae keep it continuing.

There was a butcher's van and a bread van came tae Blythe there, ye know, once or twice a week. I think the butcher came twice a week. They came right up to the steading. It would jist be aboot maybe a hundred yards from the house. My wife had to walk down through the field to this gate where the vans stopped. She didnae have a job while she was there, she jist stayed at home. I think she did feel lonely when ah wis out workin'. She took terribly ill out with it when ah wis away on the Lammermoors at the fencin' and couldnae get back home at the dinner break. Ah don't know how she passed her time. She was a keen reader and she did a bit of writin'. But she wasnae contributin' to papers as early as that. I have some letters that she wrote later on in life to the papers. She wis jist a young woman in her early twenties at Blythe there. She felt cut off there. Oh, it must have been terrible for her. That's why I regret it now, ye know. I feel it now.

Oh, she did a lot of reading. But there wis no library van or anything came to Blythe. The nearest place wis Lauder. It was three miles at least away. Sometimes she went down there, sometimes she cycled. We had bikes, in fact we had a tandem there when we went there. Well, we had a tandem at Glendearg and took the tandem with us. Ye had tae walk down from the farm aboot a mile until you got down on the hard road. We did quite a bit o' cyclin' before we got married, when we were courtin'. But after we got married we didnae do much cyclin'. We went for walks in the summertime at Blythe there. But I remember us cyclin' on the tandem intae Kelso tae see the pictures. Oh, we jist did it the once. It was too far: sixteen miles, and sixteen back. So we were that tired this once that we did it, when we got back to the farm—there was quite a steep hill up this wee bit o' rough track tae the house. And on the Saturday night when oo went back tae Blythe we couldnae be bothered pushin' the tandem up the hill, we jist left it at the bottom o' the road behind the dyke! Oh, nobody would touch it there. I remember goin' down on the Sunday mornin' and collectin' the bike.

And then ah remember me and the missus cycled intae Galashiels on the tandem and bought a wee wireless, a battery wireless, and cycled back wi' the wireless on ma back! What else could ye do? You were young. You didnae think so very much of it then. You jist had tae walk or cycle. The Lothians, the shepherd and his family next door tae us, they all had tae walk also.

Ah wis only at Blythe there a year and eight months. It wis jist after the winter when we left. It was '47—that terrible winter. And that terrible storm only started at the end o' January, that storm up there. And it lasted for aboot nine weeks. Oh, ah remember the dykes on the side o' the road up tae the farm place there, it wis jist level. And ye couldnae… Ye ken, there wis no road there at a' and ye had tae sort o' walk down the top o' the dyke. When ye had tae go out, like ye had tae walk for the bread and stuff. There was no vans or anything could get up.

Actually it was while we were still at Blythe there in the middle o' that bad storm in February '47 that our first son, John, was born. And neither the doctor or the district nurse could get up tae the place because o' the road bein' blocked and everything. We didnae have a phone of course in our house. So when ah went up tae the farmer's house tae get him tae phone for the doctor he was sittin' at the side o' his fire, a big, roarin' fire, and a great big pile o' logs beside him where he was sittin'. He could jist chuck them on. So the farmer, Captain McDougal, phoned up the doctor for us.

McDougal had these sledges, horse-drawn sledges, that ye took hay and stuff out tae the cattle in the wintertime. Of course, Galloways stayed out a' winter. Well, when Johnny was bein' born ah had tae get one o' these sledges yoked and go down tae the end o' the road through the snow. The snow plough had been up as far as it could get and ah had tae go down tae the point there and come up through the fields. The district nurse came first. Ah brought her on the sledge. Actually, John was born before the district nurse even got there. Talk aboot bein' snowdrifts! Oh, ah wis in a terrible state. But ma wife was all right. And then when the doctor came ah had tae go back down for him. But fortunately the district nurse was with ma wife by that time. Ma wife jist took it all in her stride. She must have been quite hardy! Oh, terrible conditions.

Well, of course after that bad winter and the conditions that we had tae survive through we said, oh, that wis enough. We couldnae stand that any longer. And havin' a young family away out in a place like that, it wis jist hopeless. Of course, the other folk on the farm they thought nothin' of it. Their families all grew up on the farms with that. They were settled and that. They jist took it in their stride. But we werenae prepared for that. So we waited until the May term and Johnny wis a few weeks old when we left Blythe there. And of course ah remember when ah went tae the farmer ah said tae him, ah says, 'Ah'm leavin'.' Actually, ah had a job, well, ye had tae have sort o' something in mind. I applied for another job that wis in *The Scottish Farmer*.[158] That was back through in Lanarkshire. I had already got that before ah handed in ma notice. So ah went up tae the farmer this day and ah says, 'Ah'm leavin'.' And he says, 'Oh. What are ye leavin' for?' Ah says, 'Well, for one thing,' ah said, 'the house.' Ah says, 'Ah'm wantin' a better house.' He says, 'But it's a good house!' Ach! 'Ah, well,' ah says, 'ah don't care,' ah says, 'ah'm leavin'.' So that wis it.

McDougal wis genuinely shocked that ah should say ah wanted a better house. He had never lived in these conditions and, of course, all his family hadnae lived in them. To begin with he was a tenant farmer, a while before ah went there. But he had already done quite a bit o' work of his own on the farm—maybe no' on the farm cottages!—and paid for it himself. I think it belonged then tae, ah'm no' sure whether it wis the Earl o' Lauderdale's estate that it wis on. But he had done quite a bit o' work on the farm. But then he became an owner-occupier, he owned it. And of course when he bought it he would get a' that, ken, knocked off the price. But he didnae do anything to the houses, not tae mine anyway, the one that ah wis in—nothing, nothing.

Ye see, this is the thing, tied houses. A' ma workin' life I've been in tied houses, which is a bad thing.

Well the Lothian family, the shepherd's family, next door tae us would be quite sorry tae see us go. Ma wife wis quite a writer o' letters and she kept contact wi' the shepherd's wife. Ah never went back, never had any contact. Ah think there would be somebody else come intae the house at Blythe after we left. I don't know how they got on.

So ah got a job over in Lanarkshire. In fact, it wis at Dolphinton there, well, it wis jist on the borders o' Peeblesshire and Lanarkshire there. And it wis a council house that we went tae there. It wis a new house in the village itself. Oh, it was grand, oh, what a difference it was! It was a palace compared to the one we left. Oh, ma wife wis over the moon. Hot and cold water in it and there wis a bath. It wis practically new, in fact, it had jist been built maybe about a year before we went intae it. It was a council house, of course. But they were allocated tae the farmers for farm workers, essential workers. I had a mile tae go tae work at the farm up the road, but I didnae mind that at all.

The house was two bedrooms, a livin' room, a kitchen and the bathroom, the two bedrooms upstairs. And, oh, the bus passin' the door, the Dumfriesshire bus tae Edinburgh passin' the door through Biggar. Ye could go in either direction. Biggar wis the nearest biggish place, well, ah think West Linton wis nearer than Biggar. But Biggar was bigger than West Linton. And there was a shop in Dolphinton village and there was a tearoom there. Dolphinton's a long village. The post office wis away at the West Linton end. Oh, ma wife knew an enormous improvement there and she had, ken, nice neighbours, friendly neighbours there as well.

It wis a great house at Dolphinton. But the farm again—it wis called Townhead Farm—it was a tenant farmer and that. It wis a wee dairy there. Ah went there as the dairyman. But again ah had tae work doin' everything on the farm. Jist doin' the dairy work in the wintertime took most o' your time, but in the summer when the dairy cows were out at the grass I had tae work on the farm makin' hay, harvest time, singlin' turnips—everything on the farm.

Ah didnae mind that so much. It wis the attitude o' the farmer that ah went tae there. Ah didnae like the farmer there. Well, actually, the farmer there, Mr Cooper, he wis never married but his sister had been married and she had two o' a family, a son and a daughter. His sister's husband must have left her and she wis left wi' the two o' a family. They came intae Townhead Farm there, they all stayed in the farmhouse there wi' their uncle. And they sort o' run the place for their uncle.

Och, ye werena paid very much either there. It wis jist about £5 a week, jist the minimum wage ye were on. And of course in the summertime and everything, when ye were workin' out on the land, ye didnae get paid by the hour for overtime or anything. There they jist paid me £5 for the whole o' the harvest— £5 extra for the whole harvest season. It wis jist aboot slavery, slavery, in the summer there. You were out tae all hours o' the night practically until it was dark in the summer if the weather wis permittin', makin' hay and harvestin' and what not.

Ah started at five o'clock. The farm wis a mile from our house and I had a bike of course, and ah cycled up this mile tae the farm there. Then after ah'd done the milkin' ah came back home for ma breakfast about seven o'clock for half an hour and thereaboot, and then back up and on tae twelve o'clock. Then an hour for your dinner, and back up again. If it was in the summertime ye came in from the fields about four o'clock and did the milkin' and finished it about five or thereabout. It wisnae a big herd, oh, there would be no more than forty.

The milkin' was done by bucket machines. Well, it was also bucket machines at Glendearg there when we came back tae it from Wamphray the second time. Well, tae begin with it wis all bucket machines and then of course they got more mechanised and they put in milkin' pipelines round the byre or the milkin' parlour. And of course the milk went direct from the cow round the pipeline intae a milk tank or a bottlin' machine. At Townhead ye had tae carry the buckets in between the cows, put the milkin' machines on tae the cows. Of course, there was a vacuum line run around the byre and ye jist put a tube intae the vacuum line for tae get your vacuum for milkin' the cows. You had tae keep your eye on the buckets and keep emptyin' them after each cow. Oh, it wis quite a lot o' work, forty head, ye ken. Ye had tae milk and that. And ye had tae be careful the buckets didnae spill over. And ye had tae be careful no' to leave the machines on too long otherwise it did the cow damage, ye know, suckin' away there and nothin' there.

I was the only dairyman at Townhead there. Of course, the farmer himself Mr Cooper and his nephew milked a wee bit by hand, in the mornins especially. He had two byres there, one had aboot thirty cows and the other one had maybe aboot a dozen in it. The farmer and his nephew did the milkin' by hand in the wee byre, and ah did the ones in the big main bit with a machine.

Apart from the farmer, his nephew and me, they had a chap in the bothy there. He was unmarried. He got his meals in the farmhouse. He wis older than me. He would be a chap aboot forty, the same age as the farmer's nephew. Ah think the farmer had a couple o' tractors then but he had a horse for doin' sort o' odd jobs and that. The man that lived in the bothy looked after the horse and he also drove a tractor, of course.

Ah remember ah got a weekend off there at that farm at Dolphinton once a month. That was an improvement. And ah think I got a week's paid holiday each year then. Ah didnae have that before ah went tae Townhead Farm. It was only then ah got it.

The conditions at Townhead Farm werenae too bad, ah suppose, except for, as ah say, in the summertime and that. And of course the rationin' was still on for a few years after the war. Ye didnae get very much tae eat and that and ye were pretty hungry. Wi' the rationin' bein' on, it wis quite a job ma wife makin' a meal out o' no' very much. And at that place at Townhead, well, of course the farmer and his family they a' had their butter, they made their own butter and loads of it. And they kept bees there and they had honey and everything. Ah remember in the afternoon there ye were asked in tae the farmhouse for a cup o' tea jist before ah started milkin' the cows. Of course, they baked— home bakin' there and that—and they put out bread and pancakes, scones and honey and what not. But ah don't know whether ah wis imaginin' it or no', they kept their eye on ye—how much ye were takin', ah think! Oh, they were awfy tight-fisted.

Well, we went tae Townhead there in May '47 and ah left there in February '49. By that time it wis only a month's notice ye had tae give. That wis a big change. Before that it wis a half year. And then this monthly notice came in, which was quite a good thing. Ah preferred that, rather than workin' on until the end o' the six months' term: if ye didnae like the job that wis a long time. So ah gave in ma notice because the conditions in the summer, as ah say, were jist kind o' slavery and that, and the farmer bein' so tight fisted.

Ah applied for a job in Berwickshire there and when the farmer there came tae see me ah wis at ma work at Townhead Farm and he jist saw ma wife when he came tae Dolphinton tae interview me. And of course she wis expectin' at that time. Our second son Walter was born on the 11th of February. And of course the farmer would have taken me sooner, ye know. But this was away in January, ah think, that he came through to see me. Of course, we had tae tell him ah had tae wait until the baby wis born. And he was quite prepared tae wait, ye ken, then withoot a second dairyman. Walter wis jist a fortnight old when we left Dolphinton for Berwickshire.

And ah remember ah wis on ma weekend off when ah came through tae see the farm and the house in Berwickshire when we decided tae leave Townhead farm. Ah decided that this time ah wis goin' tae go and see what it was like before ah went tae the next place, havin' two experiences—Blythe and the one at Dolphinton—no' goin' tae see the place first. Ah hadnae gone first tae Dolphinton either. The nephew of the Townhead farmer came tae see us up at Blythe there, and he said it wis a council house. It wis a new house and we thought, oh, this was great—as it was. And as ah say, when ah went through on ma weekend off this time tae see the farm in Berwickshire, ma wife had tae go up on the Sunday mornin' tae Townhead Farm tae get her milk. Ah had ma milk there, ma free milk like, about a couple o' pints a day ah think it was. John wis jist a baby in the pram then and she went up wi' the pram. She walked the mile up the road wi' the pram on the Sunday mornin' for tae get her milk. And ah always remember when ah came back frae Berwickshire frae seein' aboot this new job she said, 'Oh,' she said, 'that's a horrible woman.' This was the niece o' the farmer. Ma wife says when she went up for the milk ye thought ye werenae entitled tae get the milk. Ma wife says, 'Ah've come up for ma milk.' And the niece jist pushed it oot—the can wi' the milk—jist pushed it oot through the dairy door and never said a word. A terrible way tae be treated. So that made us sure we were daein' the right thing in leavin' Townhead Farm. So when ah came tae the farm in Berwickshire there, oh, what an improvement!

Mersington wis quite a big farm in Berwickshire. Leitholm wis the nearest village and Greenlaw wis the nearest sort o' town-sized place. Ah went tae Mersington as second dairyman on the farm. The farmer, Mr Forrest, he had a dairy there of round about seventy milkers. There wis a head dairyman when ah went there. Well, Mr Forrest he had these cattle yards. He didnae keep the cows in byres there. They were all dehorned cattle and he kept them in yards, all bedded, lovely bedded every day wi' nice, clean straw.

Oh, Mersington wis quite a big farm, aboot six hundred acres. It was also, bein' in the arable area, ye know, in the Merse there, the sort o' cream o' the land. It wis a' arable and the dairy herd, quite a big dairy herd. He didnae have any shepherd or sheep. And there wis the two o' us dairymen and three tractormen and a grieve. And he really looked after his workers. Because when ah came there we got five days off in the month, the dairymen—no' the arable workers, but a' the folk that worked in the dairy got five days off a month.

And he also had an agricultural students' hostel on the place, in which he kept from time tae time aboot nine tae a dozen students. I think he wis actually a governor o' the East o' Scotland Agricultural College. Oh, he wis a forward-lookin' man. In a sense it wis a kind o' experimental farm. The students came there for a year's practical work and then they went and did their theoretical at the Agricultural College.

There wis always three students worked in the dairy, plus the two dairy-men. So your week-end didnae always land at the week-end. But ye got five days off a month: three days one fortnight, two days the next. And of course ye had tae work it in rotation so that the one person wisnae always gettin' the weekend off. You were workin' seven days a week, frae Monday right through to Sunday. But durin' those seven days, in one fortnight you would get three days off, and the next fortnight you'd get two days off. Mr Forrest really considered his workers there because he once said, 'Oh, well,' he says, 'if people are risin' at that hour in the mornin',' he says, 'they're entitled tae some sort o' decent time off and that.'

Ye started at five in the mornin'. We milked the cows at five and it lasted tae aboot seven or half past seven. It wis a milkin' parlour there of course wi' the milkin' yards, and the cows came tae the milkin' parlour and ye jist let them intae their stalls as ye wanted them and milked them. And of course while ye were milkin' the cows the two dairymen had a student tae train in the milkin' parlour. And the other two students were puttin' silage intae the mangers for the cows goin' out after they were milked. By the time ye were finished milkin', well, the students had a' the mangers filled up and were lettin' the cows tae their silage and what not. And then after ye had a' that cleaned up ye went for your breakfast. And what a difference it was! Imagine, from gettin' aboot a quar-ter o' an hour for your breakfast on these other farms, ye got two hours at Mersington! Two hours for your breakfast! We went for our breakfast aboot eight o'clock, went back to work again at ten, bedded up the yards for the cows and that, and maybe fed them again—they got fed thrice a day on silage and stuff—and then off at twelve. Two hours for your dinner! What a difference! Ye really got time. That's what the farmer there said. He said risin' at that time in the mornin' and doin' that sort o' work ye had tae have time to think about things. It made ye, ye ken, like it all the better.

So ye went back to work at two o'clock and fed the cows again on their concentrates before milkin' time—that only took about three-quarters of an hour—and did various jobs. Well, ye had all the calves and things round about the steadin' tae feed and other stock tae attend tae, and get all your equipment ready for the milkin'. Then ye went back home for a quarter-of-an-hour break for a cup o' tea at quarter to three! What a difference! And then of course ye went back and ye started milkin' aboot three. And that lasted tae aboot five o'clock. After we got everything cleaned up it was aboot half past five and then we were finished. And that was it, apart frae the dairymen havin' tae look after calvin' cows and that, ye ken. Oh, it wis a huge improvement in your working conditions!

When we started early in the mornin' we went up and fed the cows before we started milkin'. They always got their concentrates before ye started milkin'. This helped them tae let down their milk. Oh, it wis sich a good farm at Mersington. Mr Forrest had a grass meal plant there. In the summertime he grew a lot o' grass and he cut the grass and carted it intae this plant for makin' grass meal. And of course it wis coal-fired, ye know, for tae get the heat tae dry the grass, and it went along in trays and things, back and forward, to dry it. And then of course it come out at the other end through the hammer mill which hammered it intae grass meal and ye bagged up the grass meal. It wis jist hay, ye know, but it's cut green. Well, tae get the best o' the protein in the grass ye had tae cut it before it shot, before it went tae seed. And of course he cut it while a' the juices and stuff were in it and it wis dried, ye see, wi' the heat in this thing. Jist, ah suppose, sort o' like makin' cornflakes, and then chopped up intae meal. It was awfy powdery, ye know, but, oh, what a lovely smell come off this grass meal, a nice sweet smell. Oh, the cows loved it, ye know.

And of course ye mixed up the grass meal wi' barley meal, which was ground up wi' the hammer mill, some oats, and he used tae buy bags o' protein, ye know, meal—that's frae the likes o' the cake mills. We used tae mix up a' these various cereals and the grass meal at Mersington there. And Mr Forrest had a machine for mixin'. Ye went up intae the loft and ye put all your grain and stuff round about this shute in the floor up in the loft, and then ye started up your mixer down below. He had a big tank in the ground jist next tae the tractor shed there, and he bought a big tanker load o' molasses—tricle—frae Glasgow. Oh, they'd be aboot ten or eleven tons o' molasses. The big tanker came in and he jist run it intae this tank. And he had a pump on tae it that pumped so much at a time intae the meal mixer, the cattle feed mixer, and it mixed the meal wi' the molasses. Oh, what a lovely smell came off it!

Ah think ma wages at Mersington would be aboot £7 or £8 a week gettin' up then, and about £14 a week by the time ah left. It must show you how much better a job it was because ah wis there no' quite fourteen years—the longest ah've ever been in any place. Ah went there in February '49 and ah left in August '62.

And it wis a good house we had at Mersington. It wis quite comfortable, hot and cold water, bath, electricity. At Glendearg, Wamphray and Blythe it wis the Tilly lamp, oh, no electricity there. At Mersington there wis three bedrooms, a kitchen, a livin' room and bathroom, it wis quite a big house.

Ah wis in two houses at Mersington. Ah wis in the row when ah went there as second dairyman. Ah wis in it for about six years. And then the head dairyman left and ah got the head dairyman's job, and ah wis then in the head dairyman's house. It was up nearer the farm. The row wis jist a few yards from the farm, but the head dairyman's house wis jist actually in the farm, but on its own. And ah had jist tae walk across the yard tae the dairy there.

The rest o' ma family—Neil and May—were born at Mersington. John, ma oldest son, when he was four and a half year old, that would be 1951, he started goin' to the school in the village at Leitholm. And then Walter started there, too—in fact, they all started there. They all practically grew up at Mersington, well, May would be nine when we left there in '62, and Neil was then ten or eleven. The secondary school there was Coldstream. John didnae pass the eleven-plus and he went tae Coldstream. Walter wis sich a quiet boy and yin thing and another, and of course we jist naturally took it that he would be goin' tae Coldstream as well. But here Walter passed the eleven-plus and he got tae Duns—Berwickshire High School![159] Oh, we were very pleased aboot it. But it wis quite a wee bit o' a shock in a way because we didnae expect it! He must ha' been very clever, ye know, Walter. Well, they all were, oh, May was equally as clever as the three boys.

At Mersington there wis the grieve and he had one o' a family jist, a daughter. And he got his daughter intae Berwickshire High School. She wisnae any more clever than ours. So ma wife—she wis a great writer, ken, tae all these authorities and that—thought tae herself, 'Why the devil can the grieve get his daughter…?' And John's mother jist wrote tae the education authorities and she got him transferred frae the Coldstream secondary school tae the Berwickshire High School. He wis there for aboot maybe a year or a couple o' years. They were all still at school when ah left Mersington.

Well, ah left Mersington because the family were comin' up tae school leavin' age, well, John in particular was comin' up tae leavin' age. We were nine miles from Kelso and nine miles from Duns and there wis no work round about Mersington other than farm work. And of course wi' havin' suffered sae bad conditions in our early life on farms we vowed that we wouldnae let our family work on a farm. They didnae really want tae work on farms anyway. So that's why oo left Mersington. And we wanted intae a place where there wis a bus passin' the door.

So when ah left Mersington ah went tae a farm, Wyndhead, jist on the outskirts o' Lauder there. It wis within easy distance o' Edinburgh. But Walter and John said when we left Mersington they werenae goin' tae go tae a different school and they wanted tae continue at Berwickshire High School. So there wis a bus run frae Lauder tae the Berwickshire High School every mornin' wi' other pupils, so they still got there.

At Wyndhead farm it wis jist a dairy of about fifty cows, oh, maybe sixty, ah cannae remember now, and they were in byres. There wis two dairymen there again but we were neither head or second dairymen there, we were jist co-equal. The job wisnae too bad at Wyndhead there, but there again the farmer he wis a pretty… For instance, he was payin' by the week there. But ye never knew when ye were goin' tae get your pay, and especially if it wis your weekend off ye didnae see him until the Monday. And of course on the Saturday mornin' when it wis the pay day he used tae come and he didnae even knock at the door tae hand your pay in. We had a wee table sittin' at the back door and he used tae come there and open the door and ye never heard him comin' in and he laid your pay on the table. What a way tae carry on! Ah suppose in a way Wyndhead wis sich a disappointment from leavin' such a good farm as Mersington.

Ah wis paid every week at Wyndhead and every week at Mersington. At Dolphinton ah think it wis every fortnight. At Blythe it wis every month but the farmer there gave ye a sub every fortnight of £5 and then he balanced it up the next fortnight.

And, oh, at Wyndhead, there again when we went intae it it wis a terrible house. Oh, it wis an awfy damp house. It was a' on the one level, too, and it wis an old, old house. But Wyndhead wis sae handy for jist walkin' up tae Lauder and tae the shops and that. Ma wife liked it there although it wisnae a very good house. Actually ah had looked at the house before ah took the job, but we thought it wis sich a handy place again we put up with it for a wee while.

There again ah wisnae long at Wyndhead either, jist aboot a year. That's when we went tae the south o' England. Actually, ah applied for two or three jobs. One was for a big wool firm doon in Manchester. This wool company had a farm in Lincolnshire I think it was. I applied but it wisnae suitable in some way, ah cannae remember now what it wis. So then ah applied for another job in Yorkshire. This farm was on the Ampleforth estate, that big college.[160] Ah hired a car from a garage in Lauder and John and me went down to see this place in Yorkshire. John was only seventeen, he wis jist left school and he actually had a job in Earlston. He started workin' as a grocer in Earlston. Oh, it's a big, beautiful place, Ampleforth. I got a grand reference frae Mr Forrest at Mersington and other references and ah took them wi' me and showed them them. Ah actually had a wee interview wi' the headmaster in the Ampleforth College at his big desk. He wis all in his robes and everything. It was quite an experience. Actually ah could have got that job and there were good houses on that place, too. Ah would have gone tae Ampleforth but John told his mother aboot it and that it wis kind o' isolated. The nearest place was Thirsk and it was a good few miles away. And it was findin' jobs again for the family wis the problem. Walter was fifteen then and he wis also comin' up tae school-leavin' age. And there again at Ampleforth there wis no jobs but farmin' round about. Well, ah could have got that job but, as ah say, the missus and John they werenae for it. So ah applied for another job and that wis the one we went down tae in Hampshire, near Alton.

Again ah wanted a job before ah left the tied house at Wyndhead, because livin' in a tied house—that was the trouble wi' tied houses, ah mean, ye had tae have somewhere tae go. There again of course we couldnae go down and see what this place in Hampshire was like, it was so far away. But it wis a wee dairy called Inadown. The owner wisnae a farmer. He wis a multi-millionaire him, though. In fact, he wis a Hungarian Jew, a refugee from the Second War. And of course he flew up tae Edinburgh when we applied for the job. He wrote first and told me to phone him from Lauder tae where tae have an interview. And we had an interview in the Caledonian Hotel in Edinburgh. Changed days! Well, we thought aboot things after the interview and wrote tae him and said that we would go. Oh, it was a big step.

Well, he had a secretary on the place that did a' the paperwork and everything and arranged a' these things, and he arranged Pickfords tae pick me up. So it was quite easy then. And, oh, a lovely bungalow for us at Inadown there. There were two bungalows joined to one another on the place. Oh, lovely, lovely.

I was on aboot £16 a week at the farm at Lauder there, and before ah went down tae Inadown there ah asked him, ah wanted £20 a week. Ye could ask him anything, ye know, what ye wanted—and he gave me it, and milk and that. And he promised a bonus o', ah think it wis about £90 a year, which wis quite good. He didnae grow any potatoes or anything, he had jist mainly grain and grass for the dairy herd. It wisnae a big farm. It wis a wee dairy which ah worked on ma own: forty cows in a byre.

Well, ma oldest son John got a job down in Alton wi' International Stores. They had a sort o' supermarket place in Alton. He also passed his exams for the Grocers' Institute while we were there. Walter went to Edgar's Grammar School. His mother wrote tae the education authorities in Hampshire and he got intae Edgar's Grammar School. He finished his schoolin' there and then he went on tae the art college in Winchester, then he gave it up, he didnae seem tae like it.

I wis three and a half years at Inadown then the Hungarian chap sold up his farm. So ah had tae find another place quite quick, ye ken, and ah went tae this place at Liss in Hampshire. It was another dairy farm. It wis Jersey cows there. Ah think it wis actually a wee bit less money ah went there for. It was a woman farmer at this farm at Liss and gey mean again, although, ye ken, the wages were gettin' better by then.

It wisnae a big farm again. But it wis a herd o' aboot fifty Jersey cows, which is quite a lot for one dairyman. But ah had a day off a week there. The woman farmer and her sister run the place. They werenae married but her brother was married and he stayed in one o' the cottages on this place at Liss and he had a family o' two sons and they worked on the farm. The farmer's brother's son he did the milkin' there and helped his aunt wi' the dairy, ken, durin' ma day off.

So that wis an improvement, ah had a steady day off. And the house wisnae bad. It had hot and cold water, a bathroom. It was upstairs and downstairs. But it wis quite a reasonable house and it was jist sort o' next door to the farm also. Ah hadnae far tae go, it wis quite handy.

Well, ah didnae intend stayin' long at that farm at Liss because again they were kind o' mean and awfy demandin' on your job and that. So ah applied for this job near Ewshot, that's jist on the borders of Surrey and Hampshire, near Farnham. It wis quite a big estate aboot a mile frae the village o' Ewshot. There wis the three farms on it, but it wis all run from the one farm. The manager stayed in the house on the farm a couple o' miles down the road. We lived in Dunmall's Cottages and there wis me and ma next-door neighbour. Well, ye had tae work on a' the estate in the harvest time and that. But ah went there because ah wis gettin' on a bit—ah wis goin' on for fifty by then—and ah wanted tae give up the strain' o' dairyin' life. Oh, it wis a terribly demanding job. So at Ewshot ah got this job as tractorman relief milker. There wis two dairies on this estate and ah did alternate weekends off, ye ken. Actually, ah wis workin' more week-ends than ah had done when ah wis in the dairyin'! Because, ye know, ah had alternate weekends, the dairyman there had a weekend every fortnight. So ah relieved the dairyman there at, ken, the week-ends and that.

The farmer at Ewshot there he wis a big businessman. He had several tobacco and confectionery shops. Jist after ah went there the dairyman at the biggest dairy on that estate there he left, and of course in between that dairyman leavin' and the farmer hirin' another dairyman ah got the job to do, the full-time dairyin'. It wis in byres again but, oh, it wis an awfy hard place that tae work. And the heat in the summer down there in Hampshire! Oh, in the dairy in the summer, milkin' the cows the sweat wis jist pourin' off ye.

Ah did such a good job in between the two dairymen that the farmer wanted me to take it on full-time. And ah said, 'Oh, no, no,' ah said, 'ah'm no' goin' tae go back tae full-time dairyin'. But,' ah says, 'ah'll still do the relief milkin'.' And the farmer got another dairyman there eventually. When that dairyman came ah think he would maybe be even older than ah was and he had a bad leg and he was limpin'. Ah thought tae masel', 'My God, what are you tryin' tae take on this job for?' And, oh, he made sich a mess o' it. This dairyman wi' the bad leg he let the cows wander away doon the drive tae the farmer's grand big house and they went intae his garden. Oh, dear me! Jist havoc. The farmer had tae tell him tae leave. And then he asked me tae take on full-time dairyin'. 'Ah, no,' ah said. So the farmer decided tae sell up after that. He would have kept it on if ah'd taken the job.

So he sold the place and another businessman bought it but he never took over. He must have been a sort o' money speculator or something because he resold it tae the Buchanan Jardines o' Castlemilk, that big estate doon near Lockerbie in Dumfriesshire. In fact, the Buchanan Jardines were the Hong Kong Jardine Mathiesons. Oh, plenty o' money. Well, Buchanan Jardine bought the estate at Ewshot and he had it for five years. And ah wis there for five years. And then he decided tae sell up and come up tae Scotland. And he bought that big estate at Macbieknowe, near West Linton. He asked me and a' the farm workers that were doon there at Ewshot if they wanted tae come up tae Scotland and work on this estate at Macbieknowe. It wis more than a thousand acres there, a lot o' it sort o' marginal land. But ah wis wantin' tae come back tae Scotland by then. Ah'd been away in Hampshire ten years jist exactly. And of course the family—well, John anyway and ma wife Violet—wanted tae come back. Ah think

Walter and Neil quite liked it in Hampshire. Ah decided it was ma chance tae get back tae Scotland and it wouldnae cost me anythin' for the flittin'—which was quite a big thing! It cost aboot £200, ah think.

But again ah didnae stay long on that farm at West Linton. Ach, it wis too big and too scattered, and of course ma wages dropped wi' comin' off dairyin'. And it wisnae worked, ye know, by the folk that bought it. It wis worked a' under a management schme. The manager managed quite a few big estates and his base wis at Perth. Oh, it wis impersonal.

So ah left there and ah went tae a farm at Biggar. Ah wis nearly four years at the farm at Biggar. It wis cattle again, jist mixed cattle, and calvin' cattle, calvin' cows and beef, sort o' beef cattle. Ah didnae mind workin' there. The house wisnae too bad, it wis quite good. It had hot and cold water in it. And by that time the family were all away from home. In fact, when we came up frae Hampshire tae that Macbieknowe there they were all left home. Ah wis there at the farm at Biggar when ma second son Walter died. That would be March 1977, because ah remember ma oldest grandson—John's boy—wis jist aboot three weeks old.

From the farm at Biggar ah went to one at Ninemileburn—Spittal Farm, jist on the edge o' the Pentland Hills. That wis jist cattle again, Galloway cattle, and jist no' very much arable at a'. That wis another woman farmer, a middle-aged woman. Of course her brother Archie Howie was a Fellow at Cambridge University. Ah think they owned the farm. She jist had a few fields o' grass there for cuttin' for silage in the summer. And she had aboot six hundred head o' sheep.

Ah lived in the farmhouse there. Wi' the woman farmer livin' on her own there, ye know, in the farmhouse, she only had one cottage on the farm and, well, we couldnae get a' our stuff intae the cottage. It wis an awfy wee farm cottage, ye ken, jist two rooms. So she agreed tae go intae the wee cottage herself. But she left her furniture and everything in the big hoose and put it a' intae one room. And she let us intae the farmhouse. It was a change!

So Spittal Farm was the last o' a long line o' jobs for me. I retired from there. We applied in the August o' '81 tae get in for a Scottish Special Housing Association house when we were up at Spittal Farm. We were expectin' tae wait on the waitin' list for quite a while, and, gosh, in the February of the next year we got word from the Peebles Council there, sayin' that there was a cottage available in Walkerburn and that if ah wanted it jist let them know. So we didnae take much persuadin' because by that time ah wis wantin' tae get off the farm, out o' the tied house. Ah wis fifty-nine when ah retired in '82 and came down tae Walkerburn wi' ma wife tae live.

It wis a rented house. Of course, wi' bein' in all these farm places and wi' low wages ye couldnae save up enough tae buy a house. And we had a family o' four as well. But it's ma own house now, ah'm an owner-occupier for the first time! And it wis only wi' the help o' ma son Neil, he has a half-share in it.

And it was quite an achievement that all ma family went to university. John went to Lancaster University, Walter was at Edinburgh University, Neil went to Stirling University, and May was at Aberdeen University. Ah'm very proud o' them. They all left school and took jobs. They werenae students tae begin wi'. They worked first and then they decided. Of course it was their mother on the whole that persuaded them in a way, ye know, to start and study. Ma wife was always a keen reader and she was a writer as well. If the war hadnae come ah think she always would have liked to have been a librarian. But then if the war hadnae come ah wouldnae have met her. Ma wife died in 1984, no' long after we retired tae Walkerburn.

Lookin' back now on ma years workin' on the farms, ah've no regrets, apart from havin' taken ma wife tae these awful places. Ah do regret that. I liked workin' in the dairies and workin' wi' the animals better than when ah gave up the dairyin' and started drivin' tractors and things. Ah never got used tae drivin' tractors. And machinery, ah didnae like machinery—it's dangerous stuff.

Ah think the significant changes were, wi' havin' started jist doin' the farm work wi' jist ordinary forks and shovels and what not, tae the mechanism comin' in wis a tremendous change. And the milkin' machines comin' in and that in a fairly short time. It all jist took off from the late '40s, a' this machinery. Actually, ah worked on one o' the first combine harvesters that came intae the country, intae Britain, in fact, ah think, when ah wis at Mersington. It showed ye how forward-lookin' Mr Forrest the farmer there wis. He wis away ten years in front o' the other farmers. He wis the best farmer ah worked for, he made it interestin' for ye. He made ye think aboot the job, encouraged ye. Ah think the worst job ah had was that one at Dolphinton. It wis even worse than Blythe!

As far as tied housin' and that is concerned, it's still the same. Although—that's another big change—there are no' many farm workers now. The work is sort o' dyin'. Ah don't feel sad about that, not in a way. Ah would have preferred it earlier on in ma life if ah had been in a house in a village and come to work on the farm, and then it would have made it far easier on your family. It's much easier now I think on the wives, because I think the wives o' farm workers now they're more independent because they can go and get jobs, ye ken, at various different things, in mills, and even the nursin' or anything.

But, oh, dear me, ah've had an awfy adventurous life!

Bob Hall

MA MOTHER WORKED out in the fields. Ma mother was a bond-ager as they ca' it. She worked in the fields because ma father wasnae able tae work. He had rheumatic fever when he was 21 year auld. He was white-headed from when he was 21 year old. He wis white-headed and he wasnae able tae work. So ma mother had tae bring us all up. There were three o' us—another brother and a sister—she had tae bring us up. Ah was the youngest o' the three. I wis born in the cottages at the Palace Farm, Jedburgh, on the 25th o' June 1921.

Ma father was born at Cessford off farm folk aboot 1885. But ma father came tae Jedburgh and they stayed in the house down the Canongate which is away now but it had a plaque on the wall: 'Robert Burns stayed here the time he got the Freedom o' Jedburgh.' Ah don't think ma father had rheumatic fever afore he got married. It wis after he got married. When they were first married they were at Nisbetmill. He wis a shepherd and there were two or three year he couldnae work at all and then they got on. They were at Nisbetmill when they set up house then they must ha' went tae the Palace for ma mother tae work in the fields. But later he got a job as a hird at the Palace. He telt the story a lot o' times that he got a hirdin' job at the Palace. The Palace was this side o' the railway between Jedburgh and Kelso, but the Palace had fields on the other side o' the railway. And ma father says, 'Aw, ah cannae walk up there the day.' He used tae walk across the brig tae the other side. So he stood doon on this side o' the water—the Teviot— took his bits and socks off and he waded the water. And of course when he got tae the other side he's stampin' his feet,

'Oh, the Irishmen worked on other farms roond aboot. There were men came tae Upper Nisbet and there were men at West Nisbet. They were a bothy in the houses. They were maybe five houses at West Nisbet and the bothy wis like a lean-to built on the end. But at Nisbet, East Nisbet, it wis up in the stackyairds. It wis like a big hut that wis built specially. It wis brick, it wis built for the Irishmen.'

ken, they were right cold, so that they would be dry and that. He never had the rheumatic pains after that. And he aye said he had a hole in the centre o' his heel, it wis a tender bit, and he always said the rheumatic fever left him there. He never had it after wadin' the river, he said he never had the pains after that.

Ah've a memory o' bein' at the Palace up tae I wis five or six year auld. Then we flitted tae East Nisbet and it wis after that ma father was workin' jist here, there and everywhere. He worked on the farm, oh, he jist worked on the farm.

Ah didnae know much o' ma Grandfather Hall. Oo had a photie o' ma father's mother, but ah never heard much o' that side o' the family at a'. Ma grandfather was a coachman tae the Cross Keys down the Canongate in Jedburgh. Ah cannae mind whether it was the Cross Keys or the Cross Keys Hotel. He was the coachman. He run back and forrit tae the station if anybody—a notability—came. Well, ah never mind o' ma grandfather. Ah cannae even mind o' ma father or us goin' tae see that side o' the family. Ah mind o' goin' tae see ma father's brother. That wis Jock. He worked up at Stow there, the big Stagehall dairy up there. But that's a' ah can mind. And there wis another brother at Maxton, Wull they ca'ed him. He had the shop at Maxton. That wis just a wee general village shop. Ah mind oo yaised tae get a laugh. It wis a hard winter once and Uncle Wull he'd sent word tae ma mother that his bees was 'a' did.' That wis how he says it. Oo used tae get a laugh: 'Wullie's bees is a' did.' It wis supposed tae be 'dead'. But Wullie and his wife stayed at St Boswells at the finish. Oh, there were plenty sisters on ma father's side. Aunt Mair, she used tae be up at Hawick. And there were another yin, Aunt Lizzie, that used tae be at Bloomfield, and there were Aunt Anne. Well, there were three sisters. Ma father wis aboot 76 when he died.

Oh, well, ah have mair thingaby on ma mother. Well, she wis born at Rawflat near Ancrum. She moved to Yetholm as a girl, to the farm of Lochside. There are two Yetholms, there are Town Yetholm and Kirk Yetholm. She wis born at Rawflat as a Mitchell, she wis off a Bob Mitchell, jist off the farm folk. And there were Bob, Tam and there were ma mother and Aunt Lizzie and Aunt Kate and Uncle Joe. Kate she emigrated tae Australia or Canada after the First World War. And there were one o' ma mother's sisters, Ina, killed at Edinbury. She stepped oot behind a tramcar at Corstorphine.

Ah mind ma Granny Mitchell, ma mother's mother, she wis up at Upper Nisbet. Ma granny had a sister, Jenny Ross, that stayed there. She never married, Jenny Ross.

After ma granny died, ma mother took Jenny Ross in and she stayed at Nisbetmill along wi' us.

Ma mother's father he wis a farm steward at Lochside Farm at Yetholm. Ma mother became a bondager when she wis a girl. Well, ah cannae ever mind o' her bein' in domestic service, ken, ah never mind o' her bein' in service up tae she wis married. She must have been workin' on the farm before she wis married tae. But the time she wis at the school if they'd had the money she wid have been a schoolteacher because she wis rare, she had books. Well, there were some books ma sister got frae her that said, ken, dux o' the school and a' this, ye ken. Ah believe she would have been a schoolteacher, ken, if they could have afforded tae pit her through. Well, ah never heard ma mother sayin' she'd wanted tae be a schoolteacher. But, ah mean, she teached us a lot, ye ken, she teached us a lot. Ma faither never ta'en much tae dae wi' us, ye ken, as far as that— teachin' and sendin' ye tae school. But we a' went tae school, ye ken, we were a' put out tae school.

Well, ma mother wis born on July the 9th and she wis 96 year auld when she died in 1986. So she must ha' been born in aboot 1890. She died at Kelso Hospital on the 10th o' May 1986. Well, we wis hopin' that she would keep a hundred but she wis in the hospital at Kelso and they wid keep the windaes open. And she was sittin' at the window and ah think she got pneumonia jist, because she jist went doon like that.

As ah say, ah wis the youngest in oor family. Ma sister's the oldest, she wis born aboot 1917, and she's at Ancrum. Then ma brother Jim at Gala is two year younger, and ah'm two year younger than Jim. Jim started work in 1935 in Andrew Haddon's dairy farm at Nisbetmill. And Jim wis cried up in '39 wi' the first militia. They just had tae go, ken. Ye had tae be 21 or something.[161] He went tae the army at Stobs and then he wis in the R.A.M.C. at the finish. He wis in Dunblane Hydro—it wis a hospital durin' the war—and Edinburgh Castle. And he went wi' a girl at the Edinburgh Castle, a Nurse Kelly from the Isle o' Man. Then Jim wis transferred tae India. They didnae know they were all goin' there, they thought they were goin' different places. Jim went on tae Burma and then in the hospital there the first yin ma brother met in the hospital there wis Nurse Kelly. They were married at Poona durin' the war, and they've yin laddie and two daughters. Their laddie wis born in Poona. He's a chemist now, he's tae dae wi' a' the water. He has letters after his name, he's a Ph.D. He's in the E.E.C. He's got a step up, he's tae gaun tae Brussels.

Ma sister she wis in service most o' the time after she left the school. First of all she went tae stay wi' ma granny at Upper Nisbet and she worked wi' ma granny. She done a' the things for ma granny. Ma sister wis up there, oh, for a guid long time. And she looked after ma granny's sister Jenny Ross there, tae. She looked after them, worked for them in turn, ye ken. Then ma sister she went into service at Melrose there up until she got married. Then she stayed at Pathhead a while.

Ah started the school when we were at East Nisbet, after we left the Palace Farm. Ah wis at Crailin' School a' ma days. Crailin' School wis a wee public school between Nisbet and the main road frae Jedburgh tae Kelso. The school's been made intae a house now. Well, ah wis at Crailin' School till ah wis fourteen. Oh, ah liked the school. Ah never, ken, played truant or anything. Ye never thought aboot playin' truant, ye ken. Oh, ah liked the school a'right. Ah wisnae bright.

The school at Crailin' had three rooms. Ye had the infants and the in-betweens, and the big yins. It wis jist ca'ed the big yins and the wee yins. There were three separate teachers. When ah went tae school first the headteacher wis a man, Lawrie. They ca'ed him Old Lawrie. And then it wis Miss Clouston, and then Mrs Jackson, ah think ye ca'ed her. They were the headteachers.

Oh, well, ah yaised tae like geography, and ah yaised tae like history, Scottish history, tae. Ah wisnae a good writer, ah'm still no' a guid writer, ken, ah wisnae a good writer at a'. I liked sums, ah wis a guid coonter and a' thing, ye ken.

The bairns at Crailin' School were nearly a' frae farms roond aboot. Well, there were one there wis the minister's daughter. She came tae the school till she wis maybe eleven then she moved away tae Jedburgh Grammar School, ken. Then there were two or three, them on the farms, and they moved on eleven-plus. They moved away tae Jedburgh Grammar School. Ma sister's got older photies frae when she wis at Crailin' School. And the farmer that wis at the Palace Farm their sons wis at Crailin' School, they were jist like you and I, ken, they were jist the same. They were jist goin' tae be farmers after a'. Ye a' played theigther and mixed thegither, ye never thought aboot thae things, ken. They maybe left oor school at fourteen then they'd maybe go tae some college in Edinburgh.

Ma mother encouraged ye tae learn. And she wid sit wi' ye, ken, tae. She'd make time and, ken, learn ye. Oh, she wis busy, oh, she was busy. When ye think on it now ye wonder how she had time. She'd maybe start at eight or nine o'clock tae work in the fields, after we were away tae the school, she'd maybes start then. But she wis hired as a bondager, jist tae work, casual work—well, no' casual work, because we had the house, the tied house. That wis part o' the… Ye had tae have the house. In return for that ma mother worked in the fields. Well, she'd be workin'—well, ah always carried a piece tae the school—she'd maybe work frae eight tae maybe five, ken. She always seen ye off tae the school first. Well, we left maybe at eight o'clock and she could maybe go up the road tae start work at half-past eight, ye ken. Oh, ah don't think ma mother worked Saturday. She had tae wash and dae a' this. Ah think she'd maybe jist be five days.

Ye never went home frae the school for your dinner. Ye always carried a piece. In latter years ye got cocoa, ye got cocoa through the day at the school, ye ken, for tuppence or somethin'. There were nae school dinners then. They always had this cocoa, they made ye cocoa for your tea. It wis aboot tuppence a week or somethin'.

Then when we were at Crailin' School, after we were ten year old, oo cycled tae Roxburgh School and we got woodwork and gardenin' there. Ye jist carried on at Crailin' for the other things. Ah think it wis aboot every Thursday ye went tae Crailin' School tae register and then, well, most o' them had bicycles and ye cycled tae Roxburgh. It wis aboot fower mile, ye ken. Ye would be there maybe at ten o'clock or somethin' like that, and ye got back at twelve. Ye had tae be back maybe at one o'clock at Crailin' School again. And then some o' the girls got cookin' and things like that and they'd go tae Roxburgh School, tae. Ah think Roxburgh wid be a bigger school.

At Crailin' School ye always got the day off tae go tae see the Duke o' Buccleuch's hounds. They came tae Nisbet. Captain John Inglis, he wis an auld army man, he had the horses in that farm at the corner. That's why the hounds wid come there. And of course a' thir blokes got their stirrup cup, ye ken, before they went away tae the hoonds. And we always got the forenoon off to go and see the meet o' the hounds. When the foxhounds met at Nisbit of course the wee ones we a' went back tae school. But once—we were the wee ones then at Crailin' School—the big ones played truant and they went away and followed the hounds. Oo'd get out the school first, ye see, the wee ones got out at half-past two. The big ones got kept in till maybe three o'clock. So this day we were out first and them big ones that came back from playin' truant got us tae sneak in and get their bags and their coats out the school, ye see. But the teacher wis wary of it. And when we were tryin' tae sneak in, 'cause it wis one o' them auld-fashioned doors with a round ring and ye turned it, and of course when ye pushed it gi'en a squeak, a right groan. And of course whae wis standin' inside but the teacher. 'What are you doin'?' 'We're gettin' the bags for…' 'Let the bags stay. We'll see them all in the mornin'.' So it got round that the big ones got in first in the mornin', got intae the teacher's desk, opened the drawer and ta'en the tawse oot. And the hatch hole in the ceilin' wis open and they threw the tawse up intae the top. And when they came in in the mornin' they were a' lined up tae get the strap. But when she went intae the drawer there were nae strap! So somebody got sent to the other teacher tae get his tawse. But they a' got the strap. Of course, that would be maybe 1926 or something. A few years ago when they were doin' the school up intae a house ah went by one day jist tae see, and it wis Adam Kennedy, Ancrum, who wis doin' a' the jinery work. Ah went in and asked him if they'd found anything up in the loft. Of course there wis a lot o' rubbish up there and they had tae sweep it a'. But he couldnae say if the tawse wis there at a' sixty years later!

At Crailin' School there wis an annual school trip—the Spittal trip. Ye used tae always gaun in the train. Ye got on the train at Nisbet Station, it wis the school, Crailin' School, and they a' came tae Nisbet Station, a hundred yards frae the school. Ye went on the train frae there tae Roxburgh. It wis a special train, it wis jist put through, shunted back and right doon tae Spittal. Oh, it wis a great excitement for the children! That wis your annual trip. Oh, ma mother yaised tae always go wi' the Spittal trip. That wis your day out for the year.

Ma mother sent us tae the Sunday School. Oo had tae gaun tae the Sunday School. Ah cannae mind o' ma father ever bein'.... Oh, well, he never said onything aboot goin' tae the kirk, ye ken. He never interfered wi' oor upbringin' or nothing. Ma fither never ta'en anything at a' tae dae wi' it, it wis only ma mother. We'd tae gaun tae the church and Sunday School. The Sunday School wis at Crailin' Church. That wis jist up behind the school, up the hill. Ye jist went up tae Sunday School and ye got the religious education at the school, tae, in the mornin', bible readin' and such like, and ye had tae learn a hymn or somethin' and maybe a verse for the next day. Ye had tae learn a' thon. Ma mother wis one that ye had tae learn your hymns and things, ye ken. Later on ah joined the church at Ancrum.

Ah didnae want tae stay on at school, well, ye couldnae afford tae stay. Ye ken what it is when ye're a laddie. Ye're going tae the school and ye want tae get away as quick as possible. If ye'd maybe had money at your back and your mother telt ee, 'Now ye'll need tae stick in goin' tae school and better yersel'.' We'd nithing like that. Ken, when ye come fourteen that wis you left the school. Ah left the school on the Friday and ah started work on the Monday at Monteviot, on the Marquis o' Lothian's estate.

As ah say, ma father was workin' jist here, there and everywhere. He wis daein' odd jobs, singlin', shawin', and jist odd jobs. And it wis the harvest time and he used tae do the stackin'. And the head forester o' Monteviot Estate came down—ah think this is aboot 1929. There wis a big storm about January or February and it blew a lot o' trees down. And this place was up at Blackrig, it wis a big wood, right across the top o' the hill. And the head forester came down and asked ma father if he could come and help him out tae sort the trees. So that's how ma father he started on the estate, cleanin' up a' this wood.

So ah started work when ah left school in 1935 at a place called Mossend. It's jist at the foot o' Peniel Heugh. That wis the Monteviot Estate. It was John S. Aikman was the factor on the estate then—a little Hitler—through ma father: 'Ye've a boy leavin' the school and d'you think he wid work on the estate?' That wis jist how it went. So it wis the Lothian Estates ah started with.

Ah got ten shillins a week, and after the first year ah got 12s.6d., and then ah went up tae 15 shillins. But the farm workers' wages wis comin' in now: ah jumped tae aboot thirty shillins a week. They had tae pay that wage.

At Mossend they had young trees all planted, and that wis oor first job wis cuttin' the weeds away from the young trees. Oh, ah never worked on a farm. Ah worked in the woods frae '35 tae aboot '39—for five year. And then the boy in the sawmill went away tae Stobo, up at Peebles, in Willie Scott's sawmill there. And ma faither took ower the sawmill. Jist before the war, it wid be 1938, they started tae improve the sawmill. It had just one bench and they put two in. So ma father worked one bench and ah worked the other. And that's how we started in the sawmill. We moved to Harestanes in 1937-8, in another part of the Monteviot Estate at Ancrum.

But when ah worked in the woods on Monteviot Estate from 1935 ah started in the mornin' at seven, winter and summer. Well, ah worked there, oh, until five o'clock. You got maybe a quarter o' an hour for your piece in the mornin', and twelve tae one for your dinner. Ye didnae go home for your dinner, ee carried a piece a' the time because ye wis away oot in the wids, ye ken. You couldnae get back for your dinner. And then ye worked from one tae five. There wis no break in the afternoon for a cup o' tea, just the morning. And you worked Saturday mornin' seven to twelve. It wis about fifty hours a week. Ah never found it a long week.

And ye never got a holiday, well, New Year's Day, for maybe two days. Ye were allowed seven days and could take them when ye liked, and that included two days at New Year. But if ye took a Saturday that counted as a day, although it wis only half a day o' work. It counted as a day. Long ago they had the hirin' fairs and ye jist took a day then. They had Ancrum hand ball. Ye got half a day for them. Other than your seven days ye never got a right holiday, ye know, to go away anywhere. If ye went tae a funeral, if ye were workin' near at hand, if ye'd told them before that ye wis goin' tae a funeral, we'd jist go intae the sawmill and work. And then ye went jist roond. We stayed jist round the corner frae the sawmill and ye jist went round and got changed and on tae the bike and away tae the funeral, come back and got changed and started work again. They never took your time off for that. You'd be allowed maybe about an hour to go to the funeral and come back.

We yaised tae work there in the grounds o' Monteviot House. In the summertime ye yaised tae mow the grass right round, and the drive from Monteviot House right up tae Mossend. Each side o' the drive wis cut maybe aboot two and a half feet, it wis cut all level. And it wis a horse that done it, and the horse had leather shoes on it so they didnae sink intae it. Jock Temple yaised tae drive a horse and a' the lawns at the front o' the House wis a' done wi' the horse. The corners round about the house—the pinery, as they ca'ed it—they were doin' that wi' the scythe. And ye were rakin' up. Ye put it intae wee bundles, like hay, and then they used tae come wi' that horse lorry and lift it. The men used tae get beer oot through a windae at the back o' the House. They must ha' been allowed it. The women used tae hand the beer oot for the men in maybe an afternoon.

Ah cannae mind o' the auld Marquis o' Lothian. That wis a son Philip Ker,[162] the ambassador. He died in America. He wis a Christian Scientist, he widnae get the doctor. Now none o' that family married and they went out, and it's a cousin now that's the Marquis. Durin' the Second War, Monteviot House wis a military hospital. The Marquis didnae live there then. He lived down in England. And after the war it was the White Fathers they came in. They yaised tae go along, ye jist could hear them chantin', lookin' at a book and chantin'. Everywhere ye went down the estate they were sittin' at the back o' trees and everythin', playin' their rosaries. That wis jist after the war.

We stayed before the war in the houses up at the top at Nisbet. Ye got the house wi' the job. The joiner wis in the first one. We were in the second one. The dairy maid and the farm steward wis in the next one. Oh, well, as houses go it wis a good house. Ah mean, ye had your toilet ootside, ken, up tae 1936. Oh, the houses were no' bad. Ye had tae decorate them yoursel'. Ye had tae carry the water. Away down the hill there were a big well. Ye had tae carry the water up. Anything ye were gaun tae do ye had tae carry the water up. Well, as laddies we had one o' these girds, ken, ye put them on your… It wis a square, and ye had your pail, and ye put them on the pail and the handle kept them and you walked in the middle and that kept them off your legs. Ye used tae have two pails, well, when ye wis older ye went for the water. Oh, it wis quite a heavy job. Then ma mother used tae light a fire ootside that she din the washin' in, in the open. There were a bit brick, wi' a wee bit gratin' and a big bath on the top o' that fu' o' water. And then she had yin o' thae scoops, scooped it intae a pail and washed. That wis your hot water. And the water run so much durin' the washin' that ma mother could never use the same kirbygrips for her hair the next day for the red rust.

Well, in the house at Nisbetmill ye had upstairs. In the latter years after ma granny died ma mother took in her sister Jenny Ross and she stayed at Nisbetmill along wi' us. That wis six o' ye. There were jist two rooms up the stair. And this Jenny Ross, she had a room tae hersel'. They were a' thae coom ceilins, ken, they were a' wee. Ye had tae jouk doon. The end o' the bed wis away in below the coom ceilin', ken.

And ah mind ma brother Jim always had—he wis mechanical, ye ken—the old batteries off the wireless, after they had finished wi' the wireless, ye ken. They were big batteries, ah dinnae ken how many volts wis in it but there were wee pins in them and there were a grid battery on the end. Ma brother had it all set up wi' electric. After it wis finished wi' he had the battery for the electric, a wee switch on the end o' the bed, and electric light. Ye could see wi' thir electric light. Otherwise it wis paraffin lamps in the house. Oo had a candle for yoursels. But it wis a' paraffin lamps then. And ye had an Aladdin lamp, ken, wi' a mantle on it.

Well, downstairs ye had your main and your back kitchen, as we called a scullery. That wis aboot it. Ye'd never nae front bedroom or back bedroom, jist the kitchen and the back kitchen. That wis the breadth o' your house. There wis jist your sink in the back kitchen. The toilet wis ootside, doon the foot o' the garden. Well, the toilet wis away from the house. Ah can always mind that the woman at the end o' the row o' houses, she always maintained that it wis her sister. But tae be rights, ma mother said, it wis her mother, the woman's mother. She always maintained that she didnae smoke and she used tae go oot tae the toilet and she used tae gie the show away. Above the door there were three holes bored tae let the air oot, ken, and this smoke used tae always come oot the holes at the top o' the door. This wis her gettin' a smoke wi' the auld pipe. Long ago a lot o' auld women smoked cley pipes. Ma granny never smoked. But ah mind when oo wis at Upper Nisbet there were an old woman used tae gaun in and she always smoked. She always smoked a cley pipe in the house, ken.

Ah left the school in '35, so it must have jist been after that we went tae live for about a year up Cleikhimin wey, Bridge End House, which wis a double storey house. There were two families at Bonjedward, ye know, well, they were doin' these houses at the same time as they were doin' Nisbetmill, and there were two families. There were a family o' Sintons wis in one end and we were in the other end. And then once the houses at Nisbetmill were renovated oo moved back in. Well, at Nisbetmill then ye had the electric and ye had the water in the house and ye had the toilet in the house. Ye had a bath, tae. Oh, it wis a big improvement. Oh, well, ye ken, these things ye never had before. If ye had a bath, well, ye had tae dae it in a basin or jist strip tae your waist and wash at the basin, ye ken.

When oo wis laddies tae oo yaised tae gaun tae the beatin'. Every Saturday, when ye got up tae aboot eleven, twelve, thirteen, ye went tae the beatin' for the pheasants—pheasant shootin'. Of course at Monteviot, the gamekeeper reared the pheasants. And then after they were big enough he let them away in a' the woods, and this was them in the wintertime. Oo helped at the shootin'. Well, it wis a syndicate that did the shootin', as far as ah know. There were two or three o' them they paid the Marquis o' Lothian for the shootin' rights. Oh, they were a' toffs. One o' them wis a Colonel Fife Jamieson, ah always mind o' him. They said he never missed: everything he shot it wis deid, ye ken. That wis one o' the men at the shootin'. Ah don't know a' the farmers that went there. Oo got 7s.6d. for that. That wis for your day. Well, the gamekeeper, ye'd maybe walk behind him and they had what ye called stands. If there were a wood there were a stick and ye had tae stand there a' day. Ye stood there tae they came round. They used tae do a certain district, ye know, and this was you wearin' the pheasants in, makin' them go up so's the guns could shoot them. Ye had your stand there. Ye were lucky, or unlucky, if ye got the first one. Ye'd maybe be put there at nine o'clock and it wid be half-past four… Of course, ye had a stick and ye used tae hammer it on the fence and keep a' the thing frae comin' oot, and keep a' the noise goin'. Some o' them had racka-tae-tacks, ye ken. Sometimes ye got a pheasant that had been shot but it had run, and ye used tae run after it and hit it ower the heid and plonk it. And when it wis comin' dark, if it wis at home, ye yaised tae come after dark and get it for yersel'—a bit o' poachin'.

And then when oo started tae work Monteviot Estate started tae do the deer. We used tae drove the thingaby in for the deer. They werenae sae bad them. The gamekeeper used tae cut it up and he yaised tae come round in the motor and he used tae pick ye a bit. Ye used tae get a bit o' venison free, he used tae give ye it. Oh, the Lothian family were quite generous to the workers. Oh, everybody on the estate yaised tae get a pair o' rabbits, or a pheasant, or a box o' shortbreid.

When we were bairns at Nisbetmill we followed the big ones. They used tae go, ah dinnae ken where they went, but we used tae try and follow them. They said, 'Oh, you're no' comin', you're no' comin'.' So we yaised tae try and follow them. The fermers, or their shepherds, had a' corn kists, round bins, oot in the field. And there were locust beans in there. We used tae go and pinch the locust beans and eat them. They were nice and sweet. Oh, we used tae go oot for turnips and a'thing. At Nisbetmill there used tae be a barrel o' tricle, and we used tae get a handfae o' bran and pit a pickle treacle in it. Ye'd be constipated for a week efter!

We entered at all the handba' games. Well, ye had Jedburgh and Ancrum. Ye had a boys' ba' at Ancrum in the mornin', and then ye had the men's ba' in the afternoon. Everybody that wis married through that year gave a ba'. The ba' had ribbons on it, and ye stood on the top o' Ancrum Green thonder and threw it into the crowd. It wis at the Green that the handba' wis played and all round the village, all through the village. Before ye threw the ba' ye said, 'There are ten shillins on this ba' for whaever brings it back.' Them that hailed it said, 'Well, we've got the ba', we've got the ba' back.' And ye gave them the ten shillins, ye ken. The hails were up in the minister's gairden at the top, over the high wall. He didnae mind that, it wis a part o' the ba' day. And down at the bottom it wis as ye go intae Ancrum, ower that wall wis the bottom, the hail. There would be aboot a mile between the top o' Ancrum and the bottom hail. Ye could go any-where on the ba' day. They yaised tae go intae the water, the Ale Water. Oh, no holds barred. There were never kickin', ken, or scratchin', or anythin' like that. It wis jist a game tae see who could smuggle the ball, ken, and hail it. Ye got the money on the ba'. There'd maybe be half a barrel o' beer on the yin that the pub threw up, ye ken.

Well, ah mind o' goin' in the Ancrum Ba' day as a youth, ken, the men's ba'. But, oh, your feet yaised tae get tramped. Oh, there wis quite a number o' people turned out to play. Oh, well, there would be about a hundred in the melee, but a lot o' folk a' roond aboot, ye ken. They came from Jedburgh and everywhere. There were ba' games at Ancrum, Jedburgh, Bedrule, Denholm, Bonchester. They had yin at St Boswells, ah cannae mind o' bein' at St Boswells, and they had one at Lilliesleaf, tae, ah think, but ah never went there. If you went there that wis a day off. Ye jist went tae Ancrum and maybe Jedburgh. The ba' days wis jist roond the Borders, but never at Kelso, never doon that way.

The ba' days were held, well, we used tae say Candlemas: first come Candlemas. They had a Candlemas ba' in the new moon, and then the first Tuesday efter the Fastern's E'en. It wis usually Shrove Tuesday, and Ancrum wis usually Ash Wednesday, the day efter that. Ancrum wis always Ash Wednesday. Oh, the ba' days wis very popular. At Ancrum School the boys got the mornin' off, and at Jedburgh, oh, they'd get the half-day off in the mornin' for tae play the Jeddart Callant's ba. Ah never played the hand ba' at Jedburgh. It wis jist a maitter if, well, if ye went tae the ba' that wis your day off. Ah jist went tae Ancrum.

At the school we never got football, it wis a' rugby. It wis always rugby ye played. Ah cannae mind o' going tae Jedburgh but we always played at the school, ye ken, amongst yoursels. It wis always rugby. Ah never played any hectic sports at a'. Well, it wis a matter ye hadnae much time tae dae anything.

Ah played in a band. Ah played the drums. Friday night and Saturday night ye wis away. Ye maybes get back intae the hoose aboot two o'clock in the mornin'. Ye wis up again tae go tae your work. And the same maybe on a Friday night. A Saturday night wisnae sae bad. It stopped at eleven o'clock, maybe seven tae eleven. But a Friday night ye'd maybe play in Ancrum one night, ye'd maybe play at Bedrule the next night and at Denholm. It wis a wee dance band, well, jist modern dancin' then. Ye done the Circassian Circle and a' the dances. Ye even had the Lancers and the Quadrilles. It wis a' a mixture.

There were three o' us in the band. William Elliot, he wis on the Monteviot Estate, he drove the horse, he wis a horseman on the estate. He had his fiddle and the box on his bike. And Stan Aird—he's still playin' yet at Ancrum or Jedburgh—he had his buttonbox on his bike. And me, ah played the drums. Ah jist taught masel'. Ah cannae read a bit o' music. It's a' by ear. And ah had a box on the back o' ma bike. Ye had the big drum on eer back. And the other things wis in the box on the back o' the bike! Ye went for miles: tae Heiton, away doon tae Heiton, Eckford.

Well, ah think oo got maybe 7s.6d. or somethin' for a Saturday night and maybe a pound or ten shillins for a Friday. Oh, ye could make a wee bit o' extra money that way. Well, we played most weekends in the wintertime. We wis always booked up. Oh, they were very popular dances. And ye yaised tae get kirns, ken, at the finish up o' the harvest there yaised tae be kirns. We played at Nisbetmill on the top o' the threshin' mill. The threshin' mill wis built intae the fabric o' the barn. Ah can mind o' that mill bein' brought in and brocht up tae the top o' the barn, level wi' the barn. And that's where the dance wis and we sat on the top o' the threshin' mill and played the band. There were nae electrics then. Oh, people came from everywhere, everywhere. And Auld Year's Night, ye ken, it wis aye a guid night. Ye very seldom seen anybody drunk or anythin', ken.

In these days ye jist made your ain recreation. Och, ye did lots o' things, ken, mischief, a lot o' maybe mischief, ye ken. Ah yaised tae try and fish. Ah, well, ah had a permit frae Monteviot. Ah had a permit from Ancrum Bridge doon tae Jedfoot. That wis private then. But ye were never allowed in front o'

Monteviot House: 'Don't go in front of the House.' But now it's private from Ancrum road end right away doon tae near Kelsae. The estate has a' that. In the summertime the harder ye could get home, ken, ye had long summer nights, and away doon tae the Teviot tae dook, as we ca'ed it.

And then after ah left Crailin' School ah went back, tae, because ah used tae have night school. There were a lot o' us used tae go back tae night school. Oh, well, ye studied jist everythin'—mathematics and higher up. When we were up at Cleikhimin, well, aboot 1935 or '36, ah used tae cycle doon at night, doon tae Crailin' tae get night school.

At Nisbet before the war there were tramps came roond. Oh, well, ye had Bet the Boar, and ye had Old Yorkie, we yaised tae call him. Yorkie must ha' been frae the First World War. He had always a big greatcoat on, a khaki great-coat. Ye hadnae much tae dae wi' him. He wis quiet. Auld Yorkie we ca'ed him. Ah dinne ken what his right name wid be but he yaised tae go roond the doors wantin' pieces. He yaised tae gaun from maybe Ancrum up tae Upper Nisbet and thae bits. He yaised tae maybe bed oot in some o' the farm places, ye ken.[163]

And Bet the Boar, ah mind o' her. She used tae come tae ma mother. Ma mother used tae always give her tea for her tin—she used tae have her tin, a syrup tin, a billy can, that would be for her tea—and somethin' tae eat. Ah mind ma faither always sayin' about her she yaised tae gaun intae her breist and bring oot a wee cuttie pipe, a wee clay pipe wi' a short stalk: we used tae say a jaw-warmer, ken. She asked ma father—ma father used tae smoke a pipe—if she could get a full o' baccy. He says, 'Ah'm sorry.' Ma faither used tae always plead that he had nane, ye ken. But there wis a time she said tae him, 'Oh, dinnae bother, son. Ah'll gie ye a fill,' says she. She gave him a fill—it wis the other way roond, ken.

Bet the Boar wis a big woman, kind o' stout, no' that tall, well made, well made. I've no idea why she wis called Bet the Boar. What wis her name? Wis it Hermiston, a name like that? But she wis always black, ken, she wis always… Ye could plant tatties in the wrinkles, ye ken. She wis always black. She'd sleep in the barns.

Oh, ah think Bet the Boar wis a Border woman. Well, ah don't know whether a Border woman but she spoke Scots, ye ken. Ken, we as bairns we used tae be feared for her. Ye ken, some o' the bigger yins used tae be shoutin' at her. And ye yaised tae hear her sweirin', 'Ye bugger, if ah catch ye, ah'll…!' We used tae bother her, ye ken. It wis a shame but oo didnae ken ony better. Oo were jist boys, ye ken, we used tae shout tae her, ye ken.

Oh, she went round the area. From Ancrum she even went up Harrietsfield, ah've heard them talkin', up above Ancrum, these holdings there. There were four holdins up there. The Andersons wis in one. They got Number One, Two, Three, Four, the holdins at Ancrum, at Lilliardsedge. She used tae go up there. Whether she stayed in any o' the hooses up there or other buildins up there or not… She wis always on her own.

Bet the Boar's son worked at Bonjedward Mill. When he wis born he wis ta'en away frae her and later on he worked at Bonjedward Mill farm. She wis supposed tae have another baby which wis ta'en off her, tae. But whae wis the father ah don't know. It's sad when ye see thae things, ye ken. When ye think back, ye ken, a woman, well, on her own, and ye think.

Ma sister said the last time Bet the Boar wis at ma mother she wis sayin', 'Oh, ah've got an awfy sair bit.' And she'd ta'en her claes off and one o' her breasts wis aboot away wi' cancer jist. And ma sister says jist no' long after that she went tae Roxbury, aboot Roxburgh Barns somewhere, and they took her frae there intae Kelso Hospital and she died in Kelso Hospital. Well, it must have been in maybe '40, in aboot the '40s. It wis in aboot the Nisbets when we were there, up tae 1938 or somethin' like that, she used tae come.

And then oo had another one, Puzzle Bobby, that used tae come aroond. He had a barrie. He wis a respectable bloke, ken, but he wis still a tramp but looked efter hissel'. He made puzzles wi' wire, ken. Ye used tae get a penny, ye used tae gaun tae Puzzle Bobby and he yaised tae sit there and then on the side o' the road and make ye a puzzle. And he selt maybe pencils and suchlike, ye ken. He got a few coppers that way. And he wis at Kirk Mains—that wis jist before ee got tae the Crailin' School, that farm there. He had a wee bothy in the cairt shed. He used tae stay in there, in that bothy. That wis his base. But he travelled all around. He had a wee barrie made wi' bicycle wheels. That wis Puzzle Bobby. Ah dinnae ken his name either, but Puzzle Bobby we used tae ca' him.

But there were never no badness in thae days, ye ken. Well, laddies and lassies we used tae a' play thegither and that. We used tae play hide-and-seek or what have ye. There were never nothing bad done aboot it.

When ye wis young ye wis on the farms and one o' the things that ee wis allowed wis a pig, tae feed a pig. The pigsties wis a' at the back o' the hooses. And ee got so many potatoes from the farmers tae feed your pig. So when ye killed your pig ye had the ham hung up on the ceilin'. The shepherd wid maybe come and kill the pig for ye, hut it wi' the aixe. And ye used tae hang it up and the blood used tae run oot and ye'd cut it up. And ye had hams and potted heids and spare ribs. That kept ye gaun. And ye yaised tae salt a' the hams, ye ken, put them in a big tub wi' salty water for maybe aboot six weeks. Then ye yaised tae hang them up tae preserve them, ye ken.

At the beginnin' o' the year, when the time was for tae get a pig from the farm, ye got a pig for nothing when the pig had its young yins. He'd say, 'Do ye want a pig?' Ye'd say, 'Oh, aye.' So they kept them up there at the steadin' maybe six weeks, till they were old enough. And when the time came the steward wid come roond, 'Eh, come up the morn night for your pig. We're gaun tae distribute the pigs.' Of course, the steward had his picked. So yin time the young yins had made it up that they wid go up tae the farm wi' an old black lead brush and blacken a' the pigs. So they blackened them a' and the steward didnae ken

216

which one wis his! And another thing wis they used tae let the pigs oot and ye used tae be runnin' aboot the back, chasin' the pigs! And it wis tryin' tae catch your ain pig, ken! Oh, they widnae run away, ken. But that wis one o' the ploys we used tae have, ye ken, nothing drastic, but that wis one o' the ploys. We used tae play as bairns up and doon the road. There were nae traffic then up tae Nisbet.

Ah remember Irishmen came tae Nisbet. Well, the Irishmen yaised tae come in the spring tae the farm. They were farm workers on their own, and maybe they had wee places in Ireland. But this is durin' the summer they came across here tae make money. So they started with maybe the hay time. And at our place at Nisbet it wis always the same family that came. Ah think it wis O'Brien or something. Ah cannae remember which part of Ireland they came from. Well, this wis a family. We never seen the wives, the wives never came. There were two brothers and their two sons came tae Nisbet. We wis jist boys, ye ken, we used tae go up and they used tae have their tin whistles and they used tae sing, *Wi' ma shillelagh under me arm*, ken. It wis a' the Irish songs, ye ken, they yaised tae sing. Oh, ah can mind them comin' years and years. When we were boys, well, the '20s and the '30s, a' the time oo were at Nisbet they were there.

And ah can always mind, ma father he wis at the harvest once. The Irishmen used tae come out in the mornin' wi' a big platter o' porridge—this wis the half-yokin' as oo ca'ed it, aboot ten o'clock—and they used tae come oot wi' baps, wee loaves o' bread, we ca'ed them baps. They were shaped like half a loaf, ken. And maybe a bottle o' beer and this platter o' porridge. And of course there wis a big pitcher o' milk. And ye yaised tae make a hole wi' your spoon and ye yaised tae lie on the side on the ground, jist lie on your side. And ah've heard ma fither say, 'If it wis guid enough for them, it wis guid enough for me.' If there were any left he used tae lie doon and drink it, tae. Oh, there yaised tae be some ploys wi' the Irishmen, ye ken. It wis a' good fun, ye ken. But ah cannae mind them ever drivin' a horse—it wis always manual work, ken, they done—the harvest, stookin', and the forkin' at the hay, and the shawin' o' the turnips. That wis aboot the finish o' them, the shawin' the turnips—October. Well, they had no outgoins. They got paid and they got lodgins, cheap lodgins. They'd make a pickle money. It wis a kind o' holiday for them, because most o' them had a wee place of their own at Ireland. Maybe the women wis workin' it while they were over here.

Oh, the Irishmen worked on other farms roond aboot. There were men came tae Upper Nisbet and there were men at West Nisbet. They were a bothy in the houses. They were maybe five houses at West Nisbet and the bothy wis like a lean-to built on the end. But at Nisbet, East Nisbet, it wis up in the stackyairds. It wis like a big hut that wis built specially. It wis brick, it wis built for the Irishmen. Oh, when we were bairns we used tae go up tae the bothy. We used tae get a row for goin' up, 'cause sometimes ye'd come back wi' fleas on ye, ye ken, but we used tae go up. Oh, it wis pretty rough in the bothy, but we used tae gaun up.

Then the Irishmen yaised tae go up tae maybe Jedburgh at the weekend for a drink and things like that. And they wid maybe meet other Irishmen, ah don't know. But they were always the same ones that came tae Nisbet. Ah know there were a lot o' Irishmen roond aboot the Borders. There wis a lot o' them that was in the Borders durin' the harvest and hay-time. Oh, that wis a long tradition that.

Well, ah wis workin' in the sawmill at Monteviot from aboot eighteen or nineteen year auld. That's what ah wanted tae do. It wis '39, ah think, when Graham o' Perth came and put a new bench in the sawmill and it wis all electric. It wis a diesel engine before that, a Tangy engine. The sawmill wis at Harestanes, jist at the entrance tae Monteviot Estate, aboot two miles from Nisbet, and nearer Ancrum. They've got it as a museum thing now at Harestanes. Well, we came frae Nisbetmill tae Harestanes. There were a house wi' the sawmill job at Harestanes, ye see. Ah can mind oo wis at Harestanes the time the war wis declared in 1939. And that's why workin' in the sawmill then ah wis in a reserved occupation. Ye're makin' pit props there, ye're makin' chocks—ye ken, all pit work.

And we kept the books in the sawmill, we had tae keep the books 'cause if somebody came for wood ye had tae total it a' up. Ye had a ready reckoner and everything and ye had tae keep coont. Ye either gave them a bill and ye wrote that in the book. Ye had a ready money book. If they paid you, well, ye had tae put it doon in another book. The head forester from the estate came in maybe the Thursday or Friday before pay day and ta'en a' the money in and ye had tae account for it a'. We had a' thae things tae dae, ma fither and me. And for that we got wir firewood for nothin'. Ye could take as much wood as ye liked for firewid. When ah wis finished aboot 1944, that's when ah wis 23 year auld, ah wis gettin' aboot a full man's wage there, bein' in the sawmill. Well, that wis aboot maybe £2, jist over £2 maybe, a week, ken.

Well, in May 1944 ah went tae the Bevin scheme. When ma conscription came up ye had tae go. Well, Ernest Bevin was the Minister of Fuel and Power. In 1942, '43, '44, there were that many miners volunteerin' for the war—there were a chance tae get oot the pits—they had no miners for coal for the war effort. So they had tae conscript for the pits. So they conscripted the Bevin Boys. And it wis tae dae wi' your National Identity number. They put them in the hat, frae one tae nothing, well, they were supposed tae put them in the hat, and the number that wis drawn oot wis...[164] But in 1944 ah wis conscripted. Ah wis twenty-three. But there were Bevin Boys roond aboot here at Newtongrange before ah went, because ah wisnae in the first lot. And they were billeted tae private houses round Newtongrange, 'cause the Bevin huts werenae built then up at Lingerwood pit.

Well, ye got a letter from the Minister o' Labour, tellin' ye ye was conscripted. Ye had a medical. Ye went tae Galashiels for a medical and that wis you away if you wis fit, A1 or A2 or whatever it wid be, A3. Well, ye wis A1. And when ye got your papers ye got a train ticket and ye got everything—your ration book, and everything. And ah went from Nisbet Station on, ah think, it wis aboot the 5th o' May 1944. On the Friday before that ah wis tae go tae Muircockhall, which wis in Fife. But on the Monday mornin' ye got word ye wis tae go instead tae Horden Colliery, County Durham. Then they had a great brass band, Horden Colliery Brass band, and lifted a' the prizes in England. But anyway that's where oo had tae go.

Oh, ah had nae desire tae gaun tae the pits. Ye werenae expectin' it, 'cause ye're in a reserved occupation. But, oh, well, ye jist had tae go. Ah mean, ken, wi' all the soldiers it wis jist the same. Ye went tae do your bit in the war effort and that wis it, ye ken. Oh, ah mean, it wis jist a matter o' difference a'thegither, frae one thing tae another. Ah mean, ee never thought that ee'd be goin' away tae the pits. Ee thought if ee wis goin' tae be cried up it wid be the army or something like that, ye never thought ye'd be away tae a pit doon in England somewhere. Oh, ma mother wis awfy pit oot aboot it. Oh, ah can mind o' her bein' upset a bit, no' greetin' that way but, ye ken, she went tae Nisbet Station and seen ye wis on the train, and a' the palaver that mothers have, ye ken. That wis really the first time ah'd been away frae home. Och, when ye wis a young fellae ye never thocht much aboot it, ye ken. Ye jist had tae go and that wis it.

Well, it wis jist like goin' tae a school. They had a sham pit. When you wis in trainin' ye got, well, half a day maybe underground—no' at the workin' face. They showed ye—it wis jist a dummy face—what tae do and things like that, ye ken, more safety as anything. Ye got a' the trainin' o' the pit props and other things. And then ye went tae the school. They had it a' on the blackboard and they showed ye the airways and suchlike, how the air went in right round, ye ken, and ye got an idea what it wis like before ye went even down the pit. And ye'd maybe get a mornin' in the pit yard, buildin' pit props, ye ken, they built them so much that way and so much the other way tae keep up the roof. There were no electric pit props then, it wis all wood that wis made. Ye had the girders across the top. It wis jist trainin' as such tae be a miner. What trainin' could ye dae? Ah mean, ye jist went doon the pit jist like anybody else and ye jist picked it up as ye went along. Ah mean, what trainin' could ye dae tae be a miner other than get the essentials, the safety aspect, ye ken, and what not tae do?

Down the pit at Horden Colliery they had horses. We got trained wi' the horses. But there were some wee devils among them, ye ken, bad, bad horses, bad yins. And ah'll say they were bad because they got ill-treated, ken, wi' the men. If they widnae go they wid maybe get a kick, or somethin' like that. Ye had tae watch, they'd bite ye in a minute, ye ken. They were very bad.

Oh, well, ah wis stationed at West Hartlepool and ye went from West Hartlepool tae Horden Colliery. Ye went tae the station and there were a train, ah cannae mind if it wis put on for ye, but, oh, about fifty, sixty boys—they must ha' been a' stationed roond aboot. Frae West Hartlepool up tae Horden that wis aboot half an hoor's run up the coast. Ye never paid anything, ye jist got on the train, a workers' train. And ye'd be up for nine maybe and ye come back aboot four. But, as ah say, it wis jist trainin'.

Ah cannae mind what we wis gettin' for wages when we began, ah've nae idea, ah cannae mind. Ah mind we went tae Wingate. Ah think we didnae get paid wi' the company, it wis the government wis payin' ye. And ye yaised tae gaun tae Wingate and yaised tae get your money. Ah jist cannae mind how much. And then ye got your ration book and a' your coupons for your tea and sugar and whatever. Ye went tae sign on, much as tae say, if ye're no' signed on ye must be away. There wis two or three o' them that went away. There wis a television programme a few weeks ago aboot the Bevin Boys. Jimmy Savile and a' them they were a' at a get-together, and some o' them wis sayin' efter the first week they jist had disappeared.[165] They had run away hame. They were deserters, ken. Ah never heard onythin' aboot it till they were talkin' aboot it. There could have been Scotch yins, tae, ah don't know. But ah never heard anything. But some o' the men on that programme were sayin' when they seen what they were goin' tae be workin' in they deserted. So that's how we had tae gaun and sign on. Ye had tae sign on aboot once a week.

When ah went tae Horden Colliery, oh, there wid be aboot fifty Bevin Boys there. That wis seemingly the trainin' place for the English crowd. There may have been another one. Ye see, there were one in Scotland, there were one at Muircockhall, and there were one further through at Camelon, Falkirk. But at Horden there were a fellae frae Galashiels, Jimmy Turner. He wis down there. There were two or three Border yins. The man ah wis stayin' wi' wis right on the seafront at West Hartlepool. And ye yaised tae gaun doon and the man wid say, 'Come on, we'll gang doon for a walk.' We jist went doon the seafront. And thae whiz bombs used tae come. Ye'd hear them comin' for miles. They yaised tae come ower your heid, ye ken. They yaised tae come frae Germany, thae buzz bombs, ye ken. Oh, ye yaised tae hear them comin' frae miles away. They could ha' hutten you, ye couldnae get oot the road, ye didnae ken where they were comin'. That wis in 1944. But oo were nane the worse o' it. We survived.[166]

Of course, after ah wis at Horden Colliery ah wis at East Hetton Colliery, which wis in Quarrington Hill in County Durham. Ah wis there for aboot a month, because that wis part o' your trainin' tae go tae this pit. At East Hetton Colliery ah wis wi' a man that started at four o'clock in the mornin'. Ah had a guid job there. Ah wis wi' the ventilation officer, ah wis along wi' him. We went through the pit first of all, tae see that a' the airways wis clear, they were no' brocht doon. If there were a stone maybe fell, if ye couldnae lift it tae the side ye broke it up. Then the men came. And ye wis up the pit again in the mornin' maybe aboot seeven o'clock. That wis you. That wis a guid job then.

Actually, at East Hetton Colliery, when ah went first, ye went doon tae see the coal face. The face wis no higher as eighteen inches. When ye crawled through your back wis touchin' the top and your belly wis touchin' the bottom. Ye thought if that had jist moved ye were away, ken! Oh, it wis queer yon. Anybody that wis claustrophobic they could never have went in there. Well, ah wid say it wis less as eighteen inches, or ye got in it wis wider where the coal wis. But when ye went in there your belly wis on the floor and your back wis up agin the top. Oh, it wis terrible, terrible that. Ah used tae be feared masel', ye ken. Never been used wi' thae things, ken. In fact, when ye come oot ye never spoke aboot it much, ye ken, until somebody asked. It wis solid—ye wis out in the sea—it wis solid rock. It wisnae like, ken, layers o' rock or anything, jist solid, jist white. And the face, ye ken, it went through the face. They wid take that coal oot and maybe the night shift wid blast it doon, ken, they'd take a' that rubbish away and they'd be ready for the next day. But the face, ye went right in tae the coal face.

Ah cannae mind how many Bevin Boys wis at East Hetton. The miners were a' right, they were a'right. Ye were usually sent wi' a man whae showed ye what tae dae, ye ken, jist got sent along wi' a full-time man. Oh, they were friendly, the miners. They always said a Scotchman and an Englishman never got on, but, oh, we got on fine wi' them, ye ken. The digs ah wis in, her husband wis in the army, ken. Ah cannae mind their name, it's jist the address that's on ma identity card, where ee wis, ye ken. It wis 12 Readingroom Street, Quarrington Hill.

Well, the estate factor at Monteviot when ah wis cried up jist says, 'Well, ye have tae go. But after ye've finished your trainin' let me know and ah'll get ye in nearer hand home.' Well, the colliery manager up at Newtongrange in Midlothian wis George Mackay, Mungie Mackay's son.[167] And George Mackay and the estate factor at Monteviot were pals—they yaised tae go aboot thegither. So he says, 'Let me know and when ye're finished your trainin' ah'll get ye intae the Lady Victoria colliery, nearer handed tae home,' he says. But in between ah wis tae go tae Fordel pit at the other side o' Dalkeith. But ah never needed tae go tae Fordel pit. Well, ah wis at Horden in the May, then at East Hetton Colliery, and ah got word—the factor at Monteviot must have gotten through the grapevine somewhere—tae start at Lingerwood Colliery at Newtongrange after the holidays at the end o' July. And ah worked aboot a month doon Lingerwood tae aboot September 1944. Ah wis on the surface for aboot a week, then ye wis doon the pit. And there were another fellae there, Andy Turnbull, he wis a joiner on the Monteviot Estate. But he went tae Muircockhall for the trainin' and ah went tae Horden. But he ended up at Lingerwood, tae. Then ah got word tae gaun and see George Mackay, and that's when ah started in the sawmill on the surface at the Lady Victoria colliery. And ah wis in the sawmill right up tae the end o' the colliery, right up tae 1980.

Ah, well, at Lingerwood when ah wis on the surface a' the hutches came frae the Lady Victoria and went tae the Lady and the empties came back right over the brig there, right tae Lingerwood and came up the Creeper Brae tae the top. What ah done wis ah helped them roond the corner. Ye always had tae put water on the rails and it was an easier push roond the rails when they were wet. And they went down on to the top deck o' the cage. And ah wis on that. And then ah wis taken doon below tae Whitehill dook, and ah wis on what ye ca'ed the lashin' chains. There were an overhead rope goin' a' the time and there were chains, the lashin' chains. Ye put one hook on the hutch and then ye had tae be quick. Ye din that wi' the chain, round a rope that wis movin' and clipped it on to the… and it jist whump and away, maybe five hutches, and ye saw them goin' up the dook, away up tae the pit. Ah wis on that. Ah wis gled o' gettin' rid o' that because sometimes the chain—ye had tae stand oot the road when ye heard them comin' rum'lin' doon. The chain slipped and they come rumblin' back doon. Ah wis gled when ah wis off o' that. That wis ma be-all and end-all o' bein' doon the pit. Ah got up on the surface after that. Ah wis gled o' gettin' oot the pit because ah wisnae built for a pit.

When ah came tae the Lady Victoria there wis roond aboot five Bevin Boys huts at the hostel. You were in Nissen huts at Stobhill there, jist beside the Lady Victoria. Up tae recently ye seen where a' the Nissen huts wis. Ye seen a' the footpaths in the middle o' the huts. But now they've tarmacadamed it and ye cannae see it now.

In the hut your beds wis up against the wall and there wis a passage right up the middle. And the heatin' wis up on the top. Ye never seen heatin' on the top o' the thing, it wis always on the bottom, wasn't it? The heat goes up the way. The hot pipes wis all half road up the wall right along and round, and they went oot into the other one, ye ken. And if ye wanted anything dried ye jist had tae hing it ower the pipe. Ye got a row for hinging it on the pipe, of course, dryin' it. But where else could ye dry it? Ye'd maybe come up the pit, your singlet wis soakin'—what else were ye goin' tae dae?

Ye had sprays and baths at the hostel but no' at the pithead then. It wis after nationalisation, it wis 1952, ah think, when they made the pithead baths. Jist before the war the Lothian Coal Company gave the miners the chance o' either pit baths or pit them in the houses. They put them in the houses, because they said the women couldnae go up and get a bath up at the pit. So they put the baths in the houses, and they built these bits on on a' the backs o' the houses and they used the old back kitchen for the bathroom. And ye had your boiler in the back there, a wee boiler in the corner, and a fire and a chimney. And they put these in about 1938. Well, the miners didnae want pithead baths. The Lothian Coal Company gave them the choice either pithead baths or in the house, so they put them in the house because they said their wives couldnae get a bath. The wife couldnae come up the pit and get a spray or anything. But under the National Coal Board they built the baths up there at the Lady Victoria in '52 or '53.[168] They had a canteen and everything up there.

There were 24 Bevin Boys in each hut—12 each side—and there were aboot five huts there. So there wid be aboot 120. Oh, there were characters. Ah wid say that Arthur Higgs—his son now diz the refereein' at the bowlin'—he wis in there and if there were any trouble he sorted them oot. He wis a right guid boxer but he wis a canny fellae, ken.

When ah came tae the Lady Victoria first in 1944 as a Bevin Boy ah think ye were lucky if ye got 25 shillins a week. Ye ken, ye were lucky if ye got that. It wisnae much—until the Coal Board ta'en ower in 1947, ye got a wee bit more then. But ah think that wid ha' been aboot your wage then. It didnae come intae pounds anyway a week.

We yaised tae dae a lot o' walkin' roond aboot, ken. Ye never had money for tae gaun anywhere other than ye maybe went tae Arniston picturs or Nittengrange picturs. But there werenae much. Ye jist used tae a' bide thegither and walk away doon Newbattle there. Ye yaised tae shout ower tae the landgirls or the A.T.S., doon that side o' the water, King's Lines, ken, the footpath right doon the side. They were jist ower there, a' the huts wis A.T.S. They were right up that side, jist gey near next the fence. But there were nae badness or anything, ye ken.

They had teams for the dominoes. We were the table tennis team. We used tae play table tennis. Oo wis away through one time tae play at Sauchie. One night we went doon at that place at Portybelly, H.M.S. *Claverhouse*, playin' them.[169] And oo wis at the pit trainin' place at Camelon. Ah cannae mind o' bein' at Muircockhall. But we wis playin' in a' the local A.R.P. in Newtongrange, Home Guard, police, the special constables at Dalkeith—played a' them, ken. We used tae run dances up at the Bevin Boys' hostel. And ye'd play a table tennis team and a darts team. Ye used tae gaun on tour. And ye used tae play dominoes at other places. Ye'd a dance every Thursday night, the local lassies yaised tae a' come, ye ken.

Well, ah went hame frae Newtongrange aboot every weekend, 'cause that wis '44. Ah said ah played in the band then. Ah went hame aboot every weekend, well, up tae ah wis married anyway. Ma wife worked in the hostel. She worked at Middleton Camp before that, when the evacuees were in Middleton Camp. They came frae the toon oot tae Middleton Camp. She worked in there and then she came tae the hostel. We wis married in Newtongrange Church in March 1948.

Ah remember yin o' the Bevin Boys gettin' killed in the Moat pit at Roslin, Robbie or Bobby somebody. They had this mine cars. Ye put a' the coal intae the mine car and yaised tae bring it tae the pit bottom. And they had a sump.

They jist pit it in tae fill their hutches wi' this thing at the bottom and bring it up. This bloke Robbie or Bobby drove one o' them and he knocked some o' the props oot and the whole thing come doon on the top o' him and he got killed. Then Tommy Whitfield, he got killed in Lingerwood Colliery. Ah cannae mind o' ony mair. Eddie Duncan, he wis a dark boy, tae. They took a collection up in the pit wi' Eddie Duncan's name on it. Ye see, he got hurt in the pit. But he never got over it. He got his chist a' smashed. He never got over it. So ah wid say it wis an accident in the pit that killed him, ken. But that's a' ah can mind o'.

Well, they were still conscriptin' right up tae '52. We wis conscripted as Bevin Boys in 1944 but oo were never demobbed. That's what they're makin' a' the noise aboot. Ye cannae gaun tae, say, the Cenotaph, 'cause as a Bevin Boy ye have nae uniform. The forestry girls, Timber Corps, they had a uniform. They can go. But the Bevin Boys never had a uniform. They cannae go. Ye never got a thing, no certificate, nothing. Ye didnae get a medal tae say ye were conscripted or nothing. Ye wis jist thinkin' ye were a miner, that wis it, ye ken. There were nae glamour aboot it, ah dinnae think. It wis jist a matter o' bein' in the pits. A' that ye got wis a helmet, a pair o' bits. That wis a' the suit you got. A pair o' overalls, a pair o' boots, and a pit hat, that wis a' that you got.

Well, ah wis in the hostel at Newtongrange up tae '49. Oh, we got a letter, ah think, tellin' you'd be finished but ah cannae say ah've got a letter tae say ah wis demobbed as such. Maybe it'd jist tell ye it wis finished. When the war wis finished that would be you finished, ken. Oh, well, ah think it wid be '47 or '48. Someone was sayin' it wis aboot four year, the conscription, ken. Well, '47 wis nationalisation. It could ha' been then, jist finished then, in '47 when the Coal Board ta'en over. Ah think ah finished as a conscript Bevin Boy aboot March 1948 when ah got married.[170]

Ah never thought aboot, ken, havin' any regrets aboot workin' in the pits. After the war the factor at Jedburgh wis always wantin' me tae go back there. But ah said ah widnae go back. After ah wis married at Newtongrange in '48 ye had a house there. What was it worth upsettin' everything? Ah didnae want tae return tae the sawmill on the estate. The wages were bigger at the pits. Doon at home ye never got whole wages.

Oh, well, ah enjoyed the work in the sawmill on the pithead. Ye were back at your own trade. Well, say I'd been on the Monteviot estate: what would ah ha' gotten if ah'd been on the estate for maybe thirty, forty, fifty year? Ah know Father, he got a pound a week after he retired. And after ma father died ma mother got a wee pension from the estate but no' to the extent that ye get now, ken, wi' your union. There were nae union on the estate. There were a union but ye never heard tell o' them—the Farm Workers' Union. They didnae dae very much for ye—no' the same as the Mineworkers' Union that fought for everything. Well, they got ye a good pension frae the pit. Ye get a pension. And insteed o' gettin' ma coal ah get money in lieu for ma coal. Ah pay the gas. Ye widnae have gotten that if ye'd been workin' on the estate.

So ah retired from the Lady Victoria Colliery in 1980. That's when the Lady Victoria shut. Ah wis in the pits for 36 years. Oh, ah don't really have any regrets.

Bill Brack

So AH CYCLED up tae Ae—and a rugged river, you know, it was in flood, and one thing and another, and ah wis quite ta'en wi' that. Ah came round this corner and to my amazement here was Ae village, you know, really like council houses stuck on the side of a hill. Ah couldn't believe it. And so the Forestry Commission office then was really a one-roomed hut with a stove in it, one forest clerk and the head forester was Jimmy Reid, who really never left the office that much. And they said, oh, they were ta'en people on all the time in those days and: 'Right, start on Monday.' So I thought, well, I'll try this. But I didn't really expect to be here long. I ended up bein' 44 years and five months!

I was born at Comrie, Perthshire, on the 9th of April 1931. Father wis a gardener, mainly on private estates, and we tended to move around. We moved from Comrie to Newburgh in Fife, from Newburgh in Fife we moved to Bridge of Earn, from Bridge of Earn we moved to Maybole in Ayrshire, and then from there we moved to nearly Guardbridge over in Fife, and then ma father moved down to Amisfield, which is outside Dumfries, in term-time, November '51. I then went along to the employment exchange in Dumfries and they said, 'There's work in forestry.' Before that I had been workin' in Guardbridge Paper Company and I'd jist completed ma National Service and back into the paper company when we moved to Amisfield.

Ma father was born in Comrie, Perthshire, too. His father moved from the Borders, the Berwick area, to an estate there. So ma grandfather Brack wis an estate worker. I think he wis a woodman. I don't know what ma grandmother Brack did before her marriage. But she wis a small, wrinkled old

'In ma earlier years at Ae the workers had no say in anythin'. Ye had no say in anything. You were told nothing, etc. This was the regime at the start of the '50s. This forester says tae us:"You're not paid to think. You're just paid tae do as you're told."'

woman wi' dark clothes, I can remember that, but she had passed away, too, when I wis just a wee lad. Brack's an uncommon name, a Borders name. I wis lookin' through a book in Edinburgh in the museum shop recently and it wis people's names in Scotland and it wis givin' names o' people in 1600 and so on, and the name Brack is in there, and it relates mainly to the Borders area. But it wis a very expensive book so I jist read the little bit about Brack! Alfred Truckell, who used to be curator o' the museum at Dumfries—I used to take in quite a lot o' finds to him in the early days here at Ae, when they were ploughin' the hills and massive plantins were goin' they would turn things up—he reckoned the name Brack was a Norse name and it means the speckled or freckled one.

Ma mother before she was married worked in houses, domestic service. Ma mother was born in Stirling. She lived in a house right at the end of the old bridge across the River Forth. These houses are long gone. She was a Guthrie and she was in service and she met ma father ah think it wis at a whist drive in Comrie. Ma grandfather Guthrie was a railway worker. He worked in the station. He lost an arm in an accident, a train goin' out or comin' in wi' the door open and it caught his arm and he lost an arm. I've no real memory of him. I've no real memory of ma grandmother Guthrie, and ah don't know what she did for a living.

I've vague memories of livin' in Comrie. The house we lived in was down a lane near the river, and the house itself was a stone type o' house. The house wasn't an estate house, ah think it was a rented house. But I remember it was a huge garden and in it was this large shed. To me it was a magic place: it wis full o' tools and wood and so on, because ma father's pal used tae do a lot o' woodwork there. You see, ma father was workin' at that time on estates and part o' the time, ah think, he worked between estates. He worked for the Electricity Board at that time. But, you know, he was quickly back into estate work again. I think I was just started the school at Comrie when we moved to Newburgh in Fife. I must have been somewhere about five or six, ah'm not certain.

When we were at Newburgh that wis the time o' the war. We were in on the estate there in a lodge, just at the gates. We lived at one end of the town, just outside the town, at the end as you're comin' from Perth. Meldrum Estate, ah think, wis the name o' the estate. Meldrum wis a big estate. And there wis a long drive down to the big house. And it was one o' the things that they insisted on. If we seen the car coming out—I had two younger brothers—we used to salute them, you know, touch the forelock. Oh, at the time it meant nothing, you know. Our parents told us tae do it, we did it. But looking back on it it's a different matter.

Oh, many country people had to be deferential to their social superiors. Ma father he used to do it because it wis a job, you know. He came through the experience, of course, o' the difficult times o' findin' work, ye know. And it wis a job and you clung on to a job. He had to show deference in public otherwise he would have been out of a job and the house. In private he wasn't uncritical. But he always voted Labour, you know. He was always Labour—but it was in the house, he had to be very careful, because all the people he worked for in those places all those years were strong Tories or maybe Liberals but certainly not Labour. Ye had tae be careful on estates, because there were a lot o' jostlin' for position and so on, and people were always knockin' other people and so on. So ye had tae really be careful what ye said tae your fellow workers, you know, because sure enough they would run wi' tales. There wis no sense o' solidarity among estate workers that you would get in a factory, they had no tradition o' trade unionism. Ye used tae get that deference at election time. They would run you in their cars, come and pick you up and say, 'I hope you voted the correct way?', you know. My father always used to say, 'I voted the right way.' But he voted Labour! He was always a Labour voter but never a member.

Well, ma father went to the army durin' the war. The only way he would have been excluded was if they had made it a market garden and they wouldn't do that, so he went to the army. I think he was invalided out just before the war ended.

Well, the house at Newburgh that was a lodge, a typical lodge, but it had no bathroom. The toilet was a wooden hut, a dry lavatory, maybe a hundred yards or so away in the edge of the wood. As you looked at the place there wis a sort o' crescent-shaped wall wi' railins and then the gates and the lodge sat there, with lawn garden tae the front, and behind the house you were virtually into the woods. It was heavily wooded behind it.

There was running cold water in the house. But there was a boiler house, with a big boiler like a cauldron. Ma mother used to boil her washin' in there. And there was an old mangle, a wringer. I used tae turn this wringer. The beginnin' o' the week, Monday, was washing day. Ma mother used to light a fire under this thing first thing in the mornin' out there, tae get the water boilin' and boiled the wash up in this boiler. She had one o' them scrubbin' boards, too. And there were these big sinks in the place. It wis jist the washroom.

In the house it wis a range wi' an oven and a wee hot water boiler in it for boiling up water. There were no gas. And there were no electricity. It wis oil lamps. We were in there several years—it was near the end of the war—and then they built on a flush toilet at the back of the house. As boys we were bathed in a big tub in front o' the fire. We'd only two bedrooms at Newburgh. Ma mother slept in one and us three boys in the other. The other houses we lived in had three bedrooms—that wis better housing than many other people had.

Ah'm not sure when we left Newburgh but when we left there we went to Bridge of Earn and we weren't there long, maybe a year. The house we lived in there wis on the main street, and father did the gardens at some estate or other outside the town. But this person also had a shop, a newsagent type o' shop, and ma father also worked in there.

When we left there we went to Maybole in Ayrshire. The house at Maybole was not unlike these typical roadmen's cottages you see down here in Dumfriesshire. There's two down at the village at Ae. And they had a bathroom and indoor toilets and that. They were quite good modern houses. And we had a bath there, too. That was the first time we'd had a bath in the house. And electric light—we'd never had that anywhere before Maybole, it wis always paraffin lamps. These were magic houses tae us at Maybole. There were two o' them side by side, and the other house was the guy that was the estate worker—sawmiller and woodman and part-time gamekeeper, ah think.

I think, as I say, I was just started the school when we left Comrie about 1937 or '38. At Newburgh it wis a long walk down to the other end o' the town where the school was. The school sat up on some high ground jist at the other end. Then ah wis at the secondary school in Bridge of Earn, so that must have been about 1944. And when we left there and went to Maybole ah went to school there. And ah left school at Maybole to start work. Ah think ah wis fourteen when ah left school, so that would be 1945 or '46. Oh, I had no great affection for any of the schools because, as ah say, we seemed to be movin' on all the time, you know. Oh, I definitely did miss out in ma education. I wis poorly educated and any real education was after I got involved in the trade union movement, which wis in ma twenties. It wis a common experience among landworkers' families: come term time you were movin' again.

The thing ah remember most about school is reading Lewis Grassic Gibbon. Ah remember his books and the influence they had on me. Well, ah remember readin' them at Maybole, that's where ah read them. You know, ah can always remember the one where the man wis goin' to the war, and he said, 'Don't allow them to cut down the woods,' you know, 'because it'll turn the soil to dust.' That stuck in ma memory.[171] It was in the Maybole school library I got the Lewis Grassic Gibbon book. We had a teacher at Maybole, the only teacher I ever remember—Mutch was her name—because she encouraged you to read. She ta'en an interest and she seemed to be in charge of the library. Ah think she was the English teacher. Ah read all the sequence o' the Lewis Grassic Gibbon books. And another book ah read—I can't remember the title of it, but the film and the musical *Cabaret* is based on it—had a big effect on me. And a number o' years ago, when they made the musical *Cabaret*, and my wife and I went to see it it all came back to me. I had forgotten about the book but the whole thing came back to me and the effect it had on me at that time about the persecution o' the Jews, and the Nazis, and so on. It was uncanny.[172]

I wasn't a member of any public library until I was 21. But I was always a keen reader. Ma parents encouraged me to read. Ma father was a bit forceful about things. He tried to encourage me but ah don't think he helped me, you know. He was too forceful. He wasn't a reader himself, he had long hours at work.

Then we got comics as laddies. There was the *Dandy*, the *Beano*, and later on there was the Dan Dare one—the *Eagle*, was it? And we got the *Hotspur*, *Wizard*, *Rover*, the lot. My parents paid for them, it wasn't that we exchanged for our pals' comics. The comics in these days were reading comics. Ye had Roy of the Rovers, and people like that, which was a story.

When ah wis at school, oh, the only thing ah thought about doin' at one time wis goin' tae work for the Hudson Bay Company, of all things. That sort o' appealed to me, the outdoor life. Ah'd read *North West Passage*, and so on.[173] It must ha' inspired me. There must have been something like that that I read about it and the work they did. Well, about the time I left school at Maybole about the end of the war my parents wrote to the Hudson Bay Company about a job, you know. But nothing came of it. But I actually tried to get a job with them.

The first job I got straight from school was at Maybole and it was workin' at a poultry farm. It was really this guy had an engineerin' business and he had this estate and part of the estate was poultry. He had these battery hens. But he had an old Irishman who was the person who looked after the hens, and there were a couple o' pigs and there were horses. He had a market garden as well, though I never ever worked in the garden. It was the poultry, well, my job was mainly feedin', waterin', cleanin', and so on like that, gatherin' eggs. I found the work interestin', well, you'd left school, you were earnin' money, you know.

I've no idea what the wage was. It wouldn't be a lot. My memory is grim at the best o' times on things like that. Well, I used to cycle from where we lived in Maybole. I must have cycled about four or five miles. It would be the summer I worked there—I remember cyclin' in the daylight and returnin' home in the daylight. Ah don't think ah worked on a Saturday. I don't think I was that long there—a matter of months maybe—because ma father got a job on an estate between Dairsie and Guardbridge in Fife and we then moved to Guardbridge.

It was an estate. Two old ladies had a garden there, and our house was right at the main road side. That wis a good house that. It was a sort o' L-shaped house. It had everything: bathroom, three bedrooms. It wis a bungalow. It was really like a lodge, too, but a modern lodge, oh, much superior to the one at Newburgh.

By that time I must have been round about sixteen or somethin' like that. When ma father applied for that job at Guardbridge he enquired about jobs for me and the old lady says, 'Oh, there's jobs at Guardbridge Paper Company. It's just a couple o' miles along the road.' So when ah got to Guardbridge ah went and applied to the paper mill and ah got a job within a short time. I wasn't really unemployed at all.

Ma two brothers Robert and John were still at school then. Robert was two years younger than me and later he went straight from school to the navy at the age o' fifteen or sixteen. He entered boys' service, he went to H.M.S. *Ganges*, then to sea. That's what he wanted to do. I think Robert was in the navy about twenty years.

So it was about 1946, '47, when ah started in Guardbridge paper mill. There was a lot o' people employed there, several hundreds. There was a three-shift system. It was labour intensive, a lot of it. There were a lot of women employed, it might have been about half. There wis a lot o' women. Ah'm takin' into account office workers as well and that, you know. It might have been twentyish office workers or thereabouts. It wis a big paper mill and it still is. It's still in existence, one of the few that's left.

Guardbridge Paper Company used tae make Basildon Bond and Eden Vale paper and probably still do. Handwriting paper was the thing I always dealt with mainly there. There was other papers for printers and wrapping paper. There were quite a range o' paper.

Well, the first job I did was gathered waste paper. There were a lot o' waste paper and we used to have thir carts and we pulled them around by hand and ta'en this waste paper from different points in the place to different machines. There wis a machine where this guy fed it in and it crunched it up. It recycled the paper, and certain papers wis made up with this. This wis rechecked sheets that had a blemish on them, 'cause we were producin' different sized sheets of papers. Thir girls used tae thumb through every sheet manually and exclude blemished ones. So us boys there—there were a bunch o' boys there—really in a way you were in an apprenticeship, but it wasn't called that. But they would really keep you there and see if you were goin' tae make the grade and if you could work your hours, otherwise you'd be gone.

After that you progressed on to various machines, paper-making or machines that cut. You know, it came off the paper-making machine in huge rolls and another machine, the humidifier. The paper went through there and it ta'en the static electricity out o' the thing, and some o' them were coated. And then the department I wis employed in after that first job was on a machine in the cutter house. And the rolls—sometimes it would be a single roll, dependin' on the paper, or several rolls—would come through this high speed machine that cut it into various sizes. I forget what you call these different sort o' sizes. And there wis a guy in charge of the machine and you were the boy to him on that machine, you know. You did all the donkey work, because there were rippers and cutters and you got all the individual sheets and they piled up on a pallet at the end o' the machine, and when it reached a certain height it stopped the machine. And it was your job as the boy to get this thing—it wis like a hydraulic jack, you put it in and pumped a handle and it lifted the thing up and then you put that away and you stacked them, and you put down a fresh lot of pallets, pressed the button and the machine started off again.

And the other thing you did was the rolls o' paper at the end, you put new rolls on. That wis my job, because the settin' o' the machine was the responsibility o' this older person, experienced worker, because you've got to be accurate in those in width and length and so on. And from time to time you would check a sheet as it came off. There were rulers set on to a table, and you would check it against that for size, and so on.

I found the work interesting. Well, the laddie's job wis good because as boys—there were a lot o' girls there, too, doin' other work—but, ye know, we were always muckin' around wi' them. Oh, there was much more company for me than there had been on the poultry farm, where there was just the old Irishman and me. Before that ah rarely ever seen girls, ye know. Oh, it wis a different environment at Guardbridge. Ah started goin' out wi' girls, started goin' tae dancin' at Guardbridge.

The hours at the paper mill, well, there wis a day shift and we were day shift workers. The day shift wis eight to five, Monday to Friday. Ah can't honestly remember workin' Saturdays, but we probably did, half a day or somethin' like that—to twelve o'clock, ah think. But ah can't remember what ma wages were, ah've no memory o' that.

Ah wis barely a week or two intae the paper mill when this guy approached me about the union and I joined. He was the shop steward. Ah'm not certain which union it was, but it was almost certain to be the National Union of Printing, Bookbinding and Paper Workers. And ah always remember goin' along to a union meetin'. It wis held on a Sunday, and they were pressing for a rise in wages. And a committee sat up on the stage and they were cryin' from the floor, you know, for industrial action and so on. And the committee are playin' this down! I remember this red-headed guy standin' cryin' for strike action. And people sayin', 'Oh, calm down. Cut that talk out. There's no need for this.' This old guy who was chair, you know, 'No need for this.' So that wis it. And that was my first union meeting. Ah'd never been at one before, ah'd never been in a union before. And I went along to the union meetins, monthly meetins. I became a regular attender. Oh, ah wisn't takin' part, ye know, ah wis jist listenin' to this. Ah wis takin' a lot of interest. I immediately became interested in union work.

And, ye know, they had a change: the old guy who was chair, he either retired or something, anyway we got a new person in the chair. Again there was a cry for industrial action. And the thing ah remember about it this time they had a vote, a show o' hands, for industrial action. And it was lost—no industrial action. But ah always remember this guy at the end o' the platform said, 'You're quite right,' he says, 'not to vote for industrial action. But to show that we mean business I move that we have a withdrawal of labour.' And they voted for it, you know! Ah wis like the rest. It wis only afterwards ah realised, ye know, we weren't on strike but we withdrew our labour! You know, it was beautifully done. Obviously that committee, ye know, there must have been a change o' committee. It felt it wis a time to do somethin' and they got their way in the end. They were wantin' strike action, ah suppose, tae the old guys before, ye know. We weren't on strike but we withdrew our labour! It didn't last long, ye know. We were all back at work in no time. Oh, it wis jist a token thing. And then I went on to shift working.

Ah wasn't very long in the paper mill when ah moved on to the cutters because ah went on to shift work. It was probably when ah wis sixteen in April 1947. There wis a two-to-ten shift, a back shift, that I didn't like because ye could go nowhere, do nothing, and your pals, some o' them, you know, were on other shifts and that. You never saw them. And then there was the night shift, ten to six, and then there was day shift six to two. Ah didn't mind the nightshift though ah had difficulties sometimes makin' it, ye know, because we'd be out in the town—St Andrews mainly, or Cupar, but mainly St Andrews—and a quick dash home to get down to your work, you know! At Guardbridge we were about equal distance from St Andrews and Cupar, ah'm no' jist sure o' the mileage now, but we seemed tae go to St Andrews more. You could walk to St Andrews. I used to, after dances and so on, walk home, ye know, the early hours o' the mornin'. There was virtually no traffic.

There were dances in all the towns and villages in those days. There were always dances. Dancing and football were ma main interests. Ah played football for Guardbridge. Guardbridge played amateur football. Guardbridge is on the main Cupar-St Andrews road but it's also on the main road to Leuchars and it virtually blends into Leuchars now, because it cuts through the aerodrome there. Oh, there wis dancin' at Guardbridge, Leuchars—every Sunday night there was a dance at the R.A.F. air base—St Andrews, Cupar. Ah passed a lot o' ma time goin' to dancin', mainly Scottish country dancin', a bit o' modern, and meetin' girls and goin' to the pictures. The pictures were at St Andrews, Cupar.

Well, ah did ma National Service when we were at Guardbridge. We did two years' National Service, because it got extended when I was in. I think it wis Korea that extended it.[174] I was in the Army Caterin' Corps, I asked for that. The guy I worked with on the cutter at Guardbridge he'd been in that and he said to me, 'Look, if you're just a foot soldier you're square bashin' all the time.' He explained about the work and it sounded pretty good to me. Ye got people wantin' into specialist units and things like that and they never got them, ye know, unless they had some sort o' qualification, because there were so many people wantin' into Engineers or things like that, ye see. 'Ye're wastin' your time wi' that,' he says. 'You'll get in the Caterin' Corps,' he says. So ah got in there.

Ah went to Aldershot, Ramilles Barracks. My old army pay book shows ah enlisted at Aldershot, 21st of July 1949. Ah did basic trainin' there. It wis quite a long basic trainin' ye did there—a cookin' course, very little drilling, soldiering. And then ah wis posted to Germany—to Hamburg—and ah basically spent a' ma time there. It wis good experience. Well, when we went in 1949, ye know, Hamburg wis still totally flattened. It was just before Christmas 1949. Ma first memory was—ah wis attached to Medical Corps—goin' by train from the central station out to a military hospital jist on the edge o' Hamburg. And the area we went through wis flattened on either side, you know. The streets were all cleared but occasionally you would see a puff o' smoke. There wis part o' a house in the ruins where some soul wis livin' in.

I had a good relationship wi' German civilians wi' workin' in the kitchens. We had German staff. Some o' these people were professional cooks, ye know, because it was a military hospital. And these guys had, oh, twenty years' professional cookin' service, sometimes more than that. They had been in hotels and liners and so on on, and we were supposed to be supervisin' them. We only did the minor things there, ye know, and left it to them. We used tae go tae football matches to see German football teams, and so on, wi' these guys. So we built up friendly contacts with German civilians. But ah wis never in anybody's home.

Well, National Service widened ma knowledge o' the world, not only abroad but wi' people from this country, English lads, lads ah met in the army. It wis like learnin' a new language: some o' these guys—Yorkshire lads—on about coit and hoil and coil and so on, ye know. Ye had to work out what are they talkin' about. Coit wis a coat. Oh, things like that, you know. And once when ah wis on leave ah didn't come home, ah went to stay wi' this guy in Castleford, Yorkshire, ye know. Ah'd made a friend o' him. We went along to a rugby league match—and I've been hooked on it ever since, ye know. So National Service widened the horizons.

Ah did think about becoming a Regular in the army but, as ah say, it wis the time o' the Korean War and ah wanted to stay in Germany. They couldn't guarantee that. So I says, 'Right, ah won't do it.' So ah came straight back, straight to the Guardbridge paper mill. That would be July 1951.

When ah came back ah wis instantly on to ma own cutter. It wis promotion. Ah didn't have a lad workin' with me because the cutter ah wis on only dealt with one roll o' paper at a time. But ah had the responsibility o' the sizes and all the rest of it wi' that machine. When I finished my shift another lad ta'en over and I'd tell him what stage we were at on the machine and what our outputs were, and so on. We jist exchanged information o' that. There wis a sort o' handover period o' the shift, a ten-minute sort o' thing, ye know. Ah wis still on shifts: two to ten, ten to six, and six to two. It was a regular pattern—one week day shift, next week back shift, then night shift, one week on each shift. I have no idea what ah wis paid at virtually any time, which is a weak point.

I remember rejoinin' the union at Guardbridge but ah don't think ma attendance was that hot at that time. It was partly because o' shift work and the other things, ye know, away dancin' and so on. But ah remember that ah did attend some o' the meetins, ah definitely attended some o' the meetins. But ah wis only back at Guardbridge a few months, it wis no time at all. Then ma father moved down to work at Dumfries, well, Amisfield, which is outside Dumfries, at term-time, November '51. Ah felt that ah had to go with ma parents to live there. Well, stayin' on maself at Guardbridge and lookin' for digs was talked about and dismissed. Ah thought, 'Oh, well, why not go to Dumfries?' Because at the Amisfield Estate Major Johnstone said, 'Oh, there are jobs at the Rubber Company. You'll work in a factory.' Ah wasn't disappointed at havin' to give up the paper mill. It didn't matter, ah didn't see that as ma life's career. Ah don't think ah even thought about it.

Well, when we got to Amisfield ah jist lay about at home maybe a week or somethin', ye know, jist looked around. Ah didn't claim unemployment benefit. Ah went to the Uniroyal Rubber Company at Dumfries and they said, 'We've no vacancies at the moment but we'll put your name on the list and we'll be in touch when vacancies occur.' I then went along to the employment exchange and they said, 'There are jobs in forestry.' And ah thought, 'Well, ah'll take that meantime till ah hear from Uniroyal.' The buroo sent me round to the Forestry Commission regional office in Dumfries. And this guy Jimmy Laidlaw, who was personnel officer, says, 'Oh, you live at Amisfield. The nearest place for work is Ae.' Ah'd never heard of Ae, not at all. Ah'd hardly heard of the Forestry Commission, ye know. And Jimmy Laidlaw says, 'Ah'll make an appointment for ye tae go and see Mr Reid.' So that wis it.

So ah cycled up tae Ae—and a rugged river, you know, it was in flood, and one thing and another—and ah wis quite ta'en wi' that. Ah came round this corner and to my amazement here was Ae village, you know, really like council houses stuck on the side of a hill. Ah couldn't believe it. And so the Forestry Commission office then was really a one-roomed hut with a stove in it, one forest clerk and the head forester was Jimmy Reid, who really never left the office that much. And they said, oh, they were ta'en people on all the time in those days and: 'Right, start on Monday.' So I thought, well, I'll try this. But I didn't really expect to be there long. I ended up bein' 44 years and five months!

Well, this guy the clerk in the one-roomed hut at Ae says, 'Look,' he says, 'wear your roughest clothes and Wellinton boots', and so on like this, ye know, fatherly advice tae me, ye know. Because this old, gruff head forester Jimmy Reid he'd jist said, 'Right, there's a job for ye'—and he had no more interest, ye know. And the clerk says, 'Now there's a waggon that picks the men up at Amisfield, it comes the main road. There's a waggon from Dumfries and get that.' 'Oh,' ah says, 'ah could bike it.' 'No,' he says, 'don't bother wi' that nonsense,' he says. 'Ye know, think o' the wet days.' So I used tae get the waggon at the main road. And we worked Saturday mornins then too.

The hours then were 44 or 45 hours or somethin' like that. We had to be at Ae at half seven. Well, ah used tae bike down the road from where we lived at Amisfield. It wis only five minutes on the bike and then the journey in the waggon from there wis maybe quarter o' an hour to Ae. Ah left home about seven. The waggon wis a long wheel-base lorry with a canopy wi' seatin in it, a big wooden canopy that they used tae lift off at some point up at Ae, and that lorry was then used for other work durin' the day.

At that time when ah began in the forest the lorry would be completely full. There were two lorries came from Dumfries at that time, plus the men that lived in Ae Village, workin' in the forest. When I started there were over 120 men and women industrials who worked on the forest, and the non-industrial foresters there must have been about ten o' them. The industrials were the manual workers, and the non-industrials they're the clerical, administrative, and foresters. So there would be maybe about thirty workers per lorry picked up from Dumfries and district, fifty to sixty workers being brought up to Ae when ah started. And then every house in Ae village at that time wis allocated to forest workers. There would be 38 houses probably at that time. And some o' them might have had more than one worker, you know, father and son, or two brothers. So there would maybe be about fifty workers from the village. Then, well, they were locals that came from Parkgate that cycled, ye know. They cycled up the back road. And then over by the loch, Gubhill, up there, there were half a dozen houses up that way that people came from.

So there over 120 men and women, because some were girls. The girls worked in the nursery. We had a nursery where they grew plants for plantin' from seed. The girls weren't choppin' down trees. But the women did other work as the nurseries got phased out, because they weren't big nurseries at Ae. As the nurseries got phased out the women were on to other jobs like brashing. That's usin' a handsaw to remove the branches from the trees, up tae a height o' about six feet. And then they moved on tae markin' tariff—that's selectin' the trees for felling and a thinning—that type o' work, lighter industrial work. Oh, I have seen women woodcutters, but not on Ae forest.

Again ah don't remember what ma wages were when ah started as a lad of twenty, twenty-one in the forest. But what ah do remember is that £20 a week wis an enormous wage at that time. And at that time wi' the large plantins—ye know, 1,000 to 1,400 acres—we planted every year in the spring from March, April and the beginnin' of May. But in order to prepare that ground or plant you could earn that sort of money, £20 a week, without any questions bein' asked. It wasn't overtime. It wis all piece work. That wis some pay. But the rest o' the year ye were on to time work wages. There were no urgency. But the plantin' in the spring months was the big job, and you would have the summer of virtually nothing.

The other alternative in the summer was to go felling, which was a real manual job. It was crosscut saws, axe sneddin'—that's takin' the branches off wi' the axe—and then carryin' the trees out tae racks in a compartment, and stackin' the trees for a horse to take out by sulky. That was heavy work. It was dangerous work, too. But it was axe cuts then, ye know, which were bad cuts, nasty cuts wi' axes, but not fatal.

The forest at Ae is about 77, 78 years old, or thereabouts. It's one o' the originals. We had the 75th anniversary celebrations a few years ago. So it had been goin' on for some time when ah started in 1951. The large trees on the hill in front o' the village were planted by, I think, prisoners durin' the 1939-45 war. That would be about the age o' that section. But the plantins in those days wouldn't be so large, because at that time, at the end o' the war and so on, they had started tae use crawler tractors tae plough. The ploughin' wis really in its heyday when I started. The big acreages were comin' in from about 1950, wi' caterpillar tractors. Before that there was some ploughin' done by horse on the tops o' these hills, ye know, and so on. They had tried it, you know, experimental stuff. There may have been some tractor work, but not a lot. But most of it was by hand, you know.

Well, I'm not sure o' the acreage at that time when I began work in the forest, but they always referred to Ae as twenty square miles. Ae main block is solid, you know, and at that time they planted every inch of the ground. They planted right to the stream side. They planted everything. There were barely a patch that they didn't plant, ye know. So the twenty square miles was already planted when ah came to Ae.

Well, when I started, my first job was beating up. Beating up is replacing plants that have been planted the year or two years before that have died off, been eaten out, and so on. So you have the beatin' up at the end of the year and into the spring in the run up to the plantin' season. Plants eaten out mean, well, eaten by hares, deer and mice and voles. The hares'll eat plants. If you've had a fall o' snow and so on the plant is maybe through and they'll eat the plant. Rabbits, too, were a problem. It was all rabbit netted but there were still rabbits. Ye know what rabbits are like, they'll get through, and if they've already been in… Well, these animals had their share of that. Some of it might have been due to bad plantin', bad plants, or just where they're planted—bad ground. The weather, too, wi' frost in the hollows, and so on, might have contributed to it. So there wis always a proportion o' the trees that were freshly planted died. And so that wis generally that job at that time o' the year, late winter, early spring.

And also at that time, too, wi' the ploughin' goin' on, the furrow wouldn't turn over. It fell back in the drain. So they had to be cut into sections and ta'en out the drain. All the drains had to be cleared. They had a policy then o' all the water runnin' off into the streams, ye know. The policy's completely changed now. But that wis the policy then. And there were areas the tractor couldn't plough, so you had to make a drain, and the turfs out the drain you turned over so that grass was to grass, and you spaced them out five feet apart, in rows. And these were used to plant on.

So you had all this ground preparation. And then there was the steep ground in the gullies and glens and so on, really steep, very steep, It was crazy to plant there but they planted them. And they used to step them, that's what they called it. You would have a rutter, which is like a huge spade. It's a long shaft with a tee top, an enormous thing to handle. It was handled by one person. It was like a ditching spade, you see them in museums. They're used for cuttin' peats and so on. And you would use them to make the drains, too. But you would use them to make thir steps on the steep slopes, again the five feet spacing. Oh, that wis heavy work. That's what we were doing.

So you would do that and then you would go on to the planting, which was the big piece-work job. That's when everybody tried to earn your money. That wis in March, April and early May. You would use that money to tide you over till the next piece work came at the end o' the year, because there was some piece work then weeding. All the weeding was hand weeding with a sickle hook, and it was the bracken. The bracken got tall, the grass got tall, it killed the plants. So ye had to clear them. Also after the plantin' there wis spreadin' fertiliser. It wis granulated powder fertiliser that ye just put a little handful o' round each plant—a real dirty, heavy job. I always wore gloves, people wore gloves. I didn't get any skin troubles from that, I don't know anybody gettin' it but obviously some people could have.

It wis a garden spade you did the plantin' with, an ordinary garden spade. There wis no mechanical planter, no' on Ae. There is mechanical planters around and ah've seen pictures of them. But ah think they were used in real flat areas where there weren't stones and so on. Then we used the mattock, too. The mattock was a pick on one end and the other was like a blade, and that was used to make a T-slit in the bare ground and insert the tree in that and heel it in. But the main plantin' was on ploughing, ground that had been ploughed. And ye used tae take a V-notch out the ploughing and put the plant wi' the roots on the grass and the V back in and heel it in. And it had to be firm. And that was basically that. There was some ploughin', though, that wis really deep, made by a deep Cuthbertson plough, and ye had tae take a box out of it and then make the V, because it wis too deep. The key thing was to get the roots on to the grass, on to the vegetation: you planted the tree upright on top of the turf that had been turned over by the plough. And the place where the turf had come from, that was the drain.

So the tree was always planted on the ridge of turf, though in very hard, dry areas they sometimes planted in the drain. But a lot o' these drains didn't really run water, ye know, they weren't really water carriers. And also in the peaty drains they had a long nose on the plough. It made a slit so the water ran down there.

Trees for plantin' would be about a foot or nine inches high, and they came in bundles of a hundred. Mainly they were Sitka spruce, though there wis Norway spruce and larch and other species, but mainly it wis Sitka spruce planted in the forest at Ae. And you planted hundred bundles, you were paid per hundred at that time. And the real top-notch planters plant 2,000 a day. That wis hard goin'. The day lasted from eight in the mornin' till five. You didn't work overtime doin' the plantin', though there was overtime available at week-ends in the height o' the plantin' season to make sure it wis done.

You were always under pressure to plant the planned area whatever the acreage. If you can imagine a hillside that's been ploughed. Twenty or thirty acres was a compartment, divided by rides that weren't planted. The workers drew lots at the start o' the plantin' as to where you would be workin'. They had already assessed what end o' the hill they'd start wi'. You know, you'd maybe 1,400 or 1,200 acres out there, and they'd say, 'Right, we're startin' at that far end there.'

And the plants, several thousands, would all be out on sheuchs. Sheuch is a name given to the plants that were really in the drain, not a wet drain—because if it's a wet drain and you got frost it would ruin the roots—so a dry drain. And they were covered wi' turf so that the roots were covered but dry, and the tops were showin'. They'd calculated how many plants to the number o' acres per compartment, and they were laid out. They'd use a tractor and a sledge, and the plants were laid out in advance, maybe 5,000 or 10,000 in sheuchs. That would cover certain areas.

So you had the draw, everybody had the draw. It wis like the gold rush, you know! You had maybe about a hundred or ninety men millin' about, and this draw went. The names were put in, well, it wis jist a hat really, and drawn out. This ganger would tell you where you were goin'. And that started you off. You only had the draw for the first section and when you finished your section you jist progressively worked down the hill, ye know. It was either from the top or furtherest out point, or whatever: it varied.

So that would be you and, as ah say, a hundred bundles, a hundred plants to the bundle, counted in the nursery. And this is how the top notch planter would be aimin' for 2,000. But 1,500 a day was an average planter.

It's a job I loved. If I could ha' had my way at that time I would ha' planted fifty weeks o' the year, because ah loved it and ah wis good at it and ah wis fast. Ah planted over 2,000 a day. 2,400 was ma best ah planted in a day. And ah didn't feel worn out—ah still played football and so on.

Well, it was a technique. And what ah used to do was use the beatin' up period in late winter and early spring to get into the rhythm and trainin' and that for the plantin'. There wis an art in it. The art wis to separate the trees in the hundred bundle, because the roots were all tangled together. Separate them out into the bag. Always wear the plantin' bag on your back, because many o' the men dragged the plantin' bag behind them. Well, that wis heavy. But sometimes if you're plantin' pine and Sitka, or a combination o' both, you could have 200 in your bag. The bag wis exactly like a postman's bag. So you could get 200 plants in it, dependin' on the plants and so on.

I remember once plantin' larch. The Forestry Commission was plantin' an area for the Duke of Buccleuch over at Thornhill. And I was able to put 400 larch plants, which were smaller, lighter, and it wis plantin' in pure sand. And we were plantin' thir drains, ye know, jist pure sand. Ye jist needed one cut. You couldn't make a V or anything, ye know. And the sheuchs were at either end. And 400 ta'en ye down that sheuch, 400 brought ye back up. Other people couldn't do that, ye know, but I could do it.

Oh, I thoroughly enjoyed plantin'. I'm a masochist in that sort o' thing. It's like walkin', ye know. But it wis something that ye were doin' on your own. Ye weren't dependin' on anybody else to make your money. Ye were workin' for yourself. It was you what you put into it. And sometimes it wis a mental thing tae say, 'Right, ah've got to do the same'—because it's unremittin'. It's 2,000 today, it's 2,000 tomorrow, and so on. And it wis jist sheer determination, iron will power, to do it.

There weren't many of us in that class that could do that, ye know. At one time ah was the leadin' planter in the Forest of Ae. There wis a guy Alex Marshall, who unfortunately now is dead, but Alex the first year or two was faster than me at that, till ah built up ma experience. But, oh, ah got great satisfaction from the work. It wis hard work.

At that time, in ma earlier years in the forest at Ae, the Forestry Commission's policy was to go for Sitka spruce and Norway spruce and larch, ye know. There were no real policy of plantin' broad leaves—hardwood trees like oak or beech. Ah don't know why that wis the policy then. Ah think part of it might ha' been the ground conditions. Now that is all changed. Now they're highly intae environmental and diversifyin' and ye can see that in front o' the village of Ae now. The areas they're fellin' at the bottom there, you'll see the oak trees that have been left. Now that area is goin' to be planted up, not by spruce that came off there, but the new policy of hardwoods. That's a fresh felled area. If ye look up the hill in front o' the village ye can see that wis felled a year or two ago. So you're goin' tae have this different height, different stages o' forest. Instead o' havin' this big mass—huge 1,500 or 1,400 acres, all the same age, all the same thing—ye're goin' tae have this variety. Oh, I welcome that.

In ma earlier years at Ae the workers had no say in anythin'. Ye had no say in anything. You were told nothing, etc. This was the regime at the start of the '50s. This forester says tae us: 'You're not paid to think. You're jist paid tae do as you're told.' That wis the attitude then. The workers didn't discuss then among themselves why so much spruce or larch were bein' planted and not hardwood. You just took it as they gave it to you: 'Get on with it and do it. Dinnae ask any questions.' And it wis all about earnin' money. The Sitka spruce is a great tree, ye know. Right, there's a lot o' criticism, etc., o' it. But the likes o' me, you couldn't beat a Sitka spruce for plantin'. It wis easy to plant, easy to grow, and you didn't have many deaths o' the plants, and so on. Even a bad planter could get away with it, you know. And it wis a cash crop. And that's what it wis all about.

The spruce and larch were used for paper-makin' and pulp and, as the crop grew, logs for carcasin' for the buildin' trade, and pallets, and so on—sort o' rough woodwork. The pines could have been used for furniture. Douglas spruce could be used for garden furniture and some internal furniture. But the Sitka spruce and that was for rafters, telegraph poles, and so on—rougher work, not for fine wood, not for fine furniture.

Well, ah think you've got to look at government policy at that time, you know, followin' the end o' the Second War. Ye know, if you go further back in time it was to replace timber that had been used up durin' the war. Massive amounts were used and so on. And also, ah think, they had a policy then that they were goin' to save on imports and this sort o' thing too, ye know.

Wi' Sitka spruce at 25 years, 20 years, you're lookin' to thin. But there are areas—massive areas they are—that have never been thined. And the policy rolled on and you're lookin' from 35-, 40-year old to clear fell. There are whole compartments there at Ae that have never been thinned. Once they've been established at four-, five-year old, they've never had a person to look at them. They've just been left. Nothing's been done to them until they're, say, 35-, 40-year old and then they're clear felled, jist harvest wipe-out. So the spruce and larch that me and the other workers planted at Ae in the '50s began to be felled 35 or so years later.

Well, there's some of it might have been felled a bit earlier than that. You see, one o' the things they're doin' is restructurin' the forest. So, imagine it, ye have miles and miles o' forest, all maybe planted within a ten-year period, and they want tae create this diversity. So where do you start? What do you do? So some o' the trees have been clear felled earlier than that, in order to create this diversity. So they've looked at the whole thing and, 'Right, we'll have a fellin' coup here and one down here,' and so on, ye know. So some o' the trees felled might have been only 30 years old, ye know, because there wis some criticism in recent times of areas that they'd been into too quickly—tree size too small, and so on. But it wis all this rush to create this diversity. Oh, ah welcome diversity, oh, multi-purpose forestry is really what we should have, multi-purpose, ye know: wood for every purpose—buildin', furniture, burnin' as logs, and so on. And growin' at all stages. Because when you've some areas o' bare ground, 1-year-old trees and then right through to mature 50-, 60-year old trees and so on, all on a hillside, the whole o' the wildlife structure benefits frae that.

Well, thinkin' back to when ah started at Ae in the early '50s, well, you're plantin' up moorland, etc., so the effect of that is to push the birds of the moors out. But there's always some to replace it in nature, so you get the other kind o' birds coming in, ye know. And then as the timber grows up into the pole sizes—that's a tree ye could make a telegraph pole out o', a tree of twenty-odd years that you'd be thinnin', ye know—ye get another type o' bird comin' in. Ye see, in the old forest as we call it up at Ae, we'd a regular programme o' thinnins up until about '69, when we had big windblows, ye know, and vast areas were blown down by the wind. So the thinnin' programme got hit on the head. The priority was to go in and clear the areas of windblow—big areas, ye know. Oh, it wis a disaster. Into the '70s as well, you know, we had these huge areas o' windblows. So thinnin' went by the wayside. And then after that wis cleared up we were gettin' back into a thinnin' regime. Obviously some o' the crops you'd have wanted tae thin you were too late. The danger was if you'd went in and thinned they would have blew, ye know, because they were too tall, too top heavy, too whippy, and so on. They should have been thinned years ago but ye couldn't do it because it's a limited market.

And then there was the collapse of the small roundwood market for pulp, paper pulp. Ellesmere Port went out of business. There was the mill at Fort William—Corpach—and it closed. That hit the small round wood, you see. But after that you had new mills come in. There have been new investment made in the '80s, and so on. You have this big one up at Irvine in Ayrshire there and you have the various chip mills that came in, making particle board and all this sort of thing. And you have Shotton in North Wales. When the steel mills went at Shotton there wis an investment there of pulp mills. And then you have mills there at Workington in Cumbria.

Well, in 1996 the small roundwood market collapsed again. There wis a hundred, I estimate, contractors paid off in Dumfries and Galloway. Shotton lost several paper-makin' contracts then, big orders for paper. And they had something like 40,000 tons sittin' in their yard, and God knows how many thousands o' tons sittin' in the pipeline, ye know. But the log market wis still goin' on, so you were left wi' a problem. So thinnins wis the first thing—stop thinnins o' smaller-sized trees. And the chipboard there were problems there—fires at a couple o' mills, ye know. So in forestry there are forces difficult to control: the forces of nature, the market for timber, and government policy.

Government policy is one o' the major things. Another one is international: the price o' the dollar and so on has a big effect. And also now wi' the break-up o' the Soviet Union ye get Estonia and Latvia and places like that. And it only needs a boat-load o' Estonian timber tae come in here and it knocks back the whole o' the saw log market, ye know. And that happened in 1995, ye know. So you've these factors. If they had the infrastructure in the old Soviet Union there is no way we could compete, because they would be sellin' timber so cheap. But it's the problem o' gettin' it from their forest to the docks: they don't have the roads and so on to do it. The market is only protected as long as that remains the same. They do get the occasional boat-load comin' in tae this country. It creates a problem, because you've got marvellous timber, high quality, comin' from there very cheaply.

It's spruce. I've seen some o' it at the mill at Carlisle. It wis quite interestin'. Every log had to be peeled, the bark taken off it, to do away wi' bugs and insects comin' in wi' disease and that. They were huge logs. But every log also had to go through an X-ray machine, because there's so much shrapnel and bullets in it from the Second World War. This machine could pick them out—it's all conveyor belt stuff down there in Carlisle. And they were put to one side, and then somebody come along wi' a hand-held and tried to reconvert the logs, cut the area out that was affected wi' the shrapnel and so on, and save what they could. So that's their only problem with it.

Well, in this country there is a wee problem now, there is an area o' concern wi' timber grown in this country. And that's the switch from lead shot to steel shot. The switch from lead shot is because swans and birds they die wi' the lead. But steel shot—somebody shootin' pheasant or somethin' like that—it beds in the tree and remains there, and then it's goin' through their mills and damagin' the teeth o' their saws and chippers and so on. It's serious enough that the Home Grown Timber Advisory Committee have been examinin' the problem. The lead shot it's soft, well, ah don't think it blunts the teeth o' the saws in the mills.

A major concern in forestry is accidents. If you go back to the axe felling: I went felling in ma early years in the forest and it wis usin' a cross-cut saw and axe. The cuts were quite bad wi' an axe, you know. But then in the start o' the '60s they moved to chainsaws. And the first chainsaws were really used to cut the tree off. And then after a year or two in the early '60s the lighter chainsaw came in. So everybody had a chainsaw that was on the felling. And you then cut the tree off and then you used the chainsaw to take the branches off—that's snedding.

And extraction of the cut timber then from the woods was still by horse. But it changed from sulkies to haulin' the tree from the stump. The guy would hook on two or three trees and the horse would skid it out. And then we changed to tractors, and the tractors skidded the timber out. And the technique at the road side changed. Trees were gettin' bigger so they needed to move to tractors. When they were usin' the horse the conversion o' the trees into lengths—pulp lengths, stob lengths, or even log lengths—at the roadside was by sawbench, and it wis generally about a three-man team that converted. Then when everybody had a chainsaw we worked in teams then. That wis partly for safety and partly because it wis the most economical way to do it. Ye had a team centred round either a horse or, as ah say, later on, a tractor. And you'd have the tractorman and possibly about three people felling to him. The key wis to keep everythin' rollin', ye know, keep the tractor fully occupied. And also it wis easier to supervise and calculate for payments and all sorts o' things, and more practical to get amounts o' timber out at the roadside.

And at that time Ellesmere Port for pulp was still on the go, and you cut wood for pulp about three feet ten in lengths, that wis ideal lengths for this pulp, and it wis all hand-loaded on to waggons. They used to have four-wheelers and six wheelers. But then it changed to articulated vehicles. Ah loaded the first artic that come in tae Ae. It wis an enormous thing. The height o' the floor o' the artic was about head high, ye know. What a job loadin' these things! There wis no lift—it wis all by hand. Oh, it wis done with great difficulty, with great effort. Once the floor had been built and so on, it was basically two rows the full length o' the waggon. There were pins tae hold it on at the end. Somebody would get up on the load and you would throw it up to them. Oh, it was heavy, heavy, heavy work.

And quite dangerous, too. Ah fell off the very top o' a load once, on to ma back. Ah realised ah wis nearly at the ground and threw ma arms out and slapped the ground, and that helped to break the fall. Well, you've the height o' the floor o' the waggon, which is five feet odds, then the height o' the load, which would be another five or so.

But the accidents then changed from the '60s—chainsaw accidents, bad cuts, some o' them horrendous cuts. Well, ah don't know any fatal accidents on Ae or with the chainsaw. But ah've known o' cuts o' 120 stitches. And some o' them near fatal, ye know, wi' the amount o' blood lost and so on. But a lot o' the cuts were to the foot and the hands.

The other thing that started tae happen wis from that time it became a rat race. In the days o' the axe it wis somethin' quite nice, and ye had time. And, right, if ye lost ten minutes it didn't matter. But lose ten minutes wi' the chainsaw and that wis trees gone, ye know. And it wis difficult tae make it up, ye never made it up, because by that time work-study had got involved.

Work-study came in in the later '50s while we were still usin' the axe and we were still usin' sulkies tae extract. And the Forestry Commission changed the system. Work-study was really responsible for that. The studies showed this system was uneconomic. So we switched from cross-cut saws to bow saws. So you had a man usin' a bow saw to cut thir small trees down, thir thinnins, ye know. But bow saws werenae practical on a big tree. But they changed the whole system. Instead o' carryin' the trees out and stackin' them in the racks, the horse extracted the felled tree from the stump—which changed the whole system. It wis harder on the horse but lighter on the man. And then, as ah say—the chainsaw.

Ah seen the results o' chainsaw accidents. Ah didn't actually see it happen. But ah've carried people out and bandaged people up and so on wi' the chainsaw cuts. One o' the problems wis you were often workin' far away from any first-aid. I burst a finger there about 1952 and I had to walk, I reckon it must be about eight miles. There weren't even a bandage where we were workin', not a bandage. In the early days the workers we didn't carry any first-aid kits, and there wis no first-aid man. That came much, much, much later.

First-aid really came in when chainsaws came into their own and everybody had an individual first-aid kit, and ye had a team kit. The first-aid trainin' then was all volunteers. Ye used tae go at night voluntary and take the St John's Ambulance or Red Cross and get up to certificate level, and renew your certificate or do it every year. But the certificate was generally for three years. I did that personally. And then that changed. The Forestry Commission were audited by the Health and Safety Executive in the '70s and they come out of it very, very badly. And what happened wis everybody goes for an annual one-day first-aid course, a basic one day. But other people are designated as the first-aider and they do this certificate, which I think is a week now or something like that. It's either in-house or at one o' the colleges or somethin' like that.

Well, this is what happened when it became a rat race. In the time o' the horse, if a tree hung up and ye couldnae move it—ye know, there are various means o' tryin' tae move it, by tongs or usin' a pole and so on, slidin' it back, and one thing and another, because it's probably lyin' at 45 degrees on tae another tree, or tryin' tae roll it intae a gap—the horseman'd come and the horse would pull it down. So that wisnae a problem. But then when ye moved on tae individuals usin' a chainsaw people did naughty things. They would go in and fell the tree that the leanin' tree wis on. And this is when ye get deaths. An old mate o' mine, he's now dead, but he hung this tree up. But it wis really in the gap. And there wis a small tree that he felled, ye know, in order tae help this down. And it didnae fall, it wis still there. So he wis sneddin' this thing out and suddenly this thing came down. Well, he wis workin' wi' his shirt off and it ta'en the skin off his shoulder. He wis very, very lucky, ye know. He could have been killed. But even now, even now, even after all that time, and the old Safety Council and F.A.S.T.C.O., as it is now, issuin' safety guides, etc., people are still bein' killed that way. There wis a death at the beginnin' o' 1996, and that's what happened. This guy, a leanin' tree, ta'en an easy option, tried tae fell the tree it wis on, and—dead.

In the end of the '80s the Select Committee in the House o' Commons had an enquiry into health and safety in forestry, and I gave evidence to that Select Committee. Ah went tae Westminster, in front o' the Committee—quite a dauntin' experience, a forest worker givin' evidence. The people givin' evidence before us wis from the Department o' the Environment—all civil servants, who knew the MPs by first name, and so on. Jerry Wiggin wis the chair o' the Select Committee.[175] And, oh, it wis a polished performance. Then it wis our turn and I said tae Ivan Monkton, a forest worker member of the National Committee of the agricultural and allied workers in the Transport & General Workers' Union, ah says, 'Look here,' ah says, 'there's no way we can speak to our paper.' Ah says, 'The only way we can do this is tell them as it is, as it is in the woods.' And he says, 'Aye,' he says, 'I agree to that and,' he says, 'you're leadin' for our team!' Ye know: 'You—get on wi' it!' So I told them as it was in the woods and it was a complete revelation to these people, ye know. They'd never experienced this. They're used tae this polished performance and papers and documents. We jist told them life as it was, ye know, about lads wi' cuts.

At that time—they seem to have gone away from that now—lads used tae boast in the pubs and show their scars from cuts and say, 'Oh, that wis no cut at a'. He'd only six stitches.' My description at the Select Committee was that the lads bore the cuts like the sabre scars, ye know, of the old Prussian officers. And there were great pride in these cuts, ye know. I wis determined to put an end to that, and seen this as a way of doin' it.

So the government accepted that recommendation that there should be an enquiry. And they did have an enquiry into it. Now I was a member at that time of the old Forestry Safety Council . And they said, 'Look, you're responsible for this.' The Safety Council was asked by the government to look intae it. So ah wis a member o' this subcommittee. So ah followed it all the way through. The chairman was John Zehetmayr, an ex-Forestry Commissioner, and they produced the Zehetmayr Report in about '91.[176] You see, in my evidence I was allegin' that forestry was in the top three most dangerous industries in the country. But at the end o' their report they said forestry's in the top seven. I had no evidence to say it wis in the top three other than purely what I saw in the woods, and nobody could say that it wasn't. The other two most dangerous industries were mining and fishing. But the Zehetmayr Report also said we were in the top five for deaths. And only major disasters like Piper Alpha in the oil industry were worse really, ye know.[177] So we had proved a case, we were one o' the most dangerous industries.

Out o' that Report, too, was born F.A.S.T.C.O.—the Forestry and Arboriculture Safety and Training Council. They'd brought in arboriculture.

Now we find that the Forestry Commission are goin' through this witch hunt, like all government departments—cutback in money. They cut £10 million out o' their budget in 1995, and the same the followin' year, and so on. And they had to get rid of ten per cent of the non-industrial staff. So that wis 200 forester and clerical jobs tae go. So they jist said, 'Right, two o' these.' One o' the jobs tae go wis to be one o' the Regional Safety Officers. There had been two Regional Safety Officers for the whole o' Britain. So that wis a fifty per cent cut. One o' them wis based on Ae. His area wis from York to the north o' Scotland, and the other guy did from York to the south. They were front line safety officers. So one o' them had to go by March 1997. So had the other 200 forester and clerical jobs. The remainin' Safety Officer wis to be moved into headquarters, to assist the Forest Enterprise Safety Officer. The Forest Authority also had a safety officer and his assistant based in Edinburgh headquarters. The assistant retired in 1996 and wis not bein' replaced. So that's a fifty per cent cut.

Also the thing that alarmed me wis six forestry contractors' deaths in the first half o' 1996. In March 1996 I raised this at the Home-grown Timber Advisory Committee. I says, 'There've been four deaths since Christmas and ah've got a note in front o' me sayin' there's been another death this week in Wales.'

They had a lad killed by a windblown tree in Wales. So ah says, 'It's now five deaths.' And after that there wis one in Northern Ireland. So there wis six deaths o' contractors in six months. So obviously the unions were fightin' this, ye know, both the non-industrial and the industrial unions were fightin' this.

So forestry's a very dangerous industry you've got to be on top of. Those deaths all occurred amongst contractors. And the concern of F.A.S.T.C.O., the concern of us all, wis how do we get the message to these people. In the Forestry Commission the death rate wasn't so high. There have been some years where there have been a death, in others not. But even with all the safety measures in place the death roll wis still high.

F.A.S.T.C.O. were holdin' seminars in different parts o' the country tae take the message out to these people, but it's limited by finance. They can only hold them in the winter—because these guys in private contractin' will be workin' at nights and so on—in order to get them to come along and hear the message. But the responsibility for supervision o' contractors isn't really the Forestry Commission's foresters, ye know. It's really the contractor himself or his subcontractor that's responsible. A lot o' these people tend tae ignore the safety equipment. They don't have winches tae pull trees down wi', or if they've got them they're in the van, and so on. They think that wearin' a helmet—'Ah won't bother.'

At Ae, when that clear fell of trees was done, the guy that had the contract wis warned, 'Wear your helmet here at all times', etc. They were tellin' him every day. But he wis fly. He wasn't wearin' a helmet and lookin' out for Forestry Commission vans. But unknown to him there wis a Health and Safety Executive course on there, and they came by this day. He had no helmet on, so they told him about it. He put the helmet on, and the next day when they came by again he'd no helmet on again. So they put an enforcement order on him, ye know. But this is what they do—take unjustified risks, and there's this need tae earn.

Also you've got exploitation. This German contractor employed these Portuguese workers down in Galloway. They made their way from Portugal to Germany, then he bussed them across to Scotland. And he told them, 'Now Scotland is wet. You'll need a raincoat and Wellinton boots,' ye know. And their purpose was to collect foliage off Noble fir and that for makin' wreaths and so on at Christmas time. So he gets them here and houses them in caravans down Newton Stewart way. And he wis payin' them somethin' like £20 a week. They were paid on a certain weight o' foliage—they produced their bundles. So no trainin', no supervision, and so on. So this Portuguese worker fell out the tree and badly damaged his back. He landed in hospital. He had no English. And the local Labour Party found out about this and they got a Portuguese speaker and the tale unfolded. By this time the other Portuguese workers had all gone back home, and he was left stranded. So they ta'en it up wi' Forest Enterprise, and to Forest Enterprise's credit they got the guy back to Portugal, ye know.

But at the same time it raises the questions. Forest Enterprise should have seen what wis goin' on, that these Portuguese guys had only a belt tae strap theirsel' tae the tree, and the belt had tae be unbuckled tae get them further up the tree, and so on. They had no proper safety equipment for climbin'—climbin' in Wellin'ton boots, wet weather. And, well, the conditions these Portuguese guys were livin' in wis appallin'. They were reduced tae beggin' in the streets o' Newton Stewart because they had no money. Ah'm not sure how many o' them there were but there wis an article about them in *The Landworker*. The case wis taken up by the Euro MP Alex Smith and questions were bein' asked in Europe on this. The Health and Safety Executive were drawn into it and the matter wis pursued. It wis exploitation o' the highest order.[178] But at the same time I hold Forest Enterprise responsible, too. You don't sell somebody the foliage and say, 'He's a sub-contractor.' You must go and see what they're doin'. They could be doin' all sorts o' damage to your trees. You're bound to see those people climbin', you're bound to realise what's goin' on. You must be aware, ye know. So somebody there wis at fault, too.

Well, when ah came to Ae at the end o' 1951 there were no union. And it must ha' been about the end o' 52 there wis an attempt by the then Scottish Farm Servants' Section o' the Transport and General Workers to unionise. The Section covered forestry workers and agricultural workers. But the workforce at Ae then wis very fluid, ye know, there were people comin' and goin'. Some people would only work a day or two wi' the Commission and say, 'Oh, this isn't for me,' you know. They'd arrive out in a pair o' brown shoes, suede shoes, or somethin' and get intae a drain, ye know. There were no supplies o' Wellin'ton boots or that. You had to provide all your own clothin'. It wis only in later years, much, much later, the end o' the '50s or thereabout, when Health and Safety came into it that protective clothin' came into it. So there wis an attempt then, at the end o' '52, and a number o' us joined the union. Then it fell away, ye know, because the money had all to be collected physically every week and so on, and people dropped out and for various reasons it collapsed. And then there wis various other aborted attempts. I even had an attempt at it somewhere about 1953, '54, but ah wis no' long married then and it wis difficult. And then we did get it goin' and I did a spell as branch secretary but there wis too much pressure on me so I gave it up. Joe Horton ta'en it on and that went so long and then it fell away. And then it restarted again.

But the real turnabout came in the early '60s, because I determined masel' that this couldnae go on. And ah didn't like the system o' the Forestry Commission either. I thought, 'This has all got to change,' ye know. 'This business o' sayin' you're not paid to think.' That didn't go down well with me at all. I thought, 'The whole system has got to change. So when the next opportunity comes I'm goin' to be ready and I'm goin' to take it.' Joe Horton wis good, but he wis a guy that people fell out with, and he tried to steamroll over people, ye know, and he would only tolerate his own views, etc. I thought, 'Well, he's got to go.' So it was electoral year and at the branch elections I had everythin' in place and we ousted Joe and I ta'en over as branch secretary—much to Joe's disgust. He wouldnae take a post, ye know, there wis an offer o' a post tae him in the branch, he wouldnae take that. So Joe wis jist an ordinary member after that. And I was branch secretary o' the union for 35 years from '61 right up until I retired in 1996.

At that time, in '61, numbers o' workers at Ae forest had been greatly reduced. The big plantins were comin' tae an end, etc., so they didn't need so many people. The nursery and that wis gone. There were only two women, or not more than three, I think, at that time—that's industrials like. So the workforce was comin' down. But one o' the first things ah did—it ta'en a little while—but at one time ah had everybody a member o' the union. That wis important.

And at that time, too, the head forester Jimmy Reid, who was there when ah had started the job in '51, had gone and we had a new forester. They were now called chief foresters. And it was a guy named Jamieson. He's now dead. But he really was a terrible man. Jamieson fell out with everybody, even the mildest forest worker. So every week was a battle. He was an authoritarian.

Every Thursday night I used to request a meetin' with him. It would be a one to one. They'd built a new office at Ae by this time, a three-roomed thing. And the old office was still there across the road, the original wooden hut. Jamieson would pay us out in the old office. We were still gettin' paid manually then, ye know. And you went in and signed for your pay. Oh, it wis like the army. You didnae salute but there wis a guy on the door and he shouted out your name and there were hell tae pay, ye know, if ye were kind o' dozin' or bletherin' tae your mates at the back and ye'd missed your turn, ye know! This is the thing that got me. When ah came in '51 and that it was virtually on military lines, ye know—officers and men. But in Jimmy Reid's time there were only one other forester really allowed intae the office. Some o' the other foresters they would get in that waggon wi' us and go to wherever we were goin' and be dumped on a hillside and the waggon went and we were left up there in all sorts o' weather, hail, rain, whatever, and they—the foresters, the officers—were there with you all day, ye know. They were rarely in the office in Jimmy Reid's day, only tae hand in time sheets and that. And book work they did it at home, and they never seen the mail and things like this. It wis dreadful, dreadful. There were no communication, nothing. Ye had no input intae anything: 'Do as you're told!'

So Bobby Jamieson and I had battle royals. I used tae wait on him comin' out the office. I'd make a request when ah wis signin' for ma pay, ye know, and when he came out he'd say, 'Well, what is it?' And I would tell him. And ah knew ah had him, ye know. He would never go back on his decision. I done everything by the book. I said, 'There's only one way tae beat him—by the book.' And people at that time recognised it and they were in fear of him anyway, ye know. Oh, there wis intimidation without a doubt. So that strengthened ma hand, havin' a hundred per cent union membership.

But I did everything by the book and I'd say, 'Right, failure to agree.' Jamieson's ears used tae turn purple. Ah knew ah had him. Ah wis happy and relaxed totally inside and he wis jumpin', ye know. And if he started tae spit, ye know, wi' excitement, I did the same. But inside I was OK. I was total master o' what I wis doin'.

And at that time the district officer, who was responsible for the forest at Ae, Lockerbie and Moffat forest, he had an office in Moffat that wis totally separate, and he'd come once a month sort o' thing to Ae. I would say to Jamieson, 'Right, the procedure's there. I ask for a meetin' wi' the district officer.' Well, he had tae respond within ten days tae that, ye see. And the district officer wis a guy called Stirlin' at that time. And he jist accepted everythin' Jamieson said. So—failure to agree. I would then request it in writin', and it would go tae Dumfries. And the full-time official o' the Transport & General Workers' Union, who was Henry Crawford, who lived over at Galashiels then, had to come down, ye know. And he wis gettin' fed up wi' this, and Dumfries wis gettin' fed up wi' this, ye know. This was nearly every week, we had our failures to agree, a constant thing all the time. So they removed Stirlin' and we got a new district officer called Stanley Robertson, and ah always remember ma first meetin' with him.

It wis a winter's night and it wis lashin' rain and it wis dark, and they had this Tilly lamp goin', and you're at the old hut signin' for your pay. And ah had ma helmet on, ye know—just on purpose ah'd kept the helmet on, because when you sign for your pay you lean forward and all the water runs off your helmet on to all Jamieson's papers! It wis jist tae spark him off because, ye know, we had a dispute in the fellin' teams at that time that we weren't gettin' paid for the waste. And we knew this. Well, we were at the stage o' jist changin' from the axe tae the chainsaw. We were usin' chainsaws tae cut off but there were a lot o' waste and ye'd maybe be in a compartment o' thinnins for, oh, a month or two at a time. And ye didn't get paid this square-up until the end, and it wis difficult tae trace. But we knew Jamieson wis swindlin' us.

So ah went in tae the old hut this wet winter's night. Ah splashed water over Jamieson's papers off ma helmet, and he's tryin' tae dry this off, ye know, and ah said tae him, ah says: 'Ah want a meetin' regardin' this non-payment o' the waste.' And ah says, 'Ah want a meetin' wi' the district officer.' And Jamieson never said anythin', he jist rolled his eyes up intae the corner. And here's this figure standin' in oil-skins, sou'wester, and a big moustache. And that wis the new district officer Stanley Robertson. And he says, 'Ah don't know what ye're talkin' about,' he says, 'but ah'll have a meetin' with you and if you give me a fortnight ah'll look intae it.'

So in a fortnight's time we were up the wood fellin' and this forester came in a great panic and got us into the van and ran us round tae another part o' the forest where other woodcutters were. About maybe a dozen men or so involved in the fellin' at that time were all there. And here's Jamieson and Stanley Robertson. And Robertson says, 'Mr Brack asked me to investigate this,' and he said, 'I've investigated it and I've found that Mr Jamieson has been swindlin' ye out o' this and he won't do it again.' And he listed all the faults, all the things, and he ripped Jamieson off right in front o' us. And that wis the end o' Jamieson. That finished him. He ta'en ill health after that, ye know, he retired on ill health. But ah'd won, ye know.

And also at that time we used tae have a fire home standby thing that operated from early March right through to the summer, and Jamieson would only have people in the village of Ae on that roster, though the national agreement said all workers could go on it. So I'm goin' by the book: I insisted that all workers could go on the roster. And Jamieson wouldnae entertain that. So ah ta'en it through the procedures and it went national, ye se. And nationally they agreed a change o' workin'. And at that time ye used tae be paid something like, oh, old ten shillins or somethin', or thirty shillins or somethin' like that, some triflin' sum for this. You'd be at home—Jamieson wouldn't let you go to the church or anything when you were on fire standby. Jimmy Reid, who wis the forester before him, would say, 'Right, it's from ten o'clock on the Saturday mornin' tae five o'clock.' So people could go to the pub or whatever. And on a Sunday I would say to Jimmy Reid, 'Look, I've the church on Sunday,' or somethin' like that. 'Oh, put in a word for me,' Jimmy Reid would say, 'Ah'll get a good fire-fightin' team,' or somethin' like that, ye know. I would say, 'I'll be back efter twelve o'clock, the church's only eleven tae twelve.' So Jimmy Reid wis reasonable. Jamieson wouldnae, and he would come round the doors to see that you were in, ye know. People comin' out their bed on a Sunday mornin' havin' a lie-in, they'd had a hard week, ye know. So I thought, 'That's it.' So that ended, and they changed it so that ye got paid the overtime rate for all the hours involved. But anybody doin' it now gets the appropriate overtime rates, so there's double time and time-and-a-half, and time-and-a-third, and a' this. So that wis a major victory won.

Well, everybody at Ae wis in the union at that time. There wis resistance at the start tae joinin' but ah overcame it, ye know. Ah browbeat them intae it and suddenly they realised they had problems wi' Jamieson. He wis the best recruiter I ever had, ye know. They joined the union through fear o' him. Many o' the workers coming to work in the forest at Ae had never been in a union before. There were a lot o' them farm workers, ex-shepherds and dairymen, and people like that that came. But in later years, before the government changed the

legislation in the '80s, and when Alan Young came as the new chief forester—
Alan Young wis a totally good boss, ye know—and Bill Murray followin' him, it
was a more relaxed place. People then tried tae drop out o' the union and so on.
So I jist adopted a policy of, 'Right. We won't work wi' ye. Right?' And ah ex-
tended that to some o' the other forests. But after the government changed the
legislation in the '80s one or two members dropped out. They've a right not to
be in a union, ah've lost them. But up to ah retired in 1996 there were still just
a few o' the workers at Ae who were not in the Transport & General Workers'
Union. So we had a record o' success in the Forest of Ae.

In the early '60s we were faced wi' a rival union—the General & Municipal
Workers—but we killed them off. They had odd members in south Scotland
but really they were doin' nothin' for them. And really as far as south Scotland
went there wis some out on Arran. That's the only place they've ever retained
them. But as far as the rest o' south Scotland went, we killed that off, because
the Transport & General, through originally the old Scottish Farm Servants'
Union, had always organised forestry workers. Then there was some odd mem-
bers o' the old Agricultural Workers' Union, the English union, through in the
Borders. But ah think it wis mainly a personal thing wi' some. They were a wee
hard core. But the Agricultural Workers' Union came into the Transport & Gen-
eral.[179] And the T. & G.W.U. their structure is trade groups. Before that we were
tagged on tae the Food, Drink and Tobacco trade group like a dog's tail: Food,
Drink and Tobacco, Agriculture and Forestry. But when the National Union of
Agricultural Workers came in they created a new trade group, the Agriculture
and Allied Workers.

Lookin' back on ma workin' life ma job in forestry gave me the most satis-
faction without a doubt. The forestry work really fell intae about three phases.
Ye know, there was the time on forest management, as we call it—the plantin'
spell. And when the big plantins ended I was doin' part-time wood-cuttin' in
the summer. But then ah went full-time wood-cuttin'. Ah wis really twenty
years at that. And then ah moved intae mark and tariff, ye know, and that was ma
last work for the last fifteen years up tae ah retired in 1996.

The union wanted my history when I retired, because I wis goin' to be pre-
sented wi' its gold medal. The qualification is 35 years' membership and
outstandin' service, so ah had tae provide the dates and so on. So ah went from
union branch secretary—a small branch, as Ae was—to bein' on the General
Executive Council o' the Transport & General Workers' Union, which is some-
thing, in '84-'85. Ah wis thirteen years on the union's Regional Committee for
Scotland, four years on the National Committee, Food, Drink and Tobacco, and
thirteen years on the new trade group as ah told ye, the National Committee,
Agricultural and Allied Workers, from '82 to '95, with one year as chair. And
then I wis 29 years—17 years as chairman—on the Regional Trade Group, which
is the old Scottish Farm Workers' Sectional Committee. Ah wis 28 years on the

Dumfries District Committee, and 31 years on the Dumfries Trade Group for Agriculture and Forestry. And I was the first forest worker from the Transport & General Workers on the Forestry Commission Trades Council, that's the negotiating body on wages and conditions in forestry. I replaced full-time officials on there. I wis seventeen years on that. And I was national chair of the Forest Unions' Action Group for four years and led it durin' the campaign against outright privatisation o' the Forestry Commission. I was seven years on the Forestry Trainin' Safety Council, includin' F.A.S.T.C.O., and eight years on the Home Grown Timber Advisory Committee. It's the principal advisory committee to government on forestry, and it consists o' the whole trade—the companies, the Forestry Commission, etc. Ah did seven years on the South Scotland Forestry Advisory Committee. And I've attended thirteen Scottish Trades Union Congresses consecutively, three British T.U.C.s, and I've been to three Biennial Delegate Conferences, the policy making body o' the Transport & General Workers' Union. I've attended twelve international conferences or international visits. I've been to the International Labour Organisation in Geneva. Its Forestry Committee meets every ten years for a fortnight. It's a tripartite conference: two people from the T.U.C., two from the Confederation of British Industry, and two from government. I went to the International Plantation Workers' Conference in Hungary in '88 and I was elected to the presidium o' that! I was six years on the Scottish Vocational Education Council. And I've been a foster parent for twenty-odd years. And I've got the British Empire Medal. It was in '88, for services to forestry and to the trade union. The B.E.M. wis the workers' award, ye know. Ye no longer get that. It's a very class-structured thing, isn't it? At that time, if you were a forester, you would get the M.B.E. If you were a worker you'd get the B.E.M. But now you would get the M.B.E. So that's it.

Tom Murray

I WAS BORN on the 2nd of August 1900 in Aberdeenshire, on the farm of Easter Tolmauds, Tornaveen. The family, of which I was the oldest, consisted of eight—six girls and two boys. Some of them were born further south later on.

My mother—Anne Cargill was her name—was the daughter of parents who had a small hostelry called Inver Inn, halfway between Braemar and Ballater. I never knew her parents, they were both dead quite a few years before I was born. My mother was actually reared from childhood by her aunt Margaret McHardy, at Wester Tolmauds, a small farm not far from where I was born. Margaret McHardy was a very stern sort of character but evidently a very good farmer, and she reared my mother and her brother Colin Cargill.

My mother's specialty was Burns's poems and songs, particularly his poems. She could recite Burns's poems at great length and very effectively. I think my mother was burdened with too big a family, as I say there were eight of us. I think the Chinese policy of one child per head would have been better than some of the overloaded families that existed in those days. My mother died in 1918, and from then my oldest sister Margaret, who was a year and a half or thereabout younger than me, was really the housekeeper and it was a pretty strenuous job for a young girl like her. However, she did it very well. Then Margaret trained as a nurse, became a nurse in Edinburgh then went to London, where she got married.

As I say, I never knew my mother's parents. Nor did I know my father's either—well, I knew Granny Murray, my father's mother, slightly. But my grandfather—same name

'I was called up myself in 1918. I remember my mother coming down the stair with a piece of paper in her hand when I was coming into the house. She was crying. This was my medical notice in anticipation of being called up... I remember families getting word of one son killed then another son killed. In one case there were four sons killed in a family not far from where we stayed: all the sons of the family were blotted out—a terrible business.'

as myself, Thomas Murray—was born in Caithness. He was a draper but by study he became a clergyman in the Free Church of Scotland. I think he was in some Free Church theological college in Aberdeen before he qualified. He became a minister in the little church of Bankhead, Midmar, Aberdeenshire. He died, I think, round about 1899 or 1900. He was in many respects a remarkable man in so far as he didn't confine himself to the rather restricted sphere of theology. He was, for example, greatly interested in Darwinian theory. In fact, I profited from that by inheriting some of the books which he had: *Darwinism, its Works and Wonders*, I think, was one of the titles. He also had *My Schools and Schoolmasters* by Hugh Miller.[180] He was—using the term in its broadest sense— very catholic in his interests. From what I heard from my father my grandfather was quite an emphatic and consistent member of the Church and was recognised in the locality as a good preacher.

I remember my father told me about an incident that occurred in the parish. Ministers had a glebe which they cultivated, and the minister's man who did the work used to make carrying bags for himself, one of which was from a fertiliser bag printed 'Crushed Bones'. This rather stupid man put it on his back with those words shining out, and he was known in the locality ever after as Crushed Bones.

My grandfather's church was not far from where I was born and I went to it as a child, to the Sunday School. Grandfather and Granny Murray were buried not in the churchyard but on the banks of a little river near Bankhead Church.

My father was unfortunately afflicted with a peculiar optical disability. His eyesight couldn't be dealt with by spectacles. The result was that when I was old enough I used to do practically all his reading for him. That gave me considerable education because he was a rather intelligent man, greatly interested in local, national and international affairs.

As I have indicated already I was very fortunate to inherit and get access to this library which my father inherited from his father. Later on as a boy I used to do a bit of herding of the sheep and collecting them up on the hill—a piece of hill land that we had. I remember I came across somebody's translation of the *Iliad* of Homer and I remember lying on a fine sunny day reading this *Iliad*. That's how I became interested in some of the more classical forms of literature at that time. I did a heck of a lot of reading of all kinds—anything that I could lay my hands on, from Nat Gould's racing stories to austere topics like Hugh Miller's geology, and so forth. I was very interested in Hugh Miller's stuff.[181]

But then I was also interested because of my reading to my father. I became greatly interested in wider aspects of public affairs. I used to bring the *Aberdeen Free Press*, the Liberal paper, up from the little shop at Tornaveen.[182] And I became so interested in the parliamentary reports and suchlike that I used to read them on my way home and when I did that I was rather reluctant to start reading them all over again to my father.

As I've said, my father was of course greatly interested in everything connected with the political scene at home and abroad. It was he who alerted me to the political importance of the defeat of the monarchy in China by Sun Yat-Sen in 1911. In his view the overthrow of the last royal house in China was one of the great events of history. And that was the beginning of my interest in China.[183]

One experience my father had was as a member of the local School Board. In those days the School Board handled the schools in the parish. He was persuaded when quite a young man to stand for election to the School Board and he got in by one solitary vote above the next candidate.

He took a great interest and was personally responsible for upgrading the school at Torphins, a village not so far from Tornaveen, to be a secondary school, with a science department and so forth. He also got Tornaveen rebuilt as a new school and did so in the face of very severe opposition from Colonel Innes of Learney. Now Colonel Innes of Learney was the Lord Pursuivant or something like that: he was the man who dealt with heraldry in Scotland. He was a very reactionary character.[184] When they were building the school the Colonel was anxious that one of the rooms should be used to accommodate the water tank, in order to save a little money. But he was defeated by the School Board in that matter. In spite of that he tried to bulldoze the building contractor into going ahead. My father got wind of this and took the necessary action. The School Board consisted of only about seven or eight people and my father organised a group to support his progressive outlook. They were overwhelmingly successful and I think they defeated Innes of Learney. They went ahead and raised the teachers' salaries, with the result that it was like a magnet for teachers round about. They all wanted to get jobs under the Kincardine O'Neil School Board. There were about three or four schools in the area.

My father was on the radical wing of the Liberal Party and in fact that was the first introduction I had to political life. He took me to an election meeting in Tornaveen old school in 1909. There I got my first taste of electioneering. My father was so good at heckling that the Liberal Party hauled him round the constituency to heckle the Conservative candidate F.E. Smith, who later became Lord Birkenhead. My father was tripping him up quite effectively evidently.[185]

Well, my father had a lease of Easter Tolmauds farm at Tornaveen from Lady Gordon Cathcart of Cluny Castle. The factor of the estate of Cluny was John Hosie, who had been at school with my father for a short time at Gordon's College in Aberdeen. Under his lease father was entitled to the drainage of certain waterlogged fields. John Hosie said to him, 'Look here, I'll take you into my confidence. If ye carry on with your Liberal activities ye're not goin' to get your fields drained by the landlord.' My father said, 'Well, if that's the case, I'll make it public.' And Hosie said, 'For God's sake, don't do that or I'll lose my job.' So my father didn't do it. I said to him afterwards, 'You know, I think you should have just gone ahead and advertised it.' It was more important to floor this reactionary woman. She had got these vast estates not only in Aberdeenshire but up in Ross-shire and over in the islands—I don't know where all the Cluny Estates were—but she got them by a simple quirk as it were in a will. And she married this stupid man Sir Gordon Cathcart, a baronet. He was an utter nit-wit. I remember him quite well. He was a silly man, och, the way he carried on. But she got a title, and so on.[186]

My father being handicapped by his bad eyesight he could only do a limited amount of farm work. Certain jobs he could not do. For example, he couldn't plough because it needs a straight eye for the ploughing. But there was a couple of ploughmen and a cattleman employed on our farm, because he couldn't do the job himself. He could do the cattle not so bad. He did a good deal with the cattle and some pigs and sheep. He was capable in a way of looking after the farm, although on reflection it must have been a very severe strain on him because of his eyesight. He couldn't even read enormous letters—they were blurred. But of course he instinctively did certain things on the land, which is possible without having perfect eyesight. So he pursued the matter as best he could.

I have good recollections of my school days at Tornaveen. I went to school in 1906 with my sister Margaret, who was a year and a half or thereabout younger than me. I was kept back a year before I went to school so that the two of us could go together at Tornaveen. She was about five then. We were at Tornaveen School in the parish of Kincardine O'Neil the next seven or eight years.

We had three teachers that I recall particularly. One of them was a drunken character and was always in a bad temper next day. He used to thrash the children with a strap, mercilessly, because he would be sitting in the room and fall asleep while he was supposed to be teaching us. We were so incensed we decided—I must only have been eight or nine years of age—we would wait till he went away at night and pinch the strap and throw it away. And that we did.

I think Tornaveen School would be regarded as a good one to be at. It was a two-teacher school—a headteacher and a woman teacher. We got a lot of very interesting history and geography in that school. We were taken out to the fields occasionally too and given some nature study.

One of the peculiar stunts that the boys got into was to climb up spruce trees that were quite near and slide down the branches from a good distance up. I don't know why some of us weren't killed but we survived.

I was never brilliant at the school, never brilliant. I was a complete dud when it came to passing exams. I always dreaded examinations. In fact, I once deliberately stayed away from school because there was an exam on and I was sure I would fail. Some subjects I wasn't very great at. Maths I was only reasonably successful in, but I was very successful in English composition. I was highly commended for an essay on the subject, 'The sagacity of a rat.' That side of things I was quite good at. But of course my main intellectual interest was in reading. I read widely, everything I could lay my hands on, all kinds of stories. But my schooling wasn't a highlight of my experience. I enjoyed myself at school and I evidently assimilated an awful lot which I wasn't in a very good position to detail in the form of exercises like at maths. I was a bit slow in the reaction to these things: somebody else would be at the fifth line when I was at the third, that sort of thing.

I was at school up till I was just under fourteen when I left because the outbreak of the '14-'18 War occurred. By this time we were away from Tornaveen, we had shifted down to Drumlithie in Kincardineshire. It was there that I went to Mackie Academy, Stonehaven, for just one session. But it was at Mackie Academy that I met Lewis Grassic Gibbon, as he's known—his real name was James Leslie Mitchell—and the girl who later on became his wife. I've forgotten her name but she was at the school at the same time, and in fact I met her again a few years ago. James Mitchell was rather a quiet chap, he wasn't a boisterous character or anything like that. But I don't remember him sufficiently intimately to dogmatise about his character at that stage because of course we weren't anticipating that he would develop the way he did. And then I lost trace of him altogether. It was after the First War that he became a soldier or an airman.[187]

Well, I had to leave the school because of the war and the need for agricultural workers, and I worked on the land—apart from when I was called up myself in 1918 but only for three weeks—until I was 22 years of age.

The farm life of course was fairly strenuous during that period because there was a shortage of labour and a shortage of this and that. But my father still carried on as best he could in the circumstances and of course I assisted him. As I grew older I was really his right hand man, although during that period I didn't live in our farmhouse. I lived in the bothy.

Farm life and bothy life in the summer time was rather pleasant because we had all sorts of enterprises like throwing horse shoes as quoits. We had people who could play the melodeon and we had sing-songs sitting on the dyke outside the bothy. The agricultural life then was interesting enough in its way.

It was then that I began to think seriously about the war situation because I was sitting beside the railway at Drumlithie and one Red Cross hospital train after another passed up going north with wounded soldiers from the battles on the Western Front and so on. It was then that I began to say to myself, 'Surely to God there's some better way of settling international disputes than this?'

My agricultural life was somewhat more intensified probably because of the war situation. I had to do things that normally I wouldn't have been doing until I was a bit older. For example, building a stack, with sheaves from the fields. In those days you had no combine harvesters. You had just a binder with horses pulling it along and chucking out the sheaves. These were loaded into carts and taken up after the stooks had been set up to dry the stuff thoroughly.

And when it was dry it was threshed and the straw built into stacks. I was quite capable of building a stack. I was also capable of ploughing and handling horses in any capacity practically that was required on the farm. And of course it was a very useful experience later in life to look back on that. It was a practical experience of how people had to live in these circumstances.

We did all kinds of work. I castrated lambs, hundreds of them, at one time or another. And sheep-rearing—I did that, midwifery for animals: there were many calves and lambs that I helped into existence. Oh, I did everything connected with agriculture on an upland hill farm, where there's more variety than in the flat plain where they just maybe grow mostly wheat or something like that.

There were annual ploughing matches. These were really festive occasions. The ploughing match in the vicinity was attended by expert ploughmen from all over the place. They had maybe twenty or thirty entrants and a big field was set aside by a farmer. They all ploughed with horses of course. And a very amusing aspect of this annual ploughing match: local worthies used always to fill the local parish minister Rev. Smith drunk. And on one occasion when I was at this ploughing match I saw Rev. Smith being laid out in the bottom of a farm cart, with the rain pouring down, and carted home to his manse.

The position of agriculture was beginning to change by mechanisation. My father got the first binder—reaper and binder was the proper title—in our district and a lot of people said, 'Oh, it'll never work on oor land. There's too many stones and it's too steep.' And he said, 'Oh, I think it'll work.' And everybody else was buying binders after that.

The taking up of turnips was one of the coldest jobs under the sun, especially if you went out in the early morning at seven o'clock or as soon as it was daylight. It was frosty and you had to pull these bloomin' turnips up by the shaws and top and tail them with a heuk thing. It was a cold bloomin' job, a very cold job, a rather back-breaking job.

We got up at the back of five in the morning. We went out and fed the horses and then went to our breakfast. Breakfast was provided for the single farm workers in the farm house and it generally consisted of brose—which was a concoction made with oatmeal and boiling water and salt—and maybe tea and oatcakes, a little bread. Bread was generally not dished up until tea time in the evening.

Well, having fed the horses and had our breakfast we started work at seven o'clock and worked until eleven. Then we took the horses in and fed them and we got our dinner and started again at one o'clock. And we finished work at six o'clock at night. And this was a six-day week, because there was no half-day at that stage. There used to be a saying amongst the farm workers: 'Sax o'clock on Seterday nicht, meal day and the term.' Meal day was the day that they got a half-day off to collect their oatmeal. Ye see, ye were paid in kind as well as in cash. The cash was the least important part of it in a sense. You got oatmeal and milk. If you were a married ploughman you got milk for the family.

So far as recreation was concerned we did all sorts of things. We rigged up vaulting poles and had long jumps and hop, skip and leap competitions even in the small community of a farm. We did quite a lot of that sort of thing. Then in the summertime there were local games, as we called them. And everybody went to these local games in the rural areas. They had all kinds of entertainments and competitions at them: racing, leaping, pole-vaulting, high jumping. Then in the winter we played draughts and dominoes and cards. Down at the school there were quite regular meetings of these little clubs.

One feature of life in the rural areas in Aberdeenshire I recall was the extent to which cultural societies existed. At Tornaveen there was a literary society, a Burns Club, a debating society. And I reckon that throughout Aberdeenshire there was an extraordinary proliferation of cultural societies in the villages. I think it was a marked feature of Aberdeenshire. And they had competitions between the villages, dramatic competitions, games, and so forth. It's a little bit difficult to say why this extraordinary development occurred. It may be that the educational system in Aberdeenshire was stimulated. Certainly a great many families got their children into the teaching profession. And one of the reasons why the teaching profession was popular was because there was a bequest by some wealthy joker called, I think, Reid—the Reid Bequest, I believe it was. He left a lot of money to help to finance people who couldn't afford it otherwise, to go to the college.[188] Aberdeenshire produced a very high proportion of the teachers of Scotland at that time. Well, there was a widespread interest in that form of education and I think it reflected itself in the localities in the high degree of literacy that prevailed. And there were libraries, too—local libraries—before there were county libraries. Aberdeenshire seemed to be a county that developed culturally in a remarkable way. But all that area—Aberdeenshire, Banff, and Kincardine—produced quite a number of rather distinguished people in various spheres—writers and local musicians like Scott Skinner.

I knew Scott Skinner well. He was an awful character but he was a great fiddler. I met him on a few occasions because we always had him back to the school concerts and the local musical events. He was a very attractive character but I think he was a bit fond of booze and was inclined to be intoxicated at times. But it didn't seem to affect his fiddling very much. He was really the strathspey king. Oh, aye, he was a lively character. I remember he once held my hand—he must have been having a drink—so long that the blood ceased to circulate in it! I wasn't a personal friend of Scott Skinner but I did know him quite well.[189]

The single workers on all the farms round about lived in bothies. But there were one or two cottar houses. I think we had one cottar house on my father's farm, where the married ploughman would live. The relationship between farmers and farm workers was pretty much the relationship of the employer and the employed. When I got old enough I tried to persuade one ploughman—a married ploughman at that—to join the Farm Servants' Union. I didn't have much success, although I think that ultimately I did persuade him to sign an application form for Joe Duncan's Union.[190]

My father and I were very keen that anybody working with us should be a member of a trade union, and we did our best to persuade such people to join the Union. But of course the Farm Servants' Union had a heck of a job, with members scattered all over the place. And there was a certain subservience— the subservience of certain types of farm workers. There were only a few who would assert themselves and fight for their own rights. It indicated how difficult it was to organise farm workers in those days. One had a good deal of sympathy with Joe Duncan in his efforts to persuade the farm workers of Scotland to become members. As far as I recall there were very few members, except where there were very large farms and quite a number of workers. I think the Lothians and Angus were the areas where most of the farm servants were recruited to the Union.

Well, I lived for a good long time in the bothy with the men, instead of in our house. And that also was a useful experience. But some of these places were really terrible when ye think of it. At night the rats used to come out from underneath these big flagstones and run about on the floor. I used to do a bit shooting with a twelve-bore gun.

In fact I did shooting that I will now regret to my dying day. I shot an otter, for example, once. There was no reason on earth why I should have shot it. It was a big fine otter. I'm really humanitarian in relation to animals. But in those days I was a very good shot when I was in good form. I got an awful row from my father and his brother from Aberdeen because I shot a rabbit just as they were walking along only a few yards apart—I shot the rabbit by firing in between them. I was a very good shot. When I was shooting and in good form I didn't even put the gun to my shoulder, I just lifted it and pulled the trigger and as sure as fate pheasants or grouse or rabbits or hares fell. On the other hand, I remember once firing away about twenty-five cartridges and not shooting a thing. It must have been the condition you were in at the time.

One other memory I have of farming and farmworkers was of a cattleman, Willie Norrie. I don't know whether he was with us or where he was but he was a cattleman, and he and I were walking along the road when I must have been very small, only about two and a half years of age, because my oldest sister Margaret was just a baby at the time. And Willie was telling me about his experiences as a soldier in the Boer War. Of course, he was very indignant about Kruger and Smuts and the other characters who were the leading lights among the Boers. That's the furthest back recollection I have of war.[191]

I was called up myself in 1918. I remember my mother coming down the stair with a piece of paper in her hand when I was coming into the house. She was crying. This was my medical notice in anticipation of being called up. And of course she was concerned that I would be shunted away to the war just as little more than a child. The slaughter of people in the '14-'18 War was terrible. Whole families were decimated. I remember families getting word of one son killed then another son killed. In one case there were four sons killed in a family not far from where we stayed: all the sons of the family were blotted out—a terrible business.

There were a lot of the agricultural workers volunteered to go into the army. And I remember the Territorials quite well—they used to go away for a week or so at a time for summer exercises. The Territorials were all assured that they would only be used for Home Defence. But Parliament made legislation that roped them in activities outside the country. There were shoals of them, trained soldiers, who were sent to the front in France mostly.

The outbreak of the war was a catalyst for a great many people and their ideas, and it changed a lot of things. People began to speculate. And during the war I got into correspondence with a Turk—Eskinder was his name—who was in favour of trying to get a conference of all the belligerents with a view to stopping the war. He and I corresponded. He was in Turkey. Then it suddenly stopped. I presume the authorities interfered with the correspondence. At any rate, I was beginning to get concerned about the implications of the war itself at that time. And then I was called up.

However, when I was called up I spent only three weeks in the army, in the Black Watch. I was sent to Barry camp at the other side of Montrose and learned how to do a bit of square-bashing, using a rifle to fire at a target, and throwing hand grenades into a pit. One chap who was with us lost his nerve, let the safety-pin go but held on to the hand grenade. Fortunately, it didn't kill him but it blew his hand off. That was the end of his army career.

Then I was sent back home with my uniform and all the rest of it—we carried our rifles with us. But the 1914-18 War had a very great effect on my thinking. The procession of Red Cross trains through Drumlithie with wounded soldiers going up was very significant. But apart from that, my father of course being interested in public affairs was a voracious reader of the press—or at least I did the reading for him. And I remember the communiques and stories that came about the war, the see-saw nature of the Western front, and the fearful battles of the Marne, Vimy Ridge, Passchendaele, and so on. Then as time wore on I became infected with pacifism and became a principled sort of opponent of all forms of war and preparation for war. It was not a very Marxist analysis probably, but nevertheless it was a sentiment that grew out of my Christianity probably.

But when the end of the war occurred in 1918 there was great jubilation. People were coming home. But then the country was struck with the reaction and the unemployment. The soldiers brought home weren't getting jobs. They'd expected 'The war to end war' and that they would never be treated the same as in the past and all that sort of thing.

The agricultural position deteriorated very rapidly. The Corn Production Act had been passed in 1918 by Parliament, guaranteeing prices for certain commodities and encouraging production. It was declared that in no circumstances would the Corn Production Act be repealed even if the war stopped before, I think it was, 1924. Well, the government, headed at that time by Lloyd George, ruthlessly scrapped the Corn Production Act and landed thousands and thousands of farmers on their beam ends, because all their finance had been based on the assumption that there would be so many pounds per acre of grain, and so many pounds per animal, and so forth—and that was all scrapped. It ruined my father, completely ruined him. We were really in great difficulty. There were hundreds of farms without tenants. The landlords had to do something about keeping them going in some way in the 1920s. That was the net result of the war, and the perfidious performance of the government leaders at that time.[192]

I lost my work on the land in 1922. By that time I had been completely disillusioned about the social system. In fact, I had joined the Independent Labour Party in 1919 and the Labour Party in 1922 after it opened its ranks to individual members. Even before that I had been a keen Home Ruler. In fact, I was the secretary of a small branch, in which we had twelve members, of the old Scottish Home Rule Association that I joined in 1916.[193] My early introduction to political issues and questions of theory and practice was stimulated of course by my father's radicalism and his interest in the Liberal Party and the impression I got then of Sun Yat-Sen in China, an impression that has never left me.

I remember even before the 1914-18 War during the Curragh period, when Carson was organising his forces in Northern Ireland against any suggestion of a united Ireland and so on. I remember all that. But I was tremendously impressed by the Dublin uprising in 1916. And later on the death of the lord mayor of Cork created a very profound impression because he died of starvation from being in prison. Of course, I had been predisposed to Irish Home Rule because I was a Home Ruler for Scotland. I took a good deal of interest in the Irish development at that time and the Irish situation had a very considerable effect on my outlook. Years later I went to Dublin and I got to know Jim Larkin very well and his two sons. Jim Larkin took me to the Dail, the parliament of Ireland, and told me a whole lot about the 1916 struggle and the execution of Connolly, and so on. So I was greatly impressed by the Irish situation as a whole and still am concerned about the Irish situation.[194]

Then in 1917 the Russian Revolution came as a terrible shock to everybody in this country who was in sympathy with the war. We were all for the war—and that applied to most of the population except people like John Maclean and his friends on Clydeside, who were opposed to the war and were well aware of the real implications of the whole business.[195] We were all for the war, and it was a terrible shock when the collapse of the Russian armies occurred and the release of what we thought would be hordes of German troops coming across here to Britain. But very soon there began to filter through information about Lenin. And I became interested in Lenin and what Lenin stood for. And one way or another—I don't know how, but one way or another I got to know something of Lenin's ideas. Where I got them I've no recollection. Nevertheless I became a complete convert to the purposes, and an enthusiastic supporter, of the Russian revolution—somewhat distorted of course by my pacifist tendencies at that time.

However, in 1919 I joined the Independent Labour Party, which in a rather ambivalent manner supported the Russian Revolution and yet was unwilling to face the implications of a non-pacifist stand—because we knew that the Russian Revolution wasn't based upon pacifism but on a bloody struggle against the factors in opposition to the Revolution. The Revolution itself—and I quickly learned this—was an almost bloodless affair. It was the intervention of foreign forces and the bolstering up of Denikin and Kolchak by America, Britain, France and so forth that led to the bloody struggle of the Civil War.[196]

Meantime I had begun to study what political literature of the Left I could lay my hands on. As I joined the Independent Labour Party while I was still working on the land I was detached from branch meetings and at this stage I was just a corresponding member. Later on I became involved in branch meetings.

When in 1922 I lost my work on the land because of the collapse of agriculture, by a fluke I became involved in supporting the No Licence Option of the Scotland Temperance Act, which launched a campaign against the licensed business. A bloke offered me a job as an organiser in Perth. Here I am from a rural community, plunged into this kind of thing. Well, I just took the job. I didn't know whether I would make a success of it or not. Well, for the few years I was in it I was rather successful. And of course it was a tremendous education for a rural character like me to be involved in local government, which it amounted to.[197]

The period of my activities in the Local Veto business was an opportunity that I had for a little coming and going in international affairs because I was sent as a delegate to an international conference on alcoholism held in London. They must have thought I was worth sending because I was very young at that time—only about 24 or 25. At the conference I met Lady Astor. I was asked by the Soviet Embassy, with whom by that time I was in touch for various activities, if I would read a paper they had prepared on the problem of alcoholism in the Soviet Union. I spouted this paper in my broad Scots accent and must have created the impression that I was a Russian. Lady Astor came up to me, shook my hand and said, 'First time I've had an opportunity to shake hands with a Russian.' I had to disabuse her mind about that! [198]

I continued my membership of the Independent Labour Party and the Labour Party and became a functionary to some extent in both organisations. For example, I was in the Perth branch of the Independent Labour Party when British troops were shooting down the workers in Shanghai in 1925. I got the branch to adopt a resolution which was sent to the British government, protesting against the conduct of the British troops in Shanghai. That was another stage in my association with China. [199]

So I became very active in the Independent Labour Party, went to the Party conferences, and took part in the interminable discussions that went on about parliamentarism, whether we should support the parliamentary road or not, whether we should affiliate to the Labour Party, and goodness knows all what. [200]

I was very active politically all the time I was in Perth. I had to do quite a bit of work for the local Labour candidates. At one stage I became an election agent for a candidate for the County Education Committee. In those days the Education Committee was an ad hoc body and was elected on proportional representation lines. The candidate I was supporting as the election agent was Harold Box, who was the last person to be elected under the proportional representation procedure. The counting of the votes lasted from early forenoon right on until six o'clock in the evening, before it was declared that Harold Box was successful. So that I had that intensive experience of organising a political campaign.

Then I became involved as one of the sub-agents in support of Cameron Roberts, the Labour candidate in the parliamentary election in Perth. Cameron Roberts was a very nice fellow, a rather forceful speaker. I think he was a teacher. His wife ultimately became a prominent Labour councillor in Glasgow. [201]

Sometime around then—the actual time has escaped my memory completely— I joined the National Union of Clerks. In any case I was roped into the Strike Committee in Perth during the General Strike in 1926. We had a very comprehensive and effective strike organisation which made it impossible for anyone to get out of or into Perth except with a written permission of the Strike Committee.

My job on the Strike Committee was to sort of oversee the administration of the pickets at the roads: the Edinburgh road, the Crieff road, the road to Dundee, the road to Forfar. They were all covered effectively. During the strike we kept these roads completely blocked. In some cases we had to put down obstacles on the roads, to stop vehicles that were trying to crash through. We had people with bicycles running to and fro. It was a stirring time, the General Strike.

There were great mass meetings of strikers held on the North Inch in Perth. Perth was mostly of course in those days a very important railway junction, far more important than it is now. The railwaymen were of course the spearhead of the strike campaign committee. For example, there was one, John Haig, who was a guard on the Caledonian railway and he used to travel between Perth and Edinburgh. He was an elder of the United Free Church, a keen churchman, but also a very keen supporter of the strike. This was one of the features of the General Strike that I recall very well—there was hardly a person in the working class movement who didn't support the Strike. It was extraordinary how comprehensive and overwhelming was the support for the General Strike by the workers: Pullar's workers, Campbell's dyeworks, the railway people—principally the railway people—the road workers, the tram people, and other workers. They were all in it. It was an exhilarating experience, undoubtedly one of the most potent experiences on my outlook.[202]

The end of the General Strike came as a terrible shock. It was a stunning decision for our Strike Committee, which felt that it was really making progress towards a complete triumph. But of course it was an incipient revolutionary movement by that time. And we had to recognise that if we succeeded it meant practically the break-up of the British constitution.

Subsequently, I had a long interview in Oxford with the comrade who was the secretary of the strike committee there. He told me about the circumstances in which they were operating. The Oxford strike committee got confidential information that the government were to move large bodies of troops through Oxford up to the Midlands. The strike committee took a decision to send a delegation down to the Central Strike Organisation in London, proposing that they should kidnap the mayor of Oxford and the commander of the troops—which they knew they could do. This was turned down flat by the Strike Committee in London. The Oxford comrade deplored that decision because he said they could have made a very serious upset for the government's policy of sending troops to the Midlands. But this threw some light on the general situation of the strike and the enthusiasm of the workers, and the deplorable effect of the sudden calling off of the General Strike. We subsequently learned that that scoundrel J.H. Thomas of the Railwaymen had received a private backhander of £70,000 from the reactionary forces that were against the strike, in order to persuade him to act as they wanted.[203]

In Perth the authorities recognised that the administration of the city was in the hands of our Strike Committee. This was true of countless places up and down the country, where the authority of the established institutions had been overwhelmed by the strength of the strike movement. This was certainly the case in Perth, where we could tell the authorities where they got off if they tried to interfere.

After the General Strike I went back to my work as a paid official in the No Licence Campaign Council, and still continued of course in my political activities. In Perth there was quite a working class community. There was Jimmy

Barbour, for example, who had a small aerated waters or lemonade business. Jimmy was a Marxist, with a profound academic knowledge of the teachings of Marx and Engels. And there was Joe Fordyce, who was a cobbler in the Craigie district where I was living. Joe used to have crowds of young people in his shop while he was working away repairing boots and shoes and discussing all sorts of questions. It was a kind of working class study group that developed spontaneously because of Joe's attractive polemics. Joe was an untutored tutor, a brilliant proletarian activist, who earned his living by mending shoes at that corner shop. We had many discussions there.

We had many debates on theology, too. In those days I was still a member of the church. It was a peculiar sort of contradiction in some respects. Before my father died—he died in Perth, in the Infirmary—I had many discussions with him on religious questions. I did a bit of lay preaching in that period. As a lay preacher I had my tongue in my cheek to some extent on such questions as the Virgin Birth and the Trinity. The Trinity was the question that upset my orthodoxy considerably. I couldn't understand what the Father and Son and the Holy Ghost was—the third element. My father was an ardent member of the church and I think it was pretty hard for him to hear me departing from the conventional and orthodox path that he and his father—who was a clergyman—had followed. We debated many aspects of this question. This was very helpful to me in so far as it concentrated my thinking on this and other matters. I had to challenge myself and my own ideas.

During the period I was a preacher, when I did occasional services in the churches, there was an extraordinary incident happened. I was taking the service in a Baptist church. I won't mention its name—I'll just leave that out for the reputation of the church! But in the course of my sermon I mentioned Bernard Shaw's play *Saint Joan*. I heard some shuffling of feet while I was speaking. At the end of the service I was asked to go into the vestry. The whole of the managers of the church were there. They said they took strong exception to my referring to the theatre in the church. I said, 'If that's the case, goodbye, gentlemen. It's the last time you'll see me here!' I was annoyed at their very narrow minded attitude. I didn't develop the theme of *Saint Joan* at all. I just referred in some quite offhand way to Bernard Shaw's play. That was that.

Before I had joined the Independent Labour Party in 1919 I wrote away for books or pamphlets produced by the freethinking organisations like the Rationalist Press Association and the Secular Society. I collected quite a lot of material. I also got material from the Catholic Truth Society, the Baptists and the Society of Friends or Quakers. I read up all that material, meantime drifting further and further away from the conventional and orthodox view on religious matters.

All this had some effect on my outlook. I became more and more convinced of the merits of the theory of the class struggle. As time went on I got opportunities to read something of Marx and Engels. That helped me to mellow my understanding and develop my views on the need for revolution. To this day I have never departed from the view that ultimately a revolutionary solution has got to be found for the problems that confront the workers.

Well, I was active politically all the time I was in Perth. Then in 1927 I was appointed to a similar position in the No Licence Campaign in Edinburgh. I succeeded Andrew Gilzean, who became a councillor and later an MP.[204] I proceded to organise the No Licence Campaign in Edinburgh with a measure of success in so far as the percentage of the vote went up by comparison with what it had been before. But it didn't deter me from my active association with the National Union of Clerks and ultimately with Edinburgh Trades Council. I had also to consider my position relative to the Marxist standpoint. By that time I had studied quite a lot of Marxist literature. I had had a shot at *Das Kapital* and so on, although I must admit that on reflection my understanding was limited. Nevertheless I became convinced of the correctness of the line that Marx and Engels pursued and their demand for proletarian revolution in every nation and the need for the development of an international working class movement.

By 1930 I was beginning to be seriously concerned about some aspects of the policy of the Independent Labour Party. My political development began to express itself as an independent point of view, rather than merely accepting what I was told by somebody else. I had been a delegate to some of the I.L.P. annual conferences and at that time I was a strong advocate of opposition to the policy of some of the I.L.P. leaders of affiliation to the Labour Party. I remember at one conference I made a speech on behalf of the branch, giving my reasons why I was opposed to affiliation to the Labour Party. Jimmy Maxton came down from the platform and said, 'Murray, that was a brilliant speech but your philosophy is all wrong.' I knew the I.L.P. personalities. Of course I knew all the militant Clyde group, the whole lot of them. I knew some of them quite well, for example, Jimmy Barr and Campbell Stephen and Davie Kirkwood and Maxton, of course, and others. I knew Dollan—though I never had a very high regard for Dollan.[205] I thought he was a bit of a chancer. (I hope his relatives don't hear me saying that, because I wouldn't like to hurt their feelings). Anyway this brought me up against the necessity of considering whether I should continue in the Independent Labour Party, having failed to achieve a departure from the pacifism which dominated the leadership and the policy of the Party. This pacifism I believe, with the benefit of hindsight, was a great handicap to the working class movement at that time, because some of the very best people in the leadership, and the most self-sacrificing people in the leadership of the working class movement, were pacifists. It was an unrealistic position which deflected their thinking from the requirements of the working class struggle at that time.

I came to the conclusion that I ought to join the Communist Party. Meantime

I had written a long article for *Labour Monthly*, in which I denounced parliamentarianism. I was writing as a member of the Independent Labour Party, although in a sense that was hypocritical because I had already made up my mind to leave the I.L.P. and make application for membership of the Communist Party.[206] I really had become dissatisfied with the general somewhat soft and pacifist line that the I.L.P. pursued and the rather confused ideology that prevailed and the contradictory ideas that floated around in the Party. For a long time I had recognised the necessity for revolutionary change. Well, I joined the Communist Party about the end of 1930 and of course plunged into an entirely new sphere of political activity. A long period has elapsed since then but the fact remains that the necessity for revolutionary change is just as great, if not a great deal greater, than it was in those days. My antagonism to the ruling class and its system grew and developed with my understanding of the nature of the class struggle and my greater appreciation of the merits of the teachings of Marx, Engels, Stalin and Lenin—policies which were in my view in accordance with the requirements of the mass of the people. I was fully aware of the powerful position which the bourgeoisie of this country held because of the strength of the British Empire. The British Empire was still, in the early '30s, a very important factor in world affairs.

I joined the Stockbridge branch of the Communist Party in Edinburgh. I think John Park was the organiser at that time of the Party in the Edinburgh area, and Fred Douglas was actively involved as well.[207] I found that the Communist Party was a much more vigorous and a much more painstaking political organisation than anything I had been associated with in the past. The work we did of course was variegated. Those of us who were in the trade unions naturally tried our best to get Party policy adopted by our particular union. We also did a great deal in distributing literature and in running open-air meetings and various other functions. We also participated in what might be called side-line occupations or ancillary bodies, such as rent campaigns, unemployment campaigns. Various organisations were set up often at the instigation of the Communist Party, to carry out the specialised activities that were important for the working class at that time. There were many of them.

One of our major tasks was to secure the circulation of the *Daily Worker*. Every Party member was expected to do as much as he possibly could, especially at the week-ends, by going round houses and selling the *Daily Worker*. In the Stockbridge district, in the small streets which have since been demolished and new houses built, I sold £15 worth of *Daily Workers* over a period, just going out at the week-ends. This was typical of the activities of many of the Party members.[208]

We were greatly inspired in our work for the *Daily Worker* by people like Mrs Laing. Mrs Laing had a big family, nevertheless she sold the *Daily Worker* at the east end of Princes Street every week-end and at other times as well. In fact, I think she was selling it daily. I must pay tribute to Mrs Laing. She was one of the great characters of the working class movement and especially of the Communist Party. She was a stalwart, a highly intelligent woman. She was a proletarian intellectual of the first quality, because she understood the teachings of Marx, Engels, Lenin and so forth very well. This was the stimulus that impelled her to stand through thick and thin weather and other circumstances to sell the *Daily Worker*. She was a widow—I think she must have been a widow before I knew her, I can't remember her husband at all. She had a very large family. I knew Mrs Laing very well and had a great respect for her.[209]

The other people in the Communist Party whom I was actively associated with included John Park and Fred Douglas and Mrs Douglas, his wife: Mrs Murray she was originally, not a near relation of mine. John Park was better known as Parkie in Party circles. He became the full-time organiser in Edinburgh. He was a droll sort of character, Parkie. He was very emphatic in his demands on people, especially to fork out money that was necessary to keep things going. The struggle for finance was at one and the same time an incentive and a stimulant but also a handicap, in so far as we had to spend so much of our time raising funds. There were last minute efforts made to secure guarantee funds, various titles we gave these special efforts, in order to provide enough funds not only for local purposes, which we required a lot for, but also to send to the District and to the Centre for the maintenance of national organisation.

Of course the Party members were in the lead in the struggle of the unemployed. Everybody recognised that the Communist Party was the spearhead of the leadership of the unemployed. We took part often in organising protection for the Hunger Marchers and in the struggle to get justice for the unemployed. Naturally the Communist Party members took the lead and spent a great deal of time and energy on that. I managed to do this, in spite of the fact that I had to earn my living and had to walk on a somewhat tight rope between my revolutionary political activities and my function as a breadwinner.

Well, the leading lights of the unemployed of course were mostly members of the Communist Party. I can't remember what the organisation was like in that respect, and I can't remember any particular individual who was the recognised sort of Party functionary in it. As a matter of fact it was difficult to differentiate between the unemployed and the Communist Party at times, because they were so much mixed up and there was such a fight to support the unemployed. All kinds of demonstrations were held and threats to the authorities. The police were involved, arrests were made, and all kinds of things happened. We had to go and bail people out of prison. I escaped imprisonment for some reason or other all that time, in spite of the ups and downs and the fact that I was a well known member of the Party.

I remember once we had to rescue Wendy Wood from the clutches of the police by bailing her out of prison. Wendy was a romantic, a devoted Nationalist, a Scottish Patriot, she called herself. But Wendy, to give her her due, supported the unemployed. She was a typical example of the elements outside the Communist Party who were associated with the activities of the Party, including the unemployed.[210]

Well, we had a lot to do in the Party and we formed up all kinds of bodies to carry on this specialised work. For example, we formed a Workers' Film Society. I can't remember precisely when that was, but sometime in the 1930s. The Society did extraordinarily well in a cinema down in Leith Street—the Salon. We had it hired for Sunday nights and great crowds we got. We had principally Soviet films, such as *Lenin* and *October*, *The Battleship Potemkin*, *Thunder over Mexico*, by Eisenstein, and many other quite exceptional films of a left-wing tendency or a revolutionary character.[211] This Workers' Film Society went on and on. But we got into serious financial difficulties by our failure to pay the Entertainment Tax which was imposed on us. When the Inland Revenue people were after us we called a special meeting of the Society and dissolved it and left the Inland Revenue without any revenue from it.

Then there was a Workers' Esperanto Group. I didn't take much part in it, although I encouraged it. The Group had considerable success. I remember the activists who attended it but I can't remember their names. One of them was the father-in-law of George Boath—George was later a fellow town councillor of mine in Edinburgh.[212] The Esperanto Group carried on a correspondence with various foreign groups, including the Soviet Union.

Then there were great meetings held at the Mound. Sunday night especially large numbers of people gathered round there. The Communist Party and the unemployed held meetings there at which money was collected for various funds and so on. A great deal of propaganda—open-air propaganda—was done of that nature.

One of the other things that we did was to publish specialised documents for various groups. I was attached to 'The Buffer', I think it was called, which was the organ of the militant elements, the Communist group, in St Margaret's locomotive depot.[213] There was a short fellow named Billy Mason—I saw him not long ago. Billy Mason and I worked overnight. We used surreptitiously an office—my office—with a duplicator. We had to be extremely careful to clear away all the evidence that we were using this apparatus for Party purposes. I would have got into serious trouble if it had been found. But we worked during the night. We produced this bulletin called 'The Buffer' for the St Margaret's locomotive depot group of the Party. It was taken down there for the Party members to sell to the railwaymen, especially the drivers and firemen.

I don't know that we were actually more strongly represented in the Associated Society of Locomotive Engineers and Firemen (A.S.L.E.& F.) than we were in the National Union of Railwaymen (N.U.R.). But there were other railwaymen down there in addition to the depot people. There were the shunters. They were all N.U.R. men.

We did this work for ages. I think it was every month we produced 'The Buffer'. I remember how careful we had to be with the duplicating stencils. We had to make sure that they were all taken away and destroyed. We were never found out. We did all this work inside my office. We had to plaster stuff over the windows to prevent people seeing that there was something going on.

Other unions that the Communist Party was strong in in the Edinburgh area were the engineers and shipbuilders—I remember their activists but I can't remember their names—and the miners. From the United Mineworkers of Scotland Jock McArthur used to come across from Fife and do meetings for us. I knew Jock McArthur very well. Then the Moffats, of course—Alex and Abe Moffat.[214] Among the Edinburgh tramwaymen we had quite a number of Party members. There were two brothers were very active members—one of them was a tramwayman. I've forgotten their names. And we had quite a lot of people in the building trades. They were quite active. They were constantly in and out and out and in of employment.

We had some Party members among the Leith dockers, too. The dockers used to gather in a cafe called The Greasy Spoon. We used to go down to The Greasy Spoon to contact the dockers there that were interested. There were some of them very reactionary. But on the other hand we had some excellent people amongst them. I can't remember their names also. But we went down to The Greasy Spoon at lunchtime when they were there getting their food. And it was a greasy looking place, too, I must say![215]

So the dockers, the miners, the engineers—Bruce Peebles and the other big engineering place, Brown Brothers—all sections of the railwaymen, the Rubber Works (a good sphere for selling literature), and we had a number of brewery workers in the Party, too. There were some very good people from the brewers. We also had a few—not such a big number—but we had some among the printers. I would say that the printers was probably our least effective sphere of activity.

Then we had some members in the women's organisations, the Co-operative Women's Guilds. My own wife Janet, for example, whom I'll say more about later, and who was a member of the Communist Party, was a very active member of the Co-operative Movement. In fact, she was a director of St Cuthbert's Co-operative Society for years. She was very active in the Women's Guilds. So the Communist Party had quite an influence among the Co-operative people and especially among the Co-operative Women's Guilds. Many opportunities were presented for us to address meetings of the Guilds and so forth. And that reminds me that at the same time we were active in the Socialist Sunday School movement. I used to speak at Socialist Sunday School meetings frequently. I remember numbers of people who went to the Socialist Sunday Schools, one of them a woman—I forget her name—who was very active in them. But they faded out with the 1939 war, of course. There were just a few branches—about two or three—of the Socialist Sunday Schools in Edinburgh. But they produced some good propagandists later on when they grew up.[216]

The Young Communist League was also a sphere of activities. We had some very active young members in the Y.C.L. Some of us were too old to be in the Y.C.L. but we had a lot of contacts with the Y.C.L., which was pretty prominent in Edinburgh in those days. John Gollan was a product of the Y.C.L. I knew the whole Gollan family. I think they were all Portobello people. John's father was a painter. John himself became an activist and was imprisoned for his activities. I think he was in prison for circulating literature out at Redford Barracks—a publication called *The Soldier*. That was another of our enterprises—influencing the troops. I think John was caught out at Redford Barracks.[217]

John Gollan and I were on rather good terms. It was John Gollan who pushed me forward for various jobs, for example the trade union activities that I was involved in, and also my Soviet activities. I was recognised as a consistent supporter of these things during that period as a member of the Communist Party.

I remember, too, the Lipetz brothers, Julie and Sam, who were my doctors. Julie Lipetz was personally my doctor and he was the doctor of my wife as well, our family doctor. Later Sam was my doctor. Sam wasn't politically active. He was a kind of Liberal. Sam was never a member of the Communist Party. But Julie was. Julie was one of those hail-fellow-well-met characters. He would fall asleep at a meeting and then wake up and take part in the discussion, sometimes on the wrong lines because he hadnae heard what was said beforehand. But Julie was very good. He was very much involved in the Socialist Medical Association.[218]

There weren't a great many doctors in the Communist Party in Edinburgh in those days. There were some teachers and one or two solicitors. But, oh, they were a bit scared of the thing at that stage.

So in the 1930s there would be round about 250 to 300 members of the Communist Party in Edinburgh, I would say. We had quite a number of branches. We had, oh, I would say about ten branches in Edinburgh and the Lothians at least, and some of them had quite big memberships.

The number of members of course increased when the Spanish War came. The Spanish War was a great incentive to people to become active. And a great many people in the period of Spanish Aid were drawn in from Liberal, church, trade union, and Labour Party circles.[219] It was a catalyst. The Communist Party, of course, played a very prominent part. Several of its members in the area went to the Spanish War.[220] There is no doubt about it, the Spanish War had a tremendous effect in Edinburgh and elsewhere in stimulating interest in international affairs. Those of us who were keenly interested recognised that if we defeated Franco we would defeat Mussolini and undermine Hitler and probably save us from the holocaust of a Second World War.

I was naturally involved in the continuing struggle, right up to the outbreak of the Second War in 1939, with the peace movement which demanded an international policy by our own government that would contribute to the prevention of war, and so on. Before the Soviet Union was attacked by Nazi Germany in 1941 there was of course an attitude by the Communist Party here and elsewhere of opposition to the whole conception of the war. It was regarded as an imperialist enterprise, contrary to the interests of the workers. The view in the Communist movement was that war should be opposed and the struggle for peace maintained. But in the event of failure to prevent the outbreak of war then every effort should be made to have the war ended as quickly as possible, either by getting the belligerent forces to cease fire and consider an armistice, or alternatively—and what is much more in accordance with the Marxist standpoint—to get an uprising of the workers in all the belligerent countries, to prevent the war going on.

Well, in 1939 when the Second World War broke out it was a question of the failure of the British government to deal with the rising might of the German military machine and the power of Hitler. With the result that the outbreak of war between Britain and Germany was opposed by the Communist Party as an inter-imperialist struggle with which the workers were not concerned, except to end it.[221]

This situation produced a dangerous possibility of suppression of the Communist Party by the authorities. I was asked by the Scottish District of the Communist Party to form a small group of people who would organise a skeleton Party organisation intended to function in the event of illegality being imposed by the government. There were five of us altogether. I was appointed by the District as the leader of this little group. Our job was to carefully select throughout the country reliable comrades who would cease to be prominent in open Party activities, and indeed who would preferably appear to be renegades from Party organisation and activity so that their real function would be hidden from the eyes of the enemy—which was the British government.

We had some success. We selected and gathered together a group of people who were the skeleton party to function immediately we were made illegal. In various parts of the country—Dundee, Aberdeen, Inverness, certainly a number in Glasgow, of course, and in Edinburgh and the Lothians, and among the miners—our organisation developed successfully.

But we had some peculiar incidents. We approached these people very gingerly and suggested they might be willing to consider doing a special job for the Party in the circumstances. In one case there was a prominent activist in the west of Scotland whom we approached. This individual, who had given us his word of honour that he wouldn't discuss the matter with anybody, nevertheless immediately proceeded in confidence to a friend of his, James Barke, the author, to find out if Barke knew what this was all about because we, of course, hadn't shown our hands.[222] James Barke, knowing nothing, proceeded to the Party district office, who of course said they knew nothing about it, which was the correct line to take. When I was told what this man had done we just of course dropped him. Many years afterwards I met him and found him wondering why he had never heard anything further about the matter. I explained to him that he had betrayed our trust and consequently he was dropped.

One or two of the things we did were to deposit typewriters, duplicators and duplicating paper, quantities of stationery, and basic Marxist literature in various parts of the country. There was a funny episode when a member of the committee of the Scotland-U.S.S.R. Society, of which I was secretary, mentioned that she had had planted in her house, without any real explanation of what was to happen to it, a great quantity of stationery. I suggested that we should transfer the stationery to the Scotland-U.S.S.R. Society, which we did. But I don't think I explained to her the real reason why she had got that literature!

I remember we had typewriters and duplicators stored in a castle in central Fife. I can't remember which castle it was but the owner of the castle was one of our stooges on the job. We also deposited in Edinburgh a great quantity of basic Marxist literature: *Das Kapital*, *The Short History of the Communist Party of the Soviet Union*, writings by Lenin, and so forth, for educational purposes in the event of our being suppressed. It was quite an elaborate organisation, which had to be created in the rather exceptional and extremely complex circumstances of trying to persuade people that in no circumstances were they to be seen reading the *Daily Worker* or fraternising unduly with the leading lights of the Communist Party, and so forth. However, we did succeed. What would have been the result had it been operated we don't know. When the Soviet Union was attacked in June 1941 by Nazi Germany the whole situation of course changed.

It was the practice for our little special group to meet early on Sunday mornings in Glasgow. I can't remember where we met but it was some private corner in Glasgow. On the morning in June 1941 that the Soviet Union was attacked I heard the news on the radio before I went off to Glasgow on an early train. I arrived in Glasgow before most people were on the move. I went to the house— it was Jean Kennedy's place—where Johnny Campbell, who was the leader of the Communist Party in Scotland at that time, was in lodgings. Jean Kennedy opened the door and let me in and I went through to Johnny Campbell's bedroom and woke him up. Campbell was a thin, scraggy individual who had been badly wounded in the First World War. In fact, he won the Military Medal then. He was very well known, of course, in the Communist Party and had been through the mill at the time of the Arcos Raid and other episodes earlier on, when he had been tried and imprisoned.[223] But Johnny Campbell was in his bed when I got into his lodgings that morning and I was telling him that the Soviet Union had been attacked. I vividly recall the spectacle of him getting out of his bed, sitting on the side of it, rubbing his eyes and saying, 'Good God almichty, that's not true?' I said, 'It is true.'

In the same lodgings was Bill Cowe, the Scottish secretary of the Communist Party. I got the two of them roused and we decided on the spot to send a messenger out to get Willie Gallacher up from his bed in Paisley. We sent down to Clydebank to get another leading comrade, Finlay Hart, up from there.[224] By twelve o'clock that day we had an emergency meeting of the Scottish Committee of the Communist Party arranged to meet at the Party office—I think it was in Gordon Street at that time. We held a meeting there and we took a decision on policy, long before the Central Committee in London had met. We took this decision and we issued a document reversing the policy of the Party and urging all its branches up and down the country to take immediate action to have aggregate meetings of the members held. I'll never forget Johnny Campbell saying that the previous Friday—this was Sunday—he had been addressing a meeting of Clyde shop stewards, urging them to oppose the war and call for strikes and all the rest of it. He said to me that Sunday, 'Good God, what kind of a picture am I going to present to these people when I go down and tell them to support the war?' 'Well,' I said, 'that's your pigeon. I won't be there.'

I went back then to Edinburgh and we arranged to call an aggregate meeting of the Party in Edinburgh and the Lothians, which was held on the Monday, I think—it was a very hurriedly arranged meeting. I was president of Edinburgh Trades Council at that time, and I remember we called an emergency meeting of the Trades Council executive and got a resolution passed pledging our support for opposition to the Nazi attack on the Soviet Union.[225]

This was quite a remarkable affair. The speedy development that was possible in Scotland was due entirely to the fact that we had this skeleton Party committee meeting on the Sunday morning. I can't remember the details of the document but it was one which completely reversed the policy of the Communist Party. We knew that the document of the Central Committee in London would be in similar terms. But we had our document circulated. We phoned throughout the country to various people and gave them the gist of this document. We duplicated it and posted it to all the Party branches—and there were quite a few in those days—and so forth.

There was a bit of a tussle, of course, amongst the Party members who were not prepared to be so swift in the transfer of their attitude from being opposed to the government to supporting it. Nobody in the labour movement in Britain trusted Churchill at that time. I remember when it came to the special meeting of the Trades Council I proposed that we should very carefully word a resolution, bearing in mind that we didn't trust Churchill. I recall saying that our Trades Council executive recommends a resolution which accepts verbally the statement made by Churchill that he would support the Soviet Union. The draft of our Trades Council document was so carefully prepared that it gave us an easy retreat from that position if Churchill let us down. However, he made a pronouncement on the Sunday night—the day of the attack on the Soviet Union. So we said we were prepared to co-operate with Churchill if his verbal statement was acceptable.[226]

During the war the Communist Party became extremely popular in Britain. It was the main element in increasing industrial production then. I remember that on the Clyde, when they were making tanks, if the tank was supposed to be going to the Soviet Union they would be writing on the side of it: 'For Joe'— Joe Stalin. There was great enthusiasm when there was a feeling that the support was going to the Soviet Union as it was very much realised by the workers that the Soviet Union was bearing the brunt of the Nazi attack, and that it was the Soviet Union that was going to save the people and indeed the world from Hitler.

The development of the industrial branches of the Party was very rapid during the war. The membership increased enormously. The proscriptions that prevailed against the Party and its members were speedily wiped out by the government. In my own case—by that time, as I'll explain later, I had become the Northern secretary of the Fire Brigades Union—I was one of thirteen trade union officials who were refused what was known as the Yellow Pass. The Yellow Pass enabled a trade union official to enter the most highly hush-hush factories, such as Rolls Royce in Glasgow. It was necessary for me as a Fire Brigades Union official to get into these places because there were industrial fire brigades formed for protection of munitions works, and so forth. I had an experience in Glasgow once when I went to Rolls Royce and said, 'I would like to go in and interview the firemen inside.' Rolls Royce were producing Merlin engines at that time for the Air Force. A very hush-hush factory it was: nobody could get in without a special pass. They said, 'But where's your Yellow Pass?' 'Well,' I said, 'unfortunately our office in London was bombed and all the documents destroyed, including my trade union documents.' I said, 'If you care to phone London you'll find out that my story is correct.' Well, of course, I didn't have a Yellow Pass. But this was a dodge to get into the factory. So the security people at Rolls Royce phoned to London: 'Oh, yes, oh, that's correct. The Fire Brigades Union offices in Chancery Lane were blotted out by a bomb the other night.' So Rolls Royce said to me, 'Well, in these circumstances we'll let you in.' So I wandered about in the Rolls Royce works without a pass!

The Communist Party carried on a tremendous campaign for the Second Front. I took no small part in that campaign in Scotland and elsewhere. The Trades Council in Edinburgh was certainly backing us up to the hilt on that matter. There was great support for the idea of a Second Front. I had made the acquaintance some time earlier of Ivan Maisky, the Soviet ambassador in Britain and by this time I was very friendly with him. Well, Maisky was greatly concerned that the Second Front should be launched at the earliest possible moment. Maisky told me that at the time of the defeat of the Germans at Stalingrad in the winter of 1942-3, there were only five German divisions in western Europe: two of them recuperating from their battles in the east, a third a transport division, and the other two good fighting divisions. Therefore, it would have been possible to land an expeditionary force anywhere on the west coast of Europe with practically no opposition at that time. As Maisky pointed out to me, the British government knew that, and the American government knew that. As far as we know, Roosevelt was pressing Churchill to get ahead. But the Americans couldn't of course indulge in a Second Front without their allies being in agreement. That meant that the war dragged on for at least a year longer than it need have done, with all the damage that ensued—enormous loss of life and so forth.[227]

We realised that in spite of the urging of Roosevelt, Churchill was concerned to see the Red Army and the Soviet Union being reduced in strength by the struggle with the Germans. His main concern was to achieve something spectacular for the British forces. In my opinion the campaign up through Italy was an absurdity. It was the most difficult territory in which to carry on a campaign.[228] There could have been a landing in Europe long before that and the collapse of the German forces would have been expedited. But it didn't happen.

But we carried on this agitation for the Second Front. We had all kinds of meetings and demonstrations in Edinburgh and elsewhere. I was in London occasionally at that time, too, and took part in the campaign down there. But the government stuck to their guns and wouldn't listen to the demand for a Second Front. They had all kinds of reasons or excuses why they would have to wait—they wouldn't have the forces, and so forth. We knew that there were ample forces at that time. It was just the same kind of lying and of deception of the public that had prevailed at the time of the so-called Non-Intervention during the Spanish War.[229]

Incidentally, before the Soviet Union was attacked by the Germans in 1941 I had gone to Newbattle Abbey Adult College near Dalkeith at the request of the students there to talk on international affairs. I was giving my views on the position of the British and the French and so on, with the Nazis parading through Europe, apparently uninterrupted, capturing first one country then another. A question was asked: in the event of the Soviet Union being attacked by the Germans how long would it take the Germans to walk through the Red Army and capture the whole of the Soviet Union? My answer was that if Hitler and company were foolish enough to attack the Soviet Union they would be beginning to dig their own graves. Oh, the great laughter and scorn expressed by the students at such an idea! They were quite convinced that the Red Army wouldn't stand up to it. But I had studied the strategy and battle tactics of the Red Army, and especially a book by a German writer Max Werner, who gave very cogent and convincing reasons why there was no possibility of any foreign army, including the Wehrmacht, defeating the Red Army.[230]

I remember after the war I met a German ex-major in Berlin, where I was at a conference. He told me one of the things they discovered when he was at the headquarters of a German division during the war. He and his fellow officers noticed a very marked difference between the reaction of a German soldier when he was left alone and unsupported and a Red Army soldier left likewise. He recalled on one occasion a solitary Red Army soldier kept five German tanks at bay until he was shot. He said that quite frequently the Germans found their own soldiers at a loss because there was nobody to command them. They hadn't got the training to act on their own. They were trained to obey implicitly the command from an officer or n.c.o. He said that so marked had the situation become that ultimately the Supreme Command of the German army took chunks of the infantry manual of the Red Army and applied it to the training of their own troops but it was too late, of course.

Well, there was an influx of people into the Communist Party who were so full of enthusiasm for the Soviet Union. They came rushing to the Party. The Party was recognised by them as the vigorous and enlightened element in the campaign of support for the Soviet Union because many of them were members of bodies that it created, such as Aid for the Soviet Union, Anglo-Soviet Committees, Scottish Soviet Committees, and so on. These were widespread throughout the country and of course they attracted many people who felt they should be Communists. So they joined the Party. Whilst a certain amount of educational work went on, naturally the circumstances of the war prevented educational work from being as adequate as was necessary. A lot of these new members didn't understand dialectical and historical materialism. They didn't understand the essential qualities of Marx's teaching—Marx and Engels, Lenin and Stalin, for that matter. They didn't understand the significance of the class struggle. In the circumstances the class struggle was scarcely mentioned, of course. They came into the Party on a wave of euphoric enthusiasm. When the end of the war came and difficulties arose they just as easily left the ranks of the Communist Party.

During the war the Party of course published numerous leaflets exhorting the workers to produce and produce and produce. In my Trades Council activities in Edinburgh, as I'll go into later, I was responsible for settling two strikes on the basis of the demand for unbroken and continuous production. The Communist Party was responsible for keeping the workers on the job when many times in other circumstances they would have been supporting strike action. There was no doubt about it that the Communist Party was a vital element in the war effort, certainly in Scotland.

Of course, on the Clyde the antagonism to Churchill and people associated with him and the Conservatives was deep rooted and lasting. It was sometimes very difficult to persuade industrial workers wholeheartedly to ally themselves with people like Churchill. It was the hangover from the period of John Maclean and the 1914-18 War situation on the Clyde—the Red Clyde. There was un-doubted suspicion of anything appertaining to the Conservative Party in the war effort. One of the jobs of the Communist Party was to get that attitude modified and eliminated, as far as possible.[231]

The Party had also a hostility to the Fascists and the demand for the impris-onment of Mosley was part of the campaign at that period. We were recalling the scandalous conduct of the Cliveden Set and the people who were connected with the Anglo-German Fellowship—the Astors and so forth, and King Edward VIII was involved in it as well. Of course, the workers knew all this.[232]

So the war was a period of intense activity. In fact, I now recall that I was almost exhausted. I was driving a car all over the place in my trade union capacity, I was working in the Trades Council and in the campaign for a Second Front, in the agitation for increased production, and I was on Edinburgh Town Council, too.

The war years in fact were such an intensely active period that I can't recall half of what happened then. It's quite impossible. But the essence of the whole business was our desire to see victory over the German menace. There was the strong conviction of the Soviet government, as intimated to me by Ivan Maisky, the Soviet ambassador to Britain, that at no time did they ever doubt the out-come of the war. Their one and only serious anxiety was the terrific loss of life in the struggle. Maisky told me, when I asked him candidly what he felt about the menace of the German approach to Moscow, Leningrad and Stalingrad, that they were hopeful they might hold but they weren't certain they would. In the event of them having to evacuate these great cities they would do a fighting retreat to the Ural Mountains, at the other side of which there were large new armies being trained. They would then counter-attack from the Urals and march to Berlin. That was their attitude.[233]

Incidentally, I was on very intimate terms with Ivan Maisky. On the Sec-ond Front question I acted as a sort of person who could give him information about the sentiments of the people and the workers and so on. I visited him in his embassy quite often. In fact, I went specially to London sometimes to see him.

Well, I was a really dedicated worker for victory over the Hitlerites. I hated Fascism. I had an almost obsessive hatred of Fascism—and still have, for that matter. Fascism was the last and most brutal form of reaction to hit mankind.

My interest in the Soviet Union had begun long before the Second World War and was very pronounced, as I indicated earlier. I had very quickly realised the mistake I was making in 1917 in deploring the Revolution then, when the Russian armies had collapsed in their opposition to the German armies. I very soon realised the importance of Lenin. And of course I became more and more convinced of the necessity of supporting the Soviet Union. I was on the Hands

Off Russia Committee long before I joined the Communist Party in 1930. And before I left the Independent Labour Party then I had also been actively involved in Aid for Russia and in the Russia Today Society, which was a further development of the Hands Off Russia Committee. I was in various other bodies, too—the Friends of the Soviet Union, for instance—and carried on with that activity after the 1930s.[234]

Then with the goodwill of the Communist Party I became actively identified with the Society for Cultural Relations with the Soviet Union. I became first the secretary then the chairman of the Edinburgh branch of that Society. Through it we organised delegations to go to the Soviet Union. Quite a number of workers' delegations went. Of course some of the workers' delegations went through the trade union bodies or the Communist Party itself. But we organised quite a number of people to go to the Soviet Union as individuals and members of the Society for Cultural Relations. In fact, we had an arrangement with the tourist body of the Soviet Union that we would get ten per cent off the cost per head of the people going to the Soviet Union, which greatly helped us to develop the educational work of the Society.

We organised classes in the Russian language and on the Soviet system and Soviet policy. Especially, we were actively identified with the foreign policy of the Soviet Union at that time. I was greatly interested in Soviet foreign policy and the demand—especially after the emergence of Hitler—by the Soviet Union for a United Front of all the elements who were opposed to Fascism and the rise of Hitler.[235]

In 1933 my wife Janet and one of my sisters, Lily, and I went to the Soviet Union by boat up the Baltic. We paid our own expenses one way or another. We had some difficulty about that but we succeeded. The three of us went from Hay's wharf in London in the Soviet boat *Dzerzhinsky*, named after a famous revolutionary.[236] We visited Leningrad and Moscow. That was all we could afford. We couldn't afford to go any further. That was my first visit to the Soviet Union.

That was just at the end of the period of the first Five Year Plan. You got the impression of great enthusiasm in the Soviet Union for the policy of the Soviet government. But there was great poverty. They were far from being clear of the difficulties arising from the Revolution, the economic and social difficulties that arose from the change-over.[237]

For example, 1933 was the first year of the abolition of the rationing of bread. And I remember the thing that struck me greatly was the poor quality of the clothing of large numbers of the people. But there was the unmistakable enthusiasm of the people for the new regime.

One of the problems of course in those days was the disgusting misrepresentation in our press of the truth regarding the Soviet Union. For example, my wife and I and my sister were on a visit to the Peter and Paul fortress in Leningrad when a rifle shot rang out. I didn't think very much about it but when I got back to the hotel we were staying in there was a great hubbub amongst the English speaking people who had been visiting the fortress at the same time as us. They declared they had been shot at! I said to them at our dinner table: 'You were shot at? How did that come about?' 'Oh, we were in the fortress and we were shot at. There was a shot fired at us.' I said, 'I've found out what that shot was. The shot was not being fired at you or at me or anybody else. It was the signal that the tide was flowing very fast up the Neva and was likely to flood some of the paths. It was a warning that people should clear out and get to higher ground. That was the reason for the shot. Now,' I said, 'you'll be away back to Britain with a yarn that you were fired at, without taking the trouble to find out why the shot was fired.' Well, that's just an illustration of the rubbish that went for truth regarding the Soviet Union at that time.

During our stay we visited the important places in Leningrad and Moscow. The planning of Leningrad—in those days it had been St Petersburg—by Tsar Peter the Great was an enormous tribute to that remarkable character. The buildings were majestic. The Nevsky Prospect was a beautiful street, of tremendous width, but by then it was rather bedraggled. The great churches included the St Isaac Cathedral which in 1933 was an anti-God museum: there were boxes of matches with inscriptions in favour of atheism, and so forth. We also visited the Hermitage and a lot of other places. We also had meetings with numbers of Soviet workers' groups in factories and such like places, where we were told how things were. Food was tight, clothing was very tight. But there was a spirit of enthusiasm. Of course by that time the threat of Fascism was becoming more and more obvious. I remember as we were passing through the Kiel Canal in Germany we had Fascists shouting at us, calling us all the names they could think of, and against the Soviet Union.

Moscow was also a rather bedraggled looking place. There hadn't been repairs to the buildings. Stucco kind of coverings on the walls of buildings were peeling off and it looked desperately bad. On subsequent visits to the Soviet Union I saw that all that had been cleaned up.

In Moscow in 1933 there was plenty of evidence of all kinds of complicated ways of life and relics of the past. You saw, for example, ex-aristocrats standing at the street corners offering pieces of jewellery for sale. In the hotels, where we were as tourists, you had the waiters gathering up the bits and pieces off the plates to take home with them, because of the hardship their families were suffering through lack of food.

I visited the Soviet Union again in 1935. There was a considerable change for the better by then. My wife and I went much further afield on that second visit. We went down to Kiev and Kharkov in the Ukraine, and then to Odessa and along to Yalta in the Crimea.

One thing that I found in Kiev, for example, by questioning people in authority—no difficulty in questioning them. They told me the real story of the so-called massacre by Stalin of the kulaks. There is a widespread propaganda by the bourgeoisie through their media, and supported unfortunately by people who don't know the facts, that constantly refers to the 'bloody upheaval' at the time incurred by Stalin's dictatorship, and so on. Well, I made a point of enquiring into what actually had happened. It is true that there were widespread arrests at that period. The arrests were invariably of ex-kulaks. For years the ex-kulaks, who were naturally anxious to retrieve their estates and their privileged position, had been telling the peasants (who were generally illiterate) that the British and the French and the Americans were coming to destroy the Bolsheviks; that the peasants had better look out if they were going to co-operate with government: it would be remembered when the counter-revolution succeeded in overthrowing the Bolsheviks. With the result that thousands of peasants were persuaded to destroy cattle and restrict their production of grain to their own family requirements. So serious did this become that the patience of the Soviet government was exhausted. It was decided to arrest and try the ringleaders of this anti-Soviet movement among the kulaks. So they were arrested and some of them—the worst of them—were executed. But most of them were very leniently treated, as they were merely deported to some other part of the country. Now this is fundamentally the real story from which has grown these fantastic yarns about the slaughter: one person said six million people had been killed by Stalin. I don't know how he managed to get round the whole six million—but still.[238]

Then there were other things. One of the big problems was the superstition of the peasantry—superstitions of all kinds. But it should be emphasised that there was evidence—in fact, I saw it with my own eyes and heard it with my own ears—of great freedom of religious self-expression. The best elements of the Orthodox Church recognised that the power of the secular authority had to be respected. They carried on their work and indeed received protection for their buildings, money for their vestments, and the right to publish their own literature. In fact, in the case of the Baptist Church I was in the place where they printed the Baptist magazine of the Soviet Union. So there were many things there that were very different from the stories that we had in the press here. If you read the British press round about that period in 1935, you read the terrible stories of the horrific sufferings of the Russian peoples, when as a matter of fact they were far better off, despite the fact that they were still poorly provided for, than they had been under the Tsarist regime.

The vice-chairman of a collective farm about forty miles out from Moscow told me some extraordinary stories of how in the days of the Tsars they had lived in the village nearby where we were sitting. He told me, for example, that it was customary for the peasants to drink vodka till the whole of them were in a drunk state and they used to pull their wives by the hair through the village—

wives screaming with this treatment. But nobody dared touch them, because the men were regarded as the absolute top of the mark and the women were simply slaves to the men. He told me that he himself had done this. They were drunken and cruel to their children and to their wives. He said when the money was done and they could get no more vodka and they had sobered up, remorse of conscience sent them to the church. They went and prayed there to try to get some redemption for their sins.

Well, my wife and I in 1935 went from Odessa to Yalta in the Crimea by bus. At Yalta I did a lot of swimming in the Black Sea, which I enjoyed very much because I've always been a keen swimmer. Then in Yalta too we went to the Pioneer Camp, where there was a large number of Young Pioneers. By that time the children were much healthier. They were getting reasonably well fed.[239]

I've been asked if in my visits to the Soviet Union in 1933 and 1935 I noticed any signs of purges taking place. I wouldn't like to call them purges. But the Soviet authorities were quite candid about them. There were people who were found to be unsatisfactory holding prominent positions in some cases and also joining the Communist Party for their own private and selfish ends. But I didn't attend any of the trials as a visitor.[240]

It has to be understood that the emerging situation in the Soviet Union after the Revolution was by no means a straight and narrow path. It was a turbulent period. I never felt at any time that there was any doubt that there were many injustices committed and many hardships suffered. In fact, Stalin himself admitted that there were unfair actions taken and people were unfairly treated and even executed and they shouldn't have been. Of course, there was a constant turmoil on theoretical questions as well. On the question of whether you could have socialism in one country there was a lot of difference of opinion. There was also a lot of discussion of the policy of collectivisation of agriculture.

As a member of the Communist Party here from 1930 I found that it provided a considerable amount of educational facilities for a study of Marxism-Leninism applied to the circumstances of this country. All this appealed to my view of the need for a proletarian party of a new type, as advocated by Lenin. I studied Lenin's writings more and more, as well as studying Marx's *Capital*. Subsequently I have studied the *Grundrisse*, which is a development of Marx's teaching but wasn't available in those days.[241] There was only a limited amount of Marxist literature actually availabale, especially in cheap pamphlet form. However, I ploughed through *Das Kapital* and suchlike publications with, I am afraid, only a limited understanding of the teaching or principles or theories that Marx and Engels adumbrated in their writings in those days. But at the same time, on reflection today, I realise that such study was of fundamental value for my development later on. Today I'm more than ever convinced of the correctness of the theories of Marx and Engels and of course as developed by Lenin, and in my view developed still further after Lenin's death by Stalin.

The question of Trotsky was also a matter of some considerable discussion. The necessity of re-reading the history of the Bolshevik Revolution became more and more pronounced as I developed in the Communist Party. I was very anxious to ascertain the facts, because in those days, as today, there were small groups of people who thought that there was some kind of exceptional merit in Trotsky's views. Now I came to the conclusion that Trotsky was wrong and rejected Trotsky's attempts at what I term a short cut to revolution: the idea of world revolution being developed from the achievement of a powerful Red Army, which in turn was to be based upon the resources of the peasantry of what became the Soviet Union.[242]

I adhered very strongly to the teachings of the Communist Party of Great Britain after I joined, and also was impressed with the importance of the Communist International. I studied a good deal of the material issued by the Communist International.

My own development within the Party was as an individual worker who very loyally accepted the discipline of the Party. Now I still adhere to the view that a Communist Party member must be a disciplined person—disciplined in accepting the majority decision of the Party. I appreciated the importance of democratic centralism and the necessity of a democratic approach to the kind of leadership which the Communist Party advocated, from the lower organs to the higher and supreme authority of the supreme body.

On reflection I'm satisfied that there was too much emphasis by prominent individuals in the Party on authoritarianism. Some of them became somewhat dictatorial in their attitude to the lower orders, as it were, of the Party. On reflection further I'm convinced that many Party members in those days were far too docile and far too unwilling to express themselves critically. There was a serious weakness in this respect. I remember on one occasion at an area aggregate meeting of all the members of the Party in the Lothians—it's the Lothians area I'm concerned about here—a prominent member of the national Central Committee of the Party got up and denounced a member of the audience who had questioned the desirability of a certain proposal regarding Party dues. I don't want to mention the names of the people involved, although I remember them very well. But he made a really personal attack on this individual. I got up and defended the individual and denounced the attitude of the leading Party representative. I don't think that I cut very much ice with some of the big shots at the top, because I adopted a somewhat critical attitude not only on that occasion but on other occasions, too. But I now realise on reflection that most of us were far too docile and we didn't express ourselves vigorously enough in expressing a point of view that didn't correspond with the point of view propounded by somebody at a higher level of the Party leadership.

In my industrial experience there were so many episodes in the fifteen or twenty years that I was one way or another identified with the trade union movement that it is impossible to enumerate them in detail. As I've said when I came to work and live in Edinburgh in 1927 I continued my active association with the National Union of Clerks, later called the Clerical and Administrative Workers' Union, which I had joined in Perth some time before then. From my union branch I became ultimately a delegate to Edinburgh Trades Council.

I took a very active part in the Trades Council, in association with a number of people. I was president of the Trades Council in 1941, at the time of the German Nazi attack on the Soviet Union. Some of the personalities who were active in the trade union movement in Edinburgh in that period before and in the early part of the war included the Trades Council vice-president Bob Farrer and its secretary W.P. Earsman. Earsman had a rather colourful career. He had been in Russia soon after the Revolution and according to his own story he was some kind of commissar there. He was a little bit embarrassed in his relations with me because he was a pro-Trotsky man, I was much more anti-Trotsky, and we were sometimes seeing the situation from a slightly different angle. I knew Earsman very well. He was, I would say, a rather obtuse type of speaker. He could talk all right, but it was always a little bit difficult for me to get at the root of his story, as it were, of his ideas.[243]

The assistant secretary was Pat Shaughnessy of the Insurance Workers. Pat was also a colourful figure, a remarkable character. Then there was Tommy Bell, who was an active left-wing chap. He associated with those of us who were in those days of course members—subterranean members (as I'll explain later)—of the Communist Party to some extent and members of the Labour Party as well.

An old veteran was Willie Fagan of the Amalgamated Engineering Union. He had been active many years. Then Jimmy Stewart, who became a town councillor ultimately: I don't know how to describe him. Jimmy Stewart, I would say, was a rather walking on thin ice, hoping that it wouldn't break, type of individual. His wife Isa was an activist as well.

Jimmy Cameron was a plasterer, one of those douce types of trade union pedestrians, but very loyal to the working class movement and a very keen member of his own union. He invited me once to address a group of trainees who had qualified as plasterers, and I spoke to these youngsters about their future as trade unionists, and so forth. And there was Bert Turner who was also with us on the left wing.[244]

We had a really dominating situation in the Trades Council, otherwise I wouldn't have been elected as I was. I was always elected by a substantial majority to any position on the Trades Council, first of all to the Executive, on which I was a member for several years, and then as the president.

My career on the Trades Council had some incidents associated with it, such as one in the summertime of 1941 or 1942—I'm not sure quite which. There was a dispute down at Leith docks. A ship came in from South America with a load of very dangerous chemicals for making explosives which were very corrosive of clothing and footwear. The dockers were put down into the hold to shovel this stuff without being given any protective clothing. In those wartime days of course we all had to rely on rationing coupons. We only got as much clothing as the coupons would provide. Of course there was a kick-up by these dockers. They went on strike.

The local officials of the Transport & General Workers' Union were a feck-less lot and should have been the people to do the job that I had to do. I was president of the Trades Council and they came to me. I said I thought we should get protective clothing for the dockers. If they would go down and get on with the job I would go and get new clothes for them from the District or Area Commissioner, the authority that superseded everything if necessary in an emergency. Because of the war effort I pled with them to make the best of a bad job because these chemicals—it was some kind of nitrates, I think—were very urgently required for war purposes. This boat had come all the way up from South America unscathed by enemy action, and it was therefore very important to unload it and let it get away again. Well, the dockers went back to work on the promise that if another boat came in there would be no question of their being expected to handle that material. The trade union officials undertook under my pressure to take steps to ensure it wouldn't recur.

I was flabbergasted to find later on another ship came in with the same material and the dockers were being told to unload it without protective cloth-ing. I went to the trade union officials and kicked up a row about it but I saw they were a feckless lot. There were two of them, I forget their names. The dockers asked me to go down to the docks and I said: 'You are not going to touch a particle of that, war or no war. We were promised that it would never recur. And it's a reasonable thing that you should get protective clothing that can be replaced, and that your own clothing is not to be used. 'So,' I said, 'don't go back to work. My advice is—stay out.'

I went to the District Commissioner and I said: 'Look here, there's got to be a release of air raid precautions equipment, air raid warden's suits and overalls, dungarees and boots and so forth, to enable them to do this job.' I succeeded and got these things and the dockers went back to their work all dressed up in these new suits, leaving their own clothes behind.

Well, a third boat came in and again there was going to be trouble, but the principle had been won by this time and we overcame that trouble. But these blooming trade union officials—I was really annoyed with them.

Then at the same period there was a strike of coal miners in West Lothian. I can't remember which pit it was but they were coal miners, not shale miners. They had some good reason for being on strike and again I found myself appeal-ing to them at a mass meeting to go back to work. I can't remember, to tell you the truth, what the strike was about. But I remember the kind of speech I made.

I said, 'Look here, every ton of coal is a certain part of a whole shell.' I said, 'If there's no coal there's certainly a shortage of shells.' And so on. Of course the campaign for a Second Front was under way and we were agitating about the Second Front at that time. I was very much involved in the campaign and so was Edinburgh Trades Council. So I persuaded those miners to go back. Their own officials in the West Lothian County Miners' Union were very good. There was no question of them being like the Transport & General Workers' Union officials at Leith. At any rate the lads went back to the job and began howking coal again.

We were accused sometimes by certain people in high circles of being too politically motivated as a Trades Council.[245] Nevertheless we adopted resolutions on various aspects, especially on the question of a Second Front. In the Trades Council there was a general support for the view that it was an imperialist war up to the point in 1941 when the Soviet Union was attacked by Nazi Germany. Until then the Trades Council's view was that the war had got to be opposed on the Marxist principle of oppose war and preserve peace, but if you fail to preserve peace then oppose the war. We carried on in the Trades Council for the protection of the workers against the government of the day—from May 1940 the Churchill government, which took over then from Neville Chamberlain's government.

Well, that year, 1941, that the Soviet Union was attacked by Nazi Germany, the British Trades Union Congress held its annual Congress in Edinburgh. As the president of the Trades Council it was my duty to extend a welcome to the Congress. I made a speech to the delegates in the name of the 60,000 or 80,000 trade unionists of Edinburgh controlled by the Trades Council. I got a very warm reception. Then Ernest Bevin presented me as president of the Trades Council with a gold medal as a gift from the Congress.[246]

When I was on the Trades Council I came to know Willie Elger, the general secretary of the Scottish Trades Union Congress. We didn't get on together because he was a right-winger and I was a left-winger. We didn't get on politically. I think he always had some suspicion about my background and motives and so on. When I organised the Scottish delegation to the International Peace Congress held in Brussels in 1936, Willie Elger became a member but he detached himself. I think he was a little bit resentful about the fact that I was head of the thing and he wasn't. He didn't play much part in the Congress itself but he was part of our delegation.[247]

Willie Elger was an able fellow. There was no doubt about that. He was in the Clerks' Union, too, as I was or had been. I would say that he was an efficient functionary without great depth of political understanding but with great dogmatic support for a certain line of political action. I was a delegate on several occasions to the Scottish Trades Union Congress and recall on one or two occasions Willie Elger deliberately got up to oppose some proposition I was putting to the Congress. I remember on one occasion I made a speech on which I was greatly congratulated by people that I hardly expected to be congratulated by. They thought my speech was good, that my line was correct and so on. But Willie Elger was very hostile on that particular occasion. I would say that he was a very capable functionary with whom I disagreed fundamentally on certain political questions.

At the beginning of the war—by which time, as I will go into below, I had been a town councillor in Edinburgh for two or three years—my experience in local government and my general experience led the Fire Brigades Union to appoint me Scottish, North of England and Northern Ireland secretary or organiser of the Union. I was called the Northern Secretary. When the war came people were allocated to the Fire Service in large numbers because of the danger of fire bombing from the Germans. The Auxiliary Fire Service was a conscript force. So there was a very large number of people in the Fire Service and a great many new temporary fire stations were created, mostly in schools and places of that description.

As Northern Secretary of the Fire Brigades Union I raced round in a motor car. I got lists of the fire stations from the Scottish Office, the Home Office and from the Irish administration in Belfast. Very few of the Auxiliary Fire people had been activists in trade unions before. Only a very limited number of them had been active in their own industry, whatever it had been. Well, in two years we recruited 6,000 new members to the Fire Brigades Union.

I said to John Horner, the general secretary of the Union, Chick Merrells, the assistant secretary, and so on: 'Look here, give me thousands of membership application forms and I'll go round the stations.' So I went round and just dropped into a station. I said, 'Have you any grievances here or is everyone very happy?' They would say, 'Oh, for goodness sake! We're glad to see you. We can't sleep for the mice or rats!'—or this, that and the other. I said, 'How many of you are members of the Union?' 'Oh, we're not members of that.' 'Well,' I said, 'I can't negotiate on behalf of non-members. How many of you are there?' 'Oh, there's fifty of us here.' 'All right, there's a batch of membership forms. You sign up and appoint somebody to be your shop steward and send in the application forms and then we'll deal with your problems.' The result was phenomenal. We had no difficulty in recruiting! It was phenomenal, phenomenal.[248]

In Northern Ireland it was the same. A very interesting thing in Northern Ireland was that we had the greatest harmony in the Union, which we developed very rapidly there as well. We had several hundred members enrolled in Northern Ireland. A good proportion of them came from the south. But at no time was there any problem between Catholics and Protestants in the Union.

They were a mixed lot. In Derry, for example, where, as in Belfast and Coleraine, I organised units of the Union, it was a real mixture of Catholics and Protestants. Some were very devout Catholics, who were greatly concerned when Belfast was bombed to appeal to their religious views on the protection of the people of Derry. Derry was in a peculiar situation in so far as it was just across the water from Donegal, which was part of the then southern Free State, now Republic of Ireland.

I recall on one occasion we had a mass meeting in Belfast of members. I made a speech in which I vividly recall saying how satisfactory it was that in our Union we had complete unity for the purposes of the Union, that no strife of any kind had emerged, and so on. And I got a great deal of applause. I was somewhat astonished later to find that there had been a newspaper reporter at the meeting and it was reported in one of the Belfast papers. I think it was the *Belfast Newsletter* that reported my speech in full.[249] But the Protestants and Catholics in our Union had no difficulty in co-operating for the work of the Union. We didn't differentiate in the slightest degree between one element and another.

Well, in Scotland, Northern Ireland and northern England we were developing so rapidly as a Union that I established a sub-office in Belfast and another in Newcastle-on-Tyne. I got officials appointed to the jobs both in Belfast and Newcastle.

There's an interesting story in connection with the Fire Brigades Union in Edinburgh. At that time I was a Labour town councillor and there was also in the Conservative Party another Murray—Andrew Murray. Andrew Murray is now dead and I shouldn't say too much about him for that reason. But he was a commandant of the Auxiliary Fire Service. I wanted a fireman named Jack Grahl released to be a full-time official of the Union. We had no difficulty with the government in getting releases where we could show that there was need for an official. But Murray was a very reactionary bounder and wouldn't agree to re-lease this man. I knew that Murray had been, well, to be quite frank, fiddling with the funds and I had proof of a certain incident down in Leith. I said to Murray: 'If this man isn't released by three o'clock this afternoon I'm going to tell the public about some things that you know and I know.' So Grahl was released just like that, in no time! He was my assistant for a bit then I had another assistant and I sent Grahl down to look after the Newcastle office. I got an Irish assistant in Belfast.[250]

My career as a trade unionist, however, was brought to a very sudden end by a set of circumstances which were peculiar. There had been trouble in the branch of the Union of which I was a member, between the branch and the headquarters over some decision that was taken by the branch. Accusations were made that there was a group of Communists who were responsible for this action to which exception was taken by the headquarters of the Union. The ultimate decision by the National Committee of the Union was to expel those people who were allegedly committing some misdemeanour in policy questions. The extraordinary thing for me was that I hadn't been present at any of these supposed meetings at which this conspiratorial activity was alleged to have existed. Nevertheless I was lumped in with the culprits and expelled from the Union.

My expulsion from the Union became known to me in a most extraordinary manner. The secretary of Edinburgh Trades Council at that time was George Lawson, who ultimately became Member of Parliament for Motherwell. While I was sitting in the body of the Trades Council hall as a delegate George Lawson announced from the platform that I couldn't take any further part in the proceedings of the Trades Council as he knew that I had been expelled from my Union. This was the first intimation that I had got that I had been expelled from the Union. I hadn't had any notice at that time from the headquarters of the Union. I went to the annual conference of the Union, as I had a right to do under the rules, and I pointed out that it was impossible for me to have participated in this alleged misdemeanour because I hadn't been present at any of the meetings concerned. But it was ruled out of order more or less, and we—I and three or four others—were expelled. That was the end of my membership of the Union. I fought the matter as long as I could but the dominating influence of the National Executive was so strong against me that I was thrown out along with the other three or four people: Pat Chalmers, Irene Robinson and Don Renton. Don Renton was really the organiser of some activities at that time.[251]

That had a serious effect on my relationship with Edinburgh Trades Council. I could no longer continue as a member of it. However, I proceeded to carry on my interest in the political sphere one way or another.

Through my activity in the Trades Council I came in contact with Gerald Crawford, who was a town councillor. Gerald Crawford was really actively interested in music. I think he was a bit of a composer. He was also the pioneer of the open-air swimming pool at Portobello. He was a colourful personality. I knew him very well. He was really quite an eloquent speaker. He was listened to with respect by everybody. He was treated as a kind of outsider, an odd sort of outsider, to some extent by some of his colleagues in the Labour Group in the Town Council. But he had certain merits that some of the others didn't possess.[252]

There were one or two other remarkable personalities that I recall in the Labour movement in Edinburgh in those years. For example, in the Burgh Labour Party there was Eva Gibbons. Eva Harris was her maiden name, Eva Gibbons her married name. Now Eva was one of the most extraordinary people. She was married to Charlie Gibbons, the organiser of the Labour College. Eva was very active in the Co-operative movement and in the Labour Party. But she was the most incorrigible, excessive elocutionist—because some of her speeches were just elocution. She was an extraordinary character and was difficult to control. Of course, as a chairman, when I had to deal with Eva in the Union— she was in the same Union as me—I dealt with her, and any others like her, very draconically. I believed in saying that this was the policy and we pursued that policy. You had to act according to the rules or the ordinary manner in which you conducted a meeting efficiently. Eva was an anarchist, really an anarchist, though she wouldn't have called herself that.

Charlie Gibbons, Eva's husband, was an astonishing character. He came from Wales, I think. Charlie was a phrenologist. He was always looking at people's heads to see whether his ideas of bumps would indicate the quality of their intellects. I told him on one occasion: 'Feel over my head and see what my intellect is like.' So he did so. 'Oh,' he said, 'it's mediocre.'[253]

In the 1930s, when I joined it, the Communist Party had a policy of clandestine underground activity and at the same time open, above board activity. And I got drawn into that. It was the idea of infiltrating and getting by back-door methods into office in Trades Councils and so forth. It's still being done of course, but it's being done mostly by the Trotskyites now. My retrospective view of this infiltration or clandestine activity was that it was a failure. It didn't succeed and it will still be a failure today because people just don't tolerate that sort of thing after a certain experience of it.

Well, at any rate, I was asked in 1936 if I would be a candidate for the Town Council. Meantime, of course, I had been extremely active in the campaign against Hitler when 1932-3 came on. Before that, in the 1920s, as I've said, I had been involved in peace campaigns and pacifist organisations. I was a member of the Peace Pledge Union or some of those bodies and took highly principled views of how things should be.[254] When I'd come to Edinburgh in 1927 I'd carried on those campaigns and spoke at Independent Labour Party and other meetings, and then I had formed a branch of the Society for Cultural Relations with the Soviet Union round about that time, too—I can't remember when exactly but I think it was about that same time. So it was against that background of activity that I became a candidate in 1936 for the Town Council for Liberton ward, a great sprawling area—it was like a parliamentary constituency—and was successful.

I got on the Town Council as the result of the desire of local people at Niddrie Mains, a Council housing estate in the Liberton ward. The leading light among the local people at Niddrie Mains was Jimmy Dickson. Jimmy Dickson and the committee of the local Labour Party were very keen that I should be a candidate because they knew me in other connections—anti-Fascism, peace campaigning, and so on. There was no opposition to my selection as the candidate at all. I can't recall that there was anybody put up against me at all.

Apart from Jimmy Dickson, the people who supported me in the Town Council election campaign were Bill Campbell, who was another leading member, and a miner whose name I forget now, who was also a prominent and active member. This miner was not a member of the Communist Party, but Bill Campbell was and so was Jimmy Dickson. Bill and Jimmy were subterraneans like me.[255]

We had a great Town Council election campaign. There was a tremendous committee of supporters in Niddrie Mains. It was a brilliant campaign. Jimmy Dickson was really the architect of the campaign. He was a miner and a very capable and astute tactician. The Kane family—not only Jack but Bobby Kane, and their mother, and Pat Kane—were all involved in my election campaign in the first stages. In fact, the Kanes were very active people in the local Labour Party in every connection.[256] There were some very good women members. Mrs Tennant and her husband, who was blind, were outstanding people. There were others, too—I can't remember all the names. Bill Campbell and his wife, who was a very good worker too, did a heck of a lot of trailing up and down stairs and dishing out leaflets. Whenever there was an issue that merited the slightest serious attention we put out a leaflet. We were on the nail if anything happened or anything was necessary. But we had an excellent committee. And of course my style of speech and my militancy went down very well in a situation where the people were half-starved. The situation was very favourable for our militant campaign. We didn't treat the polite, cautious attitude of the Labour Party very seriously. We pursued a policy of demanding justice for the people and especially cuts in the rents and rates for people who couldn't afford to pay them, and so on.

We agitated for a cinema, we agitated for a public hall. We agitated for better welfare provision. We had difficulty getting accommodation for the welfare officers who came down. The University Settlement people's building was used—in fact, overused really. It was a small meeting place and had side rooms for various services.[257]

So far as election incidents are concerned, well, troops of children and young people went round the whole area, shouting for support for my candidature. The night that I was elected I went out to Niddrie Mains of course when the result was declared and, I'll never forget, a drunk woman insisted on kissing me all over my face! But there was great enthusiasm. Of course, I had the ability to talk easily and I could put it over. When I began my speaking career I was pretty hesitant, but by that time fluency wasn't a difficult problem for me at all.

I was a town councillor for eight years, from 1936 until I left the Council in 1944.[258] I was involved in much controversy inside and outside the Town Council. And of course, though I was elected as a Labour councillor I was a subterranean member of the Communist Party all the time.

There was soon a group of us in the Town Council who were clandestine members of the Communist Party, as it were, and open members of the Labour Party. There was Jack Kane, who ultimately became Lord Provost of the city of Edinburgh, and there was David Chalmers and George Boath, both of whom are dead. So there were the four of us who were a little group of Communists parading along as members of the Labour Party, Labour councillors, and so on. My view is that it was a policy that was a failure. It didn't achieve the results that we had hoped. On the other hand, if we hadn't been clandestine Communists it is questionable whether we would have been members of the Town Council. So it's a highly speculative business in retrospect whether it was worthwhile doing it the way we did it. My personal view is I would have been much better employed studying in depth Marxism-Leninism instead of spending so much time as we had to as councillors.[259]

When I joined the Town Council in 1936 as Labour councillor for the old Liberton ward—it's no longer in existence, the wards have been redesigned since then—I was the first to be elected by the process of being put up clandestinely by our friends in the Communist Party. The man I defeated was a Conservative called Russell West. He was soundly defeated. I had a very good majority.[260]

Then the next year Jack Kane was a candidate. In fact, I had the job of preparing the draft of his first election address. But he wasn't successful the first time. He was successful in his second attempt, however—in 1938, I think that would be. About the same time, in other wards, David Chalmers and George Boath, two other Communist Party members who were posing as Labour, were elected. Consequently, we came to have this group of four who performed the same function and had the same relationship as I did, as clandestine members of the Communist Party and open members of the Labour Party. We had of course to be extremely careful about participating in open Communist Party activities, otherwise we would have shown our hand. We had a shrewd suspicion that many people, both on the Labour side and on the Conservative side, had an idea that we four were very close to the Communist Party if not actually members—but they couldn't prove anything.[261]

In the Council there was a constant battle by the four of us against the reactionaries on the other side, a constant battle. But of course we were unfortunate in being in such a small minority: there were, I think, 21 Labour councillors out of the total of 71, or something like that.[262]

My colleagues in the Labour Group were a mixed bag. Some of them were just Social Democrats with a very poor theoretical understanding—in fact, a very poor theoretical understanding even of the meaning of socialism. The three other councillors who, like me, were clandestine Communist Party members were in a different category altogether. Jack Kane was an extremely capable councillor. I often thought he was a little too polite sometimes. He was a different stamp from me and I wasn't too polite with the enemy. But Jack was a very capable fellow. He could make an excellent case when he was called upon to speak on some subject. He was really outstanding in fact in that respect.

Then George Boath had been a very good lecturer on Marxism. It was a singular thing that he reverted to the presbyterian church afterwards. George was very young but he was an excellent lecturer on Marxism. There was a very funny incident happened with him later on. During the war, when George was still on the Town Council—he was a lift engineer and hadn't been called up—there was one occasion when King George VI and the present Queen Mother were in the City Chambers. We entertained the King and Queen there quite often to private lunches—for security reasons, it wasn't known at all to the public that they were there. In the smoke room on this occasion we were all standing around while the Lord Provost was taking the King and Queen round to shake hands with us and explain who we were. The Queen stopped at George Boath and said, 'How many councillors are there in Edinburgh, Councillor Boath?' George said, 'There's 71—mostly nit-wits.' The Lord Provost hurriedly moved their majesties on to the next stop. But what George said was true enough. It was terrible, oh, among the councillors there were some awful creatures.

George Boath was a very lucid, very literate type of person. David Chalmers was a different stamp. David was more like a proletarian industrial worker. He was married to a Russian woman. He was very good when it came to anything that required a spokesman from the grass roots who understood what industry and life was like amongst the ordinary proletarian section of the population. And he could make an excellent case, not so fluently as George Boath or Jack Kane, but effective. So the four of us kept together on the Council right on to the time that I left it in 1944.[263]

In the Council itself we acted as a very energetic group and we always moved in the direction of supporting the ordinary working class and especially the very badly off people. I became a member of the Education Committee and my task on that Committee was consistently—all the time I was in the Council—to protect the physical and cultural interests of the children. I particularly tended to the physical condition of the children in the schools because at that period before the war unemployment was rife and poverty was very profound.

Shortly after I entered the Council in 1936 I became a member of a sub-committee of the Education Committee, called the Primary and Secondary Schools Committee, which involved visiting every school in the city twice a year. Immediately I entered this sphere of activity I became impressed with the fact that when we entered a school and were taken to the headteacher's room we were at once presented with a list of percentages of pupils who were this, that and the other thing. One of the most aggravating things, which I protested against very vigorously, was the idea of categorising little children of, say, seven years of age for their intelligence quotient. I said that an intelligence quotient for a child of that age is an absurdity. I said, 'It's much more important to see whether these kids have dry feet in the wintertime.' And I challenged them. I said, 'I'm not interested one little bit in the I.Q. of children of seven years of age but I'm very interested to find that a whole lot of them haven't proper footwear. They're coming to school now that it's getting on to winter in baffies of one kind or another, with their feet wet, and sitting in their seats for the whole day with wet feet.' After a great of deal of attempted opposition by the majority on the Committee, who were Conservatives and church representatives and so on, they ultimately agreed to my proposition that we go down to the classroom and get these little children out on the floor and look at their feet, without making it difficult and awkward for the children. My view was that the allocation of footwear to those who were entitled by the regulations to free footwear should be dealt with immediately. That hadn't been done, and by this time it was November or early December. There were still a number of children who hadn't got an issue of free footwear, to which they were entitled by the regulations.

But the Scrooge type of people on the Committee were more concerned about the charity-financed footwear scheme, which was called the Police Footwear Scheme—the police-aided scheme—than about anything else. Their view was that no free footwear from the public funds should be distributed until we had exhausted the police-aided charity scheme. I strongly objected to this and persuaded them to go down to this class. We looked at the children's feet and it was obvious to anybody that they were sitting there with damp feet because this was a slushy day with snow. I submitted a motion that in future no child should be without footwear who was entitled to free footwear after the end of October any year. I had threatened to make a song about the matter outside in public unless they agreed to this. Nonetheless to my rather considerable astonishment it was carried.[264]

In the Council there were two jobs that I particularly concentrated on: housing and rents, and the difficulties of the people out in Niddrie Mains and Craigmillar in my own Liberton ward. About 13,000 people had been taken from St Leonard's in the centre of Edinburgh out to Niddrie Mains on the southeastern outskirts of the city and dumped down in what Hamilton Fyfe, who was then the editor of the *Daily Herald*, declared to be the worst housing scheme in Britain. He had visited Niddrie Mains in a survey of housing schemes throughout Britain.[265] They were taken away from their old housing in St Leonard's and dumped down in Niddrie Mains as though they were a lot of cattle or sheep, in rows and rows of the most uninteresting, drab streets you can imagine. There were none of the human amenities that you'd expect in a large community like that. There wasn't a cinema, there wasn't a pub, there wasn't a public hall. There was nothing. There were no social services at all. There was only what was called The Hut, an old ex-army hut, called The Welfare Hut. It was to say the least of it a most uncomfortable place to have a meeting in. There was also the beginnings of a University Settlement building. The Settlement eventually created a small place, which was certainly an amenity of some little value.

Not only at that time was it a serious matter to be dumped in such a wilderness of a so-called municipal housing scheme but these people were the poorest people of the city and they had to travel by bus from Niddrie Mains into the city. They were away from the places where they could get cheap food on Saturday nights. That was a very important consideration because they relied on Saturday night going round the shops and picking up fruit and vegetables that would have been thrown out if they hadn't been sold cheap on Saturday nights. It can be said that Niddrie Mains was one of the most notoriously bad examples of local government rehousing of a big section of the population. Well, I agitated about housing and I wrote a pamphlet in fact on the subject and made housing one of my major subjects in the Council. It wasn't surprising that I got a thumping big vote when I stood for the Town Council, because my protest was loud and emphatic about the housing conditions at Niddrie Mains.[266]

The Liberton ward in those days was a vast area. It was like a parliamentary constituency. It stretched from what were then the Jewel Cottages at Newcraighall right across to Burdiehouse and Straiton. Burdiehouse and Straiton were both in the ward and so were Liberton proper and Gilmerton and right across there.

Just to give an illustration of what had to be done, there was at Straiton a miners' row and the sewage went into an open ditch. I kicked up a row about this and was able to get the houses condemned and a new set of houses built at Burdiehouse. These ought to be called Murray Square, or something like that, because they were all built as an outcome of that agitation!

Another place that I agitated about though not with so much success was Newcraighall. Some of the houses there were in a bad state and needed to be upgraded or demolished and new houses built. The houses at Newcraighall have been upgraded considerably—but that was long after I left the Council.

In the Labour Group on the Council we were constantly on the question of housing—the need for developing housing and for improving the condition of some of the houses that could be improved. But our efforts had comparatively little results, except that whole areas of the city were denuded of their population, which was shifted out to the perimeter of the city—to Pilton, Niddrie Mains, and so forth.

The war situation of course brought house-building to a standstill. As a member of the Air Raid Precautions Civil Defence Committee and as a councillor generally, I agitated for all empty houses to be commandeered. The reason for this was that a whole lot of rather wealthy people fled from the city away out to the country in anticipation of bombing. I did succeed in getting a few houses commandeered because they were empty and not being used. There was one notorious case down in Learmonth. This house had been vacant for years and years. The owner wouldn't do a thing about it. So that was just taken over under the emergency powers that local authorities had during the war.

An everlasting question that we councillors in the Labour Party were confronted with were pleas for us to do something, get houses for people who were in difficult circumstances. At the various conferences that were held the housing question came up over and over again. But the notorious fact is that during the period 1936-44 when I was in the Council the deterioration of houses falling below acceptable standards was faster than the building of new houses even in the housing schemes that were created on the perimeter of the city. We reckoned that in Edinburgh the number of houses that fell below standard every year was about 1,000. Well, we weren't building anything like the number that was required to meet that growing shortage. Overcrowding was a very common experience for many people with families. We certainly agitated about housing. But the frustrating experience on that subject and on others that I had made me on reflection feel that I had wasted my time very largely in eight years of membership of the Town Council. There was so little to show for it, except a multitude of pathetic cases of people with all kinds of troubles and grievances arising principally through the terrible poverty that prevailed at that time. I have still got a card index of hundreds of individual cases, all kinds of cases—housing, unemployment, food shortage, clothing, and also problems of matrimonial distractions of one kind or another. As a councillor in those days a great deal of your time was taken up with all sorts of these personal problems. Whilst you sometimes won little advantages for these people, got part solutions to their problems, the fact is that the amount of time you spent on that sort of thing was out of all proportion to the value to the people themselves.

The development of individual cases was an enormous problem for a councillor. And at that time of course we got no expenses. The best we had was that we got a lunch when we were at Council or committee meetings in the city chambers. But we got no expenses. The result was you had to go and work blooming hard in the evenings and so forth, to make up for the time you were using up. I reckon that I gave one week in every month—a whole week in every month—to the Town Council. Our group was very conscientious. We didn't brush aside the poor characters who came along, some of them in very dire circumstances, to get our advice and help. We pursued the matter right to the bitter end until we got (or sometimes failed to get) a result of some kind.

The cases were so numerous and so sad that it was difficult. One peculiar aspect of them was that sometimes husbands and wives who had fallen out with each other used to come to the councillors for help. I recall sitting in one house the whole night, trying to get a reconciliation between a husband and wife, just ordinary constituents whom I knew and both of whom I respected and who I thought were not acting as consistently as their characters would suggest.

Then there were numbers of cases of people who had got into difficulties and maybe were in the courts. We had to sort them out and maybe go and plead with the procurator fiscal or somebody not to pursue the matter any further, and that we would give some kind of undertaking to keep in touch with them. We had that sort of thing. There was a public relations and social service aspect of it. But of course poverty was the overwhelming factor—real poverty was the overwhelming consideration. The people just couldn't afford to live.

Well, I can't remember a fraction of the things that happened in the Town Council, but one I do recall was the business of the Gilmerton sewage. One day in the city chambers a number of people came to see me who resided in Gilmerton Road, leading up to Gilmerton village. The houses in Gilmerton Road were bungalows mainly. These people told me they had a problem of sewage. I said, 'But you have your own councillor. None of you people voted for me. You have your own councillor.' They said, 'Oh, yes, but we have been at him and we haven't got any further.' 'Well,' I said, 'it's a very strange thing you should come to the Labour councillor. Your own Conservative councillor is there.' But I said, 'Look here, you organise a meeting in Gilmerton Hall and I'll come out and I'll listen to the complaints of the people, because I'm not just prepared to start off on the basis of your approach to me here—after all your own man has been approached by you on this subject.'

So out I went—the hall was packed. All the adult residents in that street seemed to be there. One after the other they got up and said, 'The Town Council is insisting that we pay the cost of sinking the drain.' It was to be a very large sum of money. I listened to their story then I said, 'In my view you have a cast iron case. It's the Corporation that's responsible for that drain. They didn't put it in deep enough because they wanted to save money—which of course corresponds to your own outlook up here in any case.' I was very blunt with them. But I said, 'It's grossly unfair that you people should have to pay for the very heavy cost of sinking that drain.' In wet weather the thing flooded and the blooming sewage came up under their floors. A terrible mess it was! So I said, 'You'll appoint a small committee and I'll take you down to see the Burgh Engineer. We'll discuss it with him.'

So down we went and we kicked up a row about it and we succeeded. I said, 'Now I'm going to report to your people on condition that they turn up at the hall and hear the report. I am not going to let it drift out to them that there has been a satisfactory outcome. They must come to the meeting and hear the report.' I wanted to get hold of the blighters, you see. So at the meeting I said, 'I want to preface my report…' I was really a bit annoyed with them, you see. I said, 'There's not one of you people voted for me at the last election. I'm not putting that up against you but I'm just reminding you that you come truckling to me to get results because you are threatened with financial problems. In the next election you'll vote against me again!' Then I went on to tell them all that we had a satisfactory arrangement and that they wouldn't be responsible for the cost. Great applause! Oh, enormous! I wouldn't have been surprised if we got some votes or at least some support from them later on. But I couldn't say for sure.

I ultimately became the secretary of the Labour group in the Town Council.

Andrew Gilzean was the chairman, but the secretary was the vital functionary in the group. But one of the most disquieting features of my experience was that we would have a meeting of our Labour group the night before the Council met and certain decisions would be taken. Next day, as sure as fate, those decisions were forgotten about by one or two individual members of the group who were determined to plough their own furrow. There was a notorious instance of that when Councillor John Airlie and Councillor Adam Millar—both Labour councillors—were members of the Transport Committee.[267] I wasn't a member of that Committee but according to standing orders if you happened to have a motion dealing with the particular subject of a committee you attended that committee for that simple purpose. So one day I was at the Transport Committee for a motion of my own about transport—I can't remember what aspect it was but it was about transport. I was flabbergasted to find John Airlie and Adam Millar, one supporting a proposal to buy Daimler buses, the other Leyland buses. They were fighting each other openly in the Transport Committee. And they both blurted out that they had visited privately the headquarters of Daimler and Leyland respectively. We were buying about forty buses, or something like that, at any rate a very big order. Now I was so taken aback by their behaviour that I got up and intervened. I said to the chairman, 'I am not a member of this Committee, except for my own limited purpose. But,' I said, 'I must make my position clear. I deplore the exhibition we have seen of two of my colleagues of the Labour group. I must make it clear that I have no sympathy whatever with the statements made by these two councillors.' It was a very disquieting business and the circumstances were very unsavoury. That was just an illustration, however, of how indiscipline existed in the Labour group. The four of us who were clandestine Communist Party members did our damnedest to get a measure of discipline, when decisions were taken and so forth, so that we could fight the Conservative majority more effectively.

In any event we had of course to work with our colleagues in the Labour group. A few of them were obviously highly critical of us. But we were on good enough terms with some of them like Adam Millar and John Airlie, though in John Airlie's case I always felt there was something between him and us. In fact, he was a loner in some respects in the whole group, always rather remote from the rest of us. I always felt that he was ploughing his own furrow.

I was on good enough terms with Adam Millar. He and his wife, who was also a Labour councillor, were both well known to me. Mrs Millar was a quieter person than him and was a rather straightforward woman councillor.[268] But I always used to curl up a little when I saw Adam getting up on his feet. I knew he'd be throwing his arms about and spreading his voice all over the place about something, in a manner that had little to do with what one would call the statesmanship of local government. He and John Airlie were constantly jumping up and taking part in discussions in a manner that suggested, to me and some others of us at any rate, that there were ulterior motives. As a matter of fact, there are certain things I wouldn't like to record about some of those councillors. There were councillors who were far too friendly with certain people like Lord Provost Gumley, for example, far too friendly with him. To tell you the truth we were more than suspicious of the kind of financial relationships that existed. But of course we had to leave it just as it was. We couldn't do anything about it.[269]

The other Labour councillors, I really don't remember very much about them. But so far as the Tory councillors were concerned there was a section of them who were just died-in-the-wool stick-in-the-muds, poor quality intellectually but determined reactionaries. On the other hand, there were a few of the Tory councillors—Lord Nigel Douglas-Hamilton was one of them—whom one could respect even if you disagreed with them. I was always suspicious of certain types. Far too many of them were businessmen who obviously had an axe to grind. They were not there in the public interest—far from it, some of them—but in their own interest.[270]

I had two experiences in that connection. I was a thorn in the flesh of the licensed trade because at that time I was secretary of the No Licence Campaign business. And an effort was made to persuade me to pipe down. In order to get at me, two Tory councillors asked me if I would go and meet some of their friends down at the North British Hotel in Princes Street. They would like to have a meal there and there were some people very interested in my activities as a councillor. I said, 'Oh, that's very interesting. Well, you go ahead and make your plans.' And they went ahead and made their plans and came triumphantly to tell me that they would receive me at the North British Hotel on such and such a date and I would meet a number of friends there, have a dinner, and so on. When the time came, I said to them: 'You think that I am going to be taken into your trap? Well, ye've made a profound mistake. Ye can go and eat your bloody dinner yourselves for you won't get me standing being photographed with some of you people in the North British Hotel, which is probably your objective.' These people were put up by the licensed trade. They got a bit of a shock because they were sure that I was going to go down to this blooming dinner.

The other incident was worse in some respects and a very bad incident from the standpoint of the Labour group. Two people who were officials of the Municipal Mutual Insurance Company came to see me in the city chambers. The Company was a mutuality of local authorities—it didn't deal with any insurance business outside local authorities. I had been enquiring about our municipal insurance policy because I was in those days inclined to argue for self-insurance, that we put a certain proportion of the rates aside as a contingency fund in case the gasworks might blow up, or something like that. Anyway these two chaps came through from Glasgow from the Municipal Mutual Insurance

Company. They asked me would I be prepared to take up the question of the municipal insurance premium being paid by Edinburgh Corporation because there was a very unsavoury situation in that respect. They gave me all the data and I discovered that Edinburgh Corporation had been paying to the North British and Mercantile Insurance Company, which was the primary company, £2,000 per annum since 1921 in excess of what they need have been paying if there had been proper tenders invited. The Municipal Mutual could have undercut these rates substantially.

So I submitted a notice of motion that we forthwith review our municipal insurance policy. Immediately I put this notice into the Town Clerk's hands and he read it out for consideration at the next meeting Imrie, the City Chamberlain, came rushing through. He says to me, 'Could you come out here for a minute? I'd like to speak to you.' And he said, 'If you withdraw that motion just now I can give you a lot of information.' I said, 'You can give me a lot of information without me withdrawing the motion.' He saw he wasn't going to get away with it. Well, he was in the bloomin' swim. And this business of overspending on insurance was all going into the pockets of some of these jokers.[271]

Well, my motion was the first item on the agenda at the Treasurer's Committee but when the Committee met it was slipped away down the agenda. And at the top of the agenda was placed a letter from the tariff companies—North British and Mercantile and their friends—intimating that throughout Britain they had reduced municipal insurance premiums by 15 per cent. Well, that was a considerable triumph in the circumstances, because I was fighting with a lone hand. For this reason I wasn't getting the wholehearted backing of the Labour group. They had agreed to the motion but they were not supporting it beyond that. I discovered that another councillor who ultimately became an MP had taken up the question before me but he'd dropped it like a hot potato at a certain point, coinciding with the appointment of his young daughter to a lucrative job in the North British and Mercantile Insurance Company. She had previously been a little cash desk clerkess at St Cuthbert's Co-operative Society. So it was dropped by him. Well, that was a revealing episode of the corruption and humbug that occurred.

There was one extraordinary incident I remember that was rather humorous than important. I was on the Education Committee and on this occasion we were visiting a Roman Catholic school in Leith—St Anthony's or something, I forget the name of it. But the teaching nuns there gave us coffee and biscuits. Now in Edinburgh Town Council at that time there were nine Protestant Action councillors. Of all the nitwits and illiterates that ever sat on a public body I think they took the cake. There was one of the Protestant Action councillors called Captain Ballantine. He had been a captain in the British army and was a great big hefty fellow. Well, he was down at this Catholic school on this visit, and so was George Boath, my colleague. I said to George, 'See that joker,

Ballantine? He's had two cups of coffee and several biscuits.' I says, 'Wait till we get back to the Education Committee.'

At the next meeting of the Education Committee I said to the chairman, 'There's a personal matter that I would like to raise before you open up on the agenda.' 'Oh, what is it?' So I said I was a visiting member to this school in Leith where we had got very nice coffee and biscuits from the teaching nuns. 'But,' I said, 'there was one councillor had two cups of coffee and several biscuits. And that councillor was an anti-Papist called Councillor Ballantine.' The blooming roof nearly went off! I hadn't shown my hand till the last moment, ye see.

Well, Ballantine took his jacket off and threatened to fight me. I was much smaller than him, and Lord Nigel Douglas-Hamilton, one of the Tory councillors, who was rather friendly towards us in a peculiar paradoxical way and who at one time was a champion amateur boxer in Scotland, said to him: 'Ballantine, you're a big fellow. In the sporting world we challenge people our own weight.' So Lord Nigel took off his jacket and he says, 'If ye come round to the back we'll settle the matter.' Later on after the Committee meeting, when I was putting my coat on in the cloakroom Ballantine came up and hit me.[272]

Well, as I said, there were nine of the Protestant Action crowd in the Council I think at one stage. And really they were amongst the most illiterate people in public life. John Cormack was their leader. He wasn't so illiterate. He was a person that constantly asserted himself in the Council and constantly attacked the Roman Catholics and so forth. The Protestant Action crowd were no more religious people than my foot. They were just nasty types of people who hated anybody who wasn't of their particular Protestant persuasion. As a matter of fact, I knew they were detested by the religious people who were not in the Protestant Action movement.[273]

I recall when there was a Catholic Eucharistic Congress held in Edinburgh there were 30,000 people turned out to condemn the Catholic Church. This was the basis of the Protestant Action. But fundamentally the explanation was the economic poverty of great sections of the working class at that time. It was from that quarter that Protestant Action got their support mostly. If you look over the wards they represented it was all working class wards, or generally working class wards, where the poverty was worst. The types of people who were selected as Protestant Action candidates generally were loud-mouthed ignoramuses. Hate was their slogan—hate of the Papes and this sort of stuff.[274]

I couldn't say there was one solitary individual among the Protestant Action crowd that I had any respect for at all. Cormack I regarded as a crook, because I knew how he came to be outside the Post Office. I think he was a sorter or something like that inside the Post Office. He was pinching postal orders and he was getting children to go out to outlying post offices to cash them. At any rate that was where he originated and he got tagged on to this Protestant Action crowd.

Of those I remember there was a man Leitch who was just an utter third rate creature. He wasn't an orator by any means. I don't know how he got elected but he was put up. Then Mrs Laughton was a Protestant Action councillor of little note. Ballantine was a loud-mouthed bruiser, a terrible creature he was. The stuff he used to talk—he used to get up and blare away. He was an ex-army man, oh, maybe he was in the Black and Tans like Will Y. Darling—Will Y. Darling was a Black and Tan. Then there was another Protestant Action councillor Trainer, a sleekit sort of snaky kind of customer. There was a little more in him than in some of the others. Horne was a flamboyant self-advertiser.[275]

Then there was a woman, it was later on she came into the picture. I really detested her for her conduct. She was a Jewess but to get into the Council she joined the Protestant Action crowd. What the devil was her name? She had a peculiarly shaped house near Fairmilehead way. At any rate I said to her in the Council—I had her very sick over it—I said: 'Here,' I said, 'I respect people who are honest. But your race is being persecuted no end by the Hitlerites and these people. They are calling imprecations on your race. And you would join this bunch of people in order to get into the Council. And you know they are racialists just the same as the Hitlerites.' I said, 'I am ashamed to be associated with you in this Council. I think it's disgraceful.' I went for her tooth and nail before the chairman stopped me. She was really put out.[276]

Protestant Action were mostly working class people. But there were some small shopkeepers among them. Horne, I think, was a businessman. I'm not sure that the Orange movement really were too keen on Protestant Action but of course they superseded the Orangemen so far as the masses were concerned. They went far beyond the Orange Order. But some of them would be members of the Orange Order, I should think, although it didn't appear to us in the Council that they were representing the Orange Order, although some of their sentiments were similar.

Protestant Action often voted in the Town Council with the Tories, of course. They very seldom voted with us; maybe occasionally, on an odd occasion we'd have their support. In conversation with some of the Tories I found that privately they had a great contempt for the Protestant Action councillors. And not surprising. But of course some of the Tories' own councillors weren't an awful lot better. There was one man—I forget his name now—he was an undertaker, I think. Every time that man got up to speak the sweat ran down my back. The illiteracy of the man was something awful. He was even worse than the Protestant Action crowd.

There's not much more I can say about Protestant Action. They were a contemptible lot. Oh, they had a big support. When you think of that 30,000 that turned up at the Eucharistic Congress to protest against the Catholics, they had a lot of support. It was a strictly local development, mostly Edinburgh.

There were some in Glasgow, but nothing compared with Edinburgh. Of course, a number of them were Leith—I think it was unemployment and one thing and another there. I don't think it had anything to do with Leith being a port—there was no outside influence. It was a strictly local development. It stemmed from circumstances that were local and largely economic, of course—the poverty at that time.

Incidentally, I used to tell Roman Catholics in my own ward: 'I know that in spite of the fact that I have been one of your most ardent defenders against that Protestant Action crowd…' The local representative of the Roman Catholic Church in Niddrie Mains took me into his confidence and told me that I was at the top of the list of people Catholics weren't to support at the next election! Well, I was an atheist for one thing—not that I obtruded that. But in those days the Catholic Church took a very strong line against militant types like myself. They don't do it in the same way now at all. They've learned a few lessons, I think, in that respect. In fact, however, I was on very friendly terms with most of the Catholics. I am on friendly terms even now, too—for example, I know Archbishop Winning of Glasgow. These people know fine what my views are.[277]

Incidentally, that reminds me that in the Education Committee of the Town Council, when my leg was constantly being pulled by the three representatives of the churches—Father McDaniel, the Roman Catholic, Guthrie, the Presbyterian, and Canon Mackay of the Episcopal Church—I used to challenge them on theological questions. I made a careful study for a few short years of historical and contemporary religions. So I wasn't altogether unqualified to talk to them in theological terms, especially as I had read a large part of the Bible aloud at our little family gatherings at home and was rather familiar with some aspects of the Bible.[278]

There wasn't any connection between Protestant Action and the Fascist movement in Edinburgh. The Fascist movement developed quickly after Hitler came to power in 1933. Protestant Action hadn't developed at that stage. There was a real danger of the Fascist movement taking on in the Edinburgh area. There was no danger of that in Glasgow. Mosley was afraid to go to Glasgow. He'd have been lynched if he had gone to Glasgow. But in Edinburgh the antagonism was growing very rapidly. There was that notorious incident in the Usher Hall when the thugs that the Fascists had recruited were throwing down the stair dissidents who got up to question the speakers on the platform. Don Renton, for example, was chucked down the stair. They just grabbed people and threw them physically.[279]

Oh, we had lots of skirmishes in the Town Council over the Fascists getting free speech, on the ground that these people were out to kill free speech. We weren't going to allow them to have free speech in order that they could kill free speech. That sort of attitude we adopted. In Edinburgh there was a fair amount of support for the Fascists. There were people marching and carrying on and mouthing about Blackshirts. Oh, yes, there was quite a bit of Fascist support. I wouldn't say it was overwhelming but there was sufficient to be serious, to be dangerous. Our whole attitude in the Council was that these people shouldn't be given any scope at all. Of course we were constantly at war with the Conservatives over that. Our group, and the Trades Council and the trade unions, all rallied in opposition to any suggestion of privileges for the Fascists. But of course the Tory elements and the pro-Fascist types were constantly arguing that this was a free country and these people should get freedom to speak and to advocate their policy and so on.

I don't think the Fascists ever put up any candidates for the Town Council. I think, you see, the Tories would keep them out.[280] The Tories were divided into two categories. There was the Independents, who were Tories nevertheless, and there was the official Tory Party crowd. There were one or two councillors who were as near being Fascists as it's possible to be. But those of us who were anti-Fascist were very vigilant and very, very staunch in our opposition to Fascism. We gave no ground whatever. Our little group on the Council was solid and of course some of the others, like Mrs Ingles and some of the other Labour councillors, were backing us very strongly on the question of Fascism. But then there were also weak elements that weren't doing as much as they ought to have done.[281]

The leadership of the Fascists was in the hands of the middle class types. But they drew a lot of what support they had from the working class, especially the unemployed. The Fascists offered them certain prospects and certain things. The typical recruiting of the thug types and dressing them up in uniforms was characteristic of Fascist development everywhere. It started in Germany and Italy, and the thug types were recruited deliberately and used as brutalising weapons against the population. And you had that in Edinburgh as well. I knew a number of them. We were often involved in efforts to prevent them marching along Princes Street, that sort of thing. But there wasn't such an awful lot of that in Edinburgh. Most of the brutality occurred in halls, especially in the Usher Hall incident. There was a tall, thin fellow who was their principal Blackshirt in Edinburgh. I can't remember his name now but, oh, he was well enough known at the time.[282]

There's no doubt about it that Protestant Action was an incipient Fascist movement, with all the appearance and the actions and the conduct of a Fascist movement. But there is no evidence, I would say, that the two movements worked closely together, no evidence of that.

But that reminds me of an incident in relation to the Italians in Edinburgh. When Mussolini's crowd invaded Abyssinia in 1935 there was an Italian consul who was the Italian banker down in Elm Row or thereabout. It was just across the road from the Playhouse cinema. The local Italians, you see, were pouring money into this local bank. They were doing it on the threat that if they didn't do it their citizenship, visas, and so forth were threatened so that they couldn't go back to Italy. A number of us who were in this campaign against Fascism asked this consul banker fellow if he would see us one evening. We went down to his place and of course it was closed to the public. We went into his back shop and we said, 'We've a document here which has to be sent to your government in Rome and your ambassador in London. And you have to countersign it.' 'Oh, I couldn't do that,' he says. I says, 'You see this crowd that we have in here? You could be dead and nobody would know how you died.' I said, 'You're signing that document. There's no hanky-panky. We're furious at the misconduct of your Fascist government in Abyssinia. You're getting it in the neck. We'll smash you to pulp if you don't.' And by God we got him to sign it. This poor bloke was a relic of the '14-'18 War and there was something wrong with his leg. But he was the consul. This chappie was an employee of the Italian government. We weren't aware of an active organisation of Italian Fascists in this. But in effect that's what they were doing. They were supporting their own Fascist regime. I said, 'We'll post the letters. We won't leave them for you to post. But your signature and your stamp are needed, confirming that we have been in your office and that the documents are bona fide documents.'

Of course I hated Fascism. I had an almost obsessive hatred of Fascism, as I've said, and I still have. Before the war, during the campaign against Hitler and for the overthrow of Fascism, I was active enough in one way or another. I got leave of absence from the Council to go to Spain. They all knew where I was going, of course. They knew fine. But I didn't give that as the reason. But I got leave—oh, I think they were glad to see me out of the way because I was a bit of a nuisance to some of the reactionaries. It was after I had gone to Spain, incidentally, that my motion about the Town Council's insurance policy was moving on to the Council but my absence killed the whole thing. But there was a rather singular incident two days after I came back from Spain. I was out at Niddrie Mains addressing a meeting of parents and children who were on strike over something at the school—I can't remember what the trouble was. I'd come through the Spanish War with very little harm, except my left ear was weakened a wee bit by a shell burst. But at that Niddrie Mains meeting I stood on a chair whose leg broke and I broke two ribs right away! [283]

A couple of other things I remember about my years on the Town Council. One was that I represented the Council on the Board of the Edinburgh Blind Asylum all the time I was on the Council. There again my main concern was the welfare of the blind people, and I was closely identified with the work of the League of the Blind, which was the trade union of the blind people. I took a very considerable part in promoting the policy within the Blind Asylum that was the policy of the League of the Blind. I had to fight against the whole atmosphere of charity that was associated with the Asylum. The kind of people who were on the Board were people saturated with the charity outlook and who were always concerned in case they were over-generous or spending more money than they could afford and so on, and relying on subscriptions from various sources to keep the institution going. Today, I believe, there is more public finance than there was in those days.

One of the principal functionaries in the League of the Blind, by the way, was Tennant who with his wife was one of the leading lights among my supporters in Niddrie Mains and Liberton ward.[284]

Then I had an experience with the police when I was a councillor before the war came in 1939. One dark night my wife came to me and said there were two big fellows at the door wanted to see me. So I said, 'You can let them in. But I'll only see one at a time!' They came in and I got their identity cards. They were two constables, they weren't in uniform. They told me they were dissatisfied with the lack of adequate representation by their own Police Federation, and that discipline was so severe and so drastic that there was widespread dissatisfaction. The wages were poor and they couldn't make any impression on the Local Authority that was employing them. Would I be prepared to raise the matter through the Labour group? I indicated of course that I would be very pleased to do so.

To give you an illustration of the rigidity of the police discipline: there was one occasion when the Chief Constable reprimanded in public a policeman who had unfastened the top button of his tunic. In those days the tunics were not the present design. They had a collar that was right round the neck of the policeman. In hot weather it was a terrible business. The policemen were dissatisfied with this kind of discipline and the manner in which this Chief Constable Ross lorded it over them.

Having satisfied myself that the facts were correct I got the Labour group to submit a notice of motion on the condition of the police force. Of course, I moved this motion and made a sharp attack on the Chief Constable's handling of his force. I made no bones about criticising him and I pointed out how absurd it was to have these men standing in a broiling sun with heavy uniforms buttoned up to the neck, and so forth. Well, the net result was that there was a considerable change in the code of discipline and in the practice of the Chief Constable, and there was also an increase in the men's wages. The policemen came back to me afterwards to express their appreciation on behalf of the whole of their colleagues.[285]

The other point I might make was that we as a Party had an attitude to the police which was sometimes not very healthy. It was a sort of unqualified condemnation of the police, which wasn't the correct thing, in my opinion. This was the Labour Party attitude and the Communist Party attitude was in the same boat, of course. My view was that we should cultivate the best elements in the police and recognise that there are some of them quite good chaps.

As the war was approaching I became a member of the Town Council Air

Raid Precautions Committee. I wrote a pamphlet on the subject of the protection of the civil population. My main argument at that time was about the need for deep shelters.[286] In fact, today I am still an advocate of deep shelters. As I was saying at a conference in the Assembly Hall in Edinburgh recently (though I got no support for it), 'The government come along and say you need Civil Defence. They themselves and their functionaries are all provided with deep shelters, in spite of the fact that some people believe that no shelter is capable of protecting people against nuclear bombs. But,' I said, 'in fact the government and its minions agree that deep shelters are necessary and are of considerable value in protecting the lives and functions of the officials. And if that's the case then we should compel the government to extend such protection to the whole urban civil population.' Well, that was the line I took before the 1939 war began. I got then a certain measure of support in the Town Council because a lot of the Conservatives were scared that they would be bombed. I got them down into that tunnel that runs from the Mound right through to the Meadows—a big water tunnel which was no longer used for water. We went through that tunnel and there were other tunnels as well, railway tunnels and so on. But of course we couldn't get money from the Treasury to turn them into proper shelters. Incidentally, there were two public shelters in Princes Street Gardens for which I got a decision to adapt during the war so that they could be made suitable for public shelters after it. Those shelters are still there and they are used a great deal. So on the A.R.P. Committee we demanded improvements in the civil defence organisation, and we also protected the interests of the wardens and such like people through the Trades Council.

Well, as I've said, I left Edinburgh Town Council in 1944 after eight years.

It was after I had become a councillor in 1936 that I was selected as Labour parliamentary candidate for North Midlothian. That was after I had been jiggered out of that position in Dundee, which was a double-barrelled constituency. A woman and I were easily the winners in the selection conference. But Arthur Woodburn, who was determined that in no circumstances would I be a candidate, stepped in and said there was a technicality that would require to be adjusted. The net result was that he worked the oracle to prevent me from being selected. That was in Dundee. Then I was nominated in North Midlothian and another effort was made to prevent it but the North Midlothian people were determined I was to be their candidate. So I became the candidate.[287]

During the 1939-45 war an interesting experience for me was my meetings with people in this country who were Polish—servicemen and so forth—many of whom went back to Poland after the war ended. I had the extraordinary good fortune, along with Nan Green, the secretary, to be sent by the International Brigade Association at the invitation of the Dombrowski Battalion to be the guests of the Battalion's veterans who were back again in Poland. Nan Green had been in the Spanish struggle as a medical worker and a supporter of the

International Brigade. Her husband George had been killed in action with the Brigade.[288]

We went to Poland round about August 1945, only a few months after the defeat of the Germans. We went down to Folkestone or Dover or some other place there and joined the first boat of a new service that was to go over to Dieppe. The boat, as it was going into Dieppe harbour—which had only been partially cleared from the destruction of the war—was blinded by a sudden sea haar and ran into a mudbank. Next morning we got off the boat but having been delayed by a night we missed the plane that was to take us to Warsaw via Berlin. I got to Paris and got a place to sleep but the food supply in Paris then was desperately bad because they had not recovered from the war. It didn't matter whether you had money or not, there was no food to be had. The people were half starved at that time. I was marooned in Paris for several days. Paris was a shabby place and the Metro was in an awful state of dirt and disorganisation.

Well, I was walking along one of the Paris streets and I met the correspondent of the *Daily Worker*, I think Kenton was his name. At any rate I knew him. I told him my difficulty about food. 'Oh,' he says, 'I'll solve your problem for you.' So he produced a Press Club card belonging to an American correspondent who was away back to America and had left the card with him. Kenton said, 'If you don't talk when you go into the Club but just produce the card you'll get your food there'—which I did, at the expense presumably of the American press agency.[289]

I carried on like that until the time came when Nan Green and I were told an ex-army Dakota plane would take us to Warsaw. Well, off we went on this Dakota plane. It was perishing cold. There was no heating on the plane and there were no seats, just a wooden bench round the side, with all the paratroopers' oxygen pipes still hanging from the roof. There was some difficulty about landing at Tempelhof airport in Berlin because there was a great lot of relics of the war still there: broken down guns and tanks, with clear bits here and there on the runway for planes to land. So we landed amongst all this residue of the war.

In Berlin I was given accommodation in a German household, an elderly man and his wife. The Allied Occupation authorities—it was the French there— just went round and knocked on a door and said, 'What accommodation have you got? Are you using it all?' And if they weren't using it all then there was somebody parked on them. I was parked on this old couple in the Fronau district. I got on fine with these people. They were very busy all the time—they could speak a bit of English—denouncing Hitler. I said, 'What did the Russians do when they came?' 'Oh, they took our telephone away and our radio.' I said, 'What else did they do? Because, by God, if I'd been them I would have done a lot more than that after what you did to them!' Oh, they agreed that that was reasonable enough. As far as I could see the old couple had done quite well under the Hitler regime. They weren't badly placed. Their accommodation was rather palatial.

We couldn't get away from Berlin for several days. At night it was a queer situation. I used to go out at night and walk along the streets which were nearly all in darkness because the lighting system was destroyed. I used to watch the Germans, to see how they were reacting to the situation. It was a very dismal sort of experience. They were obviously psychologically wrecked with the result of the war. And of course a lot of the buildings were destroyed, and so on.

I went to the Reichstag to see where the scandalous trial of Dimitrov and so forth had taken place.[290] I went down into the bunker that was occupied by Hitler. It was partly blown up but it was quite an elaborate affair. The entrance part was lopsided a bit, where he held out and where he committed suicide. Of course the Reichstag was destroyed very largely, but I saw the high point where the Red Army hoisted the Soviet flag when they had captured Berlin earlier that year.

Then a plane took Nan Green and me to Warsaw. We flew over the Oder and Neisse rivers. Looking down on that territory there wasn't a living thing to be seen, not even a dog. There was a great area that was completely obliterated by the fighting in the war. We flew right over Warsaw. It was a most extraordinary sensation, looking down on Warsaw. You saw miles and miles of streets with gaunt buildings, no roofs, no windows, only the walls standing—miles of them. The ruin of Warsaw was fearful.

When we arrived in Warsaw Nan Green got accommodation somewhere but I was accommodated in the Sjem Hotel, that is the Hotel of the Parliament. The hotel was a hurriedly rehabilitated building, with nothing in the rooms except a table, a straw palliasse and a blanket. There was no place to hang your clothes or do anything, you just laid them on the table. But I slept all right there.

At this Dombrowski Congress of course I met a number of International Brigaders from other places, including a lad from Sweden. I've forgotten his name now, I've a terrible memory for names. He had gone back from Spain and was working for the Danish underground during the war. He was captured by the Germans and condemned to death. But the Swedish government intervened and asked the German authorities if they would just give him imprisonment for life, which they did. When the Americans came along in 1945 they released him and said to him, 'You can speak English and German. You're very useful to us. You go and knock at the doors of some of these big mansion houses and ask them if they've got a motor car.' A woman came to one door and he said to her, 'Have you got a motor car?' 'Yes, yes.' So he saw this fine big motor car and said, 'I'm taking this car away.' 'Oh, that's my car,' the woman said to him. 'It's no longer your car, I'm taking it away.' The Americans gave him petrol and took him along with them as an interpreter. He had a great time with the Americans, with this car. They shipped him and the car back home to Sweden. He was a great lad. He and I lived in this Sjem Hotel and I struck up quite a friendship with him.

I wandered about in Warsaw with some of my Polish friends and was shown some of the consequences of the war. One was the marks on the walls where German troops—the Gestapo—shot people as a retaliation for the Polish Resistance movement's actions. What the Resistance people used to do (although I think they had to stop it because the retribution was so terrible) was to get in behind German soldiers or Gestapo walking down the street and shoot them in the legs. But what the Germans started to do was to round up all the civilians who happened to be at the spot where this was done and they just took about ten per cent of them, put them up against the wall and shot them. Now in many of the ruined streets on the walls you could see great splashes of blood where people had been shot.

People were gradually by this time trekking back into Warsaw, and they were putting wreaths of plants and flowers at these places. There was also evidence of the terrible slaughter of the Jews in the ghetto. Another thing that shocked me no end—it shouldn't have shocked me because I knew the nature of the Nazi machine and the Nazi character—was when my friends took me to the basement of what had been the National Gallery of Poland. There in that basement there were hundreds of valuable pictures that used to be on display, some of them priceless pictures by great artists. The Nazis had been preparing to pack them up to take them away to Germany. But of course the Red Army arrived and the Gestapo slashed these pictures with knives. They've all been repaired since then. But that was the barbarous way these people conducted themselves.

On one occasion when I was standing at the side of one of those ruined streets with a Polish friend a very humorous incident happened. Just about that time the embassies of foreign governments that had recognised the new government of President Bierut had been accommodated in the Hotel Polonia, which was intact because it had been the headquarters of the Gestapo and they hadn't had time to blow it up before the Soviet armies arrived.[291] Well, the supplies for this embassy which had only recently been opened were sent by a truck with two British armoured cars in convoy, one in front and one behind, from somewhere in Germany. While I was standing there the first part of the convoy, one armoured car and the truck, came past and went down this street and round the corner to the left, on its way back to Germany. After they had disappeared round the corner the other armoured car arrived and it stopped beside where we were standing. The British soldier in the turret was trying, by trying to talk in German to the Poles round about me, to find out where the other two vehicles had gone. I twigged that he was a Scots soldier. So I called out to him in broad Scots: 'Awa doon the street and roond that corner!' And he said, 'Christ Almichty! Where do you come frae?' I said, 'I come frae Aiberdeen! Where do you come frae?' He said he came from Macduff in Banffshire. He couldn't stop of course but I can imagine the sensation that that fellow experienced when he heard broad Aiberdeen in the middle of Warsaw in these circumstances!

Every night when I was in Warsaw there was shooting. The N.S.Z., as they were called, collaborators with the Germans, were hiding from the new Polish authorities. They were carrying on a kind of desultory campaign against the soldiers of the new regime. General Walter, a leading figure at the Dombrowski Congress, was ultimately assassinated by the Fascist elements.[292]

When I was in Warsaw an important conference of the reorganised trade union movement of Poland was held. I was given a sort of honorary membership as an observer at it. There was a rather extraordinary situation developed in which I got personally involved. The trade union leadership in Poland had invited the principal trade union federations of the world to attend. Most of the European ones—French, Italian, and so forth—were represented. But they had only got a telegram from the British Trades Union Congress stating that unfortunately they had no one available to send. The Poles were greatly perturbed about this because a lot of them had been in Britain during the war and actually involved in the British trade union movement. Well, the secretary asked me at one of the sessions would I speak as a trade unionist from Britain. I said, 'I'm prepared to do anything to help the comrades in Poland.' But I said I thought it would not be quite good politically if I were to appear on the platform, because I didn't represent anybody in the trade union movement in Britain. I was there as a delegate from the International Brigade Association and I would require to consult some of my friends—Polish Party and Polish International Brigade people—to see what they thought. Their view was that I should make a short, carefully prepared speech. I wrote it out and read it to the conference authorities to make sure they would approve of its terms.

So up on the platform I got and spoke my piece, five minutes or so. And do you know, the roof nearly went off. They stood up and cheered and cheered. It reflected their concern that there wasn't a representative from the British T.U.C. The foolishness of it, the political naivety of the people in the British T.U.C. headquarters, to send a silly telegram like that!

Well, I went up to the British embassy in Warsaw and I said, 'Look here, have you got anybody going down to the trade union congress?' 'No.' 'Well,' I said, 'you're not performing your proper function, you know. This congress is a very important development in Poland.' Oh, they recognised that. The son of Sir Maurice Hankey, who was the secretary of the British Cabinet, was the First Secretary of the embassy.[293] I discussed it with him and said, 'You should send somebody down as an observer.' So they sent a fellow down to the congress and next day down comes the embassy car to the Sjem Hotel. Could I go up to the embassy? 'All right,' I said, 'I'll go. But I'm a bit dubious about this business of floating to and fro to the British embassy because some of my friends here might wonder what my motives are.' So I went up and saw Hankey. He said, 'Look here, we sent this chap down and he doesn't understand what's happening.' He knew the language all right but he didn't know anything about the trade union movement. Hankey said to me, 'Would you give us a report on the proceedings?' 'Oh,' I said, 'I might do that. But I want to make one condition. Before you send it to the Foreign Secretary (who was Ernest Bevin)[294] I want to see the final document because I'm not going to have something going away that's not a correct version of what I said.' 'Oh, that's all right. We'll type it out.' So I dictated the stuff to a typist, it was typed out, and down comes the car again. So up I went to the embassy to see this document. It started, 'Your Excellency, we have been fortunate to have in Warsaw Mr Thomas Murray, who has given us the following report of the trade union congress.' I said, 'Stop. If you send that to Ernest Bevin, who knows me well and doesn't like my politics, it'll damn it before he reads it. Cut out all reference to my presence. Send it as the ambassador's report. You'll have to recast it. I wouldn't agree to that being sent in that form.'

So next day the car came flying down again and took me up. They were blooming glad to get somebody giving them the story because they realised they had made a mistake in not having a representation. The final version was: 'Your Excellency, we beg to report on the first post-war trade union congress…' And then they went right on with my stories. It was signed by the ambassador and sent away to Bevin. I said, 'That's all right, OK. So long as you don't mention my name.'

Well, there was an interesting sequel to that. A short time later Bevin had to go to Moscow and he decided to drop down in Warsaw. He made a very fulsome speech about the importance of the trade union movement in Poland, quoting some of the stuff that had been sent by the embassy as a report. I found later on too that the ambassador—he was an ass if ever there was one—was caught red-handed meeting in a cellar with the N.S.Z., the anti-Polish characters. He had to be sent home.[295]

From the trade union congress I set off with a number of the International Brigaders for a tour of part of Poland. We were in a truck and had to be guarded by one or two armed soldiers in this truck. Of course, the bridges were nearly all blown up. We went down banks and wobbling across pontoons and up the other side. We had some journey. We went away down as far as Katowice in Silesia. Some of us were taken down the President pit there to show us the rehabilitation of the coal mines. They were doing an awful lot at that time in the very short time they had had to do it. The seams of coal were mighty things— some of them needed scaffolding to get up to the top of the coal. It was different altogether from our coal.

We were put in a hotel at Katowice. I was the only person from Britain there. I heard the manager talking to somebody about 'the Englander'. I said, 'Look here, I'm no bloody Englander. I'm a Scotsman!' Then we went to Cracow. It had escaped the worst of the ravages of the war. It was scarcely touched, a very interesting old town. We were very carefully guarded. We slept in this hotel and there was a soldier at our door all the time, because this N.S.Z. crowd were a vicious lot. They were cornered more or less and they were just doing anything they could to make the situation difficult.

We went from Cracow to the great salt mines of Elijka. We went a good distance down in a cage and then started walking. It was an amazing place. There were great brine holes, full of thick, briny water. We were told that the Germans, to safeguard their war production from bombing by the Allies, had created factories down there for manufacturing munitions and so on. Then there were statues carved out of the salt. You walked along and you saw in the distance what appeared to be a cave. When we arrived at the mouth of this 'cave' they switched on the lights. We found ourselves looking down as from the roof of a cathedral. There was a complete church, with crucifixes and Virgin Marys and all the other appurtenances of a cathedral. We were told that during the war, when workers who had been press-ganged into the salt mines got the chance, they would shove one of the German guards into a brine hole. There must have been some bodies preserved for all time amongst the salt water!

But the most dramatic experience of all, of course, was the visit to Auschwitz. Oswiecem, as the Poles called it, was just as it had been left by the Nazis. The Polish chap who was with me was speechless practically all the time. In fact, I don't know how he managed to stand it. His wife and daughter had both been incarcerated in this place and they'd both been snuffed out.

Wandering about in that vast area—there was a railway line laid into it especially—at one stage I put my hand down without looking and just grabbed a handful of stuff. I still have it. There was a child's shoe, a spectacle frame, and something else. There was just thousands and thousands of these things lying about. I also picked up British soldiers' equipment—straps and bands and one thing and another—lying about there. For some reason they were there—maybe belonging to Jewish ex-servicemen from the British army.

A lot of the gas chambers were quite intact. And there was blood all over the place, blood everywhere round about these things. There were gutters round the side and there was coagulated blood in them. You saw how the Nazis had handled this business. All the people were put into a reception part of this gas chamber. They had to take off their clothes and they were marched into the inside of this place where the gassing took place. Big iron doors were closed and the gas was turned on. Can you imagine the condition of the deaths of these people? And then the bodies were taken up and put through the incinerator at the other end.

We went through this place and away in the distance I saw a kind of sugar loaf little hill. I said to my Polish friend, 'We'll go across and see what that is.' When we went across there were thousands and thousands of pairs of completely worn out footwear. The whole story was just laid open to us by what we saw. Auschwitz is a vast place, acres and acres and acres. It must have been a square mile. I spent some time there. I'm not very easily knocked out emotionally. But I couldn't speak for about an hour afterwards. My reaction to the whole business was terrible. They've tidied it up since then of course and Auschwitz is now a museum.[296]

We went back to Warsaw. The situation in Warsaw was really extraordinary. Amid the ruins of the buildings there were any number of little pipes sticking out of the ground, where people had made homes for themselves in the cellars. You saw these little lums reeking all over the place, where the people had come back to Warsaw.

Well, I was walking along with a Polish friend and we came to a heap of rubble. On the top of this was a post fixed and a notice written out in Polish just by hand in large letters. I said to my friend, 'What does that mean?' He said, 'It says "Accountancy taught here." ' 'Well,' I said, 'we'll go and see this chappie teaching accountancy.' Here and there in the streets of ruined buildings there was just an occasional room intact, maybe two or three storeys up, and you found people—the returnees—with home-made rickety ladders going up to these odd rooms, so that they could at least get a place to sleep. So we went along a little path and maybe fifty yards along we came to a rickety ladder that went up two stories. We went up the ladder and looked in at a window—there was no door. And here inside was an old man with a small group of youngsters, teaching them elementary arithmetic and that sort of thing: 'Accountancy taught here.'

After the Second War was finished Harry Pollitt gave me a job which meant I went to various parts of Europe as a person who had certain responsibilities for helping the anti-Franco elements that were carrying on the struggle against Franco in Spain.[297] These journeys of mine involved going to certain places in Europe with a responsibility for conveying some information to responsible people who were requiring the services of a reputable person as a courier. I did quite a bit of that, and without going into greater detail I just want to emphasise that the job took me to a number of countries where I met people who were deeply involved in the clandestine struggle against Franco. It's not possible for me to detail my activities but I just want to register the fact that I carried on this association with the movement for quite a period—it was about 1949-50 and for a period after that. That's about all I would be prepared to say about that.

After the 1939-45 War the situation for the Communist Party in Britain of course changed. It rapidly shrank in numbers, although many of the people who had joined during the war remained until the Soviet invasion of Czechoslovakia in 1968. I reckon that quite a few of them used that, rather than a convinced attitude to policy, as an excuse for getting out.[298]

I myself reached a stage when I was dissatisfied with the policy of the Communist Party. The Party adopted a document shortly after the war called *The British Road to Socialism*. I disagreed profoundly with that document because I didn't think the parliamentary road was likely to lead to the revolutionary change which was inherent in the policy of the Communist Party and its constitution.[299]

I became more and more dissatisfied with some aspects of the policy of the Communist Party. For example, an article on the question of industrial organisation that I wrote away back much earlier has a relevance. The policy of the Party after the war was to change the emphasis from industrial groups or branches to area and electoral groups—the emphasis being on the election of people to local authorities and to parliament. I gravely disputed this idea. I didn't object to parliamentary or local government elections but I strongly objected to the disappearance of the industrial groups. I was of the opinion that the fundamental requirement of a Communist Party which had revolution as its ultimate objective was to establish itself and develop its organs in the industrial sphere, amongst the proletariat, particularly in this country where industrial development was at such a high level. I became more and more disillusioned with the trend of Party policy. What I now regret is that I didn't express myself as vigorously in opposition to the leadership as I did at the Congress later on when I broke with the Party.

My attitude to the Soviet forces invading Hungary in 1956 was very different from my subsequent attitude on Czechoslovakia in 1968. The difference in my attitude was for the simple reason that I believed that the Soviet Union was justified in dealing with the reactionary forces in Hungary, which to me suggested that it was simply finishing the war in Hungary, bearing in mind that the Hungarian Hlinka Guard carried on its struggle in support of Hitler even almost when Hitler was about to disappear from the scene. They blew up bridges and indulged in anti-Soviet actions which did a lot of damage to such cities as Budapest.[300] I agreed that the Soviet Union was justified in sending an army into Hungary at that time, by contrast to the position in Czechoslovakia in 1968, where I didn't agree with the Soviet action at all.

I was greatly interested of course in international affairs, and particularly interested in the meetings that were held between the representatives of the 81 Communist Parties of the world, which took place at various times in the Eastern European countries—in Bucharest, Moscow, and so on. But the most important occasion was in 1960, when all these Parties came together, including the Chinese and Soviet Parties, and decided on a common policy. This policy was to have been the line supported by the international Communist movement. This was of course after the disbandment of the Cominform, which was the successor to the Comintern—the Communist International.[301]

The importance of that occasion in 1960 was that there was to be a great measure of unity between the Soviet Union and China, between the Chinese and Soviet Communist Parties. Ultimately it would have been an impossible task for any force in the world to defeat a combination of that nature. Much of the trouble that has arisen in the attitude of the Communist Party to international affairs has stemmed from the fact that Khrushchev went to Yugoslavia and disowned his own signature of a very short time before. So the pledge to have a united policy was destroyed by Khrushchev and his government.[302]

Well, that was an event that is so often overlooked at the present time. Its importance, in my opinion, is of the utmost significance. It was one of the events that determined the direction in which the international working class movement was to develop, and it very largely explains the rift between the Soviet Union and China. It was a most unfortunate development. It was a completely different policy that was pursued by the government of the Soviet Union subsequent to the death of Stalin.

I want to emphasise here that I don't accept the generalisations about Stalin as a bad character. I regard him as one of the great figures in the history of this century and one of the most successful exponents of the teachings of Marx, Engels and Lenin. I dispute a whole lot of the stuff about Stalin which emanated from bourgeois sources and not from well informed and authentically established facts relative to the role of Stalin in the build up towards the war, his leadership during the war, and so on. There were many shortcomings and many mistakes made by Stalin and others. But the fact remains that his total contribution was colossal to the struggle against Fascism and the ultimate success of the Soviet counter-attack against Hitler's policy.

My disagreement with the Communist Party—after all, I had been 35 years a member—became more and more profound as time went on. *The British Road to Socialism* in its amended form even was rejected by me and I went to the congress of the Party in I think 1956 as a delegate from the Stockbridge branch and made a speech which was a direct and serious attack on the leadership of the Communist Party. I ridiculed the whole idea of expecting to have a parliamentary majority of Communist Party members without a fundamental reform of the structure of the parliamentary system in this country. I remember in my speech I suggested that it would be a comical experience to see Johnny Gollan, who was then the General Secretary of the Communist Party, marching up in front of Black Rod to take part in the parliamentary mumbo-jumbo and carry on in the Westminster parliament, and so on. I got considerable applause—much more than I expected—in general from the 400 delegates. But when it came to the vote and my motion from Stockbridge branch was presented, I got 40 votes out of 400. If I'd had 100 votes it's conceivable that I might have stayed on in the Communist Party and carried on this internal struggle against the leadership's policy. But having only got 40 votes I made up my mind that my time to depart from the Communist Party had come.[303]

When I came back to the branch I was naturally called upon to make my report of the congress. I indicated that the only item that I would submit a report upon was the position of myself in the congress and the result of the vote, and that I would leave a letter with the branch indicating that I had resigned from the Communist Party. That was to anticipate expulsion from the Communist Party, because it was never in order in a Communist party for anyone to resign. You'd either to be expelled or something like that. However, I anticipated that by handing in my letter of resignation before the expulsion was possible. A number of the branch members followed my lead in leaving the Party at the Stockbridge branch.

The branch chairman was anxious for me to stay on and to tell something more about the congress, and to reconsider my position. But I had made up my mind by that time and I left the meeting. That was the end of my career as a member of the Communist Party of Great Britain.

After that I was invited by two people in the west of Scotland to become a member of the C.D.R.C.U.—the Committee for the Defeat of Revisionism and for Communist Unity. The two west of Scotland people were Ken Houliston and Michael McCreery. They had both left the Communist Party. Michael McCreery was a critic of the Communist Party and wrote critical articles which the Communist Party leadership refused to publish. Having been rejected in this manner by the leadership he decided to resign and he formed the C.D.R.C.U. It gathered quite a lot of support. Michael McCreery was a brilliant Marxist. He wrote many articles and pamphlets and he created this Committee. Two other people in the west of Scotland—Ken Houliston and Val Sutherland—had been expelled from the Communist Party because of their association with McCreery's point of view. They persuaded me to join this C.D.R.C.U. organisation.

I travelled up and down to London on several occasions to meetings. But unfortunately Mike McCreery died in either Australia or New Zealand from cancer. His demise led to a deterioration in the quality of leadership of the C.D.R.C.U. On one occasion I was so fed up with the internal fighting and somewhat vicious and personal attacks on each other in that Committee that when I came back I consulted Houliston and Sutherland and we decided that we would call together anybody who was interested in our standpoint. We decided to create a committee that would consider the formation of some kind of organisation in Scotland, because we were fed up going up and down to London and achieving nothing.

The outcome was that about 35 of us—at least, it rose to 35—created the Workers' Party of Scotland (Marxist/Leninist). That Party functioned rather well, although it never achieved mass membership. Nevertheless it achieved considerable impact on the Left situation in Scotland—until we had the unfortunate experience of two of the leading members of the committee getting involved with a bunch of crooks in bank robberies, which did us no end of harm.

I had the unfortunate experience of seeing their names in a *Scotsman* report. I had met them the previous day in Edinburgh at a committee meeting on the Sunday, and they were arrested on the Monday. I didn't know anything about it until I saw their names in the *Scotsman*. Well, as I said to some of my friends, 'How am I going to face up to the public and tell them that I knew nothing about it? They simply wouldn't believe me.'

Well, the trial came on of the three members of the Workers' Party of Scotland (Marxist/Leninist) who were involved. One of them was actually chairman of the Party at that time—Matt Lygate. Another was Colin Lawson, the treasurer, and the third was McPherson. There were other individuals on trial with them whose names I won't mention but who were simply low-down crooks. One was a fellow who had shot somebody in Soho and who had another trial in London, I understand, although I didn't know much about that, didn't follow it up and wasn't much interested. But Lygate, Lawson and McPherson were involved with this shady bunch of crooks. It was really astonishing to me because Lygate was no fool. He was quite an intelligent fellow, and so was Lawson. So was McPherson, but McPherson had been indulging in this sort of thing unknown to us. He went away to the south and I was informed by Lygate that he was going down there to work on the flyover bridges and that he would be earning a big salary and he was sending money to us to help us with the Party. I said, 'That's excellent. That's fine.' There were some funds emerged and on one occasion Lygate showed me a handful of notes and I said, 'Oh, that's really good.' I assumed it came from McPherson. But very soon afterwards I learned it didn't come from McPherson. It came from a bank robbery!

I had some suspicions about some aspects on one occasion. I was walking along with Lygate and I remarked about how well put on he was—his clothes. Before that he had been in very serious financial difficulties and we had given him permission to use the basement of the shop we had in Glasgow, to use his sewing machines. He was a tailor. He could make skirts and make a little bit of a living that way. We agreed to that. Well, I was somewhat surprised to see him set off in such a good quality overcoat and a new suit and all the rest of it. I said, 'By Jove, you're well set on. Where did you get the money for that?' Oh, he said, Lawson's aunt was very wealthy and gave them the money—which of course was a fabrication.

Well, when I saw this report of their arrest in the *Scotsman* I at once went through to Glasgow to go into the shop and see what the situation was. There was a bevy of policemen standing in front of it. So I went along to the Govan police office, where I met a man in charge of this business, Superintendent Valentine. I said to Valentine that I wanted to get into the shop. 'Oh,' he said, 'you couldn't get in there.' But he said I would need to make some application to the procurator fiscal so that I could get in and see what was what, because I was the only person left with responsibilities. So they got permission from the procurator fiscal and I got in.

Incidentally, one of the strong-arm men of the police who had been sent in got a hammer and smashed up our multilith printing machine—a most extraordinary action. I raised this question with the Town Clerk's office and we got compensation for that machine. We got a couple of hundred pounds or something like that from Glasgow Corporation. Imagine: the police went and smashed the thing up with a hammer! There was nothing gained by that.

However, Valentine took me into the back of the police station and showed me a box with thousands of pounds worth of notes packed in it. They robbed the banks to the extent of about £23,000. As I said to Lygate, and as I said to the court when the trial took place, what would a small Party like ours be wanting all that money for? It would look very suspicious. We would be accused of being subsidised by enemies of the workers.

There were several ridiculous things done. If there was to be a policy of robbing banks the tactics were all wrong on that particular occasion and it was all wrong to do that. We weren't in a historical position where we would be justified in getting money that way. There were several mistakes made. Firstly, the bank raids and robberies were done in the vicinity of their own homes. Our office and shop in Glasgow was used without the consent of the Party, and so forth. And they were mixed up with this bunch of crooks from Soho.

I went to see Lygate, Lawson and McPherson of course in prison. They were in Barlinnie Prison. I told Lygate that we had suspended his membership of the Party until we saw the outcome of this business. I went through specially to the trial every day and listened there. I spoke to Lygate's mother and father. His father talked far too much. But, still, you could understand their anxieties.

The trial itself was simply a reiteration of the evidence of the police and the evidence that some of us gave about identification and the circumstances, and so on. I gave evidence at the court and I had to identify them all. I identified them all except this joker from Soho, who had drawn them into this business. I didn't appear as a very important witness, because I had nothing to say. I had no knowledge. But I could at least try to defend the Party's reputation.

Lygate tried to put over the proposition in the trial that they were getting this money for political purposes. Now we never got a blessed penny of it. As a matter of fact, there was £100 which we had set aside for the treasurer—Lawson—to pay some bills. And that £100 was in the shop when it was raided by the police. And they scraped that up along with the other monies that they found there. Our £100 disappeared and the bills weren't paid. So we had that experience.

So Lygate, Lawson and McPherson tried to put this proposition over. And when they were sentenced they made a kind of gesture in mimicry of the gestures made by people who were genuinely sentenced to imprisonment at various times in history. They were calling out, 'Up the workers!', this sort of business. It was rather pathetic. Nicholas Fairbairn was counsel for Matt Lygate. Matt dismissed him and went to the jury and made his own statement, which wasn't very good, I thought. It was an exhibitionist sort of business, instead of being a serious matter.

But there was a scandal associated with the trial—the imposition of inordinate penalties of imprisonment on two of the miscreants: Lygate and McPherson. It was really scandalous that the judge imposed a sentence like that. Colin Lawson was given a much shorter sentence.

I toyed with the idea in the court of protesting openly there about the sentence on Lygate and McPherson. I am still wondering whether I should have done it or not. I had to make up my mind very quickly whether I would stand up in the court and say that natural justice had not been done, because the sentence of imprisonment was simply scandalous. There was a parallel case in London where a businessman embezzled something like £100,000—and he only got a sentence of a few years in prison. Of course, one of the worst features of the Lygate case was that they had guns. That of course aggravated the nature of the crime.

Well, the trial ended on this note of excessive punishment. Subsequently, our Party asked Lygate and McPherson if we would approach the Secretary of State for Scotland with a view to getting a reduction—well, earlier parole, or something like that. They refused and treated us as though we were their enemies, as though we were responsible for their plight. It was very aggravating to me. Duncan Toms, the secretary of the Party, and I did our best to see what we could do in the way of getting an amelioration of their sentences. But we were rejected by them. Indeed, Lygate's mother attacked me at a John Maclean meeting as though I were responsible for her son being in prison. It was very aggravating. Then we got Morris Blythman and Harry McShane, who volunteered to do something about it. That was a failure also. As a matter of fact we washed our hands of Lygate and McPherson altogether because we weren't welcome.[304]

Well, I can't say very much more about the trial except that we regret very much that these people allowed themselves to be drawn into such disreputable company and to collect money by bank raids. The police said they couldn't understand for a long time who was behind it. Somebody must have blown on them. The police wouldn't tell me where they got their information. We had an informer. We had a member who went to the police and informed the police about certain things. He was really a poor specimen to be a member. We shouldn't have had him in the membership. But we didn't know until too late. You get these people.

Did members as a result resign from the Party? I think we lost one person.

The membership stood very staunch. About 35 of them, I think it was at that time, stuck by the Party. I have a lengthy report that we wrote on the whole business.

It was an episode that did the Workers' Party of Scotland a lot of harm. But we did survive and carried on. Our Party organised two conferences—one in Liverpool. The conference in Liverpool was attended by a limited number. We had a considerable conference in London which we organised—all with a view to creating a Marxist-Leninist Party and centre for the United Kingdom. And we went over to Dublin and interviewed the Marxist group there. However, it came to nothing, partly I think through bad management on our part, although I was against some of the ideas. But the failure of this attempt to create a united Marxist-Leninist revolutionary party for the whole of the United Kingdom really was symptomatic of the low quality of political development on the Left in Britain. Practically all these groups, including the Workers' Party in Scotland, declined in numbers or in some instances they disappeared altogether.

Well, I've carried on of course as a Marxist all the time. I've never surrendered my views on the necessity of Lenin's idea of a proletarian party of a new type. We haven't got that, because I disagree with the view that the Communist Party of Great Britain is the Communist Party as envisaged by Lenin. Our Workers' Party of Scotland was too small to be effective and the incidence of the bank raid business didn't help us to develop. But apart from that altogether, if there had been no trouble with the criminal activity of the bank raids, the fact is that all the Marxist-Leninist groups in Britain have practically disintegrated or been reduced to handfuls of people.

What I found was that the egotistical sort of leadership was so common, great screeds of articles were written, and documents of all kinds were produced in profusion. But recruitment among the industrial workers was negligible. Without that I believe there can be no movement of any significance and consequence.

Of course, I've maintained a whole lot of other activities. When I was secretary of the Workers' Party of Scotland I took the initiative along with our committee in considering what was to be done about John Maclean, the Clydeside revolutionary of the earlier part of the twentieth century. We were alarmed that John Maclean had disappeared from the picture very largely, that people didn't know anything about him. There had been up to some years before a regular gathering at the grave of John Maclean out at Pollokshaws in Glasgow. But this had all ended and our Party decided that we would take steps to revive the John Maclean interest. We decided to invite a limited number of people to a preliminary meeting to consider what should be done, and that that meeting would take the form first of all of a gathering at the grave of John Maclean. We arranged to have a room booked at a nearby hotel so that we could consider what steps should be taken.

When I was walking up towards the cemetery with Val Sutherland, our treasurer, I said to him, 'I wonder if there will be a dozen people, in addition to our own members?' But when we arrived at the grave there was a large gathering. About a hundred people had turned up, in spite of the fact that we had only sent out a limited number of invitations. This was extremely interesting. So we went to the hotel and we decided to set up a committee to consider creating a John Maclean Society, an in memoriam society. We did this and there was great enthusiasm. Ultimately, we called a general meeting of sympathisers in the large Grand Hotel at Charing Cross in Glasgow. The place was packed. About two or three hundred people turned up and we launched the John Maclean Society at that meeting in 1968.

The Society has had quite a remarkable record since. I criticised Nan Milton, the daughter of John Maclean, who wrote a biography of her father in which she declared that I was the founder of the John Maclean Society.[305] I disputed this and said there had been a collective decision. But she didn't want to mention the Workers' Party of Scotland so she just mentioned my name as being the founder of the Society. Her reason for that was that we were so-called Stalinists and she was a Trotskyist! There you have the inner struggle that goes on between the various elements.

However, it doesn't matter. We had considerable success. We had many large meetings and several annual functions. Ultimately we got a memorial erected out at Pollokshaws, beside where John Maclean was born. If they'd taken my advice they'd have done the memorial on different lines—still, it exists. Many publications have been produced, and information about John Maclean, his life and his work and his principles, is now widely disseminated. When I was in Peking in 1980 I was instrumental in getting a Marxist research group there to look into the question of John Maclean. After that, Pat Wilson, who worked in the editorial department of Chinese literature in Peking, came over here and had an interview with Nan Milton, John Maclean's daughter, and the matter was discussed and developed further. And in Leningrad there is a street named after John Maclean. The interest in John Maclean has been very great in the Soviet Union and other parts of the world, including Ireland, because John Maclean was a close associate with James Connolly.

Another thing that I took a very active interest in was the Britain-China Friendship Association. I was a member of that from its inception practically. When the crisis arose in 1962 over the dispute between China and India over the territory where the MacMahon Line had been drawn as the result of British domination of India, the Chinese insisted that part of the land there belonged to China, decided to expel the Indians from it, and did so. Well, there was a great gathering of the members and supporters of the Britain-China Friendship Association held in Edinburgh. I attended that meeting. The meeting split into two factions, one pro-Chinese and the other pro-Indian. I tried to persuade the meeting to suspend its judgement, because this was just on the day or the day after the crisis had broken out. I expressed the view that the Chinese wouldn't invade India and that they would only do a little bit of sorting out of this frontier line. Oh, there was great opposition to my point of view. Of course, I was right. I knew fine that the Chinese didn't intend to invade India. They only intended to rectify the line as they understood it. Of course, I knew something of the history of the creation of this figment of the imagination of the British government, the MacMahon Line, which was intended just to give the British imperialists a further advance towards the Chinese border, and so on.[306]

Well, this branch of the Britain-China Friendship Association burst up. I called together a number of people I knew to be interested in continuing this work of friendship with China. The meeting was held in the Y.M.C.A. in St Andrew's Street, Edinburgh, and about twenty turned up. We decided to form the Scotland-China Association. It's never been a very large body—about 300 members. But it has had a pretty good record. It has done quite a bit in preserving the idea and developing the function of a society for creating friendship and co-operation with the peoples of China. In fact, it's had several delegations to China. I myself was to have been a member of one delegation but owing to an accident I had that put me in hospital I couldn't go. But I was invited to go on my own subsequently and I did so in 1980.

So that after my departure from the Communist Party of Great Britain and the decline in numbers of the Workers' Party of Scotland, I still maintained a very active interest in various organisations. My attitude has been that of a Marxist realist in assessing the situation on any connection. For example, I got involved in a campaign to keep the public laundries or washhouses open in Edinburgh—and we were successful. I took the view that I'd held all my life practically, that ground level agitation of that nature was important and necessary. Well, Edinburgh had three public laundries then, very modern, very up to date—not steamies, as they were misrepresented to be. Steamies were a thing of the past. These were modern up-to-date washhouses equipped with washing machines, drying machines, roller irons, flat irons, steam operated and all sorts of other gadgets of that nature. Of the three laundries one was at Murdoch Terrace at Fountainbridge, one in Leith, and one at Causewayside. The Tory administration of the city decided that because the laundries were losing money they would close them.

Of course, there was a fearful uproar among the people. There was a mass meeting held at Murdoch Terrace, near which I live, and at which I got involved and ultimately became the chairman of the campaign committee. We had deputations to the Policy and Resources Committee of the Town Council, and one to the Council itself, and so on. We fought the issue vigorously and ultimately succeeded. But our success wasn't entirely to the credit of our campaign, much as the campaign was necessary to make clear what the people felt about the closure of the laundries. There was a very slick piece of work done by the Labour group on the Council. Some Conservative councillors were absent abroad. The standing orders made it possible for the Labour group to hold a special meeting of the Council and get a snap vote to keep the laundries open, much to the disgust of the people who wanted to close them.

However, it was a great campaign, in which I participated and went round the laundries and did meetings and so on, along with a very vigorous committee with which I had some little bits of trouble because none of them scarcely had had any experience of running meetings. Sometimes the meetings were like those of a bunch of anarchists instead of a bunch of democrats! However, the fact remains that the revolt of the women, supported by a good number of men, and the very clever handling of the situation by the Labour group of the Council, led to the laundries being kept open.[307]

The laundries episode reflected something that I've been interested in for a long time. That is, the possibilities of action where a mass movement exists, in spite of the predominance of opposition elements in the management of the particular authority. An authority which seems to have absolute power because it's in a majority doesn't necessarily succeed in quelling the upsurge of a mass movement. This was a case in point, where the upsurge of a mass movement defeated the machinations of the reactionary elements who wanted to close these laundries which were of great social advantage to numbers of people. For example, there were people who lived up on top stories who had no means of drying their clothes at home. Then there were old people who couldn't possibly do their washing at home. Then there were others who couldn't afford to buy washing machines, and so on. It just illustrates how vigilance and determination can succeed.

I came to stay in my present house in Horne Terrace, at Viewforth in Edinburgh, in 1971. That soon led me on to becoming involved in another campaign that I'll describe. But before I do so it's time I said something about my wife Janet, who died in 1960. Well, as I've said, I left school just before I was fourteen in 1914. I was conscious of the fact that my education had been severely curtailed, although with my father's interest in things and my reading to him, I acquired a considerable knowledge in a general way. Nevertheless I was aware of the fact that I had to overcome many practical difficulties through lack of an academic development. I remember making up my mind that I would have nothing to do with getting married until I felt that I had used up the time at my disposal to better advantage! Which I deliberately did. I made up my mind about a number of things during that period, especially between 1920 and 1925-6. For example, I was a smoker up to 1926 but I stopped smoking then for two reasons. I had a very small wage and apart from that I felt that my health wouldn't benefit from smoking. I had been quite a smoker. I had a pipe as well as cigarettes and an occasional cheroot if I could afford it. But I couldn't really afford smoking at all.

I also decided earlier on—very early—that in no circumstances would I drink spirits. As a matter of fact, I became a teetotaller altogether. I was strongly opposed to spirits because of the fact that spirit alcohol goes into the bloodstream without being digested. I knew that's why people got drunk—it went up to their heads and paralysed their perceptions!

By this time of course I was an official in the Campaign for No Licence. And in the Scottish Temperance Alliance I met Janet Dalrymple Alston, who was a graduate of Glasgow University and a qualified teacher. She had taken on this job to organise the youth campaign for the temperance movement, the Young Abstainers' Union, as it was called. She had considerable success. She was a very capable organiser and organised branches of the organisation. 'Half a party and half a meeting—and not half bad!' was the slogan she went in for.

That's where I met her. I was getting on to thirty by this time. Janet was born at Eaglesham in Renfrewshire. Her mother died rather early and her father got married again and she was really reared by her aunt who stayed in Ibrox. Well, we were married in I think 1932. We got married by special licence, we didn't get married in the church. Our marriage was a very simple affair. It was by declaration and we had a little bit of a tea party for a few friends afterwards, and that was it.

Our first place was down in Danube Street in Edinburgh. We got rooms down there, then we got rooms in St Bernard's Crescent. Houses were a drug on the market during that period because nobody would buy property.

My wife had an unfortunate miscarriage and then had a hysterectomy. That was the end of any possibility of family. We adopted two children before the war. The girl later got married to an Air Force chap. The boy, whom we adopted as a small chap, is a fireman.

My wife was a very capable person. She was active in the Co-operative movement. She was in the Co-operative Women's Guild and she was for a number of years a Director of St Cuthbert's Co-operative Association and on various committees of that body.[308]

She was also in the Independent Labour Party—that was before I knew her. She was a great friend of the Barr family, you know, Reverend James Barr. I think it would be through them that she joined the I.L.P. She was a convinced socialist of a kind at the early stages. I think when she was at the University in Glasgow she was active in the Student Christian Movement to begin with. But she departed from that, of course.

Later she was a member of the Communist Party. The Communist Party had quite an influence amongst the Co-operative people, and especially among the Co-operative Women's Guilds. Many opportunities were presented for us to address meetings of the Guilds and so forth. That reminds me that at the same time we were active in the Socialist Sunday School movement.

Janet went with me and my sister, as I've said, in 1933 on our first visit to the Soviet Union, and she went with me there again in 1935. Then when the Spanish War was on she was in Spanish Aid. She and I had a lot of discussion about my going to Spain. She was not sure about that, and as a matter of fact it was she and Fred Douglas's wife who kicked up a row about my being there at all. They realised that it was a mistake, that I shouldn't have been away to Spain at all. But in any case she raised enormous sums of money for Spanish relief. She always appeared, you see, as the wife of an International Brigader. Naturally, that created a bit of a response. There was one occasion—I think it was in the Usher Hall, when I was away in Spain—I think they collected about £600 or £700 in one go. And she was active in a number of other organisations.

Then about 1952 or 1953 she had some kind of trouble which appears to have been a slight shock. Her health deteriorated seriously. She was an invalid for seven years. She gradually lost her ability to walk. She never lost her faculties altogether. She knew what you were saying to her but she couldn't answer. It was a terrible business, oh, a terrible time, a fearful time, seven years of it. She died in 1960—died of the same trouble as her father: cerebral haemorrhage.

After Janet died in 1960 I lived in a flat, or half a flat, in Beaufort Road in the Grange in Edinburgh, but the landlady there died suddenly and I looked round for a place on the ground floor, because I was conscious that I was getting old and I didn't want to be tramping up stairs when I was very old. So I got this place in Horne Terrace, a small, old two-roomed flat with a toilet, no bathroom. I bought it for a very small sum and intended spending a little bit to embellish it and so forth and bring it a little bit up to date. However, I wasn't long in Horne Terrace when a friend of mine round the corner who had known me many years told the people round about that I had been a councillor. There began to be a procession of people calling on me about various complaints they had—parking in front of their houses, dampness in their houses, roofs leaking, and the Lord knows all what. I thought to myself, 'This is getting a bit thick.' I was no longer in a position to raise it as a councillor. The only thing I could do was to ring up the department concerned. However, John Gray, a Liberal, who was a very good local councillor, came into the picture and we agitated about one thing and another.[309] But I decided this business of being approached about all kinds of questions was a bit of a drag without an organisation. I decided on my own hook to prepare a circular and take it round all the houses in the three streets—McNeil Street, Horne Terrace, and Thistle Place.

The circular invited the people to come to a meeting which I had been able to arrange with the authorities of St David's Church at the foot of Viewforth, which has now disappeared and been swallowed up by the brewery. To my astonishment there was a very large turn-out. We decided to create a small committee to consider the formation of a neighbourhood association. Well, we held another meeting at which we had a draft constitution and we formed the Horne Terrace, McNeil Street and Thistle Place Neighbourhood Association. With knowledge of the legislative potentialities that existed for improvements of housing conditions in this little area, we went to the Housing Improvements Department at Waterloo Place. I was the chairman of the committee. We proceeded to interview the officials at the Department, especially a Mr Gardiner. He said he was sure his Committee would be interested if we prepared a scheme.

The next step we took was to go to the Art College and interview the Principal. The Principal introduced us to the architectural department. Ultimately an architectural firm became involved and we got them to prepare a scheme for rehabilitation of flats and landscaping of the backgreens, streets and so forth. The scheme would be financed very largely by the funds available for Action Areas. We had to get it declared an Action Area. Edinburgh Corporation, as it was then, contemplated razing all these houses to the ground. But they were very substantial buildings and they could be improved.

The result was that we produced a book with a scheme and we had two ladies who were interested in research into conditions in various areas and they went round the houses and prepared a further report on what reaction they found amongst the rank and file of the population. Our scheme commended itself to the Corporation. But there was an unfortunate weakness in so far as the Action Area as defined by the legislation was applied only to McNeil Street and Horne Terrace. Under the legislation the higher grant for rehabilitation of the houses was only available where the total number of houses in a particular street fell below fifty per cent of the acceptable level. That meant it ruled out Thistle Place. Thistle Place therefore suffered from lack of the kind of development we were then to experience in Horne Terrace and McNeil Street. Nevertheless they did benefit from the landscaping of the streets which was ultimately part of the whole scheme.

We had a very successful campaign and a great many flats were completely reconditioned, with little modern kitchens and bathrooms or shower rooms installed, all improved by painting and decorating inside, creation of more cupboard space, and so forth. The buildings as a whole were also dealt with for roof improvements, drainage and stairs. New doors were put on and a system of bells so that nobody can get into the stair without ringing the bell of the appropriate person, who can automatically open the stair door from inside the house, which is a great convenience for people living two or three stories up.

The landscaping of the streets was also partly influenced by a lecture we had from an authority on street landscaping from Delft in Holland. We got grants for all this. We had the street widened and large stone receptacles for plants and semi-gardens put in the streets. The backgreens were landscaped and turned partly into drying greens but more particularly gardens, with plants, flowers and trees. We got the Arts Council to provide at their expense a mural on an ugly gable end. The Union Canal runs along behind the north side of Horne Terrace, and we got that attended to, too.

One interesting feature of this development has been the tremendous enhancement of the civic sense of responsibility of the people. It's a community where practically all the people know each other—by contrast with the old days when people didn't know who others were and just passed them by. We consulted the people—there was no question of going ahead with these schemes without consulting the people. We held many meetings and many people participated in the discussions. It's been remarked by old people who have lived here for a long time that there's a completely different atmosphere in the area.

Then it was felt we should create a new title for the locality: the idea of a village within the city. There was a competition within the committee. A hybrid sort of arrangement was arrived at which embraced the three street names. Now this place is recognised as Thorneil Village.

Another interesting thing we did was to make application to the Regional Council for closing the streets to through traffic. This has ended the nusiance of heavy vehicles rattling through the street at any time night and day. We have now got a peaceful, quiet environment that is most acceptable to the people. We have now Gardens Committees and Social Committees that run social functions. We're hoping to create a social centre in what was formerly a shop on the corner of Horne Terrace and McNeil Street. We created a small playground for the little children.

We've also created a representation of each stair. The committee consists of so many people elected at the annual meeting, including a stair representative. Each stair has a representative. This means that some attention is paid to the difficulties that some of the older people have, especially in the houses. If illness occurs, for instance, some steps can be taken to help such people. The stair representatives also keep the people in touch with the functions of the committee and what they are doing. People go to the stair representatives when they have a question that they want raised at the committee meetings. I am quite certain that you would be surprised at the number of questions that are raised at committee and general meetings. We have several general meetings and an annual general meeting.

There has been a lot of interest evinced in all this and deputations have come from various places to see this development. We can now proudly proclaim that we have accomplished something that wouldn't have been accomplished if it hadn't been for the collective responsibility of the whole community.

As I reflect on my life as an activist in the working class movement and in other movements, the fact is that I have held the view that without a revolutionary change it was unlikely anything substantial would be achieved in saving the working class from the penalties of capitalism.

To begin with, of course, in the Independent Labour Party I was a sort of sentimental socialist to some extent and did not really grasp early enough the implications of the Marxist analysis of society and the realities of the class structure of society. For a long time now of course I have been of the view that Marx was absolutely correct in his analysis of society and the fact that the class struggle was the most real feature of the composition of society that you could have. I am of the view that the twentieth century is one which demonstrates by a number of elements and factors the fact that the class struggle, the struggle between the bourgeoisie and the proletariat, is developing—although it expresses itself not very clearly sometimes and not very convincingly probably— nevertheless as a struggle between a rising proletariat and a peasantry throughout the world who sooner or later must develop socialism with the overthrow of the capitalist system.

There is no answer to the problems of the working class unless the working class have power in their own hands. That is absolute power, not only superficial, parliamentary political power, but the ownership of the means of production, distribution and exchange. There can be no question that without absolute power and authority the working class will be prevented from achieving its full fruition.

I reckon that I have not changed my attitude for practically the whole of my life, that socialism, which I early embraced of course in a general and perhaps sentimental and emotive manner, must release the pent up feelings and the frustrated desires and qualities of potential cultural development of masses of people.

Socialism will provide the freedom which is denied by the slavery which the capitalist system imposes. In the midst of a period of vast technical advance we are still plagued with unemployment, with poverty in certain circles, with the frustrated lives of the people of the Third World countries, when by scientific organisation of society the vast resources of mankind, cultural and economic, could be available for the people. Many old people who had high hopes when they were young that they would see the triumph of a new order, a socialist order, have to admit that they are going to pass off the mortal coil without seeing a realisation of their desires and their hopes and their ambitions. Nevertheless, if one recognises that in history developments in a century cannot be taken out of the context of a long period of time and that if you attempt to take them out of that context and isolate an historical period and regard it as a success or a failure, then you are making the mistake of attempting to reconcile an independent existence which is not possible in any sphere because the nature of society and nature itself insist upon the environment and the context being an essential element in arriving at a correct assessment of the purpose of life and the potentialities of mankind and the prospects for the future.

I think that young people should not be dismayed by the fact that the struggle in this country, in Europe, and in some other countries seems to be like fighting against a stone wall opposition. That is not the case. I always think in terms of biological changes that occur. Sometimes unpredicted, and indeed unpredictable, changes occur very suddenly in biology. Society is a parallel case. Who would have thought, for example, that the multitude of monarchies that existed at the beginning of my life has been cut down to a fraction? I have seen one monarchy after another toppled by circumstances that the monarchical system could not sustain, could not oppose, could not successfully resist.

I have been conscious of the twentieth century through the introduction that fortunately my father gave me to the realities of the political situation and my developing understanding, and also through my contacts with people of all kinds and of all different nationalities. I have been more and more impressed with the fact that we can look forward to a rising quality of civilisation, in spite of what seems to be desperate failure to prevent, for example, the holocaust of war and the ravages of unemployment and poverty. These can be prevented and will be prevented.

Now large sections of the world's population are demonstrating that changes can become effective. I am particularly interested in China, which has such a vast population—a fifth of the world's population, where a careful study impels me to believe that we now see the leadership of mankind passing from the capitalist west, the bourgeois west, to the socialist east. It is only a matter of time, in my view, before the Indian people and the peoples of the Far East will overthrow the regimes that are keeping them at a low level of culture and economy. It is inconceivable that the Indian masses will tolerate that level when across the border they see the undoubted success of a socialist state raising the standard. The consolidation of China as a great nation, with a whole lot of subsidiary nations attached to it, is clear evidence of a vast change that is occurring for a vast proportion of the world's population.

Well, I see more and more people in various parts of the world looking in that direction for the answer to the problems here and elsewhere.

Jack Kane

I WAS EIGHTEEN when I came to Edinburgh from Stoneyburn
in West Lothian. My people were mining people of Irish
descent. My forebears came over to Scotland probably as a
result of the potato famine in the mid-nineteenth century.
And, as you know, a lot of the main Irish tide then settled in
the west of Scotland but a bit of it came over to the east. A
lot of them, my people, landed in the shale mining. But
some came further east and came into the Lothian coalfield.
Well, my father worked in the Lothian coalfield and he was
fatally injured in Foulshiels pit at Stoneyburn about 1915
or 1916. He lingered on for some years—a very painful time
before he died. And he died about 1918 or 1919. I was only
about eight or nine when my father died. I remember him
vaguely.

My father's death left my mother with four children to
bring up on her own. I was born in 1911, the second young-
est. We were very well organised as a family: we arrived at
two year intervals. So my eldest brother Pat is four years
older than me, my second brother Bob is two years older
than me, and my sister Cath, who died in the 1970s, was
two years younger than me.

My father had been a leading light in the miners' union
at Stoneyburn. He was the treasurer of the district union.
He was very active, and even after his accident he was a
kind of focal point. They came to the house to discuss and
get his advice and so on. Well, ma father was in his forties
when he died. So my mother had the job, in those days before
there was any welfare state, of trying to bring up four of us.

She was a marvellous woman. She did all sorts of things,
you see. She was a school cleaner in Stoneyburn. We used

*'Then in 1936 from out
of the blue—I'd never
heard of Eric Dott, I
didn't know who he
was—I got an
invitation from Eric
Dott to come and see
him. And he offered
me the job of being
the librarian of a new
project he was trying
to set up: the Dott
Memorial Library.'*

to go along and put sawdust on the floor and sweep up so that she could scrub it. And she got a knitting machine and knitted. She tried that.

My mother, after my father died, decided that none of us would ever go down a pit. None of us did. At the time of the '26 strike my eldest brother Pat was working as an apprentice plumber. But my second brother Bob, he had just started working on the pithead.

We were particularly blessed in Stoneyburn, you know. One of the big weapons that the coalowners had—I think the coalowners at Foulshiels pit were the United Coal Company—was that they owned all the houses as well as the jobs.[310] So if you didn't have a job you didn't have a house either. And after the '26 strike this was the weapon they used. Stoneyburn had been a particularly militant area. The strike committee in '26 ran everything. When the strike was over the coalowners took full advantage and—you talk about being decimated, this was actual decimation—they cleared at least one in ten families, maybe more: anybody who'd been active at all in the strike. And that included my two brothers, who were, as I've said, a wee bit older than me.

My two brothers Pat and Bob were active in the strike. Even though they were young they'd been on the picket line and they delivered leaflets and ran about. Of course the Coal Company had spies who noted all of that carefully. So anybody who had been active in that kind of way was on the blacklist. They said they didn't have a blacklist. That was nonsense. So a big number of families were just evicted and had to leave Stoneyburn.

Well, we were a wee bit fortunate because we didn't live in a Coal Company house. But there's not much use having a house if you don't have a job. So although we had a bit longer after the '26 strike than many others we had to leave, too. And the thing that determined where we went wasn't our choice. It was only the fact that we had an aunt—my father's sister—in Edinburgh who was prepared to put us up till we got a place of our own.

Auntie Maggie lived in the Jewel Cottages at Niddrie in Edinburgh. Her husband, Alex Brown, was a miner. So we left a but and ben in Stoneyburn to come and live in a but and ben in the Jewel, the only difference being that there was another family—my aunt's—living there as well. There was Aunt Maggie herself and her husband and their four kids, as well as us.

Well, it wasn't quite as bad fortunately as that, because my sister Cath in the meantime had gone into service. This was the thing about miners' daughters. There was no employment for them, apart from working on the surface at the pit. So most of them found their way into Edinburgh. In those days of course every Morningside and Marchmont flat had a living-in maid. Well, up in Thirlestane Road, in the house where my wife and I lived many years later, there was quite a big kitchen and off the kitchen was a little room, six foot by six foot, no ventilation in it. That was where the maid had lived. Actually, I made ours into a larder. It was just big enough for that. But that's where the maid had lived in earlier days. Well, my sister Cath would be about sixteen at that time when we left Stoneyburn. That was her first job, domestic service. Oh, she was very lucky actually. She went to work with Professor Godfrey Thomson, you know, the intelligence testing man, and his wife. She stayed with them for many years. I think that was Cath's only job in service. She got married after that.[311]

Well, by the time we moved about 1928 from Stoneyburn to Aunt Maggie's at the Jewel my eldest brother Pat was 21, my other brother Bob was 19, and I was 17, something like that. So we were pretty well grown up. The three of us and my mother—all in the one room. And the other family—Aunt Maggie, her husband and four kids—in the other room. Aunt Maggie's four children were younger than us. And that subsisted for four years before we got a house of our own. Well, in those days of course this was the time when Catholic families, you know—the norm was eight or nine children. Well, this was pretty common then. My wife Anne was the oldest of eleven and her father was a miner at Kelty in Fife, and he was victimised, too, and they came to live at the Jewel. We met when I came to the Jewel. So we had a lot in common to start with.

When we'd lived at Stoneyburn I was at Bathgate Academy. When I left school I was in the fifth year of the secondary. I couldn't finish the sixth year because we had to leave Stoneyburn. My teachers were on at me to go to university, but of course it was impossible.

Well, I was unemployed for about four years after leaving school and after we came to live at the Jewel with Aunt Maggie. I think that period between coming to Edinburgh and getting a job when I was about 20 or 21 as an office boy with a builder is sort of blanked out. I started as an office boy with an Edinburgh builder at ten bob a week. Well, even in those days that was pretty low. So I advanced my salary, if you like to call it that, by half-a-crown a week at regular intervals. I think I was there about three months when I went around to see the boss and I managed to squeeze a half-a-crown out of him, up to 12s.6d. I waited, I think, another three months and managed to get up to fifteen bob, you see. And three months later I managed to get 17s.6d. But when I went back and asked for a pound a week that was too much for my employer. So I got my books. So I couldn't have been there more than a year. I got my books and I joined the dole queue and remained on it for about four years.

Well, we were in the Jewel with Aunt Maggie and her family till 1932. Then we moved into Niddrie Mains and we got a Corporation house. Well, Niddrie Mains then was about half-way built. They'd got from Harewood Drive, which was where we lived, but we weren't the first tenants in there. They had got down to about the Wauchopes, which were about half-way down the scheme. They still had to build on the Hays, which were at the far end. And there was no Craigmillar Castle streets or Niddrie Mill streets at that time, so they were half way there.

And that was a three-apartment house we had in Harewood Drive. Oh, for the first time in our life we had a bath! And electric light. Well, I think we had electric light in the Jewel. But we had started off in Stoneyburn in an upstairs house with oil lamps—of course, the oil works, Paraffin Young's oil works, were only a mile away in Addiewell. So we were supporting the local industry, you see, with oil lamps.[312] Then we went from that to the gas mantle. We had one gas jet to light the house in Stoneyburn. Then when we came to the Jewel I can't remember whether they had got electric light by that time or not. It may have been gas, I just can't recall. But of course in Niddrie, in Harewood Drive, we certainly had electric light there, and even an inside toilet. Oh! And I think it must have been just after we moved into Niddrie Mains and got the Corporation house that I got the job as office boy in the Edinburgh builder's office, followed by three or four years of being unemployed.

Then in 1936 from out of the blue—I'd never heard of Eric Dott, I didn't know who he was—I got an invitation from Eric Dott to come and see him. And he offered me the job of being the librarian of a new project he was trying to set up: the Dott Memorial Library.[313]

Now I was astonished at this because I had no experience of librarianship. I had read a lot of books, but I had no idea of the job of a librarian. I didn't know how he got to know about me or why he was offering me this job. But I took it. It was an offer you couldn't refuse when you were unemployed!

I never found out how Eric Dott had heard about me, I don't know how he did. Well, I was active in Niddrie Mains, not immediately when we went there, because we were most concerned about getting a house with a bathroom. So we weren't really interested in politics. But when we got accustomed to that a wee bit and looked around and saw what was happening… Because we were political animals in Stoneyburn days. I mean, in Stoneyburn my first activity was running round delivering *Reynolds's News* and the *Sunday Worker* and the *Daily Herald* and all that kind of thing.[314] Of course, any mining village, and particularly a mining village at that time, was a hotbed of political activities. The miners' union was the centre of village life. But I don't know how Eric Dott came to hear of me, because I'd never really been active outside of Niddrie Mains. I never managed to ferret that out of Eric.

I found out that Eric Dott was the son of P. M'Omish Dott, who was the owner of Aitken Dott, the art firm, at that time in Castle Street in Edinburgh. P.M.Dott, as he was then known, was an old time socialist. When Labour leaders such as Ramsay MacDonald and J.H. Thomas and so on came to Edinburgh they used to stay with him at his house. I think he lived at Colinton.[315]

Well, the Dotts were quite a remarkable family. There was Eric, of course, who at the time was a doctor, a children's specialist, working mainly out of the Sick Children's Hospital in Sciennes. Eric's a marvellous man, but there's a steel core in him. And he was a violinst, a member of the Reid Orchestra, you know. The other brother was Norman, who started life as an engineer and became a world famous neuro-surgeon. The speak is that he made a lot of his own instruments out of his engineering experience. I didn't know anything about the rest of the family but I think there were one or two daughters. One of them was killed in a riding accident, I think.[316]

Anyway Eric explained to me that his father in his will had left a sum of money for the promotion of socialist education, and left Eric as the trustee of the fund. And Eric had decided that the best way he could think of of promoting socialist education was to found a library of socialist, left-wing literature, dealing with politics, economics, and so on. And he had a house in Grosvenor Crescent, at the West End, no. 8 Grosvenor Crescent, which he proposed to make the headquarters of the library. It was a house that he owned. He didn't live there, he lived at that time out in Western Terrace at Corstorphine. And he asked me to take on the job of setting it up, building up the book stock, and running the library. And he offered me the magnificent salary at that time of £3 a week.

Now I took the job on in fear and trembling because it was completely outside of my experience. But anyway I like to have a go at anything new, so I did. I wasn't married at that time, I was just going with this lassie at the Jewel who later became my wife. What we found was this vast room in Grosvenor Crescent—but nothing in it, nothing in it. There was that room and a little kitchen at the back, and that was about it. So we set to to make it into a library.

The first thing to do, of course, was to put in some shelving. And the second thing was to think about what kind of library we were going to make it, what kind of books we were going to deal with, in what proportion, and so on. Anyway we set to and we got all the basics, the basic socialist literature, the Marx, the Lenin, the biographies, the political theories, and so on.

There had been a small committee set up as well to help me in the running and the organising of the thing, and they set me an almost impossible opening date. However, we aimed at the opening date. I amassed a fair number of books, but when Harold Laski came up to open the library officially, we had to display the books face out, ye know, in order to make a show, and leave the jackets on to make it more colourful, and so on. So Laski came up to Edinburgh and opened the library—a very witty and likeable man he was, not quite like how Churchill described him later! So we got the thing off. And of course there was a lot of interest, and we got a lot of sympathy, support, and help.[317]

The Dott Memorial Library had no membership. Readers just borrowed books and paid for those they borrowed. Well, I suppose it would be thruppence or sixpence. Well, that was the day when you could buy a Penguin book for sixpence. Anyway it was a nominal sum readers paid as a lending fee. The Library was never washing its face with the income from fees. We didn't want to have heavy subscriptions, of course. We wanted to make the Library available.[318]

The one thing about it, of course, that was difficult was its location in the west end of Edinburgh, in the heart of middle class Edinburgh, and well off the beaten track for the kind of people that we were hoping to attract. Nevertheless we did get quite a lot of response from students and the socialist movement generally.

However, we didn't remain all that long in Grosvenor Crescent. I wanted to get out of there as quickly as possible. So we managed to get a building in George IV Bridge in the centre of Edinburgh, just across the bridge from the Central Public Library—which couldn't have been better from our point of view. It wasn't much bigger, if any bigger, than Grosvenor Crescent, but it was better arranged. We had a large room, a middle-sized room off that, and a decent-sized office. So we were able to develop there.

This, of course, in the late 1930s, was at a particularly favourable time for the Dott Memorial Library because it was the height of the hunger for political literature. The situation in Europe was developing. There was a Tory government in office, the domestic situation with three million unemployed was bad, and the international situation was deteriorating. People were desperately anxious to know (a) what was going to happen at home, and (b) what was going to happen abroad. And there was a hunger for left-wing literature. The Left Book Club was at its height.[319] And of course at George IV Bridge we were now more favourably placed to attract the students.

Of course, students are dangerous people to attract to an open shelf library. And that was one of our big problems throughout the piece. Some of our treasured possessions kept disappearing. When we wrote out to the address given by the reader we would get a postcard back from the landlady saying that Mr So-and-so was on his way to California or Tanganyika or somewhere—no doubt carrying our books with him.

We had a committee of a kind but it really never did very much. It held the occasional meeting and laid down a few consequential decisions and left me to get on with it. The selection of books was done mainly by me. I don't think the committee had very much at all to do with book selection. I did the selection, particularly in the building-up period of the Library. I tried to look at the whole field.

One of the things we did which I think was quite useful, although we didn't have a lot of space, was that we managed to attract quite a number of prominent speakers to come and talk in the Library. I think my memory is going to fail me again, but there was J.B.S.Haldane and a number of MPs., including Konni Zilliacus. He came up. He was a northern European. That would be about '38, I think. But anyway Konni came up. He was left-wing of course. I remember I walked down the Mound with him and he was talking about Ernie Bevin. I always remember Konni's phrase. He says, 'Ernie thinks he's Palmerston in a cloth cap.' He was very dismissive.[320] So we held these meetings, which were quite successful, although they were limited in the audience of course because of the size of the Library.

Then people like Ken Alexander and all his friends all came to the Dott Library—that was after the war. They used to meet there. There was a little place within the Library where they had small meetings sometimes. There was a long table where they could read. They could study if they wanted to. If they were interested in something they used to study in the small room at the back.[321]

And then the Public Central Library next door were very friendly, there was a friendly relationship between the Dott Memorial Library and them. I think they did send people in to the Dott. Oh, we had stuff that they didn't have. Obviously they had a hell of a lot of stuff we didn't have! But there wasn't very much occasion for us to send people to them because the people who came to us knew what they were looking for.

I'm not sure about the opening hours of the Library but when we started off in 1936 we closed at six and then people complained that, well, that's too early. So we moved it to eight o'clock. And the same people complained that eight was too early. So we moved it to ten. So at the end I think we were opening from two to ten. The later we opened in the evening, the later we opened in the morning. And if we'd opened till midnight the same people would still have been saying, 'It's a bit early.' It was a six-day week, Monday to Saturday. We never opened on a Sunday.[322]

The readers, oh, it covered the whole spectrum, including students, workers, wives of workers, young people, retired people.

Then of course the war came along and I was called up. Anne and I had just recently got married by this time. It was only a few months after we got married in 1940 that I was called up. So Anne took over the running of the Dott Memorial Library. And for a time I was stationed in Edinburgh so I managed to pay a weekly visit to the Library—one day's leave a week! I managed to keep track of what was happening then.

Then I was transferred from Edinburgh. I went down south, worked my way down England and finally landed up in Plymouth—in the Citadel on Plymouth Hoe. I spent some time there. Then Anne was called up for service as well, and she got more than I got: she got a choice of where she would be posted to. And she chose to be posted, surprise, surprise, to Plymouth!

Then my sister Cath came into work in the Library then. By that time there was quite a working committee in charge. They were a wee bit more enthusiastic, I think, than they had been previously. The committee had helped Anne. The committee did meet from to time time. They met about once a month or something like that, and they had a list and I always checked it. Anyway they battled on quite successfuly. And when I came up to Edinburgh on leave I brought lists of books. So it was possible to help with the running of the Library in that kind of way even when I was in the Forces.

One thing I never really got to know was actually how much money there was available for the Library. I think at one time it had been quite substantial. Well, I think in the early days, as far as I know, the interest from investments provided the wherewithal for us to carry on with fairly nominal charges for lending the books. But I think it was then, once the war began, that disaster struck really. Unfortunately the funds were mainly in foreign holdings—I think they were fairly scattered over Europe, and it was said there were several Russian holdings. And of course with the war and destruction in Europe a lot of the enterprises disappeared, the income dropped and I don't think they ever recovered from that blow.

The next blow was that the Central Public Library in George IV Bridge decided that they needed to expand, and they felt that the best place they could expand into was the premises we had next door to them there. So of course they had the muscle, and we only had a limited lease there. The Public Library bought it, I think, over our heads. So we were forced to leave, and the only place we could get was a vacant St Cuthbert's Co-op shop in Dalry Road. So again we were away from the centre of things and away from our main clientele.

Then after the war it was a strange thing. There was that high point when everybody wanted to read politics. After the war, well, things were different. I mean, the economy was on the up-turn, the Labour government was building up the welfare state. The need for this political reading was disappearing. And I think a lot of the difficulty the Dott Memorial Library faced was financial as well: the money got pretty well dried up as time went on.

Well, we tried to overcome the move to Dalry Road and other problems to an extent by widening the basis of the Library and starting a more popular provision. We even got in detective stories and, God forgive us, some romances as well! We had one little boy who came in regularly every week and it was the same demand. He said, 'Ah want a love story for ma mummy and a blue book for ma daddy.' But down at Dalry it got that it was just people around Dalry coming in and asking for different books. They treated it like a normal public lending library. So it became a different kind of library to a certain extent, not entirely, when we moved to Dalry: to a certain extent it lost its specialist character. We had fewer students and we had more local people, reading a different kind of book.

We had sold books as well when we were at George IV Bridge. To a certain extent we became a bookshop there. I don't recall that we were selling books when we were in Grosvenor Crescent. But we really developed the bookshop aspect in George IV Bridge. But that petered out pretty well when we went to Dalry. There wasn't much sale of books there.

At Dalry we had one paid helper, Betty Williamson. We had had volunteer helpers at George IV Bridge.

Anyway in the years after the war we struggled on. But the end was inevitably coming. In the mid-1950s—by this time I had been a town councillor for a number of years, of course [323]—I had set up some connections with the Workers' Educational Association. When David Phillips was the District Secretary of the W.E.A. he asked me to do some lectures for him. And when David left to take up the post of an education officer with the South Wales Miners' Federation he asked me to apply for the job of W.E.A. District Secretary. So I did and I was appointed about 1955.

So maybe the end of '55, the beginning of '56, I think the Dott Memorial Library just ran down. Interest wasn't quite the same. There was no sharp thing. There seemed to be a different approach. A lot of people wanted to read, but they wanted everything in a tuppenny pamphlet, you know. They weren't prepared to do any heavy reading. They weren't prepared to dig into a large hard-backed volume if you had a sixpenny pamphlet explaining the ins and out of the financial situation and the international situation. That was OK, but if you asked them to do any serious reading, well, that was a different matter. So sadly that was how the Library just tailed off to an end.

When it did finish we still had the stock of books, of course. So what we did, first of all we had a sale. Quite a lot of the stuff went. It was bought by university lecturers, teachers, and a lot of individuals buying the books for interest in particular volumes. And others went to different institutions—libraries and so on. So we disposed of the stock in the most useful way, we thought. Unfortunately, we didn't keep a record of where the books went. But quite a lot of them were bought by, well, not necessarily by members, but by people in particular disciplines who came along knowing that books were available and bought them in sort of blocks—people from the University and colleges. There was no big bulk sale. I managed to retain a sizeable collection of the books for use by the Workers' Educational Association. I thought that was a useful place to have them.

There was no other library like the Dott Memorial Library in Scotland, nothing so far as I knew at the time. The only thing I knew that was similar was the Marx Memorial Library in Clerkenwell Green in London. It was a very much bigger library, of course, than the Dott Memorial.

Well, I don't think the Library had a great impact on the people of Edinburgh, because it was a fairly small and specialised readership that used it. But I think it had quite a big influence on the working class movement in Edinburgh. And I think that's confirmed by the number of people who, even today, forty years or so after the Library closed, say, 'Oh, I was a member of the Dott, and I remember this and I learned this and that.' So it gives you the impression that it made quite a big impact on the people who used it, although that was a fairly small and select band of readers. Oh, I think the Dott Memorial Library was very influential in a limited circle.

Bill Cowe

AH COME FROM what they ca' the railway families. My father was a railwayman and his father was a railwayman. In fact, the two grandfathers were railway drivers, ye know. Ma grandfather Cowe he came from Aberdeen. He wis a driver on the Caledonian line. Promotion in the locomotive grades wis very poor. And generally what happened wi' a driver wis, 'Ah'll get transferred tae Glasgow, where the promotion is much quicker.' So that's why ma grandfather Cowe became a driver at Polmadie in Glasgow, Polmadie railway sheds. And ma other grandfather he wis on the Glasgow and South Western Railway Company, not the Caledonian. He was a driver also.

Ma mother was born in the railway blocks just outside Kilmarnock. They called them the railway blocks, referring to the housing, you see, because at that time the railways always had housing. The blocks wis a railway village.

Ma father wis born in Aberdeen. It was after he wis born that ma grandfather Cowe came down to Polmadie. Ma father was on the railways all his days. He was wi' the Caledonian Railway. And he was a special class signalman, good at his work and noted for his work, and he was also noted for outspoken belief in the need for socialism to replace the present society, ye know. Ma father and mother were socialists and ah wis born into a socialist home. And ma father was always an active trade unionist, too. He was in the Glasgow no. 10 branch of the National Union of Railwaymen.

Ah wis born in 1906, the 8th of September, in Rutherglen. A whole lot o' people try to dodge ma name, Cowe bein' an unusual name, ye see, associated wi' animals. I've always had a problem wi' that, we've always had a problem.

'Oh, in 1926 in Rutherglen, we'd never seen the likes o' it… Then when a tramcar driven by Glasgow University students drove intae Rutherglen this was an insult to the movement. And the movement made sure they abandoned that: they took the trolley off the tram. To this day people are suspicious about students: "Look what they did in the General Strike. They worked against our people." '

They say, 'Cowe? Cowie?' 'No,' ah says, 'it's no'.' 'Cowan?' 'No, it's no' Cowan. It's Cowe.' 'Oh.'

Ah had a brother and a sister, both younger than me. Ah won a bursary at school, ye see, and me bein' the eldest son the old man wis determined ah should get a good education, ye know. I enjoyed the school. Oh, the best thing wis history, geography also, and ah wis also interested in foreign languages. We only had one foreign language at that time bein' taught in the school, and that wis Latin, ye see. It wis later when the French, German, and that sort o' thing was taught. So ma father kept me at school. I passed my intermediate certificate at that time in the Higher School at Stonelaw in Rutherglen, ye see.

Ah left school nearly sixteen years of age. That was quite old for those days. And parents couldn't pay for the upkeep of a son o' fifteen, sixteen, ye see. And very often the workers' hopes in this particular matter wis dashed to the ground. But not so ma father. He and ma mother were for me havin' education that would be equal to the job o' bein' a railway clerk, which was a sheltered occupation, because we had a guaranteed day and a guaranteed week, ye know. And railway clerks were respected by fellow workers round about, ye see. And where some of them couldn't get jobs ah could get a job because ah had ma intermediate certificate from school, ye see.

Well, I applied for a job as a railway booking clerk, because that wis considered a very good job and a secure one at that particular time. It never crossed ma mind to go on to a college or the university. Ah wis concerned about gettin' this job tae please ma father. Ah wanted tae work on the railways. But ah'm afraid ah disappointed ma parents, in the sense that ah stood three examinations in the headquarters o' the Caledonian Railway for a job as a railway clerk. Ah wis gettin' put off time and time again. There wisnae a job for a railway clerk. I wis unemployed for that gap of two years. That's what made me disgusted sittin' another exam, waitin' to become a railway clerk. And after three examinations ah wis so fed up ah says, 'Give me a uniformed job.' That's railway clothing, ye know. And they said, 'Would ye take it?' Ah says, 'Yes.' Ah became a railway porter.

That would be 1924. Ma first station was in Kirkhill, jist north o' Cambuslang. Ma wage was 25 shillings a week, for round about 44 hours a week. That was the lowest grade. Then ah worked ma way up through the various grades. In the course o' it ah had a booking clerk's innins, went relievin' people for holidays, ye know. Ah went round the west o' Scotland—Glasgow, ah went the length o' Motherwell and that sort o' thing. The thing about it was the Caledonian Railway Company was a bigger proposition than the Glasgow and South Western Railway Company. Of course the Caledonian and the Glasgow and South Western went into the London, Midland and Scottish. Therefore in that particular regard ye had tae be shifted around, and ah finished up bein' a guard or shunter, workin' on the railway tae East Kilbride. Ye see, ah remember East Kilbride before a house wis built in the place. So that ah had a good experience, and ah met people who were politically minded like myself, ye know—platelayers, porters, ticket collectors, booking clerks, ye know, a' that sort o' thing—and ah became known pretty quickly, ye know.

Before ah joined the railways and left school at all, ah wis a member of the Socialist Sunday School movement, which was a children's movement at that time. Ah became the leader of the Rutherglen branch of the Socialist Sunday School.

And when ah began on the railways the union correspondin' tae ma interests was the National Union of Railwaymen. And ah became, from the first day ah entered the service, a trade unionist. When ah joined the railway I wis in ma father's branch, Glasgow no. 10 branch of the N.U.R.

Jist not long after ah joined the N.U.R I got promotion in the branch. At that time ah wis a member of the Rutherglen branch, and we had tussles in the branch. And eventually we knocked out the right-wing or reactionary element in the Rutherglen branch and I went on to become delegate to the Glasgow and West of Scotland District Council of the N.U.R. When 1926 came about I had already been elected to the Executive Committee of the District Council, which covered the whole o' the west o' Scotland, ye know. Ah wis very young then, oh, ah wis very active in the union. Ah wis active in the leadership in the '26 strike.

The membership o' the Rutherglen branch o' the N.U.R. when ah joined wid be about 400 or 500. It wis a fairly sizeable branch. It wis a country branch. It wisnae part o' Glasgow. There wis a whole number of branches of the N.U.R. throughout Glasgow.

There wis a big high feeling about this time o' the 1926 General Strike, although then the N.U.R. were never noted for bein' top militants in the movement. Nevertheless the people were interested in the whole struggle between Red Friday in 1925 and May '26, where we took strike action. It wis the first time we had a mass movement around us. And it wis the first experience of what tae do correctly in this mass movement, ye see.

Preparations were there if the call came from the National Executive Committee tae take action—which they did do. Then they got practically 100 per cent response. There wis an angry feelin' in the men.

At Rutherglen the Trades Council was transformed into the Council of Action, and the N.U.R. branch became a member of the Council of Action. Ah happened to be the N.U.R. delegate at Rutherglen Trades Council and ah became chairman of the Trades Council in 1926, just before the strike. So ah wis active locally as well, so far as the union wis concerned. Ah wis very young to be the chairman o' the Trades Council. Ah wis nineteen, in fact.

Every union had its own strike committee, ye know, in the '26 strike. It's an experience which is sometimes overwhelming, ye know, because it flashes on you. But we became an active part of the Council of Action.

Oh, in 1926 in Rutherglen, we'd never seen the likes o' it. There wis efforts made to try to get me into trouble, ye know, because ah wis leading the struggle in Rutherglen. Then when a tramcar driven by Glasgow University students drove intae Rutherglen this was an insult to the movement. And the movement made sure they abandoned that: they took the trolley off the tram. To this day people are suspicious about students: 'Look what they did in the General Strike. They worked against our people.' Anyway the kind of students then were people of middle-class origin and that sort of thing. Now it's a' changed completely, there's no question at a' about it.

So the movement dictated the position. The contractors in private businesses, ye know, were coming to the Council of Action tae get permits to move this from there to there. And this was all new to me, ye know. Ah wis delighted at sich a thing happenin', ye know.

There wasn't signs at Rutherglen of introduction of troops. From the local Council of Action we set up observers of the police station, ye know, at different strategic points as we worked it out. And any reports of people working with the police, ye see, had tae be made tae the Council of Action and we had tae deal wi' that. For instance, we had a railway inspector of a Rutherglen yard, and he decided tae scab and we carried through activity and eventually we had tae get him dismissed from the service—and did. He broke down, he actually broke down, because he didnae think that sich a thing would happen in his lifetime.

Rutherglen wis an interestin' place. It wis a Royal Burgh and ye got tutored in why it wis important bein' royal and how proud we should be of Royal Burghs. And therefore workers had a certain amount o' loyalty to the Royal Burgh, ye know, and they were proud as they boasted, 'We were a town before Glasgow was a city', ye know. We had a lot o' problems about that.[324]

But the reason for having a good trade union movement in Rutherglen was that there was a variegated industry there. Stewart & Lloyd's tube works became the big factory or industry that we had in Rutherglen. Not only that but so far as the railways wis concerned Rutherglen was an interchange, a railway junction. For instance, we had a line that took us underground in Glasgow right down tae Clydebank, ye know, and at the same time we had a high level. And the National Union of Railwaymen therefore became one of the important trade unions in the local trades council in Rutherglen.

Then at Polmadie driving sheds we had three or four different things happening. We had the railways shunting all the Lanarkshire coal. See, ah got a knowledge of the mining industry through working at the pithead level o' shoving empty waggons to pull away the full ones. So we were catching a whole lot o' things because a' the pits in Lanarkshire were served by Polmadie, and the N.U.R. became the principal organisation. In the N.U.R. we had three branches o' the union there: Polmadie no. 1, Polmadie no. 2, and Rutherglen branch. We had the Associated Society of Locomotive Engineers & Firemen there, too, and we had comrades in the A.S.L.E.& F. wi' whom we worked very well. Polmadie wis a militant centre. So there wis this close association.

Durin' the '26 strike we had the situation in the Council of Action where people reported, 'Ah'm ready for anything ye want me tae do.' There wis a tremendous resurgence of trade unionism, ye know: 'Divided we fall.' And that kind of thing became universal. Everywhere ye went ye had friends. There were nae enemies in the place—well, there were bound tae have been enemies, but we didnae discover any that wid come out of their foxholes tae try tae do some damage to the strike.

Even in Rutherglen the Council of Action was in session 24 hours a day. There wis always somebody in charge, getting to know what wis happenin' at police headquarters, phoning Glasgow tae find out if anything wis happening so far as the soldiers at Maryhill Barracks were concerned. Because we thought, and we expected, that the soldiers in Maryhill Barracks would be let loose. It didn't happen. And the reason why it didnae happen wis because o' this enthusiasm that the miners' pay should not be cut, and that that would save taxpayers' own standard of livin' in the days tae come.

We eventually issued a strike bulletin, jist a duplicated thing, in Rutherglen tae keep the people informed, ye know.[325] It wis free. We had copies on a notice board and we distributed it. We headed it in our Council of Action headquarters. And people walked in off the street to see how the strike was gettin' on, because they couldnae believe what press there was. We didn't issue the strike bulletin from the beginnin' of the strike. This is one o' the things that could be pointed to—your lack of preparation for a strike. But it cannae a' be treated in a clinical way. It wis the first time that we had ever been in such a situation.

The end o' the General Strike in '26 wis a miserable time for us. And of course when the word came through that the strike had been settled the strange thing about it was that most o' the people were suspicious. They never had been very political before. Now they were sayin', 'Why are they not tellin' us what's been settled?', ye know. And this heightened the suspicion why was it called off? And everybody became angry, everybody wis determined that they would do somethin' about it. Trade union cards were bein' torn up, ye know, and that sort o' thing—a very, very high feeling amongst the workers, especially the railwaymen, with regard to this. And then that wis followed up a couple o' days later, when the N.U.R., wi' Cramp as general secretary and J.H. Thomas as parliamentary secretary: 'The strike is back on again.'[326] So we were called out on strike again, ye see, because o' our own conditions. But there wis no victimisation after the strike among railwaymen at Rutherglen, none at all.

Ah got the sack off the railways in 1932. It wis ma own fault. Ah knew that right from the very start. Ah wis a shunter by this time in 1932, and ah wis shunting in Newton near Rutherglen. Newton had a small yard for taking empties out and runnin' them up to the different pits—Blantyre Ferme, and various other pits in Rutherglen—taking off the coal and putting the empties in their place. Well, it wis decided that I should go tae Newton from Polmadie, the big centre. And I did a silly thing. I wis at that time treasurer of the Rutherglen branch of the National Unemployed Workers' Movement. The reason ah became treasurer wis because it wis unfair to give an unemployed man the job of handlin' money. There had been cases of pilfering, you see. And so the word went out from the N.U.W.M. centre in London for to replace lads handlin' money and not allow this temptation tae get in the road. And ah says, 'Ah'll take that job', and, oh, they welcomed me. That was in 1932, jist before ah lost ma own job.

The Rutherglen N.U.W.M. had, oh, our membership would be 50-odd, ye know, people who were payin' subscriptions. There would be more than twenty came to the meetings, because they took their meetings to the Labour Exchanges. It wisnae branch meetings like in the trade union movement. But we did have an annual branch meeting of the N.U.W.M. in which we were mainly concerned that money wis bein' spent in the proper direction. So that we had plenty o' meetings, in fact too many meetings, because all of us were engaged in other activities.

And I attended the N.U.W.M. branch meetings and gave a financial report so as to make sure the money wis bein' used for the purposes it wis raised for. And my mates in Newton station or yard generally had a job tae finish their job, clean the empty carriages that wis tae be used in the morning rush, ye know. And they had gone—looked to see where the mess was, and then nipped away early from their work. Ah did the same thing. I went and gave a financial report to the N.U.W.M. branch and they, the railway bosses, caught me at it and ah got the sack as a result of it. And they were quite pleased that they had caught me. Ah fought it through the union organiser, but ah got no success from that. So ah wis sacked from the railways for desertion of the job, ye know, leavin' the job. The thing is that ah couldnae deny the fact that it wis a stupid thing for me tae do, a stupid mistake.

Oh, it wis a terrible blow, because by this time older people in the union were beginnin' tae consider that ah should become a National Executive Committee member for the traffic section of the National Union of Railwaymen. Therefore ah lost that opportunity.

So when ah left the railways ah wis unemployed for quite some time. Ah didn't find any other job at all. And we didn't pay unemployment insurance at that time, ye see. The railways wis a sheltered occupation. Ah wis livin' on Parish money, ye know. Ah wis married then and had a family. It wis a severe struggle that. The money from the Parish varied from time to time, anythin' up tae about 25 bob a week, ye know. And that wis for maself, ma wife and two children—it became three children.

Before ah wis sacked from the railways ah wasn't eligible tae be a member of the National Unemployed Workers' Movement, because ah had a job maself. So ah became a member as soon as ah became unemployed in 1932 and ah remained a member right up tae the war. Ah never went on a Hunger March maself. The N.U.W.M. was a mass movement, a mass movement to which a blind eye was being made by the right-wing in the trade union movement. There never wis a trade union-sponsored N.U.W.M, ye see. Ah continued tae be treasurer o' the Rutherglen branch for a number o' months after ah became unemployed.

Ah wis involved with the N.U.W.M Hunger March tae London in 1932.[327] Well, ah had jist come out o' a job and ah couldnae get intae leading the unemployed until ah wis really unemployed maself and had some experience. Ah wis in the Communist Party leadership then, helping voluntarily, ye see. And we met wi' the comrades, who had a relay system for the Hunger March, right through to London, where it had its destination.

But the main Hunger March I had anything tae do with wis the 1934 March, where John McGovern, the MP for Shettleston, ye know, tried tae cash in on the matter.[328] A lot depended on Scotland, the national result o' the March depended on Scotland. So in Scotland we carried through a preparatory stage where we got the lads' interest, and secured the best o' the unemployed tae go on the March, because 400 miles tae London was no small job. In fact, it wis a tremendous job. The N.U.W.M. branches they questioned people who wanted tae go on the March, ye know, that wis done by comrades who knew. And such a thing might ha' happened as a man applyin' tae go on a Hunger March had fallen out wi' his wife, ye know, and left her destitute and that. We couldnae allow things like that. It wid be improper, it wid be wrong politically tae do such a thing. In fact, the law wis laid down: 'If ye're comin' on the Hunger March discipline'll need tae be your big strong point. If ye're not makin' it a big strong point we've no time for you on the Hunger March.' In Aberdeen, Dundee, Fife, Edinburgh, Glasgow, and Lanarkshire we had unemployed comrades leading the fight in these localities and they were called in: 'What about this lad who's applied? We don't know anything at all about him. What is he?' And we had tae find out what he wis, because we darenae go tae the Public Assistance and ask for boots or oilskins if the man would not go tae the Hunger March. Boots and Wellingtons and that sort of thing were issued to the Marchers. And there wis other things that had tae be done. For instance, they'd tae work out: 'The wife and children cannot go unserved in this matter. We've got tae look at the whole question.' And the unemployed had to register at the Labour Exchange and got their payments or benefits made to the mother and the family that wis left behind. And 'We'll be lookin' after your wife and family.' Well, the men were gettin' fed on the March and they were gettin' things that they didnae get at home. And their wives and families were receivin' the benefits.

So that an unknown person wasn't elected on to the Hunger March. And so every applicant tae go on the Hunger March went through the sausage machine, ye know. Generally the position wis that a comrade whom we had confidence in phoned up from Dundee or Aberdeen or somewhere, sayin', 'There's a man such-and-such. He's a good fellow. He's wantin' tae go.' We had dependable comrades at each level, ye know, and at each investigation into a claimant's application it would be these comrades that would look at it and then they would phone back to us and say, 'It looks as if it's all right,' ye know. On the road the Marchers were vetted, too.

The question of preparation wis crucial, ye know. The preparations were of course tae see that discipline wis recognised, that so far as each individual member of the March wis concerned they were passed as bein' good for the March, ye know, that they were not jist big mouth people shouting slogans. They'd tae be taught a certain amount before they could go on the March. Then the next thing wis that the preparatory work should cover a plan of the March—through which towns and countryside you were passin', and what could ye do that would sponsor cash raising, and at the same time knowledge of why we were marching to London, and what you did on the march by way of propaganda. Meetings were held regularly in the towns where the Marchers stayed over in.

There were women, too, on the 1932 and 1934 Hunger Marches. There were nae problems. There wis one couple who decided tae get married while the March wis on. It wis a couple from Scotland, from Glasgow. They were already engaged before the March. And so it came to us from the leadership o' the Hunger March: 'What do we dae in a case like this?' Ye got problems like that, sticky problems. And ah know that we took a decision that the couple should look over their problem and see the expense to which the N.U.W.M. had gone in order tae equip them for the road, ye know. Ah never heard their fate, that couple, ye know.[329]

Then what they did in connection wi' any problem o' drinkin' on the March wis that the programme each day should be quite clear before the Hunger Marchers marched in, and everything should work as from then. And that meant that before goin' tae bed, ye know, that the Hunger Marcher could spend something on beer. Because ye're no' goin' tae put them on a Hunger March and deprive them of things that they're used to, ye know. There wis no attempt to prohibit drinking completely, nae bigotry in the matter at all, as long as it wis under control. So that a' these Hunger Marches that we had there wis never any great scandal—which indicated that discipline was bein' observed.

And we made the big point about discipline. We were hard on this question of discipline because we says, 'There's nae use us goin' on that road for 400 miles and expectin' rosy turn-out and developments. We've got tae prepare.' And so they set up different sections in the Hunger March tae deal with it. For instance, some o' the leading comrades, the likes o' George Middleton, was an advance guard who went ahead o' the unemployed and fixed up the halls to be accommodated, to get hospitality and that sort of thing, and at the same time prepare for collections being taken and meetings bein' held right throughout the whole length o' the March.[330] So it wis a stiff thing to have a non-political lad in your thingmy. He might be a very good lad but he's got no idea o' the responsibility that he's goin' tae be asked to take on in this matter. The main leaders o' the Hunger Marches from Scotland—Harry McShane, Peter Kerrigan, George Middleton, Alex Moffat, and the others—were Communists.[331]

The National Unemployed Workers' Movement and the Communist Party were closely linked. And when it come to the question of fighting unemployment or placing, as they correctly did, unemployment and the Means Test as the two big factors, and especially in a situation where Margaret Bondfield had introduced this bloody attack on the unemployed, ye had the situation where Labour Party people werenae proud o' their Party. They didn't desire tae say so at public meetings. But nevertheless there wis neighbourly relations.[332]

Ah wis never disappointed wi' the Hunger Marches, never wis disappointed. Although one disappointment did exist, that we never could get the Labour Party at national level to back the unemployed workers. In fact, they involved themselves in a trick to try to cancel the whole bloody business. And John McGovern wis at the foot o' it. This man wis a menace. He wis very anti-Communist, so anti-Communist and religious was he that he could never be changed in his points of view. It was his insistence that he would like to be on the Hunger March. He was a different kettle o' fish. He wis a bad yin, a really bad one, there was no question at all about that. He come forward himself and says, 'Ah want tae… What have you fellows got tae say about it?' We felt we couldnae exclude him from the March because the press would take up his expulsion from the March to upside down the whole thing. McGovern knew that the press wis there for him any time, and that he would dismantle the March when the opportunity arose, ye see.

These Hunger Marches were effective so far as the rank and file of the movement wis concerned. We had splendid results turned in from the different Labour Exchanges, and we were able to get meetings everywhere on the unemployed. And the Labour Party gave no leadership in the matter whatsoever, so that it wis left a Communist issue, ye see. The whole line of the Trades Union Congress and the Labour Party was tae keep dissociated from the Hunger Marches.[333] It's true that the Independent Labour Party MPs, the Glasgow ones—Maxton, Campbell Stephen, and so on—were sympathetic to the Hunger Marchers. But by this time the I.L.P. was winding tae a close, ye know.[334]

Ah had joined the Communist Party in 1924, jist about the time ah became a railwayman. Well, the Young Communist League didnae exist actually at that time. But ah wis young and I had been influenced very much by two particular comrades with regard to the Communist Party. We had a discussion group in Rutherglen wi' the children, the Socialist Sunday School, and Mattha Bird came and told us all about Shelley, quoted Shelley. Mattha wis very good.[335] And then there wis another comrade, too, there, he wis a vet in Glasgow. Ah cannae mind his name. Then from the discussion group we went out to say, 'There's no use supporting Labour,' ye know, 'because of the things that they are not doing.' And then later on especially was I irate about J.H. Thomas, as well as others, for their betrayal at that time o' the General Strike. And so we set up the branch of the Communist Party in Rutherglen in 1924.

At that time we would have a dozen members. But we grew. We got some extra members at the time o' the General Strike. Ah wis always active in the Party from 1924 onwards. Ah became in charge of the railway work in the whole o' Scotland for the Communist Party. Eventually the Party said the work on the railways that ah was leading was so very good and they said, 'Could ye come in now and help the present industrial organiser, Pat Keegan?' That wis in Glasgow. So ah began work from Glasgow to Edinburgh. That wasn't full-time, ah wis doin' it voluntary, ye see, it wasn't a paid job.

In that gap, when ah wis unemployed from 1932, ah spent six months in Northern Ireland—Belfast—at the ten weeks' railway strike there. Ah wis there by invitation o' the Communist Party, givin' assistance to a brother Party in Northern Ireland, knowin' the job because ah had worked in the railway industry. And I worked there, helpin' the railwaymen wi' their strike, ye see. And ah wis ordered out of Ireland or be shot, ye know, because they knew what ah wis there for.[336]

Then in 1934 the Party sent me tae Moscow, ye see. And ah lived there for eighteen months in Moscow at the Lenin School.[337] And when ah came back home ah had tae rehabilitate maself tae the present stage o' the movement and therefore I looked for a job. And I got a job shunting waggons in the biggest gas station in Scotland—the Provan gas works. So ah wis workin' there not as a railwayman but as a gas company employee. As a matter o' fact ah widnae ha' got the job had it no' been that the manager wis sympathetic to the Communist Party. He knew who ah wis and said he would shut his eyes to certain things. And so ah wis lucky gettin' the job, ye see. I became a transferred member from the N.U.R. to the National Union of General and Municipal Workers, ye see, because that union wis for gas workers. And then ah began tae pick up the struggle there and ah wis gettin' congratulated for the work ah had done in influencin' hundreds o' people who were members of the General and Municipal Workers' Union. We issued a paper called *The Searchlight*, ye know, to pinpoint the lack of democracy in the Union.

I think I wis only two year doin' that when word came the Party wanted me to take over as Glasgow Party organiser. I took it over in, it must have been 1938, ah think, just before the war. That was a full-time paid job.

Well, ah did that until ah wis called up tae the army. Twice ah wis called up tae the army. They sent papers tae me callin' me up and the next day papers arrived tellin' me tae return the voucher, as a mistake had been made so far as I wis concerned. And I wis trying tae do ma damnedest tae get in this movement tae make sure the war wis a just war and not an unjust war. That wis solved eventually. That's when the Soviet Union entered the field in 1941 and the whole thing wis changed. That made the change from an unjust to a just war and freed the hands o' the Communists to develop unity in the fight against Fascism and Nazism, ye see. When I wis Party organiser I had sunk technical stuff, papers, that sort o' thing, that could be used if ever we, the Communist Party, were put underground, ye see. I got congratulated by the Party for the steps I had taken in order to prepare for illegal work, ye see.

I wis taken in to the army in 1941, jist after the Soviet Union entered the war. I got sent to a training camp in the army at Oswestry. They were settin' up a new battery. We were in Royal Artillery anti-aircraft. But the enemy was watchin' all the time because when we were gettin' parades, marchin' drill, the training captain came and he approached the sergeant who was marchin' us, and I heard him saying, 'Have you got a Gunner Cowe in this…?' Well, ah wis called out from the parade at Oswestry. And the whole detail was facing the captain and he come right through the ranks and he says tae me, 'Are you Gunner Cowe?' Ah says, 'Yes, sir.' He says, 'Can you translate Russian for us?' And ah says, 'No, ah can't. Ah've never studied the language.' Ah says, 'It's only conversationally that ah can… I've bits or pieces about it.' 'Oh,' he says, 'that's a pity,' he says, 'because we would have liked to have had your services.' He says, 'Anyway, I've jist made this call to let you know'—and everybody's listenin'— 'that we knew that you were here training.' And he went away and left me like that. And the result wis later all the boys were round, 'Were you in the Soviet Union? Do you speak Russian? Are you a member o' the Communist Party?' So ah became known, ye see, well known. Ah remained in anti-aircraft till the end o' the war. Ah went to Belgium after D-Day and we finished up in Hamburg.

After the war ah wis only weeks unemployed. Ma first job after comin' back from the army was ah got an offer from Glasgow Corporation transport and ah became a conductor of a bus. And ah became active in the Transport and General Workers' Union. So that wis a third union ah wis in.

Then ah became Glasgow organiser of the Communist Party, a full-time job. And ah wis called in to take charge of the Industrial Department of the Scottish Communist Party. And from there things developed and for practically sixteen years ah wis industrial organiser for Scotland, and pretty well known, ye know.

Then in 1966 I became bookshop manager, Clyde Books. But we found out after some months that we were unable tae carry a full-time worker for the manager o' the shop. So we had tae fall back on voluntary assistants.[338] Ah come out o' that for that reason, plus the fact ah had took a leg trouble, ye know, and wasnae able tae go tae the bookshop anyway. So that's ma piece right up until today.

John Londragan

MY FIRST EXPERIENCE in the working class movement was in 1926 during the General Strike. I was about 15 years old then, working in Mitchell's the bakers in Aberdeen as a vanboy. And the first I heard of the General Strike was when the vanman who was in charge of the bakers' van says, 'We're not working today. We're going on strike.' So we went down to collect the horse and the van as we were always supposed to do in the morning and take it up to the factory to collect the bread and so forth. And we left the van and the horse standing there, walked away and left it.

I followed the vanman, so I was on strike also. This was a time when obviously at 15 I had no political idea whatever what the hell was happening. So I followed him. And a meeting had been arranged in the Castlegate and I went along to the meeting along with my vanman, and we listened to, och, a trade union leader speaking. Who was it now? Anyway he was one of the National Executive of the Labour Party at that particular time, and he came up to Aberdeen. I forget his name now but anyhow he explained the general position of the General Strike to everybody.

And we were still on strike. So I went home and I told my folks what had happened and I got a hiding. Anyhow I didn't go back to work and I went up and contacted my vanman again next day and he says, 'I'll come and tell you when you've got to go back.' And it must have been round about the fourth or fifth day he came back and told me, 'Now we can go back to work.' It was never explained to me the reason why, but I found out later.

Well, as I say, I wasn't politically conscious at that particular time, I was part of the mob, as it were, you know, in

'The Fascists came to Aberdeen from other cities, came from England, from Newcastle and everything, they came up to Aberdeen for to try to create the impression of a crowd. But there was no local branch of the Fascists ever established in Aberdeen, and no local Fascists ever showed face as far as we were aware of. Up until I went away to Spain in the spring of 1937 the Fascists were getting a helluva hiding. They just couldn't hold a meeting at all in Aberdeen.'

joinin' in. But over the years until 1928 I got closer to a lot of people who were more politically advanced than I was. Well, you start thinking for yourself and see what is happening. Although I was working myself—by then I was working on the railways—and I was never idle, I always was workin', I got involved with some people who were working for the National Unemployed Workers' Movement. I used to help them out in my free time by taking cases down to the bureau—the buroo, as it was known at that particular time—and trying to get money for them when they were being denied money from the buroo. They maybe lost their job because there was a reduction of staff taking place, or in some cases some foreman did not like your face, and there was a lot of unfairness taking place. So I got involved politically through the National Unemployed Workers' Movement to start with. I met Wal Hannington, the leader of the N.U.W.M., it must have been about 1930. He was up in Aberdeen.[339]

In the 1930s the N.U.W.M. had a dance hall, the Plaza, down in St Clements Street in Aberdeen. And they catered for all the unemployed, you know, to come in—to take them off the streets, as it were. And they had a committee set up helping the unemployed, in which the money that they took in wi' their dance hall they paid out to people who had no benefits or things like that. People that were in poor circumstances this is how they helped them, you know.

And then as two or three years went on I began to understand that I couldn't stand on my own, even suppose I was helping the N.U.W.M. I had to belong to a party. And looking round for to belong to a party, I was involved in a political demonstration at the Music Hall in Union Street in Aberdeen. The speaker at that particular meeting was Bob Cooney. Bob Cooney was a tremendous orator and put things in a very plain and simple fashion that you couldn't bypass it. You had to sit and listen to it and try and understand what he was saying.[340]

And I hung round the fringes for quite some time. This is in 1931, round about that time. I found that I had to join the Party. I had to make a stand myself and join the Party. So I joined the Communist Party in Aberdeen in 1931. And from then onwards I was actively involved, you know, as far as I could manage in my spare time, mostly the evenings and week-ends, and so forth.

The anti-Fascist movement was creeping in at this particular time, and the anti-Fascist movement was the sort of hammer which welded the labour movement as a whole. The Labour Party, the Independent Labour Party, the whole lot of them, they were all welded more or less by anti-Fascism at this particular time. The anti-Fascist movement was the main theme. Tales were coming back from Germany and from Italy—Germany in particular—about the Fascist movement, and what Hitler was doing to the Labour Movement as a whole in Germany. And we also had Mosley and the British Union of Fascists in this country and his adherents in Aberdeen who were trying to have meetings, recruiting to the British Union of Fascists. It created a tremendous anti-Fascist movement in Aberdeen, as it did throughout the whole country. It was the one time in the whole history of Aberdeen, or even of the country for that matter, in which people of practically any political thinking came together with one common thought—not to see Fascism taking place in our country, or being helped to take place in our country by the British Union of Fascists.

In Aberdeen the Fascists were controlled by Chambers-Hunter. He'd a house out at about Udny, about ten miles north of Aberdeen, and he was a well-to-do individual. His sister-in-law her name was Botha. She come from South Africa and was related to one of the big manufacturers, a clothing manufacturer, in Aberdeen.[341]

Well, it started in quietly round about 1932 or 1933, snippets in the paper about the Fascist movement, you know, recruiting for the Fascist movement. We didn't know much about Chambers-Hunter at that particular time. But coming in towards 1933 the Fascists started having a meeting away on the outskirts of the city, you know, away at Woodside and different small places. So when we got to hear about it we started organising ourselves, you know, for to stop them having these meetings. And it was from that point onwards it flooded.

The Fascists came to Aberdeen from other cities, came from England, from Newcastle and everything, they came up to Aberdeen for to try to create the impression of a crowd. But there was no local branch of the Fascists ever established in Aberdeen, and no local Fascists ever showed face as far as we were aware of. Up until I went away to Spain in the spring of 1937 the Fascists were getting a helluva hiding.[342] They just couldn't hold a meeting at all in Aberdeen. We just wouldn't let them hold their meetings. And the climax come when I was away in Spain. Bob Cooney was still here and he led the big demonstration, a march against the Fascists, the last Fascist demonstration they had in the Castlegate in 1938, I think it was. And that was the finish of the Fascists. They never come back again. And actually Chambers-Hunter put a bit in the paper stating that he would not come back to Aberdeen again. He died later on, quietly after the war. I don't think he was interned. What I think happened was that when Mosley and them were interned, the smaller leadership they were never touched at all. They just sort of slunk quietly into the background and were never seen again.

Well, it wasn't so long after I joined the Communist Party in 1931, with the unemployment figure in Aberdeen being so high, as it was throughout the country, that I was involved in helping the unemployed, particularly the Hunger Marches. The figure for unemployed in Aberdeen at that particular time if I remember correctly was between 12,000 and 14,000. It was a very high percentage for a smaller population than nowadays.[343] Aberdeen at this time in the '30s depended on two industries only—shipbuilding and agriculture. Squeezed in between these two was light engineering. And light engineering was the one that got the biggest hit of all. And while Aberdeen was mainly the centre of an agricultural and fishing industry at that particular time, it was obvious that unemployment within the city limits was causing the collapse of small engineering and everything round about them. And unemployment was gettin' fantastic. The light engineering shops, foundries, and so forth, were closing down. And the shipworkers themselves were being paid off. And it was just a continual chain: one affected the other. The result was of course that unemployment started to increase very rapidly in about 1933-4.

And so it befell to me to get the job of trying to help in the organising of the Hunger Marchers. And the only way that I could help, as I was working on the railways myself, was to try and help in the evenings by organising Hunger Marchers as regards getting clothes and shoes and everything, which we got from the Co-op. We got lots o' donations, money donations and donations in the form of clothing and everything. And organising things in this way and once we knew just how many Marchers was going to be involved we could kit them out and see that they went off on the Hunger March in good condition.

At that particular time I must have been, oh, 23, 24. And of course being a young fellow I was very active and it was no trouble at all as regards the time—doing your own job in your own place o' work, then coming off in the evenings, getting something to eat and rushin' out again. People have to remember that at that time there was a tremendous enthusiasm in the political movements up and down the country. For example, if you ask people nowadays to come along to the school to a meeting in a local election you'll be lucky if you get a dozen people, because conditions are totally different now from what they were then in the 1930s. In the '30s, if you had a local election meeting in a school it was burstin' at the seams. People were standin' outside. The political consciousness of the people was far higher then. There were so many issues involved—housing, unemployment, low wages, the threat of possibly losing jobs—all these things were brought forward in the political thinking of the people at that particular time to a higher degree than it is at the present time. Well, it was because o' that and everybody being involved that I had to play my part as I seen it in trying to help the Hunger Marchers on their way. And this happened right from the 1936 Hunger March to London.

Well, in the Hunger Marches the organisation was set up to collect as many people as possible and put them on their way. The Hunger March was nothing to do with hunger as such as it was to do what they called social security and the Means Test that was on the go. The people were actually living from hand to mouth, actually no income coming into the home, and so forth. And this was the thing: it was a political protest to the government to give them some relief from the poverty and the bad housing that they were living in at that particular time.[344]

People thought they had to do something to get the government to try and get more investment in industries and so forth and get the people back to work. Because at that time in the '30s the Means Test was on the go. And the Means

Test was one o' the worst instruments that a government ever put into operation. An example was if anyone was out of work, oh, more than six month they had to go on to what was known as parish relief. To be able to get parish relief it meant that the Means Test had to be applied. And this meant that an officer from the parish relief would come and visit your home. And if for example you had a radio—at that particular time a radio in your home was treated as a luxury—they'd say, 'We've put a value of sixteen shillings on your radio. You sell that. That should be able to keep you for two weeks. You come back to us in two weeks' time.' And if you were unlucky enough to have a piano that someone had left you that meant that was possibly five weeks before you'd be able to try and claim any money from the parish relief. This was how the Means Test worked.

So the result was of course there was evictions taking place, people couldn't pay their rent, and so forth. And the unemployment—all this bred a tremendous political consciousness of the people. They were politically conscious in the injustices they seen happening at that particular time and how it affected them individually.

For example, I would say that maybe about ten or twenty per cent o' the Hunger Marchers was politically thinking. Possibly about twenty per cent belonged to political parties. The vast majority didn't belong to them, they belonged to the National Unemployed Workers' Movement. The vast majority were just poor people who were out o' work, who were trying to do something about it and get work. This is what it was all about. Only about ten or twenty per cent of the National Unemployed Workers' Movement belonged to a political party. The vast majority o' them were people who were purely unemployed, who were in tremendous straits and wanted to try and get something done about the conditions they were in. And it was these sort of people who made up the Hunger March in total practically all the way down the country.

When we knew a March was being organised we'd set up a committee in Aberdeen, along with a committee in Dundee and a committee in Edinburgh, and so forth. And we used to get the men who was willing to go on the March. Och, they were demonstrators, nothing but demonstrators, that's all they were. They weren't marching down to Dundee and Edinburgh and London because they were hungry or anything like that. They were demonstrating against the conditions at that time. So our job as organisers was to see that committees were set up en route and also to see that the Marchers had the proper clothing and boots to go.

Some of the men goin' on the March didn't have boots. And we used to get boots from different people. We got lots o' boots, and tackety boots as they called them in these days. The Marchers'd try them on and find out if they fitted them and if they did we took the boots home and got them repaired, and studs and so forth. We used to go to the Co-operative movement in Aberdeen and they would put studs in their boots and everything. So they were well shod.

And this happened all the way along the March, by the way, not just in Aberdeen.

Well, they drew up a list and the Marchers had to have three pairs of socks, two pairs of boots if possible. Most of them didn't have two pairs of boots, only one pair. Then they had to have a change of underwear and one extra pair of trousers. No jackets or shirts or that, that was not that important. That was all that was required. Corduroy trousers was one o' the things that was donated. There was quite a lot of corduroy trousers was given. It was the worst thing that could have been given to the Marchers because they are very, very heavy, and once they got soaked wi' the rain they were a very bad thing to have.

Then they got a blanket issued to them, not so much for sleeping outside—they never slept outside, they slept inside. We arranged halls and that for the Marchers to sleep in. But the blanket was for the rain when they were travelling, for taking shelter and that from the rain. And they wore the blanket just over their shoulders, round their shoulders, and round their waist. Most of the blankets disappeared after the Marchers reached Dundee. They were thrown away. It was too much to carry. Now this was typical and normal of every March. It happened on every March. You had given them a blanket and the blanket disappeared after a short time, you know. They were thrown down. It was too much to carry, particularly when they got rain. The blankets got sodden, they got heavy.

Most of the Marchers had raincoats, a variety of raincoats, tucked in their rucksacks. It was essential for raincoats. And capes, a lot o' capes was used. And they all had to have a haversack to carry their stuff in. A variety of packs, small packs, you know, most o' them o' a military nature, were used for packin' things. They just carried small packs, with a towel and soap and their shaving gear and things like that. They were asked to take a knife, a fork and a spoon with them. Most of them didn't have them. But they were supplied anyhow en route, because they only ate sandwiches in between stops, that was all. But there was always somebody with a fork and spoon at some of the reception centres where they stopped overnight, you know, to help them along.

No alcohol was allowed. You weren't to carry it. But when they got down in the evening, some of the boys would go out and get a pint and that, because they had a bob or two in their pocket. But I never knew of one case of drunkenness or anything like that, you know, nothing like that. Oh, discipline was very good, very strict.

Dave Campbell was in charge of one of the Marches, I always remember, and he turned back three fellas at Montrose, because they started wandering about and scavenging down towards outlying farms and that, to see if they could pick up food and that. And he wouldn't have it, and when they got to Montrose he sent them packing home. They had to be strict, they were very strict.[345]

Well, the Hunger March that I helped to organise in Aberdeen first was the big one with John Lennox as a leader in 1936. It was to London. I remember that clearly as my first one.[346] And there was other two Marches we had in 1938 and the beginning of 1939. But they were local Marches within Scotland. They weren't down to London, they were to Edinburgh and to Glasgow, if I remember right. And I played just the same part, organising for these Marchers to go. So three Hunger Marches I was involved in—1936, and two in the winter of 1938 after I'd come back from Spain.

I would say about one-third of the Hunger Marchers from Aberdeen I knew pretty well; the remainder, no, I wouldn't say so. Some of them were not politically involved. They were doing their own demonstration. They were unemployed, they had nothing to do, and they felt exactly the same as we did. But they were not involved in any political party that I knew of.

The majority of the Hunger Marchers from Aberdeen came from engineering occupations—Hall, Russell's shipyards, for example.

The ages of the Hunger Marchers from Aberdeen were anything from about twenty to about forty, one or two a little older, but generally between twenty and forty. And the majority of them were between thirty and forty.

They had a medical examination in Aberdeen before they set off—their feet, and that was all. They had a medical examination for their feet and a visual examination to see how healthy they were, you know. That was the only way we could do it at that particular time. One or two of them were in pretty poor physical shape. Four were rejected when the March got to Stonehaven and they were taken back by car to Aberdeen, because their feet was playing them up and that, you know. There was always one or two rejects all along the route. It was inevitable this was going to happen because, I mean, they started out with their songs and the banners and everything from Aberdeen. But by the time they got to Dundee everything was at low key. It was only when you came into the city of Dundee or that that the spirits rose again, you know, because the banners went up and all the rest of it. So I mean this was an effect that was taking place all along.

There was two women in the 1936 March from Aberdeen but I can't remember their names now. Their husbands were on the march also. But I think the two women only accompanied them as far as Stonehaven, which is about twenty miles south of Aberdeen, then they turned back. The two women weren't really Hunger Marchers, not really, only sort of accompanying the Marchers as far as Stonehaven and then they turned back.[347]

The leaders of the Hunger Marches from Aberdeen—oh, I can't remember off hand now, it's too long ago to remember all the names—but there was Dave Campbell and John Lennox. You know, there was three men in Aberdeen who changed the political face of Aberdeen in the 1930s. Dave Campbell, Tom Baxter, and Bob Cooney, that was the three men. Dave Campbell was a born organiser, a born organiser. Well, he was a lad who worked on a farm and he fee-ed out, you know, on the farm. Then later on he come into the city and got a job in Aberdeen with an engineering firm. He was an engineering trade unionist for many, many years in Aberdeen. As a matter of fact later on he left Aberdeen to take up a national position as a trade union official with his union down in Birmingham. But when he was in Aberdeen he was a member, a very senior member, of the Communist Party and showed his ability in organising the anti-Fascist movement in Aberdeen. It was through him that we got rid of Fascism as it showed itself in the 1930s in Aberdeen. It was only just after that I went away to Spain, you see, and I missed this period of nearly two years in 1937-8 in which Dave and them were still working. And when I came back it was not long after that that Dave moved from Aberdeen down to Birmingham. He finished up after the war as a national organiser of the Steelworkers' Union.

Then Bob Cooney: how can you explain Bob Cooney? There was something about Bob I couldn't find the words to describe exactly. But there was something about Bob that attracted you to him. He worked practically 24 hours a day for what he believed in—that was the labour movement in Aberdeen. He was open to everybody, didn't matter what it was. They would come to Bob with a problem, it didn't matter how small or how big a problem, and if he couldn't solve it he would find somebody that would. He was tremendously helpful. He'd a tremendous sense of humour. He was a scruffy little man, he was a scruffy little man. But politically I've never seen anybody like him. I've met them all— and I'm saying that in the sense that I've met people like Harry Pollitt, Willie Gallacher—the lot of them throughout the years.[348] Tremendous confidence, the lot of them. But maybe I'm prejudiced but Bob Cooney was away ahead of the lot of them. This is how I'm finding it difficult to find words to describe Bob. He really was something extraordinary. He was a little man but he was a giant in his own right. He really was. He was a tremendous individual Bob Cooney.

Right from 1927, 1928, Bob Cooney was a hundred per cent die-hard working-class leader. He stayed that way right up until a couple of years before he died. He was in ill-health only at the finish. His mind was active all the time. He couldn't sit still. He was always doing something or saying something, you know. He was on the go all the time. I remember in about 1936 we had a big meeting in the Music Hall in Aberdeen and we wanted to demonstrate the Fascist nature of Hitler and Mussolini and how it was progressing at that time towards a world war. Bob Cooney sat down and wrote out a whole scenario and he put six of us on the stage, representing different countries. I was the one for Poland. And we had to give a history of the country and what had happened to it, and Bob wrote the whole thing himself. There was nothing he couldn't turn his hand to and express it in a way that people would understand.

Bob was an Aberdeen man, he was born in 1908. He'd had an ordinary education like anybody else, and left school at 14. But he educated himself. He actually finished up as one of the tutors in the Labour College in Aberdeen. He was a pawnbroker's clerk and this was his introduction to politics, because he was seeing what was happening—you know, people coming in and pawning their stuff for to get money for to live to the next weekend. I mean this was his upbringing, a pawnbroker's clerk to start with. He was 76 when he died. He was really tremendous Bob Cooney, he really was. As a matter of fact ye can't dissociate the name of Bob Cooney from Aberdeen, ye just can't dissociate it because he was Aberdeen.

And then a third leader in Aberdeen of the Hunger Marches was Tom Baxter. He had consumption, he was ill. But it never stopped him from going on the platform and saying his piece. And he was a tremendous speaker also, and a good organiser. I am sure Tom Baxter worked in the Hall, Russell shipyards. He was a member of the Communist Party. He gave a hundred per cent to the movement. He died because of this.

Well, in the 1936 national Hunger March to London from Aberdeen, the contingent from Aberdeen was round about eighty.[349] That included a few people from the north—from Fraserburgh and Peterhead—who came down to Aberdeen and joined in. But the March basically started from Aberdeen. I was only on the organisational side of it, trying to help it forward, passing the Marchers on to the next committee. The members of the committees were basically part of the National Unemployed Workers' Movement. It was their movement. They were organising the Marches. But there was a lot of outside help, like myself, for example. I was not part of the Unemployed Workers' Movement as I was working myself on the railways, but I offered my help.

There was absolutely no problems at all in making contact with the committees down the road from Aberdeen. We were just a local committee, but Wal Hannington, who was the National Unemployed Workers' Movement leader, had committees organised up and down the country.

Well, the 1936 March left from the top o' the Castlegate in Aberdeen. There was thousands o' people to see the Marchers off and cheer them off and that. And actually the people—I would say roughly about 400 or 500 people travelled wi' the Marchers as far as over the Bridge o' Dee in Aberdeen to see them on their way.

I accompanied the Marchers as far as the Bridge o' Dee, and when they started off from there on their own I then went forward by car to Stonehaven, their first stop, and organised their first meal at Stonehaven. It's Old Stonehaven we're talking about now, not modern Stonehaven. They passed their first night in Stonehaven. And we organised the meals for the Marchers. Women came out and they cooked meals ready for them when they come in. When the Marchers arrived in Stonehaven they were fed first.

After they had their meal the Marchers had a meetin' in the centre o' the square to explain to people why they were marching and everything. After the meetin' we started to organise the bedding of all the Marchers in the barn that had been allocated to us for the purpose. There was an old barn there, it was like a little dungeon. We got some straw from the farmers just outside Stonehaven and we spread it all over the floor of this old barn. And as I say the Marchers carried a blanket with them, and this was all their bedding.

And then we got together with the committee. There was a committee of the Marchers themself who met the local March committee of Stonehaven. Between them they thrashed out their plan for the following day as regards when they would start off, when they would have their meals ready, any medical services required. And this sort of pattern was going to continue all the way down on the March, all the way to London, or wherever the March was going to. The Stonehaven local committee took over from me and they in turned handed over to Montrose, which was going to be the next stop. So when this happened this was the finish o' my job as regards the organisin' side o' things. My job then was to return to Aberdeen to give a report on what had happened and so forth.

Well, you couldn't judge the success of the Hunger Marches from the point of view of the Marches on their own. It was a campaign that was taking place throughout the whole country. The Hunger Marches was not local, it was national. The effect had to be that it would bring closer the one thing that we all wanted at that time—I don't care a damn if ye was a Communist or what you were—unity against what we termed the common enemy. This was what we thought the Hunger March was a part of and was doing successfuly, that is, bringing all types of people, irrespective of their political thought, together against the anomalies that was taking place, particularly against the unemployed, who couldn't get financial relief of any sort from the government or the local Assistance Board. This was what the Hunger March was displaying.

But there was other things coming in besides that. There was bad housing, for example. Everybody was involved in one way or another and the Hunger March played a tremendous part in the campaign at that time to try and unify the Labour Movement against the common enemy. This was the reason for Hunger Marches basically.

Well, at the end of July 1936, just a couple of months before the Hunger March left Aberdeen for London, into Aberdeen comes a Spanish cargo ship. The name of the ship was the *Eola*. The war had already started in Spain. And the crew went on strike for higher wages promised by the Republican government, and also they didn't want to sail back to a Franco port. The captain and the mate tried to force them but they wouldn't do it. They said no, and they refused to sail the ship. And they were at Aberdeen for two month, from July into September. They'd no money or anything because they weren't on wages, they were on strike. So we took up collections for the crew. We'd dances and different things to raise money for them. And we got very friendly with them. And I got very friendly with one of the sailors, Juan Attaro his name was, during these two months he was there. He spoke a little English and he told us a lot about Spain. And although I had a good conception of the civil war in Spain he made it even clearer to us about what was happening in Spain, particularly the tremendous hold the church had over the peasantry, and that the land grants given by the democratic government to the peasants would be taken back from them again if a change of government took place.

So these things were forming in my mind my attitude towards what was happening in Spain. And when the Fascists were defeated in Aberdeen and we began to hear tales about volunteers goin' off to Spain in November and December 1936 and being formed into units to fight against the Fascists, well, at that time I was working but I was single. I took the decision, well, if I believed in something I must believe in this. And so I went to Spain.

William Whitelaw

I LEFT SCHOOL in Glasgow at thirteen in 1929—and that was the Depression. I got a job for about six weeks. Strangely enough, we were distributin' the muck—the earth and material—comin' from Ballater Street bridge. Away back then it was an old steam lorry. And we had six loads a day. Ye had tae lay your plates down, get the lorry in as far back as possible, then square everything up. Well, that finished. It went in starts and stops, the job petered out. Then ah was unemployed for quite a while, oh, three years. Ah was livin' at home wi' ma mother and father.

I mind o' the Means Test very, very well. When I was at home I was allowed eight shillins per week. That was about all you got. The Parish Council at that time kept the unemployed. They got the money, they kept the unemployed. And if ye didn't do what they told ye ye got nothin'. So in 1932 Glasgow Parish Council sent me to the Isle of Islay, where I stayed for six months.

I was born on the 23rd of April 1916. The place is gone now, it was called 13 Thomson's Lane, it's now Crown Point Road. That was in Mile End, Glasgow. I went to St Mary's School and then we moved frae there tae Parkhead, a couple o' hundred yards frae Celtic Park. I carried on school there and, as ah say, left school in '29.

I had two brothers and two sisters. The two brothers and one o' the sisters wis older than me, and the other sister she was four years younger than me. The two brothers were steel erectors. My older sister she went and got married when she was quite young. So I was the only one at home who was unemployed. My younger sister was still at school then.

'From 1932 until about 1937 or '38 I was unemployed—five or six years. I had an old bike and I used tae travel all over Glasgow lookin' for a job, cycling around looking for a job. Well, I remember cycling round, goin' tae a works, a man shakin' his heid. On again—shakin' his heid. It came that ah says tae masel': "What if somebody does that?"—shakes his heid up and doon instead o' side tae side? I found oot I had nae confidence. Ma confidence had a' fled.'

Oh, we had a very thin time of it. Things was very difficult. Well, tae gie ye an insight. I remember when I wis at school they used tae supply dinner meals. And it cost 1s.5$^{1}/_{2}$d. per week—about 7$^{1}/_{2}$ pence noo. My parents hadnae it, couldnae afford it. I took a piece wi' me tae school.

My father was a tool worker in Stewart & Lloyd's in Rutherglen. He went on tae, well, 1935, then he had tae pack in. He had bad health—bronchitis. Then he was unemployed and out o' work. His job was there. He could have went back if he'd been capable. But he wasnae capable of it—medically unfit. And in 1940 he died. And when he died I saw his birth lines. It said Place of Birth—and I mind it said Stirlin' Castle. So he would be a soldier's son. His faither was an old Argyll in the army.[350] My father's brother was born in India.

Oh, I couldnae tell ye what my mother did before she was married. They a' belonged tae Glasgow.

Well, I was unemployed from 1929 tae 1932. In 1932 the authorities sent me tae the Isle o' Islay. Ye had nae option, they sent ye there. It wis either go there or lose eight shillins a week. Well, I jist had tae go. I'd never been away from home before. I was sixteen. Oh, ma parents had to accept it because the Parish Council at that time kept the unemployed.

There were aboot ten or twelve o' us were sent to Islay, all lads like myself, sixteen and seventeen years of age. Well, when they took us they took us into what was then the Glasgow Poorhouse. It was called Barnhill. It's called Forest Hall now. It's a geriatric home. We stayed the night at Barnhill. They issued us wi' clothin', put us in the ambulance and took us to Glasgow Central station. We went tae Gourock, come off at Gourock, on a boat, and we went tae East Tarbert in Kintyre. Off at East Tarbert, on a bus tae West Tarbert, and then on a boat frae there tae Port Ellen on Islay. Then on another bus and they drapped us a' off. A' the other lads were there, a' on Islay. I couldnae tell ye if other Glasgow lads were sent to other islands—Mull, and so on—I couldnae tell ye that.

The authorities they telt ye ye was goin' tae a farm, a croft, but that was all. You got half a crown a week. And the crofter got 7s.6d. for keeping you and looking after you. The crofter must have asked for a boy tae be sent tae him. There must have been an agent travelled through the islands lookin' for places for boys.

I helped the crofter. You did everything on the farm. Well, I was up about half-past six and maybe at the milkin' by eight o'clock, nine o'clock. Ah, well, ye had other things to do: get up in the mornin' and gather in the cattle, tie them up, get them milked, get them oot, clean the byre, and go out and do a bit o' field work. Oh, he had a plough. They were no' too bad aff that way, according to the age. He had a horse, a couple o' horses. In fact, one o' them was twenty-three year old. The other one was eleven. They were mother and daughter, the horses. So when he had any heavy thing to do he went over and he tapped another farmer for a horse, borrowed a horse. So I was doin' general croft work, everything and a'thing. I was learnin' quite a bit. I enjoyed the work because it was outdoors, I liked outdoors. Oh, I grew to like it quite a bit.

I lived in the croft. There were two brothers and a sister had the croft, and I lived with them. I had a room to myself. Oh, I had the same food as them. The only thing, ye could never get an egg. There were hens but they werenae layin'. I made all the butter. And when the hens were layin' the sister took the butter and whatever eggs there were and took them to the village and she sold them for meat. That was the barter system. Oh, they were quite poor, the crofters.

Tae gie ye a good insight intae it: a couple of hundred yards away was a family, a brother and sister, very poor conditions. And this old fellow used tae come over tae ma boss and another old fellow. The three o' them sat there every Tuesday and every Thursday. And they'd a' light their pipes, bar this old fellow, and then gie him a sook o' the pipe, the two o' them. Shows you how poor they were: two pipes between the three o' them. Well, the three o' them they didn't talk in English, no' a word. So I had tae sit there listenin' tae Gaelic. Can you imagine a boy o' sixteen, fu' o' vigour, and listenin' tae something you don't understand? It had a mental effect on ye. Quite a lot o' the Islay folk spoke English. The family I was with were bilingual. But that old fellah without a pipe, he wasnae. And he wis only one.

You worked seven days a week—there were nae days aff there, no days off. It was quite lonely for some o' the other Glasgow boys intae different farms. Then ye met the other lads at the week-end. I didn't know any o' them before I went tae Islay. But ye made friends wi' them, because ye couldnae mix wi' the Gaels. So I met wi' ma pals on Saturday night. I used tae dodge oot the road, let everything go. When we met a' we could dae was stand and talk. There were a hotel but ye hadnae the money tae go intae it. Ye jist stood outside and talked, that was all.

One o' the other lads was Hughie Boyle. He came from Rutland Crescent in Kinning Park. Another one was Ritchie. He came frae Kinning Park also. He cut away wi' a crowd o' his own, or somethin' like that. But that was the only two I remember. They were just the same as me, unemployed. I don't think any o' them were really homesick. I remember this fellow Hughie Boyle. He only stayed about quarter o' a mile frae me on Islay, and we got thegither one Saturday night. He'd bought a mouth organ. So on the Sunday the two o' us jist went away intae the moors. We played this mooth organ. When ah come back tae the croft the master says, 'Wullie, playin' that mouth organ—not done on a Sunday!' I believe the crofters I was wi' were Free Church. In Glasgow I never went tae church, werenae a churchgoer.

But, oh, ah got on quite well wi' the crofters ah worked wi'. They were quite kind tae me, quite friendly. It was a comfortable enough room. The only thing was the divisions was wood. They had divided the walls with wood. And then they put up partitions. That cut them intae two rooms. Ye couldnae light a candle in case ye went tae sleep and the place'd go up in flames. It was very dangerous.

They burnt peat, a peat fire. Ye cut all your own peat. I did that as well. It wis heavy work but when you're young and sixteen and that you'll take it in your stride. And they had paraffin lamps.

I wrote my parents every week, and they wrote back. Well, ah wis on the croft six months. Ye had tae leave after six months—either that or you could go and fee some o' the farmers round about, maybe for 7s.6d. a week or ten bob a week, fee wi' them. Some o' the other boys did, but ah didnae. Ah didn't care for that. And the crofters didn't want tae keep me on where ah was, see they had nae money either. It would be quite a drain on them tae keep me on 7s.6d. a week. Ah come away hame. Ah came back hame the same way ah went, boat and bus.

When I came back home I never got a job. From 1932 until about 1937 or '38 I was unemployed—five or six years. I had an old bike and I used tae travel all over Glasgow lookin' for a job, cycling around looking for a job. Well, I remember cycling round, goin' tae a works, a man shakin' his heid. On again— shakin' his heid. It came that ah says tae masel': 'What if somebody does that?'— shakes his heid up and doon instead o' side tae side? I found oot I had nae confidence. Ma confidence had a' fled.

Well, I carried on from there and I got a job wi' Sir William Arrol. This is goin' away back to about 1937, 1938. I think that lasted about eighteen month. That finished. And then for a while about that time ah wis workin' at Beardmore's, Dalmuir, installin' machinery, gettin' prepared for war. That would be when Chamberlain went tae Munich in 1938.

Then came the era of what we termed the Slave Camps.[351] It wis the same again: 'Either you go tae this or your money'll be stopped.' At that time they were tryin' all sorts o' schemes wi' the unemployed. They had a scheme where they sent ye for a course o' six months, maybe a plumber or electrician or joiner. I didnae fancy them because I didnae think ye could acquire that knowledge in that short time. I did go on one o' the schemes, but I didnae fancy that. I wanted a job. And my older brothers they were travellin' round the country as steel erectors. When they telt me I had a chance o' a job I packed the scheme in and tried tae chase up a job, and I werenae very much on that six month course. That course was in heatin' engineerin', it wis at Springburn. I stayed aboot a couple o' month. Then I chucked it in and wis unemployed again. And then I was sent to the camp in April 1939. You didn't get the option of going. Oh, I didnae volunteer!

There wis a collection o' us on a bus goin' down from Glasgow to the camp. I can't remember the assembly point, but we eventually arrived just on the Borders. The camp was Redesdale, about forty miles frae Newcastle. The nearest town was Jedburgh, over the Carter Bar. Well, ye've an idea o' the Borders.

Well, this was jist a field on the side o' the road, and they erected these Nissen huts. Oh, I think there were a good dozen huts.

There would be approximately ten men in each hut, so there would be about 120 men there. They were a' frae Scotland—from Greenock tae Methil and all points in between. They were all Scots, nobody from England. Oh, quite a few other Glasgow lads there like myself, and a lot o' Fifers.

The sort o' work ye did in the camp, well, they went quarryin' and there was a joiner's shop and he made the shutters for the bridge across the small rivers. And we cut I think it was a seventeen foot road through the moor. And that's the sort o' work we did, sort o' rough outdoor work. This was supposed tae get ye intae condition. But in thae days ah had been a member o' the community centre in Glasgow. And we had a gym instructor, a music instructor, a choirmaster. And a' ma muscles a' stood oot—I was in tip top condition. And yet I was sent tae that camp tae pit me in condition! They were wantin' physical condition. It wisnae necessary for me tae be there at a'. Oh, it wasnae jist to prepare you in your mind for finding a job again. There were nae skills. Well, that's what ah said—the fiddlin' o' the unemployed figures: keep them down by using up these numbers.

There was one Commie there. He'd brought his flute. He used tae play— get all the men a' thegither and march them away up tae the quarry, playin' his flute. But they stopped him playin' the Commie tunes. They wouldnae have that. Oh, he did play the *Red Flag* at the beginnin' and *The Internationale*. They stopped that. So he could play some o' Sousa's stuff and *A Hundred Pipers*, and that kind o' thing. Oh, I couldnae tell ye if he'd been a miner or a shipyard worker.

We were paid four shillins a week. I wis single. I don't know what the wife and the family got of a married man. I think a married man got the same as us. The wife got the rest.

We had plenty o' food. Oh, the food was good normal food: mince and potatoes, creamed potatoes, maybe a fish on a Friday or some other day, biled eggs, bacon, porridge, what have you, breakfast, dinner and tea. At dinner time I think they brought us back, marched us back again to the camp. We marched up and down.

Ye got up approximately seven o'clock in the mornin'. And ye finished roond about five o'clock. Ye got an hour break for your dinner. Ye worked a half day on a Saturday. There wis nowhere to go after you finished work! Ye were miles from anywhere. What they used to do was, I think they took a tanner off everybody and they had an army waggon, filled it up wi' men, took a tanner aff them, bought petrol and run them intae Jedburgh. Ye peyed a shillin' tae get intae the dancin' then. Ah went in tae Jedburgh, oh, quite enjoyed it. It was a night out— a wee bit different. Jedburgh was the only place we ever went tae.

Tae go there we changed intae wir civilians. See, they issued ye wi' a pair o' corduroys, boots, I think a couple o'shirts. It wis a kind o' uniform, workin' gear. But ye changed intae your own clothes tae go tae Jedburgh.

At the camp about 200 yards aff the road there was a small river. It was full o' trout. Oh, ye werenae allowed a bit o' fishin'. Otherwise a' we did was made wir ain concerts, fitball teams, went walks up the hill—anything tae pass the time. You made yer ain sport. The only thing ah remember about the concerts is we used tae make up a concert party and one o' the old guys could recite a poem— I think it was about medicine or somethin' like that, a doctor. There were one or two fairly good singers. We entertained wirsels.

The only people that visited us was a crowd o' persons wi' motor cycles. Oh, I think it wis a motor cycle club. They come in and I think they drummed up. There were quite a mob o' them. They picked a team among theirsel' and they played the camp at football.

There were no women in the camp—all men. And there was one fellae there—I don't know where he came frae, though I believe he was frae Glasgow— but he had a big breast o' medals. He always wore his medals, all the medals. He wis one of the unemployed, he was jist the same as oursels. He'd been in the First War, probably a Regular soldier. And this was him havin' a slap at them! He had acquired all these medals in the war and this was what he had come tae.

Well, the ablutions was further out because ye couldnae have them next tae the huts—the toilets and that. Well, two fellows they took the toilet pails and just threw them in the river, and they were given ten Woodbine a day extra through doin' that dirty job. They jist threw the pails in the river and let the river wash the buckets!

They were Ministry o' Labour clerks that ran the camp. They did all the administration. And they had two gangers. Ye behaved yersel' and did what they told ye.

Only one fellow—I don't know what reason it was—but he had to go home. There were maybe some sickness or somethin' like that. That was the only fellah that left the camp. He came frae Fife somewhere.

There wasnae a camp doctor. There was a bit o' a first-aid fellow. If ye were ill ye were taken intae Jedburgh

Ah wrote home regularly when I wis at Redesdale camp. And ma parents wrote back, maybe sent me a wee bit extra money now and then.

Well, ah wis at the camp sixteen weeks, four months, from April '39 tae July, I think. It wasn't too long. By that time I was approximately 23 years old. The oldest man in the camp, I found out, was approximately 45. So the men were a' somewhere between 20 and 45. All o' them were there sixteen weeks. Nobody had to do more than that. We a' started on the same day and ended the same day. Then another batch came in and took over your place. When ah left the camp ah came back to Glasgow. They brought us back, it was a bus.

Well, ah was unemployed again then for a while. That was '39, the year East Fife won the Scottish Cup.[352] In thae days I hadnae the money tae go tae fitba'. That was a shillin' fur tae get intae Celtic Park. Ye couldnae afford it. Oh, I wis quite interested in football, I played a wee bit masel'.

When the war broke out in September I remember that very well. Travellin' over tae Hamilton on the push bike, somebody came along and said, 'That's war broke out.' On a Sunday. I was unemployed for a wee while after that. And then one day a man did that—shook his heid up and doon. He says, 'Staund there.' I looked roond aboot: 'Will I run away or what'll ah dae?' It never occurred tae me tae say, 'What are ye peyin'?' I jist had nae confidence o' startin' the job. The camp at Redesdale hadnae given me any confidence. And he says, 'Right, up here.' And it was stowin' wood. That was for the factories for the Rolls Royce at Hillington. That was 1939. The wages then was 1s.3d. an hour for a labourer like me, which gave ye about £2.15.0d. a week. I was about 23 years old then. You worked 48 hours. I used tae cycle from Brigton to Hillington for to save 6d. a day. Oh, I cycled that, back and forrit, approximately eight miles there and eight miles back. That wis added tae your 48 hours, tae save 6d. a day.

So I wis in Hillington for maybe a year. I lasted there tae aboot 1940. And then I hit the Labour Exchange again. Ma papers come through and and then I got called up tae the army in 1940. That was just shortly after Dunkirk, when they were buildin' up. I went to the army, the Cameronians. I was in them up to about 1941 somewhere. In '41 I got discharged—medical grounds. That was the end o' ma army days.

Oh, I got a job when I wis discharged frae the army. I drove a horse for the railway, a horse and cairt. I wis a railway cairter in Glasgow. I did that for quite a lot o' the war, and then I left that and went tae the Electricity Board for quite a while. That's a' the employment situation. It wis good then. You could pick and choose your job. It wis much easier. I'd had a bad time before the war. I left school, as ah say, in 1929 and ah never really had a job, apart from the job at Dalmuir in about '38 and at Hillington in '39-'40. Ah wis really unemployed until ah wis called up to the army in '40.

But ye had tae take a' these things. It's different noo. They'll no' tolerate that noo. They go oot muggin' and brekin' intae houses and things like that. We never dreamt o' things like that. We accepted the status quo.

Before the war I used to go every fortnight to Hunger Marches, demonstrations. They held them every fortnight through the city o' Glasgow. There was one March to Edinburgh and there was one tae London. I didn't go. I'd never been away very long from home. I was cautious that way, cautious: I didnae know what I'd be gettin' intae. But my pal—he died a few years ago—he went on a March tae London, Scotland tae London in '36. But I didnae want tae go wi' ma pal.

I never joined a political association at all. The first union I ever joined, I think, was in Hillington, Rolls Royce. That wis practically the first job I'd had.

Well, when ye were unemployed ye couldnae buy nothin', ye had no money tae buy anythin'. You suffered very badly in clothes. Lookin' back now I certainly do feel bitter about bein' unemployed then, oh, very bitter about it, because they could ha' taken us and put us intae a trade. Naebody was botherin'. Ye never got the chance, never got the chance. The only jobs that wis open when ah left school was 3s.6d. a week wi' papers or milk—dead end jobs, dead end jobs. What we used to do, we went tae the farmer, got a day's work wi' the farmer. Well, he peyed ye—if ye were near hand where I was—he peyed you half a crown a day. If ye went oot another mile ye got three bob. Another couple o' mile and ye got three and a tanner. Sometimes ye went long distances wi' your bike! But I hadnae always a bike. A bike was like a right hand tae ye—it got ye places. Ye could look for more jobs if ye had a bike, ye could move around. But if ye needed somethin' for the bike but ye couldnae buy it, well, the bike would lie in the house.

Ah wis unemployed really for seven or eight years as a young fellah: wasted years, wasted years.

Jean Higginson

AH HAD A late baby when ah wis about forty and ah wisnae goin' tae go away tae the berries. Ah says, 'No, ah'm no' goin'. She's far too wee.' Somebody said, 'Dinnae be silly. Away ye go.' It wis the doctor that said it. So ah took her out and we left the pram at the top o' the drill where ye could sort o' keep an eye on it. One day ah looked up and the pram wisnae there. So that wis panic stations! Here when ah got up the gaffer wis pushin' her up and doon. Ah says, 'Oh, what on earth's wrong?' 'It's a' right, Jean,' he says. 'She wis greetin' and ah thocht ah wid gie her a wee shake.'

Oh, as ah say, a good day—the sun—and ye'd stop for a break, ye know, jist for a minute or two: ah know that ah did. And ah'd jist look round about and it wis the hills, right round about it. And if the sun wis shining, often I used tae say, 'Oh, I wish I could get a picture!' Ye see, ye had the Grampians—ah think it wis the Grampians anyway—right across. It wis lovely.

Oh, well, ah wis born in 1912, February the 27th, at Dean Park in Newtongrange, next to the station. Well, ma father he was a miner. But before that he came from Selkirk. He worked in the mills there. And, you know, ah think maybe there wis a shortage o' work and that, and he had a sister in aboot the village o' Newtongrange somewhere and he came to live there and he started in the pits. Ah'm not awfully sure, but ah think that would be about 1909, 1910.

Ma mother belonged beyond Dalkeith, where Whitehill is. Ah think it wis Glen… Oh, ah cannae mind it. It wis near Whitehill. That was a wee village then. There wis miners but it was mostly farm folk. Ma mother's father, he wouldnae work in the pits. Ah think he would be what they cry an out-by worker, you know, workin' in the farmin' in the fields, things like that.

I had one sister and two brothers, Adam and John. I'm the oldest. Ma sister was the youngest but she died when she was young. She wis a determined lassie and she wanted to work. In those days the milk carts came round the doors and delivered it, ye know, in pitchers, poured intae your jug at the door, and that's what ma sister wis doin'. She liked that sort o' work. She wis very determined that she wis goin' tae work, ye see. She would be round about fourteen years of age when she died. She'd left school but not very long anyway. Ah think it started wi' like rheumatic fever and jist sort o' affected her. It really was sad.

The school I went to was Newbattle School. I used to like the school. Well, I was a reader. Ah still am a reader. Well, long ago it was sort o' jist school stories, things like that. But now it's like, say, Agatha Christie—murders! Ah always have enjoyed readin'. Ah got many a row for readin' when ah wis at home, when ah wis still at school. Well, in thae days ah think in a way we accepted the school more, jist normal lessons. But in those days there were no school meals. You'd go home for your dinner, come back, and then you had one and a half to two hours, and you were away home again.

Well, in those days fourteen years of age was the time you left school. Oh, you really hadn't any choice really about staying on. Ah think, if ah had really wanted to stay on ma parents would have let me. Well, you left at fourteen but ah jist never gave it a thought. But, as ah say, ah cannae remember anybody stayin' on in those days. We all left when we were fourteen and that was that. Ye actually left after your birthday. The 27th o' February was ma birthday and ah left just a few days later. Ah think there was a strike on at the time—the 1926 General Strike. By that time I was working.

Ah went to work—domestic service. Somebody came to the door for me on a Sunday. Ah cannae mind her name now but this girl lived further down the street in Newtongrange. Actually, it wis Fifth Street and she wis away near the bottom and ah wis up quite near the top. But she came and told me about this job so that ah wis sort o' prepared for it, ye see. And she said that the woman would be comin' tae visit me, ye see. The girl knew ah was leavin' the school, ye see, and she wanted this woman tae see me. The girl had been workin' for her herself, you see. And that wis it. The girl sent her up to me. It was the lady herself who came to the door. Ah can remember me answerin' the door. Ma mother said, 'Jean, there's somebody at the door.' 'Are you the girl who's just left school?' That was the beginning of it.

Now what was the lady's name? Was it Dickson? Aye, Dickson, that's right. Ah'll tell ye they had two fruit shops as you go into Edinburgh, off the Dalkeith Road. But ah worked in her house—Arden Street in Marchmont, along frae the Sick Children's Hospital. Ah did everything. Ah wis the only maid and ah wis jist an assistant, put it like that. Mrs Dickson only had one servant girl at a time. But this other Newtongrange girl was leaving, you see. I got her job.

Ah lived in in the house at Arden Street. Ah had a room to maself. I was in what they called the box room. It wis a small room off the kitchen. And it held ma bed, ma chist o' drawers, ye know, a chair, ah think, somethin' like that. It wis comfortable. And ah'll tell you, it wis warm because, well, it wis off the kitchen. Ye know, the fire wis kept on, especially in the wintertime the fire wis never really off, and you were warm. Ah didn't have a fire in ma own room, nothing like that.

You started in the morning whenever you got up—seven o'clock. There was a wee baby girl, another girl a wee bit older, ken, and there was two boys. Once the boys got away to school that wis it, you see. Ye got tore in to the work, ye jist got started, ye know. Ah did housework, sweeping. Then I would take the baby in the pram, take her out in the afternoon, and sometimes the other wee one would be wi' me. If ye were going just a short distance into the park ye had the two o' them, ye know. A part of the Meadows wis quite near Arden Street. Ye could jist walk a wee bit and you were into the park. But I had to keep the baby two hours. Her mother would have been havin' a rest maybe, ah don't know, but ah had to keep her out two hours. But ah'll tell you, that's when ah learned so much about Edinburgh in that district. Sometimes ah would take them out longer and ah walked away down to Blackford pond. Ah walked round there and back up. Well, that took your afternoon. It was quite pleasant. Ah will admit ah enjoyed it, ah did.

It wis a good job and ye couldnae say ye were really hard worked. Ye were kept at it, ye know. Well, the hours were not really long, for the children—well, the two boys at the school—were away to their beds quick, and the other two were, ye know, the wee ones. Well, you were working away from about seven. And then you took your breakfast, and then you had, well, the forenoon work, ye see. But if the baby wis crabby, ye ken—oot for a wee while wi' her. And then ye had your dinner, and then ye were away back oot in the afternoon. I would say ye were working till nine o'clock at night—whenever ye got the supper past and ye got your dishes washed up. Ye aye had a wee bit seat at the fire after that, ye know, before bedtime. Ye finished at night when ye went tae your bed after nine!

Ah didn't do cooking or washings, Mrs Dickson did all that herself.

Once a fortnight ah got a day off. Ah think it wis about a Wednesday, the middle of the week sometime. Ah came home to Newtongrange on ma day off. Ah didnae feel homesick to begin with because ah think, well, ah'm not sayin' ah wis hard worked, but ye were sort o' doin' somethin' all the time. Ye ken what ah mean, there wis always something to do. And then, as ah say, you were out wi' the baby in the pram in the afternoon. Tae tell ye the truth, if ye want the truth—ah never had time tae be homesick!

Ah think the wages wis only about—but here ah'm maybe makin' a mistake— £1 a month. Five shillings a week, something like that. Oh, ye had your food, ye see. Every meal that wis made ye had your share of it, you see. Oh, the food was quite good. Ah wisnae scrimped, oh, no. Mrs Dickson was quite a good employer, she didnae try to put too much on me. And ah've seen that she'd come and actually show me if ah wisnae too sure, ye see. She didnae say, 'Do this and get on with it' style. She wis very nice, ah got on well with her.

Ye got a week's holiday. Ye didnae go anywhere, ye couldnae afford it. No' jist that: ah think travellin' back and forrit from Edinburgh to Newtongrange on ma day off wis enough.

Well, ah did that job at Arden Street a year. She only kept ye a year, ye see. Ah think that wis the practice. Ah think it wis somethin' about wages and things, too. Maybe the wages went up, ye see, within a year, and ye went and looked for another job. She didn't say, 'You'll have to go', not in so many words. But ye know that seemed to be the practice then. Well, ah waited a wee while, ye see, got settled in, sort o' learned the tricks o' the trade, as ye say, learn this, learn that. And then ah looked for another job. A year after ah went to that first job ah wis lookin' for a new job.

Ah got one. Ah think it wis the very same thing—somebody saying, oh, she was leaving, ye see. And ah think that's what happened. There were quite a few girls in Newtongrange who worked in domestic service in Edinburgh. There was, because ah've seen maybe goin' back to the town on a Sunday night there were two or three o' us in the same bus, goin' tae different places, ye know.

Ah can't remember the actual name o' the place but ah got off the bus from Newtongrange in Dalkeith Road in Edinburgh and ah walked through to Newington. It wis somewhere near Newington Station. Well, ye know the kind o' houses—upstairs and downstairs. And he wis a vet. He had a wife and just the one wee girl. Oh, she wis only three months old, just a baby. And it was the same thing—ah took the baby out and helped in the house. No cooking and no washings for the family. It was just the very same kind of work.

Well, you could say the hours were much the same because you just got up in the morning at seven o'clock and worked away till… And then you got the dinner by, and went out wi' the baby in the pram. And then you finished about nine o'clock at night. And then you could sit a while if you liked, or go to your bed if you liked. You sat by yourself, ah didnae mix with the family. I was in the kitchen, ah never sat wi' the family. They sat in the sittin' room and I was in the kitchen. They never asked me tae join them, but ah preferred it that way anyway, ye know. Well, ah liked tae read, ye see.

Ah had a wee room, well, it wis more upstairs, ah think. It wis a different style o' house from Arden Street. It wis an actual wee bedroom ah had there at Newington.

The wages were, oh, now—much the same as at Mrs Dickson's, not much difference. Ah wis a year older, ah maybe got mair at Newington. The vet and his wife were quite kind to me, they were very nice. Ah liked ma work.

Ah wid be there, oh, roughly about a year again. Ah wis fifteen while I wis there and then ah wis about sixteen when ah left. And then ma next job wis down at a place called, oh, Aberlady wey, away down the coast—East Lothian. Oh, it wis lovely, ah really enjoyed that job. Ah got the job just the same way— somebody leaving and somebody tellin' ye. Ah think it must have been a girl in Newtongrange.

But that really was a good job.

Ah did housework there, jist the very same. It wis a bigger house. Ah wisnae in the kitchen there—mair housemaid, that sort o' thing: bedrooms, beds, everything like that, making the beds, cleaning the bedrooms, dusting. And then if ah wisnae doin' anywhere else, ah think by that time—ah'm maybe wrong here—they were bringin' in carpet sweepers. And one o' ma jobs wis tae sort o' hoover the carpet and everything like that. Well, it wisnae a hoover, ah don't think they had them in those days.

But it was a big, big house. There wis a bottom flight, wi' the kitchens and everything. And then ye went up and the drawing room, ye know, that sort o' thing, and then the bedrooms. Oh, it wis nice. It wis a big house and it's still there, and it's just past Aberlady, before ye go intae Gullane. And from some windows you passed you could see across the water over to Fife.

A man and wife, an older couple, a lady and gentleman, owned the house but there were some family there, tae—how it went, ah cannae mind. It would be grandchildren, ah think.

The hours were, oh, jist much the same: seven o'clock in the morning. You had a cup of tea, then you had a certain amount of work, and then you got your breakfast. The tea was made in the kitchen, there was a cook. That's what ah'm sayin', there wis a cook, and ah wis between the kitchen and the bedrooms and that as a housemaid. There wis four young girls at that house. In fact, there wis a tablemaid—head tablemaid and tablemaid—housemaid, and kitchen maid. Ah wasn't the youngest, ah would say there were two o' us much o' the same age. They came frae different parts. Ah wis the only one from Newtongrange. Well, there wis one came from Edinburgh, there wis one from Fife, so there wis every chance maybe the Fife girl would come from the minin' districts, too.

Ah think the wages there were much the same. It would maybe be a wee bit more, because by then ah wis a year older and more experienced. Ah got one day off a week again. If there was anythin' on—ye know how country places have their games and that sort o' thing—we would get off for them. And as ah say, one o' them wis at Gullane, well, ye jist walked across. Gullane wis quite close.

The house wis right on the road, nearer to Aberlady. And it had a gate that took ye intae the back door, and then there wis a big gate further that ye could go in the front door. Oh, it wis a big house, it was an old house, definitely quite a number o' rooms in it. Oh, well, ah think the rooms were mainly for visitors.

They werenae used a' the day because, well, visitors they werenae there all the time. Well, ah imagine the lady and gentleman would be quite well off. Ah just think that, livin' where they lived. But ah think they had a house in the town, in Edinburgh. But ah'm jist thinkin' that, ye see, because, oh, it's a long time ago.

Ah wis only there for the summer. They took extra staff on for the summertime. So ah wis one of the extra workers, maybe just till September, ye know. Ah'd be sixteen and a half by then.

Ye ken, ah cannae mind where ah went from there. But it wis always domestic service. Ah wis never in anything else. Ah had maybe one more job before ah got married, but no more.

Ah wis married when ah wis eighteen, that would be 1930. Ah met ma husband in Newtongrange. Well, that wis in the time when a lot o' folk were comin' from the west o' Scotland—the pits were all shuttin' down there, and he came from there: Larkhall. His parents came, but ah don't know when he came. As ah say, there were an awfy lot o' them came through at that time. Ma husband came to Newtongrange after he left school, because he had relations in Easthouses and that, and they all came, ken, one after the other. Ah think there were maybe aboot two years between us, so he must have come to Newtongrange about the time ah wis workin' in ma early years. Ah jist got to know him in Newtongrange and we got married when ah wis eighteen.

In those days you didn't work after you got married. You gave up work. It wis the done thing. You accepted things and got on wi' it. Actually, ah didnae mind givin' up ma job in domestic service, because ye were workin' anyway after ye got your own house and that. Well, ah wis in a room, ma husband's mother and father's room, for a while in Newtongrange. They had a bigger house, ye see. But then latterly we got a house of our own in the village, in Lingerwood Road. We got that because ma husband worked in the pits. They were miners' houses. He was in Lingerwood pit, underground at the coal face, ah think. Ah don't think we had to wait for long for the house, maybe months.

And then we had children—eight, four of each, steps and stairs! Ma first child, a wee girl, Alice, wis born when ah wis about nineteen or twenty. Then Alice was followed by Robert, John, Tom, and then there was Mary, Jean, Adam. How many's that? Ah've lost coont! Bessie wis the youngest. They really had to be looked after and kept. Ye never thought anything about it. What would you do? You couldnae open the door and say, 'Get!' Oh, no.

Well, we carried on living in Lingerwood Road and then we got another house. It wis when they started building the new houses in Reed Drive, over that way. Well, we got one there, a bigger house. It was when we had four or five children we got a bigger house.

Well, the children were quite young when we started goin' tae the berry pickin'. They were still at the school right enough, ye ken, the likes o' Bobby and John. Alice wis married at eighteen, nineteen, twenty—something like that.

She didnae go tae the berries then. The youngest of them wis in the pram when we went, and the laddies were sort o' runnin' up and down. It wis after the Second War a bit, maybe about 1948 or 1950. Oh, ah took the children wi' me tae the berries. Ah wouldnae leave them at home. Once Alice wis married—no. She'd come up tae the berries and pay a visit, ye know. Ah don't think she went before she wis married, ah think it was after she wis married. Ma husband went, too, if the pit wis on holiday.

Well, it wis through ma mother-in-law we went to the berries. She had relations in Fife who went. And she'd been on holiday, ye see, and she came through and she told us all about it. And she says, 'You know, ah think ah would like tae go there.' So it finished up we all went. Oh, the children went with me. Ah never left them at home.

We went to Alyth. Oh, it's a bonny place. We lived up at the farm. He had huts for the workers. Honest tae goodness ah cannae mind the name o' the farm. The name o' the farmer wis Robertson. Oh, there wis several fields wi' fruit. Ah think he had potatoes, potato fields. But wi' the fruits he had raspberries, blackcurrants, and strawberries.

They wis the three, but ah never picked the strawberries. Ah didnae like the strawberries. Rasps wis the main crop, of course. And ah liked tae pick the blackcurrants. Ah mind when we started blackcurrants, it could be like the strawberries, ye know, there were a lot o' them underneath. And ah mind ah said, 'Oh, ah'll have tae dae somethin' about this.' So ah went and got another pail, a big pail, and ah turned it upside down and sat on it. Well, ah got right underneath after that, where the best o' the berries were! Well, it wis easy and yet it wisn't, but ye had tae keep your eye on the pail in front o' ye, ye see, so they didnae get spilt.

When you got your pail filled ye went to a weighing machine—it was like a big platform, ye ken, and the weighing machine was there. When they were weighed Mr Robertson the farmer put the berries straight intae barrels. And where they went after that ah don't know. But they must ha' went tae some factory or something, ye see—jam-making. But when they were picked specially, as ah say, some days we picked them intae pails then they went straight intae big wooden barrels. Pickin' to baskets, wi' the metal handle—ah did punnets, too, pound baskets—and they were travellin' somewhere with them in the baskets. They had big loads o' them. Ye see, they had special kinds, different kinds, o' berries: some were for the pails and some were for the baskets. The ones in the baskets they were special, well, ah don't know, maybe they went tae the shops. And the ones in the pails, oh, they went to the factories. The pails were emptied into the barrels and ah seen the barrels on the lorries and the lorries goin' away down the road to Blairgowrie, any o' thae places.

There seemed to be a lot o' fruit farms around Alyth. There wis another yin a wee bit further up the road frae us, and then ye seen them along the Blairgowrie road.

Mr Robertson the farmer had a lot o' huts for the workers. Ah never thought tae count them. There were sort o' rows o' them. Them in the main row, ye know, they went right up the side, but then ye had some over at the back again. Oh, he had a lot o' huts. And in each hut there were a family or a group o' workers living. There were other families there. Ah think they were mostly families. Relations of ma husband's folk they came frae Fife, they lived in the minin' districts in Fife. We were the only crowd that went frae Newtongrange. Oh, the same people went every year.

Ah think the families went because it was a kind o' holiday. Oh, when ye think about it, as ah say, a good day—the sun—and ye'd stop for a break, ye know, jist for a minute or two: ah know that ah did. And ah'd jist look round about and it wis the hills, right round about it. And if the sun wis shining, often I used tae say, 'Oh, I wish I could get a picture!' Ye see, ye had the Grampians— ah think it wis the Grampians anyway—right across. It wis lovely. Ah thoroughly enjoyed it. Ah liked bein' out in the open air, wi' the sun shining.

Of course, if it wis wet you didn't pull the berries—unless you were caught in a shower and ye maybe had a wee bit tae pick, ye'd pick it. But you wouldn't pick the berries when they were wet. Many a time we wished it wis rainin' in the mornin', when it came seven o'clock!

Well, we jist got up and got started about half-past seven, eight o'clock in the mornin'. And then ye stopped for your dinner, your lunch. Och, really it wisnae a set time. And then ye went on again till four o'clock, five o'clock. And sometimes, if there wis a special order came in, ye went back out yersel'. Oh, you could work in the evenings. Occasionally you worked on Saturdays and Sundays, if a special order came in. Sundays you could work longer if it wis a good day.

Ah couldnae remember how much you were paid. You were paid so much a pound. It didn't matter how often you went up to get your berries in your pails weighed, you got paid on the spot. You didn't have to wait till the end of the week to get paid. Ye got paid every time you went up, ye got it as you went. Jist whatever your berries weighed you got it there and then, so much per pound. You weren't paid by the hour, you were paid as you worked, by the weight you gathered. And ye would put so much money round to the farmhouse every night and they kept it and we collected it when we were comin' home. You kept as much back as to get your messages, things like that, you know. And you learned the children tae dae the same—but as long as you had maybe two pennies to give them durin' the day when ye were up in the pickin'. And if the farmer came up wi', well, the tea and that the children could get a biscuit, an extra biscuit if they wanted. Oh, the farmer brought the tea up. It wis an urn, because there was a lot of workers. Ye got a break and had a seat.

Ye made friends with other berry pickers, oh, people from Dundee and people from Fife, and one or two but no' really very many from the west o' Scotland.

They were jist people like oorselves, families—husbands and wives and children—always the same people every year. There would be between half a dozen and a dozen families on our farm, oh, there would be that anyway, if no' mair. Because, the farmer had, well, one double hut, ye know, or two big ones, then two smaller ones. And then as time went on he had a big shed and he made up cubicles in there, put walls and beds in there. And ah wis in there for a long, long time. It wis much drier, cosier, if the weather wis cold. But he still had his huts.

There wis no fire in the hut where ye lived. Well, that wis difficult if it wis cool in the summer. In fact ah finished up takin' maybe two hot water bottles and whoever wis cold got sittin' wi' a hot water bottle, ye know. It could be quite cool in the summer evenings sometimes.

The likes o' the wee ones could wash inside the hut. Ye jist had a bath, ye ken, an old tin bath ye used tae get. There wis a tap outside, fill it up, and then bring it back in and just get washed in the hut. And then they put showers in a special bit, something like one hut for the showers. Oh, ye felt the benefit o' that.

And ah'll tell you another benefit they had was they had right toilets, flush toilets. They weren't in each hut. They had a row o' two or three o' them outside. It wasn't always the case. They were dry closets tae begin with. But the farmer got these in. Of course, it made an awfy difference, it made it better.

We lived in the same hut every year. It wis a big hut and it had four bunks, built in like bunks, one above the other. Oh, we all slept in the bunks. Maybe the bigger boys they would gin up on the top bunk, ye see. And then ye had the wee ones. If ye had a baby ye took your pram anyway and it slept in the pram. Oh, I took ma pram into the fields wi' me, oh, you had to. Ah had a late baby when ah wis about forty and ah wisnae goin' tae go away tae the berries. Ah says, 'No, ah'm no' goin'. She's far too wee.' Somebody said, 'Dinnae be silly. Away ye go.' It wis the doctor that said it. So ah took her out and we left the pram at the top o' the drill where ye could sort o' keep an eye on it. One day ah looked up and the pram wisnae there. So that wis panic stations! Here when ah got up the gaffer wis pushin' her up and doon. Ah says, 'What on earth's wrong?' 'It's a' right, Jean,' he says. 'She wis greetin' and ah thocht ah wid gie her a wee shake.'

Sometimes the children wandered off. Ah mind they got lost but ye had an idea where they'd be, ye see. If they had coppers in their pocket there wis a wee shop at the farmhouse, ye see, and if they went down there they'd get biscuits or they'd get sweeties. But if any o' the farm folk came up they'd tell ye, 'Oh, Jean, one o' them is down at the shop,' and they would let you know where they were. But ye jist kept them where ye could see them. The wee ones got fed up, well, ah jist kept them beside me. Oh, ah wid maybe bring oot a book for them, or if the girls had a doll, or jist let them walk up and doon. The only thing wis, they played up and doon as long as they didn't go out of sight. Ye kept sort o' watchin' them. Then there were other children they could play with. But they had tae keep within sight, and not damage the bushes or the fruit, of course. In fact, mine knew what would happen if they wandered too far—they would get a skelp! But they were quite well behaved. They widnae daured give me any trouble! Well, ah had them well controlled in a way. Oh, none of them ever ran away, nothing like that. In fact, ah didn't even let them go down to the village wi' the bigger ones, in case they wandered. Ah kept them beside me. They didn't mind that, well, they were used tae it. Ah don't remember any o' the children having an accident, sunburned or cut fingers, nothing like that. Well, of course up to the time they were old enough and started picking they were beside me anyway. Ah kept them near me, ah didnae let them wander. Ma husband wis always pickin' but if ah had tae go and look after any o' the bairns he wis there. Oh, we had grand times there. Oh, they looked forward to goin' to the berries. In fact, ah think there wis a sort o' 'Hooray!'

Well, ah've seen the children start their school holidays at Newtongrange on Friday and we'd be away to the berries at Alyth on the Sunday. And depending on what like it was when we were finished, we'd be back home at the weekend before they started school again. So we would be away about six weeks or so, easy, depending how the holidays went. It wis sometimes six weeks—as long as we were home in time for the school. Oh, ma children enjoyed it, they enjoyed it. Ah think it wis jist the freedom

Oh, you felt grand—fresh air, oh, you were practically livin' in the fresh air. And ye weren't held in. And, oh, the scenery! Ah've seen ye takin'—well, as ah say, ah ken ah did it—a wee bit rest and ye jist looked up and the hills were really beautiful. It wis beautiful.

And then at night, well, there would be some folk goin' away home and ye'd have a bit o' a sing-song in what we called the hot plate, which was where ye did a' your cooking, ye see, because it wis a hut and ye could get a good fire on. It wis coal sometimes, but mostly wood, the fire. People would come there for a sing-song or a blether. Some o' us—the likes o' me wi' ma knittin'—we wid go in and sit and jist listen and blether, ye ken. Ah wid say a dozen would gather in the hot plate at night, men and women and children. Well, ye couldnae have a dance in the hot plate—it wisnae big enough. Many a sing-song we had there, though. Ye could have a sing-song and then ye could have your cup o' tea, maybe cairryin' on until it wis bedtime.

We went every year, every year, for an awful long time, maybe about thirty years. Mr Robertson the farmer came down from Alyth for us at Newtongrange in the lorry. And he took the whole lot o' us up there. Oh, it wis easier. Oh, ah couldnae tell ye if he brought the other families working on his farm in the same way. But he came up for us. We'd get a letter tae say when he'd be up and he'd arrive and that wis it. It was a great thrill for the children, was it no'!

Well, the journey frae Newtongrange tae Alyth took a whole day, you may say. Well, ye got them away tae their beds the night before and ye got up and ready in the mornin'. It wis a full day. Before the Forth Road Bridge wis built we went right round by Stirlin' and then through Perth and on up to Alyth. Ah sat in front o' the lorry wi' the farmer and the wee ones in beside me, and the older children in the back o' the lorry. And your luggage and everything went. Oh, well, ye jist took workin' clothes. Ye kept certain maybe good ones for the Saturday, ye know, if you were goin' down the village or anything like that. Oh, ye kept yourself respectable. But ye jist needed old clothes to pick the berries. And then Mr Robertson brought us back home in the lorry at the end o' the season. Oh, we were quite friendly wi' him. Of course, he had sons and as the farmer got old the sons came for us.

Well, when we went home at the end o' the berry-pickin' we had a few pounds saved up. Well, it wis useful for them startin' the school again or whenever ye'd tae get new clothes for them and everything like that. The money you earned at the berry pickin' helped to buy them new clothes, along wi' the knittin' ah did when ah wis up there. Oh, ah managed tae dae quite a bit o' knittin' there, because ye'd sometimes be finished at five o'clock, dependin' on what the pickin was like, ye see. I got a lot of knitting done 'cause you could sit outside at night if it wis a good night and everything was tidied up and that, ye see. We sat outside. We had a platform, ye know, sort o' seats along the front o' the huts and we'd sit and blether there, the womenfolk. And as it got colder we went into the hot plate and got the kettles on, and you would sit there, tae, you see. There were plenty o' room for chairs.

Oh, ah wis sad when ah had to give up the berry pickin'. Ah still went after ma husband died. The farmer still came for us. One o' ma sons learned tae drive. But we liked the lorry because it wis rare fun. If the weather wis good it wis grand fun.

Oh, the farm's still there. In fact, ma daughter wis up this year, her and her husband were up there this year. They're still goin' and the huts are still there. It wis a grand life. Ah thoroughly enjoyed it.

Betty Stewart

AND AH WIS goin' oot one Saturday mornin' and this woman wis goin' tae her work. Ah says, 'Where are ye goin'?' She says, 'Ah'm goin' tae ma work. Ah'm goin' tae the mill.' Ah says, 'Tell them ah'll come if they gie me a job frae nine till four, ah'll come!' Ah didnae even know who owned the mill in Arbroath. I'd been sort o' jokin'. She come to ma door in the afternoon: 'Will ye go doon on Monday mornin'?'

Well, ma father wis a grocer tae trade but wi' the—would you say Depression?—he ended up bein' a road sweeper. But he also worked in the Craigend quarries at Perth. Then he got a job as a road sweeper and that wis him till he died about 1949. He didnae live long enough tae retire. He wis a Blairgowrie man, and so wis ma mother. They belonged Blairgowrie.

Ah think ma grandparents on ma father's side they were in the gardenin' lines but that's aboot a' ah could tell ye. Oh, they a' belonged Blairgowrie. But ma mother's folk didnae. They belonged Aberdeen. Well, they came doon to Edinburgh. My mother's side, ma aunties and uncles and them, they were a' in the Edinburgh district, but her parents originated frae Aberdeen. Ah couldnae tell you where ma mother wis actually born. Ah ken ma father wis always Blairgowrie. But ma mother, ah jist took it she wis Blairgowrie born hersel'.

Ah couldnae tell ye what ma mother did before she got married. Ah think it was a' jist sort o' house-keeper's jobs, domestic service in them days. Ah think she wis in the washin' line. Aye, she wis mair in the laundry because she wis a good washer. There wis a laundry at Blairgowrie. But it wisnae a steamie, it wis a laundry, a commercial laundry.

'So ah started in the jute and flax mill when ah wis jist near enough fifteen, that would be the end o' 1946, early '47. There wis three mills in Blairgowrie in them days. Well, there wis two went steady and there wis two burnt down. They were a' owned by the same firm—Tommy Thomson.'

But ah don't think ma mother worked there, ah think she wis in big houses. And she took in washin'. Oh, that wis before I wis born. Ah think she jist did that a' her life. She didnae go oot tae work, well, at Blairgowrie ye went tae the berries and that in the summer.

Ah'm the youngest o' five. Ah wis born at Blairgowrie, February 6th 1932. Ah had three brothers and a sister. Nettie wis the oldest, then there wis Dod and Ken and David and me. Nettie wis seventeen year older than me. And I think there was aboot five year between David and me. But that was the biggest gap.

Ah hardly knew Nettie. Ah never remember o' her bein' in the house. Ah remember her always bein' a nanny. Ah kent ma brothers better. Nettie worked wi' a family jist along the road, in one o' the bungalows along the road. She lived in, she was a live-in nanny. And ma oldest brother Dod wis a cobbler, and ma middle brother Ken wis a grocer, and the one still older than me, David, he wis a cobbler. And then ah wis the only one in oor family that ever went tae the mills.

In Blairgowrie we lived in a big terraced house. It wis three stories high and it wis aboot ten long. The houses had nothin' tae dae wi' the mills—the mill hooses were at the other side o' the town. The whole street was Jessie Street but our buildins was Kinloch Place. Oh, they were old houses. They're a' down now. As ah say, there could ha' been forty houses in Kinloch Place. Was it no' a bit L-shaped? Aye, it started here then it went doon and along. Oh, they've all gone a long time.

There wis three rooms in our house. There wis the livin' room—or kitchen, because your sink was in there—a bedroom, and another bedroom. You went through one bedroom to get to the other bedroom. I wis jist a wee girl then. I slept in the same room as ma mother and father. But ma brothers had the back room. The kitchen had a range. The toilet wis outside, jist doon the wee path. It wisnae far away. Oh, you shared it wi' a neighbour, jist the one neighbour. It wis a flush toilet. And I aye mind that we had what we cried the midden. The midden wis where ye kept your buckets. But then it wis jist pails in them days and ye got ashes a' ower the place.

In Kinloch Place we overlooked a berry field—a field at the back and side. Well, it's no' at the the edge o' Blairgowrie now but it was the edge in those days. And we also had the public park, and then there wis mair berry fields. Oh, it wis a healthy community. Ah mean, there were folk wi' maybe ootside toilets and middens roond aboot. But there wisnae many. 'Cause ah can mind when ah got older I actually delivered papers there and ah remember further doon they had outside stairs and they a' had toilets at the top o' the stairs. Then when we came oot o' Kinloch Place we went to oor council hoose in 1939. The war broke oot then and ma brothers and a' them went tae the army.

Lookin' back now tae ma childhood at Blairgowrie ah wouldnae say mine's was as hard as ma brothers'. Ah wis the youngest so ye'd a wee bit better. Ah mean, ah aye mind—certainly it wis durin' the war—ma brother wis a grocer on the van before he went tae the army. And he'd maybe get eggs and he'd come hame and he'd get the best, but you got the top o' his egg. Ah mean, that wis the cream. You werenae bein' deprived but you got the top o' his egg because he'd got the eggs and he got tae eat them. And ma father maybe got them. But ye never looked on it as a hardship. You were gettin' a treat! Ah wis never hungry. There wis always plenty o' food in the house.

And then in Blairgowrie ye had the raspberry season in July and August, then ye'd the strawberries before that. A' the kids went tae the berries. Oh, ah went tae the berries frae that height—frae pram height. Oh, ma mother and father went if he wisnae workin', ma brothers—everybody went. We used tae be aboot six weeks at the berries. Ah mean, what would ah say? Ye took a' thing but the kitchen sink. Ye pushed prams. Oh, we lived at home—lucky if ye walked ten minutes tae the berries. And ye went there every day, whether it wis rainin' or no', ye went. Nowadays they pick the berries in baskets. We used tae pick them in pails and squash them doon. Oh, raspberries, but they also had straw-berries, no blackcurrants. They didnae sell many strawberries. Oh, aye, Perthshire wis famous for its raspberries. Ma husband remembers the first ber-ries he picked in 1939 ye got paid five-eighths o' a penny per pound o' berries.

Actually jam wis made in Blairgowrie. Aye, there wis a jam factory in Blairgowrie. Ah never fancied a job there, that wis mair a tradition that ye only got in there if your father worked there or your mother worked there. It wis quite difficult tae get in there, 'cause there wid be them that was makin' the jam and them that wis on the berries, and them that wis in the sugar bit. But we used tae go and efter the berries were finished—what they cried the second growth—we used tae go and pick them and sell them tae Adams, the jam factory in Blairgowrie. And ye'd maybe get aboot thruppence a pund frae them. Ye were allowed tae dae that once the berries were finished. Oh, you didnae have to pay the fruit farmer: they were mair or less gettin' their berries cleaned. It wis beneficial for the bushes. And they were actually sometimes the best o' the berries.

And then at Blairgowrie every year there wis a huge influx o' people from the west o' Scotland tae the berries. They stayed in these farm steadins, lyin' on old ticks filled wi' straw. It wis sort o' like in an old byre. Each family had their own division.

In oor days ye went tae the berries tae get rigged oot tae go tae school. It wis a gym tunic we had. There wis nae other option: ye jist either had a skirt or a gym tunic. Oh, ah suppose it would cost your mother a few shillins, especially if ye were the only girl in the hoose: ye didnae have anybody else's to get in them days. But we also went tae the tatties. Ye got off the school for the tatties durin' the war, tae go pickin' tatties. Oh, you'd tae go on a lorry tae them. You didnae get your October holidays from the school until the farmers told the school authorities when the tatties wis ready. That wis the means o' gettin' your winter clothing. That's what it wis mostly used for. 7s.6d. a day we got paid, wis it no'? But they had nae option. Ah mean, that's how the bairns got off the school wis tae go tae the tatties.

We went tae the tatties at Caputh, Dunkeld. The furthest ah went wis, oh, jist above Dunkeld wey, higher up than Birnam, Caputh's before it. Ah cannae mind the name o't. It wis jist a wee place, but it wis horse drawn tatties there because it wis that steep. But, ah mean, lookin' back now ye never thought it wis hard work. Of course, even supposin' we were in the country it wis still great tae get tae the ferms. And in them days ye used tae jump on a' the straw bales and intae the byre—a' sorts o' fun and games. Ah think we took it a' as normal practice. Everybody wis at the tatties. Well, ma mother never went but other mothers went. Oh, there wis a lot o' youth employment in the summer at Blairgowrie.

Ah started in 1937 when ah wis five at Blairgowrie High School. The primary and the High School wis a' combined. Oh, what ah can mind o' it ah liked the school. Ah liked sewin' and that. Ah wis never academical, but ah got there, ah got there. Ah liked the story-tellin' and that. But ah think ye went tae schule there because everybody else went and ah dinnae think then there was the competitive now that there is at school. Ah never mind any pupils bein' any better than any the rest o' them. We had big classes because it wis durin' the war: it wis forty-five in ma class.

When ah completed the primary ah jist went in tae the High. We cried it the first year and the second year. Oh, well, the secondary school there wis mair tae dae at it. Like, ye got mair domestic science, well, that's what they cry it now, and ye got mair gym. Ah liked that, and ah used tae like runnin' and that—but no' competitive, jist… Ah took part in class activities. But ah wisnae so interested in the sums or the science. We never got any languages. Ye had tae go tae the third year and that.

Ah aye mind when ah left the schule that wis when the Labour Party said they were goin' tae put up the leavin' age tae fifteen.[353] Ah left then at fourteen. Ah left in '45, '46, just at the end o' the war. But anyway I managed tae leave, because we were a' wantin' tae leave. Ah had no interest in remainin' at school. Oh, ma parents didnae put me under any pressure. Ah mean, it was like a' the rest, ye were needed oot for the money. Ken, ma dad didnae keep very good health then. He'd ulcers. Ma brothers, as I say, they got trades. Ah mean, tae be an apprentice in them days wis… Ma brothers had a' left at fourteen. Ah think ma middle brother Ken he wis the only one that stayed on a wee longer—fifteen, ah think. But Blairgowrie High wis a good school, it wis a good school.

As a girl ah wanted tae be a dressmaker. Ah've aye wanted sewin'. Ah mean, ah had dolls tae play wi', ah had dolls tae dress. Ah went tae dress-makin' classes and that at night. It wis jist efter the war and no' like the classes nowadays—you went and the teacher told you what tae dae. Like if ye go tae classes nowadays you can view your opinion or what you would like. But in them days it wis jist like bein' back at school. Well, ah had ma own ideas jist makin' your own clothes. And ye jist went tae night classes jist tae get the same as ye were gettin' at the school. Well, there wis this big shop in Blairgowrie, it wis Fleming's the drapers, and they had dressmakers. And ma aunt, she wis manageress in the office department, and they promised that I would get the first vacancy. That job wis supposed tae be for me comin' oot the school. Somebody else got it. Oh, ah wis heartbroken. Of course, wi' no' gettin' the job in Fleming's ah lost interest in dressmakin'.

When ah didnae get that and ah left the school, ah had a job in a shop for a while. Oh, it wis a second-hand furniture shop. It didnae interest me, it wis jist a job. Oh, ah did that for aboot nine months.

Ah dinnae think it wis difficult in them days for a girl tae get a job in Blairgowrie. There wasnae sae many office jobs but then ye didnae get in an office till ye were maybe aboot sixteen. But then, as ah say, ah wisnae academical. And a' ma friends went tae the mill. Really the first year after ah left school ah wis the odd one oot, because maist o' them had sisters and brothers or fathers and mothers in the mill. Well, ye jist went in tae the mill. But, ye see, I wis the only person in oor family that went tae the mill. And naebody knew anybody. Ah widnae have got a job in the mill if ma dad hadnae kent the manager. The five-day week came in then and a' the girls in the mills werenae workin' on Saturday. So I begged ma father tae get the manager o' the mill—because as ah said ma father he wis a scaffie[354] and he swept the entries intae the mill 'cause they had quite a bit o' ground there—and I asked him tae beg the manager tae get me a job. And ah got one. The manager knew ma dad because he wis workin' in the streets. And ah left the second-hand furniture shop.

So ah started in the jute and flax mill when ah wis jist near enough fifteen, that would be the end o' 1946, early '47. There wis three mills in Blairgowrie in them days. Well, there wis two went steady and there wis two burnt down. They were a' owned by the same firm—Tommy Thomson. There wis Ashgrove, Keith Bank wis silk, Bramblebank, and Brooklyn was the fourth mill. But there wis never four at the one time. Brooklyn wis burnt doon before the First World War and wis rebuilt in the 1970s. So there wis three at the one time. We worked in Ashgrove. But it was burned tae the grund, it wid be the early '50s. But it wis rebuilt and set up again. It didnae take long to rebuild it. Then I was in one o' the new mills that had opened, at Bramblebank.

As ah say, Keith Bank mill did a lot o' silk and rayon when that came in after the war. They were workin' on silk, well, it wisnae real silk. It wis—ah dinnae ken, it wis aye white stuff they worked, it wis awfy fine, clean stuff they worked at. Ashgrove and Bramblebank and Brooklyn mills it wis jute and flax.

Ashgrove where ah worked wis a jist a spinnin' and windin' mill. The raw jute came in there and we put it oot as, well, near enough twine. Then they sent it tae the weavin', tae Dundee. We didnae hae weavin'. The jute left oor work tae go tae the Dundee weavin' mills. And they made it intae carpet backins. Long ago the flax went for sailin' ships, well, there wisnae many sailin' ships when ah began in the mill. But it wis yaised for canvas and tarpaulin. But it wis linen tarpaulin, and then the backin' for carpets. And sacks, tattie sacks, things like that. Well, the sacks actually they were made oot o' a' the waste. But the real jute went tae the backin' for carpets. A lot o' it went doon tae the B. & K. works in Kilmarnock, roond that wey.

When ah began in the mill ah wis a shifter, and that wis takin' the bobbins off the machines before they were automatic. And there would be aboot five o' us, and there wid be aboot forty machines. There would be two sets o' shifters. And there wid be two whistle wifies—that wis oor gaffer who telt us whaur tae go for frames on Fridays. We took the bobbins off and put them in boxes and then there wis the box lassie and she pulled a' the boxes tae the ends o' the machines. And they were gethered that wey wi' a barrie boy. But then automation came in in the mill. But, oh, for years they still had the hand shifters even efter automation.

When the boy came wi' his barrie he took the bobbins up the stair tae the windin' department and they got tae put it on the copses or reels wi' like a yarn wool. Mind you used tae buy wool? Well, it wis made like that and it wis tied up and that wis sent tae whaurever it went after that—Dundee.

The mills wis three storeys high and the first flat wis the rovin'. That wis where the raw jute came in and it could ha' been aboot three inches wide. By the time we got it it wis doon tae aboot an inch. It wis done almost like spinnin' but it wis bigger. And then we put the roves up—we cried them roves. They had a cardin' machine tae tease oot the jute, ye know, the raw stuff. Then it went intae thir cans and then it went intae the rovins. We got the roves—right big bobbins aboot the size o' a footba'. They went on oor machines and we ended up wi' bobbins maybe nine inches long. There were different sizes. It wid depend on the different tension ye were gettin'.

And then they went up tae the windin' and that's when they came oot as copses. It came oot like a candlestick, aboot fourteen or fifteen inches in length. It depended on what they wanted. And then the other yins came oot like yarn. They went roond a reel and they came oot and they were a' tied up like hanks o' thread, hanks o' wool. That wis as far as it went in oor mills. Then it went tae the weavin' in Dundee. There wis no weavers in Blairgowrie. The weavers a' had tae go tae Dundee if they were goin' tae do weavin'. Ah dinnae ken why there wis no weavers in Blairgowrie.

A' the mills in Blairgowrie, as ah say, were owned by the same firm, Thomas Thomson—Tommy Thomson. It wis a family, ah think. Well, ah remember the father and the son. Ah think there wis a Thomson before that. They wir old buildins. There wis water-wheels—water-driven. It wis water-driven when ah wis workin' there at Ashgrove. Well, at Blairgowrie they've got the river Ericht and then they've got the lade. And the lade it done the mills because they used tae put the slush gates up and doon at dinnertime. That wis driven by the power off the water. When I went there it wis water-powered and then they got the four automatics and they were motor-driven. But they were a' driven wi' belts, big leather belts, great big wheels. Well, the leather wis aboot a foot wide.

We were in the middle flat o' the mill. Well, when ah went there first, frae top tae bottom ah'd say there wis a good hundred people workin' in the mill. Because there wis eighty spinnin' machines—and that's forty spinners. There wis ten shifters. So that wis fifty in oor flat alone. So there wis the preparin' flat, spinnin', and windin'. There could be a good hundred workers. Ah would say that would be includin' mechanics, oilers, electricians and so on.

The biggest majority o' the workers were women. But there wis a good few men employed, like they needed a boy for the barrows because it wisnae a woman's job. He'd maybe be a laddie comin' in at fifteen and then he'd maybe work there for a while and then he'd maybe get a job as an oiler or a mechanic. But then the mechanics needed labourers tae carry a' the spindles and that. Your foreman wis a man like and that. But, oh, the majority wis women. The whistle wifies were women and so wis a' the shifters.

The whistle wifies, instead o' haein' or watchin' frames, they had tae see that the frames were shifted immediately the bobbins were full. Oh, ye'd tae be experienced tae be a whistle wifie.

Well, ye got a chance tae learn the spinnin', the windin' and that. But ah wis a spinner and that wis what ah wis termed wis a spinner. Ye might have got tae relieve somebody up the stair in the windin' if they were off, or if they were busy ye could help oot. But ye were never qualified as a winder. I think a winder wis a more skilled job than a spinner because the higher ye went up the higher the wages ye got. Ah mean, there used tae be a sayin'—no' in Blairgowrie—that a spinner wore a shawl and a weaver wore a hat. That wis the sayin'. And that was a fact as well, ah mean, that wis earlier on.

You worked frae half-past seven tae half-past five, five days a week. And then of course ye got wages and ye did Saturday mornin' as overtime. The five-day week wis established just before ah began in the mill. You had a quarter o' an hoor for your mornin' break, ye had an hour for your dinner. First of all it wis three-quarters o' an hoor and then it went tae an hour, and then ye got quarter o' an hoor break in the afternoon. Ye worked eight-and-a-half or nine hoors a day. Ye had tae make up your 45 hoors when they brought off the Saturday mornin'. Oh, it wis hard work but it wis fair work. Ah got home for ma dinner because ah had a bike. Oh, it wis aboot twenty minutes on the bike.

Ye got the chance o' overtime. Jist Saturday mornin' ye got the overtime, because they had such a load. They had a lot o' production in the spinnin' but they needed what workers they could get. They had tae do double shifts on the windin' and that, tae keep up, for tae let them keep up their ootput wi' oor output in the spinnin'.

When ah first began in the mill the wages would be two or three pound then. It wisnae bad wages. But ah remember when ah got married—ah wid be twenty-three, twenty-four—we had aboot £6 a week. It wisnae a bad wage, considerin' what it was at the time.

They were oot-and-in mills. Some o' the workers werenae there in the mill for very long. Some o' them only bade a year then come back and left. There wis quite a turnover o' workers for sometimes there wis new factories. Well, the cannery opened, for instance, and folk went awa' tae the cannery. But if they didnae like it they came back tae the mill. That wis Smedley's cannery, ye had one at Coupar Angus and one at Blairgowrie. Some o' the girls would go there. And then there wis a lot o' the hotels had big staffs, like as the holiday trades were comin' in. And that was when folk had holidays but werenae goin' abroad. So the girls were goin' in for waitressin' and that. There wis aye a chance o' another job. So the girls at Blairgowrie werenae jist dependent on jobs in the mills. Ye might no' get a year in the hotels—ye could aye go back tae the mills. It wis a seasonal job. Ah mean, the mills gave a lot o' employment. But a lot o' it wisnae used. But lookin' back now ye could say a lot o' it was abused. Well, ah mean, the lassies would go and tak a holiday job for twa or three months and then come back. They jist thought, 'Oh, the mill's aye there' sort o' business, which ye dinnae hae that attitude today. Ye go and try tae hing on tae your job for as long as you can!

Oh, there wis a shortage o' labour in the mill in them days. We were never paid off. We were put on short time—it wisnae short time, we were put on shifts, for lack o' water tae drive the turbines. It wis a dry summer. But never because o' a fallin' off o' demand. The only time there wis a fallin' off, well, lookin', as ah say, wi' hindsight, was when they all went automatic and they sold the old machines tae India. Then they stopped bringin' them ower, they stopped bringin' the jute and that frae India. And tae me that's where a' the jute fell back. That wid be in the '50s, '60s. I wis away oot the mill at Blairgowrie by then. But they were takin' oot the auld machinery oot o' Ashgrove mill, and that wis where it wis goin' tae. But a' oor machinery came frae Mackie's in Belfast. They were the biggest spinnin' machine producers.

The mill at Blairgowrie when ah worked there wis very dusty, oh, terrible. They wouldnae work in it the day withoot a mask. There wis nae dust extractors or anything. But ye could open windaes because we were on the riverside. We were allowed tae do that. But sometimes ye jist shut them because the wind blew the stuff off o' the machines! The conditions were, oh, terrible. Well, put it this way: ah've got a bad chist and ah had arthritis—ah've had it for twenty year. But when they had me in the hospital they did a' the tests. And ah've got like what the miners have—ken, the miners have got silicosis. Well, ah've got flax stoor at the fit o' my lungs that'll never clear up. That wis due tae the work in the mill. Ah couldnae go and sue them. That's what the doctor said, 'How can ye no' get…?' And when ah telt him ah worked in a flax mill, he says, 'Well, flax stoor's finer than jute, because jute's a' threads. But flax is very, very fine dust.' Well, ah've lost touch wi' a' the girls ah worked beside in the mill but, well, like the same we've a' got chesty. But that wis jist the doctor's diagnosis, whether that's right or no'. But that wis how they got tae the fit o' ma cough, ye ken. Well, it could be. Ah was always healthy as a girl. Ah was, but no' now. Oh, ah mean, ah smoked, well, ah could go through twenty at the week-end a day. Put it this way, aboot five packets did me a' seven days—about fifteen a day, somethin' like that. Oh, ah smoked frae the age o' fourteen or fifteen. We used tae smoke yon Pasha!

Ye were allowed time oot in the mill tae smoke. Ye jist got a couple o' minutes. Somebody wid haud your frame on for ye. They cried her the orrie woman. She wid haud on for the bobbin lassie. Oh, the orrie woman wis kept busy a' day, lettin' them go tae the toilet or for a smoke. She could dae anything but she wis kept busy a' day. Ah mean, she had eighty machines tae let awa' and some o' the lassies that wis shiftin' bobbins and that. When you wanted tae go oot she wid come and haud on for ye, rather than stop the machine she wid watch your machine. That wis her job. She'd a reasonable wage, no' as much as a spinner but she had mair than a bobbin lassie. But she could be on the go a' day. There wis jist the one orrie woman. Well, she was relievin' aboot forty folk a' day, for cigarettes, toilet, and that.

There were nae protective masks or clothin' or anythin' in the mill at Blairgowrie. Ye used tae get the hoover and hoover the dust. But ah used tae hae a rug—that was a tattie bag—and ah used tae go and put it like that, cleanin', flappin' it in front o' the machine, and then the stoor would be that height at the back o' the machines.

It wis a terrific fire hazard as well. You would jist need one spark and it wid have… The mills used to have wee flash fires at times, oh, often. And it jist went like lightnin' frae one end tae the other. The fine dust! Well, as I say, we had belts on the machines, and when ah worked on the four automatic machines ah remember one o' them—it was my frame—it burst in the middle and it went that way. And ah remember seein' the belt goin'. And ye ken what it reminded me of? A propeller goin' on fire, an aeroplane propeller. Ah jist lifted ma coat and ran like hell!

Oh, we didnae have fire drill or anything. There wis no fire drill at all. There wis nae fire engine attached tae the mill. They jist had buckets o' water! Ah mean, when ye look back things were primitive.

Ye had no special clothin' in the mill. Oh, ye had tae have your hair tied up.

It wasnae official. But if you got your hair caught in you lost it. Well, ye cannae see ma middle finger for arthritis now but it was broke, well, no' broken, it wis jist knocked that much tae bits it went oot o' shape! Ah mean, ye'd tae stop machinery that wis goin' at mair than fifty mile an hoor wi' your hand. Ye had a rubber—but ye got that yaised tae it ye never wore the rubber.

Injuries werenae really common in the mills. Ah remember one. He wis older than me. He lost an airm. He got it caught in the machinery. We cried him Winger Willie. Ah mean, it didnae bother him. But he still worked. Ah seen a lassie gettin' her hair pulled in and that but, ah mean, once ye got it oot it was a' right. Ah've seen a finger squashed. But ah've never seen anybody loss a limb. Ah've had ma claes pulled in. Oh, ye get a fright. The machinery wasnae really guarded, no' really, well, the motors were, the teeth.

Then it wis heavy work. First of all ye started the bobbin and ye get a bobbin about two feet. Oh, heavy work, ah mean, ye could only carry two and ye built them that way. And the machines were as long as thir rooms, maybe eighteen feet, and ye had two o' them. Some had four at one time in Dundee. But ah couldnae dae it now. In them days ye were young and ye were easy goin'. Sometimes as they used tae say, 'Oh, ah wis runnin' terrible stuff.' Some stuff wis a lot better tae run than other stuff. Ah mean, if ye got good material it ran and ye could sit and knit for a wee while, ye ken. Oh, the bosses used tae object tae that! And ye used tae duck aboot wi' ye. Ye had a bag for keepin' your bits and bobs in round your waist. But you would do it when the boss wasnae lookin'.

And oh, it wis warm in the mills, always warm. Well, ye had a' thae motors heatin' up and machinery was goin'. And noise—oh, ye'd tae shout. It wis a' sign language. Oh, ye could speak if ye went tae the end o' the machine but if ye wanted somebody at the other end ye could signal tae them. There wis a sort o' language o' signals, ken, 'Come and shift.' Ah cannae mind them a'. But ye had a sort o' sign language o' your ain, whether ye were wantin' them tae come and shift your frame, or even tae get the gaffer sometimes ye had tae shout tae him. Oh, the conditions—when ye look back on it now ye wonder. A lot o' them had glasses, spectacles. They were in the mill two minutes and their glasses was completely fogged up wi' muck, because there wis that much dust. Ah suppose ye maybe jist learned tae see through them! Oh, ah mean, ye could be up tae fluff up tae your knees in oor place. We had a sweeper, she went and swept it a' the time. That was her job—sweepin'. It was always a woman or girl that wis the sweeper, never a man. And then a' the sweepins would go intae a bag, and there wis a woman sat a' day and a' she did wis pick oot the good bits o' flax or stoor or whatever it was. Oh, there wis nothing ever wasted.

When ah worked in the mill at Blairgowrie ah wis in the union. It wis jist the textile workers' union—the Dundee Jute and Flax Workers'. We were based wi' them. It wis aboot 6d. a week then. It wisnae much. Of course there wisnae many strikes or anythin'. But if Dundee said there wis a pey rise we got it. So we never really had tae fight. Ah never mind o' any strike. Oh, ah've had a walkoot if it wis, sort o', say the belts were heatin' up and it wis too hot we'd come oot till they cooled doon and that. But never an official dispute. Oh, maybe if somebody got unfair dismissal we'd say, 'Oh, if she disnae get her job back we're no' comin back' sort o' business. It did happen but it maybe jist lasted an efternin. Sometimes the foremen could be right bullies, ken. They were always men, never a forewoman. The only forewoman ye could say would ha' been the whistle wifie. She wis jist ower the young lassies that learned the spinnin'.

Ah think ma father wis in the union when he wis a grocer. But he had that many different jobs efter that that he wisnae. But he knew his politics, he wis a right Labour man. But ma father died before ah wis old enough tae hear political discussions. Ah wis seventeen when he died in 1949. Ma mother lived till she was 83. But ma mother wis never politically minded. Ye ken, she used tae go and vote and that but ah couldnae tell ye what ma mother voted. In them days ah think ye mair or less did what your man said. No' that ma father wis a bossy man. Ma mother wis mair aggressive than him! He jist done his work and seen everybody was fed.

The mill holidays were set then. Well, ye got a week-end at Easter, a Monday holiday, and then ye got what we cried the Dundee Fair. Ye got a week then. That wis the summer. But ye got a week, then ye got a week and two days, and then gradually by the time ah left the mill in 1955 when ah got married it would be aboot a fortnight.

Thomson wis a good, a reasonable enough employer at Blairgowrie. He liked his pound o' flesh like a' the rest o' them. But he wisnae heavy handed. And then, oh, ah mean, when we were workin' in the mill at Blairgowrie we used tae go tae the berries at night. Because one other son o' that Thomson, the millowners, had the farms and they used tae come roond the mill: 'If ye're no' doin' anythin' the night will ye go doon and pick the berries at night?' And ye'd go oot maybe a couple o' hoors two or three nights, maybe every night—it a' depended on the weather. Maybe it wid rain a' week and then ye were oot every night. Ah mean, ye werenae there for the health o' the farmers! Ye were there for your ain benefit!

And when I got married in 1955 we got a weddin' present. And it wisnae everybody that got a weddin' present, not a' the workers got them. I had probably been there long enough tae get one. Ah think ye must have been over five years in the mill and you were a good worker. Oh, among the workers there wis wedding presents, everybody got the whip roond, whether ye'd been there a month or... But no' everybody got a weddin' present frae the boss.

Oh, ah loved ma work in the mill at Blairgowrie, oh, ah liked ma work. Ah didnae love it but, ah mean, it wis never a hardship tae go, because there wis good cameraderie wi' a' the girls. We had works dances and works outins. Well, they used tae have dances in the wee canteens, jist occasionally. And then there wis aye Christmas parties for the kids o' the women that worked there, and things like that. But that only came in later, no' when ah first started.

Well, ah met ma husband in Blairgowrie, jist at the dancin'. He lived in Coupar Angus. He wis a printer, he's always been a printer. We got married in 1955. Ah gave up ma job in the mill and went tae live in Coupar Angus, five miles frae Blairgowrie. Well, ye couldnae get buses or that early enough tae carry on in the mill. It wis the travellin', ye had tae be up there at Blairgowrie for half-past seven. Ye'd hae tae leave Coupar Angus aboot six o'clock tae be there. But that wis a normal practice: if ye didnae live in the toon ye didnae get your job kept for ye, sort o' business. It wasnae because you got married you had tae give up your job, it wis because ye were ootside the toon, away frae Blairgowrie. Ah never worked again till ah went back tae the mill in the '60s.

We were in Coupar Angus a year. Then we went doon tae Whitehaven in Cumberland. That wis because o' ma husband's job. It wis tae improve oor standard o' livin'. We were there nine month, ten month. Then we went to Perth, oh, for jist about a couple of years. And then we a' came doon tae Arbroath. It wisnae a search for work, it wis jist a wee bit mair money, and we got houses wi' your job then. We practically got a house wi' every job we went tae. We stayed in Arbroath for ten years, frae 1960 tae 1970. Ma husband's job was a printer on the local newspaper, the *Arbroath Guide*. It wis a council house there. The newspaper proprietor paid oor rent and if you'd been in the district for three year you automatically got the council houses. So it wis oor rented hoose when we left.

By that time ah had three sons, two years apart. The youngest Kelvin must have jist been five. He wis five in the August and I went with the three boys to the potatoes and Kelvin'd got stung. I wisnae workin' then and that wis extra money. And Kelvin got stung wi' bees. So ah never went back to the tatties. And ah wis goin' oot one Saturday mornin' and this woman wis goin' tae her work. Ah says, 'Where are ye goin'?' She says, 'Ah'm goin' tae ma work. Ah'm goin' tae the mill.' Ah says, 'Tell them ah'll come if they gie me a job frae nine till four, ah'll come!' Ah didnae even know who owned the mill in Arbroath. I'd been sort o' jokin'. She come to ma door in the afternoon: 'Will ye go doon on Monday mornin'?'

And it wis the same boss—Thomson o' Blairgowrie. He had bought the mills there in Arbroath and ah got the job half seven till four. It wis the same mill, the same kind o' work, jute and flax, jist the same. Ah started there in 1965. Ah wis a spinner there till ah came doon tae Mayfield in Midlothian in 1970.

Ah think the wages in the Arbroath mill were quite good. Ah think ah had £11. Oh, there wis a big increase. Ye could almost say ah wis gettin' double money for less hoors, because ah only worked frae half seven till four. The other workers were half seven till five. It wis jist an hoor less ah wis gettin'. Ah got off early so ah could get the boys frae the school. Ma husband didnae start work till nine o'clock till five. That wis how it wis sae convenient for me. But on a Friday he worked frae nine till two o'clock in the mornin' gettin' the *Arbroath Guide* oot. Oh, and ah got the school holidays. I was off aboot six weeks in the year. Of course we had our fortnight anyway in the summer. We had a week at Easter, and of course the school was off, so… But I had six weeks in the summer, where we'd only had a fortnight. And then ah had a week in October and ah had two days at Christmas and three days at the New Year. Oh, they were quite lenient. Well, actually the mill workers were better off for holidays than the printers, 'cause the printers didnae hae Christmas Day.

Efter a' the years that I had left Blairgowrie and ah started in Arbroath, Mr Thomson, the mill owner, came roond the mill and he walked past and he came back and he says tae me, 'You're Betty Stewart.' Because one o' the factory mills at Blairgowrie had been burnt when ah wis there and it got rebuilt and I went and ran a' the spinnin' machines in for him before it opened. That wis back in Blairgowrie before ah got married. But he knew his workers.

In the mill in Arbroath I'd roughly say there wis maybe aboot eighty workers. There wisnae a hundred there, it wis a wee-er mill, aye, it was a wee-er mill. It wis on the flat, it wis mair on a flat: like an assembly line, it went in this door and came oot the other.

Ah wis a member o' the union—the Dundee Jute and Flax Workers'—in Blairgowrie, but not in Arbroath. In Arbroath there didnae seem tae be a union. Ah cannae remember o' bein' in it. Of course, ah wasnae full-time. Ah cannae ever say ah wis asked, because if there had ha' been a union ah wid have joined. Ah wis in favour o' a union. Ah cannae mind o' any o' the other girls talkin' about a union there. There couldnae have been a union or ah would have been in it, because you could be in it whether you were part-time or no'. But then in the '60s, that's when the mills they were a' beginnin' tae close.

Ah never worked overtime in Arbroath. It wis jist a five day week there. The other girls must have worked overtime, because that woman was goin' tae her work on the Saturday mornin' when ah approached her aboot the job. The other women could have got overtime, but ah never done it.

We had bonus work at the end in Arbroath. When I first started workin' at Blairgowrie we had a young lad he used tae come doon wi' your pay in an envelope. But ye got it loose and he put it in the envelope for ye. And his name wis Sandy Powrie. Now when I went tae Arbroath tae work he wis a director! And he wis doon but he wis on the financial side, and he come doon and telt me that I worked shorter hoors and earned mair money. But I wis peyed on bonus. Well, some o' the girls there were younger than me. I learned a lot o' them and that. But they used tae say tae me, 'You can earn mair in your forty hoors than they can in forty-five.' Jist when ye get older: I wisnae there for fun, I was there tae earn money! But I had a young overseer, a young foreman, he wis only aboot twenty-one. And he used tae say tae me, 'What'll ah dae now?' Ah says, 'You're the foreman.' He says, 'Ye cannae ask your granny tae suck eggs!'

In the mill at Arbroath there wis a lot o' nice young lassies because they a' used tae come and babysit for us and let ma husband and I oot. Twa or three o' them wid come up. And that wis at the time in Arbroath when women were goin' out more, when we socialised more. So we—the other lassies and me—we used tae go oot maybe tae the pubs, ye ken, and hae a game o' darts or dominoes, and ma husband wid babysit. Then he wid go oot and maybe the lassies wid a' come up tae us. And that wis the time when ye got wee bottles o' Babycham and they'd a' come up tae me for a Babycham. But it wis quite fun. But there wis never any hard drinkin' or anything. That wis when we used tae hae hen nights. Ye never used tae hae that years ago. And I aye says that wis when women got liberated, in the '60s! But there wis some good fun, even as a married woman workin' we had some good nights oot. And, oh, some o' the lassies were great, comin' up and babysittin'. Of course, it wis like everything else, they'd maybe bring their boyfriend. But in them days they widnae dream o' askin' ye, like they do nowadays, chargin' ye £2 and £3 an hour tae babysit. They come tae babysit tae get some privacy for theirsels, ye know. It wis a' guid fun in them days.

Oh, there wis good cameraderie. And ah tell ye ah find an awfy difference nowadays. But ah have been out in this day and age wi' girls frae the factories and also in the company—like at a different part o' the hotel—is office workers, and their language leaves a lot tae be desired. Ah've always considered masel' a millworker. Ah'm quite proud o' it. Ah've done a good job. But when I heard the office lassies I says, 'They wid put mill lassies tae shame.' Because mill lassies never swore. They did swear but they'd never swear outside. And, ah mean, mill lassies when they dressed they were dressed. Because office lassies—they've tae be dressed a' day. But ye did see a difference in a millworker when she wis dressed. Ah mean, ah'd come hame and the dirt on me wis unreal.

Well, I was in the mill at Arbroath till 1970, and then efter that it closed in Arbroath completely. There wis only the one mill in Arbroath. There was one or two used tae be Webster's, but then, as ah say, Thomson bought it ower. There wis jist the one mill and it did flax and jute, aye, and tow. There wisnae much tow. But I did the flax and jute. Well, we moved doon tae Mayfield in Midlothian in 1970 because ma husband got a better job. And it wis after that that the Arbroath mill closed. And so did ma husband's works there, a' closed in the same year. So you could have said that was the start o' the recession in Arbroath.

Ah dinnae ken when the mills closed in Blairgowrie. But they're a' closed now, ah'm share o' that. And Keith Bank mill is now a model railway enthusiasts' place. It's been a' gutted oot and made intae a big place for a' the model railways. Ah've no' been back tae Arbroath but ah've been tae Blairgowrie, but no' tae the mills—weddins and that. Oh, Blairgowrie's quiet now compared to what it was. Ah mean, there's nae work in Blairgowrie now. There's nae mills.

My laddies say Blairgowrie's a retired toon: everybody's auld. Well, when ah go up ye're feared tae ask for anybody in case they've gone. But there are still a few o' them alive and there's a few moved oot o' toon. In my crowd—like the girls I went wi'—ah think ah'm the only one that's went past Dundee tae stay. Ah mean, a lot o' them have maybe been abroad for a holiday but ah'm the only one that's went past Dundee tae stay. They settle in the area and they bide there. Even ma brothers and that: as far as they're concerned there's nothing past Dundee.

Well, ah worked in the jute and flax mills for aboot fourteen or fifteen years. Ah wouldnae hae changed it. Ah've no regrets. Oh, ah liked the work and, oh, there wis good cameraderie.

Ann Flynn

I LEFT SCHOOL in Glasgow in 1923 when I was fifteen. So I wrote after jobs and I got replies. I had a fancy for this one—Financier. Well, I would sure like to be in finance, high finance if possible—making a big joke about it with the family. My mother said nothing.

So I went for an interview. It was St Vincent Street, that's where it was, on the corner. And I went up and interviewed and I thought what a nice old man he was, lovely, I liked him. He had such golden grey hair and, of course, I always had an eye for beauty. I thought, oh, he's an awful nice looking old man. And he had a daughter and she was very big and handsome. He was a kind father. And I said I would like to come, yes. And he said, 'You've a very nice way of writing in stylish hand. Would you like to take the job?' he said. 'Well, yes.' I was quite flattered, you know, being engaged then and there.

When I turned up to start work I thought it was very odd and I had no idea about things like promissory notes. But I found it very promising. And he used my nice handwriting for writing out these promissory notes. Those were hard times and yet I'm getting all the gen: 'You do that and you pay so much interest.' And then I went home after the end of the second week and I explained to my mother. She said, 'Well, if you had asked, you see, you could have been told. He's a money lender and what is more he's probably Jewish.' I said, 'Well, I don't know what he is but he's a very nice man. I like him and I like his daughter. She's a lovely looking woman.' And my mother just looked at me and said nothing. But I thought to myself, 'Well, right enough.'

I didn't stay long, I think maybe six months at the most.

'And my mother was in the rent strike in Glasgow in 1915 and my sister Mary and I were her little aides. My mother was a member of the Co-operative Women's Guild. My mother would gather with her Co-operative women and a whole lot of the Co-operator people were in the rent strike. Oh, I clearly remember parading up and down and running messages for them: "Go and tell Mrs So-and-so she's to come to a meeting at such-and-such a time."'

I quite liked it in a kind of way, because of the fascination with the sort of people that came in. And I had there my first encounter with someone trying to play me up sexwise. My first encounter was with one of my nice boss's friends. And I remember removing his hand from me and looking up at him and saying, 'Do you see these teeth?' (and I had very good gnashers then) 'See these teeth? If you so much as lay a finger on me I shall bite right through till the blood drips out of you.' And the man drew back and he looked at me with such surprise, because I had done it very dramatically. I didn't go home and tell my mother. I was very satisfied I knew how to sort people who took liberties or even tried to take liberties.

I was born on the 6th of March 1908 in Moffat in Dumfriesshire and I was duly christened there with two godparents in church, believe it or not. My father was, I think, one of two sons whose family lived in Dundee and they were China merchants. I don't think that meant they travelled a lot between Dundee and China. I think that was the name of the importer. They got stuff and sold it. I do know that there was some disagreement in my father's family and the boys opted out of living with their father and mother as quickly as they could. Samuel, my father's brother and the youngest of them, went away without ever saying anything at the age of sixteen years. And as far as I know my grandfather and grandmother in Dundee never ever heard anything again about Samuel. I once met my father's two sisters. They were nursing sisters and worked in hospitals in London, and they had left the family home rather quickly. So I think that my father's were the kind of parents where you either did what you were told, came into the business, or whatever they said was right to do, or you got out. There was some quarrel between my father and my grandfather about the freemasons. My grandfather being a freemason probably introduced his son into the masonry; and my father tried to do the same for some person—it turned out to be a coloured man in Dundee—and my grandfather took objection. I think the last act was he said to my father, 'Get out.'

My father died at 31 and was married to my mother for only a few years, my sister Mary being older than me by two and a bit, nearly three, years. He must have been fairly young when he came through from Dundee to Glasgow. He went into Dennistoun, following some interest that he had. It seems that he had some inclination to be a physiotherapist. He was a swimmer and quite an athletic young man and reasonably educated, and he was looking forward to doing this.

Well, he came to Dennistoun and fortunately for him he got lodgings with this woman Mary MacDougall, from Jura, who was a widow and had three children: Duncan, Catherine, and Jean, the youngest one. They had a good boarding house going. Well, my father went to the baths in Dennistoun, later saw an advert for a baths master, applied for it and got it. It also tied into what he was doing in physiotherapy himself. He started up a practice and he was having people coming to him privately for physiotherapy. Well, he became very attached to Mary MacDougall and to her daughter Jean, who were both Gaelic speaking, and he married Jean, who became his wife and my mother.

My father took another step forward and he went as the physiotherapist to the Hydro at Moffat. And then the whole family—my mother, my grandmother, and later his first daughter, my sister Mary—moved with him and they settled in Moffat. But he had an accident within the Hydro. There is mystery there, but that was probably because of my mother's reluctance to inform us—my older sister Mary and me—and I dare say there was little to be done anyway. It was supposed to be accidental death. I don't know about that. My father died when I was just a little baby. I only know that he saw me. I don't think that he ever dandled me really. I have no recollection whatsoever of my father.

I did meet my father's two sisters, Catherine and Josephine, when I was eleven and I was quite impressed by them. But one of them committed suicide in London. I think she didn't like it really. The other one lived to be very old, got left a house by a patient she had nursed, away up on the north-east coast, and ended her life in Harrogate and left a little sum of money when she was over eighty. So she ended out quite comfortably.

When my mother was left a widow she would only be about thirty-one or thirty-two. She was still young. My mother did not like Moffat. My granny MacDougall had been born and brought up in Ardlussa and had been the nurse-cum-doctor on Jura—I don't know if she was a trained nurse—and was very knowledgeable always and very useful. She had been known as the nurse for Jura and it was the doctors who went to her and got her. So she had concentrated on people who could not afford to take a doctor or get a doctor brought to the island, and she was known as really the person who brought them into the world, saw to them if they were ill, and saw them despatched to their graves: a very useful woman. Well, Granny MacDougall didn't like Moffat either. Moffat was supposed to be a very fashionable place at the time, and they were meeting a kind of class they really thought rather useless people. When this dreadful accident happened to my father the two women decided they would pack up and go back home to Glasgow, which they did.

The first house that the two widows took was in Elderpark Street, Govan. Even today I could see that they were very nice tenement properties there, where two capable women could easily run a business as a boarding house, and where the children would be protected. But they were getting ready to change addresses again when my grandmother died. I think there were only months between the death of my father and the death of my grandmother. So my mother was left alone with two children. But she didn't quail really. She still had an older brother Duncan, who worked for people who kept rather club-type pubs called Rogana, and she still had her older sister Catherine. I don't know what happened to Duncan afterwards, but I think he too died. Her family seemed to run into the sand, except my mother.

I think my sister Mary and I must have from a very young age held my mother in great respect and some awe. She was not tall but she had some quality of independence and dignity. She always was what I would call a little stylish. She liked to look good. If she was going anywhere or in the house she made a good impression. So I think we as girls were slightly in awe of my mother. She protected us. We were not to ever get to know what had really happened to my father or how she managed, or what have you. You didn't dwell on things like that. And that was part of her way of dealing with her tragic life. She was a very courageous woman.

My mother wouldn't let us learn the Gaelic. She was mad about us having very good English. Well, I witnessed something that I didn't have to ask my mother why she wouldn't let us learn Gaelic. My Aunt Maggie, who lived in Cromwell Street in Glasgow—a good house, with bathroom and what have you, and all her children went to university—was really my mother's first cousin. But we called her Aunt Maggie. First cousins were aunties in Highland tradition, and Aunt Maggie's children, although second cousins, really became our first cousins—they were very close to us. Well, my Aunt Maggie and my mother would talk in Gaelic. But we were excluded from it and really excluded from a lot of conversations: 'Read that' or 'Do something' or 'Get away out of the road just now.' And we did as we were told.

I believe my mother thought that if my sister and I spoke Gaelic it would be a disadvantage to us. When I would say I would probably be about nine years old—and I was quite alert very young, I was a good pupil—we were going down Sauchiehall Street one day, my Aunt Maggie and my mother and I, and I was at the back of them. And I was keeping my distance, first of all because I didn't want to be attached where I wasn't understanding what they were talking about. So I was behind, and I was watching the two women, who were well dressed but talking in the way that foreigners do, you know, really strong voices in the Gaelic, and people coming past and looking quite hostile at these two women. And then I realised that the Irish and the Highlander were not wanted all that much. Some people said they were coming in and taking bread out of some of the Glasgow people's own mouths. That's the only way I could put it down in recollection afterward. But that was very clear in my mind, that there was some objection to people speaking in Gaelic. But these two, my Aunt Maggie and my mother, you know, seemed to not be bothered about anybody else in Sauchiehall Street there. They were very independent.

My mother ran a boarding house all the time we were growing up, she always had boarders. There was a time when it was rather difficult to get boarders until the 1914 war brought lots of refugees into Glasgow, from what I've heard. I remember Belgians and various Baltic people, even from Lithuania, coming into the school then. Well, my mother had quite a small house, it was two rooms, a kitchen and a very basic bathroom. So there was one room for boarders, and if she was feeling the pinch... We seemed to get fed all right and we were never really in any difficulty about good health.

But one of our boarders, Peter Kerr, took a fancy to my mother. He kept coming back. And finally he was permanent for six years. Now Peter Kerr was really somebody. He was something very, very skilled—I think he was a scientific instrument maker with a firm in Glasgow that had Kelvin in its name: scientific, electrical, instrument making. Peter Kerr made good money and he was very generous. My mother had the banns put up for marriage twice. Peter Kerr loved me and he loved my sister. We were the most fortunate children, I think, that you could possibly imagine to have a substitute father for six years who was such a good man. He was Catholic born but not practising—something to do perhaps with the extension of his mind to the sciences. My mother always said she thought Catholicism was a dreadful religion. She became quite irreligious really. She had very strong opinions about things. But she never had to bother about anything while Peter Kerr was with us. We had good dressmaker clothes and things like that while we had Peter. He widened our lives. We got to the theatre, the cinema, even skating. He took me to watch Partick Thistle. I still follow Partick Thistle and understand the game and love it. I'll never forget Peter Kerr, because he taught me about football. And he took me there because I was a sort of sporty one. I was always jumping, high jumping, and was a bit of a harum scarum. My sister Mary was that much older than me and more sedate. She was my mother's trusted companion in charge of me.

Well, finally, when I would be getting maybe to ten or eleven and my sister about fourteen, my mother refused for the second time to marry Peter Kerr. Mind you, banns put up twice. And I remember him talking to my mother. We had just come in and there were heated things being said. My mother said, 'No, I can't do it. I cannot marry a Catholic and make my children responsible to you. I want nothing to do with you.' It was all very dramatic. And we were mourning really because we loved Peter Kerr dearly and he was a good man, generous to a fault, and really he made our lives. The great pity was that ended. My mother's anti-Catholicism was very strong. She wouldn't have a Catholic doctor. And she got that into both our heads, my sister's and mine: 'Never ever have a Catholic doctor. You can't trust them with women's affairs, no, no, no. They won't let you do what you like with your body. You can't have that.'

Well, my earliest memories are of people coming as boarders to our house, and always having a stir and a good table. My mother had quite a theatrical crowd that came. They would be there for a few nights or maybe a month—short term, until things happened like the 1914-18 War. But I do remember some of the boarders, especially the theatrical ones. We always had one room and the lodgers had the others. She let out all the bits that she could, and that was usually two rooms. We never had a room each. Sometimes the three of us slept in one bed, sometimes it wasn't that—sometimes she had a bed and a small bed. But we were always under my mother's supervision.

Now my mother had us on the move all our lives. I don't know how many schools I was in. But my mother had this fixed idea: this place won't do. She'd stay in it for maybe about a year. She would then remove. Removals were easy in these days. Very often it was a horse-drawn square kind of cart with four wheels, an open cart that removed us. And she was always on the move. And I used to think, 'God Almighty, how did she manage…?' I'm saying God Almighty now because I've often wondered how she did manage to do it. But my mother was not to be questioned about finance or anything, and I only remember her once having to resort to what was called the Parish. And I think the experience so shattered her that she said, addressing us: 'I can't stand this.'

But she had a solicitor came and my mother got money from her dead husband's family or somewhere. I have tried very hard in my memory to think what the solicitor's name was. It began with an S. Now I could not tell you about that money. My mother did not discuss money with us. It could have been from the other side—my father's family. I know that my grandfather in Dundee sent a lawyer to see how Michael's (my father's) children were doing, which annoyed my mother very much. She cut herself off from my father's family because she thought that they looked down on her peasant ancestry, which she was very proud of. And she thought, 'Well, he might be a China merchant. But we worked the land'—because there was a MacDougall mill on Jura. When you came over to Taynish, where my mother's family had come from, and people talked about MacDougall this and MacDougall that, I thought, 'They must have had some substance.'

My sister Mary and I were children who grew to our maximum height very quickly. 'If I gave you a letter,' my mother would say to us, 'would you go round to New City Road and Grove Street and all round there, tabernacle, churches, St George's Cross with all the cinemas, Charing Cross with its cinemas, theatres and everything, and the little street leading to Sauchiehall Street?'—all the houses of the day. So she was there in that area, and she could get theatrical boarders and what have you, and she quite liked that—a scent of drama and what have you, she rather liked that.

But she didn't have any lodgers after Peter Kerr left. She gave up later on when my sister and I were still at school from nine till four. She went out working part-time in the afternoons—housekeeping, temporary housekeeping and cooking. She would go into somebody's house—single men and single women and what have you—and make a meal. So she would make money like that. But I think that my mother must have had some source of income from this lawyer for some time. Then that may have run out.

I was only six and a half when the First World War broke out but I have very vivid recollections of it. My mother said, 'You've to go round and you've to get as many potatoes as you can. There'll be a shortage of everything. And coal—these are the two things that we must stack up as hard as we can.' And she went buying so that she would have this or that or the next thing. But I can also remember when we stayed next to the bank building in the New City Road. There was a big bank building in one corner and Shamrock Street ran off the other. I remember one day hearing a noise outside and I ran down to see what it was all about. I was a nosey little child. A great batch of wounded soldiers had arrived home. And they had on lovely sort of deep navy blue, beautifully warm tweed invalided soldiers' suits, with nice ties and white shirts. And I saw these soldiers in all sorts of states. Sometimes it was two crutches and arms just shoving a body along. And what I was really amazed at was how clean and beautiful they all looked, nice clean faces and well turned out. Then there was a dreadful 'flu epidemic came. My Aunt Maggie's son had just come home from the war, wounded, and was getting better when the 'flu epidemic hit him and he died.

And my mother was in the rent strike in Glasgow in 1915 and my sister Mary and I were her little aides. My mother was a member of the Co-operative Women's Guild. My mother would gather with her Co-operative women and a whole lot of the Co-operator people were in the rent strike. Oh, I clearly remember parading up and down and running messages for them: 'Go and tell Mrs So-and-so she's to come to a meeting at such-and-such a time.' I did all that, both my sister and I did it. I was quite young then, about seven, but then I had my big sister, who would say, 'You go up there and I'll go up here and we'll meet again.' Oh, the rent strike was something then. It really was. Years later my husband Vincent and I researched it and we were quite surprised at how big it was—big enough to threaten the government.[355]

Then I remember during the First War on one occasion in Glasgow, where everything where we lived was sort of noisy tramcars with a cow-stopper, and they were very noisy when they were let down. Anyhow a horse had been hurt by a tram and this horse was lying out just in front of our close. And I suddenly saw the horse's blood gushing out and running down towards the syver in a little river of blood. And the next thing I was on the ground. And after that every time I saw blood I just fainted. I seem to have got terribly affected by what I was seeing. My mother took a lot of care with me then. I had a very pale skin like my father and very dark hair, and lots of it, and curly. My mother solved her problem about me then fainting with blood and gore and what have you, by sending me from the age of ten to eleven to Tayvallich, in Knapdale, Argyll, across the Sound of Jura from Ardlussa, to my Aunt Jessie (another cousin of my mother) and her six of a family. My mother paid her for my keep.

Well, John Smith, the former leader of the Labour Party, went to the little school at Tayvallich and many years afterwards said how much he enjoyed his school days there. I thoroughly enjoyed mine—the best years of my life. It was really just a Highland school for children up to eleven. A lot of the children, oh, a majority, spoke Gaelic.

Well, as I've already said, I don't know how many schools I was in as a child. I remember very well starting school in Glasgow. And I should remember very well because my mother moved so much that the first two schools I was in I got lost. Somewhere or other I went to a police station and just said to the chap at the desk, 'I don't know where I live. You see, we only came there last week.' Well, I had to find out my way home. I don't think my mother met me at the school. And she was probably then expecting my big sister to look after me but then, I mean, I was quite a handful for my sister because I could run like mad. And if my sister got chatting to some of her school friends I could be away. I think I was quite a mischievous little girl, not to be held down really. So, oh, I went from school to school. One I remember was Garnetbank School. I thought it was wonderful. About eighty years later, in 1994, I was standing in Scott Street looking up at Garnetbank Infants and saying to myself, 'It's still a lovely school.' And this lady must have seen something in my face and said, 'Have you lost your way?' I said, 'No. I'm recalling my way. I went up and down that hill manys a time.' She said, 'Oh, that's a Chinese school.' Open mouthed again I felt, 'Fancy that, a Chinese school.' But I was in so many schools really for such a short time.

Oh, I had no problems whatever at school, I loved it. From the first day I was at school I never had any trouble. I could always write, oh, always I liked to write. But I was good at maths and counting. And, oh, I was always a keen reader. Then my mother was so, too. My mother was a political woman. The *Forward* came into our house,[356] and various newspapers—the *Oban Times*, the *Glasgow Herald*, and sometimes *The Times*. That had to stop when she couldn't afford all these papers. But I can remember my sister saying to me, 'You take that bit of the paper and I'll take this bit and we'll take turns of reading out aloud bits of the paper and hear ourselves.' She said, 'My teacher says that if you read *The Times* you'll get the best structured English sentences possible. Set yourself the standard by *The Times*.' What my big sister did she taught me. It was all passed on. Any French that I knew was what my sister patiently drilled into my head. I have never been very good at French but I did manage to be quite good at Russian and many years later also I was quite a promising pupil in German.

My sister went to Kent Road for her higher grade schooling. When it came my turn my mother had a visit from my headteacher to her house, telling my mother, 'This one is even brighter than the other one. This child will make a splendid teacher.' And my mother said, 'Oh, yes, yes.' Then she got a letter from the headmaster and he asked her would she come and see him. And he said, 'You certainly should do as well for this one as you did for the other. We would hope that she would have the same opportunities.' And my mother said, 'Alas, I'm not so sure of that. Well, you see what has happened. The town council has now said, "No more free books. All books, pencils, jotters—everything has to be paid for." ' And that was an edict that had fallen, it must have been about the end of the First World War, because I would be eleven at the time.[357] So my mother explained it all to the headmaster, 'I cannot afford to pay this.' Later in life my mother, who was a proud woman, said to me: 'Do you remember what you said to me when I said I couldn't afford for you what I'd done for Mary?' I said, 'Well, I am aware of what the circumstances were.' I had apparently said to my mother, 'Not to worry, it's all right. I shall educate myself. It can be done later.' The fact was Mary had had the benefits of Peter Kerr, our boarder who'd wanted to marry my mother. By this time Peter Kerr had gone and here I was back home from Tayvallich, and my mother was very honest and put the whole thing in front of me. So I did two years' schooling in what was the substitute, called, I think, just the complementary, in a school quite some distance away from home, I can't remember its name. So I had schooling until I was fifteen. When I had come back from the Tayvallich in the Highlands at the age of eleven I was quite grown up. Tayvallich was a wonderful place to really learn about life and what have you, so I was quite grown up and in many ways older than my big sister. I said to my mother, 'Don't worry.' And so when I was fifteen I set myself down to get a job.

I had ambitions. I wanted to be an actress. I think that was my mother. She loved the theatre, when she could indulge it, and the films and that. And Peter Kerr was musical. I wasn't so musical but we had sort of musical nights when I was a child. And Peter Kerr bought a harpsichord, I think, and he got music. After we came out of Firhill Park watching Partick Thistle play we went to a music shop and every Saturday he brought a new piece into the house, got going at it, and my sister would sing. My mother would come in and she would say, 'Don't let Ann sing because she loses her pitch.' So I had to be quiet and then Peter would say, 'Ah, well, maybe she can't sing but she can entertain. She can tell stories very well, and she is reciting poems and goodness knows what.' But it was he who really encouraged me.

And then, as I've said, my mother was a political woman. Well, the nearest she got to a political party was joining the Co-operative Women's Guild. But then my mother was getting the *Forward* and hearing things in the Co-op Women's Guild. She never ever to my knowledge joined the Labour Party. But she was always very keen when it came to elections for the council and parliament. And her children would do anything for anybody that was canvassing or what have you. My mother really was the moss that we gathered the honey from, because her instinct was to organise. But she was quite proud really and I think she would probably not feel that she would like to go and expose herself as a political innocent, as she was in many ways. But my sister's first job was with a clerk somewhere, I don't know what it was, in Queen Street. And there she was being trained by a man who turned out to be a socialist and who made everybody near him aware of socialism. So it was my big sister that really ran the politics into the house.

And then, too, I became against religion. I had become religious mostly through my Aunt Maggie, who insisted that we have a religious background and saw to it that my sister and I went to the Milton parish church in Glasgow and got indoctrinated. And we did and took prizes, and I began to despise the church because it gave out poor prizes. My sister got a book on astronomy, I mean, it was away above her—literally and figuratively! I said to my mother, 'A prize—look at it!' But we went to every religion, every denomination: Grove Street Institute, the Tabernacle, the Hallelujahs, as I called them, and listened to the Salvation Army, who had lovely tambourines that they waved down the road. My mother said, 'You've not to follow the tambourines. Do you hear? Promise. Don't do it!' But I was losing my religious belief anyhow, I really was. But, oh, I went to these various meetings because I was interested in ideas—and to hear people talking. We went to the Congregational Church in Kent Road, quite near the Kent Road school, and I was spellbound. The minister, H.S.McClelland, brought in wonderful authors of the day, male and female, and they would come up and speak but mostly about their lives and what they believed in and so on. So it was a wonderful experience and I used to sit and listen to the resonance of H.S. McClelland. I would feel the resonance going up my back and right into my head. And I would say, 'Oh, oh, he has got such a wonderful voice. I must practise that, sitting up very straight on a hard chair.' I became for my mother and sister their little entertainer. And so any plays that I got at school—I came home and did Hamlet for them, such as I knew it. So I became an entertainer.

Well, as I've already said, I left school when I was fifteen and found myself my first job with the financier in St Vincent Street, but I didn't stay long in it. I must say I was very fortunate in the next job that I met a wonderful man, a builder, John Hedderwick Henderson. And he had built the fine houses, some of them, in the Great Western Road. But he had built most of what was Hyndland. There were certain plots still going in Hyndland at that time. Well, it was a father and son, Henderson's, and it was the old man himself, John Hedderwick Henderson, who interviewed me in a builder's wooden type of place. John Hedderwick Henderson, a most imaginative builder, had three helpers in his office and I was appointed one of two juniors doing very junior work.

But the old man took a liking to me—I think it must have been my big eyes and pale face, and the fact that I was interested in the work. He took me about with him and by the time that I had spent a year there I had already under his influence got a good idea about structure and what a builder was really looking for, and how he would do it, and what kind of ambience he was trying to get in his property that suited the place.

By the time I had come up John Hedderwick Henderson had a plot in Lauderdale Gardens, Airlie Gardens, and another plot opposite this builder's place. He himself lived in Queensborough Gardens, which was rather fine, and his house was certainly, oh, really beautiful. But he was such a grand designer that when I saw these wonderful houses that he had built I became profoundly interested in housing. He asked me to go out and I could take notes and I had a good eye. And he would say, 'If that was there, and that was there', and so on. I would be writing it all down and listening to him, and he would be talking away out loud. He was getting old, but that man taught me so well that when he died and his son took over I could go and show people the places and aspects. A lot of the houses were rented. To my dying day I will never understand people who take a house to buy or to rent and don't know or ask—and it's not on the notices—what is the aspect. I was taught that if you were a purchaser or a renter, if you wanted a certain aspect, well, then you had to seek to have that kind of house and not be satisfied till you got it. And certain other things about a house. I was very confident of doing that and I really liked the work. It got you away out of the office.

I stayed for eleven years with John Hedderwick Henderson and his son. When I first began there the son of J.H. Henderson & Son himself had a son who was starting at Glasgow High School. And the old man said to me, 'Would you take him to school in the morning just till he gets used to it? He seems to like you.' So I said yes and got to know the wee fellow quite well.

I was well looked after in that job. Not only did Mr Henderson pay me decently but he also educated me in many ways, and especially about architecture and an architect's job and what to look for in houses. And I could get houses for people because both of the family trusted me and liked me. Years later when I lived in London if any of my friends had to go and live in Glasgow or Edinburgh I would say, 'Well, if you're homeless look up Mr Jack—the old man is dead—and say that I sent you, and I think he might help you.' I must say I really loved working for them. It was good.

When I was eighteen my sister goes round to the Co-operative to put in the shopping order—it was wonderful, it was delivered in these days—and comes back and says to my mother, 'There's a notice in the Co-op that a dramatic group is to be started in St George's Co-op down at St George's Cross. I think Ann should go. She's always entertaining somebody.' So I went there and it was there that I really said to myself, 'You could do this for a living.' Now I had wanted to go to the Art School. But my mother had said, 'You'll never make a living out of art, never. The best artists can hardly do it in Scotland. It's no use. You must be practical. You've got to be responsible for yourself sometime. You must do this and do that.' While I had listened to her I had thought, 'Well, that's true. I must eat my corn. But there are things I can do when I'm not so engaged.' And I did learn.

I met a schoolteacher who lived opposite us and was friendly with my mother—we were living then in Caird Drive, having come up in the world. And

I got tuition from this schoolteacher. She had classes in rooms called Cuthbertson's Studios in Sauchiehall Street, quite famous for music and a lot of things. I went there as a pupil and got a lot of instruction as to how to present yourself, how to breathe and keep the flow going. A girl called Molly Urquhart, who came from the same street and was of the same age as me, was in the same Co-operative drama society as me. Molly later became quite well known for her acting.[358] And I really was pretty well always thinking in terms of acting, and one of the best ideas of my life was to keep that going somehow or other. But I outgrew the Co-operative and I had visions of better groups, though I didn't despise the Co-op by any means because they had paid out of their educational funds for all sorts of things.

Well, I had got myself deep into the drama and it was through that I met Vincent Flynn.[359] He was in the Clarion, which was a famous group in Glasgow. I called a central meeting of all the drama groups. Some, like the Park, which was toffee nosed, weren't interested, and others that were more song and dance people weren't interested. But I had a core of groups, one in Cathcart, one in Govan and one somewhere else, and of course the Clarion—about five groups. And at that time I joined the Left Book Club.[360] Vincent Flynn joined it, too. And we could see that the Left Book Club had pulled into it writers and playwrights. I was more interested in the playwrights. London Unity Theatre was going to put on one of the Left Book Club writers' plays and it was called *Waiting for Lefty*.[361] Vincent wrote off to them and he got back a letter, and we said to our Glasgow drama groups, 'Now we could form out of this lot of players a Glasgow Unity Theatre.'[362] And we were quite surprised about how many were willing. It was quite a considerable number. But we had no backing. Vincent and I—we were married in 1935—and one or two friends, and Helen Biggar, a very talented sculptress from a very well known family in Glasgow[363]—between us it was all our own cash that we were doing this with. There was nothing that Helen wouldn't have done. She and a few others were really very eager to help us. And we had hopes that, with support from the trade union movement— Vincent was a bookbinder and active in the union—we could get some little capital to set up the Glasgow Unity Theatre in some hall. We had really quite a vision of things. Vincent and I were looking forward to being central to Glasgow Unity Theatre when the war came. The war took our best youngsters away. And Vincent was already in London when I went there in 1940. I didn't see the beginning and the realisation of Glasgow Unity Theatre. But it existed for quite a long time.

By the way, I was in the Communist Party early on. I think it was probably after the 1926 General Strike I joined it, probably in 1927, '28. I was staying in Caird Drive, I remember, and below it was White Street and there was a wonderful woman there called Anne. Her second name doesn't come to mind. But she was so wonderful, and she was going fighting rent cases in the court for people who were, you know, likely to be evicted. And she was winning, because she would go to the library and read up the law on the rent. I was full of it. I knew all about rent, I knew with being in J.Hedderwick Henderson's what the law was. So she would knock at my door and say, 'Could you tell me what you do about this?' And so she was giving me insight and I was giving her help and I really worshipped this woman. She was doing this through the Communist Party. I thought, 'This is great. This is wonderful. I must join the Communist Party.' I joined the Communist Party and when I met some of them I nearly fainted. I thought, 'My, you're a right tough lot.' And so they were. And I wasn't so sure about some of them. But that didn't hold me back. The others were really quite splendid and I thought, 'Well, you could learn a few things from them.' And I was reading the Communist Party paper and liking it.

So I must say honestly I have achieved all that I wanted, and I have had a happy life. I've had a useful life. And I've enjoyed my life and my marriage.

Jimmy Crichton

A<small>H WANTED TAE</small> go tae sea—the merchant navy. Everybody in Restalrig Road they were a' attached tae goin' tae sea. The Rowes and Jackie Mackay, a' these fellows went tae sea. And I had an idea I might go, because when ah wis young ma faither always used tae take me roond Leith docks. That wis the great walk. And ye got the notion that ye would like tae travel the seven seas. Oh, it wis busy in these days, the docks. Well, ah got an offer tae join the Glen Line. Now there wis a man that worked in the Edinburgh roperie, a Mr Gunn. And Davie Mackay and I, we were in the Scouts, and Mr Gunn said, 'I'd like tae speak tae you some day. Come up to the office.' And he spoke tae us and he says, 'How would you like tae go and serve your time at sea? Ye would go for a while and then ye would go to the Nautical College.' Ah says, 'That would be great.' This wis about 1928, '29. Ah told ma father. He says, 'There's boats lyin' up the Gare Loch rustin' there.' That wis German reparation boats, ye know. 'And,' he says, 'there's master mariners workin' before the mast, and there's no work goin'.' He says, 'No, ye're no' goin' tae sea.' He wouldnae sign the thing. But a' right, ah had another uncle, who wis a stationer, and he says, 'Ah'll get Jimmy a job in the printin' office.'

'…Wi' our political activities we were doin' stuff for Spain. These German boats come intae Leith. One wis supposed tae be a sailin' ship, the Horst Wessel, *and it wis supposed tae be trainin' crews. But it wis full o' bloody airmen who run around takin' photographs o' everything. And d'ye remember Mrs Jordan, the Dundee Nazi spy?'*

I wis born at no. 9 Restalrig Road in Leith—right across the road from where I live now—on the top flat, above the pub there, the Links Tavern, on the 7th o' May 1915. Ma dad worked in the Co-operative store. He wis branch manager up at the top o' Restalrig Road for a while but, ye know, as he grew older he used tae work a lot wi' the bacons and hams, and that wis more or less his work. Well, ma dad wis only, well, he wis a grocer in the Store. He wis no' particularly wealthy, ye know. Ma dad wisnae a great political man. He wis a wee bit inclined tae be sort o' religious, he wis a Protestant, of course. But he didnae want tae really have political discussions.

Well, my grandfather Crichton he wis an old seedsman. He worked in Bell's Seeds place down at Carpet Lane, down in Leith. They used tae talk tae me about ma grandfather or his people away back from Perthshire—Logierait. Now that's no' very far intae the Highlands, it's jist afore ye come tae Pitlochry. Ah think being agricultural people they came down tae Leith tae become seedsmen. Grandfather Crichton wis a right old man when he died. But he died goin' tae his work across Leith Links. He stayed in Vanburgh Place at the foot o' Easter Road. And he wis down just what they call the Giant's Brae when he died goin' tae his work. And this day when the news came along I had tae go up and tell ma dad.

Ma mother's people were Borderers. Ma mother wis called Agnes Hume. And ma grandfather Hume, well, ah think he wis born in East Lothian really, because ah went tae find oot aboot it in the kirk session thing. He came from the parish of Whittingehame in East Lothian, and he lived in one o' these farms. But they cannae tell me where the farm is now. Ah tried tae find out where it was. It was between Garvald and Whittingehame. Well, he worked in East Lothian, and then he went south to where ma granny Hume came from, near Reston in Berwickshire. They called it Auchencrow. But the locals there ca' it Edincrow, Edincraw. It wis a place where they burnt the witches. Well, ma granny's own name wis Jessie Hill and ma grandfaither met her and they married in Duns—ah've still got a watch there frae him—when they spelt the name Dunse. And he wis a bit o' a romantic, auld grandfaither Hume, because he went and married her again doon at the smithy on the east coast Border, down past Burnmouth a wee bit.

Well, grandfather Hume went tae work in Selkirk in the woollen mills, the Co-operative mill. And he wis an engineman, a steam engineman. And he looked after it and then he wis asked tae come and work in Chancelot Mill in Edinburgh, a Co-operative flour mill, and it wis steam engines. And he did that, too. I remember when ah wis a bairn ah used tae have tae go up and ower the brig yonder and intae Chancelot Mill and see grandfather Hume and take his piece. And he said, 'Sit there, Jimmy.' Oh, I admired the old grandfaither, ye know. When ma grandfaither Hume died he wis buried in Brierylaw ceemetery in Selkirk, and ah remember havin' tae go. Ah went in the train and they hooked on the bit wi' the coffin at the end. So I remember both my grandfathers and ma two grannies, too. Ah've got a family thingamyjig.

Ah wis the youngest in our family. The eldest one wis a sister, Nan, and she wis fourteen years older than me, and ma brother Bob wis twelve years older than me. They're now both dead. Ma sister she wis a clerk in a publisher's, T. & T. Clark in George Street in Edinburgh. And ma brother Bob became an electrical engineer in an engineerin' shop near Leith docks, a place they call King & Company, which was down at the foot of Admiralty Street or Prince

Regent Street, ah can't remember, but it wis on the corner of Commercial Street.[364] And then he worked in Nelson's the printers. Well, when he wis workin at Nelson's he got in touch wi' this girl, she wis a Glasgow-born lassie but she stayed in Philadelphia. Well, Bob decided tae emigrate. He went away tae Philadelphia in 1929. Ah wis jist a laddie at the time. Well, the Wall Street Crash came along and of course if ye werenae a United States citizen, ye know, ye got your job taken away. He worked wi' the General Electric Company. So he went north up tae Canada, under the Union Jack, because he wis a British resident, and he worked there for quite a while. He seemed tae do very well. He worked with Westinghouse latterly and then he retired and came back here tae stay in Joppa. But his wife Jean she couldnae stand the cold in Joppa! She wis a Glasgow lassie but she'd been brought up in the U.S.A. Ah used tae say tae her, 'Ah don't know what ye're grumblin' about, Jean, because ye used tae tell me you got frostbite when you were oot postin' a letter in Canada.' 'But,' she says, 'it's nothin' like the wind that comes up the Firth o' Forth.' Ah says, 'Aye, it blows right across the Russian steppes!' Jean didnae like tae leave Canada. Anyway they went away back to Toronto and Bob got a job actually workin' wi' the Ontario government, carryin' out their trade delegations, etc.

Ah went tae Leith Academy, from the primary school right on. They call it Leith Primary now. But that used tae be Leith Academy, the one wi' the tower. At one time it wis called the High School. Well, Leith Academy, of course, spread a bit. And there wis a place along where that new Leith Academy's built, it used tae be Watt's Hospital. So that wis an annexe o' the Academy and we had tae go in there. Well, that wis where we got our Higher Grade. When ah wis in the primary and ma teacher was Miss Reid you want tae see the size o' the class—huge. It wis boys and girls.

Well, ah left the school when I wis fourteen. Well, ye see, tae stay on at school in these days your folk had tae have a bit o' cash, and, well, as I say, ma dad, well, he wis a grocer in the Store. He wis no' particularly wealthy, ye know. And, as ah've said, ah wanted tae go tae sea but ma faither wouldnae let me. Ah wis disappointed. That uncle—he wis an uncle by marriage, he wis married tae an aunt o' mine—who wis a stationer, he says, 'Ah'll get Jimmy a job in the printin' office.' 'Well,' ah said, 'Ah'll go wi' them.' So ah left school and ah went tae serve ma apprenticeship when ah wis fourteen.

And ah went tae work in a place jist up East Claremont Street in Edinburgh. It wis in McDougall's Educational Company, they were the publishers, but we were in a place they ca'ed the Castle Press. That wis the printing part o' it, and up the stair wis Duncan's the bookbinders. So ah went tae serve ma time. It wis a very small shop. It wis a wee printin' office, there were only a matter of five men in it, and I wis the only apprentice. But what worried me aboot goin' tae this place wis the smells o' printin' ink and everything—nafty, oh dear! Well, ye got used tae it after a while but...

And we had tae go through a lot o' examinations before we got into the trade. That wis a pack up. Ah wis in it readin' copy tae a man, and then ye got started. Ma apprenticeship started in 1930. But ah didnae get intae the union till 1931. Ye had tae be a year. And ye served a seven year apprenticeship. Well, ah went intae that place, the Castle Press, and, och, of course ye had tae go through a' sorts o' tests. Ye had tae go up tae the university tae get a psychology test. It wis Professor Drever.[365] Then ye had tae go tae the Spittal Street clinic tae find out if ye were healthy and if ye were colour blind—that wis another thing. And then we got a written test in the Heriot-Watt College—it wis in Chambers Street in these days. So ah seemed tae pass a' these things and ah got started. And that wis it.

Of course, from then on when ye started your time ye get in amongst a lot o' men and ye discuss politics. Oh, there wis a lot o' political discussion among us at the Castle Press. Well, it wisnae long after the First World War, ye see, and then there wis miners' strikes in between. Because I remember even before ah went tae ma work—I wis only about eleven years auld at the time—the 1926 Strike. Ma Uncle Bob worked wi' Broon Brothers, that wis in Rosebank Iron-works. He wis a sort o' turner, fitter, and a' that kind o' thing. And ma other uncle, who wis a bit o' a political man, too, he worked in Park & Somerville, lookin' after the steam engine.[366] They were ma mother's brothers. Ma father's brothers they had been Regulars in the sojers and they were all over the place. But ah mind ma Uncle Bob takin' me up tae Shrubhill tram depot in the 1926 General Strike. The cars—tramcars—were in there of course, that wis a car depot, and the students—the blackleg students—were bringin' them out and the men were chuckin' stones, breakin' the windaes, ye know. Oh, ah can remember that. Och, ah mean, these were vivid times. Ah remember Uncle Bob says, 'Come on, you and I are gettin' out the road here.' The amount o' policemen that were goin' about chasin' guys or breakin' up the thing… There wis a urinal at the end o' Albert Street and we went doon there tae get oot o' the crush. Then we walked away roond a' the back streets tae come doon tae the foot o' Easter Road and along tae Restalrig Road.

The men that ye worked beside in the Castle Press, some o' them had been in the First World War. They were aulder men than me. They were never very keen tae tell ye many stories—they said it wis bloody awful, that's why. They said that, but, ye know, well, there wis one old fellae he wis a compositor. He wis gettin' tae be an old man. Ah think he had been taken intae the army later on, ye know, he might ha' been aboot his late thirties or somethin' when he had been taken in, and they had made him Royal Army Service Corps. And he used tae have tae transport things up tae near the line and he says, 'Oh, Christ,' he says, 'ye ought tae have seen the bloody mess,' he says. 'A' the roads were completely… There were nae roads at a' actually. They had been bombarded and they were jist a'—ye know.'

There wis a couple o' younger men in the Castle Press. One wis Willie Gilchrist, he wis a great harrier, he wis in the Canon Harriers. That wis at the foot o' the Canongate, they used tae have a club room in at these arches in the railway bridge there. Then there wis wee Jimmy Binnie. He worked beside me, he wis an old comp—compositor. He wis shot at Gallipoli, aye, he wis in the wee Royal Scots, the Bantams it was.[367] He got shot right through the nose. And he wis a rare wee sowl, a great wee boy, Jimmy. Ah used tae like him. But his wife used tae gie him a doin'. Oh, he wid come in tae work wi' his bunnet on courtin' a black eye. A veteran o' Gallipoli and he used tae get a doin' frae his wife! And they flitted away from somewhere about Nicolson Square when the houses first started at Niddrie Mains. He wis taken away oot there tae Niddrie and they got a house in Wauchope Place. Ah always remember this. And ah says, 'A hell of a distance tae come tae your work, Jimmy?' That wis jist in at the beginnin' o' the '30s.

But Willie Gilchrist, the harrier at the Castle Press, he says tae me, 'Are ye comin' tae run in the harriers?' But that wisnae ma scene. Oh, ah wis athletic, but ah wis a cyclist, a racin' cyclist. Ah'll tell ye what made me go in for this. The manager, wee Stewart, in thingmyjig's, says, 'It's maybe a wee bit unhealthy in this trade.' We had tae go and blaw cases, ye know, it wis a' hard type—lead and a' that. And wee Stewart says, 'Oh, ye'll have tae get yersel' oot in the fresh air plenty, son.' And ah aye cycled up and doon tae ma work, dinner and tea, ah came home for ma dinner every day. So he says, 'What dae you do wi' yoursel'?' Ah says, 'Ah've started cyclin'.' And actually in 1930 we started the Clarion Cyclin' Club in Musselburgh.

Ah wis a founder member o' the Musselburgh Clarion Cyclin' Club. Ah wis fifteen or sixteen, ah think. Before that it wis jist a group o' friends ah went cyclin' wi'. Ah had two or three friends—the lad Donald Marnie, he stayed doon Leith Links, and then Archie Simpson, who worked wi' me later on in Constable's the printers, he came. Well, it wis with cyclin' in Musselburgh and that area we met these other lads, they were maistly miners. One o' the guys who came with us quite a lot wis a man ca'ed Jim Hunter. He worked in the Woolmet pit. Actually, he wis a contractor. Of course in these days the pits werenae nationalised, and they a' used tae say, 'Oh, the Wolf.' They called Jim Hunter the Wolf. And he used tae take me on and ah had tae do a certain stint. He seemed tae be no' a bad lad and he clearly had socialist leanins, ye know. Well, he says, 'What would ye think o' startin' a branch o' the Clarion Cyclin' Club?' Well, ma Uncle Bob had told me aboot the *Clarion* in the old days. He used tae go roond the country preachin' the socialist gospel. Ah says, 'Aye, that wid be a good idea.' And also we had insurance wi' it, and we used tae go tae union meets. We used tae go and meet them frae the west o' Scotland and the Glasgow A7 Clarion, and Ayrshire, and a' these places. And we had union meets. We a' met in the one place, say, Lanark Loch, Linlithgow Loch, or some other place—Wallace's Cave.

And we used tae go tae a lot o' meetins and appointed new officials. There were a bit o' politics in it. These clubs were offshoots o' the old *Clarion* newspaper. Ah think the newspaper actually that we were sellin' wis the old *Forward*. Of course, ye see, there were no *Clarion* in Scotland. It wis mostly in Manchester and these places doon there. So that wis the beginnin' o' ma political activity. [368]

When the Musselburgh Clarion Cyclin' Club wis formed ah would say there would be aboot 24 o' us. Oh, it became a big club. There were actually sixty in it latterly. We had ladies in, too, of course later on, but it wis maistly men. It wisnae jist a cyclin' club, we had political discussion and activities, too.

Well, we used tae go cyclin' every Sunday. We'd maybe make off for, we'd say, 'We'll go tae Lanark Loch.' Ah remember one time we went tae Prestwick Bathin' Lake when it first opened, the very first time it opened. It wis a long distance, Prestwick Bathin' Lake, and back again in the one day. Of course, we used tae dae some long journeys. Ah'll tell ye, if ye had a holiday week-end— and we didnae always get the Saturday mornin' off—we would say, 'Right.' There were two or three lads—they didnae always go, because a lot o' them were miners and, ye know, they maybe got black damp and they used tae take the knock and their knees shook, ye know—but one or two o' them would say, 'Right, we'll join the Youth Hostels and we'll go, for instance, doon to the Lakes'—the Lake District. Well, we'd leave Saturday at dinner time and we'd go down, well, beyond Gretna. There used tae be a youth hostel ca'ed Rockcliffe-on-Eden and then we would go there for the first day, then oot through Carlisle and away doon through Penrith. And we used tae turn up there and walk up ower the Kirkstone Pass, away Ullswater, and doon tae—now there wis a place we stayed there. Ah'm no' very sure now o' the name o' it, and then we'd go right round tae Lake Bassenthwaite. That's a good long run. Then we'd cycle hame frae Lake Bassenthwaite tae Leith—136 mile. Oh, we went roond the whole o' the bloody country. Oh, we normally did at least 100 miles a day. Oh, we got that used tae cyclin', ye know.

For instance, if we went doon tae Yetholm on a Saturday efternin—we had tae be back on Sunday night—we'd go away doon tae Yetholm, which is a guid twelve mile past Kelsae, away up where the gypsies used tae stey. There used tae be a youth hostel there called Attonburn. There wis a youth hostel in Kirk Yetholm, but Attonburn wis away up the valley that leads tae the fit o' Cheviot Hill. Well, we used tae go doon there.

Ah've seen me goin' tae see the rugby on a Seturday at Murrayfield first. And Charlie Cowan, one o' the lads, says, 'Ah'll be doon there and ah'll get the grub ready.' So ah would come back tae Restalrig frae Murrayfield on the Seterday efternin, get ma bike, and go doon. How we used tae go wis doon tae Musselburgh, up Newbiggin', and ye come up at Fordel yonder on the road, and right ower Soutra Hill and maybe stop in Lauder. There used tae be a wummin had a tea room there and ye could get a plain tea for a shillin'—Halchin's Tea

Room. And then we got doon tae Earlston, and turn up and go away roond by Smailholm and doon intae Kelsae, and then away up the hill tae Yetholm. Oh, it wis a guid long pull, that. And, d'ye ken this, that wid be cyclin' wi' your old acetylene lamp a good bit o' the road. But, mind ye, there were nae motors on the road in these days—very few. Och, God, ah thoroughly enjoyed cyclin'. And when we were comin' hame we'd say, 'Right, we'll no' go back that road again.' We'd go away doon tae Duns or Swinton and ower the Ridstane Rig tae Gifford and back that way.

Sometimes when we went on these runs we'd take newspapers wi' us. If ye went sometimes ye would, if ye got some papers tae leave in the youth hostels. We used tae leave them on the tables for anybody tae read, ye see. Oh, we always went overnight in the youth hostels. Oh, a shillin' a night! Well, the youth hostels wid be jist started in 1930. Broadmeadows up the Yarrow wis the first, and then there wis Chapelhope, and Shortwoodend near Moffat. And then there wis one at Wamphray Moor, ah forget what they ca'ed it, jist doon at Wamphray. Oh, there wis a lot. And then they were up by Callander and the Trossachs. Ah forget the names o' them now.[369]

Oh, ah'd always been interested in the countryside. Ah think it wis ma folk, bein' Borderers, ye ken. Ma Uncle Tam used tae tell ye some comical stories aboot when they were young, ken. Then ma uncles and ma grandfaither Hume used tae take me tae the seven-a-side rugby when ah wis a bairn. And then, oh, ah joined in the Cubs. Ah wis in the Cubs first and ah think ye joined when ye were away aboot seven years auld. Well, ma brother wis a Scout, ye see, and he wis a bit older. But we were in Leith Academical Scouts, and we stayed down at an Ingan Johnnies' loft in Charlotte Street. Of course, it's a' been renovated now. But the Ingan Johnnies were down below. Oh, we got tae know the French, oh, aye. The French had a big say in Leith for a long time, ye know.[370] But when we joined the Cubs it wis a great thing, the Cubs. Oh, we even got tae go tae camp when we were Cubs. We went tae Oxenfoord Castle, away oot near Pathhead Ford. And there were always games, ye had games, etc. And then when we were gettin' into the Scouts—ye were in the Scouts from about maybe ten or twelve—and after ye got tae fourteen ye were goin' tae go intae the Rovers. But ah wis about twelve or thirteen when ah got tae go tae Birkenhead tae the Arrow Park Scout Jamboree. And we met a' the foreigners, a' the different Scouts—from Hungary, Rumania. And they a' come wi' these grass things in their Scout hats. And we got told about, ye know, field craft and…

Ah liked the Scouts well enough. But when ye look at it now ye say, oh, they still believe in social class conditions, because the Scout's promise is: 'I promise to do my best to do my duty to God and the King, and to help other people at all times and to obey the Scout law, no matter what class the other belongs to.' So they meant it—they believed in class divisions. See, this is the kind o' thing that cropped up tae me when ah wis gettin' past the Scouts. Ah said, 'But they still believe in it.' And Baden Powell wis a bloody imperialist. He wis a general in the Boer War. Ye'd get rhymin' a' that stuff, this is what they gave ye at the Scouts, a' the names, ye know: Kitchener, Carrington, Heckaway, Keckaway, White, Cronje, Bloomer, Powell, Majubah, Gatacre, Warren, Colenso, Plumer, Capetown, Massingham, French, Kimberley, Ladysmith, Bloggs, Heity, Magg, Union Jack, La Dyke, Pretoria, and Dobbs, or somethin'. Ah said, 'Christ!'[371]

Oh, ye learned a lot in the Scouts, oh, practical things. Ye got taught how tae take down a tree and how tae use axes, and we went campin', map-readin'—a great thing—wi' compasses, and knowin' how tae read a map and set it properly. Oh, ah think there were practical things—fieldcraft—oh, aye. And good company as well, ye had plenty o' pals in the Scouts. Then ye had tae be able tae darn your ain socks and stuff like that. Oh, that wis a good thing. Ah liked it. Ah mean, ye werenae sort o' useless.

And then it wis a breakaway frae the school, and of course ma parents were always ready tae say, 'Right, ye can go.' And they would always give ye two or three coppers tae go. But in the Boy Scouts we camped, and ah remember we got taught how tae do proper dancin' up at a hut next tae the railway at Craighall Road in Edinburgh. There were a lady came there and told us how tae dance properly, how tae do the eightsome reel so that we wouldnae make a backside o' oorsels when we went to the Jamboree at Birkenhead. And we were a' fitted oot wi' kilts an' a' that and we went away doon there. And ah remember on the train—it went doon by Hawick, that railway wis open then—it wis a' Leith Scouts. There wis the 4th Leith Scouts from St Serf's, away at Ferry Road, and the 3rd Leith wis in the Cables Wynd. We were the 2nd Leith. The 10th Leith wis Pilrig. Ah dinnae ken what the 1st Leith wis. Anyway we were pretty good. We won the county flag and the district shield, etc.

Ma family didnae go away holidays. Ye see, when ah wis a youngster we used tae go doon tae ma grandfaither Hume's sister. It wis near Eyemouth and Burnmooth, beyond Ayton, it wis a place ca'ed Hillburn. And ma Uncle Willie he wis a chaffure for some bugger in Ayton Castle, oh, one o' the heid yins in the Masons. And Wullie eventually got oot o' that kind o' domestic service or what-ever ye ca' chaffures, and eventually got a taxi o' his own. And in the Second World War he used tae run airmen away from a' the different airfields that were doon aboot that district—Charterhall and places like that—doon tae the trains so that they could go on leave. And Wullie he stayed latterly in a place called Hutton, Paxton and Hutton, very near the Cantie's Brig. Ah used tae go doon there and ah'd dae a wee bit fishin' wi' him.

That wis another thing wi' the Cycling Club—we used tae do a lot o' fishin', 'cause they were a' miners, and they could catch fish wi' their bloody hands better than ah could catch wi' a rod. Oh, there were a lot o' miners in the Club. See, a lot o' them came frae Prestongrange and Ormiston. Peter Grieve and Peter Fairgrieve were Wallyford, Joe Fowler and Jock Nicol, Loanheid, and oh, these Edwardses, they came frae Loanheid. There wis a boy wi' a trike, a three-wheeler, used tae come frae Roslin. He wis well known. There werenae many trikes. They were difficult things tae guide, especially wi' a camber on the road, ye know. And then frae Gilmerton, there wis a few miners came frae Gilmerton—Jock Whitin' wis one.

Well, the Borders wis the nearest way for us tae go tae. But we sometimes went over the water, over the Firth o' Forth. Well, ma sister Nan, before she went away tae stay in Ireland, for a while she stayed in North Queensferry. And of course we used tae go ower the ferry tae her place. She wis jist up the hill frae the jetty as ye went oot the road tae Inverkeithin'. She stayed in Hope View— it's shadowed by the Forth Road Bridge now—but Nan steyed there. So ah've raced in Fife. Ah raced the Auchterderran Wheelers 25s, and ah've raced in the Fife Century.

We used tae go across tae Fife and sleep on the flair in the Cowdenbeath Wheelers' Club room. We never had anywhere tae sleep and we used tae go in and say, 'Ah've slept on better flairs than this.' Mind, ye were up at six o'clock in the mornin' for the start. Supposin' there were 120 in the race, that's two hours, because there were a minute between each. They were time trials, they werenae mass start races, which is slightly different. And of course if the first man wis off at six o'clock that meant it wis eight o'clock before everybody went oot. Well, that's two hoors. Well, ye were oot there and back in again in an hour and six minutes. Well, that wis it. We used tae race from the Kelty road-end, half-wey doon Glenfarg and back again. That's twelve and a half miles doon and twelve and a half back, ye see. And you'd maybe be batterin' along the road comin' back and ye saw some o' the guys still goin' oot yet. Ye had tae wait till it wis a' finished tae see whae'd won it and what team had won it. They went at eight o'clock and they widnae be back till quarter past nine or half-past nine. They always took the first three best times tae be a team race.

Then we used tae go through tae Glasgow and race. Big Jock Edwards—he come frae Loanheid—he and I and his brother Stiffy Edwards we raced at the Glasgow Ivy 25. Ye went away through Govan, away past Shieldhall and away along the bottom road. It takes ye towards Bishopton and places like that. Ah always remember we went through the night before the race and we slept in a Dutch barn and Jock Edwards fund eggs. He did a thing ah wid never dae in ma life, because ye're never sure if the eggs are fresh. He says, 'Christ, ah've fund some eggs, sir,' and broke yin and dropped it intae his mooth like that. It could ha' been blawn, ye know, it could ha' been.

Oh, ah cycled the whole lot o' Scotland, the Highlands, tae. That wis how ah spent ma holidays. Ah went wi' Walter Gerard—we were jist young—ah went wi' Walter Gerard tae Skye long before they built that boulevard ower Glencoe. We used tae go there and it wasnae even built, ye know. When ye left the Oban road at Tyndrum and ye came doon tae Bridge o' Orchy, ye used tae have tae go away roond by Inveroram and there were jist two tracks o' gress in the middle. Charlie Cowan wis another that came wi' us, and ah wid be sayin', 'Charlie, ah hope we'll be able tae get bloody inch and a quarter tyres once we get tae Fort William, 'cause these things'll get cut.' And then we would be down in the Glen. We once slept in a bothy wi' the men that were makin' the bloody road. And it hadnae really started frae the Ballachulish end. Oh, pioneerin' days!

And ah remember the very first day that time, do you ken where we had camped at night when we had our dinner? Ah left at twelve o'clock midday, well, we got tae the Falls o' Leny at Callander at night and camped there and we had our dinner. And ah said tae Walter Gerard, ah says, 'We shouldnae ha' camped here. Ye'll never get tae sleep for that bloody waterfa'—ye ken, goin' whoosh a' the time.

Ah remember we went up tae jist past Fort William. We turned away along Loch Eil, Loch Sheil and Loch Ailort tae Mallaig. When we'd got tae Glenfinnan ah says, 'It wid be a good place tae camp here.' And Walter Gerard he wis one o' thon buggers he wanted tae light fourteen fires wi' the one match. Ye know, he wis a real Boy Scout. And then we run out o' grub one day and he made what is known as dampers. God, ah don't know, put in water and a wee drop salt. Anyway we got to Skye, went across from Mallaig over to Armadale in a wee fishin' boat. They ca'ed it a fancy name for a wee boat. Anyway the meenister's wife wis on it and ah wondered: when they put oor bikes on they tied them on tae the thing, and ah said, 'What are ye tyin' them for?' The boatman says, 'Ye've no' been out there on the Sound o' Sleat?' And it wis rough! Oh, boy! And this wummin wis seeck, the meenister's wife. However, we got over there and we went tae Armadale. We cycled up tae Broadford, Portree, and ah dinnae think we got very far. We went tae Sligachan. We never went away up to the very north because it wis gettin' a wee bit tough, and the weather hadnae been too good. And we were only young then.

Oh, ah've cycled a' roond England. But ah never went tae the continent. Ye needed money. We didnae have money.

When ah first began as an apprentice in 1930 ma wage the first year wis twelve shillins, then seventeen, twenty-two, twenty-seven, thirty-two, thirty-seven, and the last year o' our time it was forty-two bob. And then we went tae £3.17.6. That wis the minimum wage. But ye got £4.2.6. or £4.7.6. if ye were a good linotype operator. But, ye see, we didnae get much chance tae be linotype operators until we went intae newspapers. So ah went tae the school and ah learned how tae do the monotype keyboard and the monotype caster, and reading—we had tae do a' these things. That wis a compositor's job: reading, revising, imposing, every mortal thing ye could think o'. Oh, it wis highly skilled work.

Ah went tae Heriot-Watt College for day classes tae begin with. We had tae go one day a week to the Heriot-Watt and the Art College, too, along at the fire station at Lauriston. That wis the two classes. We went tae Heriot-Watt tae four o'clock in the afternoon, then we went from four tae five o'clock along tae the Art College. We did drawin' at the Art College, ye know, ye either drew letters or ye drew vases and oranges and apples. Ah wisnae very good at it. That wis tae make ye conscious o' forms. And then when ye went back tae the night school they used tae give ye adverts to set, ye know, say, give ye a piece o' rough copy and say, 'Make an advert out o' that.' Like ye'd maybe be doin' somethin' for pens or anything, ye know, steam rollers, or ladies' lingeries, ken. Ye had tae dae that in italic—something delicate. The steam rollers were in the heavy black type. Ye know, ye got a' the ideas. Well, ye had tae do that when you were at your work anyway. But there were nae graphic design—nobody comin' sayin', 'Ah want ye tae do that.' They gave you the copy and you were the compositor, you had tae bloody well set it up. It wid be a bad job if ye had tae get a graphic design for every ad. ye got. Ye'd never get the bloody paper oot at a'!

Ah joined the union—the Scottish Typographical Association—when ah would be fifteen or sixteen, a year after ma apprenticeship began. Ye had tae let a year go. Now our union rooms were up at the top o' Blackfriars Street and jist roond the corner—no. 59 the High Street. Well, ah remember—and it wis early—there wis a lot o' unemployment comin' on. And we used tae have what they called comps—compositors—that went roond and jist followed jobs, like doin' the voters' roll and the valuation roll and things like that. They had jobs that they went tae. And when they came intae the chapel if they got a start the father o' the chapel used tae gie them half a croon, ye keen, oot the chapel funds. And they maybe worked there for aboot three weeks until the thing dried up.[372]

In the middle 1930s there wis big changes comin' in the printin' office where ah worked. Well, actually, we were bought over by Constable's, T. & A. Constable. It wis no' long after ah'd begun in the Castle Press, because ah served a part o' ma time in there—four years—and the other three years were done in Constable's. So it would be aboot 1935. Well, when ah worked in Constable's, God, ah tell ye, ah worked on *Chambers's Encyclopedia* and *Chambers's Twentieth Century Dictionary*, *Chambers's Gazetteer*. And we used tae dae the *Chambers's Journal*, too, and get that a' ready and cleek it and put it through. Of course, it wis a' flat bed Hormel, ye know. Nane o' this offset stuff.

And about that time wis the beginnin' o' the big political intensity. It wid be ma uncles and the men in the shop that had made me politically conscious. Wee Jimmy Binnie, for instance, though he had been in Gallipoli he wis a political animal, ye know. He used tae say, 'It's co-operation that's needed, no competition. It's co-operation.' Ah remember that wis one o' the things that we had tae say when we joined the Co-operative Store, that co-operation was the thing, no' competition. Competition—it's a laugh when ye hear competition now. There's no sich thing as competition. They swallow each other up. It's monopoly.

Then ma uncles were Labour men. I would say that ma Uncle Bob stayed right opposite the Independent Labour Party hall at Bonnington Toll. Ah'm no' sure whether he wis in the I.L.P. or no'. He never used tae say that exactly, but ah can tell ye he wis always oot and about in any of these things, canvassing and that kind o' thing in elections. Ma Uncle Tam wis tae, tae a certain extent. Then ma interest in political issues wis strengthened by meetin' the miners doon in Musselbury through the Clarion Cyclin' Club. And some o' the printers at work were active. And there were other guys that werenae actually political but they were active at pointin' tae the boss, tellin' him who were the activists: there were one or two spies. Oh, they were a' handshakers, ah would say—Freemasonic.

The first political party ah joined wis the Scottish Socialist Party Youth Movement. Oh, ah wid jist be aboot fifteen, sixteen. Ah joined that about 1930, '31. That wis up at Melbourne Hall in George IV Bridge in Edinburgh, we used tae meet there. And we had one or two boys that were in that came tae the Clarion Cyclin' Club.

The Scottish Socialist Party wis, well, it wisnae the Labour Party. Bailie Hardie—he wis an Edinburgh man—and Andrew Gilzean was in the S.S.P. movement. And, by the way Jimmy Hoy, wis tae—Lord Hoy tae be. What a bloody closet he wis! Well, Bailie Mrs Ingles and Bailie Hardie—Louis Hardie—they were a' in the Corporation. They were in the Labour Party. It wis the Labour Party but they called themselves the Scottish Socialist Party, because actually the Labour Party wis kind o' weak as a Labour Party.[373] In Leith Wilson stood against Ernest Brown and he got beat wi' 101 votes. Ernest Brown he wis National Liberal and he wis the Minister o' Labour later on We used tae ca' him Stentor. If he wis speakin' at the fit' o' Leith Walk ye would ha' heard him in the Houses of Parliament! Oh! [374]

Well, ah wis in the S.S.P. Youth Movement till ah joined the Communist Party durin' the time o' the Spanish War. Ah always remember it wis September, jist after the Spanish War broke oot, so it wid be September '36. We had a united movement, ye know. We believed in unity. So we joined along wi' the Young Communist League in Youth Unity. That wis the S.S.P. Youth Movement and the Y.C.L. There werenae any use o' havin' two movements because they more or less joined.[375] The guys in the S.S.P. Youth who didnae join were like the Tom McGregors, who joined the Labour Party. He wis a town councillor later on in Edinburgh. He wouldnae join us, it wis too left-wing for him.[376]

Well, ah joined the Communist Party after the war in Spain began. But ah wis interested in the Communist Party before that, because we had always been goin' tae the Mound and it wis before that. Ye know, the Mound in Edinburgh wis a great place, goin' tae the Mound. And we were fightin' against a' these bloody Fascists that were springin' up—the British Action, ye know, they sold the paper the *Action*. Oh, they were a rotten lot.[377]

When ah joined the Communist Party in 1936 there were several branches. They had a Leith branch and a Granton branch, Stockbridge, and there were an East branch. They called the East branch the Portobello branch. It wis East because it didnae meet in Portobello, it met about Abbeyhill. It wis Abbeyhill, there wis quite a lot o' people in that. Well, ah think in Edinburgh in 1936-7 there might have been aboot, oh, there were over 200 anyway, Party members. Parkie—that's J.C. Park—wis the Party secretary, and Fred Douglas wis Party organiser. Ah knew Johnny Gollan, but he had left Edinburgh to go down south tae work down there, well, he wis in the Young Communist League. He looked after it. And then there wis Mrs Laing. She used tae have the newspaper stall at the Wellinton Monument at the east end o' Princes Street. That wis her income. She sold every newspaper ye could think about, it wisnae jist the *Daily Worker*. Oh, we used tae have Mrs Laing as a good speaker at the Mound. She had quite a big family. One o' her sons, Harry, had a newspaper stand, apart frae his mother, away along at either Frederick Street or Hanover Street, ah'm no' very sure.[378] Oh, Mrs Laing wis a small woman, dumpy. She wis famous for one thing. She nicknamed Edward VIII, him that went away wi' Mrs Simpson, Woodbine Willie. There were big ructions aboot it then. Of course, ye werenae allowed tae say anythin' aboot the royalty. Oh, Mrs Laing wis quite an important figure in the Communist Party in Edinburgh. And one o' her daughters Minetta Laing married Charlie Thomson. Well, there wis Percy Thomson, who fought in Spain, but Charlie Thomson he stayed wi' ma wife Moira and I when we had a hoose in Haddington Place. And he wis called up in the Second World War when he wis workin' wi' the Co-operative Store, but they didnae let him go intae the army. They put Charlie in the bloody pits—he wis a Bevin Boy. But he packed it in, he says, 'Ye can bloody well…' He came up the pit wi' his graith and he handed it in. He says, 'Christ, ah'm no' goin' doon there again.' Nae wonder!

Parkie, the Party secretary, used tae sell papers, tae. The top o' the Waverley Steps he stood for a while. And of course there wis a' the other guys then. There wis Donald Renton, who wis a good speaker. Then Davie Chalmers wis another good speaker.[379] And then there wis another fellow called Jock— ah cannae remember his other name—we used tae get him tae speak at the Mound. Oh, he wis a hell of a man. He wis aye efter a bloody fight. And then there wis him that went tae Spain, Nobby Clark. Nobby he wisnae a good speaker but he used tae get us intae a' sorts o' trouble. Parkie came one time, he said, 'Ah want half a croon frae each o' youse.' Ah says, 'What's the matter?' He says, 'Nobby's gone away and got himsel' in the jail.' Jist doon frae the polis station in the High Street there wis an Italian shop and Nobby went in there. He says tae the man, 'Put that off'—the wireless, it wis playin' Fascist music. He says, 'Ah'll give ye ten tae pit it off.' And then he didnae and Nobby put the sauce bottle through it. Christ, Nobby! Ye got people like that. And Nobby got married tae a member o' ma branch o' the Party, Leith Branch.

George Crombie, the railwayman, he wis another speaker. George Crombie and Davie Park and wee MacNamara were in the rail group at St Margaret's locomotive depot. That wis a branch o' the Party, too. They produced a paper called *The Pilot*, and that wis up there. And another lad who was a great railwayman—David Penman. He wis another good speaker, he wis a really good lecturer. And David Lesslie, he wis a great one for gettin' up at the Burns's Suppers and speakin'. He wis in the West branch, he stayed away oot in Dundee Street. Later on, after the war, David went away tae Australia. And before the war ah wis sent tae cadre classes through in Glasgow, and ma tutors in these days were Emile Burns, Aitken Ferguson, Fred Douglas, Harry Pollitt, Wullie Gallacher.[380]

Ah remember when Fred Douglas, the Party organiser in Edinburgh, wis frog-marched off the Mound by the polis. It wis when the Fascists were shoutin' the odds. Ah knew one bugger among the Fascists, he stayed up Restalrig Road there. His name wis Van Deyl. His old man ran a wholesaler fruiterer's business doon in the docks. Vondie, we used tae cail Van Deyl. Oh, when we were younger we used tae go in and bloody play cairds wi' him. And then all of a sudden ah fund oot that here this bugger Van Deyl had jined the Blackshirts! Oh, Smoky Jamieson and I chased the bastard. Smoky, oh, he wis another character. Oh, we had a lot o' good lads in the Young Communist League at that time.

And then there wis a lot o' them, the Fascists. Ah cannae remember a' their names. But they used tae come oot on tae Princes Street wi' their paper, the *Action*. So we got the *Daily Worker* oot and we stood in front o' them and sold the paper! Ah always remember one wee joker—he's dead now. He worked in the Corporation for a while. He wis an awfy bloody man. And ah remember when they brought Oswald Mosley tae the Usher Hall and they had a' the bloody mounted police and everything—a big demonstration. And this wee joker he wisnae half sortin' the bloody Fascists oot! He had a thing on his hand, it wis like a thing when ye run wi' grips, ken, when ye're runnin'. Ah says, 'What are ye puttin' that on for?' He says, 'Any o' these guys come ah'm goin' tae thump them out.' And he wis only a wee joker. He used tae come and sell papers wi' me. We went in front o' the North British Hotel in Princes Street and we were sayin', 'The *Daily Worker*! One penny! The workers' only daily newspaper!' But he would come oot wi' this: 'Read all about it! The Poles are up the pole wi' Fascist Chamberlain!' Ye know, stuff like this! Ah says tae him, 'Oh, ye dinnae want tae start that, ye know.' But he wis a hell of a man.

But, oh, the Fascists, we've chased them a' over the bloody place. They had a hall, ah think it wis Frederick Street and Rose Street, jist in at the corner, no' far away frae the Queen's Arms that used tae be doon the steps. It wis in there. That wis the central place in Edinburgh they had then. And big Bryham Oliver—he wis a bloody Fascist—he used tae come doon tae the fit o' Leith Walk and, oh, the dockers were goin' tae pit him in the tide! Well, he wis one o' the leadin'

Fascists in Edinburgh. Then there wis a man who stood in Aberdeen, Chambers-Hunter. He wis a one-armed guy. So they came tae the Mound. And we had a counter-demonstration, of course. They came tae the Mound wi' their van and they a' stood roond wi' their black shirts, facin' the crowd. And Chambers-Hunter he got on the top wi' the microphone. So Fred Douglas, we got him tae start a counter-demonstration. And of course Fred could speak, he wis a good speaker. But there were an altercation took place, and the police got Fred and frog-marched him oot the Mound—Fred!—when they should have been gettin' it for this bloody lot, the Fascists. Oh, dear! Fred wis taken away tae Gayfield Square police station, and we organised a doctor tae go doon and see him there. It wis that Jewish doctor, Julie Lipetz. We got him tae go doon tae see if Fred wis a' right. And Fred had got a hammerin' frae the bloody police. Oh, Fred, he wis a great guy. Ah liked Fred Douglas.[381]

Well, we chased the Fascists. But Smoky Jamieson and I we nearly did a right stupid thing. It wis at the end o' the Spanish War and Moira—Moira and I got married jist before the Second War—Moira wis an artist and in the Communist Party tae and she had painted a big banner, and we had decided we were goin' tae mix up the traffic at the east end o' Princes Street and we would send off rockets and drop banners doon frae heights. So we were away up above, ye know, Rutherford's Bar, we were up on the roof there. And we got a long streamer banner. It wis: 'Sign the Anglo-Soviet Pact Now!' Moira had painted it. And they did one at the corner o' Leith Street, away up at the top o' the thing. Wee Peter Broon and them they dropped a banner there. But the only thing, there werenae a heavy enough weight on the bottom o' it tae hold it and it twisted, ye ken, and it spoiled the bloody thing. But Smoky and I were away up on that roof.

There were no' that many Fascists in Leith. It wis more Edinburgh. They got short shrift in Leith. Ah don't think the Fascists got much o' the unemployed tae support them, because we had a big Unemployed Workers' Movement. We had a flute band. We got them tae come out and play when the boys come back frae Spain aboot the end o' 1938, beginnin' o' '39. We organised a march frae up the Waverley Station and along tae the Mound, tae have a welcome back.[382] The National Unemployed Workers' Movement were up the same stair as the Communist Party, in 120 the High Street. They were up on the right hand side, and we were the first flat up above that. The N.U.W.M., oh, they had great guys. There were a fellah he used tae speak on the Mound and he came frae Albert Street. What wis his name again? Davie… A big thin bloke. He used tae fight a' their cases, ye know, if they needed any mair money they had tae get unemployed benefit. And then there wis another one ca'ed Posty Clark. He had a moustache. He wis a great yin for fightin' for the unemployed. And they said, 'If ye're havin' any trouble and gettin' any thingymajig, come tae us.' And they put their case forward and they would go tae the tribunals and argue the toss for them—'Your rights under the Unemployed Assistance Board!' Oh, and they knew aboot it, they had studied it. They were like penny lawyers.

And then there were the Italian Fascists in Edinburgh. One o' the biggest leaders wis a man ca'ed D'Agostino, who had a cafe at the foot o' Easter Road, and he had one at the foot o' Leith Walk, where the Central Station wis. And this D'Agostino wis a real Fascist and he had a lot tae do wi' that Italian bank that wis up Greenside, well, the opposite side o' Leith Walk frae Greenside. Down from the Theatre Royal, the Italian bank wis there. And D'Agostino wis a real bloody Fascist—no' like a lot o' the Italians here, who got their windaes shoved in for nothing when Mussolini came intae the war in 1940. They were actually blokes, born in Edinburgh, that had fought in the British army in the First World War. There were a crowd that had a cafe at Pilrig—Pompas. They were great people. They had been in the First World War and they got their cafe wrecked in 1940. But there were some among the Italians that were Fascists. D'Agostino wis one o' the big yins in it, and there wis a few more. Ah cannae really tell ye if D'Agostino wis interned in the Second War. Ye know, there were a lot o' Italians taken away then and the boat they were on wis sunk. Ah wis in Glasgow at the time. And an awful lot o' them werenae Fascists, ye know. They were jist Italians, and a lot of fellows that were half decent blokes, ye know.[383]

And then of course they had the Protestant Action movement—John Cormack. And, oh, dear, dear! But ah don't think there wis a connection between Cormack and the Fascists. He wis anti-Catholic. Well, remember he said—there were some poor Irish buggers got burned tae death, tattie pickers or somethin', in Kirkintilloch or somewhere—and Cormack says, 'It's a pity there hadnae been mair o' them,' and a' that. Oh, a terrible thing. Well, he wisnae a Fascist as we know them but he wisnae far short o' it, 'cause ah think that's what they were. Fred Douglas put out a good pamphlet, *The Protestant Movement X-rayed*. Ah wish ah had a copy o' that. *The Protestant Movement X-rayed*—it wis comical, aboot them stuffin' pies up their jerseys, oh dear! They were tryin' tae explain away how they got rid o' so much money.[384]

As ah say, ah joined the Communist Party in September 1936 just after the war in Spain began. And ah joined the Party then because of the war in Spain. Of course a lot o' ma pals, well, they joined the International Brigade. But Parkie—J.C. Park, the Party secretary in Edinburgh—wouldnae let me go tae the bloody Spanish War. Parkie says, 'Ye're no gettin', cause,' he says, 'ye havenae finished your time as an apprentice.' Ah think they were tryin' tae prime me up for tae be somethin' else, ye know. Ah'm not very sure what the hell their idea wis. He says, 'You go tae Spain when ye've finished your apprenticeship.' Because, ye see, well, ah didnae finish ma time till '37. But ah didn't in fact go tae Spain.

Oh, there were quite a few ah remember that went tae Spain. Well, Jimmy Rutherford wis a young lad. Ah remember him. He wis a right revolutionary. Oh, he went away tae Spain and he went back again. He got repatriated and then he went back. That's what done him in. But ah didnae have an awful lot, you know, tae do wi' him. Ah met him. Ah didnae know an awfy lot aboot him at at a'. He wis never in the Young Communist League or active in that. Oh, ah suppose he would be in the Communist Party because, ah mean, Parkie knew him and a' that. Och, Jimmy Rutherford wis Newhaven, ye know, he would be in the fish.[385]

But ah met other guys that came frae Leith that went tae Spain, tae. There were a laddie ca'ed Daglish, he stayed up the Bonnington Road. His sister used tae sort o' punt aboot wi' me, ye know. She worked in the Co-operative Store. Mary Daglish thought her brother... I used tae ask Parkie about him, if they'd had any word. But they never had any word and they thought that he'd maybe, no' gone over tae the other side, but jist done a kind o' bunk. Ah never saw him. And ah don't think Mary Daglish ever heard o' him, because ah used tae hark on tae Parkie. Ah says, 'Can ye no' gie me any word about Mary Daglish's brother?' And no. And they never heard any word. There wis a lot o' them never came back.[386]

And then there wis George Drever, of course. Well, George wis the dux o' Leith Academy, ye know, a bright man. He went tae work wi' the I.C.I. efter he got his degrees, wi' the Dyestuffs Division at Grangemouth. He didnae get his job back when he came back frae Spain. But we got word that he had got killed in Spain, George. I organised a memorial meetin' for him up in the Oddfellaes Hall. Oh, Christ, and efter we got the bloody memorial meetin' Parkie came along and he says, 'Here, George Drever's gettin' repatriated.' So we had a welcome back meetin'![387]

And, oh, wee Rab McInnes he fought in Spain. Rab stayed in Edinburgh but he worked in Prestongrange colliery in East Lothian. Actually, Rab wis a Royal Army Medical Corps man durin' the First World War and he became an R.A.M.C. man in Spain. And ah knew, for instance, Bob Mason. He stayed right up above Milne's Bar in Hanover Street. He had a wee brother Billy Mason. Oh, Bob wis killed on the Ebro or somewhere. And then there wis George Murray, Tam Murray, Percy Thomson, and Harold Fry. Ah remember Harold, ah didnae know him very well.[388]

I had an awfy lot to do wi' the organisin' durin' the Spanish War. Well, the first thing we had to do as youth: we started a youth food ship for Spain. Now bein' up tae then in the Scottish Socialist Party youth movement we used tae meet in the I.L.P. hall near Bonnin'ton Toll. Well, there were two or three o' the girls, they were great for organisin' things. Well, there wis a lassie who died later on—she threw hersel' in the tide in London. And there wis a wee red haired lassie, Nellie... And we used tae go oot chappin' doors and askin' for things for the foodship for Spain. Ye got tins o' beans, and we got a hoose full o' stuff and we sent them a' away. D'ye remember Potato Jones takin' food in tae Bilbao? He's tryin' tae get tatties intae there and of course he had other stuff he wis carryin' wi' these food ships.[389] Well, we organised that and of course we

427

organised a lot o' the things for the International Brigade, too. For instance, I was agitprop in the Communist Party and ah wis tryin' tae organise meetins at the dock gate, at the Fountainbridge rubber mill, and a' the different places we used tae have meetins in. Oh, it wis intense political activity then. But, ye see, oh, the bloody British government handled that well. That Anthony Eden, Christ, ah couldnae stand that bugger at a'.[390]

As a matter of fact, there wis a wee thing, ye see, wi' our political activities we were doin' stuff for Spain. These German boats come intae Leith. One wis supposed tae be a sailin' ship, the *Horst Wessel*, and it wis supposed tae be trainin' crews. But it wis full o' bloody airmen who run around takin' photographs o' everything. And d'ye remember Mrs Jordan, the Dundee Nazi spy? Oh, that wis jist before the *Horst Wessel* came intae Leith. Mrs Jordan she wis caught up at bein' a Nazi spy in Dundee. And thir buggers on the *Horst Wessel* were still comin' in and takin' photographs. They got a civic reception! Well, we were sayin': 'Do not fraternize wi' the men who are bombing women and children in Spain!' And we printed the leaflets, ye know. The leaflets they were distributed tae the public. Oh, no' tae the crews o' the German boats—they wouldnae have paid any attention tae it. And of course they were after us because anything political ye must have an imprint on it. And they wanted tae find out and they were a' frightened. So they found out that we had been usin' certain type. And two o' us got kicked oot o' T. & A. Constable's.[391]

But ah always remember wi' this *Horst Wessel* crowd we were in Milne's Bar in Hanover Street one night—wee Rab McInnes and a' these boys that had fought in Spain and were back out—and this German crowd came marchin' in. They sat up at the top in one o' the rooms, and wee McInnes got up and shouted, 'Heraus Thaelmann!'—Release Thaelmann! Ye know, Ernst Thaelmann wis the leader o' the Hamburg dockers. The Nazis never gave him a trial. Oh, he wis murdered.[392]

Wi' the Spanish War and a'thing, when things started tae get heatin' up, ah'll tell ye what really happened tae wi' the Musselburgh Clarion Cyclin' Club. We started tae run dances in the Club, tae send food ships tae Spain. And we used tae hire the Labour Hall in Musselbury. As ye go ower the bridge and ye turn on tae the main street it wis up on the right hand side. Well, we used tae run dances. And then of course there wis a Catholic element in the Club. And, of course, wi' us doin' this, ah think Father McGettigan told them no' tae have anythin' tae do wi' us. We didnae bother whether they were Catholics or no', but no matter how much we spoke tae them—and ah know some o' them yet, God, and there were some o' them got killed durin' the bloody war, some great lads that were in the Club…But, ye know, the old priest got tae them and said, 'Don't have anything tae do wi' them, because they're all left-wingers and they're anti-Catholic,' etc. Of course, some o' the boys came back frae Spain and said the bloody monasteries were, ye know, hidin' arms for the Fascists. I used tae say tae one o' the Catholic lads in the Club, 'Look,' ah says, 'God Almighty, the people in Spain voted tae get a proper government. And this Franco he wis the guy that brought in the Moors. And what's Christian about that, gettin' thousands o' pounds, millions, frae the Pope for Moors tae come in? Defendin' Christianity?' [393] Well, the Musselburgh Clarion Cyclin' Club split and they broke away and they had a club they called the Musselburgh Road Club. They werenae all Catholics. But they didnae want too much tae dae wi' the political things, ken. And the political activities in the Club were really quite important, ye know, ah think so.

Mind ye, in the Club there wis a kind o' Musselbury thing, anti-Edinburgh, though ah wis a Leither—ah never had any trouble wi' them. But there wis a kind o' feelin' o' Musselbury rivalry wi' Edinburgh, ken, 'They've no right tae come here'—ootsiders, ye see. And then, ye see, we had laddies in the Club they come frae Smeaton and places like that and some o' the Musselbury crowd used tae laugh at the way they spoke. Ah liked the different dialects. Even the people in Tranent, ken, you'd maybe be drummin' up, and they'd say, 'What've ye got on your piece the day?' And they'd say, 'Oh, Christ, braw sugar breid in Turnent, sir. Braw crusted breid, tae.' And they used tae talk like this and some o' these Musselbury fellaes they used say, 'What the hell are they talkin' aboot?' And they were only six mile away frae us!

And then, as ah say, there were women in the Cyclin' Club, too. But we never had any women racin' in oor club. Well, they jist came doon for entertainment and if ye got like a crowd tae go away tae the youth hostels, well, ye had tae be sure they were goin' tae get in because there were always a wee drop fewer places for women than men. And then we would say, 'Oh, we'll take a bloody tent and you can go in the youth hostel and we'll camp.' And things like that. But the women were always wantin' tae run dances. And that wis their thing. Well, they were able tae do it and we got tickets printed for them. Ah used tae get buckshee tickets, ken, ah wis a printer. And, ach, some o' the blokes said, 'Oh, dancin' your way tae the revolution!' and a' this. Dancin' your way tae the revolution! It wis comical. Oh, dancin' wis very popular in the '30s. It wis a'right but, I mean, we'd ha' been better away tae the hostels. And then we raced a lot, as ah say. But ye didnae have tae be a racin' cyclist tae join the club. It wisnae jist a racin' club, it wis a social club. But we had a racin' section in it.

Well, when the Second World War came in 1939 ah wis turned doon, ye know, for havin' this bad legs. That's what they didnae let me in the army for, ye see. That had somethin' tae do wi' it. They said, 'Ye've got thrombo-phlebitis.' And ah had varicose ulceration a wee bit, but that cleaned up. The boss says tae me, 'You'll no' be goin' intae any bloody army,' he says, 'but ye'll likely get sent tae Coventry.' Ah says, 'Oh, aye.' Well, this wis tae make munitions. Ye see, when you're a compositor or a monotype caster ye had tae measure everything tae ten thousandth part o' an inch tae get a' the serifs flat. We were clever at the machines and we could measure everything very fine.

Well, instead o' that ah went tae work on the *Daily Worker* when it came tae Glasgow in 1940. She had jist started a Scottish edition. It wis only on at the most from November to February or March. It wis Herbert Morrison, the Home Secretary, that banned it. Bob McIlhone asked me if ah would go through tae Glasgow and work, and he said, 'They dinnae want ye tae work as a comp.' Ah wisnae workin' as a comp, ah wis workin' as the publisher.[394] So, oh, ah had some hard jobs gettin' that bloody paper oot. And it wisnae run off a reel. We got newsprint. It wis printed on flat bed machines, up a stair in Clyde Street— Kirkwood & Company. Oh, dear! And the foldin' machine, ye ken, there were a lot o' static electricity in that paper, and we used tae have a hell of a lot o' waste in there. Ah used tae say, 'Christ!' Ah think George Murray and I we worked frae six o'clock at night tae bloody well eight or nine o'clock the next mornin'. Ah always remember, when we'd never had anything tae eat, and ah'm sayin', 'Oh, for Christ's sake, let's get along.' And we used tae go along tae the Hielandman's Umberellae, ken, the bridge ower Argyle Street. Well, there were a cafe there and we used tae go along and get in there for a meal.

George Murray and I stayed in Sauchiehall Street, away along near West End Park but on the left hand side, no. 951 I think it wis. And ah always remember there wis a Communist Party comrade that had the hoose. We used tae dae a 24-hour shift, and, Christ, that bed o' ours, we would have our own sheets. Henry Fairbairn that worked in Yarrow's shipyard, he wis a painter, and he had fought in Spain, he wis in the bed and then there wis some other bugger. And we had tae clean a'thing off, and take oor sheets off and fold them up.

So ah wisnae very long on the *Daily Worker* in Glasgow. Come tae think o' it we had tae see about gettin' the paper distributed. See, nobody would handle it and we had our own *Daily Worker* agents and they used tae come up for the papers every night. Well, we had tae take papers oot tae, say, Stewart & Lloyd's. There were papers taken there and there were papers taken tae Clydebank and doon the other side o' the Clyde. Barclay, Curle's shipyard an' a', they had different people that'd go there tae shipyards. And we sent them tae Dundee and through tae Edinburgh and a'thegither. Oh, there wis quite a problem wi' the distribution.

One comical thing that happened: ken, it used tae be pea soup bloody fog in Glesca in thae days. There were nae confinin' the smoke and smog. And this big fellow he says, 'Ah'll have tae get ye tae come and take me up the road tae Argyle Street.' So ah got a lamp and ah says, 'Ah'll come back and get the rest o' these papers fixed.' So ah guided him up on tae Argyle Street and he says, 'Ah'll jist get behind one o' these tramcars that's goin' tae Parkheid and ah'll be able tae get oot tae Stewart & Lloyd's away oot at Carmyle yonder.' Christ, when ah come tae think o' it, he says he followed the tramcar right intae Parkheid tram depot! He nearly went doon the bloody pit where they repair the trams! But, ye ken, that wis the only thing ye could do in the smoke and smog.

Well, when the *Daily Worker* shut doon in Glasgow a lot o' them came tae me and asked, 'Well, would ye no' go and work on the *Daily Express* in Glasgow?' Ah says, 'Ah'm goin' back tae Edinburgh.' But then ah says, 'A' right.' Ah went away up tae Albion Street tae the *Express*. At that time ah wis stayin' in a place between Parkhead Cross and Shettleston—Westmuir Street. That buildin's doon now. But it wis one o' these famous buildins wi' the struts, ye know. Matthew Bird read a bit poetry aboot it and aboot Paddy Dollan:

> News of Patrick, news of Patrick
> To the lieges make recital.
> Echoes through the strutted closes:
> *Paddy Dollan's got his title.*[395]

And it wis a' for thir strutted closes. And, ye know, they were a bloody menace, 'cause the buildins came doon right through the whole bloody shootin' march and killed people.

Well, we had a hell of a job, ma wife Moira and I, tae get a pram in there, 'cause the pram wis too wide. And ah had tae go away roond and pit it in the back windae. And of course wi' me workin' at night on the *Express*, oh, Moira couldnae stand it, ye ken, when the Germans bombed Clydebank. That wis in March 1941. We were right at the back o' Parkheid Forge actually. So Moira wanted tae go back tae Edinburgh. She went away back tae Edinburgh again. And then ah got Peter Creegan, who wis active in the Communist Party, tae see if he could get me a hoose at Uddingston. That wis oot the road a wee bit, and ah used tae cycle oot there, ken.[396] But Moira wouldnae stand it. She went away back again tae her mother's. She had too many good pals in Edinburgh, ye know, and they a' encouraged her to go there.

It wis a bloody strain. And, ye know, when Moira was pregnant again for the second time ah remember ah had Jimmy, our auldest bairn, wrapped up in a quilt and ah got her along tae the Atlas Foundry. It wis past Westmuir Street and they had places for people tae shelter frae the bombin'. And ah always remember sayin' tae her, 'Keep in close tae the wall,' because they had that block barrage and things were stottin' off the grund a' around, ye know. And if ye got a bit o' that ragged stuff it wid make a mess o' ye. So we got Moira and the bairn in there and ah'm standin' at the door beside this old fellah. Ah couldnae help laughin'. He must ha' been in the Boer War. And ah says tae him, 'What are ye daein' wi' a tin hat on?' He says, 'Ah'm the air raid warden.' Ah says, 'Oh, aye, what have ye got your bunnet on for under it?' 'Because,' he says, 'this bloody thing's cauld.' So we're standin' at the door and they must have dropped one o' these bombs and ah'm sure it landed in the Gallowgate, ye know, jist ower the Acme Wringer Company, which wis about half a mile away. And it blew the old fellah's hat right intae the back! He'd tae go doon and calm the bloody women doon. There were double tier beds, ye know, in there. So ah had tae work there in Glasgow on the *Express* till the end o' the war.

Moira and I had split up and ah'd taken the two bairns doon tae ma mother's in Edinburgh and she looked after them, ma mother brought them up. And that's why ah left Glasgow jist efter the end o' the war tae come through tae work on the *Daily Mail* in Edinburgh, because ah had tae be near hand. Ah wrote away for a job wi' the *Daily Mail* when it wis startin' up a Scottish edition at Tanfield at Canonmills in 1946. So ah went tae the *Mail*. And the *Mail* wisnae ready tae start—it wis jist a bloody mess. What they had was comps settin' up frames and everything. And they had taken over that part o' Morrison & Gibb's, the printers at Tanfield. Well, oh, it wisnae long before we got everything goin' well. There were a lot o' the workers had been in national newspapers before. So we got the thing organised. And ah wis the first Father o' the union Chapel there. We got the whole o' the rotations set up and a' the things that's necessary for the union.

And then ah got a bad leg, what they call cellulitis. It wis damnable. Ye used tae think there were a big tight bloody violin string inside your leg. And then ah wis in the Leith Hospital, ah wis in the Edinburgh Infirmary, and the boy cut it up here and cut it up there, and here did they no' put elastoplast on the bloody thing and ah caught weepin' eczema through it. Ah'm allergic tae elastoplast. So the man said, 'Never let them dae that again.' So ah had them cut a second time. And ah always remember when that nurse lassie gave me the jag ah says, 'Dinnae let them put elastoplast on me, hen,' before ah got knocked out. And then ah wis sent oot tae that bloody Astley Ainslie Hospital tae sort o' recuperate.

When ah came back tae the *Mail* again a Manchester boy wis waitin' for me that had been sent up tae see aboot the *Mail* and organise it. And he says, 'We'd like tae know if ye would take a staff job.' Ma job wis tae be deputy head printer. They had got the deputy Father of the Chapel on the job by this time and he wis daein' no sae bad. And ah says, 'Oh, well, ah'm goin' tae take the bloody staff job', because, ah mean, ah had been actually doin' that kind o' work. So ah took the staff job on and, oh, we got on well, we got on well.

We had a great companionship on the *Scottish Daily Mail* in Edinburgh. Most o' the old fellaes'll tell ye that. Of course, ah had a different idea than, ye know, the old gaffer stuff, bein' a gaffer. So what happened wis that the heid printer was doin' a very early shift and ah did a' the rest o' the editions o' the paper. Well, ah wis at the *Mail* for twenty-two years. Then the *Mail* packed in at the end o' 1968.

Ah wisnae 65, so ah went to Waterston's, the printers, in Logie Green Road. Well, I went along there and ah worked in there for six years. Then somebody asked me tae be the works manager up at another printer's elsewhere in Edinburgh. So ah took on this job o' bein' the works manager. Oh, the boss wis a gangster! He says tae me, 'Oh, ah'm going tae make you a director.' Ah says, 'Ah'm no' wantin tae be a director. I'll be the works manager.' They werenae goin' tae put anythin' across on me. So I was orderin' paper one day frae Wiggins Teape and eventually ah got the word that they were already owin' Wiggins Teape £15,000. So ah got the guy and ah says, 'Look, don't you come that stunt wi' me again.' Well, ah had tae open the place up in the mornin' and ah wisnae comin' back home till late at night. So this day he wis on about how long ah'd been away for ma dinner. Well, ah never went home for ma dinner. What ah used tae dae wis leave the place after ah had done a' the work—after everybody had had their dinner—and ah went across the road and ah got a bar lunch and then ah came back again. And ah gied this boss a sherrackin'. Oh, he wis a closet! Then the Fire Brigade people came and they told me that ah wid have tae get certain gantries sorted, the steps were dangerous. So ah says tae him, 'We better get a joiner busy to sort a' these steps, because the Fire Brigade people have said…' And he says, 'Och, ah'm no' goin tae pay any attention tae that.' Ah says, 'It's safety at work. Ye've got tae do that.' Oh, a cowboy! So ah says, 'Oh, well, ah'll tell ye what ye can do. Ye can get a fortnight's notice.' And by that time ah had got in touch wi' the union branch and they said, 'Oh, ye've got a job right away, Jimmy. They're wantin' ye tae go doon tae Stewart's the printers in Marionville Road. Ye've tae go along tae Stewart's.' So ah went tae Stewart's and ah worked there up till ah wis 65.

Ah'll tell ye, though, what ah did when ah came back to Edinburgh in 1946 to work on the *Mail*. Ah wis never much o' a golfer. Ye know, a lot o' them took the nightshift job so they could play golf in the day. But ah wis a very keen gardener. And ah took an allotment at the back o' Claremont Park at Leith Links. But they were goin' tae take the place over by a compulsory purchase order in 1951—they were goin' tae put a sawmill in there—and we fought that. And ah says, 'Well, ye've been askin' folk tae dig for victory. Now ye want tae take it over for something else and we're against it.' And we went roond and canvassed a' the area. So a' the women, of course, were on oor side. We fought the compulsory purchase order. Ah wis the secretary there a' the time. It wis a great place the allotments. Apart from bein' an interest it wis a great thing tae help a' the old fellows. They were goin' tae get kicked out. But there were a good lot o' them and we kept the thing goin'. And we won the bloody Corporation prize for allotments eight years oot o' nine. Oh, we used tae grow an enormous amount. And ah've won prizes galore at the flooer show. Ah grew them maself. So ah wis in there at the allotments at the back o' Claremont Park from 1946 or jist after it till 1967. Ma mother died and ah said, 'Ah cannae carry on without…', ye know. A nice bit o' ground, ah grew the vegetables, but there were naebody there tae eat them.

So ah had all ma life in printin' and ah've no regrets about that. Oh, well, ah mean, sometimes ye get some regrets. Ah still wish ah'd gone tae sea.

Hugh D'Arcy

So CONDITIONS ON the buildin' sites—really primitive. But even yet a lot o' these conditions still exist. The welfare facilities in some cases are non-existent. In a lot o' cases, wi' bigger jobs, they are in existence, and some o' the firms now provide decent canteens. Ah wid say the big firms like Wimpey, for example, provide a lot o' these things now. But previously toilets were shockin'. Ah gave an example once when we were buildin'—it wis Miller's at Hyvot's Bank in Edinburgh—and now we are away up to 1960. The conditions o' toilets there were so shockin'. It wis pitch dark when ye went in and it wis dry tin cans—Elsan. Ah told them once ah went in and ah took somebody else's trousers down by mistake—it wis that dark! And ah repeated that at a Scottish Trades Union Congress and somebody shouted: 'Whose trousers did you take down? Wis it Denis Healey's?'— because we had fell out wi' Healey that week.[397]

Well, ah wis the first one in our family tae be born in Pipe Street, Portobello, and that wis on September 29th, 1919. Ma eldest brother and sister they were born in Ormiston in East Lothian, then ma parents lived at Newcraighall and ma two next sisters were born there. They moved tae Pipe Street from Newcraighall durin' the First World War. Ah had seven sisters and three brothers, one sister lost. She wis born before me, immediately before me, and ah believe she died wi' diphtheria. Ah think she wis four years old. So ah came after Charlotte, Jimmy, Kate, and Bessie. After me came Molly, Anna, Michael, Isa, Maureen, and Tommy. It wis an enormous family. Ma dad he used tae make a joke. He used tae say they had eleven, and that he wis the linesman and ma mother wis the referee. So they

'Ah remember in ma childhood, oh, ah wis often hungry. But I recall the diet and the provisions very clearly. There wis usually a plentiful supply of bread. When ma turn came—ah would be, oh, twelve, thirteen, fourteen—that wis ma turn tae go to the bakers for the old bread, we called it. It would be the day before's bread, or the day before that. They sold it off. We took a pillow slip and got fourpence worth o' this old bread, which wis quite a lot—two or three loaves...'

434

had a football team, at least they had the number of a football team—a very big family. Oh, that wis very common, even where we lived, it wis common.

Ma father was a coal miner from West Calder, and then moved around the pits in Fife and the Lothians, and worked in the Woolmet pit and Newcraighall, which was known as the Klondyke. He was active when the unions were there. But after the 1926 strike he wisnae employed in the pits again until after the last war. He was not victimised. But after 1926 he wisnae employed in the pits again for about twenty years. But he was back in the pits after the war and was there when they nationalised them in 1947. He finished up in the pits, on the tables. Ah know ma father wis born in West Calder and ah reckon ma dad wis born in 1890. He was 81 when he died.

Now ah never knew ma grandfather D'Arcy but ah heard of him. He was an Irish immigrant from western Ireland. We know by his name. We think it was County Galway he came from in western Ireland. Ma father he had this idea they came from Galway. And of course ye hear these tales about the aristocracy— the old Anglo-Irish or Anglo-Norman aristocracy—but actually they were poor Irish immigrants.

When ma grandfather D'Arcy came to Scotland he was a young married man. His wife was Irish as well, both Irish immigrants. As far as ah know they had been married in Ireland and then came here. He came to Scotland, the time ah don't know, but the occasion was when the oil shale was bein' mined at Loanhead in Midlothian—not in West Lothian but at Loanhead.[398] Ma father, as ah say, was born in West Calder but I don't know if ma grandfather D'Arcy he was in West Calder. I'm not sure because he and ma grandmother D'Arcy separated and he disappeared. Ma mother knew grandfather D'Arcy very well, of course. But she remembered the mother more. I think ma grandparents separated when ma father was quite young.

When ma father started working in West Calder he had a younger brother, who died, and then there was three younger sisters that we know about, and I think he had an older brother as well, called Michael—Mick. So there was maybe seven or eight in his family, and ma father was the second oldest. The first pit he went down he was thirteen. And he used tae tell us when he went down the pits his first pair o' pit boots he found them on the village midden—and they were a pair o' women's button boots. They lasted him for a day. So that's the kind o' poverty they lived in, extreme poverty.

Ma father spoke in great detail about the housin' conditions they lived in then in West Calder. Where his mother lived they called it, of all things, the Happy Land. It was the worst housin'. The Happy Land: ah think that was a term the miners used for the worst housin' and the worst conditions in the villages. Well, ma father's family they lived in the Happy Land. And ah think these houses there were already abandoned by the other miners, and probably abandoned by the coal companies. But that's where they lived. Ma father described the conditions. He says, 'D'ye know what our linoleum wis? It wis an earth floor.' And his mother used tae paint squares on it wi' chalk.

When ma father had started workin' in the pits at West Calder his granny—his mother's mother, an old Irish woman—lived wi' them. Where she came from in Ireland ah don't know. And this old granny she used tae fascinate them but scare them stiff wi' stories o' the banshee. And they used tae sit on the corner o' the hob at the fire. Ma father described him and his brother like a couple o' monkeys sittin' on the hob, frightened tae death but fascinated by the stories o' the banshee in Ireland. If ye heard the banshee that meant someone in that community would die that night. It would probably be true enough, because they were always dyin' in these places in Ireland wi' starvation. Ma father wis aware o' where his people came from in Ireland but ma father wis never back in Ireland in his life. He never went, always had a wish tae go, but ah don't think he had any relations left there.

Ma mother—her history and her family's history is far better known tae us. Now ah'm not sure if she wis born in Newcraighall or Ormiston. Her mother, ma maternal granny, came from Howgate in Midlothian. So whether ma mother wis born in Howgate or Ormiston, ah'm not sure. Ma mother's name was MacDonald. Ma maternal granny's name wis McCurdy. Her married name wis MacDonald. Her husband, ma grandfather MacDonald, wis a miner as well. He worked mostly in the Lothians, and he worked in all these pits round about Newcraighall, Woolmet. And ma mother could tell ye about strikes when she wis very young. There wis one long drawn out strike she used tae speak about. Ma mother wis jist about the same age as ma dad. Ah think there wis only about a year between them, ah think she wis a wee bit older than ma dad. She lived till she was 88.

Ma mother had brothers: Archie, Tommy, Hughie, Wullie, Bobby. And her sisters: Mary wis the oldest sister, then came Lottie and Kate. That wis it: ma mother had five brothers and three sisters. So both ma parents came from quite big families.

Ma mother went to the Niddrie Mill school wi' her sisters and brothers. I think they had all their schoolin' in Niddrie Mill, because by then they lived in Newcraighall. But ma grandmother MacDonald also lived in the Jewel. When she moved to the Jewel she thought that wis wonderful housin', because it had an inside water tap—something they had never seen. So ah suppose it wid be fairly new housin' then at the Jewel, built by the coal companies. That would be maybe round about 1900, when ma mother was a wee lassie.[399]

When ma father and mother were courtin' in Newcraighall ma father wis never allowed in ma mother's house by her father, because they called him Irish. Ma granny MacDonald always called ma father Irish: he had never been in Ireland. Ma father wis one o' those Catholics that never went to chapel but professed Catholicism and he used tae argue with us aboot religion.

Ma mother wis, ah wid say, typically Scottish Protestant—which meant atheist, oh, absolutely atheist, and her mother before her, atheist. Although ah think ma mother's background wis Protestant. Well, they certainly went tae the Protestant school, and all her brothers and sisters. Ma mother wis anti-religious, anti-clerical—not anti-Catholic, ye know, maybe not even anti-Christian, but certainly anti-clerical.

However, ma father got in tae ma mother's house in Newcraighall—because he could sing some o' these Irish songs. Ma mother told us this. Old MacDonald, her father, allowed ma father in on Saturday night and he would sing Irish songs, which broke his heart, and then of course he could sing comical songs the next minute. So ma father got in and he was welcomed. They got married. Ah've a good idea that ma mother was twenty when she got married. Ah've asked some o' ma elder sisters about that and ah'm sure they said she wis twenty. So that would be somewhere about 1907. Ma oldest sister Charlotte wis born about 1908.

Ma mother had very strong recollections of her workin' days. She left school at whatever would be the age then and started work in the cotton mill at Musselburgh. Ah think that wis a big mill, ah think it employed a lot o' girls mostly. Ah think she said her wages were about seven shillings. They walked down from Newcraighall. There wis a bowser they called it—it must have been a horn from the pits. And when that horn went—I'm sure the horn wid go at six o'clock—that wis them up and they had to be down at the cotton mill. She used tae bring a lot o' the cotton and she could crochet wi' cotton, ye know, maybe not table cloths but smaller things for furniture—doilies, that sort o' thing. Ma mother described the conditions in the mill as pretty warm. She said she fainted once in there in the cotton mill wi' the heat, she fainted once at the machine. And ah don't think that wis too uncommon.[400]

She wisnae there many years because she then moved to the pit and the pit wis in the village, Newcraighall. The pit wis called the Klondyke. It was owned by the Niddrie and Benhar Coal Company. There were other pits around there. For example, there wis a no. 9 pit. That wis near the Jewel, almost on Niddrie crossroads. That wis what they called no. 9. Ma father worked there. Ma mother she worked on the tables in the Newcraighall pit, which they called the Klondyke, pickin' the coal out and the stones jist passed by for the rubbish. Her wage actually doubled when she went to the pit and worked on the tables. Ah saw that place maself and ah thought it wis the most God-awful place. It wis high up and very windy. The conditions were horrible. Ma mother spoke aboot the cold and the wind, and the girls who worked alongside her, and the overseer, whatever they called him. But she worked there for quite a time, maybe four or five years, till she got married. She didn't work after she was married. Ah don't know whether the Klondyke pit took its name from the gold mines. There wis very little gold found by the miners at Newcraighall!

They moved durin' the First World War from Newcraighall tae Pipe Street in Portobello. Ma dad was in the army in the First War. He was in what he called the remounts. Well, the remounts were the squad like the Pioneer Corps, who looked after the mules that were brought from America and Canada. That wis their job. Ma father wis lame—ah don't know whether he wis born lame or whether he wis dropped as an infant, but it wis from adolescence—he walked wi' a limp. Ah think it was his left leg. Well, they took him into the army, ah think he volunteered, oh, he definitely was not in the Territorial Army. And he said there wis a lot o' people who were disabled used for jobs like that. He wis in the army in the Second World War, too. He joined, what did you call it? Not the Home Guard but it wis like a defence corps, they were full-time. They used them for guardin' depots, castles, docks—duties like that. And some o' these men were ex-soldiers from the First World War.

Well, ma earliest memory o' Pipe Street was before ah wis at school. Ah fell in the water down on the beach. You know, the tide o' the Firth o' Forth used tae come right up tae the Promenade, at the bottom o' Pipe Street. The older ones used tae build like a sandbank, and of course the tide could come right over it—and it came over it! And ah wis soaked from head tae toe. And ma eldest sister Charlotte worked in the Fun City, the shows, on the Promenade. So someone told her and she got a hold o' me and took me to the house. Ah remember that, although ah'd only be four, ah think.

Ah lived in Pipe Street all the time until ah went away to London to work when ah wis seventeen, about 1937. It wis a top flat in a three-storey tenement, no. 24. The rooms were very tiny rooms. We never noticed how tiny they were until we had been in other houses. There wis a kitchen, with a front window that looked out on a huge gas tank. There wis a bed in that kitchen. There was what we called the big room—there's a name for ye. Big because it wis bigger than the other one, but we called it the big room. There wis a double bed in that room. And there wis a wee room, which also had a double bed.

Not all our family o' eleven children lived there at the same time, because in an expanded family the older ones by then were out workin', and they were workin' usually in hotels. And some younger ones had not yet been born. Tommy wis the youngest. He wis born about 1931, '32. And Charlotte, the oldest, she wis born about 1908. What ah remember is when Charlotte wis away and Jimmy, ma older brother, wis away—Jimmy wis about nine or ten years older than me—and ma other older sister Kate was away at times and then she was married. So at one time ah would recall there would be Bessie, maself, Molly, Anna, and Michael—five or six o' us. Ma parents slept in the kitchen, sometimes wi' a young one. Then it jist depended how many boys were at home and how many girls. They could swop about in the rooms. If ah can remember, ah wid sleep only wi' ma older brother Jimmy if he wis at home, or sometimes there wid be a younger brother—Michael or Tommy. But there wis sich a gap.

What ah can remember about bein' in Portybelly wis we had relations. For example, relations came from Paisley for the Paisley holiday, which wis a week. Now they would stay with us. Of course, there wis not many. There wid be ma mother's old aunty, who was on her own—ah mean, without a husband—and she would have two o' a family wi' her. That wasn't too bad. But sometimes ma older sister Kate, who wis married, came down from Craigmillar. Now she had four children. Now they were young enough but they would all come down and they would sleep somewhere in our house, at times maybe on the floor on a mattress. But a lot o' them wid sleep in the kitchen bed. Now ma dad slept there.

Ah remember this occasion. Ma dad got up early in the mornin'—ah think it wis a Sunday mornin'—very early, aboot five o'clock. And he wis pokin' about the fire. Ma mother came through—she wis in the room, she must have been sleepin' in the room wi' the other ones. She came through and she said tae him, 'What on earth are ye doin' up at this time in the mornin'?' Ma dad said tae her, 'Well, there wis so many children in the bed ah got up for a rest.' But they used tae come down tae our house in the summertime. And that wis common, it wis very common. Some o' the people in Portobello even used tae let a room to the Glasgow holidaymakers. We never had that luxury. We always had family guests.

Ah remember in ma childhood, oh, ah wis often hungry. But I recall the diet and the provisions very clearly. There wis usually a plentiful supply of bread. When ma turn came—ah would be, oh, twelve, thirteen, fourteen—that wis ma turn tae go to the bakers for old bread, we called it. It would be the day before's bread, or the day before that. They sold it off. We took a pillow slip and got fourpence worth o' this old bread, which wis quite a lot—two or three loaves—and, if ma mother could afford it, sometimes cakes, tuppence worth o' cakes, old cakes, jist day before. They jist sold it to anybody who was in the queue. You had to be sharp to be in the queue in the mornin', you had to be very early to be in that queue—oh, six o'clock! And the shop opened at seven! Maybe not for other customers, but the girls came at seven. Ye could stand there an hour, in a close. And there were some women stood there—mothers. Ma mother never ever done that. But we done it, we done it all right. So sometimes ye could stand like that in a close. Sometimes they sold the old bread in the evenins as well.

Oh, ah remember very clearly examples o' poverty in Portobello when ah wis a child in the 1920s and early '30s. Ah remember there wis a boy, same age as me. They gave him a nickname. They called him Tuppenny Johnny. His name was John Downie. He came from a family that wis like a split family. There wis never a father, and they had different names. His name wis Downie, some o' them had a different name. But he bein' of age with us he never ever played with any of the children at no time. He had no liberty. In the mornin' he went to the old bread, and not only that he went for what they called bits o' bacon. And he ran wi' his bare feet all through the winter, he run wi' his bare feet. And he wis always runnin'. He never, never played wi' any other children. Ah think his elder brother before that he done that as well. Now poverty, well, they were workin' that family Downie, they worked in the pottery at Portobello. So although they done that—went to the old bread and so on—perhaps they were not as poor as some other families. There wis other families poorer—poorer even than us. There wis families next door poorer.

Ma mother ah would say she came from the organised workin' class 'cause o' her miners' background. And I mean by that not necessarily trade unions but miners who were always workin'. So that in our house there wis always a pot like a cauldron—it wis as big as that, like a cauldron. That wis always used for soup. Vegetables even then you would say were comparatively cheap because you could get tuppence worth o' vegetables—not old vegetables, proper vegetables. You could get a bagful: leeks, turnips, carrots, cabbage, from Rankin the fruiterer. And some o' the girls workin' there, ah wid imagine, were sympathetic. They would really give you a bag o' vegetables. So that wis one item in the diet. The other one wis, before ah left school ah used tae go tae the Kirkgate in Leith and buy sheep's bags, uncleaned—6d. each. Well, that was a lot. Ah took the tram to Leith. Ah think the tram wis tuppence. If ah walked it ah kept the money—but that wis recognised. Now ah could always get them, sheep's bags. Ma mother cleaned them in a big basin next tae the sink, she cleaned them and then steeped them in there all night. And she had a sayin', she said that because the tripe came from animals who only ate grass therefore it wis clean: they were not meat eaters. But there wis always a big supply of that.

Now ye speak about poverty with other people. There wis other families we knew, the mother couldn't even make soup and didn't make soup and didn't know how. So it's perhaps no wonder there wis a lot o' deaths. Deaths o' children were common. Some o' our neighbours died as children.

Our next door neighbours were a very big family. Their name wis Kelly. The father wis a bottle blower, a skilled bottle blower. He worked in the Portobello bottle works in Baileyfield Road. And he wis a skilled bottle blower. But the bottle blowers, their work came to an end. There wis a strike—they told me about this, ah remember it very well—by the old bottle blowers. And they were unionised. They had a very strong union. The bottle blowers went on strike—and ah think it wis before the miners' strike in 1926—and it lasted a long time. They brought in a machine from Germany and one from America, two huge machines—ah've seen them, we were impressed by them as boys. That wis the end of the bottle blowers—that wis the skilled men, who blew the bottles through these tubes—that wis their end. So those families came down on hard times. Some o' them continued as labourers. Some o' them continued unemployed almost for the rest of their lives. The Kellys wis a family like that.[401]

So they came on hard times. Many others—big families like ours—some of them lived in single ends in Pipe Street. And the strangest thing was they had the Corporation Buildins—that's what we called them. They were council buildins, old brick-built tenements. And in all of them they had a plate above the door where it said: 'No more than three persons' a single end, sometimes 'No more than four persons'. And, oh, Jesus, they had a bigger family than us, and they lived in there. These notices were jist ignored. And they were council houses. These were very old council houses. That wis long before council house places like Lochend and Niddrie were built. Oh, they've been demolished long since, the Corporation Buildins. Oh, there were a lot o' slums, a lot o' slums like that in Portobello. Some o' the tenements there had been built by companies, for the bottle works, for example.

Then there were two potteries in Pipe Street. Ma eldest sister Charlotte worked in one o' them called Gray's Pottery. There wis ah don't know how many workers there, ye could say a hundred. There wis another one where there would be a hundred. But all the time between the wars one o' them had closed down, the other one they only worked three days a week even then—hard times. And that lasted for all the years between the wars.

So the places where people worked in Portobello would be the bottle works, the pottery, the brickworks, the paper mill, the railway workshops, and there wis a lot o' them worked in the pits, and there wis the tram depot as well, and the Portobello Laundry. The Portobello brickworks wis a famous old brickworks. Unlike the pit brickworks, like Niddrie brickworks, at the Portobello brickworks the brick was made from real clay, like what we would call terracotta, not completely terracotta, but common bricks. Portobello wis loaded wi' clayfields, long, long before ma time. That's how its industrial history started. But when ah wis a boy there wis still brickworks there.

There wis a huge paper mill where the open-air bathing pool was. You see where the old pool was, beside the Figgate Burn? The mill got its power from the burn, although ah don't mean water power. They used the burn for breaking up paper and rags intae material for paper. Ah think the paper mill employed a great many people, possibly two hundred. It wis burnt down when ah wis still at school and it moved tae Balerno. And a lot o' the workers—what would you say, the regular workers and the staff workers and craft workers—quite a few of them moved out to Balerno.[402]

So there wis the bottle works—that wis even bigger, wi' bigger numbers: that wis Wood's bottle works—and the railway workshops. The workshops wis not locomotives but there wis maintenance. There is still a remnant of them left. And of course there wis the carriage cleanin' places at Craigentinny. And, as ah say, a lot o' Portobello men worked in the pits. There wis a lot o' them left by bus—that must have been the nightshift. It wis a single decker bus that took them to Newcraighall. Then there wis the tram depot as well. There wis a big tram depot. And there wis the laundry, it employed a lot o' girls. There wis a lot o' wee hotels and shops. Portobello wis a shoppin' centre. And there would be a lot o' bed and breakfast, because Portobello wis packed nearly all summer.

Oh, we got away a holiday ourselves as a family. We went regular, but where we went was to relations—my granny MacDonald, ma mother's mother. By that time she wis in Blackburn in West Lothian wi' her second husband—her first husband died through an accident in the pit. So we went to Blackburn. Ah went there regular for nearly all the summer. The whole family used tae come, includin' ma father. They would be there about a fortnight. And we lived between ma mother's mother and ma mother's sister. There wis two houses. So we had that kind o' holiday.

We were lucky: other families in Portobello wouldn't get holidays. Some o' those boys that ah wis at school wi' they had never seen out of Portobello, except on a summer trip. There wis a summer trip organised by St John's School. Funny, the other school, Towerbank, never organised a trip. But St John's had an annual trip, which took them to Spylaw Park at Colinton or Gorebridge in Midlothian, somethin' like that. That wis the only time they ever saw out of Pipe Street, bar for their school. And most of them were like that. So that in ma experience ah wis as if ah had travelled the world. Ah could tell them about places like Blackburn and Whitburn in West Lothian! And that's true. Some o' them had never seen outside Pipe Street at all.

Ah think the older brothers and sisters in families had a far harder time than the younger ones. Especially ma eldest sister Charlotte, she wis a strong support for the family. She must have been like that all her days, even when she lived in the house. But then she went tae work in hotels. So that became supportive. Ma older brother Jimmy became supportive a bit, and then ma older sisters Kate and Bessie worked in the laundry. So by then as they began to work they were bringin' a wage in, they were supportive. They were still livin' at home then. Well, Charlotte she worked in the Hamilton Lodge Hotel in Portobello. But then she moved, oh, she worked in the North British Hotel or the Caledonian Hotel in Princes Street in Edinburgh, and most o' the time after that she worked away out of Edinburgh. So the youngest ones in the family had it a bit better than the older ones.

Ah went to St John's School down Bath Street in Portobello. It was a very old school and it was the days when the Catholic schools were not subsidised so much—ah don't know whether they were subsidised at all. It wis a very old fashioned school. There wis two parts to it. Some o' the older ones went to, it wis like a convent, in Windsor Place in Portobello. Ah think there wis two of the classes went there and it wis a convent. The house is still there. We went to what is now called, you know, it's like a supplementary school, from Towerbank. That wis a very old buildin'.

Ah started at five years old and ah remained at school till ah wis fourteen. Ah can't say ah liked the school. Latterly, ah began tae like it. Once we had passed the qualifyin' class the school became far more interestin'. We had very good teachers, ah think. In the latter part o' ma school days we had a teacher who specialised in mathematics, a specialist. And we started gettin' literature— Shakespearian plays. It became quite interesting. Well, certainly literature interested me. And ah found ah wis quite good at algebra. A strange thing algebra: some people never had a clue, but ah could grasp algebra. And ah wis considered a good artist. Some o' ma stuff used tae be put on exhibition. Also ah won a prize, which wis the Edinburgh schools of that category, which was a first prize for an essay. The subject of the essay wis the lifeboat men. Ah think what helped me there was ah wis used tae the storms down the beach, so ah could describe the sea, ah could describe the rough seas. Ah got a first prize for that, which was a book. Ah found writin' fairly easy, essays and things like that, ah found that pretty easy. But unfortunately it did not last very long, because we were thrown out at fourteen.

And ma older brother Jimmy he wis even more unfortunate because they reckoned, certainly some o' the nuns reckoned, that he showed quite a high degree of intelligence and he could have got a bursary. I can't remember if Jimmy got a bursary but ye know what that is: to attend Holy Cross Senior Secondary School. But ma mother did not allow him tae go because she needed his wages. So he could have went to Holy Cross but ma mother couldn't afford it. There wis a uniform they had tae pay for and ah think some sort o' a fee, a wee fee, and the travel as well. He would have to take the tram or the bus to get there to Leith. That was even worse for Jimmy had the chance o' goin' on, at least by the authorities, but ma mother couldn't afford it. He left school and worked in the brickworks, Niddrie brickworks. That wis his first job. These brickworks have just recently closed down. So Jimmy started there—a very filthy job: the dust off the clay and of course the heat.

When ah wis at school ma mother wis a voracious reader, a very, very widely read person. And in that family o' ma mother's, all the MacDonalds were all well read, especially the sisters. So that there were some books in the house, apart from library ones. I'd already read Tolstoy, *Resurrection*, before ah left school. That book wis in the house. And we had read *Les Misérables*. We had heard about it but I had read that while we were still at school. The one that impressed me most that ah had never read but I heard it when ah wis a child wis called *The Rat Pit*—Pat MacGill.[403] Ah didnae know who had written it until later on. I used tae lie in bed—you know, in Portobello there wis one bed in the kitchen, and I could hear ma mother or sometimes her sisters readin' to ma granny MacDonald, who was illiterate by the way. My granny MacDonald wis illiterate. She had no schoolin'. She wis only about a year at school. And ah knew *The Rat Pit*. Ah'd heard it from ma bed at night as a wee laddie. And later on ah never found that book: ah didn't know the author. But ah asked one o' ma pals, Jimmy Kerr, a bricklayer—a very well read man, too—about *The Rat Pit*. So ah got it out the library when ah wis much older and then ah read Pat MacGill's other ones, *Moleskin Joe* and *Children of the Dead End*. Ah got them. But ah did not think so much of them. Ah think the writer MacGill, once he wis out o' his Irish environment, wis like a lot o' writers, he wasn't the same.[404]

So we had read that, and we had read these things at school. There wis always books. Ma mother encouraged us tae read and they used tae read. Of course, there wis no radio. And ma granny MacDonald bein' illiterate they read whole books to her—sometimes it took weeks and weeks. But that wis a pastime.

And ma parents read a lot o' newspapers. They read—they called it the *Dundee Weekly*. We knew it as the *Weekly News* but they called it the *Dundee Weekly*. They read the *Edinburgh Evening News*, the *Dundee Weekly*, and they read the *Empire*—that wis a Sunday newspaper. The *Sunday Express*, they read that. A lot o' these papers came in, even although we were poor, these papers came in and my mother read all those papers. She read the *Evening News* from cover to cover. Oh another one that came in: the *Sunday Post*! And she used tae send that one, funny enough, tae ma brother Jimmy wherever he was, in the Forces or in England. *The People* was another one, and the *Reynolds News*. It was ma mother who chose the newspapers when ah wis a young lad at home. And that habit continued. All the time I remember those papers came intae the house. And of course we—the family— read quite a lot of them. One o' ma mother's favourite writers wrote in the *Sunday Express*—John Gordon. I used tae read Tom Driberg, of course, in the *Reynolds News*.[405] So ma mother was a very keen reader. Her youngest sister— she wis a lot younger than ma mother—she had read Darwin. And in that MacDonald family there wis discussions about Darwin. That young sister used tae get her brothers goin' about Darwin, and she would argue about Darwin. I heard some o' those arguments. Now it passed on tae ma brother. Ah remember he got the book about Darwin when ah wis workin' later on in London. Ah followed on tae that later. The family were already familiar wi' the likes o' Darwin.[406]

When ah wis at school ah'm afraid ah had no ambition to do a particular job. Ah cannae recall havin' any ambition like that at all. Ah left school at fourteen— well, ah can't remember the exact month but ah stayed on after ah wis fourteen in September 1933, it wis something to do with the school term, that's all— and when ah left school ah worked wi' the Portobello Laundry as a van laddie.

There wis other pals worked there at the laundry, same age as me. They would maybe tell me there wis a job goin'. So ah applied for the job maself. Ah went tae see the boss. He worked there, he wis the manager, Riley Jones—ah think it wis Riley. He owned it. He had two daughters worked in it. Ah think he wis a bit o' a tyrant. However, he wis the manager. And ah got started as a van boy. The wage was 10s.6d. a week. We started at eight and we finished by five. On a Friday some of them worked longer—Friday night deliveries. Some o' the vans didn't finish till about half-past eight and nine o'clock. Ah think that wis to deliver the Friday washin' and possibly to gather in the money. The vanmen gathered the money in themselves. And we worked on Saturdays then, one o'clock on a Saturday.

The van ah worked wi' was the one that done the hotels and hospitals. The other ones done households. But this van, the vanman done all the heavy work really, carryin' in baskets into the hotels and into the hospitals. He also had some housewife customers as well. So ah wid do that. That job wis relatively easy. The vanman he carried most o' the heavy baskets himself. Sometimes ah gave him a hand wi' the lighter ones between us. But it wisnae physically hard, it wisnae physically tryin'. But mainly the van specialised in hotels and hospitals. We done Elsie Inglis Hospital at Abbeyhill and we done one at Leith. The hotels we done were mostly round the west end—not big ones like the Caledonian. But there wis a hotel in Manor Place—ah think they called it The Manor— and there wis another one at the west end, ah can't remember its name.

The Portobello Laundry had a whole fleet of Ford vans in the laundry colours, red and green. There wis quite a fleet. Ah don't know how many were in the fleet, but ah wid say there wid be about ten of a fleet. Riley Jones himself was an engineer, so he could maintain the machinery, ah mean in the laundry. It wis electric and steam power.

It wis mainly women and girls employed in the laundry. They had some men on the machines. They had washin' machines as well. So there wis some men employed on them. There were women and girls employed in parcellin' and ironin'. Ah think there would be roughly fifty women. And there were men and boys on the vans.

The laundry's customers were all over Portobello and Leith, all over from one end to the other. All these vans had their own areas. That's how they worked. Two o' them used tae do Leith, so they had a lot there. There were quite a number o' housewife customers, households that sent washin' in. The laundry had a cheap bagwash. That wis one, it wis only washed and dried but not ironed, and jist packed intae a bag. Other ones were very carefully laundered and parcelled and paper and string. And there wis women and girls doin' those ironins all day long—that wis their job.

Well, ah remember this old assistant manager. That wis another thing we done: we done Leith Fort battery. The van ah wis in collected the Leith Fort battery and the soldiers had a washin', a laundry which was specialist for them. And this old assistant manager at the laundry, although he wis the assistant manager he had tae pack this finished laundry intae bags. Ah used tae help him, and ah thought, Christ, it wis an awfy humiliatin' job, ye know, for the assistant manager. And he wis very browbeaten. Old Riley Jones was a bit of a tyrant, a bit of a tyrant. He was a character, and he worked all the time in that laundry, supervisin' and bossin'. They had a manageress as well. And Riley Jones got his face burned one day. Ah don't know what he'd done, somethin' tae do wi' one o' the machines—opened it too quick and he got his face burned badly. Ah remember that. And they had a coal boiler. He sat in front o' the fire, ye know, the fire where they loaded it. He sat there tae let the heat strike his face and they reckoned the idea wis tae take the pain out of his face. Now ah think that works, ah think that works. We've often tried it wi' our hands. It's unbearable but of course when ye take them away it's bound tae feel easier!

Riley Jones wis a character. And he wis hard. He had two daughters, they worked in the office. And he used tae treat them every bit as bad as some o' the workers. Ah don't think any o' the workers were in a union, 'cause ah remember when ma sister Anna started there ah said, 'It's time ye had a union.' Anna worked there. Now ah don't know if even the vanmen were in a union. It's not a thing they wid broadcast. Ah've an idea that the vanmen were in a union but ah don't really know. If they were they would keep it quiet. Ah wis never asked tae join a union there, no way, that wis never mentioned.

Well, ah wis there as a van boy for a year and then ah started as an apprentice out in the buildin' trade—apprentice bricklayer. By then that wis somethin' ah wanted tae do because ma older brother Jimmy had become a bricklayer. When Jimmy left school he worked first in the Niddrie brickworks. Now what ah remember wis when he wis seventeen, that wid be about 1927, he went tae Canada wi' the harvesters. They recruited them in thousands, and they recruited them in hundreds from Portobello. Well, if ah said hundreds ah'm talkin' about over a period. But there wis quite a lot o' young men went away then tae Canada. They got work on the farms. And then disillusionment came, you know, their wages were so poor. A lot o' them came home voluntarily. Some may have been assisted but other ones, ah think, had tae pay their way back. Some were deported. But when when they came they were unemployed, and a number o' them went away tae the army. Well, Jimmy went tae the army and he was in for a three-year stretch, him and his pals, three years they done. But when he came off the army Jimmy went tae a great deal o' trouble wi' some o' his pals tae get a course in bricklayin'. They called them trainees. They didn't take them from Edinburgh, because Edinburgh was not a depressed area. So they had tae move down tae Newcastle, which wis a depressed area, register unemployed there so as they could get a course. And Jimmy done that. He had tae spend a great deal o' time before he got on that course. Then he worked in London. So it wis when Jimmy became a bricklayer ah thought ah wid try that, too.

So ah started as an apprentice bricklayer in Portobello in 1934 or '35 wi' a small firm called Thomas Binnie, who was a small builder but a bricklayer himself, who had worked in quite a number of countries. He had worked in Africa and Canada. And he was a builder. He built a lot of houses. He worked himself as a bricklayer, but when he had more work on he would employ a couple o' bricklayers, and he employed me as an apprentice. Ma dad took me down to ask for a job, well, he took me round a number o' them and he wanted to get me an apprenticeship and he got me an apprenticeship wi' Binnie. And ah think probably one o' the neighbours helped me get the job—old Kelly, our next door neighbour, who had been a bottle worker and became a builder's labourer— worked wi' Binnie off and on as a labourer. So that's where ma dad would maybe hear about it. Ma dad didnae want any o' us to work in the pits, ye see. He always said, and we often heard him sayin' it, 'None o' ma laddies'll ever go down a pit.' Funny enough, ma brother Jimmy went down in that period o' unemployment. He went down wi' some o' his pals but they did not stick it long: ah'm talkin' about a few weeks. It wis too much for them. Oh, that wis one o' ma dad's determinations.

Ma first wage as an apprentice bricklayer wi' Binnie wis 10s.6d. a week. The hours were eight o'clock till half-past four, wi' a half-hour break—half an hour for your dinner: that wis unpaid for the men. We worked on a Saturday, eight o'clock till twelve. It wis 44 hours a week. That wis the hours in Scotland. It remained like that till we introduced the 40-hour week years later on. The wage wis 10s.6d. and old Binnie gave me 1s.6d. for maself. He used tae say tae me, 'There's your mother's wages. Give her that. And there's 1s.6d.'—which wis not bad. Sometimes he increased that. He was in a way kindly. He wis cantankerous at times and eventually we fell out. But in a way ah wid say he wis a kindly man. He knew ma dad and he knew old Kelly, of course, and he employed Kelly fairly regularly as a labourer.

A bricklayin' apprenticeship wis five years then. But ah didn't serve five years. Ah ran away as what they called a runaway apprentice—which wis fairly common. Ah didn't realise that then. But some o' the bricklayers wid tell you later they also ran away from their apprenticeship. But that meant they were still apprentices but they wid run away from a firm for maybe more money or maybe they were fed up wi' that particular firm. Some of us didn't sign a paper to remain for five years. Ah didn't. But some firms were like that. But even at that apprentices ran away. But they ran away to other firms. They didnae run as far away as me: ah ran away tae London.

Well, ah worked wi' Binnie only about eighteen months. Then ah went tae another firm, Ford & Torrie. They were well known. The two Fords were joiners and old Torrie wis a joiner. But they ran the Portobello football team. Ma wages wi' them were 14s.6d.—quite a big increase. When ah went tae London ma wage wis £2.15.0. Ah wis a year with Ford & Torrie. Ah left there because, well, ma brother Jimmy had sent up word, he said to me and ma mother as well: 'Get down here tae London!', where he would have a job for me. Although ah wis still an apprentice that's what they paid me. It wis a labourer's wage in Edinburgh but I got that in London—£2.15.0. Ah think it wis 1s.3d. an hour.

So ah went to London and worked with Bovis. Ah wis seventeen, it wis the summertime, as a matter o' fact it must have been about July or June. When ah went there the Spanish War wis on. Ah think it wid be 1937. Oh, it wis a big break but then, ye see, ah wis sponsored, ah had ma brother Jimmy already there and he kept an eye on me. Ah lived in digs in Harlesden and Willesden, ah stayed wi' ma brother Jimmy and his pal. He had a mate, another bricklayer.

The wages in London—a tradesman's wage—wis only about a penny ha'penny ahead of the Scottish rate. But ah wis pickin' up what you would call a buildin' labourer's wage in London. Then ma brother Jimmy and his pals went away. Buildin's a very mobile industry—as a job comes tae an end they move. And ah wanted tae move wi' Jimmy and his pals. As a matter o' fact ah couldn't move wi' them. They left me on the job and Jimmy says tae me, 'Stay here. You're all right here.' And, right enough, the foreman bricklayer asked me tae stay, which wis most unusual that they would even bother about an apprentice. But he says tae me, 'There'll always be a home here for ye'—which meant there wid always be a job. But ah stuck it so long wi' Bovis and then ah moved, bein' on ma own. Ah tried tae catch up wi' Jimmy and his pals again. As a matter o' fact ah didn't, ah don't know why—probably they never got a start. So ah started wi' another firm in London—oh, ah forget it's name now—and ah got on quite well there as well. It wisnae one o' the big nationals, it wisnae like Bovis. But it wis a Scottish agent, a man from Glasgow, and he asked me tae stay there as well and bought me tools, bought me tools. Ah paid so much off ma wages for these new tools. But ah found that in London the firms were far more liberal, more humane, than in Scotland, Edinburgh. They treated men like bloody rubbish in Scotland. And ah find the only reason for the difference was that there wis a bigger demand for labour in London. It wisnae so much that the bosses were that different. If there was more humanity it was because they needed your labour—and there was need for labour then in London.

It wis cinemas, mostly shops and flats—what they call shops and flats: shops underneath, flats above—and great housin' schemes—London County Council housin' schemes, even then, before the war—that were bein' built then in London. Ah worked on mostly shops and flats. Battersea power station—big jobs like that—had been built some years before that. Ma brother Jimmy wis on that job. Ah didn't work on buildin' cinemas or council estates, which were massive even then.

While ah wis in London ah wis able tae send ma parents some money. Ah could send them ten shillins a week. It wis a help because ma wages at home had been only 14s.6d. So ah could do that. And ah think ma brother Jimmy sent them money, not regular. Ah think he sent some money now and again, but not regular. He wasn't married at that time.

Ah wasnae in London long, aboot nine months. Well, it struck winter and we were well intae the winter and it wis really bad. And by then the job ah wis doin' ah was on ma own then. Ah wis travellin' a good bit by a push bike tae where ah worked. So ah got fed up wi' the bitter cold weather. Oh, it wis a hard job, oh, murder. Oh, the hands got hardened. But some o' the men, their hands used tae bleed. It wis even worse in Scotland, ah think. But some o' them suffered frae hacks, and some o' them the tips o' their fingers used tae bleed as well—labourers, especially labourers. It's funny but we never wore gloves, nobody wore gloves. But, oh, grim, grim in the winter. But if it got too grim the job jist stopped. In other words, the frost would damage the works. So they jist stopped it and waited until there wis a real thaw set in. So there wis no payment then or anythin' like that, no payment whatever. Ah came back to Edinburgh.

But when ah wis in London in 1937-8 that's where ah started politics seriously and that's when ah joined the union. Ah wasn't a member of the union before ah went to London. They didn't take apprentices in, they didnae bother about apprentices. Ah don't know if they were in the union at Binnie's in Portobello. Ah think some o' the workers were. But wi' Ford & Torrie, a bigger firm, they were in unions all right. And there used tae be a collector—they didnae call him a shop steward then, they called him a collector—who collected their money. Some o' them went up tae the branch but if they werenae goin' up one o' them used tae collect their money and take it up. So they were organised at Ford & Torrie. And that wis the Amalgamated Union o' Buildin' Trade Workers.[407] But in London ah joined the union as an apprentice. Ah joined the Willesden branch, ah think under the influence o' ma brother Jimmy as well. Jimmy wis in the union and influenced me.

I was interested in politics even before ah left Edinburgh when ah wis seventeen tae go tae London, ah mean, we used tae go tae the Mound and listen tae the speakers, and we knew people like Donald Renton and we were influenced. Then you'd hear politics at work and trade unions. And then ma father wis very left-wing. He was active in the National Unemployed Workers' Movement and collected dues from those that were on the dole—the buroo, as they called it. At the same time Donald Renton was the active man then. Donald became a national organiser of the N.U.W.M. and ma father wis a local collector, where he collected the subscriptions when they got their buroo money. Ah think the subscription was about a penny a week. He used tae moan about some o' them that didn't pay their subscriptions after people like Renton and the Unemployed Workers' Movement had got their benefits restored in many cases. And he wis a bit bitter about some o' them that wouldnae pay their penny. So that wis durin' the slump in the 1920s and '30s ma father wis active in the N.U.W.M. He never went on a national Hunger March himself but he went on local ones. It wis local ones like up to the Usher Hall, where they were demonstratin' against the Means Test and cuts in unemployment benefit at that time. So he went on some o' them. Ma father said that long before that he remembered hearin' Gladstone.[408] At that time of course it wis a' Liberals. Labour wis unheard o' in that time. So he wis not in any political party. Ah think in his latter days he wis a member o' the Communist Party. But in his early days—ma mother told us this—some o' ma father's mates had asked him tae become a delegate in the miners' union, you know how they had pit delegates. But he declined. And again he wis pretty critical, not of the union, but of some o' the miners. He used to speak about, for example, the miners in the west o' Scotland. When you started in the pit there they always told you the tonnage rates straight away, and the conditions. But he used tae complain that some o' them in Fife and the Lothians did not do that. They used tae keep the tonnage rates a secret. He never explained why that was. Ah think the reason would be the same as some of the reasons we've came across in latter days. Our building workers, some o' them received extra money compared wi' their mates and never revealed that. We've came across cases like that in fairly recent years. Of course, it's more common now wi' the sub-contractors, and the 714s—714 is self-employed, it just means the tax, it's not tax exemption, it's like where men pay their own tax through bein' self-employed—and all that stuff. But ah think that meant they kept it secret. They werenae goin' tae reveal their rates. So you could possibly be workin' for under the rate. You know, the coal owners or the pit contractors then wouldnae tell you the rates they were payin' other men.

Well, as ah say, before ah went tae London ma mates from Portobello and me we used tae go tae the Mound often. Some o' ma mates, by the way, were Donald Renton's younger brothers. Donald wis older than me, he would be about ages wi' ma brother Jimmy. Politics we had it in Portobello. We were interested. The Protestant Action carry-on was on then in Portobello. Well, they recruited some o' the young chaps that were older than me, and that caused a great deal o' strife. There wis a lot o' trouble. There wis one o' them, his name wis McCracken. He lived in King's Road. And some o' the Irvine laddies—they were older than me, they'd be about three years, four years, older than me. And some o' them became active members. They were certainly influenced by Protestant Action. So that some o' them done some damage in what we called— it wis a Catholic house where the Store is now—the Guild. The house had a name: it wis a Guild Hall. There wis youth groups met there, the top o' Bath Street—Mount Lodge, ah'm sure that wis the name o' it. They done some damage there, you know, they broke windows, broke some o' the furniture. Ah remember that at that time. They also split that crowd o' lads up who were always friends—they were friendly enough, and they all used tae go to the dancin' together. The Protestant Action movement split them apart intae Protestants and Catholics, and of course there wis often fightin' at the dance hall.

And John Cormack he held his meetins every week in Portobello—Rosefield Place, right opposite the town clock. And they were quite big meetins, they were quite packed. There wis some trouble would break out there. One time there wis some Protestant Action members, Portobello men, they were well-known butchers, their name wis Hunter. And they had a shop. They had two sons, probably aboot the same age as Donald Renton, who gave Donald a beatin' up, the Hunter brothers. And the only ones who strongly opposed as a political force, apart frae the rows at the meetins, it wis only the likes o' the Communist Party opposed the Protestant Action. Donald Renton wis a leadin' figure in the local Communist Party. He and people like Fred Douglas used tae stand for the council at the time o' Protestant Action.

Well, at that time—about 1933, '34, '35—the active ones ah remember in Protestant Action in Portobello were McCracken, of course: King's Road. Ah don't know if McCracken wis a northern Irishman, ah don't think so. He could have been Orange. But the Irvines, they were from Pipe Street, and they were a well known family. Their mother wis a leadin' light in the British Legion women's section. The Irvines came under that influence. Ah believe their mother wis active in Protestant Action, but the Irvines certainly were. And there wis another one, he wis a boxer, Jack Atterton wis his name. He wis another one ah remember.

Well, there wis a great deal o' unemployment. A lot o' these people were stricken wi' unemployment. The agitation itself was anti-Catholic agitation. Now whether that influenced them or no'—there widnae be sae much a problem o' Irish immigration by that time. That had already taken place years before. But there wis a very big Catholic population in Portobello at that time. There wis St John's Church, just the one church, which is even now one o' the biggest congregations. Then Protestant Action wis particularly strong in Leith. Cormack's strongest force was Leith. He himself stood for the council for South Leith. And that wis a notable thing about Protestant Action—I think at one time time they had seven councillors and they were all in Labour, what ye would call Labour or workin' class, wards.

There wis no Orange movement in Portobello. The nearest we ever came tae an Orange movement was when they used tae march from the 'Pans— Prestonpans. The Orange Walk used tae come up through Musselburgh and through Portobello at one time. That wis about the nearest organised Orangemen. But there wis no Orange movement in Portobello. But there wis a very big Catholic population in Portobello. Quite a few o' the bottle blowers that ah spoke about came from Dublin and lived in Portobello. Ah always used tae wonder: they used tae speak aboot a place called Ring's End, which of course is a Dublin area. And it wis only in later life that ah realised that the bottle blowers came from there. So there wis a lot o' the bottle blowers came from Dublin to Portobello. Ma neighbour Kelly in Pipe Street he was Scots. Ah don't know if he had any connections wi' Ireland, but he was Scots. And of course the other part o' the Catholic population in Portobello were the miners—especially the miners. Quite a few o' them actually were Irishmen from Ireland.

But Protestant Action were really quite strong in Portobello. They got a big crowd at their meetins. It wis always a troublesome meetin'. It wis mostly men, there were some women, but it wis mostly men. Oh, tae us then of course they looked old!

When ah went tae London in 1937, as ah say, that's where ah started politics seriously. Ah used tae go tae the Hyde Park meetins. I was active in goin' tae meetins. See, ah wis too young tae go wi' ma brother and his mates. They would go tae the dancin' and the pub. Well, ah didnae go tae pubs then, but ah used tae go maself tae Hyde Park Corner on a Saturday night and listen to the speakers. And there wis quite a few speakers. We used tae go again on the Sunday, this time wi' ma brother and his two mates, and we went there regular and listened to the speakers. Well, there wis political speakers like, ah think, maybe Liberals, and they used tae use—was it Prince Monolulu? He was a well known character. But he wis only a comedian. He went tae the races but he wis able tae draw a crowd, you know, and spoke. But he wid draw the crowd and then somebody else—ah think he'd be a Liberal—would get up and address them.[409] But ah couldnae be bothered wi' them. Ah used tae listen tae the Communist Party speakers who were there on the Sunday regular. Ah dinnae remember any particular individuals. The Communist Party were sellin' papers and they were active against Mosley. The Communist speakers convinced me more than the others. Some o' the other regular speakers were like comedians, ye know. But the Communists were far more serious.

The Fascists were active. The Fascists were active on street corners in places like Willesden and Harlesden, where ah wis livin'. The Fascists would address street meetins. And ah became active in the anti-Fascist demonstrations in London. That wis remarkable, that. Well, we were workin' on this job, still wi' Bovis. How ma brother and his two mates got tae know about it, ah don't know, but they knew. They were, ah wid say, supporters of the Communist Party, from Portobello onwards. Now there must have been leaflets somewhere. So all ah wis aware of wis they were goin' tae Petticoat Lane on the Sunday mornin', where we often went, and then they were goin' to this demonstration in the East End. And that's exactly what we done.

So we landed in the East End. We were there where the barriers were put up, we were right there where the crowds were gatherin'. This wis tae stop Mosley. So there wis a barrier put up, planks o' wood, gates. They got the wood—there wis a timber yard near there—and they dragged a cart, planks o' wood, and built a huge barricade across this street. We were right there. When the police came—the police came in buses, double decker buses, hundreds o' them, hundreds o' them, even at that part. And the policemen came out, they took down the barricades, stripped them down. As they stripped them down the crowd picked it up and built the barricade further along the street! And then it got really bad.

The police started chargin' the crowd wi' batons, and right opposite where we were they run up what wis a cul de sac. Ye see, they were not all locals—obviously the locals would have known it wis a cul de sac. Well, they tried tae get out again and as they got out the police battered them. We were right opposite. We jumped on tae a garden wall, ah remember that, a great big garden wall. We jumped on that, so we were out of the crowd. And the cops, as they came out of this cul de sac, were batterin' the people. One old chap, an old man, ran past us. Ah don't think he had anythin' tae do wi' it. He ran past and he wis bleedin' profusely. So that wis the first o' the trouble for the crowd.

There wis no stone-throwin' or anythin' like that. The next thing was we heard people shoutin'—ah suppose they would be Communist Party members or stewards, they were very active, ye could see that—and they shouted, 'Rally to such-and-such Street!' There were thousands and thousands, ah'd never seen crowds like that before. We followed the crowds. It was in the East End but it wis no' the same as Cable Street.[410] Ah can't remember the name o' the street. We came to this main road and here the Fascists were on this road. They reckoned there wis aboot 400. But the police were solid on each side o' them, solid—mounted police as well—but foot police protectin' them. Oh, ah think if the crowd had got near the Fascists that would have been an end o' them. But they couldn't. The police protected the Fascists right along both sides. The crowds followed, we followed, on the pavement on one side, and they were shoutin' at them, 'Fascists!' And then mounted police blocked our way and forced us up a side street, away frae the Fascists. They were unable to hold their meetin' seemingly. And the police forced us up this side street—thousands, the street wis packed—and the mounted police, this wis another crowd, prevented us gettin' near.

Ah thought Mosley wis holdin' a meetin' away up there. Ah didnae know, ye couldnae tell. But ma brother jist put me up on this letter box. Ah could see then. And what the police were doin' they were chargin' the crowd. And ah could see them, ye know, over all the heads, ah could see the line o' mounted police, and as they started their charge ah shouted and jumped doon. Then we run up these side streets. But the police didn't come right down. They were only keepin' them back, that's all. They didnae come right down. But they kept doin' that for a long time. So we didnae know whether the Fascists were havin' a meetin', we didn't know that.

So by that time eventually the crowd evaporated and we got probably the last tube home tae Willesden. That wis pretty late. Next day we read 400 people had been arrested. The police were arrestin' them and then puttin' the people they arrested in the double decker buses. And one o' the policemen wis injured, so there wis brick-throwin'. His head wis bleedin'. They had families wi' like first-aid. The locals took the policeman in and helped him. That wis unusual, eh? And ah suppose they wid be stewards. We saw that incident. So there wis 400 arrested. Well, you really saw the people who were opposin' it. It wis very clear who wis opposin' it. The Labour Party, well, there wis no signs of that. The only signs of organised opposition was the Communist Party. But thousands and thousands o' people like us were opposed tae Mosley. So ah suppose that wis ma first experience.

When ah came back tae Edinburgh in 1938 still ma time wisnae finished. But ah worked then wi' another small firm again called Shields. Bob Shields wis his name. He wis buildin' in Newington, spec buildin'—bungalows. And ah worked there. He paid me again 1s.3d. an hour, which was the same wage as a labourer—less than the bricklayers: their wage wis about £3.15.0. if they had a full week. So ah found work there. So obviously ah wis a willin' worker and ah had picked up a great deal o' experience. And one o' ma pals, who was also an apprentice, he ran away from his time and he worked wi' Bob Shields, who ah would say wis a good employer. It wis jist a small firm, employin' only a squad o' two bricklayers, two apprentices—that wis the bricklayin' squad—and joiners. But tae me it wis still a good wage for my age and I would say Bob Shields wis a progressive employer. Ah stayed there until the war came and then ah went tae the Forces.

Ah volunteered in 1939 but ah knew very well ah wis goin' tae be conscripted. And as a matter o' fact ah had no sooner volunteered than ma call-up papers came for the Cameronians, ah think. But ah'd already joined the London Scottish. Ah volunteered for them because ah'd been in London. Ma brother Jimmy had already been in the army before the war but, oh, Christ, ma brother wouldnae advise me tae join any Forces! It wis because o' conscription and ma pals were already bein' called up and they were goin' tae regiments like that. Ah thought, 'The London Scottish.' Ah joined it in the Royal Bank o' Scotland, signed the papers in there! It wis '39, no' long after the war broke out. By the Fall o' France in 1940 ah wis already in the Forces six months. Ah think ah wis jist twenty when ah joined, it wis still good weather, so it'd be September or October 1939.

We went tae London, a place called Pinner in Middlesex. It wis private houses that were bein' used—taken over. And we started trainin', infantry trainin'. After that we started guardin' aerodromes. Ah wis there in London about nine months, ah think. Then ah joined the Commandos, ah volunteered. And ah think we volunteered for the money. It wis good money, it wis, oh, far higher than in the London Scottish. In the London Scottish we were gettin' fourteen shillins. And ah'd left seven shillins tae ma mother out of that. Ah made an allocation of seven shillins, an allotment. So when we joined the Commandos they told us what the wages would be, plus we thought there wisnae sae much discipline. There wis a lot o' hard work but there wis not so much square bashin' or blancoin'. And our wages for a private wis in the region o' £4. That wis a lot o' money. Out o' that you paid 26 shillins for your digs. But then you had all that money left— with nothin' tae spend it on, of course. But ah didnae save it and ah don't think ah sent some of it home again. Ah might have sent it now and again but ah had left that money tae ma mother, that allotment, which she appreciated. We spent the money, we spent it on booze mostly. It wis the only thing ye could buy. Ah wis never much o' a smoker really—but drinkin', yes. So we spent our money that wey.

We did trainin' as Commandos in Scotland, in Arran and the Highlands, Spean Bridge. There were some in the Commandos before us. They came from Norway. They were specials. Ah wis in no. 9 Commando. It was one o' the first Commandos. But these other lads were specials, they'd been in Norway. We were pretty early on in the Commandos. They were only formin' them. They were formin' them from a' these old volunteers, all from different regiments. Oh, we volunteered, oh, there wis no compulsion.[411]

We moved from Spean Bridge to South Wales. And we moved back to the Highlands for courses, and then we moved to Kirkcudbrightshire. Ah remember we done a lot o' trainin' there, done some courses. Then what happened? Oh—Rothesay. In Rothesay two of us took French leave. We were jist fed up. We were jist fed up and thought we'd take a holiday, that's all. This other chap came from Glasgow and we visited his home in Rutherglen. We got off o' Rothesay and there wis a guard on the boat, ye know, the gangway, all the time. We had our own guards on the gangway, and we got past the guards. We knew exactly how tae get past the guards, 'cause we had been guards. We got caught. We were caught wi' the Redcaps—military police. Not that we were deserters, we intended tae go back anyway and, ye see, we knew we could have got back still without bein' caught. Now what explanation we would have—it wis only a week-end, that's all, it wis only a week-end. And this Major, his name wis Tod, he wis bloody fumin'. It wis an insult tae him that his security system had been broken. Oh, that's what wis wrong wi' him. He wis fumin', ye know, that we could get off the island without passin' the guards. He put us in jail in Rothesay. He returned us tae our units straight away. I was sent back to my unit. I left the Commandos.

By the way, I followed them up. I read about a lot o' these Commando lads I was wi'. A lot o' them were killed later on. But we were picked oot for a raid on St Nazaire. Our company wis picked out for that and they got us ready for that. So we were all ready. By then I wis in a mortar squad, ah wis the tommy gun man in a mortar squad—only three of us. And they got us all ready, the boat and everything wis there. And then, they didnae cancel it but they didnae take the whole troop—they called it a troop—they took eleven. They picked oot eleven men, demolition men, two demolition squads. They were experts at demolition, that wis their special specialty. They took them away, so the rest o' us were stood down. That wis St Nazaire. And one person came back. Only one came back. He wis an Argentinian of British parents—Joe Hughes. All the rest—we don't know what happened tae them. We think they got ashore. Joe Hughes thinks that. Ah would think they were captured, but we never heard again. But Joe Hughes got back and he said he got back because they never landed. He was on a landin' craft, and he told us the bren guns were firin'—they were turnin' red hot. We were used tae bren guns, but no' firin' them as long as that. He says they were turnin' bloody red hot and jammin'. And he got back. He lay doon. There wis two or three o' them survived in that boat, then jist lay doon and the navy picked them up. But Joe Hughes wis the only one out o' that eleven. Oh, ah wis fortunate, oh, Christ, aye.[412]

So I went back to the London Scottish but they sent us back to Aberdeen—the Gordon Highlanders. The London Scottish wis the Gordon Highlanders, ye see, it wis a sister regiment. So ah stuck wi' the Gordon Highlanders until ah wis discharged. Ah got downgraded, medically downgraded, and ah wis sent to Edinburgh—Duddingston—and ah wis discharged, medical discharge. It wis June '43. Ah wis in the army about three and a half years.

So when ah wis discharged on medical grounds ah wis immediately sent—it was direction o' labour—tae Peterhead: Crimond. They were buildin' an aerodrome there, so ah wis directed up there tae a job—Higgs and Hill, it wis a big national firm, builders and civil engineers. They were buildin' the aerodrome. Ah wis not long there till ah become shop steward in the Amalgamated Union o' Buildin' Trade Workers. Ah wis very active by then. And ah'd joined the Communist Party straight away. Ah wasnae allowed tae join it in the army.

Ah wis active in Aberdeen in the Party. Ah wis active but the Communist Party stood by the law. It didnae allow soldiers tae join: it wis illegal. So ah was not allowed tae join before ah left the army, but ah wis active. When ah joined the Party in Aberdeen it was very strong. There wid be 200, 300 activists. Their activity was the Market Stance, they had meetins at the Market Stance at the top o' Union Street. The main speakers wis Tom Murray, he became a local full-time organiser just after that, and there wis a well known baker, a trade union man, spoke there often. He became well known. And there wis Jimmy Milne's father, but he wisnae a main speaker. Ah remember once they asked him tae speak—the speaker hadnae turned up. He spoke but he was most reluctant. He wisnae used tae that. Jimmy Milne himself wid be a bit younger than me, ah think aboot a year younger. But he wis active, he wis in civvy street, a patternmaker. Bob Cooney wasn't so much in Aberdeen then.[413]

Ah wis on that job at Crimond—ye couldnae leave the job then—until the pay-offs came. Ah wis on that job there about a year, and then the pay-offs started. That's when ah came back tae Edinburgh. So that would be 1944, early '45. Ah started work in Edinburgh straight away when we were buildin' extensions tae Ferranti's. From then on ah wis in the Edinburgh branch o' the union. Then after Ferranti's ah wis movin' from job to job, firm to firm, site to site.

After the war the first big movement wis the tea-break strike in 1946. It wis the first demonstration in Edinburgh of any workers. We struck for a tea-break. The employers stopped the tea-break—something everybody in Britain had. That wis our first reward. The Scottish employers shoved the notices up: 'The tea-break will stop…' from some time in May, I think it was the 8th of May. Ah wis a shop steward. We knew nothing aboot it. The union had no information at the branch. The employers stuck the notices up, and a job beside us they downed tools straight away. That wis at Southfield, wi' Scottish Orlit, that wis a big job. They were buildin' 400 houses. So that wis it. We had a meetin'. We convinced the other ones not tae down tools that day, tae co-ordinate our action. So ah got the job then o' tourin' all the big jobs, which ah done—unofficial, it wis all unofficial. The union officials kept well out the road. So we only had three days tae organise it. And we organised it. We were astounded by the response. Every job that ah went tae they all agreed that we wid stop that day and march intae Edinburgh. We marched from the jobs, ye know. We marched from Southfield right intae the Mound. But what wis amazin' wis the number—how the grapevine worked. All these wee jobs and wee firms all stopped. It wis the very first action they had ever taken. Some o' them had never been in action at all. And a lot o' them still were in army clothes.[414]

But we struck work and demonstrated. It wisnae a permanent strike. But we set up a shop stewards' committee representin' all the jobs. There wis a lot o' jobs. The big housin' programme wis under way. Ah wis chairman of the committee. The employers then stopped the money. We still continued tae take it. The shop stewards blew the job up and the men stopped. Now on the organised jobs that's what they done. They continued to stop the job. The employers replied by dockin' their wages a quarter of an hour each day—so that wis an hour and a half's wages, which wis a lot, it wis a lot. It caused some problems on some jobs. But we maintained the action.

The dispute started spreadin' in other places as well in Scotland. We kept it up, oh, for months, we kept this action up until the employers eventually agreed officially that there would be no objection for the men takin' tea at their place of work. That wis the official resolution. That wis the first big action.

Followin' that ah wis well and truly blackballed, me and this other chap Jimmy Kerr, the National Federation of Building Trade Operatives' steward. Ah wis Amalgamated Union o' Buildin' Trades Operatives. The employers replied to the men's action over the tea-break dispute by pickin' the active elements out and they paid us off. There wis a strike then again—this time it wis official—tae reinstate us. That wis the policy o' the union, that a shop steward should usually be the last tae go. So there wis an official strike. Jimmy Stewart—whose wife wis Isa Stewart, an Edinburgh town councillor—wis the organiser o' the official strike. The strike lasted three days and Jimmy Stewart disorganised it.[415] What they done, they appointed another steward. They eliminated the activists. In a way we might have isolated ourselves. But anyway that's what happened. Ah wis still livin' on dispute benefit, which was nothing. And by this time ah wis married and had one son. Ah got married on the 2nd o' March 1946.

After that strike and they went back tae work ah wis well and truly victimised, well, barred. Ah couldnae get a job at all, and there wis plenty jobs. Ah couldnae get a job. And Jimmy Kerr he got a job at North Berwick wi' Miller the builders. He told me about it. Ah went down there wi' him. He says, 'Come down, they're startin' bricklayers.' But when ah got down they wouldnae start me. And he packed in, which he should never have done, but he packed in as well. So Jimmy Kerr wis idle a long time, longer than me.

But ah wis married—and desperate: ah couldnae wait on the buroo findin' me a job. Ah'd tae search. At that stage ah wis only aboot four weeks without a job. It wis long enough, 'cause you were never idle, you were never idle in those days. There wis that much work. But here ah got started wi' a Leith firm called Davidson, of Ferrier Street, jist a wee firm that done council work, repairs. A Communist Party member wis the manager o' that firm. However, ah wis glad enough tae get that job at the time. Ah stuck that a year but the wages were poor, the bare rate. And a' ma mates, they were earnin' double the bloody money ah wis earnin'. Well, ye doubled your wages in those days wi' the big housin' drive. Ye see, ye would look for double your actual wages through bonuses, bonuses especially. And they were a' makin' that and ah wis still on this bare wage. The active bonus men didnae work so much overtime. They could double their wages without workin' overtime.

So ah packed it in at Davidson's. But of course ah got a job, a card off the labour exchange—Wimpey at Moredun. And ah got a pal o' mine, Charlie McManus, tae pack in his job and come' wi' me. So we went tae Wimpey and, Christ, we had a row straight away wi' the foreman. The agent wisnae goin' tae start us. It wasnae victimisation on that occasion. The agent didnae know us. He didnae know me really. Well, we got started wi' Wimpey.

But when that job wis finished it came tae another dispute. The job wis tailin' off but there wis a great job next tae it, a huge job all ready for bricklayers, everything ready, including the bricks and the foundations. But they paid us off this first job, ye see, 'cause they didnae want some of us. However, we refused tae take our books. Ah wisnae the shop steward then. We took our wages, our money, gave our books tae the shop steward and he collected all our books— there wis about thirty men by this time—and he threw them intae the office! We had a problem takin' the books. Ye see, our first idea wis, 'Nobody'll accept the books.' That wis agreed but then somebody said, 'But what about our money?!' They couldnae live without their money, could not go home without money. So that wis them, we were buggered. And then somebody thought, 'We'll take our money and then we'll give the books to the shop steward'—which happened!

And then we had the press out. We got them out. And we went up the road to the new job, which wis all ready—all these men, two or three squads o' bricklayers and labourers—and we occupied the foundations! And the press took our photiegraphs, us standin' in the foundations, ready tae start work. Well, housin' wis desperate, wisn't it, it wis desperate. So we gave a press statement, which wis published, that here we were ready tae start work and Wimpey wis refusin' us. So Wimpey caved in straight away.

But durin' that period there were numerous disputes—so much so ah had tae leave Edinburgh. Oh, ah couldnae get a job. Ah wis victimised, oh, well and truly. There wis a number o' strikes tae get me started. As long as they came oot on strike that wis all right, but sometimes they didn't—it depended who was on the job. So ah left Edinburgh and Janet, ma wife and I and our son, moved tae Newcastle. That wis in 1947. We had no house. We went doon there tae Newcastle and when we were there—ah wis there aboot six months—ah worked wi' ma brother Jimmy and them. The employers didnae know me in Newcastle, and there wis plenty work. Of course, we got a house there in Newcastle—a bloody dump, a slum. Ah made it intae a house.

We got an allocation for a council house at Craigmillar in Edinburgh after five and a half years. So Janet went back to Edinburgh and then ah went back. So when we went back to Edinburgh identity cards were still on the go and it showed our address in Newcastle. So they saw the address in Newcastle and wiped us off the list. Ah felt pretty bitter about that. That wis a blow. However, we carried on in Edinburgh. We stayed wi' Janet's mother again, stayed wi' ma mother, stayed wi' ma sister. Bloody awful. But ah worked again.

And then there came a time again when ah couldnae get workin'. Again ah wis bein' victimised. Ah had some work. But there came a period again when it wis hopeless. Ah moved away from Edinburgh again wi' the intention this time o' movin' permanently. And this time ah moved tae London and tried the new towns—Stevenage and these other places, Harlow. But ah couldnae get enough money in the new towns tae stay there. Ye had tae stay there for so long. Ah couldnae get enough money tae live there and send money home tae Janet. One time ah wis away six months and couldnae get work. Another time ah wis away— six months at a time, never home, never home. Ah couldnae afford tae go home. So that wis victimisation wi' a vengeance, which a lot o' people have experienced but none o' them have experienced that for so long in the Edinburgh area, ye know.

Well, ah wis victimised like that right through from the tea-break strike in 1946 till eventually ah wis elected on tae the national executive o' the union aboot 1964. Sixteen or seventeen years ah wis victimised. And in these periods ah had worked in Edinburgh but often ah had tae leave and work away from Edinburgh tae put a wage in the hoose. It must have been a hell of a strain on Janet and ma family.

We never got a council house in Edinburgh. Eventually we bought a house in Victoria Street. We got a loan off a bookie, a Communist Party member. We lived there. Even from there ah still tried tae move and get a house in London, the south o' England, and came back and started workin' again. Jackie Currie, who used tae be the Edinburgh branch secretary of the bricklayers and then became a wee builder on his own, gave me a job. One time ah came back he gave me a job and that kept me goin' for a while. So a' these years ah wis constantly comin' back tae Edinburgh for a few months, bein' victimised, and goin' away down south tryin' it again. That's what like it was.

And when ah wis elected to the National Executive o' the union in 1964 it wasnae full-time. It wis a part-time executive. But at the same time ah think some o' the firms were a wee bit afraid then of an Executive Committee member. It wis not so easy, ye know, tae discriminate against me. And some o' the squads, they were quite good. Eventually ah wis elected full-time to the Executive in 1971. That wis when U.C.A.T.T.—the Union of Construction, Allied Trades & Technicians—wis formed and ah wis a full-time member on the new U.C.A.T.T. executive about a year before the big strike.[416] Ah remained a full-time trade union official until ah retired in 1984. Ah wis the Executive Committee member for Scotland, northern England and Ireland, both sections. It was a big area. Your time was spent travellin'. London was your base but we had tae visit these places periodically. But that wis a good job compared tae bein' on the tools. Ah had security, ah had a constant steady job for the first time for nearly twenty years.

And ah faced election. Ah wis only on the executive a year, which wis the last part o' another person's year which he had not done, and they put me up for election again after just a year. However, ah wis elected again, and then ah wis elected on tae the U.C.A.T.T. executive. And once five years had passed after the merger intae U.C.A.T.T. we had tae come down in numbers. Ah faced another election then on the U.C.A.T.T. executive and ah got re-elected there.

Ah wis elected on to the General Council o' the Scottish Trades Union Congress in 1969 when ah wis in the Amalgamated Union o' Buildin' Trade Workers. Ah remained on the General Council until 1984-5, and ah wis president o' the Congress in 1977.

As ah've said, ah had joined the Communist Party as soon as ah came out the army in 1943. Ah wis active all the time. Ah wis on the Scottish Committee of the Communist Party from well before 1956—that wis Hungary. And then ah still kept ma connection wi' the Scottish Committee, except for these periods, ye know, ah had tae leave Edinburgh. Ah wis never on the National Executive, ah could never accept nomination because ah never had a regular job. It wis hopeless tae try and stand for that. So by the time it came when ah could accept it ah wis a full-time union official and ah wis gettin' on by then. But ah never left the Communist Party.

Ah wasn't tempted tae leave in 1956, not at all. Ah will admit ah supported the Soviet intervention in Hungary, and we had a lot o' bother then. The newspaper reporters came up tae the house, ye know, at that time and there wis one o' them—a cheeky bugger—he tried tae come intae the kitchen when Janet wis there and her mother wis there, and he wis tryin' tae say tae them, 'What do you think o' this?', ye know. Anyway ah didnae let him in the kitchen and of course ah stuck by ma guns. Ah told him, yes, ah wis still in the Party and ah supported the Soviet intervention. But, oh, we got a hammerin' then. Ah wis on the Edinburgh Trades Council executive. Ah wis a delegate to the Trades Council from about '47, jist after the war, until ah retired in 1984. Those who supported the Soviet intervention—there wis only Jimmy Jarvie and Tommy Oates—we got seven votes when it came tae the clash. And the next time we stood for the executive Jarvie and I got knocked off! [417]

Oh, the Party in Edinburgh wis severely split then. The debates were acrimonious and there wis meetins all the time. Ah think it wis a shock for the Communist Party. As far as ah know they lost 7,000 members in Britain about that time. By the time it came tae Czechoslovakia in 1968, the next problem, they were a bit more cautious.

But a strange thing about Hungary. Ah went on holiday there wi' the Trades Council after 1956. The Trades Council organised it but we paid our way, it wis not subsidised. Ma wife Janet wis there, Charlie McManus, Fred Lawson, and Charlie Coutts wis there. Charlie Coutts wis in charge o' English broadcastin' for Hungary. We visited his home in Budapest. He showed us this yard in Budapest. There wis a plaque outside the entrance to the courtyard and it had a' these names, jist like a war memorial. When ah saw that ah asked him about it. It wis the ages ah noticed—they were only seventeen and eighteen or nineteen—and there wis a great many of them on that plaque, ah'm talkin' aboot maybe fifty. He said tae us that they were the young Communist Party militia men who had been dragged out and shot in that courtyard. Ah thought, 'Jesus!' Ah wis supportin' the Soviets. Fred Lawson he said tae me, 'You shouldnae be sayin' that. That's no' Trades Council policy.' Ah says, 'Ah'm no' representin' the Trades Council. Ah'm here on holiday! Ah represent maself. Ah'll say what ah want.' [418]

Lookin' back on ma years in the buildin' trade what ah recall most of all wis the tremendous struggles we had tae try and get a guaranteed week. That wis a bitter struggle. We had a guaranteed week, a full guaranteed week, durin' the war years. That wis a government agreement, the Essential Works Order, which gave us a full guaranteed week.[419] The real benefit of that wis seen after the war, in 1946. It wis taken off in 1947. But before that, in 1946-7, we had the worst winter that had ever been seen in livin' memory. We were completely idle wi' frost for eight weeks but because we were on the guaranteed week we got our full wages. That wis the beauty of it. That wis the greatest thing we had ever seen. But we lost that then. We went on tae a 32-hour guaranteed week. Of course, we were fumin' about that. We lost it because the general unions—the Transport & General Workers' Union, and the General & Municipal—caved in first. The craft unions—the Amalgamated Union o' Buildin' Trade Workers, and the Amalgamated Society of Woodworkers, all the other ones—really had tae follow suit because these general unions had signed the full guaranteed week away. It made us very bitter. We never regained the full guaranteed week again for many, many years. What makes it even worse now: just recently they've signed an agreement which has practically lost us the guaranteed week altogether.

Then the 714 operations—714 is self-employed, it just means the 714 tax, it's not tax exemption, it's like where men pay their own tax through bein' self-employed. And of course by now we reckon there's about half a million of them on 714. These men have lost all these conditions—gone for a Burton.

So conditions on the buildin' sites—really primitive. One o' the worst conditions: sometimes they wid pick up men in a lorry. One time we were travellin' tae near Falkirk, bitter winter, and the lorry, which had just a hap over it, picked ye up about seven o'clock in the mornin', and sometimes the men were standin' under these canopies. Taken tae a job, still freezin' conditions, and we start work. That wis some o' the most horrible conditions ah saw. That's why in the tea-break strike some o' these men had already travelled like that from seven o'clock in the mornin' and then they denied them a tea-break. This wis jist after the war.

But even yet a lot o' these conditions still exist. The welfare facilities in some cases are non-existent. In a lot o' cases, wi' bigger jobs, they are in existence, and some o' the firms now provide decent canteens. Ah wid say the big firms like Wimpey, for example, provide a lot o' these things now. But previously toilets were shockin'. Ah gave them an example once when we were buildin'—it wis Miller's at Hyvot's Bank in Edinburgh—and by now we are away up to 1960. The conditions o' toilets there were so shockin'. It wis pitch dark when ye went in, and it wis dry tin cans—Elsan. Ah told them once ah went in and ah took somebody else's trousers down by mistake—it wis that dark! And ah repeated that at a Scottish Trades Union Congress and somebody shouted: 'Whose trousers did you take down? Wis it Denis Healey's?'—because we had fell out wi' Healey that week. One o' the things about the toilets—they were so bad a lot o' men widnae go. So you'll find that haemorrhoids is a common complaint at those times, and possibly still is, in the buildin' trade, because the toilets were so filthy a lot o' the men they wouldnae go.

And conditions o' work even at the best o' times: ah've seen us workin' on foundations one time at Polkemmet in West Lothian and—which wis common—there wis aboot a foot o' water. The labourers kept sweepin' the water away but ye couldnae get rid o' it. We had tae start buildin' courses o' brick underneath the water—underneath! And ye started and it had tae be done.

Weather: one o' the most heart-breakin' things of all. One o' the conditions when we had this guaranteed week, supposin' you jist started work, supposin' it wis snow or severe frost and it kept ye idle, but if you'd done, say, an hour's work on a Wednesday, ye couldnae work Monday, Tuesday. If ye done work on a Wednesday, even an hour, that week you could not be paid off. And that week had tae be followed by another week in which you'd done no work at all. If that happened you could be not paid off but suspended—sign on the dole. Wi' the result often that rather than have that we would work in the most extreme conditions of frost. We hated workin' in rain. If ye were a shop steward your integrity wis challenged nearly every day because some men they wouldnae work in the rain, others would. Some o' the joiners were notorious for workin' in rain. But bricklayers couldnae work very easily in rain because o' the mortar gettin' too wet on the bricks or the very work bein' spoiled, and the firm would stop ye. So conditions like that. Tae me it wis shockin' where buildin' workers were treated like this. And ye hear o' other people: they don't talk about an hourly wage—they've got a wage all the time, ye know, even when their conditions are interrupted. But in the buildin' trade—no: interrupted weather, you're not on any wages. And nowadays it's as bad as ever, it's as bad as ever.

Ah think there's some things improved since ah began in the buildin' trade in the 1930s—improved, though not for all buildin' workers, because some o' them are on this 714 racket now, what they call S.C.60. This is not tax dodgin'. S.C.60 is a certificate where you may be a 714 man, or if you've got an S.C.60 certificate off the tax, the firm deducts that tax off your earnins that week straight away. The 714 men, self-employed, they have tae face up tae tax in a different way. Now to me holiday stamps—yes, that's a big improvement. Guaranteed payments and local authority conditions—there are some improvements there. But generally—no.

The buildin' workers ah meet now there's many o' them go tae Germany now and work. Ah wis speakin' tae one recently. He's been in Germany six times in the last two years. There wis many o' them, before the war and after the war, used tae go tae London, find work there and sometimes better money there. But nowadays this trend is Germany, and there's plenty work in Germany. But this chap who had been there six times told me some jobs there were good, they made good wages; other jobs there they were left without a penny, or the contractor does a bunk wi' all their wages—and that happens yet in Germany. And ah read in the Union paper letters from building workers in Germany— and it's the same picture: sometimes they make good wages, sometimes they're left wi' nothing and they have tae borrow their fare from the British embassy tae get home. But they told us in these letters the German buildin' workers will not work overtime, and they will not work Saturdays or Sundays. It's beneath their dignity to do it. And they have got better conditions than what we have achieved here. But it's some o' the British workers that are undermin' them. We used tae think the Common Market meant our conditions in Britain would be undermined by workers comin' from abroad. But it seems tae be the opposite.

Tae me conditions in the buildin' trade they've not improved. In many ways they're worse than when I started as a boy. So we've got a long way tae go. It maybe sounds a bit negative, but ah think the answer is what the unions have tried tae achieve for many years, and will keep tryin' tae achieve: we should have a register of all buildin' workers, and a register of all buildin' companies, big and small. The register would mean if you were registered, say, somethin' like the old docks' scheme. Ah know that sounds terrible tae employers. But there may be some benefits for employers. If we are registered as buildin' workers we could achieve regular work. One o' the conditions would be you would have tae be prepared. You would have your wages durin' broken time and through broken spells, which may last two or three weeks. In return it could be made up—it's possible from dole money, which is paid out anyway. And then a sum of money from the employers, such as they pay for trainin' to the Construction Industry Training Board, which is a levy on the employers. The employers would pay a levy. There would be guaranteed wages durin' broken time, wi' the conditions that would have to be accepted. Also you would have tae be prepared, if you were on that register, tae go tae different jobs. Ah don't necessarily mean away from home, although sometimes that would be undertaken as well, wi' the agreement of the workers concerned. Now in return for that the employers would have a regular workforce as well. A lot o' the employers are faced wi' difficulties because o' the casual nature o' 714. And if ye speak tae some o' the employers and their agents some o' them are heart sick of the 714 system. But registration would mean regular employment and regular wages on the condition that you were prepared tae go tae these jobs. Ye could maybe refuse one, if it didnae suit ye too much. But ye couldnae go on refusin'. Ye would have tae be prepared tae do that job. Now ah don't know if that's state regulation but it's certainly industrial regulation. And if it's true that management and workers have got to get together that's one o' the ways the buildin' industry wid have tae achieve it. If such a scheme could come about for the buildin' industry we could bring an end tae this chaos which is in it and which ah've only briefly described. A chaos where a spell o' bloody bad weather in this day and age wi' all this technological development, can put workers out o' a job, out of work, out of an income. It's primitive.

Hamish MacKinven

I LEFT THE school at four o'clock in the afternoon on the Friday and moved into the *Campbeltown Courier* office on the Monday morning at nine o'clock. At ten o'clock, believe it or not, I was in Campbeltown Sheriff Court—no experience, no shorthand, no nothing, just told by the editor, who was called Broom, to do the Sheriff Court.

Now here is a callow youth, straight from school, no semblance of knowledge about a Sheriff Court. And Sheriff J. Macmaster Campbell was on the bench, old Crofter Jock, as he was nicknamed. As a young solicitor he had had something to do with the 1886 Crofters Act and he had an abiding detestation of landowners and riparian owners.[420] So here is this old man on the bench, in his full panoply of wig and all the rest of it. Now Campbeltown Sheriff Court was a homely place. There was no Press box. So I was put into the jury box as the only place where I could rest a notebook. I had never been in a court in my life. I had no idea what the drill was. Sheriff Macmaster Campbell then gets me to stand up. Here am I, an intensely embarrassed seventeen-year old. I stand up. I thought this was part of the procedure. Sheriff Macmaster Campbell then launches into a homily about welcoming the new reporter come to report proceedings for the local newspaper in the furtherance of democracy. By now I'm pouring with sweat in embarrassment. The procurator fiscal, Baldy Stewart, who subsequently died in one of the two air raids on Campbeltown, then gets up and launches into a little homily about me. By now I'm drenched in embarrassed sweat and quivering like a jelly. Then one of the defending solicitors, Mactaggart, he gets up and makes his little homily. Sheriff Macmaster Campbell then indicates

'It was a very exciting time politically because everything was beginning. The National Health Service began in '48 when I was there, and of course it was put on the Statute Book by Nye Bevan. I was seconded to work with Nye Bevan just prior to that event. And in one of his final public speeches about a week before the National Health Service became operative Nye Bevan said—and I will never forget it and why it hasn't been resurrected I do not know—he said: "The National Health Service will always appear inadequate."'

465

that I've been introduced and I'm allowed to sit down. Everybody knew I was Donald MacKinven's son.

Well, I was born in Campbeltown in 1921 into a very normal working class family—but abnormal in one way, in that my father had no legs. My father had lost both his legs in the First War. He was a Territorial, so that meant he was in the war from day one. He was in the 8th Argyll and Sutherland Highlanders and he ended up as a sergeant. I presume it was the usual reason he'd joined the Territorials—the extra money and the annual holiday. He was wounded in 1916 with a bullet in his shoulder: it went in and out. He was a crack shot and was used as a sniper. And the interesting thing is that as a sniper he wasn't so much sniping at the German trenches as sniping at his German equivalent in the German trenches. Both men knew each other over four or five hundred yards, they watched each other with great care and they both tried to kill each other, and the German struck my father first of all in the shoulder.

Now my father was such an excellent shot that he was then about to be posted back to Britain as a sniper instructor. On the eve of being posted back to Britain in 1917, having been by then three years in the trenches, he learned from his mother in Campbeltown that his elder brother Angus, who had come over with the Canadian Forces, had died in a German prisoner-of-war camp. I always knew my father as a perfectly reasonable man who was not given to rages, not given to excesses of temper or excesses of any sort. But he must have gone berserk because he decided there and then to take on the might of the German army. He turned down the offer to go back to Britain and decided to stay and fight the Kaiser. Hardly had he done that than he was out on a wiring party, one of the members of the party coughed, a German sentry heard the cough, threw a hand grenade, and the hand grenade burst between my father's legs and blew them off.

So he was demobbed and then hospitalised. He spent a long, long time in hospital. He was in Erskine Hospital and Bellahouston Hospital on the outskirts of Glasgow. The commandant of the Hospital—I'm not sure whether it was Erskine or Bellahouston—must have been a man away ahead of his time, because my father had married on demob and the commandant allowed conjugal rights. So I was really conceived while my father was still in hospital in 1921. My mother, who'd been engaged to him before he lost his legs, must have been an exceptional woman to marry a legless man without a job, with nothing. And yet she did marry him.

When my father was finally released from hospital he was put on the Campbeltown steamer, which sailed from the Broomielaw in Glasgow. He was put on the steamer by the hospital staff and he was sent back to Campbeltown. Now Campbeltown in those days was a very, very cut-off town with 7,000-odd inhabitants, so a man with no legs he was a rarity: he was something completely unknown to the general populace. They'd never seen this in their lives. So of course the town and his wife and weans knew the boat my father was coming in on, and so they were all lining the quay. The town was out to see this phenomenon come back to his hometown.

My father had been put comfortably in the ship's saloon and he sailed down to Campbeltown. And his father—old Jamie MacKinven, my grandfather, who was a stonemason to trade—waited at the quay. The boat docked, the gangway came ashore, and my grandfather climbed the gangway to go and meet his son in the saloon. But his son was in the saloon without his artificial legs. How to get him home? My grandfather then came back down the gangway, looked around the pier and saw a porter's flat cart. He pushed that cart to the foot of the gangway. He then goes back up the gangway and he carries his legless son down the gangway, puts him on the flat cart and pushes him through the town to their house.

My father was born round about 1892 so he'd be about twenty-two when the war broke out. When he was called up in 1914 he'd just finished his time as a plumber. You cannot be a plumber without legs. When he came back home in 1921 after the war he then went and served another apprenticeship for five years as a tinsmith/coppersmith, where he could sit at a bench. And that's what he was for the rest of his working life.

My father as a tinsmith/coppersmith, tradesman, artisan, eventually foreman in the shop, would never really earn more than, what, £4 a week. That would be the maximum he ever earned. Yet we were a comparatively well-off family in the town, because over and above his £4 wage he had a £3 pension. So that we were always better off than our immediate neighbours. Of course my father'd much rather have had his legs than the £3. But he also played bowls. It was very weird to see a man with just stumps running after his bowls on the bowling green. Oh, he had artificial legs but he always took these off. He managed on his stumps, just his hands, moving along the ground. Oh, well, the artificial legs were uncomfortable because they weren't what they are nowadays. This could only happen in Campbeltown. Everybody knew Donald MacKinven had no legs, so to see him on the bowling green without his legs was in no way bizarre. But here he was, chasing his bowls up the green literally on his hands and knees, except he only had one knee. His legs were off, one below and one above the knee.

My younger brother Iain and I were never allowed three things. We were never allowed a pet. We were never allowed tintacks. And we were never allowed marbles. A pet or marbles might have caused my father to fall wearing his artifical legs. Tintacks or drawing pins: going about the house on his hands and stumps could have been lethal. But my father had infinite patience, patience beyond belief. Years and years later, when my own son Peter was a very small boy, my father would sit on a settee under the window, with a coverlet over his stumps. And on this occasion he had Peter on his lap. And they used to blow bubbles at each other. On this occasion the coverlet dropped off his stumps. Now Peter was just old enough to realise then that Granda had no legs. Now that could have been traumatic. My father immediately got off the settee, on to the stump mode, which Peter knew from seeing him going about the house but had never really thought about it. He then took Peter by the hand to the bedside, where his artifical legs with trousers, socks and boots were propped against the bed, and he then said: 'Peter, I'm lucky. When my legs get tired I can take them off.' And that passed over. My father had the patience of Job. I wonder did he ever think what would have happened if he had taken that offer in 1917 to go back to Britain to be a sniping instructor?

So I grew up just accepting that my father didn't have legs. And I can remember as a little boy when my father used to come back for his lunch from Armour's coppersmiths/plumbers shop in Campbeltown where he worked. He would appear out of a wynd and then he would cross the long row to where we lived. And I can remember being at the window and watching my old man appear out of the wynd. Of course, he wore the artificial legs.

My mother was a Campbeltown woman, maybe a year or two younger than my father. I presume she'd known my father before the war, but they weren't at school together, because they lived in different parts of Campbeltown. The town was split for schools. I presume they just got to know each other in the town, as people did. It was not a big town. My mother never had a job. She never worked in a shop or did anything and I'm sure she wasn't in domestic service. I think she, like my father, left school at fourteen but I really don't know what she did before the First War. My parents never talked about that to the best of my recollection. People then tended to be very reticent. They didn't talk a great deal. I would think my mother maybe just remained at home, helping her mother with the family. Well, they were a big family, there was four of them. My father, by the way, was one of a bigger family, one of whom was illegitimate. But my mother was a postwoman during the First World War, oh, from 1914, when the men began to get called up. She had a country run. All she would talk about was pushing her bike. It was obviously up hills, well, they had no gears in those days. And it must have been a very tiring job as well, and in all weather. And taking those telegrams, maybe one every day, must have been a very traumatic job, too—harrowing, because you knew what the message was.

When I was five—I had just started school—I was almost burned to death. My father had gone off to his work and my mother asked me—I have a distinct memory of this—to look at the fire. Did it need any more sticks? I was a little nipper of five years of age wearing his flannel nightshirt. Now my mother had asked me to look at the fire, the intention being to then go back and tell her did the fire need more sticks? But I took it upon myself to push some sticks through the fire-bars of the old black grate. And in the process the pot of boiling porridge tipped over and fell over me.

If I was a woman I could never wear low cut dresses because I'm scarred from Adam's apple to navel. Now if you're burned today you receive one shock—the initial shock of the burn. But in those days—that was 1926—medical knowledge was extremely small. When I was burned—no telephones, very few motor cars of course then—Dr Brown the family doctor had already left on his rounds. Nobody knew where he'd gone. And the town had got to go and look for the doctor to come and give me first-aid. I was in serious shock. Working class women at that time, such as my mother, did know what shock was. I was also vastly dehydrated. I should have been under a blanket, kept warm and on a drip feed—but these were unknown remedies at that time. Dr Brown is eventually discovered, he comes and he prescribes the Carron oil treatment. The treatment was first evolved by the people who worked in the Carron ironworks at Falkirk, where they were accustomed to burns. It was a liniment of linseed oil and lime-water. It's almost grotesque to think on it: here am I, burned from Adam's apple to navel, a five year old, not very big physically. This liniment was poured on to pink lint, which itself has been out of date for years. That was put on the burnt area. The district nurse came every day to change the dressing, and in changing the dressing of course she eased it off. And then, as if that wasn't enough, she rubbed the burnt area with bluestone. Now bluestone was really cobalt. It's a drying agent. It was like a piece of granite chip picked off the street. You see, every time the district nurse came and carried out this treatment I was again put into shock. So shock upon shock upon shock—and something eventually gives. You might go mental. It would be interesting if somebody was to do a study of just how many people in that particular period, because of the backwardness of medicine, were eventually damned for the rest of their lives. What happened to me was I went dumb. I lost the power of speech. And of course the accepted knowledge was that the burn had damaged my vocal chords. That was wrong, as we now know. What was wrong were my nerves had been shot to pieces.

As I say, when I was burned I had just started school—Campbeltown Grammar School. Now Campbeltown Grammar School when I was there, right through till I left school when I was almost eighteen, was on a high. One of the great things there was that I was in the special class for four years—hand alphabet, or sign language, and all the rest of it. Then in that period and the ensuing years I had elocution lessons—speech control, breath control, everything under the sun. And it was all useless. Nowadays they don't do it that way. But they didn't know any better then. But at school I was extremely lucky. I was never laughed at, I was never made to feel a fool. Reading round the class I'd always taken my share. The teachers were patient, sympathetic. The other pupils, the boys and girls who were with me, must have been sympathetic, because I can never remember being laughed at.

At the age of nine, after four years, I'm sitting one day on the other side of the fireplace from my father, reading Arthur Mee's *Children's Newspaper*.[421] And quite unpremeditated I look over the paper and say to my father, 'Hullo.' My father almost dies of shock, because by then it was accepted that Hamish was going to be dumb for the rest of his life. But that one word proved that speech was after all possible. And gradually, gradually, my speech came back. But I had a most appalling stammer. The sort of stammer you have never ever heard of in your life. I couldn't even say my own name without stammering.

Campbeltown Grammar School was both a primary and a secondary school. I started there at five and left when I was seventeen. The staff were, I would say, superb. None of them were local people. They'd all come to Campbeltown. I never took Classics but the type of teacher we had: Mr Lees, who was the Classics master, he went on to become the headmaster of Glasgow High. Those teachers who did leave usually went to something major. I can't say with any honesty that any particular teacher had any great influence on me: my English master maybe, of all the people. But as an example of how good the school was, or how far ahead of its time: the head of the English Department was Sandy Banks. Most of these male teachers had been in the First World War. Sandy Banks had a very, very pronounced facial tick, a hangover from the trenches, I presume. In my last year at school we had a double period of English on a Friday afternoon. There would be by then maybe ten or eleven of us in the class, the class had been winnowed down to that. Would you believe it, that particular double period was taken up with that morning's *Glasgow Herald*, from the top left hand corner of the first page to the bottom right hand corner of the last page. We either read what was in it and you maybe parsed this sentence, did a piece of grammar there, or you read a story or an article and then you got to pronounce on it to the teacher. So there was Modern Studies—in 1938. There couldn't have been many schools that did that morning's *Glasgow Herald* in a double period English lesson for the senior boys and girls.

English was my major subject at school, oh, I enjoyed English from day one. I took my Highers in English, and I was considered to be an extremely good essay writer. I also enjoyed art and I could draw and paint in water-colour quite well. Maths was reasonable, algebra was difficult, history and geography—yes. I used to play football but I was never good at sport. I was never good at gym: I could climb the ropes, do the wall-bars, but things like the horse were beyond me. My worst subject was French. I just couldn't somehow or another get the hang of French at all. The head French teacher was a man called Graham. He was known as Big Graham to the rest of us. And when I was finally leaving school at seventeen he actually asked me if he could keep my exercise book because he had never had a worse exercise book in his entire teaching career. There was more red marks on it than blue ink. Big Graham asked for it as a souvenir. And that was the extent of my French. I just could not grasp French at all. French was awful.

And this was the other thing about my French, well, I used to go for help with my French homework to what was called the Back Block. I suppose most schoolchildren go to their friends for help with their homework, and with my French being so abysmal help was needed. In the council estate this council house was known as the Back Block, and that's where Netta McShannon, the third or fourth daughter of a carter called Jock McShannon, lived. And Netta was good at French. And it was there I used to go, and my homework was always reasonable because Netta used to do it for me.

While I was at school we were all—the minister's son, the lawyer's son— we were all in the same school. We weren't all working class people in Campbeltown but in those days it was still a most democratic town and the High Road went to the Grammar School. It was only as I was leaving school that the middle and upper middle class and the wealthy in Campbeltown began to discover Loretto and Glenalmond, and then the town ceased to be wholly democratic.[422]

It was of immense value to be born and brought up in Campbeltown, because you had the shore, you had the hills—you had everything. And it was so different from the townie's or city youngster's bringing-up. Campbeltown was unique in so many ways. We had so much to do. In Campbeltown there are two hills: there's Beinn Ghuilean to the south of Campbeltown Loch, and there's Cnoc Scalbart to the north of Campbeltown Loch. And on Beinn Ghuilean there's a cave—the Piper's Cave. And legend had it that the Piper's Cave went right through, oh, at least fifteen miles, to Southend, the Mull of Kintyre. Well, when I was about sixteen and still at school my then bosom pal Baldy MacKinnon and I we decided one Saturday that we would explore the Piper's Cave to make sure does it in fact go through to Southend, miles and miles and miles away? So for weeks beforehand we collected bits of string, and we tied all the bits of string we could collect into one great big bit of string and we wound it round a piece of wood and we firmly fixed that to the entrance to the cave, and then we proceeded in, paying out the string behind us in case we got lost and had got to feel our way out. And we came to a dead end, about seventy or eighty yards in. You could go no further.

Campbeltown was an industrial town: shipyard, rope works, distilleries, coal mine, fishing. As a boy between fifteen and leaving school at seventeen, in these three years, in the long summer holidays, to give the full-time boys on the ring-net fishing boats a holiday, I and many other boys used to go on the ring-net boats, making the tea, and so on. Oh, a marvellous experience. I can remember on a summer evening between Skipness and Pirnmill, the north end of the Kilbrannan Sound between Kintyre and Arran, 700 ring-net boats lying listening for herring, *listening* for herring. That was the entire fleet from Dunure, right round to Girvan, Ballantrae, Tarbert, down to Campbeltown—700 boats. And out of that lot there were maybe five or six men who were the leaders. I've always said that the south Kintyre farmers were maybe the greatest farmers in Scotland. That's a big statement to make. But they were men with superb green fingers. The Auchincruive Agricultural College had just got to bring something out and convince them of its worth and these men were on to it straightaway. So were the herring fishermen. They were men with blue fingers. All sorts of firsts went there: first decked boat, first power winch.

My memories of these three summers are in some ways very dramatic. It was highly dangerous, you know, the ring-net boats fishing as a pair. When the two boats came together the crew had got to jump on to that boat which had 'shot' the net and help haul it in. And you'd got to time the swell. It was really dangerous. And another thing I will never ever forget is seeing the bag of herring coming in between the two boats, the millions of silver fish. You can't even describe it. You can only hope the person you're talking to gets some mental picture of it. Listening for herring, watching the birds, watching the whales, and also feeling for herring—the long line of piano wire with the heavy weight at the end. The weight's sufficiently heavy to allow the wire to remain perpendicular as the boat steams ahead, and the wire eventually beginning to leap and jump in your hand—and you knew you were passing through a shoal of herring. It was three years of marvellous experiences.

It's the only thing I really know about is the history of the ring-net. It's another little unknown facet of Scottish history. It took three full-blown Royal Commissions to make the ring-net legal. Men on Loch Fyne just over a hundred years ago were shot dead for using the ring-net. The navy and the militia were up in Loch Fyne to put it down. The wives of the men who were using the ring-net were scurrying up and down Loch Fyne as fast as their feet would carry them, lighting false fires to confuse the boats the navy had sent, submerging the illegal ring-net at dawn. They'd fish with the ring-net all night but you'd submerge the illegal ring in the water, with rowan branches stuck in it, so that when you came along the following evening to pick it up you could see the rowan branches easily. Oh, a thousand and one stories—and I don't think it's down on paper anywhere. It's never been written up this history, not to the best of my knowledge. And the ring-net fishermen, too: the Conleys, the MacQueens, and the nicknames they had—the Hoodie, the Blue Fellow.[423]

So that was my summer holiday job on the ring-net fishing boats. Well, you just went along and asked if they needed anybody. You were away overnight, and sometimes for a week. It depended where the market was. The market was usually in Ayr, and of course that meant we were away for the week. My parents didn't mind me going, because it was fairly traditional to do it. Other boys did it. The thing I remember about that was they were rough, they were fishermen. You were peeing in the bucket and all the rest of it. But it was just an accepted way of life. It was a rough life, but there was never any f-ing and b-ing the way there is nowadays. I'm not saying they were saints, but there was certainly no moral danger. I would never have become a fisherman, but that is a rich, rich memory. To recall the bag of the net coming between the two boats full of herring, words can't describe that. And of course you learn some of the lore: the way the gannets dive. If they were diving straight into the water they were diving for mackerel. If they dived in at an angle they were diving for herring.

I also went for a spell with a man called Watkins, who went hunting basking sharks in the Firth of Clyde. That was an experiment that failed. But that was another interesting venture. And of course through knowing people, being friendly with people, I got to know other sidelines like making kippers, curing. And Campbeltown still had the enormous herring fleet, the German and Russian klondyke boats coming in. Well, they never came in—you sold your herring at sea to them. But it was a very exciting life. And, oh, I was paid. There was a share for the crew, a share for the net, a share for the boat. I used to get about a quarter share, or so I reckon. Of course, when you were young you never did it for the money, the money was incidental. To be brought up in a place like that with all these opportunities it was a wonderful education. Not many people born in, say, Edinburgh or Glasgow ever had the chance of that.

One of the things about Campbeltown—I presume if you're a native of Stornoway or any other similar-sized town it's the same—is the incredible number of marvellous people it has produced. Years later, in 1957, I did a B.B.C. Radio programme called *The Grass is Greener*. At that time depopulation was a major problem. The popular figure was that Scotland was losing every year a number equivalent to the population of Aberdeen. And I thought to myself, 'Well, this is crazy. Who can assimilate the population of Aberdeen? It can't be done.' And then the idea came to me. I was still then in very close touch with Campbeltown Grammar School. And what I did was quite simple. I went back to the year at school when we moved from the primary into the secondary. I knew where everybody was. Some had been killed in the war. And what I did was I taped six questions, and I chose six boys and six girls—by then young men and women—who had left Campbeltown. I wrote to the people involved— the chap who'd become the surgeon in Singapore, the girl who'd done this or that—they'd all done well. And I got the B.B.C. to write to the radio station in the country where they were living—to Radio Singapore, Radio Uganda, oh, you name it. And the tape with my six questions on it was sent to the radio station, the six young men and six young women were then invited in to the radio station, the tape was played and they answered my six questions. All the tapes came back to me and I made them into an hour's B.B.C. Radio programme. Those twelve young people were all members of the great depopulation. And some of them actually said, 'Hamish, even if you sent us our fare we wouldna come back.' Not one of them wanted to come home.

Well, I didn't have any particular ambitions as a boy at school, not really. I don't think that many of us had. I can never remember making up my mind to be a sea cadet or this or that or the next thing. And of course I didn't really think on journalism. I just moved into the local paper, the *Campbeltown Courier*, the day I left school because an uncle of mine had been a reporter there several reporters beforehand. Uncle Robert had been the reporter but he died as a young man from tuberculosis—again because there was no real cure in those days, and he just died. So when I left school it so happened that that job fell vacant again. In fact, a reporter before me was Angus MacVicar, the Scottish novelist, who had been followed by Hector MacSporran, who went to the *Glasgow Herald* and then the Aberdeen *Press and Journal*, and who had a very successful career.[424] The *Campbeltown Courier* was owned by a family who left the management of it to a local lawyer. And the lawyer knew my father. They knew my essays at school were good and so I fell into the job in that way. It was really extraordinary. And that was the beginning of my career.

On the *Courier* I did everything. There was only the editor and myself. Of course, there was the printing side: there's a linotype operator, there's all these people who produced the paper. I didn't have shorthand, none at all—I got it later. Well, that was a problem but you had a good memory. You wrote up your stuff in such a way that you didn't need shorthand! But we did everything.

Campbeltown in those days just before the war was even more cut off than it is today. And, boy, did Broom, the editor, and I make money! We had the lineage for everybody—the Press Association, the lot. Because in Campbeltown we had everything: we had a busy lifeboat, a busy air ambulance, a busy National Farmers' Union of Scotland, a busy presbytery, a busy chamber of commerce, football every Saturday. There was a mint to be made, and of course the editor and I as the only reporter we shared this between us. The editor took the lion's share. My wage then was ten shillings a week. But I used to at least double that with lineage money.

One of my sadder duties was my editor. Old Broom, who was a brilliant man, he'd been in Fleet Street, he'd come down and down through drink. And every so often I'd got to take the old boy home—he lived three flights up in a tenement—and escort this great overweight, drunken man up these flights of stairs. And this again must have been part of my education, because I would open the door for him and help him into the flat—and find that his wife would be there in the same condition. But it was an all-round training in every aspect of journalism.

Actually, the first piece of published work I ever was paid for was not in the *Campbeltown Courier* but in *Forward*, when I was sixteen and still at school. It was an article on the plight of the Clyde herring fishermen, for which I was paid five shillings by Emrys Hughes, who was the editor.[425] My father was very proud of my prowess as an essayist at school. But he couldn't believe it when I had my first article published then in *Forward*. He almost dropped down with surprise. This really amazed him—and to be paid for it as well!

There must have been thousands of men like my father, though. They were a backbone. They were their brothers' keepers, and there was nothing monetary in it for them. My father was a highly, oh, highly articulate man himself both in speech and in writing. He just wrote letters—copperplate. I remember in the 1930s my father had a very odd friendship in Campbeltown with the procurator fiscal, the Roman Catholic priest, a garage proprietor and the local pharmacist. These five men were very, very close and they used to meet, and I presume they talked on all sorts of things. But it indicated to me something about my father, that the fiscal, the priest, and the pharmacist, who were men of a much higher educational standard in the accepted sense of the word education, that he should be one of that group of five that met year in and year out. There must have been something about him that attracted them to him.

I think that friendship was based mainly on politics. And, you know, my father was, all things considered, a very widely read man. So far as newspapers went we got the *Daily Herald* at home then, we got *Forward*, and we got the *Children's Newspaper*. I can't remember anything else coming in. Later on we got the *Daily Worker* and *Reynolds News*. Oh, my father was left-wing and, as I say, widely read. He was familiar with Scott and Dickens. He bought books, and he saved up the coupons—what must have had an influence on us all at that particular time were the newspaper canvassers with their coupons—you know, to get sets of books, Odhams and all that. We had a set of Arthur Mee's *Children's Encyclopedia*. My father was a member of the library, he went to the library. He read a great deal. My mother was never a great reader—the *People's Friend*, yes. Without a doubt that came into the house as well. My mother knitted, did all these sort of things but she was never a great reader.[426]

I also went to the library, I was a junior member. We had a very, very good library in Campbeltown. The library was not a Carnegie gift. It was a gift of a local man who'd made his money abroad and he gave a very excellent building which is still there as a library. One of my mother's sisters, my Aunt Katie, was a voracious reader and she really introduced me to what in those days, I suppose, was modern fiction. Now Katie was not content with the municipal library. A newsagent in Campbeltown had a lending library for which you paid so much a volume, and the books were undoubtedly more modern or recent than those in the municipal library. Well, my Auntie Katie was a member of this newsagent's library and she introduced me to a wider reading than I might have otherwise enjoyed. Oh, I enjoyed reading.

My father was also the only person I have ever known who had free access to the old style tinkers' tents. Not only tinkers but the illiterates, the people who had a problem. My father for years and years and years was the unofficial letter writer and letter reader to the tinkers and the town's illiterates. People would come up and knock on the door and I or my mother or my brother Iain would go to the door: 'Is Donald in? Is your father in? Is Mr MacKinven in?' 'Come in.'

You took them in. You then left them together and my father never ever mentioned what had transpired.

But he wrote the letters for them, signed the forms, did all that. He had an invalid chair. First of all it was the old thing and then it was the self-propelled kind. But he'd stop at the tinkers' tent, get out the chair, sprachle across the grass, and go into the tent for a brew of tea. Even the doctor was never invited in there. And this was because I think my old man had an affinity with the tinkers. And they knew that they could go to Donald and he'd fill in the letter. They found him trustworthy and helpful. His interest in the tinkers, I think, was a reflection of his political commitment, too, that these were poor working people he was anxious to support.

The other thing he learned while he was convalescent after the loss of his legs in the war—and this was to prepare you for life—had been basket-making. He kept that on as a hobby. I can remember sheaths of willow in the bath at home softening for the old man to continue his hobby. Well, we had a bath not in our first house but in our eventual council house. It was one of the first council schemes, a 1924 council scheme, and we would move there, oh, 1925, '26, when the place was built, just about the time I first went to school.

Another thing I remember was later on, after the Second World War had broken out. Campbeltown Grammar School was requisitioned in 1940 by the navy as the Asdic training centre.[427] And the Grammar School pupils were then dispersed through halls, etc., in the town. But the Grammar School building was central. On one side of it was a pretty vast council estate where we lived, and on the other side was the Highland parish church. To reach the Highland parish church parishioners from the council estate had got to come down the various roads in the estate to a main road parallel with the school, go right round the school, and then up a parallel drive to the church. My father then led a deputation to the naval commander of the school from the tenants of the housing estate, to ask him would he please do something on the Sunday morning to clear the three streets of used contraceptives. The parishioners were offended as they walked to the church, kicking the used contraceptives out their way. So every Sunday morning after that there was a dawn patrol came out from the school with brushes. Of course, my father led the deputation, he'd be the automatic spokesman. He was a tribune of the people more or less.

I am old enough to recall that before the war, in the middle '30s, in the Depression, my father was insistent that unemployment was the great evil. He was friendly with the Reverend T.S. MacPherson, who was our Church of Scotland parish minister. It may seem strange for a man of my father's political inclinations but we went to church every Sunday because my father—he may have been an atheist but he was certainly a freethinker—did love a good sermon, a sermon that was like a Somerset Maugham short story, with a beginning, a middle, and an ending. And usually Rev. MacPherson would give a sermon that had some relevance. And my father, I remember, worked on Rev. MacPherson to persuade him that the Church of Scotland should denounce unemployment. This should be denounced from the pulpit. And my father thought on this memorable occasion that he had worked the Rev. T.S. MacPherson up to this particular pitch. Now imagine the scene: summer Sunday morning, in the pew father, eldest son, mother, wee brother. The sermon starts and my father—it was palpable—was all screwed up: this was the day when Rev. MacPherson was going to denounce unemployment from the pulpit. And he didn't. At the end of the sermon my mother must have died a million deaths of embarrassment. My father rose, took the walking stick from the end of the pew, and on his artificial legs clumped right out the church. And as we all sat there we heard the clump down the aisle, down the annex, down the steps, disappearing on to the gravel outside. And he never went back to the church. Oh, the congregation was in consternation! And my father never went back. Rev. MacPherson came up to the house, you know. But my old man never went back.

Oh, my father was keenly interested in political and social affairs. I would even go so far as to say he would almost certainly be a card-carrying member, at a long distance, of the Communist Party. Oh, there wouldn't be a branch of the Party in Campbeltown. The only link would be a letter for his sub. But, oh, he was strongly left-wing, a strong devout socialist all his life. He died that way.

My father died—I can't remember the exact year—but, oh, it was a long time after the Second War. It would be in the 1960s, I think. He died not a young man, but he wasn't as old as he should have been. And similarly with my mother, she wasn't an old woman when she died. She survived my father a few years.

About a year or so after the war broke out in 1939 I was called up. The day my calling-up papers arrived I caught scarlet fever. I was the only person in the town to have scarlet fever and I was taken to the fever hospital, a very small hospital. I was taken in a yellow, horse-drawn ambulance without windows: it had louvres instead of windows. And when I got to the fever hospital it had two wings, the male and female, and of course I was put into the male ward. Now I had a very light dose of the scarlet fever. In those days you were kept in for six weeks and you were isolated. And of course there I was in the ward by myself and I wasn't terribly ill and I was helping the gardener. I'd only been in about ten days when a girl called Sadie Martin caught the scarlet fever all by herself and she was brought to the hospital. Now the staff comprised a ward maid, two so-called nurses—I don't think they'd really be trained or qualified nurses—and a matron who was a nurse. And they were either lazy or they didn't think. But here am I, a virile youngster of nineteen or twenty, and here is Sadie Martin, a nubile youngster of the opposite sex. Well, they put Sadie in where I was and just a draught screen between us. Sadie's mother comes up to pay her a visit and of course Sadie's mother sees the situation, creates hell, and poor Sadie's then dumped off to the female ward.

Now here I'm baring my soul to you. But I remember on this particular evening going and washing my teeth, going to the toilet, and coming back into the ward ready for bed. And there in my bed was one of the nurses, with the bed clothes pulled up to her chin. So I thought to myself, you know, 'This is a real kid-on.' So I said to her, 'Oh, come on, I'm tired, get up, off you go.' And she just smiled and stayed where she was. She was a little older than me, maybe two or three years older. And of course I was convinced she was kidding me on. I was wanting to get into my bed to sleep. She was lying in the bed with the clothes up to her chin. So I caught hold of the bedclothes and whipped them off. It's the first time I'd seen a stark naked woman in my life! It really was a moment of enlightenment.

Another thing I recall from around that same period. Just after the war broke out and before I was called up I was interested in politics in a vague sort of way. Oh, my father must have influenced me positively without a doubt but without either of us being aware of it. And I was aware of the external events like the Spanish Civil War and Munich because I was an avid newspaper reader as well, but there was nothing external that influenced me. Then I became interested in the Communist Party. And I remember very boldly making application to join the Communist Party. My application was dealt with by one of Naomi Mitchison's sons. The Mitchisons had by then a big estate at Carradale, sixteen miles north of Campbeltown. I had Carradale relations who were working on the estate, I knew of Naomi Mitchison, but I never had any contact with her.[428] I can't remember which young Mitchison it was that came to see me but he was still a young student, he was only home at Carradale on holiday, and he must have been sent, I presume, by King Street, Communist Party headquarters in London, to see me. Well, he came literally to catechise me on my knowledge. And he left me a book to read, which I still have: *History of the Communist Party of the Soviet Union*. He left me that to read. But it went no further than that. I didn't push my application because I was called up very soon after that and I had other interests. Had I joined the Communist Party then I presume I would have been a marked individual right away, and it would have followed me into the Forces.

Around those years I was also under the influence of one or two other men in Campbeltown whose houses I went to. I sometimes joke to myself that I never went to university but my university, oddly enough, was the net sheds, where I used to lie on a ring-net in a net shed and listen to the older men speaking. I must have spent hours doing that. And they were naturally speaking about politics, local politics, the fishing. I must have imbued a vast amount of knowledge just by listening. And I also went to the house of another man called Jimmy Watters, who was politically interested—not involved, but interested. Jimmy was an invalid, an asthmatic, who burned (something you don't get nowadays) Potter's Asthma Cure. It was a tin of asthma powder and when you turned the lid of the tin over it had a hollow bottom and you could pour some of the powder into that. You then set fire to it and it burned like a joss stick. You just let the fumes off. Well, I sat in Jimmy Watters' house—by then I'd left school and was at work on the *Courier*—and there again I must have imbued. But these were in many ways I presume innocent ordinary men, but their conversation, their crack, was good, and it was always of a serious nature. There was nothing flippant in what they talked about. One of my memories is that one of them there was an epileptic. On occasions he used to go into a fit and fall on the floor and some-body would put a pencil between his teeth and just let him writhe away there until he came round. He was a fisherman, too.

Well, I wasn't inclined to volunteer when the war came. I was conscripted at the end of 1940 when I was coming up twenty. Well, at that time it was every-body's desire, I suppose, to join the Air Force as aircrew. It was glamorous if nothing else. Well, I was called up and it's almost unbelievable but again this must have been a bureaucratic error. In those days the Air Crew Selection of-fice for Scotland was what is now the Savings Bank building in Hanover Street, Edinburgh. Well, I went there and I was selected for aircrew. I couldn't speak, I still had that awful stammer. But that was quickly discovered when I was called up. But I got into the R.A.F. and it was just when the R.A.F. Regiment was being formed. And in the early, early days of the R.A.F. Regiment the people in control of the new recruits, believe it or not, were Guards regiment senior NCOs. I'd been in the R.A.F. as a general duties A.C.2 for a month or two and then I was mustered, without volunteering, into the R.A.F. Regiment. I was posted to Belton Park, outside Grantham in Lincolnshire. I was in no way a great patriotic mem-ber of the Forces, and I wasn't long in the R.A.F. Regiment until I realised I was under the jurisdiction of these absolutely fiendish drill instructors. I've always been able to look after Number One and I thought to myself, 'Well, this is not for me. I'm not going to be sworn at and marched about all day long by a crowd of men like this.' So at the first opportunity I got out of the R.A.F. Regiment. I applied for a transfer and I got it.

Now there was nothing available to me with my stammer. Nothing was re-ally open to me, because unless you have the power of communication you are useless. You would be amazed at what is closed: everything is closed. The only thing I could move into was the R.A.F. medical section. But before I did that I had an interesting experience because I first re-mustered out of the R.A.F. Regi-ment into the radar side. Now this was a classic bloomer on the part of the R.A.F. I did a twelve weeks' course as a radar operator at Yatesbury, outside Swindon. Now here was somebody being trained as a radar operator in the very early days of radar who could hardly pronounce his name. And in those very early days of radar you were in direct land-line communication with the fighter squadrons. Well, the German Heinkels would have been over, would have bombed London, and would have been back at their base and I would still have been stammering that they're on their way here. So just before I completed the radar course somebody tumbled to it: 'Look at this character. He cannae even say his name!' And I was CT'ed, as they called it—ceased training.

I then began the usual dirge of sweeping the yard and shovelling the coal and picking up the litter, and I saw this continuing or maybe me getting sent back to the R.A.F. Regiment. So I then re-mustered, volunteered, into the medical section, and of course I went on another course. Quite frankly, what put me off that was not the training or the job. It was the people I was associating with. The medical orderlies—that's what we were—were about the lowest on the academic rung. There was nothing to stimulate you when you came off duty. You were living with morons—and by then I saw the war going on for a long time, I'd sufficient wit to see that. I just thought to myself, 'Well, mixing with this crowd for ever and ever is just not on.' I knew I couldn't get out again but one day—the war by then was becoming fluid—I saw a notice that they were wanting not medical orderlies but nursing orderlies to man mobile field hospitals. So I thought, 'Well, this sounds a bit better,' so I applied, and the moment I passed my exam and qualified I was posted to 60 Mobile Field Hospital and went straight overseas in very early 1942. I went through the rest of the war as a theatre orderly, nursing orderly.

I went to Burma, straight to Assam first of all on the Burma-Assam frontier. I sat there a long time in that glorious, magnificent countryside, a lovely climate, lovely people, until the Japanese made their invasion of India, and I was caught up in the siege of Imphal, when the Japanese almost broke through into Assam.[429] I was in that siege, and of course having no rank—I was AC1 or 2— you didn't really know what was going on. This again was a personal peculiarity. I accepted no rank. I used to drive adjutants daft because they wanted to promote me and I said, 'No, I don't want to be promoted.' And of course they couldn't force you to be promoted. But some adjutants went down on their hands and knees, 'Won't you, please?'—because they were needing a corporal and I was the obvious person to promote to the two stripes. I suppose I had advanced educational qualifications, having been at school to seventeen, but I just simply refused promotion. Oh, I've had adjutants, medical officers, and the group captain in charge of the hospital pleading, but, no, I just turned it down.

Well, I didn't see fighting in Imphal—well, we were in action, if you could call being shelled in action—but I saw the results. And then when we began to move into Burma the interesting thing was we then became responsible for the civilian population, well, the Burmese. So we had all sorts of things from cut fingers to childbirth. That was a great experience, oh, I enjoyed that, in the sense I was learning a lot. And I've often thought, you know, when you read about high tech surgery today and the things they can do—about what we did by the roadside in dust. You carried out operations. And I was so lucky: I never

ever had a day's illness. Well, it was lucky up to a point. I've actually seen me on occasions give up some of my drinking water ration so that I could wash my hands. I always kept a wee bit soap. I was so aware that so long as you looked after yourself and so long as you kept yourself fit, so long as you took your mepacrine tablet religiously, so long as you tucked your mosy net in properly, the odds were you'd go through—and I did.[430] I had a slight touch of bacillary dysentery, but apart from that I had nothing. I missed malaria, missed amoebic dysentery, missed everything. I've got a lot of memories of that. I've often wondered what happened to the early syphilitic chaps with the very early penicillin treatment. You know, in these very early days did it really work, or had it still to be improved?

I ended up in Rangoon, where I had a reasonably happy time. I was a great one for getting my feet under a table and I'd get my feet under a table that promised me a relief from my daily round and also where I might learn something. But it was only in Rangoon I became friendly with Burmese families: we just didn't have time anywhere else. I became very friendly with a man who was a Glasgow University B.Sc. in electrical engineering and who was in charge of the Rangoon tramcars. He hadn't been imprisoned by the Japanese: he was too important.

I only had one leave in the entire time I was away in the Far East. And I went then on leave to Darjeeling, and that again is a wonderful memory. The main memory was going to Monkey Point just before dawn and seeing the sun breaking on the peak of Everest. It's like a star coming into the sky. And then of course as the sun goes higher the star begins to get bigger and you see it's on top of the mountain.

And I was also extremely lucky: I was sent down to Dimapur, which was the railhead, from Calcutta. I was sent down with a lorry driver to pick up some stuff. And on our way back up the road—it was a mountainous, long journey, through jungle country—we got through despite the fact that the Japanese had already cut that road. How I survived was because though the Japs'd cut the road they were letting people through because the order hadn't come for them to attack. Had we been killed or ambushed or kidnapped of course people would have come looking for us, thinking the lorry had broken down, and in doing so they would have found the Japanese. So that again was a very close call, because we went through Kohima and went on to Imphal.

I was also in Bengal during the famine and that again was another experience. I was in Calcutta, again collecting stuff. It was then that I saw all sorts of things about humanity. Peasant people under the threat of death have historically tended to collect at crossroads. The modern crossroads is a railway junction. And you had literally tens of thousands of Bengalis living by then under the shadow of death. The wings were flapping over Bengal. And they knew. And they were crowding into the railway junctions. Of course, that was the worst possible thing they could do. Had they just stayed in their villages they could have eaten the straw off the roof or they could have scraped something together. But terror was starting to set in. So they gathered at the railway junctions. And I don't think there is anything in womankind more beautiful or more nubile than the teenage Bengali girl. And I've seen my British compatriots: 'A handful of rice—drop your sari to the waist. Two handfuls—drop it to your ankles.' The girls wouldn't have done it, because taking rice from us it was contaminated. But that was the attitude.

And that famine was man-made. It was only when Wavell took off his vice-roy's uniform in Delhi and donned his field marshal's uniform and came down to Calcutta and had the army break down the doors of the warehouses, which were packed to the roof with rice, that the famine ended.[431]

Well, I don't think they'll ever put a figure on the number of people who died of starvation there. And it was only afterwards we realised how close we were to a massive upheaval or uprising. The whole of Bengal was a seething, raging mass of boiling rebellion. Chandra Bose had already built his Indian Nationalist Army. He was in Tokyo, sent there by submarine. Then he was back in Burma. Anything could have happened. But we held out.[432]

But that was four years that were memorable. I was there when the Japanese surrendered their swords at Mingladon airport near Rangoon. It was a memorable time and I think I made the most of it by keeping myself fit and healthy. But I found that a fascinating period, though of course you didn't really know what was going on. It's only afterwards, when you read the official histories, that you know just how you were wasting your time. For four years you wasted your time. So I was sent back from Burma on the steamship *Ascania* to Britain in 1946.

It wasn't my experiences in the war that made me politically aware afterwards, because I was politically aware during the war. Indeed, I was the only sort of Labour Party activist in our unit in Burma. I can remember when the servicemen's votes were taken in the 1945 election. Well, the votes came out and nobody knew who their potential MP was. I was already, not a committed socialist, but that was the way I was leaning—and there must have been thousands of us. I can remember going round units and the chaps saying, 'This paper's come in. It's a voting paper. Who the hell is this?' And I would say, 'Oh, well, that's the Labour man. He's very good.' You didn't know who the hell you were talking about. 'Aye, he's very good.' 'All right, we'll put a cross there.' Labour must have won the election by people like me going round. You hadn't a clue who the name on the paper was but he was the Labour candidate. 'Oh, OK, we'll put our name there.' The rest of them knew even less than you did. Oh, I must have persuaded a lot of people in Burma—me and others as well were doing the same prank—to vote Labour in the '45 election.

My memory of that leave in Darjeeling reminds me that much earlier on in the war, before I went overseas, I had two leaves in Campbeltown—I only had two leaves before I went abroad. Now my father would never allow my younger brother Iain or me to become Boy Scouts, though he eventually relented where Iain was concerned. So my father knew, my mother knew, everybody knew I was coming home on leave. My mother met me on both occasions. We lived in a room and kitchen. My mother met me at the front door because she knew I was coming off the bus at a certain time. The first leave—the first time it happened—I was taken aback. The second time I wasn't. My mother met me at the house door and she took me into the bedroom because my father, who was in the kitchen, wouldn't see me in uniform. My mother took me into the room and there was my civvy suit laid out on the bed and I'd got to change out of my uniform into my suit and then go in and say, 'Hullo, father, how're ye doin'?' Now I think—he never expressed this view—but I think my father would really have been happier if I'd been a conscientious objector.

So in 1946 I came back from Burma and I was demobbed. I was in serious need of social rehabilitation after the war. I'd been away for so long I required social rehabilitation. There was nothing wrong with me. But I had led such an outdoor life—I'd hardly a roof over my head for four years. I just felt I'd got to nurse myself back into normality. Oh, very largely I didn't want to go into an office straight away. But it was just to get myself ready to go back to office life. I was determined to go back to journalism. But I didn't want to do it straight away. And I knew I had plenty of time. So I got a job in the Forestry Commission, not as a permanent job but to sort of break myself back into a reasonable way of living because I really hadn't lived a normal life for four years.

I worked in the Forestry Commission first of all in Kintyre, then at Glenbranter in Cowal, then at Kilmun, again in Cowal, down at Dunoon. I planted trees. I brashed trees. I felled trees. I had a dog that came with me. At the end of the day I went on piece work with two mates. We bought a horse. A great life, and making a lot of money! But I never intended to stay. I thoroughly enjoyed the Forestry Commission and I had a very good time there, but I never saw it as a career. I only saw it as a career if you were a graduate and could move into the higher echelons. As I saw it, the only thing that was coming your way as a forestry worker in middle age was rheumatism.

And of course, while I was working for the Forestry Commission, I was back into freelance journalism in a big way. I was writing a lot. I made a hell of a lot of money from my pen. The sort of journal I was writing for was *John Bull*. Now *John Bull* was a national that sold several million copies. They were enormous papers. One of the articles I wrote for them the first sentence was, 'Today I planted a thousand trees.' Now what urban editor is going to refuse an article with an opening sentence like that? That made me fifty or sixty guineas. One of the funny things was I had no bank account so when the cheques used to come I used to have to get my forester, whose pay was paid into a bank, to go and cash cheques for me. And they thought I was a millionaire. I also did freelance work for the *Glasgow Evening Citizen*, for instance. When I look back on those articles now I sometimes shrivel with embarrassment. Did I write that awful corn? Was I paid for writing in that terrible Jack House style 800 or 900 words of sheer corn? [433]

One of the papers I was freelancing for, not so much for the money but because of the paper it was and what I wanted to say, was *Forward*. But I had this appalling stammer. I was determined to go back into journalism but I knew I had to overcome this. Well, I worked for the Forestry Commission for roughly two years in 1946-8. By then I was in the Labour Party, I joined it while I was with the Forestry Commission. And for a brief period I was prospective Labour candidate for Argyllshire. I became a parliamentary candidate, proposed by the forestry workers, who were in the General and Municipal Workers' Union, because I was more articulate, despite the stammer. Forgive me if the big head appears: maybe I was a leader among them. I was in the General and Municipal Workers' Union myself. But I was only officially candidate for, oh, not even months, I think just weeks, and then I suddenly realised: 'Hamish, what have you let yourself in for? You can never do this. Even despite the money you're making freelancing in journalism you can't get around Argyllshire and still do a job.' I realised that financially I couldn't do it, I couldn't cover an enormous area like that. I'd got no car. So I withdrew.

Meantime I kept on contributing to *Forward*, and one day while I was in Kilmun, working with the Forestry Commission, I had a letter from George Thomson, its editor: would I come up to Glasgow and meet him? So I went up to Glasgow and George met me off the Gourock train, platform 13, and took me—where else?—to Miss Cranston's Tearoom in Gordon Street, outside the Central Station, where we had lunch. George was needing an assistant. He couldn't run the paper himself, read the proofs, do the lot. I'd been a fairly regular contributor to *Forward* and George liked my contributions. We'd never met at all until I got this invitation to have lunch with him in Glasgow. And it was then that George made me the offer to become his assistant on *Forward*. I went back to Dunoon and told the Forestry Commission I was leaving. [434]

Of course, I saw this as an entry back into journalism. My stammer was getting better, and if I dare say so, my stammer got better through my own sheer will power. I made myself speak as I'm speaking now, I just willed myself to do it. I did everything under the sun in the way of elocution and it had all failed. While I was with *Forward* I had three very close friends: Dickson Mabon, who went on to become Minister of State, Scottish Office, Judith Hart, who became Commonwealth Secretary, and George Thomson, the editor himself. [435] In those days we had in Glasgow a Speakers' Corner on a Sunday. And these three—of course, already aspiring politicians with their eye on the House of Commons—were taking part, and I went along with them on a Sunday morning. And when they erected their portable platform I was put on to the platform, and the moment the first man in a dirty raincoat with a wee dog arrived I came off the platform. And so gradually my confidence built up.

Anyway *Forward* when I joined it in 1947-8, though I wasn't to know at the time, was really on its uppers. Many years previously Tom Johnston, the founder and first editor of *Forward*, had found he couldn't be an MP at Westminster and edit a weekly paper in Glasgow.[436] So he had appointed Emrys Hughes, who was Keir Hardie's son-in-law, as the full-time editor. That was some time in the '30s. Emrys Hughes became an MP as well from 1946, for South Ayrshire. He was a purblind pacifist, an out-and-out pacifist. And of course this came through in the newspaper. Now the *Forward* readership—my father subscribed to *Forward*—was ninety-nine per cent of it among the skilled artisans of the Central Belt of Scotland, the men who read a great deal, were good conversationalists, thinkers, the type we all remember. Though there was one man, by the way, who had the paper sent to him under plain cover to Inveraray, one solitary reader for years and years, because he didn't want it to be known in Inveraray, the home town of the Duke of Argyle, that one of the locals read such a revolutionary newspaper. Anyway, that was all very well—then the war broke out in 1939. We all remember what it was like when the war broke out and the way the Left were acting. But when the Russians came into the war in 1941 things changed. But even then Emrys continued the pacifist line. And even then the readership of *Forward* were quite prepared to go along with it, until it became obvious just what an evil Nazism was. Then those Central Belt highly skilled artisans, well-read, thinking men—maybe the backbone of the Labour Party, but certainly that type of individual—just couldn't take any more. And also the readership was ageing. So the readership of *Forward* began to drop off seriously as the war progressed, mainly because of the policy of the paper. So after the end of the war, when George Thomson took over as editor the paper was really on its beam ends. But I didn't know that when I joined George as his assistant.

The offices of *Forward* were in Civic Street. Civic Street has gone now in the general rehabilitation of Cowcaddens. The paper was printed there by Civic Press, a small private company which had strong connections with the labour movement. There were only two of us on the editorial staff of *Forward*—George and myself. The work was not onerous. The work was mainly writing maybe two or three articles a week, proof-reading, supervising the printing side of the paper—which was once a week. One of the main tasks was selling the paper. And I can remember George Thomson and I going down to the Central Station in Glasgow on a Saturday morning, when Menzies had a great big central bookstall there, to make sure that *Forward* had a prominent place on the bookstall. And then you sold the paper at Labour Party and trade union conferences.

I can't remember what the circulation of *Forward* was when I was on it. Maybe I never even knew. It circulated mainly in Glasgow, well, Clydeside. It had a fair-sized postal distribution. The girl used to paste the wrappers for the postal copies. It would sell hundreds of these. But, oh, it was in a woeful state when I joined it. But I had no idea of how woeful. George Thomson would know more than I did. I had no idea, except that you could tell.

I didn't concentrate on writing about any particular subject or area, you could write about anything. I remember George Thomson and I published the word Fascist in connection with Sir Victor Warren, the Tory leader in Glasgow, and he did threaten libel but he didn't take it any further. I think he knew we had nothing anyway, and the paper couldn't pay him anything.[437]

Of course it was a great honour to me suddenly to find myself on the staff of *Forward*. It took you into touch with a lot of interesting people. Glasgow in those days was still a great city of old left-wing people. Andrew Hood, the Lord Provost—and all these old boys in their black nap coats with the velour collars, heading to Miss Cranston's Tearoom. Goodness, when one thinks on the deals, the skullduggery that went on! But at the same time there was this very solid left-wing base, and it was a mighty honour to be included, working with this lot. One of the first men I met when I went to *Forward* was George Middleton, the secretary of the Scottish Trades Union Congress and maybe the ugliest man ever born. But George was a tremendous character. And I doubt if there was a better versed or better read man anywhere in Scotland then or since. I got to know George Middleton extremely well. Oh, George was a profound cynic. I always remember George was taking a summer school at St Andrews and in order to get anything that fell from the rich man's table in the way of ideas or material I went round the golf course with George. And I always remember him saying, 'I only come here because they pay me for the golf.' That was why he came to do the fortnight's course on trade union history, because it allowed him to play golf for nothing. But on *Forward*, as I say, I got to know the Glasgow politicians, and I got to know the then Scottish correspondent of the *News Chronicle*, Bill Coulter, and I got to know Phil Stein of the *Daily Worker*, and young Jimmy Dollan, as well as Dickson Mabon and Judith Hart.[438]

I can't recall any anecdotes about Tom Johnston at *Forward*—he was no longer active on the paper. But I recall that as a last desperate circulation effort George Thomson went to see Tom Johnston and asked him if he could reprint his book *Our Noble Families*, and he was shown the door.[439]

But, as I say, I was unaware of *Forward's* financial difficulties. It wasn't that that made me leave. I was only a very brief time with *Forward*, barely eighteen months. In 1948 came my great chance in a way. I was invited to become a Press Officer of the Labour Party at Transport House in London. So I resigned from *Forward* and went to London. Now at my comparatively early age then of middle to late twenties, that was really a major step—to get to the very Mecca of British journalism and British political life.

The post-war Labour government was in office. It was a fascinating time. I saw the Labour government in office and I saw Labour leave office. I was there for four years so I was there at that transitional period. The General Secretary of the Party was then Morgan Phillips. Len Williams was the National Agent. Arthur Bax was the man in charge of the Press Office and Percy Clark was the second in command. The day I arrived at Transport House, the headquarters in London of the Party, Percy Clark came down and introduced himself and took me up. I was going round all the various people being introduced as the new boy. It wasn't an enormous staff, in fact it was very, very small. Percy Clark as he was taking me round said to me, 'Hamish,' he said, 'the person you're relieving, Derek Agnew, hasn't left yet so there's no place for you to sit and work, or for Derek to show you the ropes. But we'll see where there's a table that's empty.' Percy knocked on the door of the International Secretary, one Denis Healey, and I was ushered in and Percy said to Denis: 'Denis, this is Hamish MacKinven. He's just come to join us.' And Denis, without even looking up from his work, said: 'Not another bloody Scotsman?'[440]

Well, I had a remarkable time there at Transport House in those four years. I could see that this was going to be the opportunity one way or the other—either into politics or into journalism. There was no strict office discipline, no industrial discipline as such. Nothing was demanded of you. You could work when you wanted to so long as what you were asked to do was done as they wanted it and on time. And if you were taking a press conference you were supposed to have the wit to do the right thing. If you were writing an article you wrote the right thing. If you were writing a speech you wrote the right thing. But you could write it or do it as you wanted. I would think the National Agent's staff, the finance staff, they would all have a strict industrial discipline. They would have to be nine to five people. But where we were concerned in the Press Department it was very easy going. Of course, we were doing a lot of work outside the hours of nine till five. Every by-election we'd got to go to do the local broadsheet, working with a local printer. I suppose Transport House got far more out of us by that lax attitude than had they said, 'You will work from nine and knock off at five o'clock.' The entire staff were good at that time. There was a chap called John Brewer, who was a designer, he used to do posters, design leaflets, and he was very good. John was working for himself, too, at the same time. It was a working atmosphere the likes of which I doubt if you'd meet anywhere else. The other thing—we were almost all single in the Press Department so it didn't really matter when you went back to your place, because you were going back to digs in any case.

We really were a remarkable staff. Perhaps the most remarkable person there was a chap called Wilfred Fienburgh. Everything about him impressed me. He was the working class boy who was destined to make good regardless: handsome, rich—because he was making a lot of money on the side, I presume from journalism, I don't know what. He wrote a novel called *No Love for Johnnie*, and that book would have damned him in the eyes of the Labour Party. He was already moving out. Bernstein was building up Granada Television, and Wilfred Fienburgh, who later on became the Labour MP for Islington, was getting very, very close to Bernstein and he did eventually move into the Granada stable.[441]

The pub we went to was called the *Marquis of Granby*, just across the road from Transport House. It's still there. And of course we were almost all bachelors, young men on the make, as you might put it. I've all sorts of peculiar memories of those days, some just facetious. There's one memory I have of Wilfred Fienburgh, who really was a larger than life individual. He had joined one of the posh rifle regiments when the war broke out, as a private, and ended up as a colonel. He was that sort of man: from a lower working class family, but he'd got a something. Well, on this occasion we had been drinking in the *Marquis of Granby* as usual and there was only one girl in the office with us and she was the prettiest girl. And we came out on to Horseferry Road, we came down to Mill Bank. It was one of those nights—I suppose drink was making it feel better—when London seemed to be bathed in white moonlight. And of course that part of London goes dead after six o'clock. Wilfred Fienburgh at that particular time was sporting a silver-knobbed cane. I always remember we came out on to Mill Bank and I was going to cross the road and catch a 59 bus to my digs in Streatham, when down Mill Bank came a taxi. Taxis were unheard of. And Wilfred waves the taxi down with his silver-knobbed cane. The taxi stops, Wilfred opens the door, hands under the buttocks of the pretty girl, helps her into the taxi, waves the silver-knobbed cane: 'To bed! To bed!' And roars off in the taxi. Later on he was killed by wrapping himself round a Keep Left sign.

Morgan Phillips was a great General Secretary of the Labour Party but he was a silent man. He was given to heavy drinking. And you'd be in the bar quite late at night in the *Marquis of Granby*, a crowd of you at one end of the bar and Morgan would be at the other end on his own. And suddenly a drink would appear for everybody. This was the General Secretary passing a drink down to the staff.

Arthur Bax was head of the Press Department. We didn't attend the National Executive of the Labour Party, but Arthur Bax did. Arthur Bax could speak to the press, but when it came to the modern media—television or radio—he was never a spokesman, he hadn't got the facility: it was Morgan Phillips who did that.

It was a very exciting time politically because everything was beginning. The National Health Service began in '48 when I was there, and of course it was put on the Statute Book by Nye Bevan. I was seconded to work with Nye Bevan just prior to that event. And in one of his final public speeches about a week before the National Health Service became operative Nye Bevan said—and I will never forget it and why it hasn't been resurrected I do not know—he said: 'The National Health Service will always appear inadequate.' He knew, and he had the foresight to know, that he was about to start something that was for nothing and therefore it would be taken advantage of and would always appear inadequate. And, boy, have his words come true! The public have made it appear inadequate in the half century since it was first introduced.[442]

Nye Bevan had an immense charisma. It always amazed me that he and Jennie Lee remained faithful because he had sexual power that was almost overwhelming.[443] You'd be in a big salon or a big room, men and women talking to each other. Nye would come through the door and every female eye would immediately switch. He was not a tall man, chunky, very broad, very heavily built, going slightly to fat because of the good living. And at that stage in his career, which was coming towards the end, he was always immaculately dressed—the double-breasted blue suit. He was a Cabinet minister, a very eminent figure.

I saw a lot of them all. And of course the man who also impressed me immensely was Attlee. I will never ever forget how when we lost office in the 1951 election Attlee came into the hall down in the basement in Transport House to thank the staff when he had already conceded defeat. And I have never seen a man so physically and utterly exhausted. He could barely stand. He was drawn, he was pale, he was totally and utterly drained. In all my medical years in the Forces I'd never seen a man so utterly, utterly spent.[444]

The only other minister I came reasonably close to was Hector McNeil, Secretary of State for Scotland. Arthur Bax wanted a piece on Labour in Scotland. Now here am I, an employee of Transport House, committed to Labour in Scotland and Hector McNeil knows that whatever he tells me in the interview I will record faithfully, I won't depart one iota from it, and he in turn will get a black—a carbon copy—to check before it goes out. I turn up at his room in the Commons to do what I think is going to be a one-to-one across the table, a few questions. He's sitting there with three senior civil servants. Now that told me something: he either doesn't trust Transport House or he doesn't trust me. He's got to bring his retinue with him. It was just the same much later on with George Willis when he became Minister of State at the Scottish Office in the Wilson government.[445] I know that George was terrified, terrified. But what an attitude to take up: terrified of office, terrified of the civil service. When you're given that eminence and you've risen through the ranks are you going to be put off by the presence of a civil service principal? You're going to put him off! But George Willis was terror stricken. OK, it may be a terrifying situation. You're plumped down suddenly in a big room in the Scottish Office and you know there's a battery of people who know more than you do. But you've got to stamp on them and put your imprint on them. It's your policies that they've got to enact. It's your thinking that they've got to make reality.

Well, the '50 and '51 elections I remember as a hectic period. Of course, we knew that we had lost in '51. We knew that the impetus had gone. But when you think back on what the Labour government of 1945-51 achieved, what they put on the Statute Book in six years—incredible.

But all these people I mention had little or nothing to do with Transport House. They were in the Commons and I don't think we in the Press Department even fed them much stuff. They had their personal entourage. But Transport House was the publicist organisation. We weren't concerned with Bevan, Shinwell and the others as individuals. They were ministers and they were left to Morgan Phillips and Arthur Bax. We were concerned with producing *Labour Organiser*, producing the posters, the leaflets, going round the constituencies.[446]

So when I was at Transport House from 1948 to 1952 I worked with all sorts of people. I worked a great deal in the Commons. And one of the things that I learned there was that being a back-bench MP was maybe the most futureless life imaginable. Any dreams I had of being an MP vanished. I realised the only way to progress there is to make your name. If you're on the Front Bench it's all right, but on the back bench, boy, you are a hack. We never looked down on them, but you never even thought anything about them.

Well, after four years at Transport House I was beginning to get itchy feet, wondering where I should move. I was by then married. I got married in 1951. My wife Chris came from Grantham, she had been at the same school—Kestoven and Grantham Girls' Public School—as Margaret Thatcher, who was two years above her there. (I only tell my best friends that). How I met my wife makes a wonderful little story. As I've said, I was posted to Grantham in the R.A.F. There I met Archie Norman, a schoolmate from the same class in Campbeltown. Archie was also in the R.A.F. there as an aero engine fitter, but as at that particular period in the war the R.A.F. had a superfluity of aero engine fitters so Archie Norman was on secondment to Aveling and Barford, an engineering company in Grantham, where he was spending his time making model brass Spitfires on stands. It was when Archie was told by his mother I was in camp at Grantham that he came to see me one day. Now all I remember was Archie had with him a young lassie of about fifteen, who had great big brown eyes. I can remember nothing else. As I said earlier, I was always one for getting my feet under the table. Well, so was Archie Norman, and Archie had got his feet under the Welbourne table, 'cause he was courting this wee lassie's big sister Janet. But I was invited to meet the Welbournes. Mrs Welbourne was a widow, there were the two daughters and an elder son at the war. I had a very pleasant time. But very shortly after that I was posted abroad. I wrote to my mother every week. I'd nobody else to write to. I'd no girlfriend, I wasn't engaged, nothing. So I used to write an occasional letter to this lassie, describing pagodas and how the elephants moved the teak trunks with their trunks. And then that was all and the war ended and I came back home. I said to my mother some time during my demob leave, 'I think I'll go down to London, mum, and look for a job.' She said, 'Oh, that's all right.' She said, 'By the way, when you're in London' (she must have learned her geography a bit more by then), 'why don't you go to Grantham to that family who were so kind to you during the war?' 'Good idea, mum.' So I got to Grantham. The 15-year-old has become 20 and we get married very soon afterwards. And Archie Norman married her big sister and they lived in Rosewell.

Well, when I was beginning to look around from Transport House in 1952 I was offered a job on *The People*. *The People* in those days was still left-wing but was a pretty scary paper. But after being offered this job with *The People* at just under £3,000 a year—this was riches beyond belief—I had immediate visions of a converted oast-house in Kent or a river boat at Virginia Water. But just before this I had seen an advert for an information officer with the North of Scotland Hydro-Electric Board in Edinburgh and I thought to myself, 'Now there's something.' I knew about the Board, I knew what it was doing, I knew who the chairman was, and I thought, 'Now that'll be something really worthwhile to be involved in.' So I had sent off my application and I got an interview with Tom Johnston, the chairman. While I was awaiting the outcome of that interview I was offered this job with *The People*.[447] At that time there was a well-known boxer called Randy Turpin. Now when your nickname is Randy what sort of a bloke are you in the eyes of the public? Well, my wife and I were in digs in London, in Lewisham. We were both at work and I usually got back home before she did, so I got the mail on the doormat when I went in. On this memorable evening, after being offered this £3,000 a year job with *The People*, here's a letter from the Hydro Board, offering me the job there at £856 a year, minus superannuation. I pooh-poohed it, though. I was over the moon with *The People* offer—big money, fantastic money, and £3,000 was just the start. My wife Chris came home and I told her. And then she said to me—maybe the turning point in my career: 'Do you want to spend the rest of your life ghosting articles, "I was raped by Randy Turpin"?'[448] And it was that question that brought me to Edinburgh to the Hydro Board as Assistant Information Officer. Because that's what it would have been at *The People*, that sort of journalism: sordid, tabloid, salacious. So I came up then to Edinburgh in 1952 and thirty-two glorious, magnificent years. I never looked back.

The Hydro Board had its offices in Rothesay Terrace in Edinburgh. But I had been told to go to St Vincent Place in Glasgow for my interview. This was before I got the Board's offer. Now Tom Johnston was the chairman of the Hydro Board and Tom Johnston had an abiding detestation of Edinburgh, even as strong as his detestation of London. He didn't like Edinburgh but he loved Glasgow. And he had all sorts of irons in the fire apart from the Hydro Board. The Hydro Board rented two pokey wee rooms in St Vincent Place, above where the Glasgow Tourist Board have their offices now, and that's where I went for my interview.

Now here was I going to a middle management job. I walk into the interview room—and I'm interviewed by the chairman! Here was Tom Johnston with George Banks, the Board's Information Officer. And for the next three hours

Tom Johnston and I spoke, Banks hardly entered into it at all. We spoke about books, people we knew, Highland geography, this, that and the next thing. And of course at the end of it I went away and wondered, you know, what goes on? Travelling back to London that night I had the feeling the job was mine. And sure enough the Board's letter soon came with the offer and the pay.

Once I began with the Board then it became obvious why Tom Johnston had been at my interview. You see, T.J. was so well known in these days he could never go anywhere on his own. So I was really the fall-guy. I went to the job in Rothesay Terrace with the Hydro Board really to go around with him. We used to sit in his sitting room in hotels all over the country blethering. That was one of my main functions. It was not Assistant Information Officer as such. Now I've seen this with my own eyes. Let's say you're in Elgin, Wick, Stornoway. It was known that T.J. was in town and the local people knew he'd be going at some stage to the local Hydro Board office or the Town Hall. I've seen middle-aged men and elderly men—doubtless ex-*Forward* readers perhaps, the sort of devout men who were in the eyes of the world nothings at all—here they were leaning against walls, standing in the mouths of closes, just waiting for the great man to pass and say hullo or shake his hand. And he never ever turned them down—but he never ever stopped. He'd pass the time of day with them and move on. But that's what it was like. He was obviously loved, dearly loved, by a big section of middle-aged and ageing Scottish people.

I remember I had only hung up my coat behind the door in Rothesay Terrace, I'd just arrived there, when all of a sudden one day: 'Hamish, you're wanted in the Board Room.' 'Where's the Board Room?' You know—such a newcomer I was. I go along to the Board Room. Here's Tom Johnston with the general manager, the chief engineer and the chief accountant, three elderly gentlemen, and they're all in a huddle. I wonder, 'First time in the Board Room. What do they want me for? Me?' A Parliamentary Question had just come down from St Andrew's House, and it was an oral P.Q. So they'd got to give every available supplementary answer for the Secretary of State. And the P.Q. was in the name of David Robertson, MP for Caithness and Sutherland. And of course in all solemnity I was told that, 'The P.Q. is here, read it, MacKinven, Now can you think on anything? Have we missed anything? That's all we've thought on. Can you think on anything?' I almost burst out laughing and I said, 'But, Mr Johnston, Mr Robertson is only looking for a headline in the *Caithness Courier*!' Blasphemy. I'd said that to a parliamentarian. Because that's the one thing Tom Johnston was, he was a parliamentarian. You know, the Mother of Parliaments was precious, and here was I taking the mickey out of it. An oral question had come in and I was making fun of it: 'He's only wanting a headline in the *Caithness Courier*.' In fact, that's all Robertson was wanting—but you daren't say so. That was taboo, you see.[449]

Tom Johnston, too, was the supreme publicist. They didn't need me. He never put a foot wrong. Whenever anything was opened—a dam, a power station—the person opening it, the guest, always got a gift. The Gaur scheme at the very far west of the Tummel Valley scheme, on the edge of the Moor of Rannoch, was in the middle of Clan Menzies country and it's one of the few parts of Perthshire that has a re-seeding part of the old Caledonian forest. Attending a Commonwealth conference in London is Prime Minister Menzies of Australia.[450] A stroke of genius: as old wartime colleagues, Johnston gets Menzies to open the Gaur scheme in the heartland of the Menzies country. Menzies is overjoyed at this, up he comes, the ceremony is held. And it was always the same lever that they pulled, no matter whether it was Gaur, Pitlochry, Glascarnoch—it was always the mobile lever that I used to hump around with me as Assistant Information Officer and put on the table. It did nothing, it just indicated that they had opened the new scheme. And then after the official opening of the Gaur scheme Tom Johnston said, 'And of course we'll now give our guest the usual present.' He puts his hand under the table, takes out a brown paper poke, and hands it to Prime Minister Menzies. The poke contains seeds from acorns from the seeding part of the old Caledonian forest. Menzies is over the moon with his paper poke full of seed, which he takes back to Australia and has planted on the road up to the parliament house at Canberra. But the climate killed them. But that was the sort of thing that Tom Johnston, an old journalist of course, did—a bag of seed!

When the Hydro Board brought power to Iona this of course really struck a chord with Johnston. Here we were bringing power to one of the great places in the Dark Ages where the candle had burned at a time when Europe was all blackness. Iona, Whithorn, here and there, there was a wee flickering light to keep civilisation going. So of course this was to be a great day, the bringing of electricity to Iona. And he began sending out invitations, and the replies began to come back in and eventually ended up on my desk. And there were hundreds of them. He was inviting everybody. I got seriously worried. I said, 'How on earth are we going to cope with this?' And I could think of no possible way that my remit with the Board would ever cover this. I was so worried. I said, 'Tom Johnston's doing this on his own, he's just sending invitations all over Scotland because of where we're going and the historical associations.' Principals of all the universities—everybody was being invited. So I went to see Miss Kirk, who was Johnston's private secretary. She said, 'Well, if you're all that worried, Hamish, go and see him yourself.' So I went in, and this is where in a way it was hilarious and in a way sums up the man. I went in and I said, 'Look, Mr Johnston, I'm terribly worried about all these folk you're inviting to Iona. We can get them to Oban all right,' I says. 'I can order two first-class trains, special trains, one to leave from Waverley in Edinburgh, one to leave from the Central Station in Glasgow and get them to Oban. But what do we do when we get them to Oban?' He said, 'What do you mean what do we do?' I said, 'Well, how do we feed them? How do we get them to Iona?' I said, 'You canna land them all on Iona. You can only have the opening ceremony party—yourself and whoever, the Moderator, whoever's going to do the opening.' I said, 'But there are hundreds, you've invited hundreds of people.' And he thought for a minute or two and he said, 'Ah!' he says, 'Charter the *King George V*.' This was the Caledonian MacBrayne ferry. 'Charter the *King George V*.' So I went back to the office and I thought to myself, 'That's it. We can take them over on the *King George V*. She'll stand off, the opening party'll go ashore in a wee boat. We can wine them and dine them all on the big boat even if it's the most awful day with wind and rain. 'Charter the *King George V*.' So I then got on the phone to a rather bemused general manager of Caley Mac and said, 'Can the Hydro Board charter the *King George V*?' Expense didn't matter, expense didn't come into it.[451]

And then came the climax. At that time *The Times* was still 'The Thunderer'. *The Times* was read everywhere in the world where it mattered. Every embassy, every legation, took *The Times*. On the way back from Iona Johnston asks, 'Is Mr Brown on board?' He meant Bob Brown, correspondent of *The Times*.[452] 'Yes, Mr Brown's on board.' 'Tell him I want to see him.' Now we'd got *The Bulletin*, we'd got the *Daily Record*, we'd got the *Glasgow Herald*, Uncle Tom Cobley and all— they were all there.[453] Mr Brown goes along, Tom Johnston gives him an exclusive interview, and the upshot was a very long story in the following day's London *Times*. And that paid for the whole visit. As far as Tom Johnston was concerned expense didn't count, because everybody who was anybody in the world read what had happened the day before on Iona. But I'll never forget, 'Charter the *King George V*.' But it solved the problem. Oh, we had a great day, a marvellous day out, it was a lovely day, and we stopped at Staffa on the way home to see the cave—great. But 'Charter the *King George V*.'

I got to know Tom Johnston very well until he retired from the chairmanship of the Hydro Board in 1959. Oh, as a man he was definitely the most outstanding figure I have ever met. He was a man who was memorable in all sorts of ways—physically, intellectually. Once you got to know him, as I did pretty well, he stood above everybody you'd ever known. This was a man. And this was the man that you knew at the moment, by daily contact, not the man you knew through his history. You knew he was a great man because of having been Lord President, having been all sorts of things. But he was just a major figure.[454]

He looked impressive. He wasn't tall. He was handsome—even in old age. He had an impressive head. He had icy blue eyes. He was sardonic. Not given to a great deal of spontaneous wit, but nevertheless funny if he needed to be. But oddly enough he was a very, very poor public speaker. He couldn't communicate as a speaker. He was a writer and journalist and a conversationalist and a small meeting man, a boardroom man—but not a public platform man. Of course, he'd got to do that earlier on in his career. And he used to perform opening ceremonies for the Board. But he was not a good public speaker.

He was Calvinistic without being Calvin, if that doesn't sound too Irish. He was not a drinking man, though latterly he'd take the odd sherry. He was always dressed the same, excepting on the odd occasion when he would wear something more sporty. But he was always dressed in the double-breasted dark blue thick serge suit, immaculately made, a virgin white shirt, and the hand-crafted floppy bow tie, the nap coat with the velour collar, the long white silk scarf like a chief petty officer in the navy, and the Homburg hat. He was always well dressed, never, never slipshod. But he never at any time took people apart for being badly dressed, unlike himself.

He was shrewd, sharp: you either knew or you didn't know. If you didn't know there was no point in trying to bluff. 'I'm sorry, Mr Johnston, I don't know. I'll find out for you.' That was it.

As chairman of the North of Scotland Hydro-Electric Board Tom Johnston was outstanding, dynamic, efficient. He saved the Board. He saved the Board in the very early days when the Board switched to the Tummel Valley scheme. He knew then that unless he took over the reins, such was the power of the opposition, his child was about to be strangled. Well, the first scheme that they promoted was Loch Sloy near the end of the war: it was '46 when the Queen Mother (as she is now) opened it. Loch Sloy, to put it crudely, was west coast, it was Glesca, naebody bothered. It was just a dam, a pipeline, a power station. At that point Lord Airlie was the chairman of the Hydro Board,[455] Tom Johnston as Secretary of State for Scotland during the war had made Lord Airlie the chairman. After Sloy the Board had then to proceed to the next development. The next obvious development was the Tummel Valley development. And there the Board came up against the power of the riparian owners, the salmon fishery owners, and the landowners. Such was the opposition that Lord Airlie's son was blackballed by the Perth Hunt because his father was the chairman of the Board. That was the depth of the feeling.

So Johnston knew that the time had come. The fight had got to be renewed. He'd got the Board through during the war, when everybody was a patriot. In '41 he had set up the Cooper Committee, they reported in '42, and the Board was set up in '43, with Lord Airlie as the first chairman.[456] Airlie was a nice douce wee man but no match for the opposition that was about to break over the Tummel Valley development. And Johnston—much against his will, I think—had then got to assume the chair, assume the difficult political battle that lay ahead in order to save his brainchild. And he did just that. And of course the opposition didn't die down. But he was strong enough to force things through and of course he also had the 1945 Labour government behind him.

Now this would make perfect cinema. In 1948 the electricity industry was nationalised and the Hydro Board was outwith the industry. It was an entity on its own. Nationalisation is about to take place and Shinwell is the Minister of Power, responsible for the nationalisation. Just imagine the scene: Shinwell and a group of officials come up from London from the Ministry of Power to meet Tom Johnston and a group of his officials, to discuss where goes the Hydro Board. Does it stay on its own or does it become part of the nationalised industry? They meet at Pitlochry: the Pitlochry scheme is being built then. These two old men, deep, steeped in political guile, who don't know a thing about electricity—all they know is you press a switch on the wall, the light comes on—two old Clydeside politicians, black nap coats, Homburg hats. Two groups of officials: one biting its nails, 'Are we going to get them?' The other group biting their nails, 'Are we going to be sacrificed?' The two old men say, 'Excuse us, gentlemen. We want to be by ourselves for a minute.' And they wander down to what's now Loch Faskally. I sometimes think the birch trees there are still whistling what these old boys, steeped in political guile, said to each other. And the two men walk backwards and forwards, and the officials' nails are getting closer to the quick all the time. And then the two turn and come back. Shinwell announces that the Hydro Board will retain its autonomy. And it did—right to privatisation years later. But what a moment! I'm quite sure it was Johnston, harking back to the tanks in George Square, Glasgow, in 1919, who said: 'Look, Emanuel, you cannae let me down now.' We'll never know how they discussed it but you can imagine what they talked about. Nothing has ever been written down about that: that was a private, personal, five-minute natter they had.[457]

And of course Johnston eventually retired as chairman of the Hydro Board in 1959. And we then had a succession of chairmen. Some of them were good, some of them were bad, some of them were awful. And the sad thing to me is that the two most awful were Labour appointees: one of them was Tom Fraser. I had followed Tom Fraser's career from backbencher to Minister of Transport. And if Harold Wilson had a fault, as you know, it was being unable to get rid of old friends. I could never understand why did Tom Fraser only last for such a brief period before he was replaced. Then he went back to Hamilton, he was hard up, the Hydro Board was needing a chairman. Willie Ross, the Labour Secretary of State for Scotland, made him the chairman.[458]

Now the Hydro Board's senior officials—the top deck—were shrewd, in no way Labour, in no way Tory, but shrewd engineers, clever, bright men. The moment Tom Fraser crossed our threshold these shrewd men wrapped him in cotton wool and put him away. And for five years he sat in front of an empty blotter. And that did me immense harm, because I then got back on to the chairman-friendly relationship. Fraser was so lonely that I'd get the most puerile phone call to bring along yesterday's *Glasgow Herald*—some silly request, because he was needing a blether. And I'd find myself ensconced in a deep leather Parker Knoll easy chair in the chairman's room, and the senior people knocking at the door: 'I'm sorry, you're engaged, Mr Chairman?' It was always me in the easy chair. And later on I told another Labour-appointed chairman,

'Look, ask for me only if you really need me.' Because I never wanted to go through that again. And he never did ask for me.

Then the chairman who changed the entire ethos of the Hydro Board was the man who followed Tom Fraser—Sir Douglas Haddow, ex-head of St Andrew's House. Again it was perfectly logical. During Tom Fraser's period the power had moved from the Board to the Executive, because Fraser was so weak. Haddow was appointed for one task only—to bring the power back from the Executive to the Board. And he did that. And Haddow also changed the entire ethos of the Hydro Board within a minute and I'll tell you how he did it.

I was Sir Douglas Haddow's neighbour in Dundas Street in Edinburgh. He was a workaholic and he concerned himself with the minutiae that no chairman should ever have bothered with. I used to have to walk with him because we lived next door to each other in the New Town.[459] While he was chairman somebody got the very good idea of going round the Board's offices at Rothesay Terrace—which by then had spread from no. 16 to no. 11, the entire Terrace was ours—to make sure that the occupants' names were on their doors: a sensible thing to have. So the chap given the job was John MacDonald, a young chap in the legal department. He went round everybody. He came to the chairman. He went into the chairman's room through his private secretary's room, told the chairman why he was there and asked, 'What do you want on your door?—"Sir Douglas Haddow, Chairman"?' And the chairman looked up from his blotter and said one word: 'Private.' You may smile, but within minutes every chief executive was sending his secretary to Gray's, the ironmonger in George Street, for a wee 'Private' notice. The top deck would have liked to do that before. But so long as the chairman hadn't got it they couldn't have it. That word had never ever been seen on any Board premises anywhere. 'Private' had been an unknown word. But the moment the chairman said 'Private', and the moment it went on their office doors at Rothesay Terrace, the entire organisation changed. It became a Them and Us. The elite emerged, the stratification, and of course it remained that way right at least until I retired in 1982.

Well, the sort of work I did from 1952 onward at the Hydro Board as Assistant Information Officer it's impossible to list adequately. I did everything. Again I was lucky. My job was so peripheral and—I discovered this towards the end of my time with the Board—they obviously put such unusual trust in me that I could do what or be where I wanted. If somebody in the hierarchy asked, 'Where's MacKinven?' 'MacKinven's in Stornoway', they never queried it. They knew I was in Stornoway for some legitimate Board reason.

So I did everything, from Royal visits to the writing of speeches. One of the most interesting parts of the job was foreign people coming in. You knew that Third World countries, or countries like Spain, were becoming hydro-orientated. They'd send three or four experts over. You knew they were going to Swizerland, Sweden, the Soviet Union (who were old, old hydro hands). You knew they were on the look-out. I've often said jokingly that if I had a pound for every dram I've had at three o'clock in the morning in the Argyll Hotel at Inveraray or some such hostelry with these people I'd be very rich! They'd go away, they'd send you the usual thank-you letter. They might give you a wee present before they went—although we always eschewed that. Do you know that at one time Tom Johnston put the edict out—it was so strong—that we weren't even allowed to accept a contractor's calendar? It might corrupt.

Anyway you'd then be reading the *Financial Times* or the financial page somewhere and you'd read a wee paragraph that the government of Guatemala or Brazil has awarded a contract for a hydro scheme to Wimpey or Balfour Beatty or Costain. And you could say to yourself with some justification, 'We did that.' It was the fact that we showed them around, we dined them and wined them. Oh, they'd been to Sweden, they'd been to all the other hydro countries in Europe, but maybe it was our hospitality, maybe it was something we had that had prompted them, a year or eighteen months later when the contract was finally let, to give it to a British company. I would like to try and think there was a figure could be put on what the Hydro Board earned for foreign currency. And we never made a penny ourselves. It was a kind of invisible earnings.

Of course, the Hydro Board was the only thing happening in the Highlands back in my early days with the Board. I've all sorts of memories. On one occasion in those early days I'd to take three extremely senior high-powered Soviet engineers to see some of the schemes. The Soviets were old hydro hands: you couldn't teach them much about hydro. These three had not a scrap of English and we had an official Russian interpreter with them from the Embassy in London. And I remember coming back down the A9 from the schemes in a chauffeur-driven car, with the interpreter sitting in front beside the driver. I was trying to explain to them how the cats' eyes worked on the road. On the old A9 coming south you came under a railway bridge and there was a long three-mile straight stretch to Blair Atholl and there of course were the cats' eyes stretching away on a winter's night. Now the interpreter tried hard, and I tried, but we just couldn't get across how these cats' eyes worked. And I remember asking the chauffeur to stop the car. Well, the three Soviet engineers, the interpreter and I got out and told the driver to keep the headlamps on. We then all five of us went down on our hands and knees on the A9 and prodded the bits of rubber and I showed them how the quartz makes the cats' eyes seem like lights.

Tom Johnston, as I've said, saved the Hydro Board in situation number one—at the time of the Tummel Valley scheme. Now here again forgive me if I sound big: I saved the board in situation number two. I saved the Board at the time of the Mackenzie Committee in 1961-3, because without a doubt I was so proud of the Board for everything they'd done in the Highlands I was determined to do my utmost to save it. And I did. The Secretary of State for Scotland had accepted the Mackenzie Committee's report and Mackenzie's unanimous decision was that the two Scottish Electricity Boards—the Hydro and the South of Scotland Board—be amalgamated. Such was the furore that I created, had the Hydro Board known what was going on I'd have been sacked straight away. I was the original Ponting. I was holding press conferences in my Dundas Street flat in Edinburgh, taking material home, planting supplementary questions. Now what Public Relations man could get an adjournment debate? I even got an adjournment debate to defend the Hydro Board. George Thomson, MP, my old editor at *Forward*, did that for me. And then the other friend was Bruce Millan, Labour MP for Glasgow Craigton. And the Secretary of State for Scotland, having made the decision, then changed his mind. And, you know, it's one of the things I can look back on with a great deal of pleasure. And so the Hydro Board was saved as an entity up until privatisation.[460]

When the Mackenzie Committee was appointed in 1961 my clue that nothing was going to be done to save the Hydro Board was when its general manager, the late Angus Fulton, said, 'The Minister must not be embarrassed.' That meant we'd now do nothing. The South of Scotland Electricity Board, as it then was, were so sure that the two Boards would be amalgamated that the S.S.E.B.'s senior people promoted themselves so that when the amalgamation took place they would be the new top deck.

Professor Peter Payne of Aberdeen University, who wrote the history of the Hydro Board, did a marvellous job. You see, it was thought I would write that history and it was almost concluded I would do that, and then they decided on Payne. And in a way I'm terribly glad he did, because I was too close to the Board. And of course it is such a marvellous book. It's non-sycophantic, it's beautifully done. I actually wrote to Payne to congratulate him. I had only one complaint: he spelt my name four different ways in the book.[461]

Behind all the struggle was Aims of Industry. They were behind it all.[462] And the line I took and the line that was swallowed hook, line and sinker, was: why should this London-based organisation be destroying Tom Johnston's child? What I did was not done on any nationalistic basis, it was done purely chauvinistically. But the great thing was—nobody gave me away. All the journalists I saw privately, invited up to my flat—nobody ever said anything.

And of course the culmination was in a way breathtaking. I'd taken it as far as I could, I couldn't go any further, and I knew the final step had to be taken by somebody else. And I went along to one of our two deputy secretaries on the Hydro Board, Douglas Neillands. Douglas Neillands was a remarkable man. He actually wrote a complete history of Scotland from the nationalist point of view, and put it away in a drawer. It's never been published. I don't know where that manuscript would be now. Douglas's been dead a long time. Anyway Douglas Neillands had a very odd dual role: he was a deputy secretary of the Hydro Board and he was also secretary of the consultative council who looked after the consumers' interests. Now I knew that the consultative council had got to be the final arbiter. But in getting them I'd got to give myself away. So I went along to Douglas Neillands and I told him. And it was at that stage—the hair rose on the back of my neck—he said to me, 'So it was you who's been doing all this?' This furore—the headlines in the press—for day after day. I remember being as calm as a cucumber, though. 'He's either going to do what I'm going to ask or he's going to say, "I'm going to tell the boss." ' And Douglas Neillands said, 'All right, what can I do?' I knew in my innermost heart that he was another faithful servant who didn't want this London-based organisation to win. So I then said to him, 'Well, Mr Neillands, what I'd like you to do is to call a meeting of the consultative council and have just one thing on the agenda. That is, a discussion on the recommendations of the Mackenzie Committee.' And I said, 'The other thing is that you must have Lord Macdonald in the chair.' Now Lord Macdonald was the chairman of the consultative council. He was no fly-by-night. He was an hereditary peer.[463]

So the meeting was held in Perth and every local authority from Shetland to Kintyre, from Lewis to Dundee, sent a representative. It was the biggest meeting ever held of Highland local authorities. And the edict went out from it: 'Over our dead body!' And it was unanimous. And that was it.

When I went into the office on the Monday morning and Douglas Neillands rang—because the consultative council meeting was held on the Friday, and I didn't get in touch with him all week-end—I said, 'I'll let him get in touch with me'—he said, 'Come up to my office, MacKinven.' So I went up and he said, 'That's it.' And we both more or less leant across the table and congratulated each other. And then, of course, it came out. I didn't mind it coming out then, because nobody could do anything. But that earlier crucial meeting with Douglas Neillands was a scary business, because it could have meant that my pension, the whole lot, would have gone.

Well, I retired from my job at the Hydro Board in 1982. I had determined, come hell or high water, I was going at 62, 'cause I'd seen so many colleagues work on and then drop. I had made my financial arrangements such that I was going at 62. The Hydro Board wasn't privatised then but it was well on its way to being privatised. The first thing you do when you're privatised or you're heading that way, is you start shedding staff, because the most expensive item on any company's bill are the people. So the Board made it known that they were willing to consider early retirement. So I went to the secretary of the Board, Mr J.E.M. Watts, and I told him that I'd like to be considered for early retirement. And I was really seriously under-employed by then because the whole ethos had changed. All I was doing was producing the monthly staff newspaper. I remember Watts saying to me, 'Do you want to go now?' And I said, 'Do you mean this afternoon?' And he said, 'No, at the end of the year.' And that's how it happened. I just went at 61. I had prepared myself, I was going at 62 regardless. So 61 was no different from 62 and I was all ready. And I knew what

I would do. I knew I would give up freelancing. I knew I would just become a hedonist.

I cannot understand people for whom retirement cannot come quick enough. This saddens me. We have a coffee morning—a very good idea—once a month for retired members of Hydro Board staff. And I worry sometimes about some of them. They are going downhill in front of my eyes. And of course I'm the first person to admit that for successful retirement there are three vitals. There's your health, there's interests, and there's a bob in your pocket. If one of these three is missing the other two fall down. And, you see, that's why I'm lucky. I travel all over the place, I've always been a traveller.

Just a couple of other memories. I joined the National Union of Journalists when I went to Transport House in 1948—the *Campbeltown Courier* when I was on it was non-union, of course. I'd been, as I've said, in the National Union of General and Municipal Workers when I worked for the Forestry Commission, and that was the first time I'd been in a union. When I went to the Hydro Board in Edinburgh in 1952 I became very active in the National Union of Journalists and I became chairman of the Edinburgh branch and the East of Scotland Federation. In those days the Edinburgh branch was a big, big branch, because we'd got the *Scottish Daily Mail* at Tanfield, and the *Scotsman* and *Evening Dispatch*,[464] and then the *Daily Record*, the *Daily Express*, and the *Glasgow Herald* all had big branch offices in town, and we had some members on the *Evening News* as well. I was also the N.U.J. representative on the Edinburgh Trades Council, and that's how I came to write a history of the Trades Council for its centenary in 1959.[465]

And I was a member of the Labour Party from when I joined it just after the war. I was more active backroom up here in Scotland than ever I was when I worked at Transport House. I really played a pretty big part in the Labour Party backroom in Scotland. The Highlands and Islands Development Board was really the brainchild of Willie Ross, Prophet Smith, Roderick MacFarquhar, and myself. The H.I.D.B. was worked out on the backs of envelopes in my Dundas Street flat in Edinburgh, in Willie Ross's bungalow in Ayr, in Prophet Smith's house in Portobello. We actually had it worked out before Ross introduced the Bill in the Commons. We knew exactly what we wanted. The Children's Panel was another case.[466]

And the other thing I can take some credit for is the demolition of Arthur Street in the Dumbiedykes in Edinburgh. Arthur Street was reputed to be the worst slum in western Europe. Well, I wanted to see this. Pat Rogan was the councillor for that ward of Edinburgh and I asked Pat to take me round Arthur Street. We went down there just before Christmas. Nobody now will conceive what a ghastly slum it was. And of course the council had been promising for years to knock it down and rebuild. Now as Pat and I were going round this awful place, broken down, tumble-down, smelly, I heard this sound. There's only one thing moves me and that is a woman sobbing. That gets under my skin. This wasn't just sobbing, it was shoulder-heaving sobbing. The door of this what turned out to be a single end was so askew that the occupant had driven two nails in and string to keep the door shut. So Pat knocked on this door from behind which we could hear this sobbing. The door was opened. There was a young lassie obviously squatting. It was, as I said, just before Christmas. There was a pram and a baby in there, and this poor young lassie had been trying to stick on to the ceiling a few tawdry paper chains. As she stuck in the drawing pins the ceiling collapsed on her. And there she was, standing knee deep in ancient laths and plaster, sobbing her heart out.

Now I just said to myself, 'This canna be.' And this was of course at the time of the height of my freelancing journalism and all the rest of it. So I thought, 'Words can't describe this. Even Steinbeck, Hemingway—nobody could describe this. This needs visual treatment, this needs television.' So I got on to the B.B.C. and Robin Day came up and they shot a *Panorama* programme down there in Arthur Street. And weeks later the bulldozers moved in. So I can take Dumbiedykes as it is today as my memorial in Edinburgh. But had it become known at the time who had let the city down I'd have been run out of town. Edinburgh was affronted. But nobody ever let me down. But it did seem wrong that when the B.B.C. television came up I briefed them in all the luxury of the George Hotel in George Street and then we moved down to that ghastly slum in Arthur Street.[467]

You see, for a long number of years, I was unpaid public relations adviser to the Scottish Executive of the Labour Party. I used to go to the Executive meetings. I didn't have any official position. But one of my memories of that was that—it was no skin off my nose—I never took any expenses. Well, I was reasonably well off, I suppose, I was still freelancing a great deal. But it used to tickle me pink. I used to pay my fare through from Edinburgh to Glasgow for the meeting and then walk down to Keir Hardie House near the far end of Sauchiehall Street if it was a good day and take the bus if it wasn't—it's a nice walk. And then half-way through the meeting, at the coffee break, the office lassie would come round to give the expenses and, as I say, I never took any. I always felt that, apart from my annual sub. to my constituency, this was my contribution to the Party. I used to be tickled pink at Willie Ross, for example, taking his fare up from Ayr. It used to—not make me puke—but I used to say to myself, 'What are they doing? Am I being a mug in never taking my fare? They're always saying they're hard up.' They weren't making any more than me because I was, as I say, making a lot of money. But it always struck me as peculiar that nobody ever said, 'OK, don't bother.'

I was very, very close in those years to Willie Ross, who of course became Secretary of State for Scotland in the Harold Wilson government in 1964. Oh, I knew Willie Ross when I was at Transport House from 1948 and he was a young

MP then. He was still in uniform after the war when he was elected to the Commons. You know the famous apocryphal story about Willie Ross and George Pottinger? George Pottinger was even then on his way to the top in St Andrew's House, and of course the Scottish Office in London is Fielden House. And Willie went along to Fielden House in his uniform and he said, 'Would you tell Mr Pottinger that Major Ross is here to see him?' And the message came back down from upstairs: 'Be so good as to tell Major Ross that Colonel Pottinger will see him when he has a moment.' [468]

Looking at past achievements, the Highlands and Islands Development Board was one that I was very closely associated with—even to the extent of pleading with Willie Ross not to make Professor Bob Grieve the first chairman of the Board, because he had no political nous. Make Grieve chief executive—he was admirably fitted for that—but not chairman. I knew, like Tom Johnston in the early days of the Hydro Board, that this was going to be a fight and the Board had got to have a political animal at the top, a man of great political weight. I didn't have anybody particular in mind, not at that particular moment. It was up to Ross. But he didn't listen to my plea. He made Grieve chairman. And of course in its early days the Highland Board nearly stumbled, very nearly came a cropper. [469]

My opinion of Willie Ross as a man and a politician was he was rude, rude. I know of three principals in St Andrew's House who were closet socialists, who were waiting in those days in desperation for a Labour government and a Labour Secretary of State for Scotland, and who were prepared to go way beyond the line of duty and do much more than write briefs, and were prepared almost to come out the closet in the presence of the Secretary of State. And Willie Ross, by his attitude and rudeness—within three months these men had gone back into the closet.

Oh, I don't think Willie Ross was a bad appointment as Secretary of State for Scotland. He was just a rude man. To give you an example of his pointless rudeness that had no meaning or reason: he opened the Hydro Board's Carolina Port Power Station in Dundee. It's gone now—dismantled and taken away. But I was at the opening as the Board's press officer. Photographers on these occasions are always difficult to control—they tend to wander about—and at this particular juncture in the opening ceremony I didn't want them wandering about. I wanted them to be in a close knit body under control. So I got them all coralled at one end of the power station. Well, Willie Ross and his wife were being shown around the new power station by Lord Strathclyde, who was the then chairman of the Hydro Board. With them was the power station engineer, who had been in post during the building of the station so he knew every single thing about it, he knew the lot. So the four of them are going round the station. They're at the other end, and at this end of course are the hierarchy—the Lord Provost and all the guests. And all of a sudden I hear coming from the far end this bawling:

'MacKinven! MacKinven!' It was Willie Ross. So I've got to walk the entire length of the power station with every eye on me and everybody wondering who is MacKinven or what is MacKinven that the Secretary of State is shouting so loudly for him? Well, when I got to him, Willie Ross didn't want anything. He didn't ask me a question. I just was spare, added on to the four of his party already going round the station. I never forgave him for that.[470]

The other thing I found it difficult to forgive Willie Ross for happened in Perth. If you're familiar with the Town Hall in Perth you'll know that during the annual conference of the Scottish Labour Party the easy way in is not up the front steps, it's in the side door where the television people run their cables. Well, I was still the unofficial adviser to the Scottish Executive, so I travelled up to Perth. As I came round the corner to go in the side door I saw Willie and Mrs Ross walking up from the car park. I'd known Willie Ross for donkey's ages, so I automatically waited for them till they came forward to go in the side door. I said jocularly to them, 'Morning, Willie. Hullo, Mrs Ross. How're you doing?' He froze me. He had meantime been elevated. He was now Lord Ross of Marnock. He was no longer, 'Hullo, Willie, how're you doing?' That sort of behaviour baffles me. People like that plummet in your estimation after that. They go right down. They're like birds that die of frostbite in the air, they just fall to earth. Willie Ross was a just a loud authoritarian, a disciplinarian. He never ceased to be a schoolteacher—of the wrong sort. You could imagine him using the belt quite easily. And yet on the other hand he brought in the Children's Panels, an extremely enlightened piece of legislation.

Well, when I think on it now I've had a marvellous career, a marvellous life. Luck played a major part in it. But everything just seemed to come right.

Notes

1   Neeps—turnips.

2   The shale oil industry in Scotland was established from the mid-19th century in Midlothian and West Lothian by James 'Paraffin' Young (1811-1883), an industrial chemist born in Glasgow. Maximum production of almost four million tons was reached in 1913, when around 5,000 workers were employed. After years of decline the industry came to an end after the Second World War. W.H. Marwick, *Scotland in Modern Times* (London, 1964), 75, 151, 185, 193.

3   The Lang Whang was the old Edinburgh to Lanark road, especially between Balerno and Carnwath. Mairi Robinson, *The Concise Scots Dictionary* (Aberdeen, 1987), 784.

4   David Greig, J.P., was a parish councillor, 1919-30, of East Calder. He died in 1946. *Midlothian Advertiser,* 31 May 1946. John Strachey (1901-1963), educated at Eton and Oxford University, author, Labour M.P, Aston, 1929-31, briefly joined the New Party formed, 1931, by Sir Oswald Mosley; R.A.F. wing commander in Second World War; Labour MP, Dundee West, 1945-59, Minister of Food, 1946-50, Secretary of State for War, 1950-1. Sir Stafford Cripps (1889-1952), Labour MP, Bristol East, 1931-50, Bristol South-East, 1950, Solicitor General, 1930-1, British ambassador to the Soviet Union, 1940-2, Lord Privy Seal and Leader of the House of Commons, 1942, Minister of Aircraft Production, 1942-5, President, Board of Trade, 1945, Minister for Economic Affairs, 1947, Chancellor of the Exchequer, 1947-50.

5   The Amalgamated Society of Railway Servants, formed 1872, merged with other railwaymen's unions to form in 1913 the National Union of Railwaymen.

6   William S. Auldjo, a Midlothian county councillor, Kirknewton South ward, 1956-75.

7   Pauchle—removal furtively by an employee of a small quantity of goods from his employer. *The Concise Scots Dictionary,* op.cit., 478.

8   T.M. Young, J.P., was general manager, St Cuthbert's Co-operative Association, from February 1922 until his dismissal in March 1938. 'The directors stated that they were dissatisfied with the manner in which the Association's business had been conducted by the manager. What brought the matter to a head was a report by a special committee which showed an unsatisfactory state of affairs at the farms and in the fleshing department. The farms showed a loss of £2,500. Sales of the fleshing department slumped considerably. Irregularities at Gorgie meat market included the inflation of stock. Thefts at Gorgie led to the arrest of several employees.' T.M. Young sued the Association for slander and sought damages of £15,000 but failed to prove his case. W.E. Lawson, *One Hundred Years of Co-operation: The History of St Cuthbert's Co-operative Association 1859-1959* (Manchester, 1959), 32, 33, 45.

9   Alex Kitson was himself called up in January 1940 but was found unfit for military service.

'He was seconded to the Ministry of Labour, under industrial conscription; and for the next five and a half years he drove every possible type of vehicle from eight-tonners to light vans. Sometimes he was on long distance haulage, particularly between Glasgow and Liverpool; occasionally he was sent out of Scotland for weeks and months at a time. By the time the war ended he had a rich experience of working in the industry and was an active trade unionist.' Angela Tuckett, *The Scottish Carter. The History of the Scottish Horse and Motormen's Association 1898-1964* (London, 1967), 385.

10   Sean Thomas Connery (1930-), actor born and brought up in Edinburgh. After his stage debut in 1951 he went on to become star from 1962 to 1983 of the James Bond films. Connery won the British Academy of Film and Television Arts award for Best Actor for his role in *The Name of the Rose* (1986) and an Oscar for *The Untouchables* (1987). He was made a Freeman of Edinburgh in 1991.

11   The National Amalgamated Union of Shop Assistants, Warehousemen and Clerks. It amalgamated in 1947 with the National Union of Distributive and Allied Workers (N.U.D.A.W.) to form the Union of Shop, Distributive and Allied Workers (U.S.D.A.W.).

12   Formed in 1898 as the Scottish Carters' Association, the union changed its title in 1908 to Scottish Horse and Motormen's Association.

13   It was Councillor Alex Cathcart, who died in 1941.

14   Jock Dewar, union activist.

15   Hugh Lyon (1872-1940), a Falkirk ironmoulder, became General Secretary in 1902 of the Scottish Carters' (retitled in 1908 Horse and Motormen's) Association. He was dismissed in 1936. Robert Taylor (1900-1986), born in West Benhar, Lanarkshire, began work in Caldercruix paper mill, then worked successively in the shale mines and as a van driver with Bathgate Co-operative Society; Horse and Motormen's national organiser from 1925; a member, 1935-44, General Council, Scottish T.U.C., president, 1938-9; succeeded Hugh Lyon as General Secretary, Horse and Motormen, 1936, but resigned in 1943 when, as president, Cowlairs Co-operative Society, he was elected a director of the Scottish Co-operative Wholesale Society, of which he became president, 1960-5. (See *Co-operative Review*, Mar. 1952, 63-5; *Co-operative News*, 5 Aug. 1986). John Brannigan (1900-1959), was General Secretary of the Association from 1943 until his death. Tuckett, op.cit., 25, 63, 251, 253, 277, 279, 382.

16   S.M.T.—Scottish Motor Traction, a large private bus company.

17   John McDiarmid Airlie (1885-1966), served in the Royal Navy, 1914-18; Labour parliamentary candidate, Ayr Burghs, 1922, 1923 and 1924; secretary, Edinburgh branch, then National Officer (Scotland), National Union of Public Employees; an Edinburgh Labour town councillor, St Giles ward, 1927-49.

18   The National Council of Labour Colleges, founded in 1921, was wound up in 1964 when the Trades Union Congress took over its work. By the latter date the N.C.L.C. claimed to have an affiliated or associated membership of organisations with over 35 million members in Britain and overseas. The N.C.L.C. grew out of a strike in 1908 by students at Ruskin College, Oxford, who advocated independent working class education and founded the Plebs League, which first sought to convert Ruskin College into one run by workers for workers then established in 1909 the Central Labour College, which moved two years later from Oxford to London. The College and the Plebs League founded local colleges—by mid-1914 these had about 1,000 students. John Maclean, the Clydeside revolutionary, played a leading part in founding the Scottish Labour College in 1916, and by 1920 it had almost 3,000 students. The N.C.L.C. was formed to co-ordinate and extend all this independent working class educational work. J.P.M. Millar and J. Lowe, *The Labour College Movement* (London, n.d. (1977)), 1-34. Charles Gibbons (1888-1968), born in London, a farm worker then a miner in Wales, a student, 1912-14, at Central Labour College; a sergeant, Royal Army Medical Corps, in the 1914-18 War;

organiser, 1924-45, and afterwards tutor, National Council of Labour Colleges in Edinburgh and east of Scotland; a founder of the Scottish Phrenological Society and an active member of the British Society. W.W. Craik, *Central Labour College* (London, 1964), 118. Eva Gibbons (1900-1979), wife of Charles Gibbons, active from age seventeen in the working class movement, a Hunger Marcher, 1930s, to London, treasurer for Edinburgh and the Lothians, National Unemployed Workers' Movement; a director, 1958-68, St Cuthbert's Co-operative Association, a president, Scottish Co-operative Women's Guild, a Labour candidate several times for Edinburgh town council but never elected. Harry Girdwood, General Secretary, 1951-61, Scottish Typographical Association.

19   James Lean (1888-1975), son of a weaver at Eskbank carpet factory, Dalkeith, began work with an itinerant draper but became a journeyman house-painter; during bouts of unemployment worked as a game-beater and on the pithead; in the Royal Flying Corps in the 1914-18 War; joined the Independent Labour Party, c. 1908, a founder member of Dalkeith Labour Party, 1925; a town councillor there, 1928-58, and provost, 1935-8 and 1941-57. In the 1935 parliamentary election in North Midlothian Lean polled 13,970 votes for Labour, against his Tory opponent's 23,711. See a series of biographical articles about Lean by David R. Smith, in *Dalkeith Advertiser*, 3, 10 and 17 Apr. 1997.

20   Tom Wintringham (1898-1949), in Royal Flying Corps and R.A.F. in 1914-18 War; commander, 1937, British Battalion, International Brigades, in Spanish Civil War; a founder, 1940, of Osterley Park Training School for the Home Guard; author of several books on war. Alex Kitson has here telescoped two separate elections. In the February 1943 by-election in North Midlothian it was Tom Wintringham (not Kitty, his wife) who stood as Common Wealth candidate and polled 10,751 votes, reducing the Tory majority from 9,741 to 869. The Coalition government's candidate (a Tory) was Sir David King Murray, K.C., Solicitor General for Scotland. Because of the wartime electoral truce among the main political parties there was no Labour candidate in the by-election. But James Lean (see above, note 19) presided at a special meeting of the Dalkeith Labour Party that carried unanimously a resolution that its members, 'while observing the electoral truce, refuse to betray the principles which brought the Party into being, by voting Tory in the present by-election. We claim the right to vote as we think fit, and advise the Labour members and their supporters in the North Midlothian constituency to vote as their conscience dictates.' In the 1945 general election, Kitty Wintringham, Common Wealth candidate in North Midlothian, in a three-cornered contest polled 3,299 votes (and forfeited her deposit), against 23,657 for Provost James Lean (Labour) and 24,834 for Lieut. Col. Lord John Hope (Conservative)—and thus she surely prevented Labour winning the seat. See *Dalkeith Advertiser*, 18 Feb. 1943 and 2 Aug. 1945. Tom Driberg (1905-1976), journalist and author, worked, 1928-43, for the *Daily Express* and from 1943 for *Reynolds News* and other newspapers and journals; war correspondent, 1939-45; MP (Independent), 1942-5, and (Labour), 1945-55, for Maldon; Labour MP, 1959-74, for Barking; member, 1949-72, and chairman, 1957-8, National Executive Committee, Labour Party; created a life peer, 1972, as Baron Bradwell.

21   Andrew Gilzean (1877-1957), a printer, in Royal Artillery in 1914-18 War; agent for some years for the Scottish Permissive Bill Association, then for five years secretary, British Citizens' No-Licence Council; an Edinburgh Labour town councillor, 1924-45, for St Leonard's ward; first selected in 1932 as prospective Labour candidate, Edinburgh Central, and its MP, 1945-51. His majority (4,220) in the 1945 general election was twice as large as Alex Kitson recalls, and was 1,726 over all three of his opponents combined. See his obituary in *Scotsman*, 8 Jul. 1957.

22   Mary H. Ingles, Labour councillor, 1934-49, for St Giles ward, a bailie from 1943.

23   John (Jackie) Steedman, of 34 Buccleuch Place, a Scottish Horse and Motormen's delegate, 1947-53, to Edinburgh Trades Council, was first elected an Edinburgh Labour

town councillor in November 1945 for George Square ward, when he came top of the poll. He was defeated there when he came up for re-election in May 1949 (when, as Alex Kitson says, there was a general election for the whole council because of a redistribution of wards). Steedman was next elected in May 1952 for St Giles ward and held his seat until May 1961, when he did not seek re-election. *Scotsman*, 7 Nov. 1945, 4 May 1949; *Edinburgh Evening News*, 7 May 1952, 4 May 1955, 7 May 1958 and 3 May 1961.

24 John S. Maclay (1905-1992), Viscount Muirshiel from 1964, a shipowner, National Liberal and Conservative MP, 1940-50, Montrose Burghs, 1950-64, West Renfrewshire, Secretary of State for Scotland, 1957-62.

25 Tom Oswald (1904-1990), born in Leith, successively a printer, shop assistant, shipyard worker, tram driver; official, Transport & General Workers' Union, secretary, 1941-69, Scottish Regional Trade Group; Labour parliamentary candidate, 1950, West Aberdeenshire, Labour MP, 1951-74, Edinburgh Central; Parliamentary Private Secretary, 1967-70, to Secretary of State for Scotland, secretary and treasurer, 1953-64, Scottish Labour Party Group; President, Scottish Old Age Pensions Association.

26 Pat Rogan (1919-), a bricklayer; served in the 1939-45 War with the Eighth Army overseas; secretary of an Edinburgh branch, Amalgamated Union of Building Trade Workers; a Labour councillor, 1954-73, for Holyrood ward.

27 James Durkin (1932-), an engraver, a Ruskin College student, 1956-7, an Edinburgh Labour town councillor, 1960-5, for Pilton, resigned over an issue of principle.

28 James Hoy (1909-1976), a house-painter, Labour MP for Leith, 1945-70, Parliamentary Private Secretary, 1947-50, to Secretary of State for Scotland, Joint Parliamentary Secretary, Ministry of Agriculture, Fisheries and Food, 1964-70, created a life peer, 1970. Hoy's majority in the 1955 election (a three-cornered contest, with a Liberal-Conservative and a right-wing Independent) was 5,644, and in the 1959 election (when again there was a three-cornered contest, with a National Liberal-Conservative and a Liberal) was 3,074. Eustace George Willis (1903-1987), served, 1919-30, in the Royal Navy and, 1942-5, in the Royal Artillery; political organiser, 1930-2, bookseller and National Council of Labour Colleges lecturer, 1932-64; Labour MP, Edinburgh North, 1945-50, Edinburgh East, 1954-70; chairman, Edinburgh City Labour Party, 1952-4, of Scottish Labour Party, 1954-5, and of Scottish Parliamentary Labour Group, 1961-3; Minister of State, Scottish Office, 1964-7. Willis's majority in the 1955 general election was 2,042, and in 1959 only 312. Tom Oswald's majorities were: 1951—1,582; 1955—939; 1959—617.

29 Founded in the 1920s as the Oxford Group by the American Christian evangelist Frank Buchman (1878-1961), the Moral Rearmament movement (M.R.A.) emerged in 1938 calling for 'moral and spiritual renewal' and became an anti-Communist campaign, particularly during the Cold War after 1945.

30 Caux in Switzerland was a centre of the Moral Rearmament movement. Donald Renton (1912-1977), a leading member, 1929-56, in Edinburgh of the Communist Party, from which he resigned in protest against the crushing of the Hungarian uprising, a National Unemployed Workers' Movement activist, fought with the International Brigades in the Spanish Civil War and was captured by Franco's forces at the battle of Jarama, 1937; an Edinburgh Labour town councillor, 1962-8, for Craigmillar ward, 1972-5, Sighthill, and Edinburgh District, 1975-7, Stenhouse ward, a bailie, 1972-3.

31 William Ross (1911-1988), a schoolteacher, served in the 1939-45 War in the Highland Light Infantry and Royal Signals and became a major; Labour parliamentary candidate, Ayr Burghs, 1945, Labour MP, 1946-79, for Kilmarnock; Secretary of State for Scotland, 1964-70 and 1974-6; Lord High Commissioner, General Assembly of the Church of Scotland, 1978-80; created a life peer, 1979, as Lord Ross of Marnock.

32 Victor Feather (1908-1976), a Co-operative employee, 1923-37, joined the Trades Union Congress staff, 1937, Assistant Secretary, 1947-60, Assistant General Secretary, 1960-9,

General Secretary, 1969-73. George Woodcock (1904-1979), a cotton weaver, 1916-27, graduated from Oxford University, 1933; a civil servant, 1934-6; joined the Trades Union Congress staff, 1936, Assistant General Secretary, 1947-60, General Secretary, 1960-9. George Middleton (1898-1971), Glasgow organiser, Communist Party, a leader, National Hunger March, 1929, to London, secretary, 1942-9, Glasgow Trades Council, General Secretary, 1949-63, Scottish Trades Union Congress.

33 William Paisley Earsman (1884-1965), born and grew up in Edinburgh, a turner by trade; assistant secretary, 1935-7, secretary, 1937-50, Edinburgh Trades Council; an Edinburgh Labour town councillor, 1937-49, for St Leonard's ward, 1949-51, Holyrood ward; unsuccessful Labour parliamentary candidate, 1945, Edinburgh South. He 'was in the habit of wearing a broad brimmed type of headgear which gave him a distinctive and somewhat adventurous appearance.' *Scotsman*, 14 Jan. 1965.

34 Abe Moffat (1896-1975), a Fife miner, a leading member from the 1920s of the Communist Party in Scotland, General Secretary, 1931-6, United Mineworkers of Scotland, President, 1942-5, National Union of Scottish Mine Workers, and 1945-61, National Union of Mineworkers (Scottish Area).

35 Jack Moffat (1894-1961), secretary, Edinburgh branch, National Society of Brushmakers, chairman, Edinburgh Labour Party, twice election agent in Edinburgh South constituency (once, in 1945, for W.P.Earsman), a director from 1937 of St Cuthbert's Co-operation Association, its President, 1950-61, a director, 1944-61, Co-operative Press, a vice-chairman of the Board of Edinburgh Royal Infirmary.

36 The meaning of the reference to activities or events at the Mound is not clear. The annual Royal Infirmary pageant and procession, held from 1920 to 1939, went along Princes Street, past the Art Gallery and the foot of the Mound, but the platform where the chairman of the board of managers and other dignitaries took the salute was at the main entrance to the Royal Infirmary in Lauriston Place. See, e.g., *Edinburgh Evening News*, 27 May 1938 and 27 May 1939; E.F.Catford, *The Royal Infirmary of Edinburgh 1729-1979* (Edinburgh, 1989), 9-10.

37 The Co-operative Party was founded in 1917 to defend the Co-operative movement against unjust government taxes, oppose abuses in wartime food control, and 'secure direct representation in Parliament and on all local administrative bodies.' G.D.H. Cole, *A Century of Co-operation* (Manchester, 1944), 315-16.

38 Earsman (see also above, note 33) was an honorary member in the early 1920s of the Red Army, at one of whose technical schools in Moscow he was given an appointment and where soon afterwards, by his own account, he was 'put in charge of the Academy'. After working at his trade as a turner or engineer for some years in Edinburgh Earsman went in 1908 to New Zealand and two years later to Melbourne, Australia, where he remained for more than a decade employed in successive jobs in engineering. A member in Edinburgh of the Amalgamated Society of Engineers, he quickly became active in the Society's Melbourne branch. He was also an active member, 1911-16, of the Victoria Socialist Party, and director in 1912 of the Socialist Sunday School, as well as becoming in 1915 a member of the Anti-militarist and Anti-conscription League. He founded the Victoria Labor College, and in Sydney, to which he moved in 1919, the New South Wales Labor College, of which he was secretary and lecturer until 1921. He published a pamphlet on working class education in 1920. As a syndicalist strongly sympathetic to the Industrial Workers of the World, Earsman played a (perhaps the) leading part in the foundation in 1920 of the Communist Party of Australia and became its first secretary. When the new Party almost immediately split, Earsman became leader of one of the two resultant groups. He was a delegate to the Third Congress of the Communist International in Moscow in 1921 and also attended then the Congress of the Red International of Labour Unions. It was then his syndicalist views were exchanged for more orthodox Communist views. It

was also during his first visit to Moscow that, passing through Berlin, Earsman was evidently introduced in a cafe to 'daft Adolf' Hitler and afterwards recalled that 'I was able to learn from Hitler that he had a good knowledge of political economy and had studied the works of Karl Marx and knew the writings of most of the socialist philosophers of the time.' Earsman returned to Australia but again set off for Moscow in summer 1922 to attend the Fourth Congress of the Communist International. He became a member of the Executive of the International and met Trotsky (whom he much admired) and Lenin. Prohibited by its government from re-entering Australia Earsman went back to Moscow, where he was joined by his wife and young daughter. He remained employed at the Red Army School or Academy there until 1924. On his settling then in England, Earsman's wife died. He remarried in 1927. It was around then that Earsman (who seems to have been an early critic of Stalin) left the Communist Party. He again failed to gain permission to return to Australia, and moved from England in 1932 to Edinburgh, where soon afterwards he joined the Labour Party. He accepted an O.B.E. in 1950. Four boxes of Earsman's papers are preserved in Edinburgh University Library, Special Manuscripts Section (Gen.1949).

39 William B. Stewart, Area Organiser, National Union of General & Municipal Workers, a delegate for over twenty years from 1939 to Edinburgh Trades Council and a member from 1947 for several years of its Executive Committee. He died in 1976. William Blairford, an Electrical Trades Union delegate, 1945-63, to Edinburgh Trades Council, a member of its Executive Committee most years between 1947 and 1963, and its Assistant Secretary, 1959-61, a member, 1969-70, General Council, Scottish Trades Union Congress. For Donald Renton, see above, note 30; for Eva Gibbons, see above, note 18; and for the expulsions referred to, see below, note 251. James S. Stewart, District Officer, 1937-71, Amalgamated Union of Building Trade Workers, a Labour Party, Co-operative movement, and National Council of Labour Colleges activist, a delegate for over thirty years from 1939 to Edinburgh Trades Council, its chairman, 1949-50, and its vice-chairman, 1946-8 and 1953-6; a member, 1949-54, General Council, Scottish Trades Union Congress. He died in 1972. His wife, Isa Stewart, was an Edinburgh Labour town councillor for Gorgie-Dalry ward, 1945-9, and Sighthill ward, 1949-70. For Hugh D'Arcy, see above, pp. 434-64. He was a delegate to Edinburgh Trades Council from the Amalgamated Union of Building Trade Workers, 1947-50, and again from 1953 for many years. Jackie Currie was an A.U.B.T.W. delegate, 1947-55, to Edinburgh Trades Council. J. Dean (not Deans) was a delegate to the Trades Council from the Civil Service Union from 1947 for many years. William J. Pratt (1910—?), a sergeant major in the Royal Artillery in the 1939-45 War, afterwards employed by the Ministry of Works, a local and then national officer, Civil Service Union, from which, 1950-3, he was a delegate to the Trades Council, an Edinburgh Labour councillor, 1954-7, for St Giles ward. George M. Lawson (1906-1978), tutor and organiser, 1937-50, National Council of Labour Colleges, secretary, 1950-4, Edinburgh Trades Council, Labour MP, 1954-74, for Motherwell, parliamentary whip, 1959-67. George High, Transport & General Workers' Union, was secretary, 1955-65, Edinburgh Trades Council. James Jarvie (1919-1970), son of a militant miner who moved from Dunbartonshire to Fife and was victimised after the 1926 strike, emigrating with his family for some years to Canada; James began as an apprentice blacksmith in Dunfermline, later employed in Robb's shipyard, Leith, where he became convener of shop stewards and an active Communist Party member; East of Scotland District Secretary, then, 1953-60, Assistant General Secretary, and, 1960-2, General Secretary, Associated Blacksmiths' Society, and afterwards a leading official, Amalgamated Boilermakers', Blacksmiths' and Shipwrights' Society; a member, 1960-3, General Council, Scottish Trades Union Congress, a delegate from 1947 for many years to Edinburgh Trades Council from the blacksmiths, chairman of the Council, 1954-5, and vice-chairman, 1956 and 1958. Fred Lawson, a delegate from 1940 for about forty years from the painters' union to the

Trades Council, its chairman, 1958-60, and its assistant secretary from 1973, an Edinburgh Labour town councillor, 1966-9, for Liberton ward. Harry Wilkinson (1893-1958), born in Yorkshire, organiser in Edinburgh, 1925-7, Shop Assistants' Union, union official in England, 1927-44, then organising secretary, Edinburgh branch of his union (which in 1947 merged into the Union of Shop, Distributive and Allied Workers), chairman, Edinburgh Trades Council, 1946-8, an Edinburgh Labour town councillor, 1947-58, for Dalry ward. See *Scotsman*, 4 Apr. 1958 for his obituary.

40 Jimmy Deans was East of Scotland organiser, Electrical Trades Union. Joe Mackail, a branch treasurer, Electrical Trades Union, delegate, 1947-8, to Edinburgh Trades Council, chairman for several years of Edinburgh City Labour Party, a councillor, 1953-62, for Craigentinny ward, a member of Greenside Parish Church choir, a frequent singer at concerts. He died in his mid-50s in 1962. His obituary is in *Edinburgh Evening News*, 23 Mar. 1962. Duncan Milligan (father of Eric Milligan, Lord Provost of Edinburgh from 1996), a delegate to Edinburgh Trades Council from Electrical Trades Union, 1952, and from National Union of Public Employees for some years from 1956.

41 In June 1961 allegations by John Byrne and Frank Chapple, members of the Electrical Trades Union, of fraud against against the Union and its officers concerning the election in 1959 of the General Secretary (when Byrne had stood against Frank Haxell, the incumbent, and was said to have been defeated) resulted in a court judgement that Haxell and Frank Foulkes, the President of the Union, both of whom were members of the Communist Party, had conspired together fraudulently and unlawfully to prevent Byrne being elected in place of Haxell. The judge declared Byrne should immediately become General Secretary. Soon after this court action the E.T.U. was expelled from the Trades Union Congress and from the Labour Party but it was readmitted to both in 1962 after elections to the E.T.U. Executive had replaced most of the existing members by supporters of Byrne. Henry Pelling, *A History of British Trade Unionism* (London, 1987, 4th ed.), 256-9. Peter Kerrigan (1899-1977), a Glasgow engineer, a member, 1927-9 and 1931-65, of the Executive Committee, Communist Party of Great Britain, successively Scottish Secretary, National Organiser, and Industrial Organiser of the Communist Party.

42 James Cameron (1878-1959), a delegate from the plasterers' union to Edinburgh Trades Council, 1919-23 and 1927-55, and a member, 1932-55, of the Executive Committee of the Council.

43 Glasgow Trades Council was dissolved by the General Council of the Scottish Trades Union Congress in 1951 at the height of the Cold War. A principal reason for the dissolution was the Trades Council's continued support for a defeated amendment to a General Council resolution on the United Nations and the preservation of peace that had been passed at the 1951 annual congress. When, however, the General Council sought to take over the offices of the Trades Council the latter went to court and secured an interim interdict. In early 1952 the Sheriff Court judgement forbade the General Council from taking over the Trades Council's premises, funds, or records, but allowed it to form a new Trades Council, which was duly established in March 1952. J.C. Hill was secretary of the dissolved Trades Council, and John Brannigan, President, 1951-2, of the S.T.U.C. and its General Secretary, George Middleton (see above, note 32), were protagonists for the General Council in the case. See Keith Aitken, *The Bairns o' Adam. The Story of the STUC* (Edinburgh, 1997), 181-5.

44 Hugh Wyper, secretary, Glasgow Trades Council, 1964-70, Scottish Regional Secretary, 1979-87, Transport & General Workers' Union, a member of the General Council, Scottish Trades Union Congress, 1979-87, and chairman, 1985-6. He died in 1994. Alex Grant, for many years secretary, Glasgow Municipal Transport Branch, Transport & General Workers' Union, chairman, Glasgow District of the Union at the time of his death in 1970. Tom Meikle (1898-1958), a full-time official from 1930 of the Transport & General

Workers' Union, its Scottish Regional Secretary, 1948-58, a member, 1948-58, and chairman, 1954-5, General Council, Scottish Trades Union Congress. William McGinniss, Scottish Area Officer, 1942-59, National Union of General & Municipal Workers, a member, 1943-6 and 1948-58, and chairman, 1948-9, General Council, Scottish T.U.C. He died in 1974. David Currie, president, Association of Professional, Executive, Clerical and Computer Staff, a member, 1948-66, and chairman, 1955-6, General Council, Scottish T.U.C.

45 John Johnston (1899-1979), chairman, 1942-50, and secretary, 1953-64, Glasgow Trades Council, a Labour councillor for Govanhill, 1945-7, and Parkhead, 1949-69, Lord Provost of Glasgow, 1965-9. He refused a knighthood.

46 Peter Callaghan, a Glasgow foreman stableman in the railway and general section of the Horse and Motormen's membership, was President of the Association in 1947-8. John McQuade, a Glasgow road haulage driver, was President of the Horse and Motormen's Association in 1952-3. Tuckett, op.cit., 320, 436, 439.

47 Arthur Deakin (1890-1955), began work at age 13 in a South Wales steel works, a full-time trade union official from 1919, General Secretary, 1945-55, Transport & General Workers' Union, President, 1951-2, Trades Union Congress.

48 The Tribune Group was composed of left-wing Labour MPs originally associated with the independent weekly paper *Tribune*, published from 1937 onwards, and the Group had for many years from the early 1950s onwards strong support within the Labour constituency parties.

49 *In Place of Strife* was the White Paper on industrial relations published early in 1969 by Barbara Castle, Secretary for Employment and Productivity in the Labour government of 1966-70. Though some proposals in the White Paper, such as the legal right to join a trade union, were attractive to the unions, several clauses in *In Place of Strife* (including power for the government to order ballots in advance of any strike judged a serious threat to the economy or the national interest, a 28-day 'conciliation pause' where a strike was called unofficially in contravention of agreed procedures, and power for the Secretary of State to impose a settlement in an inter-union dispute) caused enormous controversy in the unions, the government, and the Labour Party. Almost 100 Labour MPs voted against the government on the White Paper, the National Executive Committee of the Labour Party declared its opposition to it, some Cabinet members were reported to be opposed to it, and many of the unions, as well as the Scottish Trades Union Congress, were vehemently opposed to it. Eventually Mrs Castle and Harold Wilson, the Prime Minister, were forced to concede defeat and abandon the White Paper. Henry Pelling, op.cit., 272-8; Keith Aitken, op. cit., 212-15.

50 William Elger (1891-1946), born in London of an Austrian father and a Scots mother, a clerical worker, president, 1921-2, Edinburgh Trades Council, General Secretary, 1922-46, Scottish Trades Union Congress. Charles Murdoch (1902-1962), General Secretary, Scottish Union of Bakers, a Glasgow Labour town councillor, a member, 1936-46, chairman, 1941-2, General Council, Scottish Trades Union Congress, succeeded William Elger as its General Secretary until 1948, when he became a full-time member of the Scottish Gas Board, of which at the time of his death he was personnel manager.

51 Of the Scottish Trades Union Congress's affiliated membership in 1949 of 729,350 the National Union of Mineworkers (Scottish Area) had 56,000, the Transport & General Workers' Union 80,000, and the Amalgamated Engineering Union almost 79,000. The next largest affiliated memberships were those of the Union of Shop, Distributive and Allied Workers (almost 48,000), the National Union of Railwaymen (47,000), and the National Union of General & Municipal Workers (40,000). The original separate Scots miners' county unions had formed in 1894 a federal organisation, the Scottish Miners' Federation, which in 1914 changed its title, though not its federal character, to National

Union of Scottish Mine Workers. The county unions remained until 1944, when by ballot vote of the miners they were merged to form a unitary, instead of federal, National Union of Scottish Mine Workers. Within a year the N.U.S.M.W. merged into the newly formed National Union of Mineworkers and became its Scottish Area, with its Area office in Edinburgh. *Annual Report of the Scottish T.U.C. 1949*, 9-34, 105; R.Page Arnot, *The Scottish Miners* (London, 1955), 71, 134.

52 William Pearson (1896-1956), a leader of the Lanarkshire miners, General Secretary, 1945-56, National Union of Mineworkers (Scottish Area), a member, 1945-50, and President, 1949-50, General Council, Scottish Trades Union Congress.

53 Alex Moffat (1904-1967), a Fife miner, a younger brother of Abe Moffat (see above, note 34), was a Fife county councillor, 1929-45, President, 1961-7, Scottish Area, National Union of Mineworkers, a member, 1954-60, and President, 1958-9, General Council, Scottish Trades Union Congress. James Milne (1921-1986), an Aberdeen patternmaker, secretary, 1947-69, Aberdeen Trades Council, a member, 1954-69, and President, 1959-60, General Council, Scottish T.U.C., its Assistant General Secretary, 1969-75, and General Secretary, 1975 until his death.

54 Alex Kitson is mistaken about the secretaryship of Glasgow Trades Council after George Middleton: it was J.C. Hill who succeeded Middleton from 1948-9 to 1952. Bill Laughlan was a full-time organiser for the Communist Party, 1941-7, first in Lanarkshire then in Glasgow, Scottish Secretary, 1947-56, National Organiser, 1956-64, when he resigned on grounds of ill-health. He was for some time a delegate to Glasgow Trades Council but was never its secretary.

55 John G. Bothwell had been a member of the General Council, S.T.U.C., in 1940 and again in 1948-60, and was its President in 1953-4.

56 James Jarvie (see above, note 39) was a member of the General Council, S.T.U.C., 1960-3.

57 Frank Cousins (1904-1986), began work in the pits then became a lorry driver and by 1938 was a full-time union organiser. General Secretary, 1956-69, of the Transport & General Workers' Union, Cousins brought his union into supporting the policy of unilateral nuclear disarmament that contributed to the narrow vote in favour of that at the Labour Party conference in 1960, in response to which Hugh Gaitskell, the Party leader, made the speech referred to. Cousins was Labour MP for Nuneaton, 1965-6, Minister of Technology, 1964-6, and a member, 1956-69, of the General Council, Trades Union Congress. Hugh Gaitskell (1906-1963), Reader in Political Economy, University of London, 1938, civil servant, 1940-5, Labour MP, 1945-63, for Leeds South, Parliamentary Secretary, Ministry of Fuel and Power, 1945-7, Minister of Fuel and Power, 1947-50, Minister of State for Economic Affairs, 1950, Chancellor of the Exchequer, 1950-1, Leader of the Labour Party, 1955-63.

58 Alexander Steven Bilsland (1892-1970), Lord Bilsland from 1970, businessman, banker, 'one of the chief authors of the Scottish economic renaissance of the mid-20th century.' (Obituary in *Glasgow Herald*, 11 Dec.1970). The Scottish National Development Council, a private body of industrialists formed in 1930-1 by the shipbuilder Sir James Lithgow, established jointly in 1936 with the Secretary of State for Scotland a Scottish Economic Council concerned with economic planning and research and on which the Scottish Trades Union Congress General Council then became represented by its General Secretary, William Elger, and by its Treasurer. Some trade unionists were strongly opposed to this representation, convinced that the Development Council was essentially an employers' organisation concerned to mobilise industry for war. During the 1930s the S.T.U.C. became represented on a lengthening list of public bodies. In 1941 Tom Johnston, the Labour Secretary of State for Scotland in the wartime Coalition government, set up the Scottish Council on Industry, an independent body composed of representatives of Scottish

economic interest groups that included the S.T.U.C. General Council, which by 1943 had four representatives on it, including William Elger. In 1946 the Scottish Council on Industry merged with the Scottish Development Council to form the Scottish Council (Development and Industry). On this the S.T.U.C. was allowed up to eight representatives, an original one of whom until his death in November 1946 was William Elger. Alex Kitson appears to have become in 1966-7 one of five representatives the S.T.U.C General Council then had on the Scottish Council (Development and Industry), two of whom (James Jack, General Secretary, and E.W.Craig) were on its Executive Committee, Craig being also a vice-president. *Annual Report of the S.T.U.C., 1936*, 47-9, 78, 105-08; *1943*, 29-31, 54; *1947*, 41-2; *1967*, 168. James G. Kellas, *Modern Scotland* (London, 1980), 101; Keith Aitken, op. cit., 137-8.

59 Enoch Humphries (1922-), born in Rutherglen, worked in several jobs including cellarman for a whisky firm before joining the R.A.F. at age 17 in 1939, served in the Second World War in the Far East; became a fireman, 1946, in Glasgow (later in Lanarkshire), and immediately became active in the Fire Brigades Union, elected, 1960, to the Executive Council of his Union, and President, 1964-77; joined the Communist Party in 1948 but left it in 1956 after the crushing of the Hungarian uprising; a delegate from his Union from 1954 to the Scottish T.U.C., and a member, 1963-78, of its General Council, chairman, 1968-9. Victor Bailey (ed.), *Forged in Fire. The History of the Fire Brigades Union* (London, 1992), 228, 359-60, 366-8, 372-6. James Jack (1910-1987), born in Canada, son of a Scots miner, but grew up in Glasgow; active from 1927 successively in the Independent Labour Party, Scottish Socialist Party, and Labour Party; a member from 1930 of the National Union of Clerks; active in the Co-operative movement, a director, Blantyre Co-operative Society; joined, 1946, the staff of the Scottish T.U.C. (which then totalled four, including the General Secretary and James Jack) as a research and administrative assistant, Assistant Secretary, 1961-3, General Secretary, 1963-75. See *Scottish Trades Union Congress 78th Annual Report, 1975*, 606-12; *90th Annual Report, 1987*, 164.

60 Agnes Richmond had joined the staff of the S.T.U.C. as a girl of 16 in 1923 as a typist, became an assistant to William Elger during his years as General Secretary (see above, note 50), and was for many years secretary of its Women's Advisory Council, originally formed in 1926. She died in 1987. Angela Tuckett, *The Scottish Trades Union Congress. The First 80 Years 1897-1977* (Edinburgh, 1986), 273, 287.

61 James Craigen (1938-), a compositor, 1954-61, industrial relations assistant, 1963-4, head of Organisation and Social Services, Scottish T.U.C., 1964-8, a Glasgow Labour town councillor, 1963-8, employed by Scottish Business Education Council, 1968-74, Labour and Co-operative MP, Glasgow Maryhill, 1974-87, Parliamentary Private Secretary, 1974-6, to the Secretary of State for Scotland, Opposition spokesman on Scottish affairs, 1983-5, chairman, 1978-9, Co-operative Party Group and Scottish Group of Labour MPs, Director and Secretary, 1988-90, Scottish Federation of Housing Associations.

62 Thomas Brown, Scottish Secretary, National Amalgamated Union of Shop Assistants, Warehousemen and Clerks for many years until 1947 when his Union merged into the Union of Shop, Distributive and Allied Workers, of which he was Scottish Divisional Officer until 1954; a member, 1931-9, 1945, 1947-54, General Council, Scottish T.U.C., its President, 1934-5. John Lang, organiser, Iron & Steel Trades Confederation, 1942-6, Divisional Officer, 1946-61, a member, General Council, S.T.U.C., 1947-61, its President, 1950-1. He died in 1962.

63 George Elvin was the first General Secretary, 1935-69, of the Association of Cinematograph, Television and Allied Technicians.

64 Bill McLean (1919-1977), born in Larkhall, began work in the pits at age 14, a full-time official, National Union of Mineworkers, from 1956, a Vice-President, Scottish Area, 1968, and General Secretary, 1969-77; a member, 1961-77, Scottish T.U.C General Council,

its President, 1966-7. For Hugh D'Arcy, see above, pp. 434-64 and note 39.

65 Gavin Laird (1933-), a full-time engineering trade union official, 1972-95, General Secretary, 1982-95, Amalgamated Union of Engineering Workers (retitled Amalgamated Engineering and Electrical Workers, 1994, in which he was General Secretary, Engineering Section), knighted 1995.

66 For J.S. Stewart see above, note 39.

67 Raymond Macdonald, Scottish Regional Secretary, Transport & General Workers' Union, 1966-79, a member, 1966-79, General Council, S.T.U.C., its President, 1971-2. He died in 1989. Michael McGahey (1925-1999), born at Shotts, son of a miner, went down the pit at age 14; joined the Young Communist League at that age and became a leading member of the Communist Party in later years; chairman from age 18, Shotts branch, miners' union, and later a full-time official; elected, 1958, to Executive Committee, National Union of Mineworkers (Scottish Area), Vice-President, 1961, President from 1967, and Vice-President of the National Union of Mineworkers until 1987.

68 Jack Jones (1913-), worked in engineering and docks, 1927-39, a Liverpool Labour city councillor, 1936-9, fought with the International Brigades in the Spanish Civil War; Transport & General Workers' Union Coventry District Secretary, 1939-55, Midlands Regional Secretary, 1955-63, Executive Officer, 1963-9, General Secretary, 1969-78.

69 Alex Kitson was elected to the National Executive Committee of the Labour Party in 1968 and remained a member of the Committee until he retired in 1986.

70 Alf Roberts, a full-time official for many years of the National Union of Vehicle Builders, Assistant General Secretary, then from 1962-71 General Secretary. He died aged 61 in September 1971.

71 Casual labour had been a characteristic of dock work until Ernest Bevin as wartime Minister of Labour (see below, note 164) took steps in 1940-1 to provide a permanent dock labour force. His scheme was extended after the war until the National Dock Labour Scheme was established by the government in 1947. Intended to ensure greater regularity of employment for dockers and also an adequate supply of labour to achieve more rapid loading and unloading of ships' cargoes, the Scheme covered registered dockers and was controlled by the National Dock Labour Board, whose chairman and vice-chairman were appointed by the Ministry of Labour and whose other eight members represented respectively employers and workers. Following reports by a committee chaired by Lord Devlin, a further step to give dockers permanent employment was taken in 1967, when a scheme was introduced to attach registered dock workers to registered employers as permanent workers. David F. Wilson, *Dockers: the impact of industrial change* (London, 1972), 93-133.

72 The 'Blue' union (so called because of the colour of its membership cards) was the National Amalgamated Stevedores and Dockers, whose general secretary was Les Newman. The Watermen and Lightermen had joined the Transport & General Workers' Union when it was formed in 1922 but had broken away the following year, and joined the N.A.S.D. That merger in turn broke up in 1926-7 and the Watermen, Lightermen, Tugmen and Bargemen's Union became an independent union until its amalgamation in 1971 with the T. & G.W.U. Bill Lindley was elected General Secretary of the Lightermen's Union in 1949 and on amalgamation in 1971 he became Secretary, T. & G.W.U. Waterways Trade Group, Region no. 1, until his retirement in 1976. He died in 1998, aged 86. Sid Staden was a member of the Executive Committee of the Lightermen's Union from 1952, was elected lay President, 1953-8, then full-time Assistant General Secretary, 1958. He succeeded Bill Lindley in 1976 as Secretary, Waterways Trade Group, Region no. 1, T. & G.W.U., and was Regional Secretary, no. 1 Region, T. & G.W.U., from 1978 until his retirement in 1988. David F. Wilson, op.cit., 80, 270; and information provided by Sid Staden.

73 See above, note 9.

74 From the mid-1960s there was a rapid development of containerisation in British shipping and ports—cargoes loaded not, as in the past, directly into ship's holds but into containers that were then loaded on to purpose-built ships. The containers were often filled miles away from the docks. This development led to a conflict of interest between dockers, who had previously handled all ships' cargoes, and haulage and container firms and their drivers. In 1972 Liverpool dockers took unofficial action by blacking lorries whose containers had not been loaded by registered dockers. The National Industrial Relations Court, established under the Industrial Relations Act of the previous year, imposed a fine of £5,000 on the Transport and General Workers' Union for 'contempt of court' when, in conformity with the policy of the Trades Union Congress, it declined to attend the Court for the hearing of a case brought by a haulage firm. The fine further incensed the Liverpool dockers, who continued to black the container lorries—and the Industrial Relations Court fined the T. & G.W.U. a further £50,000, with the threat that all its assets might be seized. The Union paid the fine, but a national docks strike was signalled. While talks aimed at a settlement of the crisis were held between the T. & G.W.U. and the government, the Industrial Relations Court decided, following a complaint to it by a London container depot using non-registered labour, that three dockers' leaders, including Bernie Steers, a militant shop steward of the 'Blue' union, and Vic Turner, a T. & G.W.U. militant, would be jailed unless they stopped the blacking. An unofficial strike throughout Britain by 35,000 dockers was a result—but the intervention of the hitherto obscure Official Solicitor resulted in the three men not being put in prison. But again the Industrial Relations Court acted—this time on another complaint about picketing of a container store. And this time five dockers—the 'Pentonville Five': Bernie Steers, Vic Turner, Tony Merrick, Cornelius Clancy and Derek Watkins—were arrested and jailed in Pentonville Prison. Their imprisonment led immediately to dockers in all ports stopping work, workers in many other industries coming out in their support, and a decision by the General Council of the T.U.C. to call a one-day general strike. The Pentonville Five were, however, released after a few days and no general strike took place, although the dock strike continued for three weeks afterward. An outcome of the crisis was an agreement that there would be no compulsory redundancies of dockers because of containerisation, and the establishment of a voluntary severance scheme that offered up to £4,000 to older dockers who wanted to leave the industry. Jack Jones, General Secretary, Transport & General Workers' Union, himself a former Liverpool docker, was abused by some of his own docks members and had water thrown over him at a meeting, because of the decision to call off the docks strike. Jack Dash (1907-1989), began work as an engraver's apprentice, then was employed in various jobs, as well as being unemployed, joined the army for two years, was a professional boxer briefly; active in the unemployed movement in the 1930s; was briefly in the Labour Party, joined the Communist Party, 1936, and took part in the battle of Cable Street in London that year against Sir Oswald Mosley's Blackshirts; was in the Auxiliary Fire Service, 1939-45; employed as a docker, 1945-70, in the Royal group of docks in London, active in the unofficial Port Workers' Committee which in the 1950s became the London Docks Liaison Committee, of which he became chairman in 1958. Dash was associated with many unofficial stoppages in the docks. After his retirement in 1970 he remained active in many campaigns, including old age pensions and anti-racist agitations. Jack Dash, *Good Morning Brothers!* (London, 1970), passim; Joyce M. Bellamy and John Saville, *Dictionary of Labour Biography* Vol. II (Basingstoke, 1993), 59-63; Jack Jones, *Union Man. The Autobiography of Jack Jones* (London, 1986), 190, 246-53; David F. Wilson, op.cit., 10-12, 134-54, 304-7.

75 Harold Wilson, Labour Prime Minister, said in a statement in the House of Commons on 19 June 1966 concerning the seamen's strike, that 'a few individuals have brought pressure

to bear on a select few of the executive council of the National Union of Seamen who in turn have been able to dominate the majority of that otherwise sturdy union. It is difficult for us to appreciate the pressures which are being put on men I know to be realistic and responsible, not only in their executive capacity but in the highly organised strike committees in the ports by this tightly knit group of politically motivated men.' A few days later Wilson named seven such men, five of them members of the Communist Party, although he agreed there were no Communists on the Union's executive council. A. Marsh and V. Ryan, *The Seamen. A History of the National Union of Seamen* (Oxford, 1989), 186-7.

76 The National Association of Operative Plasterers, which had merged in 1968-9 into the Transport & General Workers' Union, had had its head office in Harrow Road, Wembley; the offices Alex Kitson refers to at Highgate must presumably have been district or branch offices.

77 The National Union of Agricultural Workers merged into the Transport & General Workers' Union in 1982. The N.U.A.W.'s head office, Headland House, was at 308 Gray's Inn Road.

78 The Dock Labour Scheme, established in 1947 (see above, note 71), was abolished by the Dock Work Act passed in July 1989 by the Conservative government. The Act abolished the statutory monopoly of dock work for dockers registered under the Scheme in the 46 ports then covered and which handled about 70 per cent of Britain's trade.

79 Arthur Mostyn (Moss) Evans (1925-), Transport & General Workers' Union District Officer, Birmingham, 1956, Regional Officer, Midlands, 1960, National Officer, England, 1966, National Secretary, Chemical, Rubber and Oil Industries, 1969, Engineering Industries, 1969, Motor Car Industry, 1969-73, National Organiser, 1973-8, General Secretary, 1978-85, a member, T.U.C. General Council, 1977-85.

80 Harry Urwin (1915-1996), a full-time official from 1949 of the Transport & General Workers' Union.

81 Laurence Smith (1923-), Assistant General Secretary, 1985-8, Transport & General Workers' Union. Ron Todd (1927-), employed, 1954-62, at Ford Motor Co., a full-time official from 1962, Transport & General Workers' Union, National Organiser, 1978, General Secretary, 1985-92, a member, 1984-92, General Council, T.U.C. George Henderson (1933-), a plasterer, a delegate, 1957-68, to Edinburgh Trades Council, National Organiser, Scottish Plasterers' Union, National Secretary from 1969, Craft Section, Transport & General Workers' Union (after the plasterers' union had amalgamated into it).

82 George Wright (1935-), a car worker, 1954-65, Regional Secretary, Wales, Transport & General Workers' Union from 1972, General Secretary, 1974-88, and chairman, 1989-90, Wales T.U.C.

83 William G. Marshall, born in Fife in 1906, worked for twenty years as a miner until seriously injured in a pit accident, then became a technical civil servant; a Fife Labour county councillor, 1932-46, Ballingry Central ward; Assistant Secretary, 1946-50, Secretary, 1950-71, Labour Party in Scotland.

84 The Wembley conference of the Labour Party on 24 January 1981 decided that the trade unions would have 40 per cent, and the constituency parties and Parliamentary Party each 30 per cent, of the vote in the electoral college that would in future elect the leader of the Party. The conference's decision led to the breakaway of a dozen right-wing Labour MPs, headed by the so-called 'Gang of Four' (David Owen and Bill Rodgers, who were both MPs, and Roy Jenkins and Shirley Williams, who were not) and to the formation in March of the Social Democratic Party. Henry Pelling, *A Short History of the Labour Party* (London, 1982), 179-80; Ivor Crewe and Anthony King, *SDP* (Oxford, 1995), 92-103.

85 Margaret Herbison (1907-1996), a schoolteacher, 1930-45, Labour MP, 1945-70, Lanarkshire

North, Joint Under Secretary of State, Scottish Office, 1950-1, Minister of Pensions and National Insurance, 1964-6, Minister of Social Security, 1966-7, Chairman, Labour Party, 1956-7; Lord High Commissioner to the General Assembly, Church of Scotland, 1970. John Boyd (1918-1989), a Glasgow engineer, a full-time official from 1946, Amalgamated Engineering Union, a member, Executive Committee, 1953-75, General Secretary, 1975-82; a member, 1967-75 and 1978-82, General Council, T.U.C.; President, 1964, Confederation of Shipbuilding and Engineering Unions; Chairman, Labour Party, 1967; an active member of the Salvation Army; knighted, 1979. There certainly have been several other Scots chairmen of the Labour Party (including Keir Hardie in 1910, Ramsay MacDonald in 1924, and James Walker in 1941), but whether they were resident in Scotland at the time is, as Alex Kitson says, another question.

86 Joan Lestor (1931-1998), a nursery school teacher, 1959-66, a London Labour councillor, 1958-68, Labour MP, Eton and Slough, 1966-83, and Eccles, 1987-97, Parliamentary Under-Secretary, Education and Science, 1969-70 and 1975-6, and Foreign and Commonwealth Office, 1974-5, resigned, 1976, from the Labour government in opposition to policy of cuts, Front Bench Labour spokeswoman, 1989-94, on several issues, a member, 1967-82 and from 1987, and Chairman, 1977-8 and 1978-9, National Executive Committee, Labour Party. Ian Mikardo (1908-1993), Labour MP for Reading, 1945-50 and 1955-9, Reading South, 1950-5, Poplar, 1964-74, Tower Hamlets, Bethnal Green and Bow, 1974-83, Bow and Poplar, 1983-7, a member, 1950-9 and 1960-78, and Chairman, 1970-1, National Executive Committee, Labour Party, Chairman, 1974, Parliamentary Labour Party, Vice-President, Socialist International, 1978-83.

87 I.e., the Conservative government, 1970-4, led by Edward Heath, passed the Industrial Relations Act, 1971, which introduced legislative restraints on trade unions that were more extensive and systematic than those the Labour government of 1966-70 had unsuccessfully proposed in its White Paper *In Place of Strife* (see above, note 49).

88 For Sir Stafford Cripps, see above, note 4. The Labour government and the unions followed a policy of wage restraint in 1947-51. The government White Paper *Statement on Personal Incomes, Costs and Prices* of February 1948 insisted on a complete standstill of profits and rents at their existing levels and a qualified limitation of wage increases. There were to be no demands for higher wages, except in industries where they were justified by increased productivity or by the 'national interest', e.g., to attract workers to occupations where there was a shortage of labour. The demand for wage restraint was supported by the General Council, T.U.C., and by a conference in March 1948 of trade union executives, but the latter added two more exceptions to the general 'wage freeze'— wages could be raised if they were below a reasonable minimum, or in order to maintain differentials. By early 1950 the policy of wage restraint had become much less generally observed. Sidney Pollard, *The Development of the British Economy 1914-1967* (London, 1969 ed.), 394-6.

89 Neil Kinnock (1942-), Labour MP for Bedwelty, 1970-83, Islwyn, 1983-95, Leader of the Labour Party, 1983-92, a member from 1995 of the European Commission. Kinnock, as leader of the Labour Party from 1983, denounced the Trotskyist Militant Tendency at the Labour Party conference in autumn 1985, seizing on 'a major tactical blunder' by Militant leaders of Liverpool city council in issuing redundancy notices to all their employees. Eric Shaw, *The Labour Party since 1945* (Oxford, 1996), 174-5. Tony Benn (1925-), Labour MP for Bristol South-East, 1950-60 and 1963-83, and for Chesterfield since 1984; a member, 1959-60 and 1962-93, and Chairman, 1971-2, National Executive Committee, Labour Party; a candidate, 1976 and 1988, for the leadership of the Labour Party, and 1971 and 1981 for the deputy leadership; Postmaster General, 1964-6, Minister of Technology, 1966-70, Secretary of State for Industry and Minister of Posts and Telecommunications, 1974-5, Secretary of State for Energy, 1975-9. Dennis Skinner (1932-), a miner,

1949-70, President, Derbyshire miners, 1966-70; Labour MP for Bolsover since 1970; a member, 1978-96, and Chairman, 1988-9, National Executive Committee, Labour Party. Ian Mikardo (see above, note 86), had been a member of the National Executive Committee of the Labour Party for almost thirty years but was not re-elected to it in 1978. He had undertaken on behalf of the N.E.C. at the 1977 annual conference that mandatory re-selection of MPs would be considered and brought back to the 1978 conference. But the N.E.C. instead produced what became known as the Mikardo Compromise, involving a two-stage process of re-selection in which only if a vote of no confidence was passed in a sitting MP could his constituency party proceed to de-select him and consider other candidates. This compromise proved unacceptable to those on the Left in the Party who wanted all MPs to face re-selection. Mikardo's part in drawing up the compromise probably contributed to his failure to be re-elected to the N.E.C. D. and M. Kogan, *The Battle for the Labour Party* (London, 1982), 31-5. Tony Blair (1953-), Labour MP for Sedgefield since 1983, Leader of the Labour Party since 1994, Prime Minister since 1997.

90 John Smith (1938-1994), an advocate, Labour MP, Lanarkshire North, 1970-83, and Monklands East, 1983-94, Leader of the Labour Party, 1992-4.

91 Alex Kitson was recovering from serious illness when these recollections were recorded in the summer of 1996, a year before the victory of the Labour Party in the general election of May 1997. He died in October 1997.

92 George Watters (1904-1980), a Prestonpans miner, joined the Communist Party in the early 1920s and remained a member until his death. He was among the first Scots volunteers to go to Spain in November 1936 to fight for the Republic in the Civil War. Taken prisoner at the battle of Jarama early in 1937, his fate remained unknown to his family for many months until, happening to visit a cinema, they saw in the newsreel he was among prisoners being repatriated. For his political activities and his experiences in Spain, see I. MacDougall, *Voices from the Spanish Civil War* (Edinburgh, 1986) 32-8.

93 Lady Susan Grant-Suttie, wife of Sir James Grant-Suttie of Balgone and Prestongrange, and a daughter of the Duke of Roxburghe, died aged about 75 in October 1909. *Haddingtonshire Courier*, 22 Oct. 1909.

94 No further information has so far been found about the accident at Wallyford pit that Mrs Davie refers to.

95 A harbour a mile south west of Prestonpans, on the Firth of Forth.

96 The Grey School was the older of the two. It was demolished in the mid-1990s and sheltered housing now stands on the site. The Red School was a much later building, which also contained about six or eight classes, two of them the Qualifying classes for Preston Lodge senior secondary school. The Red School building still stands but is now used as a day nursery and community centre.

97 Mrs Davie meant that her mother inspected their hair for nits, which the bone combing dropped on to the tray.

98 The justicemen were the checkweighers.

99 This appears an underestimate of the number of miners. In 1923 there were 786 underground and 202 surface workers employed at Prestongrange colliery. A.S. Cunningham, *Mining in Mid and East Lothian* (Edinburgh, 1923), 111.

100 It was the Edinburgh Collieries Co. Ltd.

101 The Royal Commission on the Coal Industry, appointed early in 1919 with Mr Justice Sankey as chairman, recommended *inter alia* a 2s. (tenpence) wage award and a seven hours' day for the miners, and these recommendations were carried out.

102 Dr Arthur Julian de Spiganovicz, M.B., Ch.B. (c.1877-1925), was 'a scion of an ancient and noble Lithuanian family' that had held large estates there. The doctor's brother had

been in the Tsar's diplomatic service, and his grandfather had been private physician to Field Marshal Prince Woronzoff, Governor-General of the south of Russia. Dr Spiganovicz seems to have practised medicine in and around Tranent for 22 years until his death. 'In his daily rounds the bairns ran to meet him... he hardly ever took a holiday... most of his income was spent amongst the people who certainly proved to the last how devoted they were to him... The coffin, draped in the Union Jack, was taken to the cemetery on a common lorry, drawn by one horse... As the cart, preceded by a procession of Freemasons, slowly moved along the silent streets... the pavements were lined with sorrowing folk, and the grief of all was apparent. All business and traffic had ceased...' There is no mention in the obituary of the circumstances in which Dr Spiganovicz had come to Scotland. It seems he came to Tranent shortly before the 1905 Revolution in Russia. His obituary is in *Haddingtonshire Courier*, 19 Apr. 1925.

103 Andrew Clarke (1868-1940), Secretary, Mid and East Lothian Miners' Association, 1919-40, President, National Union of Scottish Mine Workers, 1932-40, Labour MP, North Midlothian, 1923-4 and 1929.

104 Alex Cameron, Vice-President, National Union of Mineworkers (Scottish Area), a member, 1943-4, General Council, Scottish Trades Union Congress; 'despite severe physical handicap, continued his work on behalf of the mine workers until the day of his death.' He died aged 55 in May 1947. *Annual Report of the Scottish Trades Union Congress, 1948*, 89.

105 Bob Selkirk (1887-1974), born in Midlothian, son of a miner, spent most of his life as a miner and working class agitator in Fife. See his autobiography, *The Life of a Worker* (Cowdenbeath, 1967), and Mary Docherty (ed.), *Auld Bob Selkirk. A man in a million* (Cowdenbeath, 1996).

106 *The Ragged Trousered Philanthropists* (London, 1914), by Robert Tressell (*nom de plume* of Robert Noonan), a novel, based on his own experiences, about the working lives and conditions of house-painters and decorators. Alexander Leontev, *Political Economy. A Beginner's Course* (London, 1935).

107 Emanuel Shinwell (1884-1986), seamen's union leader, Labour MP, 1922-4 and 1928-31 for Linlithgow, and 1935-70 successively for Seaham and Easington, Secretary for Mines, 1924 and 1930-1, Minister of Fuel and Power, 1945-7, Secretary for War, 1947-50, Minister of Defence, 1950-1, life peer from 1970. David Kirkwood (1872-1955), Clyde shop steward during the 1914-18 War, a leading figure in the Independent Labour Party, from which he resigned after it disaffiliated in 1932 from the Labour Party, Labour MP, 1922-51, Dumbarton Burghs, accepted a peerage as Baron Kirkwood of Bearsden. James Maxton (1885-1946), leader of the Independent Labour Party, MP, 1922-46, for Glasgow Bridgeton.

108 For George Watters, see above, note 92.

109 *Workers' Weekly*, 1923-7, official organ of the Communist Party of Great Britain. *Daily Worker*, 1930-66, Communist Party of Great Britain newspaper; then continued from 1966 as *Morning Star*.

110 George Ross (1875-1956), a miner, the first Labour councillor, 1910-56, elected in Tranent and Provost for several terms, convener, 1951-6, East Lothian County Council, president, 1940-56, East Lothian Co-operative Society. His obituary is in *Haddingtonshire Courier*, 24. Feb 1956.

111 Fred Douglas (c.1902-1971), from the early 1920s a Communist and unemployed leader in Edinburgh, left the Communist Party, 1945, and later ran a bookshop in the city. Recollections by him under the heading 'Commotion in the Capital' were published in the *Edinburgh Evening Dispatch*, 8-29 Aug. 1955.

112 The Communist Party of Great Britain was formed in 1920 from several left-wing parties or groups. Among these the largest was the British Socialist Party, which (under its then title of Social Democratic Federation) had been affiliated to the Labour Party on the

latter's foundation in 1900. It had soon disaffiliated itself, but it reaffiliated in 1916. The Independent Labour Party (formed in 1893) remained affiliated to the Labour Party from 1900 until 1932. This is what Tommy Kerr means by the Federation of Labour, a broadly based Labour Party. The Communist Party of Great Britain applied to affiliate to the Labour Party on several occasions from 1921 but each time its application was rejected. G.D.H. Cole, *A History of the Labour Party from 1914* (London, 1948), 112-14, 144-5; James Klugmann, *History of the Communist Party of Great Britain* Vol.I (London, 1969), 16-17, 44-8, 167-181.

113 The Nazi-Soviet Non-Aggression Pact of 23 August 1939, followed nine days later by the Nazi invasion of Poland and the beginning of the Second World War, appeared to be a reversal of previous Soviet foreign policy. The Pact certainly made difficulties for Communist Parties in states such as Britain and France that went to war with Nazi Germany over its invasion of Poland. The brief Russo-Finnish war in the winter of 1939-40 threatened to plunge Britain into war also against the Soviet Union.

114 Robert Burnside (1882-1962), a full-time official of the Mid and East Lothian Miners' Association for many years until he retired in 1946; president, 1921-25, Gorebridge Co-operative Society; Midlothian county councillor, 1933-61, for Gorebridge ward, and, 1947-61, first Labour convener of the county council.

115 Peter Chambers (?-1945), a full-time official of the Mid and East Lothian Miners' Association for more than twenty years. 'He was well known as an Independent Labour Party propagandist in the earlier days of that Party and was a familiar figure at trade union conferences and Annual Congress of the Scottish T.U.C. He was a man who was loved by all who knew him.' *Annual Report of the Scottish Trades Union Congress, 1946*, 55. The treasurer of the Mid and East Lothian Miners' Association for almost half a century from its formation in 1889 was William Falconer, Arniston. See Minutes of the Association in National Library of Scotland (MS Acc.4312 and PDL 45).

116 Guy Stobbs, Ayrshire District Secretary, National Union of Mineworkers (Scottish Area), and for many years chairman, Standing Orders Committee, Scottish T.U.C. He died in 1980.

117 See above, note 51.

118 The Miners' Federation of Great Britain, formed in 1889, was a federal body to which the various county or district miners' unions were affiliated either directly or (as in the case of those in Scotland via the Scottish Miners' Federation) through an intermediate grouping. At the beginning of 1945 the Miners' Federation of Great Britain was transformed into an apparently unitary union—the National Union of Mineworkers—that nonetheless preserved certain federal characteristics.

119 Peter Chambers was convicted in Edinburgh Sheriff Court of forming part of a riotous mob during the miners' lock-out in 1921, that forced the management at Lady Victoria colliery, Newtongrange, to draw the boiler fires and thus cease pumping water out the pit; and he was also convicted of a similar offence committed the same day at Arniston collieries, Gorebridge. Chambers was sentenced to two months' imprisonment. *Dalkeith Advertiser*, 26 May 1921.

120 Arthur James Cook (1883-1931), General Secretary, 1924-31, Miners' Federation of Great Britain.

121 The United Mineworkers of Scotland was formed by Communist and other militant miners in 1929 as a rival to the National Union of Scottish Mine Workers and to the county unions affiliated to it. The U.M.S. dissolved itself in 1936 and its members (apart from some of its leaders, who were victimised) rejoined the county unions affiliated to the N.U.S.M.W.

122 Under the Coal Mines Act miners were allowed, if they followed statutory procedures, which included a ballot for nominations, to appoint their own workmen's inspectors—

and that was what the United Mineworkers of Scotland activists initiated in Fife, where the coalowners and the rival county union had previously prevented them gaining recognition. I. MacDougall, *Militant Miners* (Edinburgh, 1981), 128.

123 David Proudfoot (1892-1958), a militant Fife miner, served in the Royal Scots Fusiliers in 1914-18 War, General Secretary, 1931, United Mineworkers of Scotland. John McArthur (1899-1982), a militant Fife miner, District Secretary, 1946-64, National Union of Mineworkers. For Alex Moffat, see above, note 53; for Abe Moffat, see above, note 34.

124 William Adamson (1863-1936), General Secretary, 1908-28, Fife, Kinross and Clackmannan Miners' Association, and 1928-36, Fife, Clackmannan and Kinross Mineworkers' Association; Labour MP, 1910-31, for West Fife, Leader, 1917-21, of the Labour Party, Secretary of State for Scotland, 1924 and 1929-31. There was a long and bitter struggle between Adamson and militant miners in Fife in the 1920s and 1930s, leading to successive splits in the union.

125 Mungo Mackay (1867-1939), agent and general manager of the Lothian Coal Company based at Newtongrange. For Mackay's autocratic regime, see I. MacDougall, *Mungo Mackay and the Green Table* (East Linton, 1995).

126 Robert Moffat (1795-1883), missionary, born in Ormiston. Most of his work was carried out in Bechuanaland during almost half a century to 1870. His daughter Mary married David Livingstone.

127 Boring graith—tools for boring.

128 Miners' unions had sought for many years abolition of the contracting system before it was comprehensively swept away with the nationalisation of the coal industry in 1947.

129 Lingerwood pit, like Lady Victoria, Easthouses, Polton, and Rosewell (Whitehill) pits, was owned by the Lothian Coal Company and was close by the Lady Victoria pit at Newtongrange.

130 Filling and drawing meant filling or shovelling coal at the face into hutches or tubs that were then pushed out or drawn by hand to the lie or wheel-brae on their way to the bottom of the pit shaft, where they were raised in the cage to the surface.

131 Splint—a hard coarse splintering coal that burns with great heat.

132 The 9th (Territorial) was the only kilted battalion in the Royal Scots Regiment—hence its nickname. J. Ewing, *The Royal Scots* Vol.I (Edinburgh, 1925), 8. The campaign in Norway in April-June 1940 was begun by the invasion and occupation of that country by Hitler's armies.

133 Dr John MacKenzie (?-*c*.1963), M.B., Ch.B., D.P.H., practised in the Dalkeith/Newtongrange area from 1910 for about forty years. He served in the 1914-18 War as a captain in the Royal Army Medical Corps.

134 Dook—a mine or roadway driven to the dip, below the level of the pit bottom. James Barrowman, *A Glossary of Scotch Mining Terms* (Hamilton, 1886), 24.

135 Brushing—removal of part of the roof or pavement of a coal working in order to heighten the roadway.

136 See above, notes 51 and 118.

137 Robert Brown (1848-1917), began work in the pits near Dalkeith at age eleven, worked in America, 1870-2, secretary from 1890 until his death in 1917 of the Mid and East Lothian Miners' Association and, from soon after its formation in 1894, of the Scottish Miners' Federation (retitled in 1914 National Union of Scottish Mine Workers); elected on several occasions a member of the Executive, Miners' Federation of Great Britain. For over twenty years a councillor in Dalkeith, he was three times Provost. Originally a Liberal, he joined the Labour Party and stood unsuccessfully as Labour candidate in the three-cornered contest in the Midlothian by-election of 1912, when the Conservatives

consequently captured what had long been a Liberal seat. Brown was again Labour candidate in Midlothian at the time of his death.

138 A bourgate or boutgate was a road by which miners could reach the surface, or a road travelling round a shaft, or a road from one seam to another.

139 J.H. Thomas (1874-1949), General Secretary, 1917-18, and Parliamentary General Secretary, 1919-31, National Union of Railwaymen; Labour MP, 1910-31, and 'National' Labour MP, 1931-6, a minister in Labour governments, 1924 and 1929-31, and in the 'National' government, 1931-6. The general strike by other workers in support of the miners in May 1926 was called off after ten days by the Trades Union Congress leaders, among whom Thomas played a prominent role, leaving the miners to struggle on alone until driven back to work in November.

140 See above, note 125.

141 The Ancient Order of Hibernians, founded in New York in 1836, became the largest Irish-American benevolent society, and after 1900 its membership grew rapidly also in Ireland and Britain. Catholic and nationalist, the Hibernians' benevolent, social, and religious aspects attracted working people, businessmen, and Ulster Catholics who saw it as a counterweight to Orangeism. S.J. Connelly (ed.), *The Oxford Companion to Irish History* (Oxford, 1999), 13-14.

142 The absence of a national ballot of the miners, even after a special delegate conference on 23 April 1984 amended the ballot rule requiring a 55 per cent majority to a simple majority, was one of the most controversial aspects of the 1984-5 strike. Some miners' leaders considered that under rule 41 of the National Union of Mineworkers' constitution areas could call their members out on strike with or without a ballot, according to areas' rules, and that this could amount to a national strike. Geoffrey Goodman, *The Miners' Strike* (London, 1985), 45-8; Martin Adeney and John Lloyd, *The Miners' Strike* (London, 1986), 82. Arthur Scargill (1938-), President, National Union of Mineworkers from 1981, General Secretary, 1992; a member, Young Communist League, 1955-62, Labour Party, 1966-95, Socialist Labour Party since 1996; a member, 1986-8, General Council, Trades Union Congress.

143 The remaining strike committee covered Bonnyrigg, Poltonhall and Rosewell.

144 S.O.G.A.T.—Society of Graphical and Allied Trades.

145 No fewer than 49 laundries in Edinburgh are listed under that heading in the *Edinburgh and Leith Post Office Directory 1914-15*, 844. About a dozen of the 49 appear likely to have been hand laundries. Under a separate heading on the same page and the preceding page of the *Directory 1914-15*, a further 42 'Laundresses and clear starchers' are listed (again presumably mainly hand laundries not included in the first list).

146 Of the National Laundry Workers' Union, which appears to have been formed by summer 1917, very little documentation is known to survive: its rules for 1918 and 1919, its first and fourth annual report and balance sheet, 1918 and 1921, and two leaflets inserted in the 1918 report, concerning the union, wages, etc., are preserved in the Library of the Trades Union Congress (and microfilm copies of all these items in the National Library of Scotland). A paragraph in the annual report of Edinburgh Trades Council for the year ending 31 March 1918 says: 'A new union has been formed for the special benefit of laundry workers. Hundreds of these overworked and underpaid women have been enrolled, and it is hoped that, with careful leading on the part of the officials, and the generous support of the members, the local branch may expand to be a national union of great importance and usefulness. This, however, may not be possible unless it has the goodwill and support of the five or six separate unions that now enrol laundry workers.' The Trades Council annual report also indicates that wage rates for laundry workers in Edinburgh before the 1914-18 War were from 5s. to 12s. weekly, and that in 1918 they were from 10s. to 18s. for a 54 hours week, and with overtime paid at time and a half. The Council's annual report for the year ending March 1919 says laundry workers'

wages were then between 10s. and 30s weekly for between 48 and 52 hours per week (pre-war hours were said to be from 55 to 60 per week), that night work, like overtime, was time and a half, and Sunday work double time. The meeting place of the Union is said to be Melbourne Hall in George IV Bridge, and Mr J.H. Moore, of 116 Easter Road, Edinburgh, who was born in London and whose own occupation was evidently in printing, is described as the Union organiser. The Union was affiliated for several years to the Trades Union Congress, at which J.H. Moore (who was elected in 1926 an Edinburgh Labour town councillor for Canongate ward) appeared as its delegate. Annual reports of the Congress indicate the union had 500 members (all but 15 of them women) in 1923, falling to 360 by 1925, and declining further to 295 (all but 12 of them women) in 1927, by which year its address appears as Union Hall, Chambers Street, Edinburgh. The Union seems to have at least attempted to organise throughout the United Kingdom though originating and based in Edinburgh. See also *Scotsman*, 3 Nov.1926.

147 This appears to have been Craigside Envelope Company, Arthur Street, envelope manufacturers, and a branch of Cowan's, papermakers, of Edinburgh and Penicuik. *Edinburgh and Leith Post Office Directory 1920-1*, 500.

148 Unfortunately, no trace of this diary has been found either in the regimental museum of the Cameron Highlanders or in the Scottish United Services Museum at Edinburgh Castle.

149 The *Edinburgh and Leith Post Office Directory 1914-15*, 881, lists ten tanneries, including Robert Legget & Sons, of Water of Leith, and John Reid & Son, Gorgie. The 1920-1 edition of the *Directory*, 871, lists nine of the earlier ten, including Legget and Reid.

150 The Band of Hope—a temperance organisation whose aim was to promote total abstinence principles among children and young people. Mr Gray has not been further identified, but the Albert Hall seems to have been the Stenhouse Mission of the United Free Church of Scotland, and later became the hall of the Chesser Church of Scotland. *Edinburgh and Leith Post Office Directory 1920-1*, 829.

151 William Hannah (1891-1961), born at Blackburn, West Lothian, was never a farm worker but began work as a miner, then from 1928 became a postman at Bathgate. He joined the army at age 17 and served throughout the 1914-18 War; in the 1939-45 War as a Home Guard lieutenant he was awarded an M.B.E. for smothering a grenade to protect his men but from which he himself suffered multiple shrapnel wounds. He learned to play the mouth organ and melodeon at an early age and later the accordion; he first recorded music in 1920, for many years he and his band played throughout Scotland and northern England, and during the 1940s he regularly broadcast on B.B.C. Radio. In his day he was as well known and popular as Jimmy Shand. Severe rheumatism in his hands prevented Hannah playing after the early 1950s; he left over 200 recordings of his music. *West Lothian Courier*, 19 Sep. 1958; Topic Records Ltd (notes accompanying their compact disc *Melodeon Greats* (London, 1994)).

152 The first German bomber to be brought down on British soil was in fact a Heinkel that crashed on Kidlaw Hill, near Humbie in East Lothian, some fifteen miles south-west of North Berwick, on 28 October 1939. Two of the bomber's crew of four were killed by fire from ships in the Firth of Forth and R.A.F. fighters. The bomber recalled here by John Macvicar appears to be another Heinkel shot down by a Spitfire and which crashlanded at Rhodes Farm near North Berwick on 9 February 1940. Its rear gunner was killed and the other three members of the crew were made prisoners. Andrew Jeffrey, *This Present Emergency: Edinburgh, the River Forth and South-east Scotland and the Second World War* (Edinburgh, 1992), 54-7; J. Tully-Jackson and I. Brown, *East Lothian at War* (Haddington, 1996), 20-3.

153 The Scottish Farm Servants' Union, formed in 1912, merged in 1933 into the Transport & General Workers' Union and became its Scottish Farm Servants' or Agricultural Section.

154 The Women's Land Army, which had existed in the 1914-18 War, was re-established in June 1939. By 1941 it consisted of about 20,000 volunteers. Their numbers increased from the end of that year with the introduction of conscription for women aged between 19 and 30. Angus Calder, *The People's War* (London, 1969), 267-8, 428.

155 This was the Essential Works Order of March 1941 (see below, note 419).

156 Arthur Robert McDougal, D.L., J.P. (1879-1955), of Blythe, Lauder, Berwickshire, educated at Jedburgh Academy, Edinburgh Academy and Edinburgh University, served throughout the 1914-18 War in successively the Lothians and Border Horse, Fife and Forfar Yeomanry, and Black Watch, in Gallipoli, Egypt, Palestine and France and became a captain; a Berwickshire Liberal councillor from 1922 and chairman, from 1930, of the county council Public Health Committee; vice-president, 1925-8, National Farmers' Union of Scotland; a Liberal parliamentary candidate, 1929 and 1935, for Roxburgh and Selkirk.

157 The giving of arles or erles by farmers as earnest money to workers they hired seems, like the hiring fairs or markets, not generally to have survived in Scotland after the 1939-45 War.

158 *The Scottish Farmer*, a weekly published in Glasgow from 1893 to date.

159 The 'eleven-plus' was an examination that was part of the education system in England; in Scotland the equivalent was the Qualifying exam.

160 Ampleforth College, near York, originated from an English Benedictine foundation in Lorraine in 1607. After the French Revolution the monastic community was resettled at Ampleforth in 1802 and the college, nowadays with a roll of some 500 boys aged from eight to eighteen, almost all of them boarders, was established soon afterwards. Gillian E.B. Harries (ed.), *Independent Schools Yearbook 1997-8* (London, 1997), 8-10.

161 The imposition of conscription for six months' military service for all men between their 20th and 21st birthday was announced by the government on 26 April 1939. Almost 25,000 young men registered accordingly in Scotland on 3 June under the new Military Training Act, and the first groups of these conscripts or militiamen began their training on 15 July 1939, six weeks before the outbreak of the Second World War.

162 The 'auld' or 10th Marquis of Lothian was Robert Schomberg Kerr (1874-1930), and Philip Kerr (1882-1940), who succeeded as 11th Marquis in 1930, was not his son but a cousin. Philip Kerr, a bachelor, was editor, 1910-16, *The Round Table*, private secretary, 1916-21 to the Prime Minister, Lloyd George, Chancellor of the Duchy of Lancaster in the 'National' government, 1931, Parliamentary Secretary, India Office, 1931-2, British ambassador to the United States, 1939-40, and founder of Newbattle Abbey Adult Residential College. In the 1930s, 'His country houses were as much centres of appeasement as Cliveden, if not more so... Saw the folly of appeasement in 1938... and admitted... that he had been wrong in his assessment of German aims.' Martin Gilbert and Richard Gott, *The Appeasers* (London, 1963), 354. Born and brought up a Roman Catholic, Lord Lothian had become a convert to Christian Science: 'A fine athlete with a splendid constitution, a total abstainer and a non-smoker, he died at the height of his powers and at the moment of his greatest usefulness of a malady which, owing to his refusal to see a doctor, was never diagnosed.' Duff Cooper, *Old Men Forget* (London, 1954), 269.

163 Yorkie the tramp, whose name was John Oliver and who was said to be the son of a clergyman, died at Fogo East End farm, Berwickshire, on 9 December 1933, and is buried in Fogo churchyard. The inscription on his gravestone describes him as 'A wanderer throughout the Borderland'.

164 Ernest Bevin (1881-1951) was not Minister of Fuel and Power but, 1940-5, of Labour and National Service. He was National Organiser, Dockers' Union, 1910-21, General Secretary,

1921-40, Transport & General Workers' Union, a member, 1925-40, and chairman, 1937, General Council, Trades Union Congress, Labour MP, Wandsworth, 1940-50, and Woolwich East, 1950-1, Foreign Secretary, 1945-51. In December 1943 Bevin introduced a scheme intended to solve or reduce the problem of shortage of manpower in the coal mines. Young men aged 18 to 25 called up for war service were to be selected by ballot for compulsory service in the mines instead of in the armed forces. The ballot was based on the last figure or figures of the conscripts' National Service registration certificates. Bevin Boys, as these conscripts were called, continued to be conscripted in this way until the end of the war in May 1945, to work in the coal mines. By that time there were about 22,000 of them. Warwick Taylor, *The Forgotten Conscripts. A History of the Bevin Boys* (Bishop Auckland, 1995), 4, 5, 89, 98.

165 Jimmy Savile (1926-), radio and television personality and charity fund-raiser, knighted, 1990, was conscripted as a Bevin Boy and worked at South Kirby Colliery, South Yorkshire, for four years, then for two years at Waterloo Colliery, Leeds. The 'get together' referred to by Bob Hall was of Bevin Boys taking part in a television programme on that subject in 1995. Jimmy Savile, *Love is an Uphill Thing* (London, 1976), 18-19, 26, 28.

166 German V1 pilotless planes, known as 'flying bombs', 'doodle bugs' or 'buzz bombs', began to be launched against London and south-east England within a few days of the Allied D-Day landings in France in June 1944. By early September 6,725 V1s had been seen over Britain, of which about 3,500 were destroyed by the defence forces, but 2,340 had reached the London target area, killing 5,475 people and severely injuring 16,000 more. More than 750 V1s, many of them now released from piloted planes, came over between September 1944 and April 1945, of which about 80 reached London. But 'isolated V1s fell as far north as Yorkshire and as far west as Shropshire.' If the sounds and sights described by Bob Hall were in fact V1s then presumably they were some of those 'isolated' cases. The last recorded German air raid on Hartlepool and West Hartlepool themselves was on 22 March 1943, a year or more before Bob became a Bevin Boy. Of the 1,100 V2 rockets launched by Hitler's forces from September 1944 onwards about half escaped destruction in flight by British defence forces but all the rockets that did land appear to have fallen on targets in London and Norwich, killing 2,724 people and badly injuring 6,000 more. Angus Calder, op.cit., 559-63; Douglas R.P. Ferriday, *Wartime Hartlepool* (Nelson, Lancashire, 1990) (unpaginated).

167 For Mungo Mackay, see above, note 125

168 The Lady Victoria pithead baths were opened in June 1954. *Dalkeith Advertiser*, 17 Jun. 1954.

169 H.M.S.*Claverhouse*, a Royal Naval Volunteer Reserve establishment, was not at Portobello but at the Old West Dock in Leith. See, e.g., *Edinburgh and Leith Post Office Directory 1938-9*, 751, and *1955-6*, 658.

170 The last of the Bevin Boys were evidently not released from their wartime conscription until 1949, and, unlike demobbed members of the armed forces, they were given no issue of civilian clothing nor awarded a Defence Medal nor considered eligible to take part in the annual Armistice Day service of remembrance. Taylor, op, cit., 96, 98.

171 Lewis Grassic Gibbon (*nom de plume* of James Leslie Mitchell) (1901-1935), son of a farmer, became a newspaper reporter then served for about ten years, first in the army then in the R.A.F. He published several books under his own name from 1928 until in 1932. *Sunset Song*, the first of his best-known three that formed the trilogy *A Scots Quair*, was published under his *nom de plume*. It was followed by *Cloud Howe* (1933), and the third part, *Grey Granite* (1934). The passage recalled by Bill Brack is in *Sunset Song*.

172 The film *Cabaret* (1972), starring Liza Minelli and Michael York, was based on the musical play of the same title by Joe Masterhoff, adapted from the play *I am a Camera* by John Van Druten, which was itself based on the Berlin stories by Christopher Isherwood (1904-

1986) from his *Goodbye to Berlin* (1939). Frank N. Magill (ed.), *Survey of Cinema*, Vol.I (New Jersey, 1980), 267-70.

173 The novel *North-West Passage* by the American author and journalist Kenneth Roberts (1885-1957) was published in 1937. It was made into a film of that title in 1940, starring Spencer Tracy (1900-1967).

174 The National Service (Amendment) Act, 1948, provided for the continuation of conscription in peacetime for all young men between the ages of 18 and 26. The length of service was eighteen months, from the introduction of the system in January 1949 until the outbreak of the Korean War in summer 1950, when full-time service was extended to two years, plus a further three-and-a-half years in the reserves. Trevor Royle, *The Best Years of their Lives. The National Service Experience, 1945-63* (London, 1986), 26.

175 Sir Jerry Wiggin (1937-), Conservative MP for Weston-super-Mare, 1969-97, a Parliamentary Private Secretary, 1970-4, and Parliamentary Secretary, 1979-81, Ministry of Agriculture, Fisheries and Food, Under Secretary of State, Ministry of Defence, 1981-3, chairman, Select Committee on Agriculture, 1987-97.

176 John W.L. Zehetmayr (1921-), successively Forestry Commission silviculturist, chief work study officer and conservator West Scotland, 1948-66, chairman, Forestry Safety Council, 1986-92, author of several works on forestry, including *The Effectiveness of Health and Safety Measures in Forestry* (1992).

177 A devastating explosion aboard the North Sea oil platform Piper Alpha on 6 July 1988 killed 167 workers.

178 Forest Enterprise was reported to have cancelled its contract with the German contractor who abandoned a Portuguese worker, brought with others to cut branches of fir for Christmas wreaths, after he was injured in a fall from a tree. The worker, Manuel da Ribeiro, was still unable to work six months after damaging his spine in Garcrogo Forest, Corsock, Kirkcudbrightshire, in December 1995. The newspaper report also referred to stories of men begging in the streets because they had not been given enough money to live on by the contractor. See *Galloway News*, 13 Jun. 1996.

179 See above, note 77.

180 Hugh Miller (1802-1856), born at Cromarty, a stonemason, geologist and writer, editor, 1840-6, *The Witness*, a leading figure in the Disruption of the Church of Scotland in 1843. His autobiographical work *My Schools and Schoolmasters* was first published in 1854.

181 Nat Gould (1857-1919), an English sporting journalist and novelist, wrote some 130 thrillers about horse-racing. Among the works of Hugh Miller (see above, note 180) on geology were *The Old Red Sandstone* (1841) and *The Testimony of the Rocks* (1857).

182 The *Aberdeen Free Press*, founded in 1853 as a weekly, had amalgamated in 1876 with the *Aberdeen Herald* (founded in 1832). The *Weekly Free Press and Aberdeen Herald* amalgamated in 1922 with the *Aberdeen Journal* (founded in 1747) to form the *Press and Journal*. Joan P.S. Ferguson, *Directory of Scottish Newspapers* (Edinburgh, 1984), 1, 2, 100.

183 Sun Yat-Sen (1867-1925), a revolutionary leader, founder of the Kuomintang (Nationalist Party), who, after taking a leading part in the overthrow of the last emperor (Pu Yi) of the Manchu dynasty in 1911, was elected president of the Republic of China but soon resigned in an attempt to secure unity. He was later, from 1921, president of a breakaway republic in south China.

184 The Innes of Learney recalled by Tom Murray could not have been Sir Thomas (1893-1971), Lord Lyon King of Arms, 1945-69, and Marchmont Herald, 1969-71, since he could only have been a teenager at the period mentioned. It must have been either his father, Lieutenant Colonel Francis Innes of Learney, or more likely his grandfather, Colonel Thomas Innes of Learney (1814-1912), Conservative parliamentary candidate,

1876, West Aberdeenshire, and convener from 1892 of the Commissioners of Supply for Aberdeenshire.

185 Tom Murray is mistaken if he means that F.E. Smith was a parliamentary candidate in West Aberdeenshire. George Smith of Pittodrie, a landed proprietor in the constituency, was Unionist or Conservative candidate in West Aberdeenshire in both the January and December 1910 parliamentary elections and was defeated on both occasions by the sitting Liberal MP, J.M. Henderson. *Glasgow Herald*, 22 Jan. and 17 Dec. 1910. Frederick Edwin Smith, first Earl Birkenhead (1872-1930), described by Lord Beaverbrook as 'the cleverest man in the kingdom', was an English lawyer and orator, a strong supporter of Unionist resistance to Irish Home Rule, Unionist MP, 1906-19, for Liverpool Walton, Solicitor General, 1915, Attorney General, 1915-19, Lord Chancellor, 1919-22, Secretary of State for India, 1924-8, created Baron Birkenhead, 1919, Earl, 1922.

186 At the time Tom Murray refers to the estates included Cluny, Midmar, Kinsteary, Buckie, Kebbaty, Braids, Slains, Shiels, and the islands of Barra, Benbecula and South Uist. Dame Emily Gordon, widow of John Gordon of Cluny, had married her second husband Sir Reginald Cathcart. She died in 1932. Henry Hamilton (ed.), *The Third Statistical Account of Scotland. The County of Aberdeen* (Glasgow, 1960), 230-1.

187 For Lewis Grassic Gibbon, see above, note 171. His wife was Rebecca Middleton.

188 The Reid Bequest was established in 1633 by Dr Alexander Reid, who bequeathed books, manuscripts, and money 'towards the maintenance of two or thrie poor schollars'. The bequest was enlarged by a similar one by Alexander Cruden in 1770, so it continues still as the Reid Cruden Bequest. *Mortifications under the Charge of the Provost, Magistrates and Town Council of Aberdeen, 1849* (Aberdeen, 1849), 103-4, 210-12.

189 James Scott Skinner (1843-1927), born in Banchory, a fiddler and composer known as 'The Strathspey King'.

190 Joseph F. Duncan (1879-1965), General Secretary, 1914-45, Scottish Farm Servants' Union (from 1933, the Scottish Farm Servants' section, Transport & General Workers' Union), a member, 1923-32, General Council, and President, 1925-6, Scottish Trades Union Congress.

191 Paul Kruger (1825-1904), President of the Transvaal or South African Republic, 1883-1900. Jan Christian Smuts (1870-1950), a leading Boer general, Prime Minister, 1919-24 and 1939-48, of the Union of South Africa.

192 The Corn Production Act, 1917, guaranteed farmers against losses on wheat and oat crops during 1917-22, and provided for the first time for fixing minimum wages for farm workers by an Agricultural Wages Board. The Corn Production Acts (Repeal) Bill was passed by the Lloyd George Coalition government in 1921. The government 'gave up any guarantees (except for the current crops) and turned adrift the farmer, the farm labourer, and the whole state of farming.' C.L.Mowat, *Britain between the Wars* (London, 1962), 251-2.

193 The Independent Labour Party, socialist and parliamentarian, was formed by James Keir Hardie and others in 1893 and was affiliated to the Labour Party from the latter's foundation in 1900 until 1932. The Labour Party was composed of the members of those trade unions, socialist groups, etc., affiliated to it and it had no individual membership until 1918 (see also above, note 112). The Scottish Home Rule Association had been formed in 1886 and advocated devolution within the existing structure of the United Kingdom.

194 Sir Edward Carson (1854-1935), Conservative MP for Dublin University, 1892-1918, and Belfast Duncairn, 1918-21, Solicitor General, 1900-06, Attorney General, 1915, a member, 1917-18, of the War Cabinet, a leading opponent of Irish Home Rule, organiser of the Ulster Volunteers, 1912. In March 1914 about sixty British army cavalry officers at the Curragh camp, military headquarters in Ireland, indicated they would rather be dismissed than march against the Ulster Volunteers. The Easter Rising of 1916, organised

by the Irish Republican Brotherhood and the socialist James Connolly (1868-1916) and Irish Citizen Army, aimed to establish an independent Irish republic. After a week of heavy street fighting in Dublin the insurrectionists were forced to surrender unconditionally. Fifteen of the leaders, including Connolly, were executed by the British authorities within the following few days. In the Anglo-Irish War, 1918-21, Terence MacSwiney (1880-1920), Sinn Fein MP, 1918-20, for Cork and Lord Mayor of Cork, died in prison in London on 25 October 1920 after 73 days on hunger strike. James Larkin (1876-1947), Irish labour leader, organiser of the Irish Transport and General Workers' Union.

195 John Maclean (1879-1923), a leading Clydeside revolutionary, consistently opposed the 1914-18 War, was sentenced to three successive terms of imprisonment or penal servitude in 1915-18; he was appointed Bolshevik consul in Scotland, 1918.

196 The Civil War and War of Intervention in Russia, 1918-21, were marked by the involvement of troops sent by a dozen other governments, including that of Britain, that were opposed to the Bolsheviks. General Anton Denikin (1872-1947) led the anti-Bolshevik forces in south Russia, Admiral Alexander Kolchak (1874-1920) those in Siberia, in 1918-20.

197 The Temperance Act, 1920, provided for local referenda on No Licence or No Change concerning provision of liquor.

198 Nancy, Lady Astor (1879-1964), the first woman MP to take her seat in the House of Commons, Conservative MP for Plymouth Sutton, 1919-45.

199 'In 1925 a wave of patriotic fervor engulfed the Chinese public after British-officered police killed thirteen Shanghai demonstrators on May 30 and Anglo-French marines killed fifty-two demonstrators at Canton on June 23. The nationwide May Thirtieth Movement included merchant boycotts of foreign goods and strikes by the newly organised labor unions. It galvanised large numbers of students, among whom the Chinese Communist Party found many recruits. To the humiliation of all the foreign privileges in China had been added the evils of foreign capitalist exploitation of cheap city labor. Anti-imperialism swept the country in 1925-6. Revolution was in the air.' J.K. Fairbairn, *The Great Chinese Revolution, 1800-1985* (London, 1987), 212. Many British labour organisations, including the Trades Union Congress, and the Labour, Independent Labour, and Communist Party, protested against the shooting down of Chinese workers. The T.U.C. chairman A.B. Swales and assistant secretary Walter Citrine wrote to the prime minister, Stanley Baldwin, to complain that 'British armed forces are being used to repress the legitimate aspirations of the Shanghai workers.' The Labour MP C.P. Trevelyan told the House of Commons that the immediate causes of the troubles in Shanghai were industrial conditions there, with children being put to work at the age of six under conditions of slavery—a disgrace for which Britain was largely responsible. *Report of Proceedings at 57th Annual Trades Union Congress, September 1925*, 315; *Scotsman*, 19 Jun.1925.

200 Several factors were at work, from at least 1919 onwards, that led to the disaffiliation in 1932 by the Independent Labour Party from the Labour Party, including the development from 1918 of individual membership of the Labour Party (see above, note 193), and dissatisfaction with the two Labour governments in 1924 and 1929-31. See, e.g., Robert E. Dowse, *Left in the Centre. The Independent Labour Party 1893-1940* (London, 1966), 152-84.

201 Jean Roberts married Cameron Roberts in 1922, when he was headmaster of Albert Senior Secondary School, Springburn, Glasgow. He died in 1964. A schoolteacher herself, Jean Roberts was a Glasgow Labour town councillor, 1929-66, for Kingston ward, and first woman Lord Provost of Glasgow, 1960-3. She was created a Dame of the British Empire, 1962. She died in 1988, aged 92.

202 Pullar's, established in Perth in 1824 as dyers and cleaners, had by the early twentieth century become the city's largest employer, with 2,000 workers in Perth and a further

1,500 agents throughout the United Kingdom. P. and P. Campbell, dyers, had been founded in Perth in 1814, and amalgamated into Pullar's more than a century later. David Graham-Campbell, *Perth: The Fair City* (Edinburgh, 1994), 117-18.

203 See above, note 139.

204 See above, note 21

205 For James Maxton and David Kirkwood, see above, note 107. Rev. James Barr (1862-1949), joined the Independent Labour Party in 1920, MP for Motherwell, 1924-31, and for Coatbridge, 1935-45. Campbell Stephen, M.D., B.D., B.Sc. (1884-1947), was I.L.P. MP for Glasgow Camlachie, 1922-31 and 1935-47. Patrick J. Dollan (1885-1963), miner, journalist, imprisoned as a conscientious objector in the 1914-18 War, a leader of the I.L.P. in Scotland, then from 1933 of the Scottish Socialist Party, Lord Provost of Glasgow, 1938-41, knighted 1941.

206 The article by Tom Murray, titled 'Left Wing Socialism and Communism. The I.L.P. and the Labour Party', was published in *Labour Monthly*, Vol.13, no. 9, September 1931, pages 566-70.

207 For Fred Douglas, see above, note 111.

208 See above, note 109.

209 Mrs Euphemia Laing (1890-1969), born in Burntisland but lived almost all her life in Edinburgh; employed as a typist with the Co-op before her marriage at age 25; her husband had several successive jobs, including selling from his own fruit cart. Mrs Laing had eleven children, seven girls and four boys, the youngest of whom was born, and the eldest of whom was aged 15, the day her husband died. Beginning as an agent for the *Daily Herald* she built up her newsvendor's business between the Wars and her sons James and Harry carried it on after she retired following the 1939-45 War. She was a founder member of the Communist Party in 1920-1, before then a militant suffragette, and was politically active all her life. (Information provided by Mrs Laing's eldest daughter, Mrs Minetta Thomson).

210 Wendy Wood (1893-1981), an Englishwoman brought up in South Africa, of upper middle class family, studied art in London under Walter Sickert (1860-1942) and all her life exhibited at the Royal Scottish Academy; came to Scotland when she married. A founder, 1928, of the National Party of Scotland but left it, 1949, to form the Scottish Patriots; was connected with 'a plethora of groups and organisations, including Scottish Watch'; won 2,700 votes as an Independent in a Glasgow Bridgeton by-election; 'always on the political fringe... the agitations she led, such as the protest against the device EIIR on post-boxes, came to seem irrelevant to the general direction of serious nationalist politics'; 'her threat in 1972 to fast to death against the shelving by the Conservative government of Edward Heath of a pledge to form a Scottish Assembly led the Secretary of State for Scotland to promise he would issue a Green Paper as a first step towards such an Assembly... a remarkable victory for an 80-year old woman with no public position.' Sir Compton Mackenzie dedicated to her his book *On Moral Courage*. Obituary in *Scotsman*, 1 Jul.1981.

211 Sergei Eisenstein (1894-1948), Russian film director, appointed by the Soviet authorities to make films about the Russian Revolution, beginning with *The Battleship Potemkin* (1925), which had a great deal of influence on the art of film making.

212 George N. Boath was elected a Labour town councillor, January 1939, in a by-election in Dalry ward. He received 2,257 votes against his Protestant Action opponent's 1,288. Boath had been unsuccessful in St Bernard's ward in the preceding November's elections. *Edinburgh Evening News*, 1 Feb. 1939.

213 No copy of 'The Buffer' is known to survive. But there is preserved among the Tom Murray Collection of pamphlets (presently uncatalogued) in the National Library of Scotland a copy of the 'The Pilot', a duplicated eight page periodical described as 'St

Margaret's Depot Paper' and dated 1st October 1937.

214 For John McArthur, see above, note 123; for Alex Moffat, see above, note 53; and for Abe Moffat, see above, note 34.

215 There was a Greasy Spoon cafe in Leith at the corner of Commercial Street and Sandport Street after the 1939-45 War, but this may have been different from the one Tom Murray refers to.

216 Socialist Sunday Schools had developed from the revival of socialism in the 1880s. 'The Socialist Sunday Schools had an aim... the conversion of a significant fraction of the new generation of British youth to Socialism for the purpose of transforming British society by political and industrial action.' By the eve of the 1914-18 War total attendance at the schools had been 12,000, of whom 4,500 were children, 1,700 young people aged 17 to 21, and 6,300 adults. Fred Reid, 'Socialist Sunday Schools in Britain, 1892-1939', in *International Review of Social History*, Vol.II, 1966, 18-47.

217 John Gollan (1911-1977), born and grew up in Edinburgh, successively editor, Young Communist League paper *Challenge*, General Secretary, Young Communist League, secretary, North-East England Committee, then Scottish Committee, Communist Party of Great Britain, Assistant General Secretary, 1947-9, assistant editor, *Daily Worker*, 1949-54, National Organiser, 1954-6, and General Secretary, 1956-76, of the Party. Gollan had joined the Communist Party in 1927, and in 1931 at the age of twenty he was sentenced at Edinburgh Sheriff Court to six months' imprisonment for distributing on 9 May that year to two soldiers in uniform in Waterloo Place copies of a duplicated pamphlet titled 'The Soldier's Voice: Organ of the Communist Soldiers', containing words or language likely to cause disaffection among the troops in their regiment (the 16th/5th Lancers, stationed at Redford Barracks), and to seduce them from their allegiance or incite them to acts of mutiny. He conducted his own defence in court and in his final statement addressed the jury for an hour and a half. Before his trial a petition organised by the National Unemployed Workers' Movement and signed by 2,000 people asked the Crown authorities to withdraw the charge against Gollan and sought the grant of full political rights to all soldiers, but the Lord Advocate declined to intervene. The Gollan Defence Committee held meetings and demonstrations against the conviction and sentence, and organised a 'march of cheer' past Saughton Prison, where 'a number of slogans of encouragement were shouted in the hope that Gollan would hear them', and a resolution was passed protesting against the sentence and demanding his release. On 19 August 1931 the Scottish Criminal Court of Appeal unanimously dismissed an appeal by Gollan against his conviction and sentence, though his counsel told the Court: 'One has to go back for a century to find a sentence in a case of this kind of equal severity.' The Lord Justice General (Lord Clyde) said 'there was no hope at all' behind the appeal and that the sentence was not a heavy one 'for the crime of tampering with the loyalty of His Majesty's Forces.' Years later, Fred Douglas, a leading Communist in Edinburgh in the 1930s, but who left the Communist Party in 1945 (see above, note 111) described 'The Soldier's Voice', the duplicated sheet produced by the Communists and for distributing which Gollan had been imprisoned, as 'a pathetic publication that would not have produced an echo in the heart of the army's worst misfit. It published letters about barrack room grievances, signed by mythical privates, and it proposed Army reforms with which no soldier could disagree—more passes, more money for beer, and the like. Seasoned comrades who saw the thing treated it as a farce.' *Evening Dispatch*, 18 Aug. 1955; interview with John Gollan in *Sunday Times*, 3 Jul.1966; *Edinburgh Evening News*, 17, 18 and 20 Jul. and 19 Aug. 1931; *Scotsman*. 18 Jul. 1931.

218 Dr Sam Lipetz (1897-1983) and his younger brother Dr Julie Lipetz (1903-1972) were well known and respected Edinburgh doctors who ran a medical practice in the city until their deaths. The Socialist Medical Association was founded in 1931, has been affiliated

since 1932 to the Labour Party, and changed its title in 1982 to the Socialist Health Association.

219 During the Spanish Civil War, 1936-9, Spanish Aid became 'the most widespread and representative mass movement in Britain since the mid-nineteenth century days of Chartism and the Anti-Corn Law Leagues, and the most outstanding example of international solidarity in British history.... Tens of thousands of people were engaged in organising marches, demonstrations, concerts, socials, bazaars, dances, rambles, film shows, plays, street theatre, appeals from union platforms and pulpits, and door-to-door collections in support of Aid for Spain. More than a thousand committees working for some part of the campaign have been recorded. Every city had several, almost every town and many villages had their own. Millions of people attended the events and gave money, food and clothes.' About 200 medical workers with necessary supplies were sent to Spain, as well as ambulances; relief workers went to Spain to set up and run canteens for refugees and hospitals and homes for children; 29 food ships were sent and lorries taking food and clothing evacuated children from Spain. And more than 2,000 British volunteers joined the International Brigades fighting to defend the Spanish Republic. Jim Fyrth, *The Signal Was Spain. The Aid Spain Movement in Britain 1936-39* (London, 1986), 21-2.

220 For several who did, including Tom Murray himself, and his sister Annie, a nurse, and his brother George, see *Voices from the Spanish Civil War*, op.cit., passim. A manuscript and a typed list, almost identical, in the Tom Murray Collection in the National Library of Scotland (MS Acc. 9083, Box 4, fol. 1), headed 'Edinburgh members of the 15th International Brigade, Republican Army, Spain' shows 46 men and one woman (Annie Murray)—though not all were necessarily members of the Communist Party, many, probably most, were. Ten are listed as killed, the other 36 as returned home. The list, despite its heading, includes five men from Mid, East, and West Lothian.

221 See above, note 113.

222 James Barke (1905-1958), an accountant, became a full-time writer, author of, e.g., five novels, 1946-54, about the life of Robert Burns.

223 J.R. Campbell (1894-1969), a member of the British Socialist Party, became a leader of the Communist Party of Great Britain, editor, *Workers' Weekly* and *Daily Worker*, principal in the 'Campbell case' in 1924, when a prosecution against him was begun under the Labour government then withdrawn, for an article appealing to troops not to shoot workers in industrial struggles, decisions that brought on the 1924 general election. The Arcos raid took place in London on 12 May 1927 when some 200 police, evidently seeking a document said to be improperly in the hands of an employee in the building, entered the offices in Moorgate both of Arcos Ltd, a British company carrying on trade with the Soviet Union, and of the Russian Trade Delegation which shared the same building. Neither the document nor anything else of significance was found. The Conservative government led by Stanley Baldwin had blundered but proceeded to try to justify its action by breaking off diplomatic relations, and ending a trade agreement, with the Soviet Union. C.L. Mowat, op.cit., 337-8.

224 For Bill Cowe, who died in 1989, see above, pp. 342-52. William Gallacher (1881-1965), a leader of the Clyde shop stewards' movement in the 1914-18 War and from 1920 of the Communist Party of Great Britain, MP for West Fife, 1935-50. Finlay Hart (1901-1989), a Clydeside shipyard plumber and later boilermaker, a leading shop steward, a founder member within Scotland of the Communist Party of Great Britain, a member of its National Executive Committee, 1935-43 and 1949-63, its Scottish Secretary and its Industrial Organiser in Britain, active between the Wars in the National Unemployed Workers' Movement, a Clydebank town councillor and Dunbartonshire county councillor.

225 Tom Murray was a delegate from 1937 to Edinburgh Trades Council from the National Union of Clerks, and was vice-president of the Council, 1939-41, and president, 1941-3.

The minutes of the Trades Council for Tuesday, 24 June 1941, confirm his recollection concerning the Council's reaction to the attack on the Soviet Union early on Sunday, 22 June, by the Nazi German armies. An emergency meeting of the Executive Committee held immediately before the full Council meeting on the Tuesday evening took a unanimous decision that the Council should consider a resolution on the crisis, moved by Tom Murray and seconded by W.P. Earsman, the Council's secretary. Part of the resolution (which was passed unanimously by the full Council) referred to the nature of Fascism and declared that : '... this latest crime of attacking the people of the U.S.S.R. is the final act which must rally the workers of all countries together for the supreme effort by all means in their power to crush this vile monster.' Minutes of Edinburgh and District Trades Council, 24 Jun. 1941, in National Library of Scotland (MS Acc. 11177).

226 Winston Churchill had been regarded with hostility in the labour movement since at least the 1926 General Strike, when he had been editor of the *British Gazette*, the government's virulently anti-strike newspaper. Churchill had also been strongly opposed to the Bolshevik revolution in Russia. But in 1941 he had tried to alert Stalin to the impending Nazi invasion of the Soviet Union. John Erickson, *The Road to Stalingrad. Stalin's War with Germany* Vol. I (London, 1993), 74.

227 The Second Front—the invasion of Europe by Britain and (from December 1941) its chief Western ally, the United States of America—was called for by Stalin from the time of the Nazi invasion of the Soviet Union in 1941. A.J.P. Taylor, *English History 1914-45* (Oxford, 1965), 529; Calder, op.cit., 261, 297-302. Ivan Maisky (1884-1975), counsellor, Soviet Embassy in London, 1925-7, Soviet ambassador to Britain, 1932-43, Assistant People's Commissar for Foreign Affairs, 1943-6, author of many books, including his *Memoirs* (3 vols), 1964-5. Tom Murray's recollection seems to be an underestimate of German forces in western Europe : '... by Soviet estimates only twenty-five German divisions, many of them withdrawn from the east where they had been battered on the Russian front and were therefore in the process of re-fitting, held northern France, Belgium and Holland' in early 1943. John Erickson, *The Road to Berlin. Stalin's War with Germany* Vol.II (London, 1996), 89. Franklin Delano Roosevelt (1882-1945), President of the United States of America, 1933-45.

228 Tom Murray's strictures have been shared by some military historians. The Italian campaign 'was a hurried and improvised attempt to exploit the Axis collapse in the North African campaign by carrying the war to the northern shore of the Mediterranean.' *The Oxford Companion to the Second World War* (Oxford, 1995), 572.

229 Agreement on non-intervention in the Spanish Civil War, soon after its outbreak in July 1936, had been reached by Britain, France, Germany, Italy, Portugal and the Soviet Union. The policy, which had been inspired by the British government, proved a dangerous farce. Fascist Italy and Nazi Germany continued to pour supplies and armed forces into Spain to support General Franco in his rebellion against the elected Republican government. The British and French governments, evidently fearful of being drawn into the war lest it develop into a general European conflict (but also, in the case of the British government, because of unwillingness to do anything that might help the Spanish Republican government, which they regarded as 'Red'), persisted in following the policy of non-intervention that contributed to the eventual defeat of the Republic by denying it arms, the creation of a Fascist state in Spain and hence the removal of a friendly one from France's southern border, and to strengthening the conviction of Hitler that the two western Powers would not act decisively to oppose the expansion of Nazi Germany.

230 Tom Murray's visit to Newbattle Abbey Adult Residential College must have been in 1939, soon after or around the time of Stalin's extensive purges of the Red Army (see below, note 240), because the College was closed once the war broke out in September 1939 and became an army camp. The book by Max Werner, a writer and commentator on

military affairs, that Tom Murray refers to seems most likely to have been his *The Military Strength of the Powers*, published by the Left Book Club (see below, note 319) in April 1939.

231 See above, note 195.

232 Sir Oswald Mosley (1896-1980), fought and was wounded in the 1914-18 War, MP for Harrow (as Conservative, 1918-22, Independent, 1922-4, and Labour, 1924), and Labour MP for Smethwick, 1926-31, Chancellor of the Duchy of Lancaster, 1929-30; founded, 1932, and led, the British Union of Fascists. Mosley was imprisoned under Regulation 18B during the Second World War. Cliveden in Buckinghamshire was the home of Lord Astor (1879-1952) and Lady Astor (see above, note 198), where they entertained appeasers such as Thomas Jones (1870-1955), successively assistant and deputy secretary to the Cabinet, 1916-30; Thomas Inskip (1876-1947), Conservative MP, 1918-39, Minister for the Co-ordination of Defence, 1936-9, Secretary for the Dominions, 1939-40, Lord Chancellor, 1939-40, Lord Chief Justice, 1940-6; and the Marquis of Lothian (see above, note 162). The Anglo-German Fellowship was another group of appeasers in the 1930s.

233 Losses of about 20 million civilian and military dead were suffered by the Soviet Union during the Second World War. Another 28 million people were made homeless. P. Calvocoressi, G. Wint and J. Pritchard, *Total War*. Vol.I (Harmondsworth, rev. ed. 1989), 576.

234 The 'Hands off Russia' campaign began in Britain some weeks after the Bolshevik November Revolution in 1917, and the National 'Hands off Russia' Committee was formed in 1919, composed of many leading trade union and Labour activists, and local committees were also formed. Their aims were chiefly to oppose outside interference in the internal affairs of Soviet Russia, and to support the establishment of normal trading and diplomatic relations between Britain and Soviet Russia. With the recognition *de jure* of Soviet Russia by the British Labour government in February 1924, the Committee changed its name and became the Anglo-Russian Parliamentary Committee. W.P. and Z.K. Coates, *A History of Anglo-Soviet Relations* (London, 1945), 135, 152.

235 In Britain, the United Front (in which to begin with in 1933 were allied the Communist Party, the Independent Labour Party, and the Socialist League) was opposed by the Labour Party. In the later 1930s the United Front became the Popular Front but it, too, was strongly opposed by the Labour Party.

236 Felix Dzerzhinsky (1877-1926), a Polish aristocrat who became a leading Bolshevik in the Revolutions of 1905 and 1917, was founder of the Cheka or revolutionary police, a forerunner of the K.G.B.

237 The First Five Year Plan, begun in 1928, was intended by Stalin primarily to achieve major development of Soviet industry. It laid the basis for huge increases in production during the following decade or so.

238 The First Five Year Plan had provided for the collectivisation of only 20 per cent of all smallholdings of land by 1933. The kulak (the better-off peasant, owning land and equipment) was to pay higher taxes and deliver more grain. But the peasantry's refusal to deliver grain led to Stalin's ordering immediate and wholesale collectivisation at the end of 1929. 'Almost every village became a battlefield in a class war, the like of which had never been seen before… eventually the victors seized their spoils and took uncounted multitudes of prisoners, whom they drove into the endless and empty plains of Siberia and the icy wastes of the Far North. As in no other war, however, the victors could neither admit nor reveal the full scope of hostilities; they had to pretend that they carried out a salutary transformation of rural Russia with the consent of the overwhelming majority; and so even after several decades the precise numbers of the casualties, which must have gone into millions, remained unknown.' Isaac Deutscher, *The Prophet Outcast: Trotsky 1929-1940* (London, 1963), 91-2.

239 The Young Pioneers were the Soviet Communist youth organisation, founded in 1922, for those aged between ten and fourteen or fifteen. 'Entrants were required to take the Pioneer oath, respect the Pioneer Laws in such matters as truth, courtesy and patriotism, and wear the red Pioneer neckerchief.' In 1990 the Pioneers had 19 million members but did not survive the end of Communist rule in 1991. A. Brown, M. Kaser, and G.S. Smith (eds), *The Cambridge Encyclopedia of Russia and the former Soviet Union* (Cambridge, 1994), 344-5.

240 The assassination in December 1934 of Sergei Kirov, Communist Party leader in Leningrad (St Petersburg)—an assassination in which Stalin himself has been suspected by some of playing a part—led to a series of trials and purges in the Soviet Union. These purges were marked by the executions of old Bolshevik leaders such as Kamenev and Zinoviev in 1936, of Bukharin in 1938, and by the murder of Trotsky in Mexico in 1940 by an agent of Stalin, as well as by extensive purges in the Soviet armed forces, including the execution of the outstanding Marshal Tukhachevski and two others of the then five Marshals of the Soviet Union. Countless men, women and even children fell victim in these years to Stalin's reign of terror. See, e.g., Erickson, Vol.I, op. cit., 5-6, 15-16; Deutscher, op. cit., 279, 331-5, 410-12, 503-08.

241 Karl Marx (1818-1883), drafted his *Grundrisse der Kritik der politischen Okonomie* (Foundations of the Critique of Political Economy) in 1857-8, but the manuscript was lost until a limited edition was published in Moscow in two volumes in 1939 and 1941. The work was first published in English in 1973, translated with a foreword by Martin Nicolaus.

242 Leon Trotsky (1879-1940), president of the first Soviet, established in St Petersburg during the 1905 Revolution, principal leader with Lenin of the 1917 Bolshevik Revolution, organiser of the Red Army; exiled from the Soviet Union in 1929 by Stalin, Trotsky continued his political activity in exile until his murder. His distinctive view was the advocacy of permanent or continuing revolution on a world scale—in contrast to Stalin's belief in 'Socialism in one country'.

243 Robert S.C. Farrer, an electrician, delegate to Edinburgh Trades Council, 1929-32 and for many years from 1935, vice-chairman, 1941, and chairman, 1943-5; Edinburgh Labour town councillor, 1942-9, North Leith ward, 1949-60, Sighthill ward. He died in 1966. For W.P. Earsman, see above, notes 33 and 38.

244 Pat J.J. Shaughnessy, a delegate, 1940-3, to Edinburgh Trades Council, first from the Insurance Workers, later from the Clerks' Union, and assistant secretary, 1941, of the Council; Communist Party town council candidate, 1946, in Edinburgh St Andrew's ward, where he received 580 votes against his Progressive Party opponent's 1,696. Tommy Bell, a delegate for several decades from 1936 to Edinburgh Trades Council from the Constructional Engineering Union, a member of the Council's Executive Committee for many years from 1940; later a full-time official of the Amalgamated Union of Engineering Workers, a delegate on several occasions from his union to the Scottish Trades Union Congress. He died in 1978. William Fagan, a delegate, 1917-50, from the Amalgamated Engineering Union to Edinburgh Trades Council, a member, 1923-47, of the Council's Executive Committee, vice-chairman, 1928-38. He died in 1950. For Jimmy Stewart and Isa Stewart, see above, note 39; for Jimmy Cameron, see above, note 42. Bert Turner, a delegate for several years from 1940 from the painters' union to Edinburgh Trades Council, a member, 1941-2, of the Council's Executive Committee. He died in 1954.

245 Political and other differences among delegates to Edinburgh Trades Council appear to have led to the resignation of Tom Murray as its president in May 1943, following the passing by the full Council by 57 votes to 45 of a motion of no confidence in him that had been passed a few days earlier by its Executive Committee. Those supporting the motion (who included J.S. Stewart, Amalgamated Union of Building Trade Workers—see above, note 39) alleged that Tom Murray 'had misused his authority and duties as Chairman of

the Council. He had allowed political matters to be discussed since the division of the Trades and Labour Council and Burgh Labour Party.' He was also accused of accepting a nomination to the Executive Committee when the nominee was not an accredited delegate to the Council. J.S. Stewart accused Tom Murray of 'using his office in the Trades Council to assist the Communist Party in putting forward its policy.' Tom Murray in his letter of resignation denied the accusations against him and said he was resigning in the interests of unity. He declared it 'deplorable that certain elements in the Council known to be hostile to national unity in the struggle, and notorious for their antagonism to our Soviet Allies, should succeed in persuading a number of other delegates and particularly those who seldom attend other and much more important meetings of the Council, to support their disruptive tactics.' Minutes of Edinburgh and District Trades Council, 11 and 21 May 1943, in National Library of Scotland (MS Acc. 11177).

246 For Ernest Bevin, see above, note 164. It was not Bevin, however, but George Gibson, president of the Trades Union Congress, who presented Tom Murray with the Gold Badge of Congress. The T.U.C. met at the Assembly Hall in Edinburgh in September 1941. 'Mr Tom Murray, as president of Edinburgh and District Trades Council, extended a cordial welcome on behalf of 30,000 organised trade unionists; and gave a pledge that the workers of Edinburgh and district would respond to any call that Congress made for an intensified war effort.' *Scotsman*, 2 Sep.1941; *TUC Annual report, 1941*, 387.

247 For William Elger, see above, note 50. Some 3,500 delegates from over thirty countries (500 of them from Britain) attended the First Congress of the Universal Assembly for Peace, held in Brussels between 3 and 6 September 1936. The 15,000 people who attended a peace festival at the end of the Peace Congress took an oath in the Heysel Stadium, Brussels, binding themselves to work for peace through the League of Nations. *Glasgow Herald*, 7 and 8 Sep. 1936.

248 John Horner (1912-1997), originally a merchant seaman, became a fireman in London, 1933, General Secretary, 1939-64, Fire Brigades Union, a member, 1945-56, of the Communist Party of Great Britain, Labour MP, 1964-70, for Oldbury and Halesowen. S.J. (Chick) Merrells, Organising Secretary, 1939-46, and, 1946, Assistant General Secretary, Fire Brigades Union. 'By enrolling large numbers of war auxiliaries, membership of the Fire Brigades Union leaped from 3,500 in 1939 to 66,500 (including 1,000 women) in 1940. This staggering increase was due not solely to the enrollment of auxiliaries; it included over 1,000 new members recruited into the professional section, many from previously unorganised brigades in the Midlands and the North (including Scotland), a testimony to the efforts of organising secretary Merrells, and of the two provincial organisers, Tom Murray and John McHugh.' Victor Bailey (ed.), *Forged in Fire. The History of The Fire Brigades Union* (London, 1992), 45.

249 *Belfast Newsletter*, published since 1737 (since the mid-19th century, a daily newspaper), strongly Unionist since the early 19th century.

250 Andrew Murray (1903-1977), knighted 1949, an Edinburgh Moderate or Progressive town councillor from 1929, City Treasurer, 1943-6, Lord Provost, 1947-51. Jack Grahl (1912-1979), Assistant General Secretary, 1946-56, Fire Brigades Union, resigned, 1956, from the Communist Party after many years' membership.

251 Edinburgh Trades Council minutes contain only cursory references to these expulsions from the Clerical and Administrative Workers' Union (as the National Union of Clerks had by then been retitled). The Council's Executive Committee considered on 15 September 1950 a report of a meeting between its chairman and secretary and a sub-committee of the National Executive Committee of the Union, and recommended that the report be noted. The recommendation was carried at the full Council on 31 October by 64 votes to 41 for an amendment urging rejection of the report. Lists of delegates to the Trades Council from 1950 indicate that Tom Murray, Donald Renton, Mrs Eva Gibbons and Miss

J. Robinson, all of whom had been Clerical and Administrative Workers' Union delegates to it for varying numbers of years, ceased then to be so. Press reports of the Trades Council meetings say that the five members of the Edinburgh branch of the Union, including Tom Murray, were expelled by the National Executive Committee because of 'their Communist sympathies'; and that it was not Pat Chalmers, as Tom Murray recalls, but Mr C. Coutts who was the fifth member expelled. For George Lawson, see above, note 39. Edinburgh Trades Council Minutes in National Library of Scotland (MS Acc.11177.28); *Edinburgh Evening Dispatch*, 18 Nov. 1950; correspondence, press cuttings, etc., in Tom Murray Collection, National Library of Scotland (MS Acc. 9083, Box 6, fol. 6).

252 Gerald W. Crawford (1868-1942), born at Portobello, a consulting engineer, conductor and composer of operas and symphonies, educated at George Watson's College, John Watson's College, and Heriot-Watt College, Edinburgh, and Guildhall School of Music, London; severely wounded in the 1914-18 War; chairman, Edinburgh Federation, Scottish Socialist Party, secretary, 1925-30, Edinburgh Trades Council, president, Edinburgh branch, Musicians' Union, and a member of its National Executive; an Edinburgh Labour town councillor, 1912-20, St Giles ward, 1926-42, Calton ward. *Edinburgh Evening* News, 1 Oct. 1934; obituary in *Scotsman*, 10 Nov. 1942.

253 For Eva and Charlie Gibbons, see above, note 18.

254 The Peace Pledge Union was founded in 1934 by Hugh R.L. (Dick) Sheppard (1880-1937), a Church of England clergyman and committed pacifist, who was vicar of St Martin-in-the-Fields, 1914-27, Dean of Canterbury, 1929-31, and Canon of St Paul's Cathedral, 1934-7. Members of the Union signed a pledge on a postcard which they then sent to Sheppard and which said, 'I renounce war and never again will I support or sanction another, and I will do all in my power to persuade others to do the same.' By mid-1936 the Union had 100,000 members. Mowat, op.cit., 538.

255 James Dickson (1905-1976), began work as a boy of fourteen with his father in no. 11 pit, Niddrie, but worked most of his years as a miner at Woolmet colliery nearby. He was elected pit delegate at age nineteen, and was checkweigher, and later compensation officer with the National Union of Mineworkers. He had moved from Portobello to live at Niddrie Mains when the latter was built. (Information provided by Jim Dickson, his son). In 1949 James Dickson stood in the 'general' municipal election (see above, note 23) as a Communist candidate in Craigmillar ward and received 629 votes: the three Labour candidates (one of them Jack Kane—see above, pp. 333-41) won easily. *Scotsman*, 4 May 1949.

256 For Jack Kane and his family, see above, pp. 333-6.

257 Edinburgh University Settlement had been founded by the University in 1905 as a kind of outreach organisation through which students, staff, and others could help underprivileged people in the city. It is now a registered charity active in community work.

258 Tom Murray is mistaken in saying he left the Council in 1944: he resigned from it near the end of 1942. His letter of resignation, dated 2 November 1942, is in the Tom Murray Collection in the National Library of Scotland (MS Acc. 9083, Box 6, fol.1). See also *Edinburgh Evening News*, 3 Nov. 1942, reporting his resignation.

259 Jack Kane, who was the first Labour Lord Provost of Edinburgh (1972-5), says that he was called up to the army in 1940, and although he remained a member of the Town Council throughout the war he was unable to attend its meetings until he was demobilised in 1946. Mr Kane says that in fact the four councillors mentioned by Tom Murray never had Communist Party group meetings. For a short time Mr Kane himself had a nominal membership of the Communist Party but he says he never took part in Communist Party group meetings and never departed from the policy of the Labour Party. David Chalmers and George Boath, who had been elected respectively in November 1938 and

(in a by-election) in January 1939 as Labour councillors for Dalry ward, were by 1940 representing the ward as Communist councillors.

260 In the November 1936 municipal elections Tom Murray received 3,276 votes as Labour candidate in Liberton ward, his Progressive Party opponent R. West Russell (not Russell West, as he recalls) 2,711 votes—a majority of 565 in what was the heaviest poll in the city at 61.7 per cent. *Scotsman*, 4 Nov. 1936.

261 Jack Kane (who questions the accuracy of Tom Murray's recollection that he drafted Mr Kane's first election address) lost to his Progressive opponent by only 107 votes when he first stood for Liberton ward as Labour candidate in November 1937. The poll—67 per cent—was unusually high for a municipal contest. Kane won a seat in Liberton ward, however, a year later with a majority of 650 over his Progressive opponent, in a 59 per cent poll. For the election of David Chalmers and George Boath to the town council, see above, notes 212 and 259. By 1940 Chalmers and Boath were sitting as Communist, no longer Labour, councillors. *Scotsman*, 3 Nov. 1937 and 2 Nov. 1938; Russell A. Fox, 'Members of the Labour Party elected to Edinburgh Town Council' (Edinburgh, 1971, typescript), 8.

262 The number of Labour town councillors rose from 15 after the annual elections in November 1936 to 16 the following year and to 19 in 1938-9, then remained at 16 from November 1940 until November 1945, when, the wartime electoral truce among the main parties having ended, it rose to 23. Russell A. Fox, op.cit., 7-10.

263 See above, note 258. Tom Murray stood again for election in Liberton ward in November 1946—this time as a Communist Party candidate. He came bottom of the poll with 498 votes, compared with 3,349 for the Labour candidate and 2,947 for the Progressive. *Scotsman*, 6 Nov. 1946. George Boath remained a councillor (from 1940 as a Communist) until defeated in the election in Dalry ward in November 1946 by the Labour candidate. David Chalmers, likewise sitting as a Communist from 1940 in the same ward as Boath, suffered a similar fate in the November 1947 elections. Jack Kane remained a Labour councillor for Liberton ward until boundary changes in 1949, when he became a Labour councillor in Craigmillar ward. He retired from the Council in 1975, having been the first Labour Lord Provost, 1972-5.

264 The story of Tom Murray's motion provides a classic example of labyrinthine procrastination and bumbledom. His motion 'To consider the question of increasing the provision of free footwear for children', was remitted by the Town Council to the Education Committee at the latter's meeting on 14 December 1936, which then remitted it to its General Purposes Sub-Committee. The Sub-Committee at its meeting on 11 January 1937 remitted the motion to a sub-sub-committee consisting of the convener (Bailie Andrew Murray—see above, note 250), Tom Murray, and Rev. Dr W.A. Guthrie. This sub-sub-committee on 5 February 1937 delayed considering the motion until it had received a report from the Education officer about provision of free footwear for children. The sub-sub-committee on 2 July 1937 considered both Tom Murray's motion and a report about provision of boots to schoolchildren during the past session. The report showed 8,019 pairs of boots had been provided: 6,000 from the Police Aided Clothing Scheme, 1,452 by the Public Assistance Department, 134 from the Flora Stevenson Fund, 8 from the James Gillespie Fund, 90 by Leith Provident Co-operative Society, and 335 by the Education Department itself (of which 105 pairs were to be paid for in instalments). The report explained that application for free footwear was made at the schools, then sent on to the Education Offices and from there to the Police 'when the Police Aided Clothing Scheme was in operation, to be dealt with under the Scheme. Enquiry into the circumstances of each case was made by the Police Department and free footwear supplied in appropriate cases. When voluntary sources were exhausted footwear supplied at the expense of the Education Account was provided where necessary.' The sub-sub-committee

noted that urgent cases received prompt attention but 'a certain amount of congestion and consequent delay were occasioned by applications which were largely anticipatory, being made immediately on the commencement of the session [usually near the end of August] and before the opening of the Police Aided Clothing Scheme in October of each year...' The sub-sub-committee agreed to make four recommendations to the Education Committee. First, head teachers ought only to counter-sign applications for free boots when they could certify 'that a child by reason of lack of boots was unable at the time of signing to take advantage of the education provided.' Second, the Chief Constable be asked to implement the Police Aided Clothing Scheme at the beginning of the school session. Third, the Education Officer should report whether arrangements could be made to repair the free footwear. Finally, 'That the Education Officer be instructed to endeavour to make arrangements for dealing more expeditiously with applications for free footwear...' On 19 July 1937, more than seven months after Tom Murray's motion was first remitted to it by the Town Council, the Education Committee approved these recommendations, adding its own suggestion that the repairs to the free footwear might be done 'by deaf and dumb persons'. Evidently undaunted, Tom Murray tried again to secure action by moving at the Education Committee on 3 February 1938 that it should consider 'providing footwear and clothing for necessitous children in a manner that would overcome the serious deficiencies of the present inadequate arrangements.' His motion was remitted to the General Purposes Sub-Committee, which included several Labour councillors but which on 7 February 1938 resolved (Councillor Tom Murray dissenting) 'to take no action in regard to the foregoing motion.' *Minutes of Edinburgh Corporation Education Committee, 14 Dec. 1936—7 Feb. 1938.*

265 H. Hamilton Fyfe (1869-1951), journalist and author, educated at Fettes College, Edinburgh, worked successively for several newspapers from 1889 onwards, including *The Times*, *Morning Advertiser*, and *Daily Mirror*, and he was editor, 1922-6, of the *Daily Herald*, a Labour paper published 1911-64.

266 What appears to be the pamphlet Tom Murray refers to is in his collection of pamphlets (presently uncatalogued) in the National Library of Scotland: *Edinburgh's Housing Scandal. The Remedy* (Edinburgh, n.d. (1936)), 8pp., published by Edinburgh Trades and Labour Council.

267 For Councillor John M. Airlie, see above, note 17. Adam M. Millar (1878-1968), educated at George Heriot's School, a businessman in Gorgie, elected to the Parish Council before 1914, an Edinburgh Labour town councillor, 1921-49, for Gorgie ward, a convener of the Transport and Gas Committees. *Evening News*, 5 Apr. 1960; *Scotsman*, 6 Apr. 1968.

268 Mrs Eltringham Millar (1878-1968), a parish councillor, 1921-4, Labour town councillor, 1924-36 and 1945-9, for Gorgie ward, a bailie, 1948-9. She died a few days before her husband, Adam Millar. *Evening News*, 5 Apr. 1960; *Scotsman*, 26 Mar. 1968.

269 Sir Louis S. Gumley (1872-1941), senior partner of Gumley and Davidson, valuators, surveyors and property agents, 'which controls large property interests and business connections all over the city'; magistrate of Leith, 1920, and of Edinburgh, 1920-3, Edinburgh city treasurer, 1931-5, Lord Provost, 1935-8, 'a man of exceptional ability and industry.' See his obituary in *Edinburgh Evening News*, 1 Oct. 1941.

270 Lord George Nigel Douglas-Hamilton (1906-1994), second son of the Duke of Hamilton, from 1940 Earl of Selkirk, educated at Eton and the universities of Oxford, Edinburgh, Paris, Bonn and Vienna, member of the Faculty of Advocates from 1935, Q.C., 1959; an aviator and boxer, an Edinburgh Progressive town councillor, 1935-40, for Haymarket ward; Commissioner for Special Areas in Scotland, 1937-9; commanding officer, 1934-8, no. 603 City of Edinburgh (Bomber) Squadron, R.A.A.F., served in the 1939-45 War, A.F.C. and O.B.E.; a representative peer for Scotland, 1945-63; Paymaster General, 1953-5, Chancellor of the Duchy of Lancaster, 1955-7, First Lord

of the Admiralty, 1957-9, U.K. representative, 1960-3, to South East Asia Treaty Organisation.

271 John D. Imrie (1891-1981), chartered accountant, city chamberlain of Edinburgh, 1926-51, knighted 1950.

272 George Ballantine, Protestant Action councillor, 1936-9, for Broughton ward, had served in the Argyll and Sutherland Highlanders for 25 years and retired as a captain. He was afterwards for some time Liberal Party organiser in Leith. He died suddenly on 31 January 1939. *Scotsman*, 1 Feb.1939. What seems to be a reference, without names or other details, to this assault on Tom Murray by Captain Ballantine is in the *Edinburgh Evening News*, 21 January 1937, where the Labour Group was said to be considering action, and where Tom Murray himself was said to have written to the Lord Provost about the incident.

273 John Cormack (1894-1978), born in Edinburgh, son of a Baptist lay preacher, served, 1909-22, in the Argyll and Sutherland Highlanders, including in Ireland, where he seems to have become rabidly anti-Catholic. He joined, c.1922, the Scottish Protestant League, founded Protestant Action in 1933. He worked in the General Post Office in Edinburgh from 1922 but was suspended on a charge of theft—though not prosecuted he was not reinstated. Cormack was leader of Portobello True Blue Lodge no. 188 of the Orange Order. Elected in 1934 Protestant Action town councillor for North Leith ward, he demanded repeal of the 1918 Education Act, removal of Roman Catholics from the armed forces and expulsion of Catholics from Scotland. Organiser of a mass protest against the Catholic Eucharistic Congress in Edinburgh in 1935, Cormack was tried, fined and briefly imprisoned for inciting a riot the following year during the visit to the city of Monsignor Ronald Knox (1888-1957), a prominent Catholic theologian and writer. Though Cormack lost his seat in the Town Council in 1937 (when he stood for election in two separate wards), he was returned the following year for South Leith and remained a councillor until he retired in 1962. Appointed a bailie in 1955, he had been fined £3 two years earlier for breach of the peace arising from one of his regular open-air meetings at the Mound. Dr Hamish Henderson, the distinguished Scots folklorist and poet, described Cormack as an 'evil blackguard'. R. Gording (ed.), *Chambers Scottish Biographical Dictionary* (Edinburgh, 1992), 94-5; *Evening News*, 21 Oct. 1961 and 4 Aug. 1969; *Scotsman*, 22 Nov. 1984; see also Tom Gallagher, *Edinburgh Divided. John Cormack and No Popery in the 1930s* (Edinburgh, 1987).

274 The Roman Catholic Eucharistic Congress held in Edinburgh in the last week of June 1935 was marked by serious sectarian disorder. On the evening of 24 June, in response to a call from the Protestant Action Society for '100 per cent Protestants to turn out in their thousands with the slogan, "We'll have no popery here",' a huge crowd of the Society's supporters thronged Waverley Bridge by the end of a mass meeting of women that was part of the Eucharistic Congress. Police had difficulty in coping with surging crowds and scuffles there and in Princes Street and St Andrew Square, while in the High Street there was an 'unruly crowd of over 2,000.' When the Congress closed on the following evening, with a gathering of some 10,000 Roman Catholics taking part in a 'Solemn Procession of the Blessed Sacrament' in the grounds of St Andrew's Priory in Canaan Lane, another crowd of at least 10,000 people—some onlookers, but others members or supporters of the Protestant Action Society—packed the streets in Morningside. 'Gangs of youths and young women shouting "No Popery!" and waving orange or blue scarves or Union Jacks, were a feature of the crowd.' As police, mounted and on foot, struggled to control surging crowds, buses carrying home participants in the Eucharistic Congress were stoned by Protestant sectarians. When a bus carrying women had its windows smashed 'many of the women inside became hysterical'; and shortly before 10 p.m. 'so threatening was the attitude of the crowd in Morningside Road that the police had to make a baton charge between Church Hill and Colinton Road.' There were also 'skirmishes' at

Bruntsfield Links and in Leven Street, where a busload of policemen was stoned, and 'there was a slight disturbance in Princes Street Station when a number of Catholics was entraining.' So serious was the tumult that 'Almost the entire police force of Edinburgh was drafted to the disturbed area,' and Chief Constable Ross himself supervised the handling of the crowds. 'Roman Catholic chapels in Edinburgh were guarded by young Catholics all… night.' A dozen men were sentenced to fines of £10 each (with a week to pay) or one month's imprisonment for disorderly conduct and breach of the peace during the disturbances. *Scotsman*, 25, 26 and 27 Jun. 1935.

275 J. Leitch was elected in November 1936 as one of two Protestant Action candidates for Canongate ward, but lost his seat to Labour two years later. *Scotsman*, 4 Nov. 1936 and 2 Nov. 1938. Mrs Elizabeth N. Laughton, 'from a strong Orange background', captured a seat in Gorgie ward in November 1936 from a sitting Labour councillor (Mrs Eltringham Millar—see above, note 268), but lost it to a Labour candidate in the municipal elections in November 1945. She stood unsuccessfully in Dalry ward in the November 1947 elections as a Progressive, but was elected in May 1949 as a Progressive in George Square ward. *Scotsman*, 4 Nov. 1936 and 7 Nov. 1945; Gallagher, op. cit., 131. The Black and Tans, so nicknamed because of their khaki uniforms with police black-green caps and belts, were recruited by the British government in 1920-1, mainly from among ex-soldiers, for service with the Royal Irish Constabulary. The Black and Tans soon acquired a reputation for ruthlessness and brutality in the struggle against the Irish Republican Army and its sympathisers, actual or presumed. See, e.g., F.S.L. Lyons, *Ireland since the Famine* (London, 1973), 415-19. Sir Will Y. Darling (1885-1962), born in Carlisle of Scots parents, an apprentice draper and Edinburgh businessman, served in the 1914-18 War in France, Salonika, Gallipoli, Egypt, Belgium and Germany. During 'the troubles' in Ireland he was on the staff of the Police Adviser in Dublin; he returned to Edinburgh, 1922, and worked in his family's business, Darling's, in Princes Street; an Edinburgh Moderate or Progressive town councillor from 1933, city treasurer, 1937-40, Lord Provost, 1941-4, 'National' government parliamentary candidate, 1937, for West Lothian, Conservative MP, 1945-57, Edinburgh South; author of several books. His obituary is in *Scotsman*, 6 Feb.1962. Rev. J.C. Trainer, Protestant Action councillor, 1936-45, South Leith ward, though by the latter date he had become an Independent Protestant, having 'broken away from the Protestant Actionists.' *Scotsman*, 4 Nov. 1936 and 7 Nov. 1945. George M. Horne, a commercial traveller, self-styled 'Trader Horne', an active evangelist who took part for almost sixty years in Sunday services on Blackford Hill, Edinburgh; in Royal Flying Corps in 1914-18 War; Independent Protestant town councillor, 1935-46, and again from 1949, for South Leith. He died in 1959. 'Mr Horne frequently brought his evangelical fervour into the council chamber and his references to the Bible were a feature of his contributions to the debates. He was never elected a bailie, though on several occasions he nominated himself or seconded a nomination by Councillor Cormack. But he never secured the backing of the Progressive or Labour groups. When Winston Churchill received the Freedom of Edinburgh in 1940, Mr Horne went up to him at a reception and recited a verse of the hymn, *Courage, brother, do not stumble*. On the Prime Minister inquiring who he was, the then Lord Provost, Sir William Y. Darling, replied: "He's God's sharp-shooter in this city." ' Obituaries in *Scotsman* and *Evening Dispatch*, 19 May 1959.

276 Tom Murray's reference appears to be to Mrs Esta Henry (1881-1963), who by her own account had run away from home in Sunderland at the age of nine and came to Edinburgh, and from that age onward established a second-hand then an antiques business, first in Canongate and later next to John Knox's House in the High Street, that was profitable enough to enable her to buy some of the treasures of the former King Farouk of Egypt. Some of her customers were members of the British royal family. In the November 1935 municipal elections Esta Henry stood unsuccessfully as a Progressive candidate in

Canongate ward. She stood there again a year later as an Independent 'but latterly appeared on the Protestant Action Society platform and had the support of the Society', and became one of its two successful candidates in the ward (the other was J. Leitch, see above, note 275). She lost her seat in the November 1945 elections (when she stood as an Independent) and was again unsuccessful as an Independent a year later in Canongate. The *Edinburgh and Leith Post Office Directory 1938-9*, 1373, gives Mrs Henry's home address then as Marchdyke, Comiston Road, on the way to Fairmilehead. She and her second husband, a Rumanian, were killed in an air crash in Brazil in 1963. *Evening Dispatch*, 19 Dec. 1958 and 6 May 1960; *Edinburgh Evening News*, 17 Jan. 1963; *Scotsman*, 6 Nov. 1935, 4 Nov. 1936, 7 Nov. 1945, 6 Nov. 1946.

277 Thomas Winning, parish priest, Motherwell, and, 1972-4, at Clydebank, auxiliary Bishop of Glasgow, 1971-4, Archibishop of Glasgow from 1974, Cardinal from 1994.

278 Tom Murray appears mistaken about the Roman Catholic representative on the Education Committee: no one named McDaniel sat on the committee when he was a councillor. There were two Catholic representatives at any one time on the Committee, and they were successively Rt Rev. Monsignor Miley, Rev. James Maguire, Rev. Peter Higgins, Mr Alex O'Donnell, and Rev. Patrick Quille. *Edinburgh Corporation Education Committee Minutes*, Nov. 1936—Nov. 1943. Rev. Dr William A. Guthrie (1874-?), headmaster, Beith Secondary School, Fife, 1910-14, served in the 1914-18 War, lieutenant colonel, 1920-3, Army Education Corps, studied for the ministry and became minister of Fountainbridge Church, Edinburgh, from 1924 and from then also a member of the town council education committee. Rev. Canon Roderick J. Mackay (1874-1956), priest at Abbeyhill, Edinburgh, 1904-09, rector, St Martin's, 1909-21, St Peter's, 1921-54, canon, St Mary's Cathedral, 1928-54, Dean of Edinburgh, 1939-54, a member of the town council education committee from 1918.

279 Donald Renton (see above, note 30) was almost certainly the heckler thrown down 'over two or three rows of seats' by Blackshirt stewards at the meeting addressed by Sir Oswald Mosley in the Usher Hall in Edinburgh on the evening of 15 May 1936. The meeting, organised by the British Union of Fascists, was marked by uproar and violent scenes as 'a score or more' of interrupters of Mosley's hour-and-a-half-long speech were thrown out of the hall. 'Fights and scuffles were seen to be breaking out, especially in the gallery, which was the only unreserved part of the hall… There was intense excitement outside the hall, particuarly after several men had been thrown out with their faces bleeding… Later mounted police were called out to clear the streets.' Inside the hall about 200 Blackshirt stewards dealt ruthlessly with hecklers. 'The Usher Hall, which holds 3,000 people, was two-thirds full when the meeting began… As soon as Sir Oswald Mosley stepped on to the platform it was clear that he was not going to be listened to quietly. When he declared, "I will describe to you the case for Fascism and the system of government we propose to introduce into Great Britain," cries of "Never!" could be heard above the shouting which followed.' After one man amid pandemonium had been ejected from the stalls 'a fight broke out in the gallery, from which a shower of leaflets was thrown.' After further uproar, which for seven minutes prevented Mosley continuing with his speech, 'another fight began in the gallery, when stewards made for a man who had apparently been interrupting. There was a general melee, and a woman shrieked when the man, struggling in the grip of several Blackshirts, rolled down over two or three rows of seats. Stewards picked the man up and ejected him.' Some of the hall seats were smashed during the scuffles and interruptions, and one man was in 'a semi-conscious' condition after being thrown out. 'One of those who was ejected from the hall was Mr Ivor Davies, a prominent member of the Edinburgh University Liberal Association. Mr Davies stated [afterwards] that he got up and asked Sir Oswald Mosley if he would answer verbal questions before written questions, and he alleged that when he returned to his seat he was set upon by the stewards. He was charged with interruption of a public

meeting, and he preferred a counter-charge against an ejector. He was taken to the Central Police Station, where he was afterwards set at liberty.' Five men and a woman were charged with breach of the peace, and one of the men also for assaulting a police-man—he was sentenced to 30 days' imprisonment. Two of the other men were fined £2 each, the charge against the woman was dropped, and the two other men pleaded not guilty and were sent for trial. Of the 200 Blackshirt stewards at the meeting '120 came from places outside Edinburgh. Two bus loads returned to Penrith and one to Middlesborough.' Questions about the violence and bloodshed at the Usher Hall meet-ing and the 'organised transportation of gangs of Fascists from English centres into Edin-burgh' were put in the House of Commons to the Secretary of State for Scotland by the Scots Labour MP Tom Johnston (see below, note 436) but were brushed aside and Johnston was told that 'freedom of assembly and freedom of speech are implicit in a democratic country.' Mr W. Ninian Stewart, who had been present at the Usher Hall meeting, afterwards told the *Scotsman*: 'I saw brutality of the most horrible and contemptible character in the gallery. I saw a man rolled down the stair, and a woman was so horri-fied at the sight that she screamed in terror. The man was ultimately picked up, appar-ently in a state of collapse, and ejected by four Fascists. In case of organised opposition to a speaker, where it is clear violation of the law, ejection is justified, but ejection of that kind can never be justified. It violates the laws of humanity.' *Scotsman*, 16, 18, 20 and 27 May 1936.

280 Tom Murray is mistaken. The Fascists put up two candidates in the municipal elections on 2 November 1937: Alexander Young in Canongate ward, and Richard Plathen in St Giles ward. Young secured 41 votes and was bottom of the poll, the Labour candidate won with 3,752 votes, the Progressive was second with 1,968. In St Giles Plathen the Fascist got 51 votes, Labour (Mrs Mary H. Ingles, the sitting councillor) won with 2,391, Protestant Action got 1,286, and the Progressive 910. *Scotsman*, 3 Nov.1937.

281 For Councillor Mrs Ingles see above, note 22.

282 He may have been Richard Plathen or Platten (see above, note 280). R. Platten was one of sixteen members of the British Union of Fascists 'hierarchy' in Britain. See Nicholas Mosley, *Beyond the Pale. Sir Oswald Mosley and family, 1933-1980* (London, 1983), caption to photograph between pages 86-7.

283 See above, note 220.

284 D. Tennant, who lived at 101 Niddrie Mains Terrace, was a delegate, 1937-40, from the National League of the Blind to Edinburgh Trades Council.

285 Roderick Ross (1863-1943), born and grew up in Sutherland, served in Canterbury police, successively Chief Constable, Ramsgate, 1895-7, Bradford, 1898-1900, Edinburgh, 1900-35. Ross had retired the year before Tom Murray became a town councillor but it seems that aspects of his regime had lingered on after his retirement.

286 What appears to be the pamphlet referred to is in the Tom Murray Collection of pam-phlets (presently uncatalogued) in the National Library of Scotland: *Air Raid Precaution—This can happen here in Edinburgh*. The pamphlet, of four pages, was published by the Com-munist Party in Edinburgh, and though it is undated internal evidence suggests it was published in the summer of 1939. The front page includes a photograph of bomb dam-age in a working class district in Madrid.

287 Arthur Woodburn (1890-1978), an office worker in engineering and iron-founding in Edinburgh, imprisoned as a conscientious objector during the 1914-18 War, a Labour College lecturer from 1919, secretary, until 1932, Edinburgh Labour College, and, 1932-9, Scottish Labour College, president from 1937, National Council of Labour Colleges; Scottish Secretary, Labour Party, 1932-9, Labour parliamentary candidate, Edinburgh South, 1929, Leith, 1931, MP for Clackmannan and East Stirling, 1939-70, Parliamentary Private Secretary to Secretary of State for Scotland, 1941-5, Parliamentary Secretary,

Ministry of Supply, 1945-7, Secretary of State for Scotland, 1947-50. Tom Murray resigned as prospective Labour candidate for North Midlothian in May 1940. His letter of resignation, dated 27 May 1940, is in the collection of his papers in the National Library of Scotland (MS Acc. 9083, Box 6, fol. 1).

288 George Green, a London musician, was killed at the battle of the Ebro in September 1938. Nan Green was a hospital administrator in the Spanish War and at the end of the war accompanied Republican refugee children on a boat to Mexico. She was for many years Secretary of the International Brigade Association. Bill Alexander, *British Volunteers for Liberty. Spain 1936-39* (London, 1982), 203, 233-4, 248, 253, 268.

289 Not Kenton, but Derek Kartun was then the Paris correspondent of the *Daily Worker*. (Information provided by Alison Macleod).

290 Georgi Dimitrov (1882-1949), Bulgarian Communist leader, tried in 1934 by the Nazis but acquitted on charges of burning down the Reichstag, the German parliament building, the previous year.

291 Boleslaw Bierut (1892-1956), expelled from school in 1905 for taking part in an anti-Russian school strike; a member, 1912-19, of the Polish Socialist Party, and from 1919 of the Communist Party of Poland, in exile in the Soviet Union, 1919-26, returned to Poland as a Comintern agent, arrested, 1927, but escaped to the Soviet Union, where until 1933 he worked at Comintern headquarters in Moscow. He returned to Poland in 1933, was arrested and sentenced to seven years' imprisonment but escaped during the German invasion in 1939 to the Soviet Union; parachuted in 1943 into Poland, he became chairman of the National Council of the Homeland sponsored by the Polish Workers' (Communist) Party. Bierut became Acting Head of State in September 1944, in February 1947 he was elected President of the Republic and in September 1948 he succeeded Wladyslaw Gomulka as Secretary General of the Communist Party, thus holding the highest office in the state and in the Communist Party. When in November 1952 the new Polish constitution abolished the office of President of the Republic Bierut became prime minister, while remaining head also of the Communist or United Polish Workers' Party. He died suddenly in March 1956 in Moscow while attending the historic 20th Congress of the Communist Party of the Soviet Union, at which in a secret session Khrushchev revealed some of Stalin's crimes. Norman Davies, *God's Playground. A History of Poland* (Oxford, 1981), Vol.II, 549, 570, 575, 583; O. Halecki (ed.), *Poland: East Central Europe under the Communists* (New York, 1957), 518.

292 The N.S.Z. (National Armed Forces) had begun during the 1939-45 War as right-wing anti-Communist partisans, most active in the Holy Cross Mountains. 'They actively feared the advance of the Soviet Army, but had ceased to offer serious resistance by the end of 1945' in the civil war in Poland. It was not the N.S.Z. but another armed group the U.P.A. (Ukrainian Insurrectionary Army), formed in 1943 with the objective of establishing an independent Ukrainian state, and which had fought against both Hitler's and Stalin's forces, that on 4 April 1947 ambushed and killed the Polish vice-minister of defence General Karol Swierczewski (1897-1947), whose *nom de guerre* was General Walter, a Pole who had fought with the Soviet army and had been commander of the Republican 35th Division in the Spanish Civil War. Davies, op.cit., 561; Hugh Thomas, *The Spanish Civil War* (London, 1977), 954.

293 Maurice Hankey (1877-1963), 1st Baron Hankey, secretary, Committee of Imperial Defence, 1912-38, of the Imperial War Cabinet during the 1914-18 War, and of the Cabinet, 1919-33. He was successively in 1939-42 Minister without Portfolio, Chancellor of the Duchy of Lancaster, and Paymaster General. His son Robert M.A. Hankey (1905-), 2nd Baron Hankey, entered the diplomatic service, 1927, served in Berlin, Paris, Warsaw, and other capitals; British ambassador, Stockholm, 1954-60.

294 For Ernest Bevin, see above, note 164.

295 Mr Victor Cavendish-Bentinck, British ambassador to Poland, 1945-7, was named in the trial for treason before a military court in Warsaw in January 1947 of Count Xavier Grocholski and three other Polish defendants, two of them men, the other a 22 year old woman secretary. Grocholski was charged with voluntarily collaborating with the Gestapo during the wartime occupation, serving as a liaison officer between a Polish underground movement and a foreign ambassador for a year until his arrest in November 1946, and betraying secrets to a foreign power. The ambassador (identified during the trial not by the prosecution but by one of the defendants), was said to have met Grocholski at the Hotel Polonia in Warsaw at the end of June 1946 and told him he wished to establish contact with the underground and get information from them about the situation in Poland, and to have called at Grocholski's home to collect a parcel containing material. Grocholski and the two other men accused were sentenced to death on 14 January for spying for a foreign power, and the woman secretary to ten years' imprisonment. A note delivered by the British embassy in Warsaw on 18 January to the Polish government contained 'an assurance that the British Government are wholly satisfied that Mr Cavendish-Bentinck was not involved in any way with the underground movement, and that his association with Count Grocholski... was purely of a social nature.' The Polish government contested this view and sent the British government extracts from the evidence given at the trial to support their contention. On 21 February Mr Cavendish-Bentinck was appointed ambassador to Rio de Janeiro. That same week Count Grocholski and his two colleagues were executed in Warsaw. *The Times*, 11, 13, 15, 16, 20, 31 Jan., and 7, 21 and 28 Feb. 1947.

296 Estimates of the number of people murdered at Auschwitz by the Nazis have varied between several millions and about 1,500,000. See, e.g., *The Oxford Companion to the Second World War*, op.cit., 78.

297 Harry Pollitt (1890-1960), began work aged 12 in a Lancashire cotton mill, later became a boilermaker, General Secretary, 1929-56, and Chairman, 1956-60, Communist Party of Great Britain. The Fascist regime established in Spain by the end of the Civil War, 1936-9, by General Francisco Franco (1892-1975) with the aid of Hitler and Mussolini, lasted until Franco's death.

298 Membership of the Communist Party of Great Britain began in 1935-6 to rise rapidly above four figures, was almost 18,000 by the outbreak in 1939 of the Second World War, and reached a height of about 56,000 in 1942-3. Apart from 1948, when there was a temporary increase of about 4,500, membership fell fairly steadily from 1945 (when it was about 45,000) to 1955 (when it was almost 32,700). Kenneth Newton, *The Sociology of British Communism* (London, 1969), 159-60; Henry Pelling, *The British Communist Party* (London, 1975), 192-3.

299 *The British Road to Socialism*, the Communist Party programme issued in January 1951 and adopted by the Party's 22nd Congress in spring 1952, appears to have arisen partly out of the loss of both Communist parliamentary seats and of all but three of the deposits of the 100 Communist candidates in the February 1950 general election, and partly from advice given to Harry Pollitt, the Party leader, by Stalin on a visit to the Soviet Union that year. *The British Road to Socialism* remained the Party's programme until 1957, when some important changes were made to it. 'But,' Tom Murray's later political associate Michael McCreery of the Committee for the Defeat of Revisionism and Communist Unity wrote in 1963, 'it still retains those ideas which provoked such controversy when it first appeared. In this programme the main break with earlier Marxist thought lies in the claim that it is now possible for the working class to win control over the capitalist state in Britain by constitutional means, and then transform this capitalist state into one which will meet the needs of the working class...' Michael McCreery, *Destroy the Old to Build the New!* (C.D.R.C.U., London, 1963), 1; Noreen Branson, *History of the Communist Party in*

Britain 1941-1951 (London, 1997), 232-8; Francis Beckett, *Enemy Within. The Rise and Fall of the British Communist Party* (London, 1995), 121-3.

300 No unit titled the Hlinka Guard has been identified. The Hungarian Fascist Arrow Cross Party, led by Ferenc Szalasi, formed the strongly pro-Nazi government of Hungary from October 1944 to February 1945, one of whose generals was named Hindy and one of whose army divisions was titled the Hunyadi. It may be Tom Murray meant one or other of these. The suppression of the Hungarian uprising in November 1956 by Soviet forces and the invasion by the latter and allied forces in the Warsaw Pact of Czechoslovakia in 1968 were major historic events that, apart from their other significance, aroused deep controversies among Communists, including those in Britain. For Hungary in 1939-45, see C.A. Macartney, *October Fifteenth. A History of Modern Hungary, 1921-1945* (Edinburgh, 2nd ed. 1961), Part II, 444, 451, 454, 463, 467.

301 The Communist or Third International had been founded at Moscow in 1919 and was dissolved in 1943. The Cominform (Communist Information Bureau) was founded in September 1947 and dissolved in 1956.

302 Several factors, some with long roots, pushed the Soviet and Chinese Communist parties and governments from about 1956 into increasingly unfriendly relations for many years. As early as 1936 Mao Tse-tung (whom Stalin called a 'margarine Marxist') had remarked: 'We are certainly not fighting for an emancipated China in order to turn the country over to Moscow!' Immanuel C.Y. Hsu, *The Rise of Modern China* (Oxford, 1995), 671-87.

303 Exactly when Tom Murray left the Communist Party appears not to be documented in his surviving papers, but it must have been a decade after the 1956 Congress—1956 seems to have been a slip of the tongue for 1965. The latter year accords with what he says about having been a member of the Party for 35 years: he joined in or about 1930. But also he is reported in the *Daily Worker* as making a speech along the lines he mentions here, at the 29th Congress of the Communist Party in London on 27 November 1965: 'An accusation that the leadership showed very little consciousness of the "grave" problems confronting the Party, and little self-criticism, came from Mr Tom Murray (Scotland). "We fail to demonstrate to the workers that we still march along the revolutionary road," he said. Conditions of membership had been made too easy because of the mass party fetish, and he thought too much space was given in the *Daily Worker* to sport.' Tom Murray and a few other former members of the Communist Party formed the Workers' Party of Scotland in May 1966. *Daily Worker*, 29 Nov. 1965; *Scotland on Sunday*, 21 Oct. 1990.

304 Morris Blythman (1919-1981), *nom de plume* Thurso Berwick, was a writer of radical songs and poems, editor, *Homage to John Maclean*, and other works. Harry McShane (1891-1988), an engineer, a member from 1911 of the British Socialist Party, a Clyde shop steward during the 1914-18 War and a close associate of the Clydeside revolutionary John Maclean until after the war, a member, 1922-54, of the Communist Party of Great Britain, a principal leader in Scotland between the two world wars of the National Unemployed Workers' Movement, he remained politically active almost until his death.

The arrest on Monday, 20 December 1971, of four men in Glasgow charged with bank robbery was first reported in the *Scotsman* next day. Their names and ages were given in the *Scotsman* on 22 December after their appearance at Glasgow Sheriff Court: Matthew Lygate (32), Colin Lawson (34), William McPherson (30), and Ian Doran (23). Their trial at the High Court in Glasgow lasted eleven days, between 6 and 20 March 1972. The indictment contained 25 charges, including armed robbery at four Glasgow banks from which more than £18,000 was stolen, and assault and theft. McPherson and Doran were further charged that they and others had threatened employees in a haulage firm in London Road, Glasgow, with a pistol, a knife, a hammer and a truncheon, and robbed them of £3,240; and McPherson was also charged that he and others had sprayed ammonia into the faces and eyes of employees at offices of British Rail in Maxwell Road, Glasgow, and assaulted them, threatened them with a sawn-off shotgun, and stolen £5,493. At the trial there were 192 productions or exhibits, and 196 witnesses were cited by the prosecution. One of these witnesses, a clerkess in the Bank of Scotland in Kildrostan Street, Glasgow, testified that she had narrowly missed being shot when a hooded man during the robbery had fired a shotgun through the door of a room where she had tried to hide; a 56 year old worker at British Rail offices in Maxwell Road told how he was temporarily blinded by ammonia sprayed in his face and eyes by a hooded man and how he was also hit with a cosh; and a doctor from the Southern General Hospital testified how a 24 year old teller employed at the Savings Bank of Glasgow in Paisley Road West had to have thirteen stitches inserted in two lacerations on his head after he had been struck repeatedly with a stick during an armed raid at the Bank. When Tom Murray gave evidence at the trial on 10 March, he said Lygate and Lawson had been officials of the Workers' Party of Scotland and also ran the Party's shop, known as Vanguard Books, at 270 Paisley Road, Glasgow. McPherson had been a member of the Party until a year before, when he had gone to England. 'Anyone who leaves Scotland,' Tom Murray told the court, 'ceases to be a member of the Party.' He said he did not know Doran.

Detective Superintendent Thomas Valentine, head of Govan C.I.D., said in evidence that during a search of the Party's shop in Paisley Road on 20 December three sawn-off shotguns, ammunition belts each containing 25 cartridges, five other shotgun cartridges, and a box with bundles of banknotes totalling £5,836 had been found in the basement; and that in a flat in Albert Drive occupied by Lygate and Lawson two black hoods and a mask were found hidden in a stove, and a bag with £1,510 was found below a settee and beside it a parcel containing 63 shotgun cartridges. Doran, who had come from London to live in Glasgow, had arrived at the Albert Drive flat while police were searching it. He was carrying a two-year old child and while being questioned by the police he put the child on the floor, suddenly ran across the room, dived through the window and ran off, pursued by Detective Superintendent Valentine, who caught him a mile or so away in Leven Street, Govanhill. In Doran's house in Cathcart Road over £1,000 and a Luger pistol with sixteen bullets were found. Doran said he had left London because of 'an incident' there for which he was wanted by the police, and that was why he had tried to run away from the Albert Drive flat when police were questioning him. Doran said he was not a member of the Workers' Party of Scotland.

McPherson told the court he had joined the Workers' Party of Scotland in 1970. He had no fixed address, lived in hotels, and travelled frequently between London, Manchester and Glasgow. He did not work steadily because he was a 'successful professional gambler' who won enough money to pay for his travel and hotel bills. Lygate told the court that he had associates in many parts of the world involved in guerrilla tactics on behalf of the working classes. In 1971 he had been approached by some of these people and asked if he was prepared to participate in bank robberies. He had refused as he felt it would jeopardise his position as a political organiser and chairman of the Workers' Party of Scotland. He said he had put 'the tools of the trade' in the Party's shop in Paisley Road himself but had not taken them to his home in Albert Drive. He denied taking part in the robberies, though he said he appreciated that people were prepared to take action to liberate the working classes in this country. 'If that means liberating money from banks to furnish materials for us to move forward in the struggle, I support this,' he said. The money found in his flat must have been put there by the police, he said.

All four accused, who denied the charges against them, were found guilty by the jury: Lawson of taking part in one bank raid and a car theft associated with it; McPherson of several charges, including armed robberies at banks and business premises in Glasgow; Doran of three bank robbery charges and a fourth charge of armed robbery. Lygate, as Tom Murray says, dismissed his counsel on the third last day of the eleven day trial and made his own statement to the court before sentences were imposed by the judge, Lord Dunpark. Lygate said that what had brought him to court 'was violence against the working class, the same violence that had put 150,000 persons out of work in Scotland and the violence which had caused the withdrawal of free milk and led to children again suffering from rickets.' After Lord Dunpark had interrupted him to say these matters were irrelevant to the sentence about to be imposed, Lygate declared that 'people could not get work so that the only alternative was to join the army and fight in Ulster and murder Irishmen and women.' According to the *Glasgow Herald*, Lygate said he had been so ashamed of allowing the robbers to hide guns, hoods and money in the Workers' Party of Scotland shop that he had since resigned from the chairmanship and membership of the Party, which, he said, had no knowledge of his acquaintance with the bank robbers.

Lygate and Lawson were first offenders, McPherson admitted five previous convictions, and Doran eleven. Lord Dunpark, who said Lawson 'might have been used by Lygate and might not be past redemption,' sent him to prison for six years. McPherson was jailed for 26 years, Doran for 25 years, and Lygate, who was found guilty of taking part in two armed robberies at banks, was jailed for 24 years. As the four men were taken to the cells, Lygate and McPherson raised their arms in a clenched-fist salute and shouted: 'Long live the workers of Scotland!' *Glasgow Herald*, 21 and 22 Dec. 1971, 6-11, 14-18 and 21 Mar. 1972.

305 Nan Milton, *John Maclean* (London, 1973), 11.

306 The MacMahon Line or frontier was an outcome of a conference at Simla in India in 1913-14 between Tibetans, Chinese and British authorities. The Line, which was a proposed frontier between India to the south and Tibet and China to the north and northeast, was never ratified by the Chinese 'not because China questioned the line but because its acceptance was linked with a division of Tibet into inner and outer zones and the exclusion of Chinese troops from the inner.' Peter Calvocoressi, *World Politics since 1945* (London, 1991), 402-3.

307 There were half a dozen successive campaigns between the 1960s and early 1980s to keep public laundries in Edinburgh open. One in 1962-3 resulted in the Town Council Civic Amenities Committee approving on 5 February 1963 expenditure of £31,000 on the complete modernisation of the laundry at Murdoch Terrace, but that campaign appears to be earlier than the one Tom Murray refers to here. See *Evening Dispatch*, 5 Feb.1963.

308 St Cuthbert's Co-operative Association, founded in 1859, merged with Dalziel Co-operative Society and Carluke Co-operative Society in 1981 to form Scottish Midland (ScotMid) Co-operative Society.

309 John G. Gray, an Edinburgh solicitor, Liberal town councillor, 1969-75, Merchiston ward.

310 Foulshiels pit was owned by United Collieries Ltd.

311 Professor Sir Godfrey Thomson (1881-1955), educationist, psychologist, worked on mental testing at Newcastle, 1906-25, and at Edinburgh University and Moray House College of Education, 1925-51, knighted 1949.

312 See also above, note 2. James Young's experiments led to the large-scale manufacture of paraffin oil and solid paraffin from the shales in central Scotland.

313 Dr Eric F. Dott, M.B., Ch.B., F.R.C.P.E., D.P.H., (1898-1999), a conscientious objector in the 1914-18 War who was imprisoned in Wormwood Scrubs and Dartmoor, graduated in medicine from Edinburgh University, 1925, and after some years working as a general practitioner in the city became a consultant paediatrician at the Sick Children's Hospital.

314 *Reynolds News*, 1850-1967, originally a Chartist newspaper, became successively Liberal radical, Labour and Co-operative, retitled, 1962-7 *Sunday Citizen*. *Sunday Worker*, 1925-9, left-wing, latterly Communist Party. For *Daily Herald*, see above, note 265.

315 Peter M'Omish Dott (1857-1934), took over management at an early age of his father's

business, Aitken, Dott & Son, art shop, then in Castle Street (presently in North Bridge), Edinburgh; studied on the continent while conducting the business; a close associate of artists such as William McTaggart, 'he did much to encourage, assist and develop Scottish art in his lifetime'; politically active, 'veering from staunch Conservative in his early years to a broadly Socialistic outlook in later years.' His obituary is in *Scotsman*, 8 Jun. 1934. James Ramsay MacDonald (1866-1937), a leader of the Independent Labour Party from its formation in 1893, secretary, 1900-11, and leader, 1911-14 and 1922-31 of the Labour Party; MP for Leicester, 1906-18, Aberavon, 1922-9, Seaham, 1929-35, Prime Minister, 1924, and 1929-35, Secretary for Foreign Affairs, 1924, Lord President of the Council, 1935-7, leader of the 'National' Labour Party, 1931-5.

316 Professor Norman McOmish Dott (1897-1973), a pioneering neurological surgeon, began work as an apprentice joiner and engineer but took up the study of medicine as a result of an accident, graduated from Edinburgh University, 1919. His professional career was spent in hospitals in or around Edinburgh, where he was Professor of Neurological Surgery, 1947-62, and was given the Freedom of the City, 1962.

317 Professor Harold Laski (1893-1950), political scientist and socialist, successively a lecturer at McGill, Harvard and Yale Universities, Professor of political science at the London School of Economics from 1926; chairman, 1945, Labour Party, when during the general election then he was tarred with some abuse (including references to gauleiters and Gestapo) from Winston Churchill and some other leading Conservatives. Calder, op.cit., 577-9; Paul Addison, *The Road to 1945* (London, 1977), 265-6.

318 An advertisement in *Edinburgh and District Trades Council Annual Report for year ending 31 December 1939*, 20, says the Dott Memorial Library, which has 'over 3,000 books on socialism, communism, fascism, peace and war, world politics, trade unionism, co-operation, working class history, Soviet Union, Spain, China, etc. and hundreds of "Left" novels', at that time charged 2d. per book per week (no joining fee) or five shillings annual subscription (covering one book per week).

319 The Left Book Club, founded in March 1936 by the publisher Victor Gollancz (1893-1957), supported by John Strachey (see above, note 4) and Professor Harold Laski, published its first book in May that year. By the end of 1936 the Club had 20,000 members and reached the peak of its membership in 1939, with 57,000. There were also 1,500 members in Left Discussion Groups by the outbreak of the 1939-45 War. 'The purpose of the Club was to produce a series of books dealing with the three closely related questions of fascism, the threat of war and poverty.' The Left Book Club published 44 books between 1936 and the outbreak of the war, and a total of about 150 by the time Gollancz wound it up in October 1948. John Lewis, *The Left Book Club. An Historical Record* (London, 1970), 7, 8, 13-14, 39-49, 129-32.

320 J.B.S. Haldane (1892-1964), professor of genetics, 1933-7, and of biometry, 1937-57, at London University, chairman, 1940-9, editorial board of the *Daily Worker*. He left the Communist Party in 1956 and emigrated to India, where he continued his scientific work. Konni Zilliacus (1894-1967), author and journalist, of Finnish-Swedish and Scottish-American parents, served in the Royal Flying Corps in the 1914-18 War and as a British military intelligence officer in Siberia in 1917-19; worked in League of Nations secretariat, 1919-39, and in Ministry of Information, 1939-45; Labour MP for Gateshead, 1945-9, Independent MP, 1949-50, (expelled from the Labour Party in 1949 for opposition to government foreign policy, but re-admitted, 1952), Labour MP, 1955-67, Manchester Gorton.

321 Sir Kenneth Alexander (1922-), lecturer in economics at the universities of Leeds, Sheffield and Aberdeen, professor of economics, 1963-80, Strathclyde university, principal and vice-chancellor, Stirling University, 1981-6; chairman, Govan Shipbuilders, 1974-6, chairman, Highlands and Islands Development Board, 1976-80, deputy chairman, Scottish

Council (Development and Industry), 1982-91, chairman, Edinburgh Book Festival, 1987-91.

322 The advertisement in the *Trades Council Annual Report, 1939*, (see above, note 318) gave the Library's hours then as: 3 p.m. to 10 p.m. daily, from September to May; 3 p.m. to 8 p.m. daily, from June to August—both periods 'except Sunday'.

323 See above, note 261.

324 Rutherglen, granted a charter by king David I (1124-1153), was one of the earliest of some 66 such royal burghs created in Scotland by the 18th century and which enjoyed self-government and certain trading and tax privileges. J.G. Kellas, *Modern Scotland* (London, rev. ed. 1980), 114.

325 No copies of this Rutherglen strike bulletin are known to survive.

326 For J.H. Thomas, see above, note 139. Croncemore Thomas Cramp (1876-1933), Industrial General Secretary, 1919-31, and General Secretary, 1931-3, National Union of Railwaymen.

327 There were national Hunger Marches to London organised by the National Unemployed Workers' Movement in 1922, 1929, 1930, 1932, 1934 and 1936. On the 1932 March between 300 and 400 marchers set off from Scotland in the last week of September and arrived in London a month later.

328 John McGovern (1887-1968), successively Independent Labour Party then Labour MP for Glasgow Shettleston, 1930-59. The 1934 Marchers set off from Scotland in the last week of January and reached London a month later.

329 There was a women's contingent, numbering a couple of dozen, marching separately from the men, and drawn from Lancashire and Yorkshire, on the 1930 Hunger March to London. On the 1932 March the women's contingent, about forty strong, set off from Burnley in Lancashire; on the 1934 March, from Derby; and on the 1936 March, from Coventry.

330 For George Middleton, see above, note 32.

331 For Harry McShane, see above, note 304; for Peter Kerrigan, see above, note 41; for Alex Moffat, see above, note 53.

332 Margaret Bondfield (1873-1953), Assistant Secretary, 1898-1908, Shop Assistants' Union, National Officer, 1908-38, National Union of General & Municipal Workers, first woman chairman, 1923-4, Trades Union Congress, Labour MP, 1923-4, 1926-31, Minister of Labour, 1929-31, the first woman Cabinet minister in Britain. The Labour government in July 1931 passed the Anomalies Act, which came into effect in October after the 'National' government, also led by Ramsay MacDonald, had entered office. In its first six months the Act resulted in benefit being disallowed to 77,572 claimants, including part-time and seasonal workers many of whom were women. Wal Hannington, *Ten Lean Years* (London, 1940), 26.

333 The Trades Union Congress had decided in 1927 to end the Joint Advisory Council on unemployment it had formed in 1923-4 with the National Unemployed Workers' Movement. The Labour Party's official lack of support for, and even hostility to, the Hunger Marches organised by the National Unemployed Workers' Movement was a result of several factors, including the right-wing leadership of the Labour Party, the 'Class against Class' policy of the Communist Party in 1929-33, the consequences of the 1926 General Strike, and the close relationship between the National Unemployed Workers' Movement and the Communist Party. Local Labour and trade union activists in many cases, however, did support the Hunger Marchers. Official hostility was much less by 1936, and the leader of the Labour Party, Clement Attlee, and Aneurin Bevan addressed the Hunger Marchers on their arrival at Hyde Park in London in November that year.

334 The Independent Labour Party went into decline from 1932, when it disaffiliated from

the Labour Party. For James Maxton, see above, note 107; for Campbell Stephen, see above, note 205.

335 Bill Cowe may have meant that there was no Young Communist League in Rutherglen. The League was formed in October 1921 and held its first national conference in August 1922 in London. James Klugmann, op.cit., Vol.I, 223-4. Matthew Bird evidently belonged to Perth and contributed daily verses on topical matters to the *Daily Worker* Scottish edition published in Glasgow, 1940-1. As early as 1920-1, as a boy still in short trousers, Matthew Bird had recited his verse on topical political issues at meetings of the unemployed organised by John Maclean and Harry McShane. Extreme Protestant gangs, known as the Billy Boys, who sometimes broke up Communist or unemployed meetings by physical force, treated Bird gently. 'One young Communist, the poet Matthew Bird, spoke from a table-top because he was so small. He was a very humorous speaker and quoted poetry a lot; the Billy Boys never harmed him, but often they lifted him and the table and put them both on the tram lines.' *Harry McShane, No Mean Fighter*, op.cit., 121-2, 143.

336 A strike by railwaymen in Northern Ireland against wage reductions began on 30 January 1933 and lasted until 6 April, when the National Union of Railwaymen 'was obliged to accept humiliating terms of peace'—wage cuts of between seven and a half and ten per cent. Philip Bagwell, *The Railwaymen. The History of the National Union of Railwaymen* (London, 1963), 523-6.

337 Fred Douglas (see above, note 111), another leading Scots Communist, who in autumn 1933 attended the Lenin School in Moscow shortly before Bill Cowe, published his recollections of it two decades later, after he had left the Communist Party of Great Britain. Douglas described the School, in Petrovskai Street, near the British Embassy in Moscow, as 'the Soviet Government's training academy for foreign Communist cadres reputed to cost £1 million a year for upkeep.' He was told by another Scots student there, Alan Barr Eaglesham, from Dumfriesshire, that, despite a 'shake-up' of the earlier 'quite blatant Trotskyist leadership' at the Lenin School, 'the Trotskyists remained and went underground... They were the people who cheered Stalin loudest.' At the School, Douglas claimed, there was an obsession with searching out deviations from the Stalinist line. He says he witnessed the dismissal of several staff and students in a formal ceremony resembling a public confession, held during a visit to the School for that purpose by a Red Army colonel and 'Cleansing Commission'. In 1938 the Lenin School was 'liquidated'—'the entire body of students had been ordered home and the whole of the Russian administration was swept into prison by the purge.' *Evening Dispatch*, 23 Aug. 1955.

338 Clyde Books, a left-wing bookshop, that flourished from 1943 to 1993, successively at Bothwell Street, Anderston Cross, Argyle Street, High Street and Parnie Street in Glasgow.

339 Wal Hannington (1896-1966), a toolmaker, a founder in 1921 of the National Unemployed Workers' Movement and its national organiser and best known leader throughout its existence.

340 Bob Cooney (1910-1984), one of a family of eight, began his working life as a pawnbroker's assistant; a Communist leader in Aberdeen, he was political commissar, 1938, of the British Battalion, International Brigades, in the Spanish Civil War; served in the Royal Artillery in the 1939-45 War; Communist candidate, Glasgow Central, 1945 parliamentary election; he later lived for many years in Birmingham.

341 William K.A.J. Chambers-Hunter (1893-?), born Aberdeen, educated at Charterhouse, served 1914-16 in Seaforth Highlanders; in government service in West Africa, 1916-27; speaker and district leader, Aberdeen, of British Union of Fascists, 1930s; recreation—trees, flowers, birds. *Scottish Biographies 1938* (London and Glasgow, n.d. (1938)), 127.

342 John Londragan went to Spain in spring 1937 and remained there till August 1938, fighting for the Republic with the International Brigades. See *Voices from the Spanish Civil War*, op.cit., 171-82.

343 Unemployment in Aberdeen, whose population in 1931 was 167,258, increased from 6,011 in December 1930 to 10,174 in December 1931. By the end of December 1932 the percentage of insured unemployed people in Aberdeen was 20.6. *Census of Scotland* (Edinburgh, 1931), Vol.I, Part 4, 117; *Press and Journal*, 1 Jan. 1931, 1 Jan. 1932, and 7 Jan. 1933.

344 The Means Test, introduced by the 'National' government in 1931, was an inquisition into the earnings as well as any savings and pensions of members of the household (including sons and daughters, fathers and mothers) of applicants for unemployment benefit, and such earnings, etc., were then deducted from any unemployment benefit. In short, any member of the family in employment had to support those at home who were unemployed. Consequently families broke up as employed or unemployed members left home to avoid being means-tested. Against the Means Test bitter resentment was felt by masses of working people as well as the unemployed.

345 Dave Campbell, a vice-president, Aberdeen Trades and Labour Council, a leader of the Aberdeen contingent on the November 1938 Hunger March to Edinburgh. See *Voices from the Hunger Marches*, op.cit., Vol.II, 394, 395, 410-11.

346 For John Lennox, a house-painter, who represented the Scottish Painters' Society on the Hunger March, see *Voices from the Hunger Marches*, op.cit., Vol.II, 373-90, 406-09.

347 One woman Marcher from Aberdeen, who must have been on the separate national women's March that set off from Coventry to London, returned to Aberdeen on 15 November with the men's contingent from the city. *Press and Journal*, 16 Nov. 1936.

348 For Harry Pollitt, see above, note 297; for William Gallacher, see above, note 224.

349 The *Press and Journal*, 28 Sep. 1936, reported that thirty-five Marchers set off from Aberdeen.

350 Stirling Castle was the depot of the Argyll and Sutherland Highlanders from 1881 onwards. Lt Col. G.I. Malcolm of Poltalloch, *The History of the Argyll and Sutherland Highlanders (Princess Louise's) 1794-1949* (Edinburgh, 1955), 31, 78-9.

351 'Unemployed training' by the government had begun (apart from training among partly disabled ex-servicemen after the 1914-18 War) in the mid-1920s. By the late 1930s there were five types of training or instruction being provided or funded by the Ministry of Labour. One of these types was the residential Instructional Centre, often referred to by the unemployed and their supporters as 'slave camps' comparable with those in Nazi Germany. The Home Secretary himself, Sir John Gilmour, in 1934 'by a slip of the tongue' had described the Instructional Centres as concentration camps. These Instructional Centres, varying in number from fifteen to twenty, took about 20,000 men each year, and their purpose was 'not to teach a trade, but to cater for men of the labourer type. They were agencies of physical and moral rehabilitation, giving men a good twelve weeks' course of fairly hard work, good feeding and mild discipline.' The 'fairly hard work' was mainly afforestation in remote places. The 1934 Unemployment Insurance Act for the first time obliged anyone over 18 years of age claiming insurance benefit to attend a centre if told to do so by the insurance officer. Formerly, such obligation had been applied only to juveniles under age 18. This statutory compulsion—though it was never actually enforced—smelled strongly of Fascism to many people. The remoteness of these government residential Instructional Centres, such as the one at Redesdale described by William Whitelaw, and others such as at Kielder in Northumberland and Glenbranter in Argyllshire, cut off the unemployed sent there from contact with their families and with the organised working class movement, and subjected them to a military-like regime and heavy manual labour for which no wages were paid but only three or four shillings (as

William Whitelaw recalls) 'weekly allowance'. Of the total intake of 83,000 'volunteers' into these residential Instructional Centres throughout Britain in the four years 1935-8, only 12,500 found employment afterwards, 19,500 either gave up or were 'dismissed' during their twelve weeks' course. R.C. Davidson, *British Unemployment Policy* (London, 1938), 113-22; *Ten Lean Years*, op.cit., 124, 180-205.

352 East Fife F.C. in fact won the Scottish Cup in season 1937-8, defeating Kilmarnock 4-2 at Hampden Park, Glasgow, in the replayed Cup Final on Wednesday, 27 April 1938, following a 1-1 draw there the previous Saturday. An aggregate crowd of 169,710 watched the two games. East Fife were the first Second Division, and also the first Fife, team to win the Scottish Cup. *Glasgow Herald*, 25 and 28 Apr. 1938.

353 The minimum school leaving age was raised from fourteen to fifteen in 1947 under the Education Act of the previous year.

354 Scaffie—scavenger, street-sweeper.

355 The rent strike began on the Clyde in spring 1915. By October that year around 25,000 tenants were estimated to be taking part in it. The rent strike culminated in a strike on 18 November that year by workers in shipyards and factories on the Clyde over a summons to court of a Dalmuir shipyard engineer and seventeen other tenants from whose wages landlords were attempting to have rents deducted. The strike was followed by the passing in November 1915 of the Rent Restriction Act, which froze rents at the level they had been on the outbreak of the war, and only allowed an increase of up to 40 per cent if repairs were carried out. Harry McShane and Joan Smith, *Harry McShane, No Mean Fighter* (London, 1978), 75-6.

356 *Forward* (1906-60), an independent labour weekly paper, founded and for long edited by Thomas Johnston (see below, note 436).

357 The Glasgow Education Authority formed under the Education (Scotland) Act, 1918, decided by 19 votes to 14 in June 1919 to grant free books and stationery to all pupils attending its schools, except those at High Schools. But the Authority reversed this decision by 19 votes to 16 on 3 March 1921, though an exception was made in the case of pupils whose parents or guardians were recognised by the Authority as necessitous. The reversal of the previous decision was moved by Rev. Donald M'Queen, who had also led the opposition to the original decision, on the grounds of economy and the 'heavy burden' placed on ratepayers. *Glasgow Herald*, 20 Jun. 1919 and 4 Mar. 1921.

358 Molly Urquhart (1906-1977), worked for many years as a post office telephonist, began her theatrical career in the late 1920s in the St George Players, who were associated with the Glasgow Co-operative movement; by 1939 she had opened her own MSU Theatre in Rutherglen, and became a leading Scots actress. See Helen Murdoch, *Travelling Hopefully. The Story of Molly Urquhart* (Edinburgh, 1981).

359 Vincent Flynn (1909-1991), a Glasgow socialist and trade unionist, a founder of the Glasgow Workers' Theatre Group, an organiser in London and Edinburgh, National Union of Printing, Bookbinding and Paper Workers, General Secretary, 1970-4, Society of Graphical and Allied Trades.

360 For the Left Book Club, see above, note 319.

361 Unity Theatre, London, a left-wing amateur group, was founded in 1936, when it produced Clifford Odet's play *Waiting for Lefty*, written the previous year.

362 Glasgow Unity Theatre was formed in 1940 from an amalgamation of drama clubs with a left-wing position, including the Glasgow Workers' Theatre, Glasgow Transport Players, Clarion Players and the Glasgow Jewish Institute Players. Glasgow Unity took over 'The Centre' in Sauchiehall Street as its base but performed in the Athenaeum and the Lyric. Among actors associated with it were Russell Hunter, Ida Schuster, Andrew Keir and Roddy McMillan, who became professionals at the end of the 1939-45 War. Donald Campbell, *Playing for Scotland. A History of the Scottish Stage 1715-1965* (Edinburgh, 1996),

110, 136; Priscilla Barlow, *Wise Enough to Play the Fool. A Biography of Duncan Macrae* (Edinburgh, 1995), 35-6; Helen Murdoch, op. cit., 198.

363 Helen M. Biggar (1909-1953), sculptress, studied, 1926-31, at Glasgow School of Art, became interested also in stage design and became involved in the formation of the Glasgow Unity Theatre; she also designed costumes, including those for the pageant commemorating the centenary of Co-operation in Glasgow, 1944. Peter J.M. McEwan, *Dictionary of Scottish Art and Architecture* (Woodbridge, Suffolk, 1988), 72-3.

364 King & Co., Electric Works, was at no. 1 Prince Regent Street. *Edinburgh and Leith Post Office Directory 1930-1*, 969.

365 James Drever (1878-1950), Professor of psychology, Edinburgh University, 1931-45.

366 Park & Somerville have not been identified. Jimmy Crichton may have meant Cran & Somerville: John Cran and Somerville Ltd, engineers, shipbuilders and boilermakers, of Tower Street, the Shore, and Queen's Dock, Leith, launched their last ship in autumn 1926, ceased trading soon afterward, and their premises were taken over by Henry Robb, shipbuilders. See *Edinburgh and Leith Post Office Directory 1925-6*, 109; Sue Mowat, *The Port of Leith* (Edinburgh, n.d. (1994)), 441.

367 Bantams were soldiers of less than standard height for enlistment. The 17th Battalion, Royal Scots, raised in late 1914, consisted of bantams, went to France in February 1916 and for the following year was successively south of Armentieres, on the Somme and in the Arras sector, before ceasing to be a bantam battalion about March 1917. J. Ewing, *The Royal Scots, 1914-19* (Edinburgh, 1925), Vol. I, 10, 259, 314, 326, 376, 378.

368 *The Clarion* (1891-1935), a weekly popular labour paper, retitled from 1932 *New Clarion*, founded and edited for many years by Robert Blatchford (1851-1943), socialist and journalist. For *Forward*, see above, note 356.

369 The Scottish Youth Hostels Association was founded in February 1931. Winshiels, the hostel at Wamphray, consisted of two cottages and was open from 1933 to 1939.

370 Ingan (Onion) Johnnies were Frenchmen, mainly Bretons, working as seasonal itinerant onion sellers, their bicycles draped with strings of onions or carrying onions hanging from long poles on their shoulders. Many of the Ingan Johnnies in Scotland used Leith as their base between August and February each year. The trade flourished for about 150 years, from the early 19th century until the 1970s and '80s. See, e.g., *Evening Dispatch*, 17 Feb. 1962.

371 Robert Baden-Powell (1857-1941), 1st Baron Baden-Powell, an army officer from 1876, served in various parts of the British Empire, became famous as the defender of Mafeking in the Boer War, lieutenant general, 1907; founded the Boy Scouts, 1908, and, with his sister Agnes, the Girl Guides, 1910, and Wolf Cubs, 1916; World Chief Scout, 1920. All or almost all the persons and places mentioned in the rhyme (though some perhaps in a corrupted form) are associated with the Boer Wars of 1881 and 1899-1902.

372 The chapel was the printers' union organisation within the workplace. The Scottish Typographical Association, formed 1853, retitled 1973 Scottish Graphical Association, amalgamated, 1975, into the Society of Graphical and Allied Trades, which merged, 1991, with the National Graphical Association to form the present Graphical, Paper & Media Union.

373 The Scottish Socialist Party was formed in 1932 as a breakaway from the Independent Labour Party, and it remained affiliated to the Labour Party until 1940 when it merged into it. Bailie William D. Hardie (? -1946), born in Selkirk, a pioneer of the Shop Assistants' Union and its organiser for some years in Edinburgh and Leith, later had his own grocer's business successively in Stockbridge and Wardie; served in France in 1914-18 War, afterwards active in ex-servicemen's organisations; Edinburgh Labour town councillor, 1925-46, for St Leonard's ward. His obituary is in *Evening Dispatch*, 18 Mar. 1946. For Andrew Gilzean, see above, note 21; for James Hoy, see above, note 28; and for Bailie Mrs

Ingles, see above, note 22.

374 Ernest Brown (1881-1962), a Baptist lay preacher, served in 1914-18 War, Liberal MP, Rugby, 1923-4, Leith, 1927-31, Liberal National MP, Leith, 1931-45, 'the loudest and one of the fastest speakers ever to sit in the House of Commons', Parliamentary Secretary, Ministry of Health, 1931-2, Secretary of State for Mines Department, 1932-5, Minister of Labour, 1935-40, Secretary of State for Scotland, 1940-1, Chancellor of the Duchy of Lancaster, 1943-5, Minister of Aircraft Production, 1945. Jimmy Crichton's recollection of Brown's by-election victory as a Liberal in Leith in March 1927 was only ten votes out: Brown beat R.F. Wilson (Labour) by 111 votes—12,461 to 12,350, with the Conservative candidate Allan Beaton third with 4,607. *Edinburgh Evening News*, 24 Mar. 1927 and 16 Feb.1962.

375 Youth Unity also included elements of the Independent Labour Party Guild of Youth. See *Voices from the Hunger Marches*, Vol.II, op.cit., 315; R. Harrison, G, Woolven and R. Duncan, *The Warwick Guide to British Labour Periodicals, 1790-1970* (Sussex, 1977), 629.

376 Tom McGregor (?-1983), an Edinburgh Labour town councillor, 1954-69, Gorgie-Dalry, 1970-5, Central Leith.

377 The main Fascist party in Britain in the inter-war years, the British Union of Fascists, was founded by Sir Oswald Mosley (see above, note 232) in October 1932, but other Fascist organisations existed in Britain from the early 1920s onwards. *Action* was published by the British Union of Fascists as a weekly penny paper from February 1936 until June 1940, and evidently had a circulation of about 25,000. See Nicholas Mosley, op.cit., 77, 123.

378 For Mrs Euphemia Laing, see above, note 209. Her son Harry had a newsvendor's stance for many years first in Hanover Street then at Register House at the east end of Princes Street. For *Daily Worker*, see above, note 109.

379 Parkie was J.C. Park. For Donald Renton, see above, note 30; for David Chalmers, see above, notes 259, 261, and 263.

380 David Penman may have been a slip of the tongue by Jimmy Crichton for Danny Penman, a leading activist in the National Union of Railwaymen in Edinburgh and district, and brother-in-law of Jack Kane (see above, pp. 333-41). Emile Burns (1889-1972), a leading Communist writer and economist, joined the Communist Party, 1921, from the Independent Labour Party; translated several works by Marx and Engels into English and wrote several works on Marxism and a range of other subjects; editor for some time of *Communist Review* and *World News*; a member for over 20 years of the Communist Party Executive Committee, in the 1930s he was closely connected with the London busmen's rank and file movement and edited their paper *The Busmen's Punch*; a member, 1920-4 and 1930-68 of the Executive, and secretary, 1925-9, of the Labour Research Department. His obituary is in *Morning Star*, 9 Feb. 1972. Aitken Ferguson (? -1975), a boilermaker, a leading Scottish Communist, parliamentary candidate, Glasgow Kelvingrove, 1923, Aberdeen North, 1928 (a by-election) and 1929, and Greenock, 1931. For Fred Douglas, see above, note 111; for Harry Pollitt, see above, note, 297; and for William Gallacher, see above, note 224.

381 Bryham Oliver has not been further identified. For Chambers-Hunter, see above, note 341; for Dr Julie Lipetz, see above, note 218.

382 Eight men from Edinburgh and the Lothians, part of the ninety-strong Scots contingent newly returned from the International Brigades in Spain, were given 'a tumultuous welcome' when they arrived at Waverley Station on 11 December 1938. They had been in Spain for between six months and two years. One of them was Percy Thomson (see below, note 388), another R.S. Walker, son of the famous Heart of Midlothian footballer Bobby Walker. Councillor Tom Murray (see above, pp. 254-332), who had himself earlier fought with the International Brigades along with his brother George, accompanied the Edinburgh contingent on the train from London. 'There were moving scenes' as the

men were greeted on the platform by their relatives, and 'ringing cheers' from a large crowd of well-wishers come to welcome them home. 'A procession was formed, and with bands playing and banners carried behind them and in front, they were escorted to the Free Gardeners' Hall, Picardy Place, where both lower and upper halls were crowded for a welcoming meeting. On the way to the hall *The Internationale* and *The Red Flag* were sung.' *Edinburgh Evening News*, 12 Dec. 1938.

383 John D'Agostino owned half a dozen cafes or shops in Edinburgh or Leith and was president of the East of Scotland Ice Cream Federation. He is said to have made his money during or after the 1914-18 War from gambling machines. D'Agostino's son Freddie and nephew Bertie were interned during the Second World War. On 2 July 1940 the Blue Star liner *Arandora Star*, on its way to Canada with 1,500 Italian, German, and other internees on board (including at least 200 *bona fide* Italian, German and Austrian anti-Nazi refugees) was torpedoed by a German U-boat off the west coast of Ireland, with the loss of several hundred lives. F. Lafitte, *The Internment of Aliens* (Harmondsworth, 1940), 123-43; I. MacDougall, *Voices from War* (Edinburgh, 1995), 301, 302, 322, 370.

384 For John Cormack, see above, note 273. Fred Douglas, *The Protestant Movement X-Rayed, The Balance Sheet (Political and Financial) and an Appeal to Protestant Workers* (Communist Party, Edinburgh, 1937).

Ten young Irishmen and youths, employed as seasonal potato workers, lost their lives in a fire in the bothy where they were sleeping on the night of 15-16 September 1937 at Kirkintilloch, Dunbartonshire. The oldest of the victims was 23, one was 19, one 18, one 17, three 16, two 15, and the youngest was only 13. They included three groups of brothers: Patrick (18) and Thomas (16) Kilbane; John (23) and Matthew (16) M'Laughlin; and John (17), Thomas (15), and Michael (13) Mangan. In an adjoining cottage were housed fourteen Irish women and girl potato workers, and in a separate room there the Irish foreman of the squad, Patrick Dougan, aged 51, and his son Thomas, aged 14. All 26 members of the potato squad came from Achill Sound, County Mayo. All ten victims of the fire were the sons of crofters. Several of the women and girls were sisters or cousins of some of the lads who died in the fire.

'On Wednesday night [15 September] about ten o'clock the whole party were enjoying a sing-song to celebrate the completion of one part of their work and the start of another. Three hours later... the Kirkintilloch and Bishopbriggs Fire Brigades were waging a hopeless fight to save the lives of the ten boys who were trapped in the blazing shed.'

But for a troublesome boil on the neck of Thomas Dougan, son of the squad's foreman, which prevented him sleeping soundly, the catastrophe might have been even worse. The boy, lying restless in the separate room beside his father, heard crackling noises. 'He went through a passageway to where the other men were lying, and found the place a mass of flames. Rushing back to his own room he roused his father, who wakened the girls. After the girls had got into the open the Dougans and others attempted to reach the place where the youths were lying on straw-filled bags in a corner of the building. They were unable, however, to force their way through the heavy smoke, which, it is presumed, suffocated the victims.' A Kirkintilloch man living a hundred yards away from the bothy, awakened by the screams of the women, dressed hurriedly, ran into the street and saw 'Scantily dressed women... kneeling around the blazing building, making the sign of the Cross and praying, while wandering near them were a number of young girls singing *Nearer my God to Thee*. I shall never forget it.'

At a public inquiry on 18 October 1937 held before the sheriff of Dumbarton, the jury's verdict was that the ten victims of the fire had died from poisoning by carbon monoxide gas and the inhalation of soot. Though without sufficient evidence to enable them to decide the cause of the fire, the jury believed the carbon monoxide gas had been created by the overloading of the stove or hot-plate in the bothy. A Kirkintilloch doctor told the inquiry he considered the victims had died from the gas before the flames reached them. Their bodies had all been charred beyond recognition.

The bodies of the ten young victims of the fire were taken home to Achill Island, County Mayo, and buried there in a common grave, their funeral service attended in pouring rain by thousands of people, including several Cabinet ministers of the Irish Free State. In his sermon at the solemn requiem mass at Achill for the ten victims, the Most Reverend Dr Gilmartin, Archbishop of Tuam, said: 'It is a consolation that this tragedy will awaken public attention to the hardships which your boys and girls have to endure in going abroad to work. Although efforts have been made to render more humane the night provision for the workers of Achill and Donegal in Scotland, the present horror will, I feel sure, arouse the conscience of all concerned to leave nothing undone to better these conditions and prevent the recurrence of such tragedies as that of Kirkintilloch. Your best consolation, however, is that your ten boys are martyrs to duty. Labour is a law of life.'

About £3,000 was raised for the families of the victims, much of it by a special fund initiated by Kirkintilloch Town Council. On 3 November 1937 the Secretary of State for Scotland, in reply to a question from a Scots Labour MP, announced in the House of Commons that since the report of the public inquiry he had 'carefully considered the whole question of accommodation for seasonal workers.' All local authorities in Scotland were as a result being asked to review the position in their areas and to take action either by making by-laws or revising existing by-laws, particularly concerning prevention of and safety from fire. Local authorities were also being asked 'to make adequate arrangements for inspection of premises both before and during occupation by seasonal workers.'

The Kirkintilloch catastrophe recalled a similar loss of life at a farm at Dundonald in Ayrshire almost exactly thirteen years earlier, when nine potato workers—five women and four men—perished in a fire in a barn they were sleeping in. *Scotsman*, 17, 18, 20 and 21 Sep. 1937; *Glasgow Herald*, 16, 17, 20, 21, 23, 25, and 29 Sep., 1, 2 and 19 Oct., and 2 and 4 Nov. 1937.

385 Jimmy Rutherford was aged 19 when in spring 1937 he was sentenced to death, along with four other British members of the International Brigades taken prisoner by General Franco's forces. But Rutherford and a score of other British prisoners were exchanged and repatriated in May that year. He, along with several other repatriated prisoners, insisted on returning soon afterwards to fight for the Republic in Spain. Recaptured, Rutherford was executed by the Francoists in April 1938. He was evidently a member in Edinburgh of the Labour League of Youth and of the Free Fishermen of Newhaven. Bill Alexander, op.cit., 184-5, 187, 274; *Voices from the Spanish Civil War*, op.cit., passim.

386 No further information about Daglish has been found. Jimmy Crichton was insistent that the man he was referring to was Daglish, not Dalgleish. But John Dalgleish, whose next of kin was Mrs Donaldson, 154 Bonnington Road, was an Edinburgh member of the International Brigades killed in the Spanish Civil War. It seems likely that Daglish, who, Jimmy Crichton recalls, also lived in Bonnington Road, and Dalgleish, whatever the correct spelling of the name, were one and the same. See list in Tom Murray Coll. (MS Acc. 9083, Box 4, fol.1), National Library of Scotland, headed 'Edinburgh members of the 15th International Brigade, Republican Army, Spain', which gives John Dalgleish as killed and his next of kin's name and address in Bonnington Road. Bill Alexander, op.cit., 265, says J. Dalglish (sic) was killed in February 1937 in the battle of Jarama—but he belonged to Leigh in Lancashire.

387 For the recollections of Dr George Drever, see *Voices from the Spanish Civil War*, op.cit., 277-87.

388 Rab McInnes, from McLeod Street, Edinburgh, and Percy Thomson, from Leith Walk, both returned from the Spanish Civil War. Bob Mason was killed in the battle of Jarama in February 1937. For George Murray, see above, note 220; for Tom Murray, see above,

pp. 254-332. Harold Fry, a former British army sergeant, whose civilian job was shoe-repairer, and whose next of kin lived in Leith, had been captured at the battle of Jarama in February 1937 and was sentenced to execution by the Francoist forces but he was repatriated in an exchange of prisoners in May 1937. He returned, however, to Spain shortly afterwards and was killed while commanding the British Battalion of the International Brigades at Fuentes de Ebro in October that year. Alexander, op. cit., 152, 184-5, 267, 271; List of Edinburgh members of International Brigades in Tom Murray Coll., op.cit.

389 Two foodships were sent to Republican Spain in the early days of the Civil War as a result of work by youth organisations, in which the Spanish Youth Foodship Committee of the British Youth Peace Assembly played an active part. Later a further £30,000 was collected in donations of money and material by youth groups, and five large consignments of food, milk and clothing sent; and a further foodship was sent early in 1939. See a typed and duplicated report titled 'Spanish Relief in Great Britain, 1936-1938', in Tom Murray Coll., National Library of Scotland, MS Acc. 9083, Box 2, fol. 1. David John Jones, 'Potato' Jones (1873-1965), was part-owner and captain of a Cardiff cargo steamer. As well as taking cargoes of food to Republican Spain he brought out 800 refugees. In 1940 he ferried British troops back from Dunkirk. Hywel Francis, *Miners against Fascism. Wales and the Spanish Civil War* (London, 1984), 124, 137.

390 Anthony Eden (1897-1977), Conservative MP, 1923-57, Foreign Secretary, 1935-8, 1940-5 and 1951-5, Prime Minister, 1955-7, created Earl of Avon. As Foreign Secretary during the Spanish Civil War he pursued the policy of non-intervention (see above, note 229).

391 The *Horst Wessel*, a three-masted sailing ship named after a Nazi stormtrooper killed in street fighting in 1930 before Hitler's entry to power, visited Leith from 28 July to 1 August 1938. One of three such barques or sailing ships on which Hitler's navymen and airmen were trained, the *Horst Wessel* had received 'a special visit' from the Fuhrer himself before sailing from Kiel to Leith. It had a crew of 'over 200 commissioned petty officer aspirants and 70 airmen petty officer aspirants', the latter of whom were in the air section of the German navy. An invitation from its Captain Thiele to the public to visit the ship at Leith docks on Sunday afternoon, 31 July, was publicised in the press and some 50,000 people turned up, though only 6,000 were able in fact to go aboard during the three hours scheduled. The Edinburgh Communist Party held a demonstration at the dock gates on the Sunday afternoon against the ship's visit, and published a leaflet, evidently written by Fred Douglas (see above, note 111), headed 'DO NOT FRATERNISE WITH FASCIST TRAINING SHIP... The mission of the *Horst Wessel* in Leith is Bombing—Spying—Propaganda!' There were 'about 200 people' round the speakers at the Communist demonstration. The ship left next day to visit Norway. *Scotsman*, 1 and 2 Aug. 1938; *Edinburgh Evening News*, 28, 29 and 30 Jul. and 1 Aug. 1938. A copy of the Communist Party leaflet is in the National Library of Scotland (1956.42).

Mrs Jessie Jordan (1887-1954), born in Glasgow, brought up in Perth, left home at age 16 and worked as a domestic servant in England, the Isle of Man, and Scotland. She married in 1912 Fritz Jordan, a German waiter working in Dundee, and lived with him and their daughter in Germany until 1919. Her husband died then after war service in the German army and she married a German Jew in Hamburg but was soon divorced. Mrs Jordan built up by the 1930s a successful hairdressing business in Hamburg which brought her into Nazi social circles, but she had to sell the business because of family debt. By the time she returned to Scotland in 1937 as housekeeper for her step-brother she had been recruited by the Abwehr, the German secret service, as a spy. While running a hairdressing shop in Dundee she sketched some military and naval installations at Rosyth, Aldershot, and elsewhere and sent her sketches to Germany. She also passed there information mailed to her by Nazi spies in the United States of America. Arrested at her shop in Dundee on 2 March 1938, she pleaded guilty in the High Court in Edinburgh on 16 May to two charges under the Official Secrets Act, and was sentenced to four years' penal servitude. She returned to Germany in 1945, a convert to Christian Science. She died in Hanover in 1954 after refusing medical treatment. *Glasgow Herald*, 3 and 4 Mar. and 17 May 1938; Andrew Jeffrey, *This Dangerous Menace: Dundee and the River Tay at War, 1939-45* (Edinburgh, 1991), 11-25.

392 Ernst Thaelmann (1886-1944), German Communist Party leader.

393 About 75,000 Moors were enlisted in Franco's forces in the course of the Spanish Civil War. See, e.g., Hugh Thomas, *The Spanish Civil War* (London, 1977), 980.

394 Herbert Morrison (1888-1965), Labour MP, London South Hackney, 1923-4, 1929-31, and 1935-45, East Lewisham, 1945-50, and South Lewisham, 1950-9, Minister of Transport, 1929-31, Minister of Supply, 1940, Home Secretary, 1940-5, Lord President, Deputy Prime Minister and Leader of the House of Commons, 1945-51, Foreign Secretary, 1951, created a life peer, 1959. As Home Secretary Morrison suppressed the *Daily Worker* on 21 January 1941 under Defence Regulation 2D, and the paper remained suppressed for about eighteen months. The Scottish edition of the paper was published in Glasgow from 11 November 1940 until the suppression. William Rust, *The Story of the Daily Worker* (London, 1949), 80, 82; Calder, op.cit., 246. Bob McIlhone was Glasgow secretary, Communist Party, for several years from the early 1940s. 'He was a bureaucrat, but completely devoted to the Communist Party. He had been in Russia for long periods and spent two years at the Lenin School.' *Harry McShane, No Mean Fighter*, op.cit., 237

395 For Patrick Dollan (knighted in 1941, when he retired from the Lord Provostship of Glasgow), see above, note 205; for Matthew Bird, see above, note 335.

396 On the two successive nights 13 and 14 March 1941 when Clydebank was bombed by Hitler's air force, 528 people were killed and 617 seriously injured. Of the 12,000 houses in the burgh 4,300 were either completely destroyed or damaged beyond repair, and only eight were undamaged. I.M.M. MacPhail, *The Clydebank Blitz* (Clydebank, 1995), 56, 68. Peter Creegan (1902-1959), Lanarkshire secretary and Scottish organiser, Communist Party.

397 Denis Healey (1917-), a graduate of Oxford University, served in 1939-45 War in North Africa and Italy and became a major; Labour parliamentary candidate, 1945, Pudsey and Otley; secretary, 1945-52, International Department, Labour Party; Labour MP, Leeds South East, 1952-5, Leeds East, 1955-92, Secretary of State for Defence, 1964-70, Chancellor of Exchequer, 1974-9; a member, 1970-5, National Executive Committee, and Deputy Leader, 1980-3, Labour Party; author of several books; created life peer, 1992, as Baron Healey of Riddlesden.

398 The mining of shale at Straiton, a mile from Loanhead, began about 1880 and continued for about twenty years until the Edinburgh Water Trustees began a legal action against the mining company, which they held was undermining their water pipes. The Court of Session ruled in favour of the Water Trustees and granted a perpetual interdict against the mining company, whose appeal to the House of Lords was rejected in 1903. Hundreds of shale miners lost their jobs. R. Sutherland, *Loanhead. The Development of a Scottish Burgh* (Loanhead, 1974), 74-5.

399 The Jewel, i.e., the Jewel Cottages.

400 Esk Mills at Musselburgh, 'the largest of the kind in the world', employed over 1,000 workers, mainly women and girls, there and in a branch at Buckhaven in Fife. The mills made fishing nets demand for which came from all over the world. Established in 1812 by James Paterson, Esk Mills were bought in 1849 by J. & W. Stuart of Edinburgh, and although demand fell off sharply in the later 20th century and the original mill buildings were vacated about 1980, production continues on a new site nearby. *Midlothian Journal*, 5 Jan. 1912; *The Mighty Mills of Musselburgh* (Musselburgh, 1996), 2, 3, 6, 9.

401 Manufacture of glass bottles had begun in Portobello at William Bailey's works in 1848. After the death in 1860 of Bailey, who was Provost of Portobello, his partner Richard

Cooper entered into a new partnership with Thomas Wood, though this broke up a few years later and the works were split into two parts. On 9 January 1926 the Edinburgh Independent Labour Party weekly *Labour Standard* reported: 'The glass bottle workers are having a bad time, and there seems to be very little hope of an improvement in trade. Between the two works in Portobello only thirty-five men are employed, and these are mostly unskilled men. Bottle-making machines have been installed, which make thirteen bottles per minute, thus throwing 200 and 300 men on the unemployed register. Many of these men, who have spent a lifetime in bottle-making, are unfitted for general labouring work, and the men are becoming disheartened.' Six years later the *Weekly Scotsman* of 21 May 1932 declared: 'The Portobello bottle works are the largest and most important in Scotland... and the output of the works is eight million of bottles annually.' See also *History of Portobello Co-operative Society Ltd 1864-1934* (Glasgow, 1934), 4.

402 The serious fire at Portobello paper mill, owned by John Galloway and Co. Ltd, in Bridge Street, took place on the night of 31 August-1 September 1926. About 300 tons of paper and a lot of valuable machinery were destroyed and part of the mill gutted but not all of it destroyed. More than 120 of its workers were thrown idle, and, as Hugh D'Arcy says, production was soon afterwards removed permanently to Galloway's other paper mill at Balerno. *Edinburgh Evening News*, 1 Sep. 1926; *Scotsman*, 2 Sep. 1926.

403 *Resurrection* by Count Leo Tolstoy (1828-1910), author of *War and Peace*, was published in 1899-1900 and resulted in his excommunication from the Russian Orthodox Church. *Les Miserables* by Victor Hugo (1802-1885), his greatest novel, was published in 1862. *The Rat Pit* by Patrick MacGill (1890-1963), an Irish navvy who worked in Scotland as a labourer, was published in 1915.

404 *Children of the Dead End* by Patrick MacGill was published in 1914 and *Moleskin Joe* in 1923.

405 The *Dundee Weekly* or *Dundee Weekly News* has been published since 1855. The *Edinburgh Evening News* (with some minor changes of title) has been published since 1873. The *Empire News* began publication in 1917, changed its title, 1944, to *Sunday Empire News*, then, 1950, again to *Empire News*, and amalgamated, 1955, with the *Sunday Chronicle*. The *Sunday Express* began publication in 1918 and changed its title in 1996 to *Express on Sunday*. The *Sunday Post* has been published since 1914. *The People*, a Sunday paper, has been published since 1881. For *Reynolds News*, see above, note 314. John Gordon (1890-1974) born and brought up in Dundee, began work there, 1904, as a journalist; editor, 1928-52, *Sunday Express*. For Tom Driberg, see above, note 20.

406 Charles Darwin (1809-1882), originator of the theory of evolution by natural selection, his great work *The Origin of Species* was published in 1859.

407 The Amalgamated Union of Building Trade Workers was formed in 1920 and amalgamated in 1971 with the Amalgamated Society of Woodworkers, Amalgamated Society of Painters and Decorators, and the Association of Building Technicians, in the Union of Construction and Allied Trades and Technicians (U.C.A.T.T.).

408 William Ewart Gladstone (1809-1898), Liberal Party leader, Prime Minister, 1868-74, 1880-5, 1886, 1892-4, Liberal MP for Midlothian, 1880-95.

409 Ras Prince Monolulu (pseudonym of Peter Charles Mackay). His autobiography (London, 1950), was titled *I Gotta Horse.*

410 Cable Street, in the East End of London, was the scene of a massive confrontation on Sunday, 4 October 1936, when an estimated 300,000 people blocked it and adjoining streets against a march by Mosley's Blackshirts. Noreen Branson and Margot Heinemann, *Britain in the Nineteen Thirties* (St Albans), 1973), 317-20.

411 The origins of the Commandos lay in the formation by the War Office shortly before the war of a research section to study subversion and sabotage. Independent companies recruited mainly from volunteers in the Territorial Army were formed to make amphibious guerrilla attacks against the Germans invading Norway in April-June 1940. These companies

were expanded or reorganised in the summer of 1940 to form a series of Commandos or self-contained fighting units of about 500 men each, the units were numbered 1 to 9, 11 and 12, and they began to carry out coastal raids on German-occupied France. A highly successful Commando raid on the Lofoten Islands, belonging to Norway and lying just inside the Arctic Circle, took place on 4 March 1941. Charles Messenger, *The Commandos, 1940-46* (London, 1985), 18-42, 46-8; Kenneth Mackesy, *Commando Strike. The Story of Amphibious Raiding in World War II* (London, 1985), 47-51; *The Oxford Companion to the Second World War*, op.cit., 1152.

412 The raid on St Nazaire on 28 March 1942 was undertaken to destroy the huge dry dock there, the only dock on the Atlantic coast big enough to take the German battleship *Tirpitz*, a major threat to Atlantic convoys. The destroyer *Campbeltown*, crammed with explosives, rammed the gates of the dock and duly blew up next day, destroying the lock, ensuring the success of the raid, and raising morale in Britain. Some 350 British servicemen, including Commandos, were killed or captured in the raid. Captain S.W. Roskill, *The Navy at War 1939-1945* (London, 1960), 203-04; *The Oxford Companion to the Second World War*, op.cit., 974.

413 For Jimmy Milne, see above, note 53; for Bob Cooney, see above, note 340.

414 It was indeed on 8 May 1946 (the first anniversary of V.E.—Victory in Europe—Day) that the half-day token strike took place against the withdrawal by building trade employers from 29 April of their workers' ten-minute morning tea break that had been granted from the beginning of the war on building sites in Scotland. 'On the notice board at Southfield [housing site] this morning was a pencilled notice announcing the demonstration as follows: "Blow up at 12 o'clock. After dinner, procession will form up here. March off 12.45 p.m. (Signed) H. D'Arcy, C. M'Manus, shop stewards." It appears that the strike in Edinburgh originated at Southfield, where today over 200 men of all building trades working on the construction of Orlit and temporary houses downed tools for the afternoon to lead the strike... the demonstration formed up at the Southfield site and marched to the Mound by Willowbrae Road and Regent Road, past the G.P.O. The procession, which was nearly 100 yards long, proceeded in orderly fashion, headed by two shop stewards, Mr H. D'Arcy and Mr C. M'Manus.' A press photograph shows an Amalgamated Union of Building Trades Workers' banner carried by the procession, and a large placard proclaiming, 'The Tea-Break Helps Production'. Nearly 500 building trade workers from various Corporation housing sites in Edinburgh marched through the city to Parliament Square at the top of the Mound to show their support for the strike, which was unofficial. Delegates from building workers at housing schemes at Broxburn in West Lothian and Penicuik and Loanhead in Midlothian also took part in the procession, which was accompanied by a band of members of the Musicians' Union themselves on strike and of members of brass bands in the city. *Edinburgh Evening News*, 8 May 1946.

415 For Jimmy (J.S.) Stewart and Isa Stewart, see above, note 39.

416 See above, note 407. As a result of the breakdown of pay negotiations within the National Joint Council for the Building Industry building unions called a series of strikes and other forms of industrial action, including a ban on overtime at selected sites in various parts of Britain, from 26 June 1972. The strikes and other action continued until a settlement was reached almost three months later.

417 For Jimmy Jarvie, see above, note 39. Tommy Oates was a delegate, 1954-7, to Edinburgh Trades Council from the Shipwrights' Association.

418 For Fred Lawson, see above, note 39. Charlie McManus, an activist in the Amalgamated Union of Building Trade Workers (see above, note 414), and a delegate to Edinburgh Trades Council. Charlie Coutts (1921-), born in Aberdeen, grew up in Penicuik; joined the army at age 17 or 18 and was captured at Singapore by the Japanese in 1942 and put to work on the notorious Burma-Siam railway; after the war he joined the Fire Brigade in

Edinburgh and became active in the Fire Brigades Union; he also joined and became active in the Communist Party; he went to work in Prague about 1952 for the World Federation of Democratic Youth, then in 1954 went to Hungary, where he worked for Radio Budapest as an English language announcer and later became head of the English language service there. He retired in 1998 but is presently setting up a newsagency in Budapest. (Information provided by George McKie, his brother-in-law).

419 The Essential Works Order was made law by Ernest Bevin, Minister of Labour in the wartime Coalition government, in March 1941. Under the Order, employers could not dismiss any worker engaged on 'essential' work without the approval of a Ministry official, nor could workers leave their jobs without permission, and serious absenteeism was also dealt with. But the Order also enabled better pay and conditions to be established for workers, as in the building industry where in October 1942 an agreement resulted in workers receiving an annual paid holiday, and from early in 1945 a guaranteed week. Calder, op.cit., 235-6; W.S. Hilton, *Foes to Tyranny. A History of the Amalgamated Union of Building Trade Workers* (London, n.d.), 259, 263.

420 John Macmaster Campbell (1859-1939), a solicitor from 1884, practised for a few years in Glasgow and for twenty-two years in Oban, principal Liberal Party agent for Argyllshire for twenty-five years, wrote extensively on Highland questions, including an article on the crofters in the Liberal parliamentary election campaign guide, 1906; Sheriff Substitute of Argyllshire at Campbeltown.

421 Arthur Mee (1875-1943), journalist, author; founder and editor, 1919-43, *The Children's Newspaper*, published weekly, 1919-65.

422 Loretto, an independent boarding school conducted on the lines of an English 'public' school, was established in 1829 at Musselburgh; and Glenalmond likewise in Perthshire in 1847.

423 Without disrespect to Hamish MacKinven's knowledge of the subject, the reader may find a useful introduction in Angus Martin, *The Ring-Net Fishermen* (Edinburgh, 1981).

424 Angus MacVicar (1908-), journalist and author, educated at Campbeltown Grammar School and Glasgow University, reporter, *Campbeltown Courier*, 1931-3, Assistant Editor, 1932-4, teacher in Argyll of journalism, 1934-8, author of some eighty novels, plays and other works. Hector MacSporran (1913-), began work as a reporter, 1930-2, on the *Argyllshire Leader*, then, 1932-7, *Campbeltown Courier*, briefly, 1937, *Kirriemuir Free Press*, and again, 1937-44, *Campbeltown Courier* (from 1940 as editor); volunteered twice for the Forces during the 1939-45 War but was rejected on medical grounds; 1944-9, reporter, *Glasgow Herald*, 1949-58, *Dumfries & Galloway Standard*, and 1958-78 Aberdeen Journals (*Press and Journal* and *Evening Express*). *Glasgow Herald*, published since 1783, changed its title to *The Herald* in 1992. The Aberdeen *Press and Journal*, published under that title since 1922 (see also above, note 182).

425 For *Forward*, see above, note 356. Emrys Hughes (1894-1969), son of a Welsh miner, became a schoolteacher, and joined the Independent Labour Party before the 1914-18 War, during which he was imprisoned as a conscientious objector. Chairman, 1919, Independent Labour Party in Wales, a full-time organiser for the I.L.P., 1922-4; Hughes took up journalism from the end of the 1914-18 War and became a correspondent of the *Labour Leader* (retitled, 1922, *New Leader*). In 1924 he was invited by Tom Johnston, editor of *Forward*, who had become an MP in 1922, to become acting editor of that paper. Hughes became its editor in 1931. As a pacifist Hughes opposed the 1939-45 War, a view that divided him from Tom Johnston. Hughes was Labour MP for South Ayrshire, 1946-69. His criticism of the foreign policy of Ernest Bevin during the Labour government, 1945-51, cost him the editorship of *Forward* in 1948. Hughes remained to the end of his life an active worker for peace and disarmament and generally took a radical position on contemporary issues. His first wife, whom he married in 1924, was Nan Hardie,

daughter of Keir Hardie. W. Knox (ed.), *Scottish Labour Leaders, 1918-1939* (Edinburgh, 1984), 144-8.

426 For *Daily Herald*, see above, note 265; for *Daily Worker*, see above, note 109; for *Reynolds News*, see above, note 314. Odhams, a London printing firm, took over as publishers of the popular weekly *John Bull* in 1920 and became transformed into Odhams Press Ltd, printers and publishers. As publishers from 1929 of the *Daily Herald* Odhams, as part of its circulation war with other national newspapers, took an initiative in offering readers sets of books at low prices. See R.J. Minney, *Viscount Southwood* (London, 1954), 61, 162-3, 227-30, 266-9. Arthur Mee (ed.), *The Children's Encyclopedia* (London, 1908-10), 8 vols. and (London, 1922-5, new ed.), 10 vols. *The People's Friend*, a D.C. Thomson weekly, has been published since 1869; its circulation in 1997 was over 468,000 copies.

427 Asdic (Anti-submarine Detection Investigation Committee)—an apparatus for detecting and finding a submarine, or other underwater object, by means of ultrasonic waves echoed back from it.

428 Naomi Mitchison (1897-1999), authoress of some eighty books, including novels and memoirs, lived at Carradale from 1937 until her death; a member of Argyll County Council, 1945-65, and of the Highlands and Islands Advisory Council, 1965-75.

429 The Japanese offensive into Assam in the middle of March 1944 was intended to forestall a British offensive aimed at clearing them out of northern Burma. The siege of Imphal and Kohima were major aspects of the fighting which lasted until June, when the Japanese withdrew after suffering heavy losses. B.H. Liddell Hart, *History of the Second World War* (London, 1973), 513, 518-19

430 Mepacrine—a yellow substance used against malaria.

431 The Bengal famine in 1943 cost about three million lives. Field Marshal Earl Archibald Wavell (1883-1950), Commander-in-chief, India, 1941-3, Viceroy of India, 1943-7.

432 Chandra Bose (1895-1945), an Indian nationalist leader, president of the All-India Congress, 1938, supported the Axis Powers in the Second World War and became Commander-in-chief of the Japanese-sponsored Indian National Army.

433 *John Bull*, founded in 1906 as a weekly penny paper by Horatio Bottomley (1860-1933). *Glasgow Evening Citizen*, published from 1864-1974, for many of its later years as a Beaverbrook newspaper. Jack House (1906-1991), a Glasgow journalist and author of more than sixty books, an authority on Glasgow, worked successively on all three Glasgow evening papers.

434 George M. Thomson (1921-), Assistant Editor, *Forward*, 1946-8, Editor, 1948-53; Labour MP, 1952-72, Dundee East, Minister of State, Foreign Office, 1964-6, Chancellor of the Duchy of Lancaster, 1966-7, Joint Minister of State, Foreign office, 1967, Secretary of State for Commonwealth Affairs, 1967-8, Minister without Portfolio, 1968-9, Chancellor of the Duchy of Lancaster, 1969-70, Shadow Minister of Defence, 1970-2, a European Community Commissioner, 1973-7, Chairman, Independent Broadcasting Authority, 1981-8, a member from 1989, Liberal Democrat Party, created a life peer, 1977, as Baron Thomson of Monifeith. Cranston's Tea Rooms were opened between 1884 and 1904 in several places in Glasgow by Catherine Cranston (1850-1934), a patron of Charles Rennie Mackintosh and other designers from Glasgow School of Art. The tea rooms, a very successful chain, had in some cases their interior and furniture designed by Mackintosh between 1896 and 1911.

435 J. Dickson Mabon (1925-), began work in coalmining, chairman, 1948-50, Glasgow University Labour Club, graduated in medicine and practised to 1964; a political columnist, 1955-64, in the *Daily Record*, Labour parliamentary candidate, 1951, for Bute and North Ayrshire, 1955, for West Renfrewshire; Labour and Co-op. MP, 1955-81, and Social Democratic MP, 1981-3, for Greenock. Joint Parliamentary Under-Secretary of State for Scotland,

1964-7, Minister of State, Scottish Office, 1967-70, Minister of State, Department of Energy, 1976-9, a founder member, 1981, of the Social Democratic Party, rejoined the Labour Party, 1991. Judith Hart (1924-1991), Labour parliamentary candidate, 1951, Bournemouth West, 1955, Aberdeen South, Labour MP for Lanark, 1959-83, and for Clydesdale, 1983-7, Joint Parliamentary Under-Secretary of State for Scotland, 1964-6, Minister of State, Commonwealth Office, 1966-7, Minister of Social Security, 1967-8, Paymaster General, 1968-9, Minister of Overseas Development, 1969-70, 1974-5, and 1977-9, a member of National Executive Committee, Labour Party, 1969-83, chairman, 1981-2, created a life peeress, 1988, as Baroness Hart of South Lanark.

436 Tom Johnston (1881-1965), a graduate of Glasgow University, journalist, founder, 1906, and editor, 1906-31, of *Forward* (see above, notes 356 and 425), Labour MP for Clackmannanshire and West Stirlingshire, 1922-4, 1929-31, and 1935-45, and for Dundee, 1924-9, Under-Secretary of State for Scotland, 1929-31, Lord Privy Seal, 1931, Secretary of State for Scotland, 1941-5, founder, 1941, of the Scottish Council on Industry, and, 1943, of the North of Scotland Hydro-Electric Board, whose chairman he became in 1945 and remained until his retirement in 1959.

437 Sir Victor Warren (1902-1953), a Glasgow Progressive Party councillor, 1931-53, Lord Provost, 1949-52.

438 Andrew Hood (1887-1962), born in Hawick, grew up in Lanarkshire, a printer, journalist, member of the Independent Labour Party, editor from 1912 of *Partick Gazette*; in Royal Engineers signallers, 1916-19; printing manager of Partick I.L.P. newspaper after 1919; secretary and treasurer, 1924-58, Lanarkshire branch, Educational Institute of Scotland; Glasgow Labour town councillor, 1929-38, Partick ward, 1946-9, Provan, and 1949-62, Anderston, leader of Labour Group, 1950-5, Lord Provost, 1955-8; vice-chairman from 1958, East Kilbride Development Corporation. His obituary is in *Glasgow Herald*, 14 Apr. 1962. For George Middleton, see above, note 32. Phil Stein (1922-96), born in Glasgow of Lithuanian Jewish immigrants, after some years as a teacher was for a decade from the mid-1950s Scottish correspondent of the *Daily Worker*; later became a freelance and worked in public relations in the motor trade; an active Communist, he later switched to Labour and remained active in many progressive causes, such as anti-Apartheid. His obituary is in *The Herald*, 30 Nov. 1996. Jimmy Dollan, born 1914, a journalist, son of Sir Patrick Dollan (see above, note 205); a member, 1969-78, and chairman, 1974-5, General Council, Scottish Trades Union Congress.

439 *Our Noble Families* by Tom Johnston was published in 1909, at the time of the Liberal government's 'People's Budget' and 'Peers versus People' campaign, and sold over 120,000 copies. In his autobiography *Memories* (London, 1952), 35, Johnston referred to it as 'a rather pungent and scurrilous series of tracts purporting to be the undercover—or almost undercover—record of the great landowning families in Scotland. These tracts assuredly lacked little in vehemence, and they must have irritated many old aristocrats who, under the exactions of the tax gatherer, have now themselves disappeared. Although in their heyday many of these old families had ridden their powers with arrogance, selfishness and cruelty, still, looking back upon it, there were at least some descriptions in... *Our Noble Families* which were historically one sided and unjust and quite unnecessarily wounding.'

440 Morgan Phillips (1902-1963), a Welsh miner, joined Labour Party head office staff, 1937, Propaganda Officer, 1937-40, Organiser, Eastern Counties, 1940-1, Secretary, Research Department, 1941-4, General Secretary, 1944-62, chairman, Socialist International, 1948-57. Arthur Leonard Williams (1904-1972), a Birkenhead railwayman, a student, 1919-21, at Central Labour College, 1921-36 organiser and tutor, National Council of Labour Colleges, unsuccessful Labour parliamentary candidate, 1929 and 1935, secretary, 1936-42, Leeds Labour Party, joined Labour Party head office staff, 1942, Assistant National

Agent, 1946-51, National Agent, 1951-9, National Agent and Deputy General Secretary, 1959-62, General Secretary, 1962-8; knighted, 1968, Governor General of Mauritius, 1968-72. For Denis Healey, see above, note 397.

441 Wilfred Fienburgh (1919-1958), born in Ilford, an office boy, manual worker, and unemployed, 1935-9, rose from rifleman to major in the Rifle Brigade in the 1939-45 War; Assistant Secretary, Civil Service Clerical Association, 1946-7, Labour Party Research Department, 1947-51, Labour MP, North Islington, 1951-8, author of several books, including the posthumous novel (1958), *No Love for Johnnie*. Cecil Bernstein (1904-1981), Executive Director, Granada Group Ltd, chairman, Granada Television.

442 Aneurin Bevan (1897-1960), a Welsh miner who began work at age 13, a miners' union leader in Wales, Labour MP for Ebbw Vale, 1929-60, Minister of Health, 1945-51, Minister of Labour, 1951, but resigned that year over National Health charges, a leader of the Left in the Labour Party until 1957, when as Shadow Foreign Secretary he opposed unilateral nuclear disarmament.

443 Bevan and Jennie Lee (1904-1988) were married in 1934. Daughter of a Fife miner she graduated from Edinburgh University and was the youngest member of the House of Commons when elected as Labour MP for North Lanark, 1929-31. MP for Cannock, 1945-70, Parliamentary Secretary, Ministry of Public Building and Works, 1964-5, Parliamentary Under-Secretary, 1965-7, and Minister of State, 1967-70, Department of Education and Science, a founder of the Open University, created a life peer, 1970, as Baroness Lee of Asheridge.

444 Clement R. Attlee (1883-1967), Labour MP, 1922-50, Limehouse, 1950-55, West Walthamstow, Chancellor of the Duchy of Lancaster, 1930-1, Postmaster General, 1931, leader of the Labour Party, 1935-55, Lord Privy Seal, 1940-2, Deputy Prime Minister, 1942-5, Prime Minister, 1945-51, Earl Attlee from 1955.

445 Hector McNeil (1907-1955), a journalist, Glasgow Labour town councillor, 1932-8, Labour parliamentary candidate, 1935, Kelvingrove, 1936, Ross and Cromarty, Labour MP for Greenock, 1941-55, Parliamentary Private Secretary to Minister of Transport, 1942-5, Parliamentary Under-Secretary, 1945-6, and Minister of State, Foreign Office, 1946-50, Secretary of State for Scotland, 1950-1. For Eustace George Willis, see above, note 28.

446 For Emanuel Shinwell, see above, note 107. *Labour Organiser* was published, 1920-95, successively by the National Association of Labour Agents then by the Labour Party. *The Warwick Guide to British Labour Periodicals 1790-1970*, op.cit., 263.

447 For *The People*, see above, note 405

448 Randolph Turpin (1925-1966), British middleweight boxing champion, 1950-4, European champion, 1951-4, and world champion, 1951.

449 David Robertson (1890-1970), a solicitor, wounded in 1914-18 War, a civil servant, 1918, a businessman, c.1919-40, Conservative MP, Streatham, 1939-50, Unionist MP, Caithness and Sutherland, 1950-64, knighted, 1945. He was 'a vigorous and persistent critic' of the Hydro Board. See P.L. Payne, *The Hydro. A Study of the Development of the Major Hydro-Electric Schemes Undertaken by the North of Scotland Hydro-Electric Board* (Aberdeen, 1988), 224, 325.

450 Robert Menzies (1894-1978), Prime Minister of Australia, 1939-41 and 1949-66, knighted, 1963.

451 Iona was linked up with the North of Scotland Hydro-Electric Board's supply in September 1957. *The Third Statistical Account of Scotland: The County of Argyll* (Glasgow, 1961), 123; *Glasgow Herald*, 20 and 21 Sep. 1957.

452 Robert J. Brown (1924-), began work aged 17 as a journalist on the *Ayr Advertiser*, 1941-2, served in the army, 1942-7, worked again on the *Ayr Advertiser*, 1947-9, then *Glasgow Herald*, 1949-54, *The Times*, 1954-60, news editor, *Glasgow Herald*, 1960-4, Scottish correspondent,

The Guardian, 1964-70, Information Officer, Strathclyde University, 1970-9, Chief Press Officer, South of Scotland Electricity Board, 1979-84, a correspondent of *The Economist*, 1960s and '70s.

453 *Bulletin and Scots Pictorial*, a daily illustrated newspaper published in Glasgow, 1915-60. *Daily Record*, published in Glasgow since 1895.

454 Tom Johnston was not Lord President but Lord Privy Seal, 1931.

455 David L.G.W. Ogilvy, Earl of Airlie (1893-1968), chairman, North of Scotland Hydro-Electric Board, 1943-5.

456 The Cooper Committee was chaired by Thomas M. Cooper (1892-1955), Lord Cooper, Lord Justice-Clerk, 1941-7, Lord President of the Court of Session and Lord Justice-General, 1947-55. The Bill based on the Committee's report passed through both Houses of Parliament without a division, 'the few old Adamites who could not understand anything outside faction fighting for faction fighting's sake being shocked and warded off by my threat that if this great chance of securing a use of water power for the nation was sabotaged, I would make it my personal business to inform the 51st Division when it returned after the war of the names and addresses of the saboteurs.' Thomas Johnston, *Memories*, op.cit., 149-50.

457 During the strike in January-February 1919 in Scotland to establish a forty hours' week in order to prevent unemployment with the running down of wartime industry and the return of demobilised servicemen, tanks had been sent to Glasgow by the Coalition government as a result of a riot involving police and strikers in George Square on 31 January. As chairman then of Glasgow Trades Council Emanuel Shinwell played a leading part in the strike, and he was found guilty of incitement to riot and sentenced to five months' imprisonment.

458 Tom Fraser (1911-1988), a Lanarkshire coalminer, 1925-43, Labour MP, Hamilton, 1943-67, Joint Parliamentary Under-Secretary, Scottish office, 1945-51, Minister of Transport, 1964-5, chairman, North of Scotland Hydro-Electric Board, 1967-73. For William Ross, see above, note 31.

459 Sir Douglas Haddow (1908-1986), a graduate of Edinburgh and Cambridge Universities, a civil servant from 1935, private secretary to Secretary of State for Scotland (Tom Johnston), 1941-4, chairman, North of Scotland Hydro-Electric Board, 1973-8. He had a house in Northumberland Street Lane, Edinburgh, as well as another at Dirleton, East Lothian.

460 The Mackenzie Committee (the Committee on the Generation and Distribution of Electricity in Scotland) was a Departmental Committee set up in 1961 under the chairmanship of Colin Mackenzie, a former chairman of the Scottish Federation of British Industries. It was formed as a direct consequence of a decision by the Cabinet Economic Policy Committee to review the entire question of Scottish electricity. On this whole question, see Peter L. Payne, *The Hydro*, op.cit., 213-14, 223. Clive Ponting, aged 38, an assistant secretary at the Ministry of Defence, was charged in August 1984 under Section 2 of the Official Secrets Act with communicating official information without authority to an unauthorised person—Tam Dalyell, the Labour MP. The information concerned the sinking in the Falklands War of the Argentinian cruiser *General Belgrano* in May 1982. After an 11-day trial in January-February 1985, Ponting was unanimously found not guilty by the jury at the Old Bailey. His counsel described the case as 'the most political trial this century'. See Clive Ponting, *The Right to Know. The Inside Story of the Belgrano Affair* (London, 1985). Bruce Millan (1927-), a chartered accountant, Labour MP, Glasgow Craigton, 1959-83, Glasgow Govan, 1983-88, a Parliamentary Secretary for the R.A.F., 1964-6, Parliamentary Secretary, Scottish office, 1966-70, Minister of State, Scottish Office, 1974-6, Secretary of State for Scotland, 1976-9, a European Commissioner, 1989-95.

461 Peter L. Payne (1929-), Professor of Economic History, Aberdeen University, 1969-95.

462 Aims of Industry, a right-wing propagandist organisation, seems to have been a long-standing critic of the Hydro Board. A statement Aims of Industry had issued on an earlier occasion, in 1960, said it had the right, since it had a Scottish office and several hundred member firms in Scotland, 'to object to the vast expenditure' of the Hydro Board: 'The nationalised Hydro-Electric Board is a monopoly power, with 3,000 officials, and naturally it has a great interest in going on and on with new schemes.' Aims of Industry had been severely criticised for its attitude by George Thomson, Labour MP for Dundee East (see above, note 434), in the House of Commons the previous day. Describing it as 'one of those anonymous empires whose job it was to try to manipulate and manufacture public opinion in this country,' he declared it 'was in fact helping the lairds and landlords and big business who helped to finance the organisation.' Several Conservative MPs also defended the Hydro Board against Aims of Industry in the debate. *Glasgow Herald*, 22 and 23 Dec. 1960.

463 Lord Macdonald of Macdonald (1909-1970), served in the Cameron Highlanders in the 1939-45 War, awarded M.B.E. (military division), chairman, Inverness-shire Unionist Association, 1945-50, Grand Master Mason of Scotland, 1953-7, successively vice-convener and convener of county of Inverness, 1952-70, chairman, Consultative Council, North of Scotland Hydro-Electric Board, 1961-70. Lord Macdonald, whose appointment as county convener 're-established the tradition that the convenership of Inverness was held by a clan chief,' owned the extensive Macdonald Estates in Skye and farmed in Sleat. See his obituary in *Glasgow Herald*, 11 Dec. 1970.

464 *Evening Dispatch*, published in Edinburgh, 1886-1963, when it was merged into the *Evening News*.

465 Hamish MacKinven was a National Union of Journalists' delegate to Edinburgh Trades Council for several years from 1956, and was author of *Edinburgh and District Trades Council Centenary 1859-1959* (Edinburgh, 1959).

466 The Highlands and Islands Development Board was set up by an act of parliament in 1965 to assist the people of the Highlands and Islands to improve their economic and social conditions, and to enable the Highlands and Islands to play a more effective part in the economic and social development of Britain. Financed by central government, the Board was responsible to the Secretary of State for Scotland. It had a wide range of powers, including acquiring land, building factories, setting up businesses and undertaking research. It ran its own scheme of grants and loans. It merged in 1991 into Highlands and Islands Enterprise. See, e.g., James Grassie, *Highland Experiment. The Story of the Highlands and Islands Development Board* (Aberdeen, 1983); and Professor Sir Kenneth Alexander, *The Work of the Highlands and Islands Development Board* (The Arkleton Lecture, 1978), 23. Prophet Smith, born 1909, a seaman from age 16 until 1943 when he became secretary, Greenock and Glasgow branch, National Union of Seamen; a member from 1955 of the Highland Panel, Assistant Secretary, Scottish Agricultural Organisation Society; Convener, 1955-9, Shetland County Council, a full-time member, 1965-76, Highlands and Islands Development Board. Roderick MacFarquhar, born at Inverness, son of a tailor's cutter, began work as a railway clerk, victimised in the 1926 General Strike; fought with the International Brigades in the Spanish Civil War, and in the 1939-45 War commanded a unit of G.H.Q. Liaison Regiment (Phantoms); after the war worked for some years with the Scottish Agricultural Organisation Society; active in Lochboisdale Experiment, which led to the formation of the Outer Isles Crofters' Co-operative; a member of the Highlands and Islands Consultative Committee, secretary from 1956 for over 25 years of the Highland Fund; an activist in the Campaign for Nuclear Disarmament. For his recollections of his Spanish War experiences, see *Voices from the Spanish Civil War*, op. cit., 77-87. The Children's Panel, or Children's Hearing System, which replaced the earlier court

system for dealing with children in trouble and in need of care and protection, was established in Scotland in 1971, as an outcome of the report of a Committee on Children and Young Persons, under the chairmanship of Lord Kilbrandon, a Court of Session judge. The system of lay panels to deal with children and young persons has been described as 'unique in its particular welfare conception of justice.' See, e.g., J.H. Curran, *The Children's Hearing System* (Scottish Office, Edinburgh, 1977).

467 The B.B.C. Television *Panorama* programme about Arthur Street and other slums in Holyrood ward, in which Councillor Thomas Morgan, chairman, Edinburgh Town Council housing committee, and Councillor Pat Rogan of Holyrood ward, took part, was broadcast on 27 February 1961. See *Edinburgh Evening News*, 28 Feb. 1961. For Councillor Pat Rogan, see above, note 26. John Steinbeck (1902-1968), American novelist, author of, e.g., *Of Mice and Men* (1937) and *The Grapes of Wrath* (1939), winner of the Pulitzer prize, 1940, and the Nobel prize for Literature, 1962. Ernest Hemingway (1899-1961), American novelist, author of, e.g., *A Farewell to Arms* (1929) and *For Whom the Bell Tolls* (1940), winner of the Pulitzer Prize, 1953, and the Nobel Prize for Literature, 1954. Robin Day (1923-2000), journalist and broadcaster, presenter for several years in the 1960s and '70s of the B.B.C. television programme *Panorama*.

468 George Pottinger (1916-1998), 'the most brilliant civil servant of the day', son of a clergyman and educated at George Watson's College, Edinburgh, and Edinburgh, Heidelberg and Cambridge Universities; promoted in the field to Lieutenant Colonel, Royal Artillery, in the 1939-45 War, mentioned in despatches; entered the Scottish office in 1939 and rose rapidly after the war to be Permanent Secretary, Department of Agriculture and Fisheries, but following the collapse in 1972 of the huge architectural business of John Poulson and Poulson's trial in 'one of Britain's greatest corruption scandals', Pottinger was convicted in 1974 of taking gifts worth £30,000 from Poulson over six years and was sentenced to four years' imprisonment, reduced on appeal to three years. Pottinger always maintained that his trial had failed to prove he had allowed Poulson's gifts to him (which included his house, holidays, a car, etc.,) to corrupt him. See his obituary in *Scotsman*, 19 Jan. 1998.

469 Robert Grieve (1910-1995), a civil engineer, planner and civil servant, 1927-64, Professor of Town and Regional Planning, 1964-74, Glasgow University, chairman, Highlands and Islands Development Board, 1965-70.

470 Carolina Port 'B' power station in Dundee was opened by William Ross, Secretary of State for Scotland, on 17 December 1965. *Scotsman*, 18 Dec. 1965. Thomas D.G. Galbraith, 1st Baron Strathclyde (1891-1985), a commander in the Royal Navy, in which he served, 1903-22, and again during the 1939-45 War, Conservative MP, 1940-55, Glasgow Pollok, Joint Parliamentary Under-Secretary for Scotland, 1945 and 1951-5, Minister of State, Scottish Office, 1955-8, chairman, North of Scotland Hydro-Electric Board, 1959-67.

Index

Abadan, 2

Aberavon, 549

Aberdeen, ix, 24, 49, 261, 313, 342, 353, 354, 355, 356, 360, 361, 383, 456, 473, 513, 551, 561; constituencies: North, 555, South, 564; *Eola* at, 362; Fascists in, 353, 354, 355, 360, 363, 425, 551; General Strike, 1926, in, 353; Hunger Marches from, 355-62 *passim*, 552; Labour College in, 360; places in: Bridge of Dee, 361, Castlegate, 353, 355, 361, Free Church College, 255, Gordon's College, 256, Hall, Russell's shipyard, 359, 361, Market Stance, 456, Music Hall, 354, 360, Plaza dance hall, 354, St Clements Street, 354, Union Street, 354, 456, Woodside, 355; Trades Council, 49, 55, 513, 552; Unemployed Workers' Movement at, 348, 349, 354-62; unemployment in, 355, 356, 552; University, 203, 499, 549, 567; *see also* Communist Party; Co-operative; newspapers and periodicals

Aberdeenshire, ix, 254, 255, 257, 260, 527; West constituency, 508, 527, 528

Aberlady, 376

Abyssinia, 306, 307

accidents and injuries: air, 542; burning, 105, 468, 469; Carron oil treatment and, 469; in cricket, 158; fatal, 68, 77, 82, 87, 105, 107, 130, 158, 205, 223, 224, 245, 246, 247, 337, 400, 426, 442, 488, 519, 527, 542, 556-7; in fishing industry, 246; in forestry, 236, 243, 244, 245, 246, 247, 248, 527; in housing collapse, 431; and Irish potato workers, 426, 556-7; in jute and flax mills, 391, 392; in laundries, 167, 446; in London, 453; in mining, 68, 74, 77, 78, 82, 87, 104, 106, 107, 108, 111, 114, 115, 117, 129, 130, 223, 224, 246, 333, 442, 517, 519; Piper Alpha, 246, 527; railway, 227; riding, 337; on roads, 205, 488, 549; shock, 469; *see also* Health and Safety Executive; illness, disease and disablement; Red Cross; St John's Ambulance Association

Achill: Island, 557, Sound, 556

Acts and Bills: Anomalies Act, 1931, 550; Coal Mines Act, 1911, 521; Corn Production Act, 1917, 263, 528, (Repeal), 1921, 528; Crofters Act, 1886, 465; Dock Work Act, 1989, 517; Education (Scotland) Act, 1918, 540, 553, 1945, 553; Highlands and Islands Development (Scotland) Act, 1965, 567; Industrial Relations Act, 1971, 64, 518; Military Training Act, 1939, 525; National Service (Amendment) Act, 1948, 527; Hydro-Electric Development (Scotland) Act, 1943, 566; Official Secrets Act, 1911, 558, 566; Rents Restriction Act, 1915, 553; Temperance Act, 1920, 264, 529; Unemployment Insurance Act, 1934, 552

Adamson, William, 98, 522

Addieston Toll, 16

Addiewell, 336

Ae, ix, 226, 227, 229, 235-52 *passim*

Africa, 100, 446; *see also* German East Africa; North Africa; South Africa; West Africa

Agnew, Derek, 487

Aid for Russia, 281

Aikman, John S., 209

Aims of Industry, 499, 500, 567

Aird, Stan, 214

Airdrie, 27

Airfield, *see* collieries

Airlie, Earl of, 495, 566

Airlie, John M., 31, 33, 300, 506

Aitchison, Jackie, 146

Aitchison, Pat, 146

Aldershot, 233, 558

Ale Water, 213

Alexander, Sir Kenneth, 339, 549

Allan, David, 110

Allan Water, 183

Allan, Willie, 110

All-India Congress, 563

Almondhill, *see* farms and farming

Alston, Janet Dalrymple, *see* Murray, Mrs Janet

Alton, 199, 200; Edgar's Grammar School at, 200

Alyth, 372, 378, 381, 382

America: South, 286, 287; United States of, 26, 27, 103, 108, 110, 133, 210, 264, 413, 438, 440, 522, 525, 533, 558

Amisfield, 226, 234, 235

Ampleforth College, 199, 525

Ancrum, 205, 206, 208, 209, 210, 213, 214, 215, 218

Anderson, Bill, 146

Anderson family (at Harrietsfield), 215

Anderson family (at Newtongrange), 108

Anderson, Maureen, 146

Anderson, Mr, contractor, 110

Anglo-German Fellowship, 280, 534

Anglo-Russian Parliamentary Committee, 534

Angus, 261

animals, *see* creatures

Annan, 174, 176

Anstruther, 4

Anti-Corn Law League, 532

Anti-Militarist and Anti-Conscription League, 509

apartheid and anti-apartheid, *see* racism and anti-racism

appeasement, 525; *see also* Anglo-German Fellowship; Cliveden Set; Munich Pact

Arbroath, ix, 383, 394-6 *passim*

Archibald (Erchibald), Will, 77

Arcos Raid, 275, 532

Arctic Circle, 561

Ardlussa, 400, 404

Argentine, 455

Argyle, Duke of, 485

Argyllshire, 404, 484, 552, 562; County Council, 563

arles, *see* farm workers

Armadale (Skye), 420

armed forces, 104, 158, 210, 275, 302, 303, 304, 352, 438, 454, 455, 479, 482, 549; Argentine: *General Belgrano*, 566; Argyll and Sutherland Highlanders, 365, 466, 540, 552; Army Catering Corps, 233-4; Army Education Corps, 542; A.T.S., 223; bandsmen in, 104, 157, 158, 159; Bantams, 415, 554; Black Watch, 262, 525; Cameron Highlanders, 157, 158, 159, 524, 567; Cameronians, 370, 454; Commandos, 454, 455, 560, 561; Communists and, 273, 352, 478, 531, 532; and Curragh Mutiny, 263, 528; Dragoon Guards, 160; Eighth Army, 508; enlistment in, 71, 72, 176, 185; Fife and Forfar Yeomanry, 525; and General Strike, 1926, 266, 345, 346; German, 278, 279, 411, 428, 558; G.H.Q. Liaison Regiment, 567; Gordon Highlanders, 456;

Guards, 479; Highland Light Infantry, 508; Home Guard, 223, 507, 524; Hungarian, 546; and incitement to mutiny, 273, 531, 532; Italians in, 426; London Scottish, 454, 456; Lothians and Border Horse, 525; marines, 529; medical discharge from, 370, 456; medically unfit for, 20, 429, 505, 562; military police, 455; and miners' strikes or lock-outs, 111, 145; National Service in, 226, 233-4, 527; in Northern Ireland, 548; paratroopers, 310; and pensions, 1, 2, 160, 467; Pioneer Corps, 438; political rights sought for, 531; Prussian, 246; R.A.F., 185, 233, 277, 327, 479, 480-3 *passim*, 490, 505, 507, 514, 526, 539; R.A.F. Regiment, 479, 480, 490; Red Army, 278, 279, 280, 285, 311, 312, 509, 510, 533, 535, 544; Regulars, 234, 414, 446, 454, 516, 524, 526; removal of Roman Catholics from demanded, 540; Rifle Brigade, 565; and ring-net fishing, 472; Royal Artillery, 1, 72, 352, 507, 508, 510, 551, 568; Royal Army Medical Corps, 206, 233, 427, 506, 522; Royal Army Service Corps, 414; Royal Engineers, 233, 564; Royal Flying Corps, 160, 507, 541, 549; Royal Navy, 21, 170, 223, 230, 456, 472, 476, 506, 508, 524, 526, 568; Royal Scots, 104, 415, 522, 554; Royal Scots Fusiliers, 159, 160, 522; Royal Signals, 508; Seaforth Highlanders, 551; snipers, 466, 468; soldiers' washings, 156, 160, 445; Territorial Army, 104, 262, 466, 560; 16th/5th Lancers, 531; 51st Highland Division, 566; *see also* wars

Armentieres, 554

arms and armaments, 262, 277, 287, 310, 312, 455, 479, 482; grenades, 262, 466, 524; Heinkels, 479, 524; machine guns, 455, 456; nuclear, 51, 309, 513, 565; shells, 160, 288; Spitfires, 490, 524; tanks, 277, 279, 310, 496, 566; *see also* armed forces; Campaign for Nuclear Disarmament; ships and shipping; wars

Arniston, 111, 114, 223, 521; *see also* collieries, Arniston, Emily

Arran, 252, 455, 471

Arras, 160, 554

Arrow Cross Party, 546

Asia, *see* South East Asia Treaty Organisation

Assam, 480, 563

Associated Society of Locomotive Engineers & Firemen (A.S.L.E.F.), 271, 345, 346

Association of Cinematograph, Television and Allied Technicians, 54, 514

Association of Professional, Clerical and Computer Staff, 512

Astor, Lord, 280, 534

Astor, Nancy, Lady, 264, 280, 529, 534

Attaro, Juan, 362

Atterton, Jack, 451

Attlee, Clement R., 489, 550, 565
Attonburn Youth Hostel, 416
Auchencrow, 412
Auchincruive Agricultural College, 472
Auchterderran Wheelers, 419
Auldjo, Willie, 7, 8, 16, 505
Auschwitz, 315, 316, 545
Australia, 205, 319, 424, 493, 509, 510, 565
Ayr, 24, 501, 502; Burghs, 506, 508
Ayres, Fred, 141
Ayrshire, ix, 226, 229, 242, 415, 521, 557; North, 563; South, 485, 562
Ayton, 418

Back Muir, see farms and farming, smallholding
Baden-Powell, Agnes, 554
Baden-Powell, Robert, 418, 554
Bailey, William, 559
Baldwin, Stanley, 529, 532
Balgone, 519
Ballachulish, 420
Ballantine, Captain George, 302, 303, 304, 540
Ballantrae, 471
Ballantyne, Mr, carter, 29
Ballater, 254
Ballingry, 517
Baltic, 281, 401
Banchory, 528
Band of Hope, see churches and religion
Banffshire, 260, 313
Bankhead, 255
Banks, George, 491, 492
Banks, Sandy, 470
Barbour, Jimmy, 267
Barke, James, 274, 275, 532
Barking, 507
Barr, Rev. James, 268, 327, 530
Barra, 528
Barry camp, 262
Barton, Bob, 103
Bass Rock farm, see farms and farming
Batchelor, Jimmy, 41
Bathgate, 524, Academy, 335, Co-operative Society, 506
Bathgate, Will, 30, 31
Bax, Arthur, 487, 488, 489, 490
Baxter, Tom, 359, 361
Baxter, Willie, 92
B.B.C. Broadcasting Council for Scotland, 52
Bearsden, 520
Beaton, Allan, 555
Beaverbrook, Lord, 528, 563
Bechuanaland, 522
Bedrule, 213, 214
Bedwelty, 518
Beinn Ghuilean, 471

Belfast, 289, 290, 351, 390, 528
Belgium, 352, 533, 541
Bell, Tommy, 286, 535
Belton Park, 479
Benbecula, 528
Bengal, 481, 482, 563
Benn, Tony, 65, 518
'Bent Aixles', see Ramage, Jackie
Berlin, 279, 280, 310, 311, 510, 526, 544
Bernstein, Cecil, 488, 565
berry-picking, see employments and occupations
Berwick, 226
Berwickshire, ix, 194, 195, 412, 525, County Council, 198, 525, High School, 198
Berwick, Thurso, see Blythman, Morris
Bet the Boar, a tramp, 215, 216
Bevan, Aneurin, 465, 488, 489, 490, 550, 565
Bevin Boys, 218, 219-24, 423, 526
Bevin, Ernest, 218, 288, 314, 338, 515, 525, 526, 536, 562
Bierut, Boleslaw, 312, 544
Biggar, 192, 202
Biggar, Helen M., 409, 554
Bilbao, 92, 427
Bilsland, Alexander Steven, Lord, 52, 513
Bilston, 138
Bilston Glen, see collieries
Binnie, Jimmy, 415, 421
Binnie, Thomas, 446, 447, 449
Bird, Matthew, 350, 431, 551
Birkenhead, 417, 418, 564
Birkenhead, Earl, 256, 528
Birmingham, 360, 517, 551, Aston in, 505
Birnam, 386
birth control, 53, 54
Bishopbriggs fire brigade, 556
Bishopton, 419
Black, Mr, contractor, 102
Black and Tans, 304, 541
Blackburn (West Lothian), 442, 524
blacklegs, 88, 111, 342, 345, 414
Blackpool, 41
Blackrig, 209
Black Sea, 284
Blackshirts, see Fascists
Blacksmiths, Associated Society of, 40, 51, 510
Blaikie, Mr, 87
Blair Atholl, 498
Blair, Tony, 65, 519
Blairford, William, 40, 41, 510
Blairgowrie, viii, ix, 378, 383-94; berries at, 384, 385, 393; cannery at, 390; employment in, 383, 384, 385, 386, 387, 390, 397; High School, 386; jam factory in, 385; jute and flax mills in, 383, 384, 387-94 passim, 395, 396, 397; laundry in, 383; silk and rayon mill in, 387

Blantyre: Co-operative Society, 514; Ferme, *see* collieries
Blatchford, Robert, 554
Bloomfield, *see* farms and farming
'Blue' Union, *see* National Amalgamated Stevedores and Dockers
Blythe, *see* farms and farming
Blythman, Morris, 322, 546
Boath, George N., 271, 293, 294, 295, 302, 530, 537, 538
Bog, the, *see* collieries
Boilermakers', Blacksmiths' and Shipwrights' Society, Amalgamated, 510
Boilermakers, United Society of, 43, 50
Bolsover, 519
Bonchester Bridge, 213
bondagers, *see* farm workers
Bondfield, Margaret, 350, 550
Bonjedward, 212; Mill, *see* farms and farming
Bonn University, 539
Bonnyrigg, 20, 107, 116, 125, 129, 130, 523
Borders, 174, 213, 215, 218, 220, 226, 227, 252, 367, 419, 525
Bose, Chandra, 482, 563
Bothwell, John G., 50, 513
Bottomley, Horatio, 563
Bournemouth, West, 564
Bowyer, Harry ('Bosh'), 16
Box, Harold, 265
Boyd, John, 63, 518
Boyle, Hughie, 366
Boy Scouts, 411, 417-18, 483, 554
Brack, Bill, viii, ix, 226-53 *passim*, 526; brothers of, 227, 228, 230; father of, 226, 227, 228, 229, 230, 234; grandparents of, 226, 227; mother of, 227, 228, 229, 230; wife of, 229
Bradford, 543
Braemar, 254
Braids estate, 528
Brannigan, John, 26, 27, 42, 44, 45, 46, 47, 50, 506, 511; wife of, 44
Brazil, 498, 542
Bremen, 75
Brewer, John, 487
Bridge of Earn, 226, 228, secondary school, 229
Bridge of Orchy, 419
Bristol, East, 505, South-east, 505, 518
Britain-China Friendship Association, 324, 325
British Citizens' No-Licence Council, 507
British Empire, 269, 554
British Legion, 1, 451
British Phrenological Society, 507
British Road to Socialism, The, see Communist Party
British Socialist Party, 520, 532, 546
British Union of Fascists, *see* Fascists
British Youth Peace Assembly, 558

Broadford, 420
Broadmeadows Youth Hostel, 417
Broom, Mr, editor, 465, 474
Brown, Alex, 334, 335
Brown, Dr, 469
Brown, Ernest, 422, 555
Brown, Jimmy ('Sneck'), 15, 16
Brown, Jimmy, 111, 112
Brown, Mary, 15
Brown, Mr, a teacher, 163
Brown, Peter, 425
Brown, Provost Robert, 111, 112, 115, 522
Brown, Robert J., 494, 565
Brown (Broon), Tam, 15, 16
Brown, Tom, 53, 514
Broxburn, 108, 561
Brussels, 206, 288, 536
Bryans, *see* collieries
Buccleuch, Duke of, 208, 239
Buchanan Jardine, Mr, landowner, 201
Bucharest, 317
Buchman, Frank, 37, 508
Buckhaven, 559
Buckie, 528
Buckinghamshire, 534
Budapest, 317, 461, 562; Radio, 562
'Buffer, The', 271, 272
building: employers, 256, 335, 336, 407, 408, 410, 434, 446, 447, 448, 452, 456, 457, 458, 459, 460, 462, 464; labourers, 447, 454, 458, 462; in London, 447, 448-9; sites, 434, 456, 458, 462-3; speculative, 454; sub-contractors in, 450; trades workers, 272, 456-60, 461-4, bricklayers, 446, 448, 449, 454, 456-60, 461-4, 508, apprentice, 446-7, 448, 454, runaway, 447, 454, foremen, 448, 458, joiners, 447, 454, 463; *see also* Building Trades Workers, Amalgamated Union of; Construction Industry Training Board; holidays; hours of labour; strikes and lock-outs; Union of Construction, Allied Trades & Technicians; wages
Building: Industry, National Joint Council for, 561; Technicians, Association of, 560; Trades Operatives, National Federation of, 457; Trade Workers, Amalgamated Union of, 40, 55, 449, 456-62 *passim*, 510, 535, 560, 561, Edinburgh branch, 456, 457, 460, 508; *see also* Union of Construction, Allied Trades & Technicians
Bukharin, Nikolai I, 535
Burgari, Quinto, 114, 115
Burma, ix, 2, 206, 480-2, 483, 563; -Siam railway, 561
Burnley, 550
Burnmouth, 412, 418
Burns, Emile, 424, 555
Burns, Robert, 204, 254, 532

Burnside, Robert, 94, 95, 521
Burntisland, 530
Bute, 563
Byrne, John, 511

Caerphilly, ix, 170
Caithness, 255, 492, 565
Calcutta, 481, 482
Caldercruix, 506
California, 338
Callaghan, Peter, 45, 512
Callander, 417, 420
Cambridge University, 202, 566, 568
Cambuslang, 343
Camelon, 220, 223
Cameron, Alex, 90, 91, 95, 97, 520
Cameron, Jimmy, 41, 42, 286, 511
Campaign for Nuclear Disarmament, 567
Campbell, Bill, 292, 293
Campbell, Dave, 358, 359, 360, 552
Campbell, J.R., 275, 276, 532
Campbell, Sheriff John Macmaster, 465, 562
Campbell, Willie, 33, 34
Campbeltown, viii, ix, 465-79 *passim*, 482, 483, 562; Asdic training centre in, 476; Grammar School, 468, 469-71, 473, 476, 490, 562; Loch, 471; parish church, 476, 477; Piper's Cave at, 471; *see also* newspapers and periodicals, *Campbeltown Courier*
Canada, 91, 108, 205, 413, 438, 446, 510, 514, 556
Canberra, 493
Cannock, 565
Canterbury, 537, 543
Cantie's Brig, 418
Canton, 529
Capetown, 418
Caputh, 386
Carabine, Jackie, 45, 46
Carabine, Joe, 45
Carberry, *see* collieries
Cardiff, 558
Cargill, Colin, 254
Carlisle, 242, 243, 416, 541
Carluke Co-operative Society, 548
Carnegie, Andrew, 475
Carnwath, 67, 68, 174, 175, 176, 177, 505
Carradale, 478, 563
Carragorra, 119, 122
Carrington, General Sir Frederick, 418
Carron ironworks, 469
Carson, Sir Edward, 263, 528
Carstairs, 4, 6
Carter Bar, 367
Castle, Barbara, 65, 512
Castleford, 234

Castlemilk estate, 201
Cathcart, Alex, 506
Cathcart, Lady Emily Gordon, 256, 257, 528
Cathcart, Sir Gordon (Reginald), 257, 528
Cauld Seanie, a tramp, 77
Caux, 37, 508
Cavendish-Bentinck, Victor, 545
Celtic F.C., 370
Central Labour College, 506, 564
Cessford, *see* farms and farming
Cessford, Jack, 83
Chalmers, David, 293, 294, 295, 423, 537, 538
Chalmers, Pat, 291, 537
Chamberlain, Neville, 367, 424
Chambers, Josie, 96
Chambers, Peter, 94, 95, 96, 111, 112, 521
Chambers-Hunter, William K.A.J., 355, 425, 551
Chambers's Encyclopedia, Dictionary, Gazetteer and *Journal*, 421
Chapelhope Youth Hostel, 417
Chapple, Frank, 511
Charterhall, 418
Charterhouse School, 551
Chartism, 532, 548
Cheka, *see* Soviet Union
Chesterfield, 518
Chesters, *see* farms and farming
Cheviot Hill, 416
children, 4, 31, 68, 70, 71, 79, 80, 81, 134, 136, 170, 171, 191, 216, 293, 303, 386, 394, 396, 432, 442, 520, 524, 541; adopted, fostered, or in care, 3, 216, 253, 327; anxious to work, 8, 9, 21; in Auschwitz, 315; bare-footed, 440; and berry-picking, 372, 377, 378-82, 385; in China, 254, 529; in coal mines, 105, 435, 522, 565; comics for, 86, 125, 230; death of, 3, 68, 70, 71, 105, 119, 434, 440; farm workers and, 198, 199, 207; free school meals and footwear for, 140, 295-6, 538, 539, 548; games and activities by or for, 124, 129, 160, 162, 163, 183, 213, 216, 217, 257, 386, 438, 467, 468; gather coal, 67, 68, 69, 70, 74; hungry, 434, 439; illegitimate, 468; Irish seasonal farm workers and, 217, 218; in large families, 3, 12, 68, 70, 81, 85, 99, 118, 119, 120, 121, 124, 126, 161, 162, 174, 175, 176, 177, 205, 254, 270, 334, 335, 364, 377, 384, 404, 423, 434, 435, 436, 438, 440, 441, 468, 530, 551; looked after by domestic servant, 374, 375; miners' strike, 1984-5, and, 131, 139-44; only, 2, 14; orphan, 3, 77, 105, 130, 158, 176, 327, 333, 400, 530; outings by or for, 8, 80, 125, 162, 163, 208, 442; playing places of or for, 85, 86, 330; paediatrician, 548; posthumous, 77; potato harvest and, 124, 385, 386; in Spanish Civil War, 428, 532, 544; tramps and, 215-16; *see also* Boy Scouts; churches and

religion; clothes and clothing ; Cubs; education; food and drink; Socialist Sunday Schools

Children and Young Persons, Committee on, 568

Children of the Dead End, 444, 560

Children's Encyclopedia, The, 475, 563

Children's Newspaper, 470, 475, 562

Children's Panel, 501, 504, 567, 568

China, 256, 263, 265, 318, 324, 325, 332, 399, 403, 527, 529, 546, 548, 549

Christie, Agatha, 134, 373

Christie, Jimmy, 84

churches and religion, 82, 101, 255, 407, 476; anti-Catholic, 540; anti-clericalism, 437; atheists and freethinkers and, 437, 476; Band of Hope, 163, 524; Baptist, 267, 540, 555; Billy Boys and, 551; Calvinistic, 495; Catholic, 44, 45, 53, 54, 99, 100, 119, 122, 123, 210, 211, 267, 289, 290, 305, 335, 402, 428, 429, 436, 442, 451, 523, 525, 540, 542. 557; christening, 399; Christian Scientist, 210, 525, 559; choir, 511; church-going, 79, 163, 209, 251, 366, 476, 477; Church of England, 537; Church of Scotland, 494, 508, 518, 527; collection plate, 115; Congregational, 407; deaths of Irish potato workers and, 556, 557; elder, 266; Episcopal, 305, 542; Eucharistic Congress, 303, 304, 540-1; evangelist, 508, 541; excommunication, 560; Free Church of Scotland, 255, 366; in Glasgow, 403, 407; lay preacher, 267, 555; missionary, 522; in Northern Ireland, 289, 290, 523; Plymouth Brethren, 99; in Polish salt mine, 315; presbyterian, 294, 305; Protestants, 45, 100, 123, 289, 290, 412, 437, 551; Quakers, 267; representatives of on Education Committee, 296, 305, 542; reserved pews, 100; Russian Orthodox, 560; Sabbatarianism, 366; Salvation Army, 99, 407, 518; Scottish Protestant League, 540; sectarianism, 44, 45, absence of, 124, 289, 290, riots, 540- 1; sermon, 476; social class and, 100; in Soviet Union, 282, 283; in Spanish Civil War, 273, 363, 428, 429; Sunday School, 79, 115, 163, 209, 255; theatre and, 267; theology, 255, 267, 305; United Free Church of Scotland, 266, 524; war and, 262; *see also* education; employment and occupations, clergymen; Hibernians, Ancient Order of ; Orangemen; Protestant Action; Student Christian Movement; and towns and villages for particular churches

Churchill, Winston, 276, 277, 278, 279, 280, 337, 533, 541, 549

cinema, *see* recreation, sport, and entertainment

Citizens' Advice Bureau, 147

Citrine, Walter, 529

Civil Service Clerical Association, 565

Civil Service Union, 510

Clackmannanshire, 543, 564

Clancy, Cornelius, 516

Clarion Cycling Club, *see* Musselburgh

Clark, Nobby 423

Clark, Percy, 487

Clark, Posty, 425

Clarke, Andrew, 90, 94, 95, 520

Clarke, Eric, 147

Cleikhimin, 212, 215

Clerical and Administrative Workers' Union, 286, 536, 537, *see also* National Union of Clerks

Cliveden Set, 280, 525, 534

clothes and clothing: air raid wardens', 287; alterations to, 132; aprons, 80, 149; army, 457; at Auschwitz, 315, 316; berry-picking and, 382, 385; of better off children, 124; Bevin Boys and, 526; blankets for, 358, 362; blouses, 124, 148, 164; bonnet (cap), 30, 94, 431; boots, 4, 28, 204, 224, 267, 348, 357, 358, 369, 435, 468; borrowing of, 88; bowler hat, 17, 18, 90, 94, 100, 113; bow tie, 19, 495; braces, 77; broad brimmed hats, 39, 509; buttonhole, 17; cap, 113; capes, 358; caught in machinery, 392; choker, 30; coats, 88, 158, 166, 486, 495, 496; collar and tie, 28, 108, 113; collars of, 133, 149, starched, 151, 164; corduroys, 369; dark, 227; dresses, 148; drying of, 222; dungarees, 28; dustcoats, 12, 23; farm worker's, 179; footwear, 79, 295, 296, 538, 539; frocks, 121; gloves, industrial, 238, 449; greatcoat, khaki, 215; gym tunic, 385; hand-me-down, 87; hats, 41, 158, Homburg, 495, 496; helmet, safety, 224, 247, 250; Hunger Marchers and, 348, 356, 357, 358; immaculate, 4; inadequacy of, 124; jackets, 87, 94; jerseys, 87, 124; jumpers, 80, 164; jute and flax mill workers', 396; kilts, 418; knitted, 381, 382; knitting machine, 334; lack of money for, 87, 122; made by dressmaker, 402; miners', 91; muffler, 113; new, twice yearly, 124; nightshirt, 468; oilskins, 250, 348; old, made into rug, 85; overalls, 224; overcoat, 320; petticoats, 80; pinafore, 88; plaids, 159; policemen's tunics, 308; pork pie hat, 53; potato lifting and, 386; protective, 22, 23, 91, absence of, 248, 287; raincoats, 4, 22, 23, 53, 247, 358; rubber shoes, 88, 124; Russian hat, 166; scarf, 495; for school children, 295-6; shirts, 103, 110, 148, 149, 153, 164, 165, 180, 245, 369, 495; shoes, 170, 248, 267; shorts, 124; singlet, 222; skirts, 153, 320, 385; at 'slave' camp, 369; socks, 204, 358, 418, 468; split-pea hats, 29; stockings, 73; sou'wester, 250; and Spanish Civil War, 532, 558; suit, 108, 320, 483, 489, 495; tack sheet, 80; tailcoat, 19, 100; trousers, 85, 87, 121, 153, 358, 434, 468, 551; umbrella, 90, 94; underwear, 148, 358; unemployed and,

371; washing of, 70, 121, 162, 168, 207, 211, 228; wellingtons, 124, 235, 247, 248, 348; winter, 386; woollen, 133; *see also* laundries

Clouston, Miss, a teacher, 207

Cluny: Castle, 256, estates, 256, 257, 528

Clyde Books, 352, 551

Clyde: Firth of, 473, herring fishermen, 474, river, 430

Clyde, Lord, 531

Clydebank, 276, 345, 430, 431, 532, 542, 559

Clydesdale, 564

Clydeside, 43, 264, 277, 279, 280, 323, 485, 496, 506, 529, 532, 546; I.L.P. Group, 268; rent strike, 1915, 553; shop stewards, 276, 520, 532, 546

Cnoc Scalbart, 471

Coal Industry, Royal Commission on, 1919, 519

Coalition government, 1918-22, 263, 528, 566, 1940-5, 288, 507, 513, 562

coalowners, 84, 91, 95, 100, 436, 450; company managers for, 100, 112, 113-17, 522; informers for, 334; Arniston Coal Co., 98; Deans & Moore Coal Co., 98; Edinburgh Collieries Co., 78, 98, 519; in Fife, 522; Lothian Coal Co., 98, 104, 114, 118, 128, 129, 130, 222, 223, 522; Niddrie & Benhar Coal Co., 437; Ormiston Coal Co., 82, 87, 89, 98; Summerlee Iron Co., 78; United Collieries Co., 334, 548

Coatbridge, 27, 530

Cockpen, 118

Coldstream secondary school, 198

Cold War, 39, 508, 511

Colenso, 418

Coleraine, 289

collieries: Airfield, 89; Arniston, 111, 521; Bilston Glen, 104, 138, 143; Blantyre Ferme, 346; Bog, the, *see* Limeylands; Bryans, 105, 112; Camelon, 220, 223; Campbeltown, 471; Carberry, 97; closing of, west of Scotland, 377; East Hetton, 220, 221; Easthouses, 104, 105, 118, 522; Emily, 111, 114; in Fife, 435; Fleets, 89, 91, 93, 100-02; Fordel, 221; Foulshiels, 333, 548; Fraser's Mine, 104; Horden, 219, 220, 221; horn at, 437; Klondyke, 435, 437 (*see also* Newcraighall); Lady Victoria, 95, 103, 104, 105, 106, 107, 108, 109, 110, 111, 112, 113, 114, 115, 116, 118, 137, 221, 222-5 *passim*, 521, 522, 526; Limeylands, 82, 87, 88, 89, 90, 94; Lingerwood, 103, 104, 105, 117, 118, 219, 221, 222, 224, 377, 522; in the Lothians, 435; managers and under-managers of, 78, 83, 87, 89, 90, 100, 101, 104, 116, 121, 221; Moat, 223; Monktonhall, 138, 143; Muircockhall, 219, 220, 221, 223; near Dalkeith, 522; Newcraighall, 436; Niddrie, no. 9, 437, no. 11, 537; Polkemmet, 462; Polton, 104, 118, 522;

Prestongrange, 67, 68, 69, 73-9, 81, 418, 427, 519; Prestonlinks, 68, 78, 98; Ramsay, 67; Smeaton, 96; South Kirby, 526; Tynemount, 84, 89; Vexem, 105; Wallyford, 68, 519; Waterloo (Leeds), 526; at West Calder, 435, 436; Whitehill (Rosewell), 104, 118, 120, 122, 127, 129, 130, 522; Woolmet, 415, 435, 436, 537; *see also* miners and mining

Colzium, 9

comics, *see* children

Cominform, 317, 546

Committee for the Defeat of Revisionism and for Communist Unity, 319, 545

Common Wealth Party, 32, 507

Communist International, 285, 318, 509, 510, 544, 546

Communist Party, 65, 269, 284, 285, 323, 327, 478, 529, 545, 546, 550; in Aberdeen, 274, 354, 355, 359, 360-1, 456, 551; and *The British Road to Socialism*, 318, 545; Central Committee, 276, 285; in East Lothian, 92, 93, 94, 100; in Edinburgh, 40, 41, 93, 269-85 *passim*, 286, 290, 291, 292-5, 300, 305, 306-7, 308, 309, 318-19, 351, 422, 423-9, 451, 452, 458, 461, 508, 510, 520, 531, 532, 535, 536, 537, 538, 543, 558, 562; Executive Committee, 511, 532, 555; formation of, 93, 520; and Fascists, 305-7, 452-3; and General Strike, 1926, 351; in Glasgow, 42, 48, 49, 274, 275, 276, 351, 352, 409, 410, 424, 430, 509, 513, 551, 559; and Hungarian uprising, 1956, 317, 460, 461, 508, 514, 546; infiltration by, 286, 292-309 *passim*; joining and leaving, 34, 48, 52, 53, 92, 268, 269, 281, 319, 325, 327, 449, 459, 460-1, 477, 478, 510, 514, 516, 519, 530, 531, 532, 536, 537, 546, 549, 551, 562, 564; and Labour Party, 93, 286, 521; in Lanarkshire, 431, 513, 559; in London, 452, 453, 478, 546, 551; in Lothians, 273, 274, 276, 285; membership of, 545; in Northern Ireland, 351; in other countries: Australia, 509, Bulgaria, 544, China, 529, 546, Germany, 559, Hungary, 461, Poland, 544, Soviet Union, 544, 551; post- 1945, 316-19; in Rutherglen, 350, 351; Scottish District, 274-6, 352; Scottish Committee, 460, 509, 531, 555; Scottish secretaries of, 511, 513, 532; and seamen's strike, 1966, 517; some leaders of, 515, 531, 532, 545, 555; and Soviet invasion of Czechoslovakia, 1968, 316, 317, 461, 546; and trade unions, 46, 47, 60, 95, 269, 351, 511, 521, 537; and unemployed, 270, 271, 348, 350, 368, 550; and war, 1939-45, 274-80, 352, 521, 531, 534, 543; *see also* newspapers and periodicals, *Daily Worker, Labour Monthly, Sunday Worker, Workers' Weekly*; Scottish Trades Union Congress; Young Communist League

Comrie, 226, 227, 229

Confederation Generale du Travail (C.G.T.), 144

Confederation of British Industry, 253

Confederation of Shipbuilding and Engineering Unions, 518

Conleys, fishermen, 472

Connemara, 120

Connery, Sean, 21, 506

Connolly, James, 263, 324, 529

Conservative government, 1925-9, 532, 1937-40, 288, 338, 1951-64, 51, 52, 1970-4, 518, 530, 1979-92, 65, 517

Conservatives and Conservative Party, 2, 33, 35, 65, 228, 279, 280, 290, 294, 508, 549; in Central Edinburgh, 35, 36; in Inverness-shire, 567; in Leith, 555; in Midlothian, 522, North, 32, 507; and Moral Rearmament, 38; in West Aberdeenshire, 256, 527, 528; *see also* Edinburgh Town Council

Constructional Engineering Union, 535

Construction Industry Training Board, 464

containerisation, *see* ships and shipping

Cook, A.J., 95, 521

Cooke, Duncanina, viii, 157-72 *passim*; aunt and uncle of, 158, 159; brother of, 159, 160, 162, 163, 169; brother-in-law of, 159, 160, 162, 164, 169, 170; daughters of, 170, 171, 172; father of, 157, 158, 159, 160, 163; father-in-law of, 169, 170; husband of, 158, 168, 169, 170, 171; grandparents of, 158; mother of, 157, 158, 159, 160, 162, 163, 164, 165, 168, 169, 170, 171; sisters of, 158, 159, 162, 163, 164, 165, 169, 170

Cooney, Bob, 354, 355, 359, 360, 361, 456, 551

Cooper Committee, 495, 566

Cooper, Mr, a farmer, 193, 194

Cooper, Richard, 560

Cooper, Thomas M., Lord, 566

Co-operative: movement, 6, activists and workers in, 291, 411, 413, 508, 510, 514, 530, centenary, 554, Communist Party and, 327, drama groups, 408, 409, educational funds, 409, in Fife, 146, flour mill, 412, and Hunger Marchers, 356, 357, newspaper, 548, at Newtongrange, 131, at North Berwick, 181, and theatre, 553; Outer Isles Crofters', 567; Party, 39, 509, 514; Press, 509; principles, 167, 421; Societies, 423, 427, Bathgate, 506, Blantyre, 514, Carluke, 548, Cowlairs, 506, Dalziel, 548, East Lothian, 520, Glasgow Southern, 26, Gorebridge, 521, Leith Provident, 24, 27, 28, 29, 538, Northern (Aberdeen), 26, 356, 357, Paisley, 13, 17, Rosewell, 118, 127, 129, St Cuthbert's (Edinburgh), 1, 9, 10-27 *passim*, 33, 39, 47, 272, 302, 327, 340, 505, 507, 509, 548, laundry of, 151, 155, 157, 164-9, 171-2, St George's (Glasgow), 408, ScotMid, 548, Scottish Wholesale (S.C.W.S.), 16, 22, 24, 26, 27, 29, 44, 46, 175, 186, 506, Tranent, 85, 93, 102, West Calder, 7, 13; Women's Guilds, 272, 327, 398, 404, 406, 507; woollen mills, 412

Cork, 263, 529

Cormack, John, 303, 426, 450, 451, 540, 541

Corpach, 242

Corsock, 527

Coulter, Bill, 486

councils, local, 297, 557, parish, 112, 347, 403; *see also* particular burghs, districts, and counties

Coupar Angus, 390, 394

courting and marriage, 1, 6, 12, 16, 18, 21, 68, 78, 80, 81, 119, 134, 146, 148, 159, 162, 163, 164, 168, 169, 173, 174, 176, 185, 190, 206, 223, 227, 326, 337, 339, 377, 394, 402, 409, 425, 435, 457, 466, 490, 491, 530; councillors and problems of, 298; desertion, 120; discrimination against 'Irish', 436, 437; divorce, 29; foreign sailors and, 76; hand ba' and, 213; by Hunger Marchers, 349; Lewis Grassic Gibbon and, 258; Lithuanian miners and, 108; miners' strike, 1984-5, and, 141; and separation, 83, 435; and soldiers, 159; special licence, 327; twice over, 412; wedding cakes, 12; wedding present from employer, 393; women hutch-builders and, 109, 110

Cousins, Frank, 51, 56, 61, 513

Coutts, Charlie, 461, 537, 561

Coventry, 429, 515, 550, 552

Cowal, 483

Cowan, Charlie, 416, 420

Cowdenbeath: Beith Secondary School, 542; Wheelers Cycling Club, 419

Cowe, Bill, vii, viii, 276, 342-52 *passim*, 532, 551; brother and sister of, 343; children of, 347; father of, 342, 343, 344; grandfathers of, 342; mother of, 342, 343; wife of, 347

Cracow, 315

Craig, E.W., 514

Craigen, James, 53, 514

Crail, 4

Crailing: church, 209, school, 206, 207-9, 215, 216

Cramp, C.T., 346, 550

Cranston, Catherine, 563

Crawford, Gerald W., 291, 537

Crawford, Henry, 250

creatures: animals, love of, 132; basking sharks, 473; bees, 194, 205, 394; birds, 472, 551; budgies, 171; bugs, 242; calves, 196, 259; cattle, 15, 17, 178, 179, 186, 188, 191, 195, 202, 257, 365; cows, 173, 175, 179, 183, 184, 188, 189, 190, 193, 194, 195, 196, 197, 198, 200, 201;

deer, 212, 237; dog, 483; elephants, 490; fleas, 218; flies, 85; followers-on, 178, 188; foxhounds, 208; gannets, 473; goats, 84; greyhound, 94; grouse, 261; hares, 237, 261; heifers, 178; hens, 84, 230, 366; herring, 471, 472, 473; horses, 230, 404, 483, cart, 15, 16, 18, 19, 20, 29-31, 47, 128, 163, 190, 353, 370, 403, 477, 520, cavalry, 160, croft, 365, farm, 15, 178, 184, 194, 210, 214, 258, 259, 386, forestry, 236, 237, 243, 244, 245, hunting, 208, for pit ambulance, 77, pithead, 74, 76, racing, 527, trace, 8; lambs, 259; mackerel, 473; mice, 78, 180, 237; moorland birds, 241; mules, 438; otter, 261; pets, 467; pheasants, 212, 213, 243, 261; pigs, 17, 175, 189, 216, 230, 257; ponies, brake, 105, pit, 73, 78, 103, 113, 114, 169, 219; rabbits, 79, 183, 213, 237, 261; rats, 75, 78, 180, 258, 261; sheep, 175, 188, 202, 255, 257, 259; swans, 243; trout, 369; voles, 237; whales, 472; whippets, 98, 111

Creegan, Peter, 431, 559

Crichton, Jimmy, vii, viii, 411-33 *passim*, 554, 555, 557; brother of, 412, 413, 417; father of, 411, 412, 413, 414, 418; grandparents of, 412, 417, 418; mother of, 412, 414, 418, 432, 433; sister of, 412, 419; sister-in-law of, 413; sons of, 431, 432; uncles of, 411, 413, 414, 415, 417, 418, 422; wife of, 423, 425, 431, 432

Crieff, 265

Crimea, 282, 284

crimes and offences, 298; arising from agitations, 270; assault, 303, 425, 450, 540, 543, 547; bail and, 270; bank robberies, 320-3, 546, 547-8; breach of the peace, 423, 450, 540, 541, 543; corruption, 568; disorderly conduct, 541; embezzlement, 17, 322; housebreaking, 370; incitement to mutiny, 273, 275, 532; incitement to riot, 540, 566; informer concerning, 322; kidnapping conspiracy alleged, 40; looting, 88; mugging, 370; under Official Secrets Act, 1911, 558, 566; pauchling, 11, 12; poaching, 79, 84, 98, 105, 212; rape, 491; rioting, 88, 521; sedition, 529; stabbing, 77; street betting, 30; theft, 30, 79, 303, 505, 540, 547; treason, 545; use of ring-net, 472

Crimond, 456

Cripps, Sir Stafford, 5, 65, 505

'Crofter Jock', *see* Campbell, Sheriff John Macmaster

Cromarty, 527

Crombie, George, 424

Cronin, Miss, manageress, 157, 166

Cronje, General Piet, 418

Cruden, Alexander, 528

'Crushed Bones', 255

Cubs, 417, 554

Cumberland, 394

Cumbernauld, 53, 54

Cumbria, 242

Cupar, 233

Curragh, 263, 528

Currie, David, 43, 48, 52, 53, 512

Currie, Jackie, 40, 459, 510

Czechoslovakia, 316, 317, 461, 546

Daglish (Dalgleish ?), John, 427, 557

Daglish (Dalgleish ?), Mary, 427

D'Agostino, Bertie, 556

D'Agostino, Freddie, 556

D'Agostino, John, 426, 556

Dairsie, 230

Dalglish, J., 557

Dalhousie, 131, 132

Dalkeith, 32, 83, 96, 98, 103, 116, 125, 132, 133, 141, 146, 147, 221, 223, 278, 522; Labour Party at, 146, 507; and miners' strike, 1984-5, 138-46; places in: Eskbank, 105, 106, 111, 112, carpet factory, 105, 507, Esk Valley College, 146, Ferranti's factory, 134, 135, 136, 137, 139, 147, High School, 136, 139, 146, Laidlaw & Fairgrieve factory, 134, Miners' Club, 138, 140, St David's High School, 146, Salter's, 134, Thornybank, 134, 136, Whitehill, 137, 147, 372, Woodburn Training Centre, 137, 147; provosts of, 111, 507, 522; Rotary, 143; Town Council, 507; Women's Support Group, 138-46 *passim*

Dalmahoy, 15

Dalmuir, 367, 370, 553

Dalyell, Tam, 566

Danderhall, 138

D'Arcy, Hugh, viii, 40, 41, 55, 434-64 *passim*, 510, 560, 561; brother Jimmy of, 434, 438, 442, 443, 444, 446, 447, 448, 449, 450, 452, 453, 454, 459; father of, 434, 435, 436, 437, 438, 439, 442, 444, 446, 447, 448, 449, 450; grandparents of, 435, 436, 437, 442, 443, 444; great aunt of, 439; great-grandmother of, 436; mother of, 434, 435, 436, 437, 438, 439, 440, 443, 444, 447, 448, 449, 454, 459; mother-in-law of, 459, 461; nieces and nephews of, 439; other brothers and sisters of, 434, 437, 438, 439, 442, 446, 459; sister Charlotte of, 434, 437, 438, 441, 442; son of, 457, 459; uncles and aunts of, 435, 436, 437, 442, 443, 444; wife of, 457, 459, 460, 461

Darjeeling, 481, 482

Darling, Biel, 103

Darling, James, vii, viii, 103-17 *passim*; brother of, 112, 116; father of, 105, 106, 112, 114, 116; grandparents of, 105; mother of, 105, 112; sister of, 109

Darling, Jock, 111

Darling, Will Y., 304, 541
Dartmoor Prison, 548
Darwin, Charles, 444, 560
Darwinism, 255
Dash, Jack, 60, 516
Das Kapital, 268, 275, 284
David I, king, 550
Davidson, Annie, 23
Davidson, Tom, 89
Davie, Margaret, vii, viii, 67-81 *passim*, 519; brothers and sisters of, 68, 69, 70, 71, 78; father of, 67, 68, 69, 71, 76, 78, 79, 80; grandfathers of, 67; husband of, 76, 79, 81; mother of, 67, 68, 69, 70, 71, 72, 73, 78, 79, 80, 81; sons and daughters of, 80, 81
Davies, Ivor, 542
Day, Robin, 502, 568
Deakin, Arthur, 46, 56, 61, 512
Deans (or Dean), J., Civil Service Union, 40, 510
Deans, Jimmy, 41, 511
deference, 79, 227, 228, 261
Delft, 329
Delhi, 482
Dempstey, Willie, 75
Denholm, 213, 214
Denholm, Stewart, 142
Denikin, General Anton, 264, 529
Department of the Environment, 245
depopulation, 473
Derby, 550
Derbyshire miners' union, 519
Derry, 289, 290
Devlin, Lord, 515
Dewar, Jock, 25, 27, 31, 506
Dick, Hector, 17, 18, 19, 21, 22
Dickens, Charles, 475
Dickson, Jimmy, 292, 293, 537
Dickson, Jim, jnr, 537
Dickson, Mrs, employer, 373, 374, 375
Dieppe, 310
Dimapur, 481
Dimitrov, Georgi, 311, 544
Dirleton, 566
Dishington, Mr, stableman, 30
Dockers' Union, 525
Dollan, Jimmy, 486, 564
Dollan, Patrick J., 268, 431, 530, 559, 564
Dolphingstone, 80
Dolphinton, 192, 193, 194, 195, 199, 203
domestic service and servants, *see* employment and occupations
Don, Rowie, 19
Donaldson, Mrs, a next of kin, 557
Donegal, 290, 557
Donleavy family (Rosewell), 122
Doran, Ian, 546, 547, 548

Dott, Dr Eric F., 333, 336, 337, 548
Dott Memorial Library, 333, 336-41; book stock, 549; committee, 337, 338, 339; decline and closure, 341; funding of, 337, 340; hours of, 339, 550; influence of, 341; lending fees, 337, 340, 549; librarian and staff of, 333, 336-41; locations of, 337, 338, 340; opening of, 337; public talks at, 338; readership of, 337, 338, 339, 340, 341; sales of books by, 340, 341; and 1939-45 War, 339-40
Dott, Peter M'Omish, 336, 337, 548
Dott, Professor Norman, 337, 549
Dougan, Patrick, 556
Dougan, Thomas, 556
Douglas, 6
Douglas, Fred, 93, 269, 270, 423, 424, 425, 426, 451, 520, 531, 551, 556, 558
Douglas, Mrs Fred, 270, 328
Douglas-Hamilton, Lord George Nigel, 301, 303, 539
Dover, 310
Downie family (Portobello), 440
Downie, Jock, 75
Downie, John ('Tuppenny Johnny'), 439
Downie, Sandy, 77
Drem, 181
Drever, Dr George, 427, 557
Drever, Professor James, 414, 554
Driberg, Tom, 32, 444, 507
Drumlithie, 258, 262
drunkenness, 3, 30, 31, 71, 86, 100, 101, 102, 113, 214, 257, 259, 260, 293, 327, 358, 474
Druten, John Van, 526
Dubikas family (Newtongrange), 107
Dublin, 263, 323, 451, 529, 541, University, 528
Dumbarton, 556, Burghs, 520
Dumfries, 24, 25, 226, 227, 234, 235, 236, 250, 253
Dumfriesshire, ix, 174, 176, 185, 192, 201, 229, 242, 399, 551
Dunbar, 72
Dunbartonshire, 510, 532, 556
Dunblane Hydro, 206
Duncan, Eddie, 224
Duncan, Joseph F., 261, 528
Dundee, 265, 274, 309, 379, 397, 399, 403, 430, 500, 503, 560, 564; Carolina Port power station at, 503, 568; East, 563, 567; Fair Week, 393; and Hunger Marches, 357, 358, 359; Jute and Flax Workers' Union, 392; jute mills in, 388, 392; Nazi spy in, 411, 428, 558; Unemployed Workers' Movement at, 348, 349; West, 505
Dundonald, 557
Dunfermline, 24, 174, 510
Dunkeld, 386

Dunkirk, 176, 370, 558
Dunoon, 483, 484
Dunpark, Lord, 548
Duns, 198, 412, 417
Dunure, 471
Durham, County, ix, 219, 220
Durkin, Jimmy, x, 35, 508
Dzerzhinsky, Felix, 534

Eaglesham, 327
Eaglesham, Alan Barr, 551
Earlston, 199, 417
Earsman, William P., 39, 40, 286, 509, 510, 533
Easington, 520
East Calder, 1, 3, 5, parish council, 4, 5, 505
Easter Rising, 1916, 263, 528, 529
Easter Tolmauds, see farms and farming
East Fife F.C., 370, 553
East Hetton, see collieries
Easthouses, 105, 131, 138, 377; see also collieries
East Kilbride, 343, 564
East Lothian, vii, ix, 82, 142, 177, 179, 376, 412, 427, 434, 524, 566; County Council, 520; mining and miners' union in, 94, 96, 97, 98, 139; see also collieries; Communist Party; Co-operative; Independent Labour Party; miners and mining
East Nisbet, see farms and farming
East of Scotland: Blacksmiths' Society, 510; College of Agriculture, 195, 196; Ice Cream Federation, 556
East Tarbert, 365
East-West trade, 39
Ebbw Vale, 565
Ebro, 427, 544
Eccles, 518
Eckford, 214
Eden, Anthony, 428, 558
Edenhall Hospital, 83
Edinburgh, viii, ix, 9, 77, 80, 116, 144, 176, 185, 246, 272, 273, 286, 287, 297, 298, 320, 334, 336, 375, 376, 432, 433, 491, 501, 532, 539, 543, 555, 557; air raid precautions in, 309, 543; Book Festival, 550; branch, Society for Cultural Relations with the Soviet Union, 281, 292; bricklaying in, viii, 446, 447, 449, 453; Britain-China Friendship Association in, 324; building workers' strikes in, 456, 457, 458, 561; Burgh or City Labour Party, 291, 508, 509, 510, 511, 536; constituencies: Central, 32, 33, 35, 36, 37, 38, 507, 508, East, 36, 508, Leith, 36, 422, 508, 555, North, 508, South, 509, 541, 543, West, 32; District Commissioner, 287; Eucharistic Congress in, 303, 304, 540, 541; Fascists in, 305, 306, 422, 423, 424, 425, 426, 542, 543; Freedom of, 21, 506, 541, 549; General Strike, 1926, in, 414; Gollan Defence Committee in, 531; Hunger Marches and, 357, 359, 370, 449, 552; Italians in, 306, 426; Labour College in, 291, 507, 543; Labour League of Youth in, 32, 557; laundries in: Caledonian, 168, City Hospital, 168, Corstorphine, 162, Craigmillar, 151, 155, 168, hand, 151, 156, 523, Holyrood, 151, 156, Liddell's, 155, 156, MacAdam's, 168, 169, MacNab's, 169, Midlothian, 159, 160, 164, numbers of, 523, ownership of, 150, 151, Patriot Hall, 151, Pentland, 149, 166, Portobello, 151, 156, 168, 441, 442, 444, 445-6, public, 325, 326, 548, Raeburn (Fowler's), 151, 168, Roseneath, 148-51 passim, 152-4, 155, 156, St Cuthbert's, see Store, Snow White, 168, Store (Co-operative), 18, 151, 155, 157, 164-8 passim, 171, 172, Warriston Green, 148, 151, Waverley, 149, 152, 155, 168; Liberals in, 328, 508, 540, 542, 555; Lords Provost of, 293, 295, 301, 511, 536, 537, 538, 539, 540, 541; Orangemen in, 540, 541; Parish Council, 539; places in: Abbeyhill, 423, 444, 542, Academy, 525, Admiralty Street, 412, Aitken, Dott & Son, art shop, 549, Albert Hall, 163, 169, 524, Albert Street, 414, 425, Arden Street, 373, 374, 375, Ardmillan, 163, Art College, 329, 420, 421, Art Gallery, 39, 509, Arthur Street, 152, 501, 502, 524, 568, Assembly Hall, 309, 536, Astley Ainslie Hospital, 432, Baileyfield Road, 440, Bailey's bottle works, 559, Baird Grove, 13, Baird Drive, 13, Balerno, 163, 441, 505, 560, Balgreen, 14, Bath Street, 442, 450, Beaufort Road, 328, Beaverbank, 155, Bell's Seeds yard, 412, Bennett's stable, 30, billiard rooms, 14, Blackford Hill, 541, Pond, 374, Blackfriars Street, 421, Blind Asylum, 167, 307, Bonnington Road, 427, 557, Bonnington Toll, 422, 427, Botanic Gardens, 159, Bread Street, 18, 21, 22, Bridges, 7, Bridge Street, 560, British Home Stores, 143, 144, Broomhouse, 171, Broughton, 155, Broughton School, 185, Brown Bros, engineering works, 272, 414, Bruce Peebles, engineering works, 272, Bruntsfield Links, 541, Buccleuch Place, 33, 507, Burdiehouse, 297, Burns's Home, 167, Burton's Biscuits factory, 25, Cables Wynd, 418, Canaan Lane, 540, Canongate, 415, 541, Canonmills, 432, Caledonian Hotel, 200, 442, 445, Caledonian station, 8, 10, 11, 541, Carpet Lane, 412, Castle, 157, 158, 159, 206, 524, Castle Press, 413-15 passim, , 421, Castle Street, 336, 549, Castle Trades Lodging House, 34, Castle Wynd, 157, Cattle Market, 17, 20, 34, Causewayside, 325, central police station, 423, 543, Central Public Library, 338, 339, 340, Chambers Street, 154, 414, 524, Chancelot

Mill, 412, Charlotte Street, 417, Chesser, 20, 155, 169, Chesser Avenue, 149, 159, 160, 163, 164, 170, Chesser Church of Scotland, 524, Church Hill, 540, cinemas, 8, City Chambers, 35, 156, 295, 298, 301, 541, City Hospital, 168, Claremont Park allotments, 433, Clark, T.& T., publishers, 412, Colinton, 336, 442, Colinton Road, 540, colleges, 207, 341, Comiston Road, 542, Commercial Street, 413, 531, Constable, T. & A., printers, 415, 421, 428, Corporation Buildings, 441, Corstorphine, 10, 17, 20, 162, 169, 205, 337, Court of Session, 559, 566, 568, Cowan's, stationer and papermaker, 152, 524, Cowgate, 19, 35, Craigentinny, 441, Craighall Road, 418, Craiglockhart School, 163, Craigmillar, 24, 296, 439, 459, Craigmillar Castle streets, 335, Craigside Envelope Co, 152, 524, Cran (Park ?) & Somerville, 414, 554, Cunningham Street, 30, D'Agostino's cafes, 426, 556, Dalkeith Road, 39, 373, 375, Dalry Road, 340, Danube Street, 327, Darling's Store, 541, Davidson's Mains, 27, Dean Village, 159, Duddingston, 456, Dumbiedykes, 501, 502, Duncan's, bookbinders, 413, Dundas Street, 497, 499, 501, Dundee Street, 424, Earl Grey Street, 33, East Claremont Street, 413, Easter Road, 412, 414, 426, 524, East Fountainbridge, 19, Elm Row, 306, Elsie Inglis Hospital, 445, Ethicon factory, 172, Fairmilehead, 304, 542, Ferranti's factory, 456, Ferrier Street, 28, 29, 458, Ferry Road, 418, Fettes College, 539, Figgate Burn, 441, Forth Street, 24, Fountainbridge, 15, 21, 33, 325, 428, Church, 542, Frederick Street, 423, 424, Free Gardeners' Hall, 556, Galloway & Co. Ltd, papermakers, 560, Gayfield Square police station, 425, General Post Office, 185, 540, 561, George Hotel, 502, George IV Bridge, 35, 154, 338, 340, 442, 524, George Square, 35, 36, George Street, 412, 497, 502, George Watson's College, 537, 568, Giant's Brae, 412, Gilmerton, 19, 20, 111, 133, 297, 299, 419, Gilmerton Hall, 299, Gilmerton Road, 19, 299, Glen Street, 34, Gorgie, 14, 17, 32, 34, 151, 155, 158, 166, 524, 539, Gorgie Market, 505, Gorgie Road, 14, 149, 155, 157, 164, Gorgie School, 163, Grange, 328, Granton, 24, 27, 44, 423, Grassmarket, 15, 19, 34, Gray's, ironmongers, 497, Greasy Spoon cafe, 272, 531, Greenend, 104, Greenside, 426, Greenside Parish Church, 511, Grosvenor Crescent, 337, 338, 340, Grove Street, 20, 21, 22, 28, Guild Hall, 450, Gumley & Davidson, property agents, 539, Haddington Place, 423, Hamilton Lodge Hotel, 442, Hamilton Place, 20, Hanover Street, 423, 427, 428, 479, 555, Harewood Drive, 335, 336, Hay streets, 335, Heriot's School, 539, Heriot-Watt College, 87, 414, 420, 537, Hermiston, 15, High Court, 558, High Riggs, 10, 11, 12, 34, High Street, 421, 423, 425, 540, 541, Hillside Crescent, 94, 95, Holy Cross Senior Secondary School, 443, Holy Land, 30, Holyrood Road, 19, Horne Terrace, 326, 328, 329, 330, Hutchison Road, 166, Hyvot's Bank, 434, 462, India Buildings, 39, 40, Inglis Green, 169, Jane Street, 30, Jenners' Depository, 1, 13, 132, Jewel Cottages, 297, 334, 335, 336, 337, 436, 559, John Knox's House, 541, John Watson's College, 537, Joppa, 80, 413, Juniper Green, 16, 20, King & Co., Electric Works, 412, 554, King's Road, 450, 451, Kirkgate, 440, Lansdowne Crescent, 1, Lauriston, 10, 34, 420, Lauriston Gardens, 33, 34, Lauriston Place, 509, Learmonth, 297, Leith, 24, 27, 28, 30, 44, 46, 144, 151, 303, 305, 325, 411, 412, 416, 417, 418, 423, 424, 425, 427, 440, 445, 451, 508, 510, 539, 540, 554, 556, 558, Leith Academy, 413, 427, Leith central station, 426, Leith docks, 59, 90, 144, 286, 287, 411, 412, 424, 428, 526, 558, Leith Fort, 445, Leith Hospital, 432, 444, Leith Links, 412, 415, 433, Leith north station, 8, 30, Leith Primary School, 413, Leith Provident, *see* Co-operative Societies, Leith Street, 7, 271, 425, Leith Walk, 8, 30, 557, foot of, 29, 422, 424, 426, Leith Walk station, 30, Leven Street, 541, Liberton, 20, 297, Links Tavern, 411, Locarno, 14, Lochend, 441, Loganlea, 156, Logie Green Road, 432, Lutton Place, 39, McDougall's Educational Co., 413, McLeod Street, 557, McNeil Street, 17, 18, 21, 32, 328, 329, 330, Marionville Road, 433, Manor Place, 445, Marchmont, 35, 36, 150, 334, 373, Meadows, 148, 151, 152, 154, 309, 374, Melbourne Hall, 35, 154, 422, 524, Melbourne Place, 151, Merchiston, 4, Milne's Bar, 427, 428, Moray House College of Education, 548, Moredun, 458, Morningside, 151, 169, 334, 540, Morningside Road, 540, Morrison & Gibb, printers, 432, Morrison Street, 20, 33, Mound, the, 39, 271, 309, 338, 422, 423, 424, 425, 449, 450, 457, 509, 540, 561, Mount Lodge, 450, Munrospun factory, 132, 133, 134, Murrayfield, 169, 416, Murdoch Terrace, 325, 548, National Coal Board offices, 104, National Museums of Scotland, 227, Nautical College, 411, Nelson's, printers and publishers, 413, Newcraighall, 297, 434, 436, 437, 438 (*see also* collieries), Newhaven, 427, 557, Newington, 375, 454, New Town, 497, Nicolson Square, 415, Niddrie, 334, 441, 443, 446 (*see also* collieries), Niddrie crossroads, 437, Niddrie

Mains, 292, 293, 296, 297, 305, 307, 308, 335, 336, 415, 537, Niddrie Mains Terrace, 543, Niddrie Mill, 335, Niddrie Mill School, 436, North Bridge, 185, 549, North British Hotel, 301, 424, 442, North British rubber works, 272, 428, North of Scotland Hydro-Electric Board, 491, 492-501, North Merchiston cemetery, 158, 160, Northumberland Street Lane, 566, Oddfellows Hall, 427, Palladium Theatre, 19, Parliament Square, 561, Picardy Place, 556, Picardy Place Halls, 24, Pilrig, 27, 418, 426, Pilton, 36, 297, Pipe Street, 434, 438, 439, 441, 442, 451, Playhouse cinema, 306, Port Hamilton, 14, 16, 17, 18, Portobello, 27, 80, 142, 223, 273, 291, 423, 434, 438-47 *passim*, 449, 450, 451, 501, 526, 537, 559, 560, Portobello bottle works, 440, 441, 559, 560, Portobello brickworks, 441, Prince Regent Street, 413, 554, Princes Street, 39, 144, 169, 269, 301, 306, 423, 424, 425, 442, 509, 540, 541, 555, Princes Street Gardens, 309, Princes Street station, *see* Caledonian station, Queen's Arms pub, 424, Queen's Dock, 554, Queen Street, 170, Rankin, fruiterer, 440, Redford Barracks, 157, 160, 273, 531, Regent Road, 561, Register House, 555, Reid's Buildings, 157, 158, 159, 160, 157-71 *passim*, Restalrig, 8, 14, 132, 416, Restalrig Road, 411, 414, 424, Richmond Street, 159, Riversale, 13, Robb's shipyard, 510, 554, Robertson Avenue, 166, Roman Catholic chapels, 541, roperie, 411, Rosebank ironworks, 414, Rosefield Place, 450, Rose Street, 424, Rothesay Terrace, 491, 492, 497, Royal Bank of Scotland, 454, Royal Scottish Academy, 530, Royal Infirmary, 39, 104, 114, 432, 509, Rule Road, 162, Rutherford's Bar, 425, St Andrew's House, 35, 492, 497, 503, St Andrew's Priory, 540, St Andrew Square, 540, St Andrew's Street, 325, St Anthony's School, 302, 303, St Bernard's Crescent, 327, St David's Church, 328, St George's Church, 163, St John's Church, 451, St John's School, 442, 443, St Leonard's, 132, 296, St Margaret's locomotive depot, 271, 424, 530, St Martin's Episcopal Church, 542, St Mary's Cathedral, 542, St Peter's Episcopal Church, 542, St Serf's Church, 418, Salisbury Street, 151, 153, 154, Sandport Street, 531, Salon cinema, 271, Savings Bank head office, 479, Saughtonhall, 1, 13, 15, 16, 17, 20, Saughton Park, 14, 162, Saughton Prison, 13, 15, 531, Sciennes, 336, Scottish Court of Criminal Appeal, 531, Scottish United Services Museum, 524, Seafield, 27, Shandwick Place, 167, Sheriff Court, 521, 531, The Shore, 551, Shrubhill tram depot, 414, Sick Children's Hospital, 336, 373, 548, Sighthill, 172,

Slateford, 15, 151, Slateford Road, 14, 166, 168, Southfield, 457, 561, Southside, 39, 151, Spittal Street, 414, Spylaw Park, 442, Stanwell Street, 29, Stenhouse Drive, 13, 14, Stenhouse Mission, 524, Stewart Terrace, 166, Stockbridge, 14, 16, 269, 318, 319, 423, 554, Tanfield, 432, 501, telephone exchange, 172, Theatre Royal, 426, Thirlestane Road, 334, Thistle Place, 328, 329, Thorneil Village, 330, Tower Street, 554, Towerbank School, 442, Tron Square, 35, Tynecastle, 11, Tynecastle Secondary School, 172, Union Canal, 17, 330, Union Hall, 524, Union Street, 24, Upper Grove Place, 20, Usher Hall, 305, 306, 328, 424, 449, 542, 543, Vanburgh Place, 412, Victoria Street, 39, 459, Viewforth, 17, 326, 328, Walker Street, 23, Wardie, 554, Wardlaw Street, 166, 167, Warrender Park, 35, 36, Waterloo Place, 329, 531, Water of Leith, 162, 524, water tunnel, 309, Watt's Hospital, 413, Wauchope Place, 415, Wauchope streets, 335, Waverley Bridge, 540, Waverley station, 80, 169, 425, 493, 555, Waverley Steps, 423, Welfare Hut (Niddrie Mains), 296, Wellington Monument, 423, West End, 163, 167, 337, 338, 444, Western Terrace, 337, Westfield Hall, 32, Westfield Road, 149, 168, West Port, 19, Whitson, 166, Willowbrae Road, 561, Windsor Place, 442, Windsor Street, 31, Woolworth's, 8, Y.M.C.A., 325, zoo, 171; Progressive Party in, 541, 543; Protestant Action in, 302, 303-5, 306, 450, 451, 540-1, 542, 543; Scottish Socialist Party Federation in, 537; Second Front demonstrations in, 278, 280; Socialist Sunday Schools in, 272, 273; tanneries in, 157, 159, 160, 161, 162, 171, 524; Town Council, 32, 45, 160, 271, 280, 292-309 *passim*, 507, Communist Party and, 292, 293, 294, 295, 300, 306, 537, 538, Conservative Group, 294, 296, 299, 301, 303, 304, 306, 309, 325, 326, Education Committee, 295-6, 542, Fascists and 305, 306, Labour Group, 291, 294-309 *passim*, 326, 341, 538, 540, municipal insurance and, 301, 302, 307, and Police Aided Clothing Scheme, 296, 538, 539, and Thorneil Village, 329-30, and wash-houses, 325, 326; Trades Council, 38, 39-42, 43, 47, 268, 276, 277, 279, 280, 286-92, 306, 309, 461, 511, 512, 523, 533, 535, 536, 539, delegates to, 38, 39, 40, 41, 286, 290, 291, 461, 507, 510, 511, 517, 532, 533, 535, 543, 561, 567, expulsions from, 537, history of, 501, secretaries of, 39, 40, 41, 509, 510, 537; Trades Union Congress meets at, 1941, 288, 536; trade unions in, 24, 31, 33, 35, 41, 45, 48, 286, 288, 290, 291, 456, 460, 501, 506, 508, 509, 511, 523, 524, 536, 537, 543, 553, 554, 561, 562;

Unemployed Workers' Movement in, 348, 425, 449, 507, 531; University, 203, 341, 414, 427, 510, 525, 539, 542, 548, 549, 554, 565, 566, 568, Liberal Association, 542, School of Scottish Studies, vii, Settlement, 293, 296, 537; victimisation in, 457-9, 460; visit by *Horst Wessel* to, 411, 428, 558; wards in: Broughton, 540, Calton, 537, Canongate, 524, 541, 542, 543, Central Leith, 555, Craigentinny, 511, Craigmillar, 508, 537, 538, Dalry, 511, 530, 538, 541, George Square, 33, 34, 35, 508, 541, Gorgie, 539, 541, Gorgie-Dalry, 510, 555, Haymarket, 539, Holyrood, 36, 508, 509, 568, Liberton, 292-4, 296-7, 308, 511, 538, Merchiston, 548, North Leith, 535, 540, Pilton, 508, St Andrew's, 535, St Bernard's, 530, St Giles, 33, 34, 506, 507, 508, 510, 537, 543, St Leonard's, 32, 36, 507, 509, 554, Sighthill, 508, 510, 535, South Leith, 451, 540, 541, Stenhouse, 508; Water Trustees, 559; Young Communist League in, 273; *see also* Communist Party; Co-operative; Dott Memorial Library; employment and occupations; newspapers and periodicals

Edincraw, Edincrow, *see* Auchencrow

education: accountancy, 316; adult, 229; algebra, 443, 470; architecture, 408; arithmetic, 132, 163, 207, 386, 405 art, 408, 443, 470, 530, 549; astronomy, 407; biometry, 549; biographies, 337; Burns Club, 260; 'calculation', 86; chemistry, 206; Classics, 470; church representatives on committee, 305, 542; computers, 137; cooking, 208; correspondence courses, 31; debating society, 260; domestic science, 386; drama competitions, 260; drawing and painting, 163; dress-making, 386; economics, 337, 549; economic history, 567; electrical engineering, 481; English language and literature, 132, 146, 229, 255, 405, 443, 470; and entry to teaching, 260; essay writing, 257, 443, 474; foreign languages, 343, 386; French language, 343, 405, 470, 471; further, 146; gardening, 207; genetics, 549; geography, 69, 132, 207, 257, 343, 470; geology, 255, 527; German language, 343, 405; gymnastics, 386, 470; history, 8, 132, 134, 207, 257, 343, 470; illiteracy and semi-literacy, 120, 125, 443, 444, 475; inadequacy of, 86; independent working class, 506, 509; Latin, 132, 343 (*see also* Classics); libraries: family, 255, local, 260, public, 14, 41, 69, 125, 190, 229, 260, 475, subscription lending, 475; literary society, 260; local cultural societies, 260; mathematics, 8, 132, 215, 257, 258, 405, 443, 470; mature students, 146, 147, 203; medicine, 548, 549; mining studies, 87; Model Lodging House occupants and, 34; modern studies, 470; motor engineering, 87; nature study, 257; newspapers and, 5; poetry, 69, 254, 546, 551; political, 5, 6, 31, 91, 92, 135, 136, 137, 146, 255, 256, 262, 263, 332, 354, 357, 407, 408, 421, 449, 452, 478, 479; political economy, 510; politics, 337, 340; psychology, 334, 414, 548, 554; and reading, 4, 69, 86, 87, 88, 91, 125, 134, 190, 203, 229, 255, 258, 336, 341, 373, 375, 405, 443, 444, 469, 475; Reid Bequest, 260, 528; religious instruction, 69, 123, 209; Russian language, 281, 352, 405; schools: annual trip, 208, 442, bullying at, 70, bursary, 343, buses or trams to, 177, 198, 443, class sizes in, 69, 386, 413, 470, coal fires in, 69, complementary, higher or supplementary, 87, 406, 442, 553, concerts, 260, cost of keeping children at, 343, cycling to, 207, 208, 215, dinners, 140, 207, 365, 373, dux, 206, 427, English 'public', 562, examinations, 257, exemption from, 72, fees, 443, free books and stationery, 406, 553, frequent changes of, 229, 403, 405, Highers, 146, 470, holidays, 9, 124, 381, 386, homework, 5, independent boarding, 562, Intelligence Quotient and, 295, intermediate certificate, 343, leaving, 5, 9, 72, 87, 103, 114, 132, 152, 157, 163, 164, 174, 177, 198, 199, 207, 209, 229, 230, 258, 326, 335, 343, 360, 364, 370, 373, 386, 398, 407, 413, 437, 443, 444, 465, 468, 470, 474, 480, leaving age, 386, 553, library, 229, night (evening), 72, 87, 215, 387, nursery, 518, priests and, 123, private, 72, 167, 471, Qualifying exam at, 8, 87, 122, 132, 198, 207, 443, 525, refugees in, 401, Roman Catholic, 122, 302, 442, rugby at, 213, running at, 386, School Board, 256, social class of pupils of, 207, starting at, 69, 86, 122, 132, 163, 177, 206, 227, 257, 364, 373, 386, 405, 413, 442, 468, strike concerning, 307, tawse (belt) at, 208, 257, 504, and truancy, 206, 207, 208, uniform, 443, walking to, 177; science, 132, 256, 386 sewing, 163, 386; shorthand, 465, 474; sign-language, 469; socialist, 337; spelling, 69; story- telling, 386; town planning, 568; training centre, 137, 147; university, 335, 343, 401; woodwork, 207; writing, 86, 405; *see also* employment and occupations, teachers; National Council of Labour Colleges; Workers' Educational Association; Workers' Esperanto Group; Workers' Film Society; for particular schools, colleges or universities *see* relevant towns, villages or counties

Educational Institute of Scotland, Lanarkshire branch, 564

Edward VIII, king, 280, 423

Edwards, Jock, 419

Edwards, Stiffy, 419

Egypt, 525, 541

Eisenstein, Sergei, 271, 530

elections, 2, 5, 31, 33, 34, 35, 100, 135, 228, 265, 356, 393, 406, 421, 422, 460, 538; local: Berwickshire County, 525, Dalkeith Burgh, 507, 522, Edinburgh Town Council, 305, 451, 508, 537, 543, St Andrew's ward, 1946, 535, Broughton, 1936- 9, 540, Calton, 1926-42, 537, Canongate, 1935-46, 541, 542, 543, Central Leith, 1970-5, 555, Craigentinny, 1953-62, 511, Craigmillar, 1949, 1962-8, 508, 538, Dalry, 1938-47, 511, 530, 538, 541, George Square, 33-5, 1945-9, 508, 541, Gorgie, 1921-49, 539, 541, Gorgie-Dalry, 1945-69, 510, 555, Haymarket, 1935-40, 539, Holyrood, 1949-73, 508, 509, Liberton, 1936-42, 1946-8, 1966-9, 292, 293, 297, 299, 305, 511, 538, Merchiston, 1969-75, 548, North Leith, 1934, 1942-9, 535, 540, Pilton, 1960-5, 508, St Bernard's, 1938, 530, St Giles, 1912-20, 1927-49, 1952-61, 34, 506, 508, 510, 537, 543, St Leonard's, 1924-49, 507, 509, 554, Sighthill, 1949-75, 508, 510, 535, South Leith, 1935-62, 451, 540, 541, Edinburgh District, Stenhouse, 1975-7, 508, Fife County, Ballingry Central, 517, Glasgow Town Council, Anderston, 1949-62, 564, Govanhill, 1945-7, 512, Kingston, 1929- 66, 529, Parkhead, 1949-69, 512, Partick, 1929-38, 564, Provan, 1946-9, 564, Kincardine O'Neil School Board, 256, Midlothian County, Gorebridge, 1933-61, 521, Midlothian District, Dalkeith, 1986, 146, Perthshire Education Authority, 265, Tranent Burgh, 1910-56, 520; parliamentary, 32, 65, 406, 482, 487, 489, 503, 507, 519, 532, 545, 549, Aberdeen North, 1928 and 1929, 555, South, 1955, 564, Ayr Burghs, 1922-4, 506, 1945, 508, Bute and North Ayrshire, 1951, 563, Caithness and Sutherland, 1950-64, 565, Clackmannan and East Stirling, 1939-70, 543, Coatbridge, 1935-45, 530, Clydesdale, 1983-7, 564, Dumbarton Burghs, 1922-51, 520, Dundee, 309, East, 1952-72, 563, West, 1945-59, 505, Edinburgh Central, 1945-74, 32, 35, 36, 37, 507, 508, East, 1954-70, 36, 508, Leith, 1927, 1931, 1945- 70, 36, 422, 508, 543, 555, North, 1945-50, 508, South, 1929, 1945-55, 509, 541, 543, Glasgow Bridgeton, 1922-46, 520, 530, Camlachie, 1922-47, 530, Central, 1945, 551, Craigton, 1959-83, 566, Govan, 1983-8, 566, Kelvingrove, 1923, 1935, 555, 565, Maryhill, 1974-87, 514, Pollok, 1940-55, 568, Greenock, 1931, 1941-83, 555, 563, 565, Hamilton, 1943-67, 566, Kilmarnock, 1946-79, 508, Lanark, 1959-83, 564, Lanark North, 1929-83, 517, 518, 519, 565, Linlithgow, 1922-4, 1928-31, 520, Midlothian, 1880-95, 1912, 1992, 111, 112, 147, 522, 560, Monklands East, 1983-94, 519, Montrose Burghs, 1940-50, 508, Motherwell, 1924-31, 1954-74, 510, 530, North Midlothian, 1923-4, 1929, 1935-45, 32, 309, 507, 520, 544, Perth, 265, West Renfrewshire, 1955, 563, Ross and Cromarty, 1936, 565, Roxburgh and Selkirk, 1929, 1935, 525, South Ayrshire, 1946-69, 562, West Aberdeenshire, 1876, 1910, 1950, 256, 508, 527, 528, West Fife, 1910-50, 522, 532, West Renfrewshire, 1950-64, 508

Electrical Trades Union, 40, 41, 510, 511

Elger, William, 48, 49, 288, 289, 512, 513, 514

Elgin, 492

Elijka, 315

Elizabeth, queen mother, 295, 495

Ellesmere Port, 242, 243

Elliot, William, 214

Ellis, Bob, 9

Elphinstone, 82-102 *passim*; *Daily Worker* and, 99; extreme Protestants at, 100; 'Little Moscow', 99; places in: Buxley Road, 86, Chapel, 99, Hay's Cash Stores, 87, licensed grocer's, 99, Main Street, 86, March Wood, 99, Pantry Gate, 98, Plough Inn, 101, school, 86, 87, Big Square, 82, 85, Wee Square, 85, war memorial, 99, Wynd, The, 82, 85, 86, 88

Elvin, George, 54, 514

emigration, 91, 205, 413, 424, 473, 510, 549

Emily pit, *see* collieries

employmnt and occupations: accountants, 121, 532, 540, 566; actors and actresses, 406, 408, 409, 506, 553; advocate, 322, 519, 539; air ambulance, 474; ambassador, 505, 525, 544, 545; antiques, 541; artists, 425, 549; Aitken, Dott, art shop, 336, 549; authors and authoress, 407, 507, 532, 539, 549, 562, 563, 565; bakers, 33, 34, 80, 353, 456; banker, 513; bank clerkess, 547; bank teller, 547; baths master, 399; bed and breakfast, 442; berry-picking, 84, 372, 377, 378-82, 384, 385, 393; blacksmith, apprentice, 510; boatman, 420; boiler fireman, 150; boilermakers, 532, 545, 555; bookbinders, 159, 409, 413; bookmaker, 30, 459; bookseller, 508, 520; bookshop manager, 352; bottle blowers and works, 440, 441, 447, 451, 559, 560; boxing, 491, 516, 565; bus owner, 83, 141; bus workers, 31, 35, 132, 176, 352, 555; brewers, 17; brewery and workers, 272, 328; brickworks, 67, 68, 69, 73, 75, 76, 77, 129, 441, 443, 446; broadcaster, 568; builders' assistant, 407, 408; burgh engineer, 299; Burton's Biscuits, 25; businessmen, 513, 539, 541, 565; butchers, 54, 132, 190, 450; cafe owner, 426, 556; cannery, 390; canteen, absence of, 166; car industry, 61, 62; carpet factory, 105; carpet weaver, 507;

carters, 25, 29-31, 43, 46, 370, 471; carting companies, 20; cashier, 185; catering, 138, 142; casual work, 84; causeway makers, 6; chamber of commerce, 474; chauffeur, 17, 83, 102, 418, 498; chemists, 118, 206; chief constable, 308, 543; China merchants, 399, 403; Chinese restaurant, 114; chip shop, 86; choirmaster, 368; city chamberlain, 302, 540; civil engineers, 367, 498 568; civil servants, 185, 245, 489, 497, 503, 509, 513, 517, 565, 566, 568; cleaner, school, 333, factory, 134-7, 138, 139, 147, office, 156; cleaning contractors, private, 137; clergymen, 158, 163, 174, 207, 213, 255, 259, 267, 420, 428, 475, 476, 525, 537, 542; clerkesses, 24, 302; clerks, 369, 406, 412, 512; clocking in, 166; clothes-washing, 70, 384; clothing manufacturer, 355; coachman, 205; coalman, 189; coal merchant, 16; cobbler, 96, 267, 384; colliery clerks, 75; composer, 528; confectioner, 12; consulting engineer, 537; container firms, 516; contractors, Hydro Board, 498; cooked meat factory, 17; cooks, 172, 234, 376, 403; costume designer, 554; cotton mill, 437, 545, 559; cotton weaver, 509; crofters, 365, 366, 367, 556, 562; cycling to work, 14, 15-17, 23, 193, 230, 235, 236, 370, 371, 389, 415, 431, 448; dairy, 205; dairy shops, 15; dead end, 371; decorators, 129; designers, 563; dismissals, 11, 12, 13, 17, 132, 148, 150, 335, 346, 347, 393; engraver, 508, apprentice, 516; distilleries, 471; dockers, 59, 60, 61, 64, 272, 287, 424, 428, 515, 516, 517; doctors, 68, 72, 82, 83, 106, 191, 273, 336, 372, 380, 391, 400, 402, 425, 469, 476, 519, 520, 522, 531, 547, 548, 563; domestic servants and service, 1, 2, 6, 68, 72, 105, 174, 176, 206, 210, 227, 334, 335, 373-7, 383, 384, 558; draper, 255, 387, apprentice, 541, itinerant, 507; dressmakers, 132, 386, 387; dyers, 529, 530; dyeworkers, 266; editor, children's, 562; educational psychologist, 335, 548; electrical engineer, 412, 503; electrician, 171, 535; Electricity Board, 227, 370; electricity industry, 65; Electric Works, 554; electronic engineers, 134-7, 456; employment exchange, 147, 226, 235, 347, 348, 354, 370; engineering, 43, 65, 134-7, 230, 355, 356, 414, 490, 515, 554; engineers, 272, 337, 360, 509, 511, 518, 546, 549; engine man, steam, 412, 414; envelope manufacturers, 524; estate workers, 209-12 *passim*, 213, 214, 218, 224, 226, 227, 228, 229, 230, 478; factor, estate, 209, 221, 224, 256, house, 7, 81; favouritism in, 13; fiddler, 528; firemen, 277, 327, 514, 536, 561; fire regulations and, 433; fish-curing, 473; fishing industry, 54, 355, 427, 471; fitter, 414; folklorist, 540; food and drink workers,

59; Ford Motor Co., 517; foremen, 9, 124, 161; forester, head, estate, 209, 218; foundries, 356; fruit shops, 170, 373, 424, 440; fruit vanman, 170, 530; funeral undertaking, 18, 22; gaffer, 9, 372; gambler, professional, 547; game-beater, 507; gamekeeper, 212, 229; gangers, 369; garage proprietor, 475; gardener, 84, 226, 228, 383, 477; gas industry, 65; gas works, 127, 129, manager, 127; General Electric Co., 413; general manager, 17; geologist, 527; grain merchants, 180; grain mill, 403; grocers, 1, 7, 22, 87, 99, 131, 134, 135, 199, 200, 383, 384, 385, 393, 411, 413, 554; gym instructor, 368; hairdressing, 558; harbour pilot, 75; haulage drivers, 512, 516; haulage firms, 516; haulage workers, 59, 546; herring fishermen, 474; holiday jobs, 390; horse drivers, 20; horseman, 214; hospital workers, 83, 477; hostel worker, 223; hotels, 390, 438, 442; house-boys, 83; housekeepers, 254, 403; housemaid, 376; housepainters, 32, 273, 507, 508, 520, 552; Hudson Bay Co., 230; humour in, 133; hydro engineers, 498; Imperial Chemical Industries, 427; industrial chemist, 505; industrial relations assistant, 514; information officer, 566; innkeepers, 254; inspectors, 11; insurance, 1, 3; insurance stamp and, 12; interpreter, 498; interviews for, 87, 398, 484, 491, 492; ironmonger, 497; ironmoulder, 506; ironworks, 414; jam factory, 385; joiners, 7, 129, 177, 208, 211, 221, apprentice, 549; journalists and journalism, 474, 483, 484-6 *passim*, 494, 499, 501, 502, 507, 527, 530, 539, 544, 549, 554, 560, 562, 563, 564, 565, 568; kitchen maid, 376; labourers, 6, 27, 45, 135, 136, 364, 370, 440, 560; Labour Party officials, 63, 309, 487-90 *passim*, 517, 543; landscape gardener, 91; landworkers, 2, 6, 13, 99, 229; late-20th century changes affecting, 65; lawyer, 528; lay preacher, 540; leather shop, 7; lemonade business, 267; librarians, 203, 333, 336-41; lifeboat men, 443, 474; lift engineer, 295; limestone worker, 105; local government workers, 160, 424, 518; lorry drivers, 15, 24, 29, 31, 43, 46, 61, 62, 186, 513; machine-knitter, 334; magazine editor, 525; manageress, 387; market garden, 73, 230; matron, 477; mechanisation and, 440, 560; medical workers, 532; merchant navy, 411, 413, 433; meter reader, 33; milk delivery, 1, 13-16, 17, 18, 22, 23, 47, 134, 373; mill manager, 387, 389, 393, 394, 395; mills, 203; missionary, 522; model lodging house owner, 34; money lender, 398, 407; motor trade, 564; Munrospun, 132-3, 134; museum curator, 227; musician, 544; music instructor, 368; nanny, 384; navvy, 560; net makers, 559; neuro-surgeon, 337, 549;

newsagency, 562; newsagents, 7, 228, 475; newspaper canvassers, 475; newspaper delivery, 384; newspaper editors, 474, 484, 485, 486, 499, 527, 532, 539, 560, 562, 564; newspaper reporters, 460, 461, 465, 474, 479, 526, 562; newsvendors, 423, 530, 555; night watchman, 161; North Sea oil industry, 246; novelist, 474, 527, 568; nuclear energy, 65; nurses, 191, 203, 254, 399, 400, 469, 477, 478, 532; office boys, 335, 336, 565; office workers, 22, 165, 231, 387, 396, 543; Official Solicitor, 516; oil, 2; Onion Johnnies, 417, 554; optician, 147; paediatrician, 548; painter, shipyard, 430; paper workers and mills, 67, 80, 226, 230, 231-3, 234, 235, 441, 506, 524, 560; paraffin, 2, 548; part-time, 171; patternmaker, 456, 513; and pauchling, 11, 12; pawnbroker's clerk, 361, 551; penny-a-week man, 9; pensions, 224; personal secretary, 147, 200; personnel manager, 512; pharmacist, 475; physiotherapist, 399, 400; Pickford's removals, 200; planner, 568; plasterer, 286, 517; plumbers, 129, 467, 532, apprentice, 334; poet, 540; political scientist, 549; porter, 467; postal sorter, 303; postman, 75, 160, 524; postmaster, 9, 185; post office, 7, 9, 76, 174, 192; post office linesman, 170, 171; post office telephonist, 553; post office worker, 540; postwoman, 468; potato lifting or planting, 2, 84, 121, 124, 385, 394; potteries, 440, 441; press officer, 566; procurator fiscal, 321, 465, 475; professor, 554, 567, 568; proof-reader, 53; publican, 33; public relations, 564; publishers, 412, 413, 475, 549, 563; pubs, 7, 129, 400, 488; quarry workers, 6, 383; radio announcer, 562; railway: carriage clearning, 441, clerks, 5, 8, 343, 344, 567, engine drivers, 131, 271, 342, firemen, 271, guard, 343, inspector, 4, 345, lamp laddies, 4, linesmen, 6, men, 4, 6, 8, 112, 227, 265, 266, 272, 342-7 passim, 354, 356, 361, 424, 531, 564, platelayers, 344, porters, 343, 344, shunters, 15, 271, 343, 346, signal fitter and signalmen, 4, 6, 15, 342, ticket collectors, 344, workshops, 441; Ravenscraig steel works, 145; receptionist, 147; redundancy, 137, 147, 500, 518; resignations from, 172; retirement age and, 2, 20; ring-net fishing, 471, 472, 473, 478, 479, 562; road workers, 84, 99, 266; Rolls Royce, 277, 370, 371; roperie, 411, 471; rubber works and workers, 235, 272, 428; sailors, foreign, 76; sausage factory, 17; sawmilling and sawmillers, 209, 210, 218, 229; scientific instrument maker, 402; sculptress, 409, 554; sea captains, 411, 558; seamen, 516, 517, 536, 567; seasonal, 2; second-hand business, 387, 541; seedsmen, 412; and sexual harassment, 399; shale miners and mining, and

shale oil works and workers, 1, 2, 6, 108, 333, 336, 435, 505, 506, 559; shark-hunter, 473; shawing turnips, 2, 80; sheet metal worker, 43; shipyards and shipyard workers, 43, 65, 272, 355, 356, 359, 361, 367, 414, 430, 471, 508, 510, 513, 549, 553, 554; shipowner, 508; shoe-repairer, 558; shops, shopkeepers and shop workers, 7, 79, 87, 114, 115, 142, 158, 201, 205, 304, 442, 508; sick pay, 23; silk mill, 387; slaughter house, 17; slaters, 129; smallholders and holdings, see farms and farmers; solicitors, 273, 403, 465, 474, 562, 565; South of Scotland Electricity Board, 566; stableman, 19, 20, 30, 512; stationery works and workers, 152, 411, 413; steel erectors, 364, 367; steel mills, 242, 512; stonemason, 467, 527; street-sweeper, 383, 387; students, 33, 203, 338, 339, 340, 342, 345; superannuation, 23; supermarket, 200; surgeon, 104, 473; tailor, 320; tailor's cutter, 567; tanners and tanneries, see Edinburgh; taxi driver, 24, 418; tea breaks, 150, 154, 166; teachers, 69, 72, 86, 110, 122, 163, 206, 207, 208, 229, 257, 260, 265, 273, 302, 303, 327, 341, 387, 405, 408, 409, 413, 443, 469, 470, 504, 508, 517, 518, 529, 562, 564, head, 86, 122, 199, 207, 257, 405, 406, 470, 529, 539, 542; telegram boy, 9; temperance worker, 264, 266, 268, 271, 286, 301, 327; textile factory, 132-3, 134, 372, see also jute and flax mills; theatre manager, 19; tin and copper smith, 467, 468; town clerk, 302; toolmaker, 551; tool worker, 365; trace laddie, 7, 8; tramwaymen, 31, 266, 272, 441, 508; transport contractors, 24, 25, 27, 30; transport driver, 16, 18, 19, 20, 22, 23; transport manager, 10, 13, 16, 17, 18, 19, 21, 22; tube works, 430; turner, 414, 509; typist, 514; university lecturers, 341, 549; valuators, surveyors and property agents, 539; vanboys, 10-12, 13, 18, 19, 21, 150, 353, 444-5, 446; vanman, 10, 11, 12, 13, 17, 18, 150, 152, 153, 156, 165, 190, 353, 385, 445, 446, 506; vets, 21, 132, 351, 375; violin teacher, 163; waggon shunter, 351; waiter, 558; waitresses, 390; walking to work, 13, 73, 151, 154, 155, 165, 166, 437; Westinghouse Co., 413; whisky bonds, 30, 132, 133; whisky cellarman, 514; white collar workers, 43; Wiggins Teape, 433; woodman, 226; wood pulp mills, 242, 243; wool firm, 199; work discipline, 132, 149, 154, 156, 157, 165, 166, 167; wreath-making, 247; writers, 260, 527, 546; see also armed forces; building; Co-operative; farms and farming; farm workers; landowners; laundries; miners and mining; police; printers and printing; victimisation
Engels, Friedrich, 267, 268, 269, 270, 279, 284, 318, 555

Engineering and Electrical Union, Amalgamated, 515

Engineering Union, Amalgamated, 41, 43, 50, 51, 55, 286, 512, 518

Engineering Workers, Amalgamated Union of, 135, 515, 535

Engineers, Amalgamated Society of, 509

entryism, 65, 286, 292-309 *passim*, 537

Ericht, river, 389

Erskine Hospital, 466

Eskbank, *see* Dalkeith

Eskinder, Mr, a Turk, 262

Essential Works Order, 1941, 185, 186, 187, 461, 525, 562

Estonia, 242

Ethiopia, *see* Abyssinia

Eton: College, 505, 539; and Slough, 518

Ettrick, 174

Eucharistic Congress, *see* churches and religion

European Community, 206, 248, Commission, 518, Commissioners, 563, 566

Evans, Moss, 61, 62, 517

Everest, Mount, 481

Ewshot, 200, 201

Eyemouth, 418

Fagan, Willie, 286, 535

Fairbairn, Henry, 430

Fairbairn, Nicholas, 322

Fairgrieve, Mrs (Reid's Buildings), 160, 161

Fairgrieve, Peter, 418

Fairgrieve, Tommy, 160

Fairlie, Jock, 15, 16

Falconer, Sandy, 34

Falconer, William, 94, 521

Falkirk, 462, 469, 506

Falls of Leny, 420

Far East, 332, 481, 514

farms and farming, 15, 17, 19; byres, 173, 175, 176, 178, 184, 194, 198, 200, 201; carrying bags of grain, 180; carting, 178; combine harvesters, 203; contractor, 180; Co-operative, 17, 20, 175; Corn Production Act, 1917, and, 263, 528; croft, 365-7; dairy, 17, 175-85, 206; experimental, 195; farmers, 7, 84, 177, 182, 185, 186-92, 193, 194, 195, 196, 197, 198, 199, 201, 203, 207, 254, 255, 256, 378, 379, 381, 382, 393, 526, women, 200, 202, 254; farms: in Aberdeen area, 355, Almondhill, 88, at Ampleforth College, 199, near Annan, 174, 176, Bass Rock, 180, 181, at Biggar, 202, Bloomfield, 205, Blythe, 173, 186-92, 197, 203, Bonjedward Mill, 216, near Carnwath, 174, 175, 176, 177, Cessford, 204, Chesters, 129, Cowden, 4, at Drumlithie, 258-63, Easter Tolmauds, 254, 255, 256, in East Lothian, 412, East Nisbet, 204, 205, 206, 217, Ewshot, 200, 201, Fogo East End, 525, Glendearg, 175-7, 179, 180, 182-5, 186, 189, 190, 193, 197, Goshen, 72, in Hampshire, 199, 200-01, Heugh, 180, Inadown, 199, 200, at Jedburgh, 185, in Kintyre, 472, Kirk Mains, 216, Latch, The, 15, in Lincolnshire, 199, at Liss, 200, Lochside, 205, Mersington, 194, 195-8, 199, 203, Nisbetmill, 204, 205, 206, 211, 212, 213, 214, 218, North Slipperfield, 174, Palace, 204, 205, 206, 207, Rawflat, 205, Rhodes, 524, Roxburgh Barns, 216, Shields's, 80, in Sleat, 567, Spittal, 202, Townhead, 193-5, 203, Upper Nisbet, 204, 205, 206, 212, 215, 217, Wamphray, 177-82, 184, 193, 197, Wester Tolmauds, 254, at West Linton, 200, 201, West Nisbet, 204, 217, Wyndhead, 198-200; fencing, 189, 190; harvest, 178, 179, 184, 189, 193, 209, 217, 218, 258; hay-making, 178, 179, 189, 193, 217, 218; leading in, 178, 179, 184, 259; manager, 177, 182, 200, 202; mechanisation of, 203, 259; milking, hand, 175, 182, 184, 194, 365, machine, 182, 193, 194, 196, 203; ploughing, 178, 259; potatoes, 378; poultry, 84, 230, 232; rick-making and stacking, 178, 180, 209, 258, 259; shawing turnips, 209, 217, 259; singling, 193, 209; smallholding and smallholders, 16, 84, 88, 119, 121, 122, 174, 215; stooking, 17, 259; students, 195, 196; thrashing, 180, 214, 259; tractors, 194, 203; unemployed and, 365-7; upland hill, 259; and woodland, 229; after 1914- 18 War, 263; 1939-45 War and, 184; *see also* creatures; housing; wars, 1914-18

Farmers' Union of Scotland, National, 474, 525

Farm Servants' Section, Transport & General Workers' Union, 184, 185, 224

Farm Servants' Union, Scottish, 184, 252, 261, 524, 528

farm workers, 29, 88, 105, 173, 174-209 *passim*, 258, 359, 373, 506; arles for, 186, 525; bondagers, 204, 205, 207; calving and, 179; cattlemen, 186, 188, 189, 202, 257, 261; cow-keeping by, 188, 190; clergyman's glebe and, 255; Corn Production Acts, 1917-21, and, 263, 528; dairy maids, 175, 176, 211; dairymen, 173, 174, 175, 177, 178, 179, 182, 183, 184, 193-5, 196, 197, 198, 200, 201, 203, 251; decline in numbers of, 203; Essential Works Order, 1941, and, 185, 186, 187, 461, 525, 562; and farmers, 260; former, as Forestry Commission workers, 251; grieve, 184, 195, 198; harvesters, in Canada, 446; hierarchy among, 184; hiring, 173, 185, 186, 194, 199, 200; hiring days or fairs, 210, 525; Irishmen, 204, 217-18, 230, 232; job interviews for, 177, 194, 199, 200; odd-jobbing, 209, 371; ploughmen, 174, 184, 189,

257, married, 260, 261; one-year engagements by, 186; pig-raising by, 216; references for, 199; relief milker, 201; in reserved occupation, 1939-45 War, 185, 218; shepherds, 174, 184, 188, 189, 191, 192, 204, 213, 216, 251; six months' engagements by, 177, 194; steward, 205, 211, 216, 217; subservience of some, 261; tractormen, 194, 195, 201; unemployed, 263, 264; volunteer in 1914-18 War, 261; and wives' employment, 203; *see also* hours of labour; wages; Women's Land Army

Farnham, 200

Farouk, king, 541

Farrer, Robert S.C., 286, 535

Fascists, 93, 280, 281, 282, 292, 354, 355, 486, 533, 542-3, 551, 552, 555; in Aberdeen, 353, 354, 355, 360, 363, 425, 551; in Edinburgh, 305-7, 422, 423, 424- 5, 426, 542-3; Glasgow and, 305; in Hungary, 546; Italian, 306, 307, 426; in London, 452-3, 516, 560; from Newcastle-on-Tyne, 355; in Spain, 363, 533, 545

Feather, Victor, 38, 508

Ferguson, Aitken, 424, 555

Ferguson, Danny, 72

Ferguson, Mr, a grocer, 7

Ferranti, *see* Dalkeith; Edinburgh, places in

Fienburgh, Wilfred, 487, 488, 565

Fife, ix, 4, 104, 146, 158, 174, 219, 226, 275, 335, 376, 435, 517, 553, 559, 565; berry-pickers from, 378, 379, 380; cycle racing in, 419; Labour Party in, 146; miners and miners' unions in, 48, 96, 97, 98, 108, 109, 272, 450, 509, 510, 513, 520, 522; unemployed from, 368, 369; Unemployed Workers' Movement in, 348; West constituency, 522, 532

Fife Jamieson, Colonel, 212

Fifty-six, Peter, a Lithuanian, 107

films, *see* recreation, sport and entertainment

Fingal's Cave, 494

Fire Brigades Union, 52, 277, 289-90, 514, 536, 562

Firth of Clyde, *see* Clyde, Firth of

Firth of Forth, 40, 78, 181, 182, 413, 419, 438, 519, 524

Fleets, *see* collieries

Fleming, Jimmy, 82, 87

Flynn, Ann, viii, ix, 398-410 *passim*; aunts and uncles of, 399, 400; cousins of, 401, 404, 407; father of, 399, 400, 401, 403, 404; grandparents of, 399, 400, 403; mother of, 398, 399, 400, 401, 402, 403, 404, 405, 406, 407, 408; sister of, 398, 399, 400, 401, 402, 403, 404, 405, 406, 407, 408

Flynn, Pat, viii, x, 118-30 *passim*; brothers and sisters of, 118, 119, 121, 122, 126, 130; father of, 118, 119, 120, 121, 122, 123, 124, 125, 126, 129, 130; grandparents of, 119, 120, *see also* Loftus, Honor; Irish cousin of, 122; mother of, 119, 120, 121, 122, 123, 124, 125, 126, 129, 130; uncles and aunts of, 119, 121

Flynn, Vincent, 404, 409, 553

Fogo, 525

Folkestone, 310

food and drink: adequate, 385; alcohol, 3, 83, 95, 99, 101, 183, 327, 358, 455, 488; alcoholism, 264; brown ale, 99; allotment, 170; apple pies, 140; apples, 122; Babycham, 396; bacon, 143, 189, 368, 411, 440; bag of buns, 124; bakeries, 10, 11, 12, 18, 429; baking, 127; baps, 217; bar lunch, 433; barter system, 366; beans, 427; beef, 17; beer, 33, 34, 99, 113, 210, 213, 217, 349; billy can, 215; biscuits, 302, 303, 379, 380; blackcurrants, 378; bread, 19, 80, 120, 127, 190, 191, 194, 259, 434, 439, old, 434, 439, 440; bread and jam, 162, 170; breakfast, 79; brose, 259; bulk cooking, 138; butter, 125, 189, 194, 366; cabbage, 125, 440; cakes, 10, 11, 12, 127, Easter, 11, old, 439, wedding, 12; canteen for, 223; carrots, 440; celery, 72; cheap, 297; cheeses, 88; chips, 86; chocolate, 80; cockerels, 84; cocoa, 207; coffee, 76, 302, 303; cooking, 120, 127; confectionery, 201; 'crap board', 12; cream, 14; cream cookies, 12; dampers, 420; in domestic service, 375; doughnuts, 12; eggs, 30, 84, 88, 143, 230, 366, 368, 385, 419; and extended family, 2; famine, 481, 482; fast to death, 263, 529, 530; fish, 170, 368; fruit, 170, 297; groceries, 10, 12; ham, 216, 411; herring, 471, 472, 473; herring sausages, 54; home-baking, 194; honey, 194; Hunger Marchers and, 348, 349, 358; ice cream, 115; inspectors, 11; jam, 385; jam-making, 378; kippers, 473; leeks, 85, 440; leg of lamb, 170; lemonade, 267; licensed trade, 301; liquor, 529; locust beans, 213; margarine, 88; meat, 125, 127, 140, 174, 190, 366, auction, 170; milk, 1, 13-16, 47, 150, 175, 183, 189, 190, 193, 195, 217, 260, Ideal, 160; mince, 144; mince and potatoes, 10, 12; mince pies, 12; miners' union line for, 79; nuts, 122; oatcakes, 259; oatmeal, 259; oats, 528; onions, 554; orange juice, 14; oranges, 122; pancakes, 194; in Paris, 310; pheasants, 84, 213; a piece or pieces, 10, 90, 154, 178, 189, 207, 210, 215, 365, 412; pies, 12, 138, 158, 426; poaching, 79; porridge, 84, 174, 217, 368, 468; porter, 99; potatoes, 11, 16, 19, 72, 79, 119, 120, 125, 127, 138, 140, 183, 190, 368, 404, 427; potted head, 216; pubs, 34, 93, 113, 118, 452, 488, absence of, 296; rabbits, 79, 84, 183, 213; raspberries, 378, 385; restaurant, 150, Chinese, 114; rice, 482; roll, 88; salt,

259, 420; sandwiches, 166, 170, 358; sausages, 17, 143; school meals, 140, 365, absence of, 373; scones, 84, 194; sheep's bags, 440; sherry, 495; shortage of food, 298; shortbread, 213; in 'slave' camp, 368; soup, 84, 138, 140, 144, 440, kitchens, 88, 112; sour dook, 15; and Spanish Civil War, 427, 532, 558; spare ribs, 216; stirrup cup, 208; strawberries, 378, 385; sugar, 220, 385; sugarallie water, 80; sweets, 380; tea, 18, 19, 88, 124, 141, 154, 158, 170, 178, 189, 194, 215, 220, 259, 379, 381, 476; tea bread, 10; tea break strike, 456, 457; tearooms, 192, 416; tinned fruit, 160; tinny, 124, 163; toast, 69, 143; treacle, 213; tripe, 440; trout, 84; turnips, 79, 183, 213, 259, 440, 505; vegetables, 72, 85, 142, 170, 190, 297, 433, 440; venison, 213; wee heavies, 99; wheat, 528; whisky, 30, 132; workers in, 59; *see also* Co-operative; drunkenness; temperance; wars, 1939-45, rationing
Foot, Michael, 55
Fordel, 416; pit, *see* collieries
Fordyce, Joe, 267
Forest Enterprise, 246, 248, 527
Foresters' Friendly Society, 80
Forestry and Arboriculture Safety and Training Council (F.A.S.T.C.O.), 245, 246, 247, 253, 527
Forestry Commission, 226, 235-53 *passim*, 483, 484, 501, 527; and archaeological finds, 227; authoritarianism and intimidation in, 226, 240, 248, 249, 250, 251; budget reductions, 246; clerks, 226, 235, 236, 246; contractors, 246, 247, 527; district officer, 250-1; fire standby scheme, 251; foresters, 226, 236, 240, 246, 247, 249, 251, 253, head, 226, 235, 249, 250, 251, 252; office hut, 226, 235, 249, 250; personnel officer, 235; protective clothing, 248; redundancies, 246, 249; regional safety officers, 246; and trade unionism, 248-53; tree felling by, 236, 241, 242, 243-7, 250, 251, 252; tree-planting by, 236, 237-41, 249, 252; workers, 226, 235-53 *passim*, 527, women, 236; *see also* accidents and injuries; hours of labour; Select Committee on Agriculture; Timber Corps; wages; Zehetmayr, John
Forfar, 265
Forrest, Mr, a farmer, 195, 196, 197, 199, 203
Forsyth, Alex, 102
Forth: river, 227; Road Bridge, 382, 419; *see also* Firth of Forth
Fortune, Tam, 99
Fort William, 242, 420
Foulkes, Frank, 41, 511
Foulshiels, *see* collieries
Fowler, Joe, 418
France, 1, 114, 144, 160, 262, 264, 454, 521, 525, 526, 533, 541, 554, 561

Franco, General Francisco, 273, 316, 362, 429, 508, 533, 545, 557, 559
Fraser, Frank, 29
Fraser, Mrs, a union collector, 29
Fraser, Sammy, 77
Fraser, Tom, 496, 497, 566
Fraserburgh, 361
Fraser's mine, *see* collieries
Free Fishermen of Newhaven, 557
freemasons and freemasonry, 6, 17, 45, 84, 399, 418, 422, 520, 567
French, General John, 418
French Revolution, 525
friendly societies, *see* Foresters'; Free Fishermen of Newhaven; Shepherds
Friends of the Soviet Union, 281
Fry, Harold, 427, 558
Fuentes de Ebro, 558
Fulton, Angus, 499
Fyfe, H. Hamilton, 296, 539

Gaelic, 366, 400, 401, 405, Irish, 120
Gaitskell, Hugh, 51, 513
Galashiels, ix, 175, 176, 177, 182, 183, 185, 191, 206, 219, 220, 250
Galbraith, Thomas D.G. *see* Strathclyde, Lord
Gallacher, William, 276, 360, 424, 532
Gallipoli, 415, 421, 525, 541
Galloway, 242, 247,
Galway, county, 435
Garcrogo Forest, 527
Gardiner, Mr, a council official, 329
Gare Loch, 411
Garvald, 412
Gas Board, 48, 512
gas works, 127, 129, 351
Gatacre, General Sir William, 418
Gateshead, 549
Gaur hydro-electricity scheme, 493
General Strike, 1926, 1, 26, 108, 112, 373, 409, 523, 533, 550, 567; in Aberdeen, 353; in East Lothian, 88; in Edinburgh, 414; in Oxford, 266; in Perth, 265, 266; in Rutherglen, 342, 344-6 *passim*, 351, 550
Geneva, 253
George VI, king, 295
Gerard, Walter, 419, 420
German East Africa, 1
Germany, ix, 17, 38, 59, 233, 234, 247, 312, 440, 463, 541; Nazi, 220, 282, 306, 312, 354, 521, 533, 552, invasion of Soviet Union by, 274, 275, 276, 278, 279, 286, 288, 533, 544, Spanish Civil War and, 533, spy for, 558, 559
Gerrard, Joe, 52
Gestapo, 312, 545, 549
Gibbon, Lewis Grassic, 229, 258, 526, 528

Gibbons, Charlie, 31, 291, 292, 506, 507
Gibbons, Eva, 31, 40, 41, 42, 291, 292, 507, 536
Gibbons, Workman, 31
Gibson, George, 536
Gifford, 20, 101, 102, 417
Gilchrist, Willie, 415
Gilmartin, Most Rev. Dr, 557
Gilmour, Sir John, 552
Gilzean, Andrew, 32, 35, 268, 300, 422, 507
Girdwood, Harry, 31, 507
Girl Guides, 554
Girvan, 471
Gladstone, William Ewart, 449, 560
Glascarnoch, 493
Glasgow, viii, ix, 16, 42, 43, 49, 197, 343, 345, 351, 352, 365, 368, 369, 370, 398-410 *passim*, 413, 426, 430, 432, 439, 448, 473, 484, 486, 491, 505, 506, 511, 512, 514, 518, 553, 558, 562, 563, 564; archbishop and bishop of, 305, 542; Billy Boys in, 551; Celtic F.C., 370; constituencies in: Bridgeton, 520, 530, Camlachie, 530, Central, 551, Craigton, 499, 566, Govan, 566, Kelvingrove, 555, 565, Maryhill, 514, Pollok, 568, Shettleston, 550; Co-operative: movement in, 553, pageant, 554, Women's Guild in, 398, 404, 406; courts in, 511, 546; cycle racing in, 415, 419; Fascists and, 305; General Strike, 1926, in, 346; Highlanders and Irish in, 401; Hunger Marches and, 349, 359, 370; Labour Party in, 53, 502; Lords Provost of, 43, 486, 512, 529, 530, 559, 564; Municipal Mutual Insurance Co. in, 301, 302; parish council, 364, 365; Partick Thistle F.C., 402, 406; places in: Acme Wringer Co., 431, Airlie Gardens, 407, Albert Drive, 37, 38, 44, 547, Albert Senior Secondary School, 529, Albion Street, 431, Anderston Cross, 551, Argyle Street, 430, 551, Athenaeum, 553, Atlas Foundry, 431, Ballater Street Bridge, 364, Barclay Curle shipyard, 430, Barlinnie Prison, 321, Barnhill poor house, 365, Bath Street, 43, Bellahouston Hospital, 466, Bothwell Street, 551, Bridgeton, 370, British Rail offices, 547, Broomielaw, 466, Caird Drive, 408, 409, Carmyle, 430, Cathcart, 409, Cathcart Road, 547, Celtic Park, 364, 370, Central station, 365, 484, 485, 493, 'Centre, The', 553, Charing Cross, 324, 403, Charing Cross Hotel, 54, Chinese School, 405, Civic Press, 485, Civic Street, 485, Clyde Books, 352, 551, Clyde Street, 430, College of Art, 408, 554, 563, Cowcaddens, 485, Cowlairs, 506, Cranston's Tea Rooms, 484, 486, 563, Cromwell Street, 401, Crown Point Road, 364, Cuthbertson's Studios, 409, Dennistoun, 399, docks, 59, Elderpark Street, 400, Firhill Park, 406, Forest Hall, 365,

Gallowgate, 431, Garnetbank School, 405, George Square, 496, riot, 1919, in, 496, 566, Gorbals, 54, Gordon Street, 276, 484, Govan, 400, 409, 419, 547, police station, 320, Shipbuilders, 549, Govanhill, 547, Grand Hotel, 324, Great Western Road, 407, Grove Street, 403, Institute, 407, Hampden Park, 553, Highlander's Umbrella, 430, High School, 408, 470, High Street, 551, Hillington, 370, 371, Hyndland, 407, Ibrox, 327, Keir Hardie House, 502, Kent Road: Congregational Church, 407, School, 405, 407, Kildrostan Street, 547, Kinning Park, 365, Kirkwood & Co., printers, 430, Lauderdale Gardens, 407, Leven Street, 547, London Road, 546, Lyric Theatre, 553, Maclean, John, grave of, 323, Maryhill Barracks, 346, Maxwell Road, 547, Mile End, 364, Milton parish church, 407, New City Road, 403, 404, Oswald Street, 26, Paisley Road, 547, Parkhead, 364, 430, Cross, 431, Forge, 431, tram depot, 430, Parnie Street, 551, Partick, 564, Pollokshaws, 323, 324, Polmadie, 342, 345, 346, 347, Provan gas works, 351, Queensborough Gardens, 408, Queen Street, 406, Rolls Royce factory, 277, 370, 371, Rutland Crescent, 365, St Enoch's station, 45, St George's Cross, 403, 408, St Mary's School, 364, 365, St Vincent Place, 491, St Vincent Street, 398, 407, Sauchiehall Street, 401, 403, 409, 430, 502, 553, Scott Street, 405, Shamrock Street, 404, Shettleston, 348, 431, Shieldhall, 22, 419, Southern General Hospital, Speakers' Corner, 484, Springburn, 367, 529, Strathclyde University, 549, 566, Tabernacle, 407, Thomson's Lane, 364, Tourist Board offices, 491, Town Clerk's offices, 321, West End Park, 430, Westmuir Street, 431, White Street, 409, Workers' Party of Scotland shop, 320, 321, 547, 548, Yarrow's shipyard, 430; Protestant Action and, 305; refugees, 1914-18, in, 401; rent strike, 1915, in, ix, 398, 404; Salvation Army in, 407; some newspapers published in, 563, 566, *Daily Express*, 431, 432, *Daily Worker*, 430, 431, 551, 559, *Forward*, 485, *Scottish Farmer*, 525; theatre or drama groups in, 408-9, 553, 554; Town Council, 321, 405; Trades Council, 42, 43, 48, 49, 509, 511, 512, 513, 566; trade union branches and offices in, 24, 43, 4, 45, 48, 342, 344, 345, 511, 567; unemployed and unemployment in, 364, 365, 367, 368, 369, 370, 371; Unemployed Workers' Movement in, 348; University, 327, 342, 345, 481, 562, 563, 564, 568, Labour Club, 563; wards in: Anderston, 564, Govanhill, 512, Kingston, 529, Parkhead, 512, Partick, 564, Provan, 564; Workers' Party of Scotland and bank robberies in, 320-3, 546-8;

see also Communist Party
Glen, Bob, 103
Glen, Paddy, 108
Glenalmond School, 471, 562
Glenbranter, 483, 552
Glencoe, 419, 420
Glencorse, 104
Glendearg, *see* farms and farming
Glenfarg, 419
Glenfinnan, 420
Godalming, *see* Charterhouse School
Gollan Defence Committee, 531
Gollan, John, 273, 318, 423, 531
Gollancz, Victor, 549
Gomulka, Wladyslaw, 544
Gordon, Dame Emily, *see* Cathcart, Lady Gordon
Gordon, John, 444, 560
Gordon of Cluny, John, 528
Gordon, Will, 128, 129
Gorebridge, 18, 110, 138, 442, 521
Gorman, Mr, a Lithuanian, 107
Gorman, Willie, 108
Goshen, *see* farms and farming
Gould, Nat, 255, 527
Gourock, 365, 484
Graham, Davie, 130
Graham, Mr, a sawmiller, 218
Graham, Mr, a teacher, 470
Grahl, Jack, 290, 536
Grampians, 372, 379
Grangemouth, 59, 427
Grant, Alex, 43, 511
Grantham, 479, 490, 491; Girls' Public School, Kestoven and, 490
Grant-Suttie, Lady Susan, 68, 79, 519
Grant-Suttie, Sir James, 519
Graphical, Paper & Media Union, 554
Gray, John G., 328, 548
Gray, Mr, a minister, 163, 524
Green, George, 310, 544
Green, Nan, 309, 310, 311, 544
Greenlaw, 173, 186, 190, 195
Greenock, 18, 368, 555, 563, 565, branch, Seamen's Union, 567
Greig, David, 2, 3, 4, 5, 6, 7, 8, 23, 31, 505
Greig family (at Elphinstone), 85
Greig, Granny, 2, 3, 5, 6,7, 8
Greig, Mary, *see* Kitson, Alex, mother of
Gretna Green, 416
Grieve, Peter, 418
Grieve, Professor Robert, 503, 568
grocers, *see* employment and occupations
Grocers' Institute, 200
Grocholski, Count Xavier, 545
Grundrisse, 284, 535
Guardbridge, 235, Football Club, 233, paper mill,

ix, 226, 230, 231-3, 234
Guatemala, 498
Gubhill, 236
Gullane, 376
Gumley, Lord Provost Sir Louis S., 301, 539
Gunn, Mr, roperie, 411
Guthrie, Rev. Dr Wiliam A., 305, 538, 542
Guy Fawkes Night, *see* recreation, sport and entertainmnt
gypsies, 416

Haddington, 101, 102
Haddow, Sir Douglas, 497, 566
Haig, John, 266
Haldane, J.B.S., 338, 549
Halesowen, 536
Hall, Bob, viii, ix, 204-25 *passim*, 526; aunts and uncles of, 205; brother and sister of, 204, 206, 207, 211, 216; father of, 204, 205, 206, 209, 215, 217, 218, 224; grandparents of, 205, 206, 211, 212; mother of, 204, 205, 206, 207, 208, 209, 211, 215, 216, 219, 224; nephew of, 206; wife of, 223
Hallowe'en, *see* recreation, sport and entertainment
Hamburg, 233, 234, 352, 428, 558
Hamilton, 370, 496, 566
Hamilton, David, 138, 139, 146
Hamilton, Duke of, 530
Hamilton, Jean, 139, 146
Hamilton, John, 111
Hamilton, Nancy, 138, 139, 140
Hamilton, Robert, 138
Hamlet, 407
Hampshire, ix, 199, 200, 201, 202
Hands off Russia Committee, 83, 281, 534
Hankey, Robert M.A., 313, 314, 544
Hankey, Sir Maurice, 313, 544
Hanley, Tony, 129, 130
Hannah, William, 179, 524
Hannay, Ronnie, 87
Hannington, Wal, 354, 361, 551
Hanover, 559
Hardie, James Keir, 485, 518, 528, 563
Hardie, Nan, 562
Hardie, William D. ('Louis'), 422, 554
Harestanes, 209, 218
Harkness, Will, 77
Harlow, 459
Harper Rig, 9
Harrietsfield, 215
Harris, Eva, *see* Gibbons, Eva
Harrogate, 400
Harrow, 534
Hart, Finlay, 276, 532
Hart, Judith, 484, 486, 564

Hartlepool, 526

Harvard University, 549

Hawick, 131, 133, 205, 418, 564

Haxwell, Frank, 41, 511

Healey, Denis, 434, 462, 487, 559

health and safety, *see* accidents and injuries

Health and Safety Executive, 245, 247, 248

Health Boards, 52

Heart of Midlothian Football Club, 11, 555

Heath, Edward, 64, 65, 518, 530

Hebrides, 257

Heidelberg University, 568

Heiton, 214

Hemingway, Ernest, 502, 568

Henderson, George, 62, 517

Henderson, Dr Hamish, 540

Henderson, Jack, 407, 408

Henderson, J.M., 528

Henderson, John Hedderwick, 407, 408, 410

Henry, Mrs Esta, 304, 541, 542

Herbison, Margaret, 63, 517

Herring Board, 54

Heugh, *see* farms and farming

Hibernians, Ancient Order of, 124, 523

Higgins, Matt, 99

Higgins, Rev. Peter, 542

Higginson, Jean, viii, 372-82 *passim*; aunt of, 372; brothers and sister of, 373; children of, 372, 377, 378, 380, 381, 382; husband of, 377, 378, 379, 381, 382; parents-in-law of, 377, 378; parents of, 372, 373

Higgs, Arthur, 223

High Buckholmside, 175

High, George, 40, 41, 510

Highland: councils, 500, Fund, 567, Panel, 567

Highlands, 412, 419, 455, 492, 498, 500, 562, 567

Highlands and Islands: Advisory Council, 563; Consultative Committee, 567; Development Board, 501, 503, 549, 567, 568; Enterprise, 567

Hill, J.C., 42, 511, 513

Hillburn, 418

Hindy, General, 546

History of the Communist Party of the Soviet Union, 275, 478

Hitler, Adolf, 114, 281 307, 310, 311, 510; rise of, 292, 305, 354, 558; Spanish Civil War and, 273, 533, 545; visits *Horst Wessel*, 558; 1939-45 War and, 274, 277, 278, 317, 318, 360, 522, 526, 544, 559

Holgate, Mr, a contractor, 110

holidays, 8, 180, 181, 418, 442; abroad, 397; absence of, 80, 442; annual paid, 23, 562; Christmas/New Year, 80, 133, 167, 210, 395; building workers and, 562; cycling, 419; in domestic service, 375; estate workers and, 210; farm workers', 194, 259; fortnight, 23, 393, refused, 169; half-day, 259; hotels and, 390; jute and flax mill workers', 393, 395; in laundries, 149, 156, 167; in Munrospun, 133; one week, 8, 154, 167, 194, 393; paid, 23, 149, 156, 194; Paisley local, 439; printers', 395; public, 23, 393; relieving for, 343; school, 124, 471, 472; seven days a year, 210; Territorial Army and, 466; two days a year, 149; unpaid, 154, 156; *see also* employment and occupations, berry-picking

Holland, 329, 533

Holy Cross Mountains, 544

Holytown, 4

Home-Grown Timber Advisory Committee, 243, 246, 247, 253

Homer, 255

Hong Kong, 201

Hood, Andrew, 486, 564

Hope, Lieut. Col. Lord John, 507

Hopetoun House, 72

Horden, *see* collieries

Horne, George M., 304, 541

Horner, John, 289, 536

Horsburgh, Jock, 12

horses, *see* creatures

Horton, Joe, 248, 249

Hosie, John, 256

Houliston, Ken, 319

hours of labour: berry-picking, 379; bondager, 207; baker's shop, 439; bricklayers, 447, 458; building trades workers, 461, 462, 463, 562; carters, 29; cooks, 172; cotton mill, 437; on crofts, 365, 366; in domestic service, 72, 374, 375, 376; eleven-day fortnight, 75, 88; estate worker, 210; factory cleaner, 134, 135, 136, 139; farm workers, 178, 179, 184, 259, cattleman, 189, dairymen, 173, 182, 183, 184, 185, 193, 194, 195, 196, 200, 201, ploughmen, 184, shepherds, 184; Forestry Commission workers, 235, 238; gardener, 229; guaranteed week, 461, 462, 463, 562; half-day off, 10; in jute and flax mills, 387, 389, 390, 394, 395; labourer, 370; Labour Party officials, 487; in laundries, 148, 149, 150, 152, 153, 154, 155, 156, 165, 166, 169, 171, 523, 524; market gardener, 73; milk delivery, 1, 13, 14, 23; miners, 73, 75, 77, 79, 88, 90, 111, 120, 220, 221, 519; overtime, 148, 154, 155, 156, 165, 239, 395, 458; paper mill workers, 231, 232, 233, 234; penny-a-week man, 9; personal secretary, 147; pithead women, 75; pottery workers, 441; poultry worker, 230; printers, 395, 430, 433; railwaymen, 4, 132; ring-net fishermen, 472; in St Cuthbert's Co-operative, 28; seven days a week, 1, 23, 366; seven hours a day, 519; shifts, 15, 90, 109, 120, 132, 134, 135, 231, 232, 233, 234; six-day week, 10; in 'slave' camp, 368; sour dook farmer, 15; teabreaks, none, 166; in textile factories, 133, 134; trade union officials, 27, 28; transport driver, 16; van boys, 10, 11, 444, 445; in whisky bond, 132; per week: 40 hours, 447, 44 hours, 447, 48 hours, 10, 28, 370, from 48 to 52 hours, 524, 49 hours, 165, 50 hours, 210, 54 hours, 523, from 55 to 60 hours, 524

House, Jack, 484, 563

housing: abandoned, 435; aspect of, 408; backgreens, 34; back kitchen, 86; with bath, 21, 86, 192, 197, 200, 212, 222, 223, 229, 230, 336, 401, 476; without bath, 7, 160, 162, 187, 212, 228, 328, 476; of Bevin Boys, 218, 222-3, 224; blitzed, 234, 559; black-leading of grate in, 85; boarding house, 399, 400, 401, 402, 403; bothies, 174, 194, 204, 216, 217, 218, 258, 260, 261, 420; bungalows, 200, 230, 299, 384, 454, 501; but and ben, 334, 335; buttressed, 173, 186; clay or earthen floor, 86, 436; cleaning and polishing in, 70; clothes-washing in, 7, 127, 162, 168; coal fires in, 5, 7, 67, 71, 112, 162, 404; coalhouse, 4; commandeered, 297, 454; common green, 70; converted to library, 337; cooking in, 162, 228; cottar, 260; croft, 366; council, 8, 86, 171, 192, 195, 202, 292, 296, 335, 384, 394, 415, 441, 448, 458, 459, 471, 476; damp, 187, 199, 328; domestic servants', 334, 374, 375; electricity in, 127, 171, 197, 212, 229, 336; estate lodge, 227, 228; evictions, 114, 334, 357, 410; farm cottages, 173, 176, 177, 178, 185, 186-92 *passim*, 189, 190, 192, 195, 197, 199, 200, 202, 203, 204, 211, 212, 216; farmhouse, 202; firewood for, 4, 184, 189, 190; flittings, 18, 173, 182, 186, 200, 202, 229, 403; forestry, 236; in former school, 206, 208; four-apartment, 177, 197, 228, 230; furnishing of, 126, 127, 173, 186; of gaffers, 127; gardens, 115, 128, 190, 227; gas lighting in, 127, 161, 162, 171, 336; gathering coal for fire, 67, 68, 69, 70, 74; improve-ments in, 212, 297, 328, 329-30; of Irish seasonal farm workers, 204, 217, 218, 556-7; Labour Party and, 297, 298; Land Army Hostel, 185; leaking roofs, 328; lodgings, 3, 13-14, 15, 17, 18, 21, 32, 33, 86, 169, 176, 177, 220, 221, 235, 275, 399, 430, 448, 459, 487, 488, 491; middens at, 71, 77; miners', 70-1, 81, 224, 297, 377, 435, 436; mining contractors and, 100; Model Lodging House, 34; neighbourhood association, 329; at Niddrie Mains, Edinburgh, 292-8 *passim*, 415; oil lamps in, 5, 197, 211, 228, 229, 336, 367; Onion Johnnies' loft, 417; Orlits, 457, 561; outside stairs in, 384; overcrowding in, 298, 334, 335, 438, 439, 441; owner-occupied, 202, 459; pamphlet concerning, 539; *Panorama* programme on, 568; parking and, 328; peat fire in, 367; pigsties at, 189, 216; private landlords and, 6, 7, 170; pensioners', 86; rag rugs in, 85, 127, 188; railway blocks, 342; ramshackle, 174, 186, 187; range for cooking, 127, 187, 384; rates, 7, 14, 293, 421; rents, 7, 14, 18, 60, 88, 128, 129, 130, 136, 142, 170, 227, 269, 293, 296, 327, 328, 408, 409, 410, 518; rent strike, 1915, 398, 404, 553; room and kitchen, 2, 7, 18, 70, 71, 85, 86, 118, 126, 483; of seasonal workers, 557; sewage, 297, 299; shack, 108; shingle coal for, 70; single ends, 82, 85, 86, 441, 502; at 'slave' camp, 368, 369; sleeping arrangements in, 18, 71, 85, 118, 126, 162, 177, 188, 228, 384, 403, 430, 438, 439, 443; slum, 501, 502, 568; squatting in, 502; at stables, 21; stair representatives in, 330; with stone floors, 126; with strutted closes, 431; substandard, 298; tenements, 400; terraced, 384; three-apartment, 162, 187, 192, 211, 228, 336, 384, 402, 438; tied, 6, 81, 114, 115, 118, 129, 159, 161, 162, 192, 199, 202, 203, 207, 211, 218, 228, 334, 342, 377, 441; toilets: dry, 7, 85, 86, 127, 128, 129, 228, 369, flush, 7, 71, 107, 187, 228, 229, 384, inside, 129, 212, 336, shared, 7, 71, 85, 161, 162, 384, outside, 70, 71, 86, 127, 128, 129, 161, 162, 211, 212, 228, 384; two-apartment, 176, 328; two-storeyed, 107; unimproved, 171, 187; visitors and, 439; waiting list, 202; in Warsaw, 316; wash-houses in, 70, 79, 228; washing boiler in, 187; water supply, 7, 21, 71, 107, 127, 161, 162, 187, 192, 197, 200, 202, 211, 212, 228, 436; well designed, 407, 408; in 1930s, 362;

Housing Association, Scottish Special, 202

Housing Associations, Scottish Federation of, 514

Howgate, 436

Howie, Archie, 202

Hoy, James, 36, 422, 508

Hudson Bay Co., *see* employment and occupations

Hughes, Emrys, 474, 485, 562

Hughes, Joe, 455, 456

Hugo, Victor, 560

Hull, 59

Humbie, 524

Humphries, Enoch, 52, 514

Hungary, ix, 39, 40, 41, 253, 317, 417, 460, 461, 508, 514, 546, 562

Hunger Marches and Marchers, 270, 348-50 *passim*, 355, 356-62, 370, 449, 507, 509, 550, 552; *see also* clothes and clothing; food and drink

Hunter brothers (Protestant Action), 450, 451

Hunter, Jim, 415

Hunter, Russell, 553

Hutton, 418

Hydes, coalowners, 100

Ilford, 565

Iliad, 255

illiteracy and semi-literacy, *see* education

illness, disease and disablement, 2, 3, 83, 88, 251, 519; ambulance, 176, horse-drawn, 477; anaesthetic, absence of, 81; arthritis, 8, 390, 392; asthma, 176, 177, 178, 478, 479; blindness, 293, 307, 308; boil, 556; broken ribs, 307; bronchitis, 365; cancer, 216, 319; cartillage, 104; caused by black damp, 416; cellulitis, 432; cerebral haemorrhage, 328; chest, 83, 160, 390, 391; claustrophobia, 221; collapse, 45; constipation, 213; consumption, 361; deafness and dumbness, 539; diphtheria, 434; dysentery, 481; ear trouble, 307; eczema, 432; emphysema, 69, 80; epilepsy, 479; exhaustion, 489; facial tick, 470; fainting, 404, 437; finger squashed, 392; first-aid, 369; frostbite, 413; government training for disabled ex-servicemen, 552; haemorrhoids, 462; hair caught in machinery, 392; headaches, severe, 117; heart attack, 1; hospital, 18; hysterectomy, 327; influenza, 404; lameness, 438; laundry workers and, 150; legs: artificial, 111, 467, 468, 477, bad, 29, 201, 307, broken, 129, loss of, 404, 466, 467, 468, 476, 477, trouble with, 352; loss of arms, 45, 74, 167, 227, 392; loss of hand, 262; loss of speech, 469, 470; malaria, 1, 9, 481, 563; meningitis, 68; mental, 122; mepacrine, 481, 563; mining contractors and, 101; miscarriage, 327; neighbourliness during, 84; nervous breakdowns, 163, 169; nits, 70, 519; optical, 255, 257; penicillin, 481; pneumonia, 119, 158, 176, 206; refusal of medical treatment, 559; rheumatic fever, 204, 205, 373; rheumatism, 483, 524; rickets, 548; scarlet fever, 130, 477; sea-sickness, 420; severe physical handicap, 520; shell-shock, 176; shock, 328; silicosis, 391; skin troubles, 238; spine damage, 527; stammer, 470, 479, 484; strecher case, 35; surgery, 104, 480; syphilis, 481; thrombo-phlebitis, 429; tonsils, 81; tuberculosis, 474; ulcers, 386; undiagnosed, 525; varicose ulceration, 429; varicose veins, 175; war pension for, 467; *see also* accidents and injuries; employment and occupations, doctors, nurses; National Health Service; National League of the Blind; Socialist Medical Association; wages, sick pay; wars

Imlet, Jenny, 77

immigrants, *see* Irish; Lithuanians

imperialism, 2, 274, 418, 529

Imphal, 480, 481, 563

Imrie, John D., 302, 540

Inadown, *see* farms and farming

Independent Labour Party, 263, 264, 265, 267, 269, 281, 292, 327, 331, 514, 520, 521, 530, 549, 550, 555, 564; breakaway from, 554; Clydesiders, 268, 350; in Dalkeith, 507; decline of, 350; in East Lothian, 91, 92; Fascism and, 354; in Edinburgh and Leith, 422, 427, 560; formation of , 528; Guild of Youth, 555; and Hunger Marches, 350; and Labour Party, 93, 265, 268, 520, 521, 528, 529, 530, 550, 551; Perth branch, 265; shooting of Chinese workers and, 529; United Front and, 534; in Wales, 562

India, 206, 324, 325, 365, 390, 480, 548, 549, 563

Indian National Army, 482, 563

Industrial Workers of the World, 509

Ingles, Mary H., 33, 306, 422, 507, 543

Inglis, Captain John, 208

Inglis, Jeanie, 73

Inland Revenue, 271

Innes of Learney, Col. Thomas, 256, 527

Innes of Learney, Lieut. Col. Francis, 527

Innes of Learney, Sir Thomas, 527

In Place of Strife, 47, 65, 512, 518

Inskip, Thomas, 534

Insurance Workers, 286, 535

International Brigade Association, 309, 313, 544

International Brigades, 92, 93, 310, 314, 328, 363, 425, 426, 427, 428, 507, 508, 515, 519, 532, 551, 552, 555, 556, 557, 558, 567, Dombrowski battalion, 309, 311, 313; *see also* wars, Spanish Civil

International Labour Organisation, 253

International Transport Workers' Federation, 56

Inveraray, 485, 498

Inver Inn, 254

Inverkeithing, 419

Inverness, 158, 160, 274, 524, 567; County Council, 567

Inverness-shire Unionist Association, 567

Inveroram, 420

Iona, 493-4, 565

Ireland, 17, 105, 118-22 *passim*, 217, 263, 290, 324, 333, 419, 435, 436, 451, 460, 523, 540, 541, 556; *see also* Northern Ireland; Ulster

Ireland, Dr, 68

'Ireland, Little', *see* Rosewell

Irish: banshee, 436; Citizen Army, 529; Constabulary, Royal, 541; Free State, 290, 557; Gaelic, 120; in Glasgow, 401; Home Rule, 263, 528; immigrants, 118, 121, 122, 333, 435, 436, 451; nationalism, 263, 523; navvy, 560; potato famine, 333; potato harvesters, 426, 556-7; Republican: Army, 541, Brotherhood, 529; Transport & General Workers' Union, 529; as workers, 120, 121; *see also* Black and Tans; farm workers

Iron and Steel Trades Confederation, 53, 514

Irvine, 242

Irvine family (Protestant Action), 450, 451
Isherwood, Christopher, 526
Islay, viii, ix, 364, 365-7
Isle of Man, 206, 558
Islwyn, 518
Italy, 278, 306, 307, 354, 533, 559

Jack, James, 52, 53, 54, 55, 514
Jack, Sammy, 160
Jackson, Mrs, a teacher, 207
Jamieson, Bobby, 249, 250, 251
Jamieson, Smoky, 424, 425
Jarama, 508, 519, 557, 558
Jardine, Mr, a sugeon, 104
Jarvie, James, 40, 51, 461, 510, 513
Jedburgh, ix, 185, 204, 205, 206, 213, 214, 218,
    224, 367, 368, 369; Academy, 525; Grammar
    School, 207
Jedfoot, 214
Jenkins, Roy, 517
Jews, 229, 304, 312, 315, 398, 425, 558, 564
Johnston, John, 43, 512
Johnston, Thomas, viii, 485, 486, 491, 492, 493,
    494, 495, 496, 498, 499, 503, 513, 543, 553,
    562, 564, 566
Johnstone, Major, 235
Jones, David John 'Potato', 427, 558
Jones, Jack, 56, 57, 58, 59, 60, 61, 62, 63, 515,
    516
Jones, Riley, 444, 445, 446
Jones, Thomas, 534
Jordan, Fritz, 558
Jordan, Mrs Jessie, 411, 428, 558
Jura, 399, 400, 403; Sound of, 404
jute and flax mills, 383, 384, 387-97; cameraderie
    in, 393, 396, 397; categories of workers in, 388,
    389, 390, 391, 392, 394; decline and closure
    of, 390, 395, 396, 397; discipline in, 392; fires
    in, 387, 391, 395; owners of, 383, 387, 388,
    389, 393, 394, 395, 396; production processes
    in, 388, 392, 395; trade unionism in, 392, 393,
    395; uses for output of, 388; working condi-
    tions in, 390, 391, 392, 396; water- and motor-
    driven, 389, 390; *see also* accidents and inju-
    ries; holidays; hours of labour; wages
Jute and Flax Workers' Union, 392, 393, 395

Kaimes quarry, 6
Kamenev, Lev Borisovich, 535
Kane, Bobby, 293, 333, 334, 335
Kane, Cath, 333, 334, 335, 339
Kane, Jack, viii, 293, 294, 295, 333-41 *passim*,
    537, 538, 555; aunt of, 334, 335; father of, 333,
    334; mother of, 293, 333, 334, 335
Kane, Mrs Anne, 334, 335, 337, 339
Kane, Pat, 293, 333, 334, 335

Kartun ('Kenton'), Derek, 310, 544
Katowice, 314, 315
Kebbaty, 528
Keegan, Pat, 351
Keir, Andrew, 553
Kelly, Johnny, 77
Kelly family (Portobello), 440
Kelly, Mr, a bottle worker, 447, 451
Kelly, Nurse, 206
Kelso, 190, 198, 204, 206, 213, 215, 416, 417;
    Hospital, 206, 216
Kelty, 335, 419
Kennedy, Adam, 208
Kennedy, Jean, 275
Kent, 491
'Kenton', *see* Kartun, Derek
Kerr, Jimmy, 443, 457, 458
Kerr, Peter, 402, 403, 406
Kerr, Philip, Marquis of Lothian, ix, 209, 210,
    212, 213, 525, 534
Kerr, Robert Schomberg, Marquis of Lothian, 210,
    525
Kerr, Tommy, vii, viii, 82-102 *passim*, 521; aunts
    and uncles of, 83, 87, 88; brothers of, 84, 85,
    86; father of, 82, 83, 84, 85, 86, 87, 88; grand-
    parents of, 82, 83, 88; great-grandfather of, 82;
    mother of, 82, 83, 85, 86, 88
Kerrigan, Peter, 41, 350, 511
K.G.B., *see* Soviet Union
Kharkov, 282
Khrushchev, Nikita, 318, 544
Kidlaw Hill, 524
Kiel, 558; Canal, 282
Kielder, 552
Kiev, 282
Kilbane, Patrick, 556
Kilbane, Thomas, 556
Kilbrandon, Lord, 568
Kilbrannan Sound, 471
Kilmarnock, 342, 388, 508, Football Club, 553
Kilmun, 483, 484
Kimberley, 418
Kincardine O'Neil, 256, 257
Kincardineshire, ix, 258, 260
King, Mr, foreman, 161
Kinnock, Neil, 65, 518
Kinsteary, 528
Kintyre, 365, 471, 472, 483, 500
Kirk, Miss, a secretary, 493
Kirk, Miss (Mrs ?), laundry owner, 149, 150, 153,
    154
Kirk, Mr, laundry owner, 149, 150, 153, 154
Kirkcudbrightshire, 455, 527
Kirkhill, 343
Kirkintilloch, 426, 556-7, Town Council, 557
Kirk Mains, *see* farms and farming

Kirknewton, 1, 2, 3, 4, 5, 6, 7, 8, 10, 11, 12, 14, 15, 16, 17, 23, 32; post office, 7, 9; school, 1, 8; south ward, 505
Kirkstone Pass, 416
Kirkwood, David, 91, 268, 520
Kirov, Sergei, 535
Kitchener, General Lord, 418
Kitson, Alex, vii, viii, ix, 1-66 *passim*, 505, 506, 507, 508, 513, 514, 515, 517, 518, 519; father of, 1, 2, 3, 5, 6, 7, 8, 9, 10, 12, 13, 17; grandparents of, 2, 3, 6; mother of, 1, 2, 3, 4, 5, 6, 7, 8, 9, 10, 11, 13, 15, 17; wife of, 12, 21, 22, 28; *see also* Greig, David; Greig, Granny
Klondyke, *see* collieries
Knapdale, 404
Knockmore, 119
Knox, Monsignor Ronald, 540
Kohima, 481, 563
Kolchak, Admiral Alexander, 264, 529
Kruger, Paul, 261, 528
kulaks, *see* Soviet Union

Labour Agents, National Association of, 565
Labour governments, 1924, 523, 529, 532, 534, 1929-31, 350, 523, 529, 550, 1945- 51, 64, 65, 66, 340, 486, 487-90 *passim*, 495, 518, 562, 1964-70, 37, 47, 63, 66, 489, 496, 502, 512, 518
Labour League of Youth, 32, 557
Labour Party, 4, 5, 35, 36, 43, 46, 52, 53, 54, 57, 63, 64, 93, 136, 146, 228, 247, 263, 265, 386, 393, 484, 501, 506, 510, 512, 514, 516, 517, 520, 522, 523, 532, 543, 564; after 1979, 65, 66; chairmen of, 63, 64, 518, 549; chief officials of, 487-90 *passim*, 564, 565; composition and membership of, 528, 529; Communist Party and, 286, 521; Dalkeith, 146, 507; Dundee, 309; in East Lothian, 91, 92; in Edinburgh, 32-8, 291, 292, 293, 508, 509, 511, 536, 538, 555; expulsions from, 511, 549; and Fascists, 354, 453; and *Forward*, 485; 'Gang of Four' and, 517; head office, 486, 487-90 *passim*, 501, 502, 564; and Hunger Marches, 350, 550; and Independent Labour Party, 268, 520, 521, 528, 529, 530; leaders of, 51, 55, 65, 404, 489, 496, 513, 517, 518, 519, 522, 549, 550, 565; and mandatory re-selection of MPs, 519; and Moral Rearmament, 37, 38; in Midlothian, 32, 146, 147, 309, 522; and Militant Tendency, 65, 518; and miners' strike, 1984-5, 138, 146; National Executive, 57, 61, 62, 63, 64, 65, 66, 353, 488, 507, 512, 515, 518, 519, 564; and nuclear weapons, 51, 513; *In Place of Strife* and, 512; and United and Popular Front, 534; press officer, 486, 487-90 *passim*; Scottish Executive, 63, 501, 502, 504, 508; and Scottish Socialist Party, 422,

554; seamen's strike, 1966, and, 60; and shooting of Chinese workers, 529; Spanish Civil War and, 273; unemployed and, 350; 1945 election and, 482; *see also* Edinburgh Town Council Labour Group
Labour Research Department, 555
Ladysmith, 418
Lady Victoria, *see* collieries
Laidlaw, Jimmy, 235
Laing, Harry, 423, 530, 555
Laing, James, 530
Laing, Minetta, 423
Laing, Mrs Euphemia, 269, 270, 423, 530, 555
Laird, Gavin, 55, 515
Lake Bassenthwaite, 416
Lake District, 416
Lamb, Geordie, 97
Lammermoors, 173, 185, 186, 188, 189, 190
Lanark, 505, 564; Loch, 415, 416
Lanarkshire, ix, 6, 174, 176, 192, 348, 506, 514, 564; branch, Educational Institute of Scotland, 564; miners' and miners' unions in, 48, 96, 108, 345, 513, 566; North, 518, 519; *see also* Communist Party
Lancashire, 545, 550, 557
Lancaster University, 203
Land Army, *see* Women's Land Army
landowners, 2, 6, 7, 465, 478, 495, 519, 528, 564, 567
Lang, John, 53, 514
Langshaw, 173, 177, 182, 183, 185, 186
Lang Whang, 3, 505
Larkhall, 377, 514
Larkin, James, 263, 529
Laski, Professor Harold, 337, 549
Latvia, 242
Lauder, 173, 175, 182, 186, 190, 198, 199, 200, 416, 525
Lauderdale, Earl of, 192
Laughlan, Bill, 49, 513
Laughton, Mrs Elizabeth N., 304, 541
laundries, 18, 148-56, 157, 159, 160, 162, 164-8, 169, 171, 172, 325, 326, 441, 442, 444, 445-6, 523, 548; *see also* Blairgowrie; Edinburgh; holidays; hours of labour; miners and mining; strikes and lock-outs; wages
Laundry Workers' Union, National, 151, 154, 167, 523, 524
Laurenson, Mary, vii, viii, 148-51 *passim*; sister of, 148
Lawrie, Mr, a headteacher, 207
Lawson, Colin, 320, 321, 322, 546, 547, 548
Lawson, Fred, 40, 461, 510
Lawson, George M., 40, 291, 510
League of Nations, 536, 549
Lean, James, 32, 507

Learney estates, 256, 527
Lee, Jennie, 489, 565
Leeds, 513, 526, 559, 564; University, 549
Lees, Mr, a teacher, 470
Left Book Club, 338, 409, 534, 549
Legget, Mr, tannery, 161
Leicester, 549
Leigh, 557
Leitch, J., 304, 541, 542
Leitholm, 195, 198
Lenin, V.I., 264, 269, 270, 275, 279, 280, 284, 318, 323, 337, 510; *see also* Marxism and Leninism
Leningrad, 280, 281, 282, 324, 535; *see also* St Petersburg
Lenin School, *see* Moscow
Lennox, John, 359, 552
Leontev, Alexander, 91, 520
Les Miserables, 443
Lesslie, David, 424
Lestor, Joan, 63, 518
Leuchars, 233
Levenhall, 77, 80
Lewis, 500
Liberal government, 1906-16, 564
Liberals and Liberal Party, 2, 4, 228, 255, 256, 263, 273, 328, 449, 522, 525, 528, 540, 548, 555, 560; in Argyllshire, 562, Edinburgh University Association, 542; -Conservative, 508; and Moral Rearmament, 38; National, 422, 508; and Spanish Civil War, 273; speakers, at Hyde Park Corner, 452
libraries, *see* education
Lightermen, *see* Watermen
Lilliardsedge, 215
Lilliesleaf, 213
Limeylands, *see* collieries
Lincolnshire, 199, 479
Lindley, Bill, 59, 515
Lindores, Will, 97, 101
Lingerwood, *see* collieries
Line, Paddy, 107
Linlithgow, 520; Loch, 415
Lipetz, Dr Julie, 273, 425, 531
Lipetz, Dr Sam, 273, 531
Liss, 200
Lithgow, Sir James, 513
Lithuania, 108, 401
Lithuanians, 106, 107-8, 564
'Little Ireland', 123
'Little Moscow', 99
Liverpool, 59, 61, 323, 506, 515, 516, 518, Walton constituency, 528
Livingstone, David, 522
Livingstone, Davie, a colliery manager, 101, 102
Lloyd George, David, 4, 263, 525, 528
Loanhead, 67, 68, 130, 418, 419, 435, 559, 561

Loch Ailort, 420
Lochboisdale Experiment, 567
Loch Eil, 420
Loch Faskally, 496
Loch Fyne, 472
Loch Sheil, 420
Lochside, *see* farms and farming
Loch Sloy hydro-electric scheme, 495
Lockerbie, 185, 201, 250
Lofoten Islands, 561
Loftus, Honor, 118, 119, 120, 122, 125, 126, 130
Logan, Robert, 91
Logierait, 412
London, viii, ix, 45, 50, 55, 59, 60, 63, 65, 185, 254, 264, 280, 307, 319, 322, 323, 399, 400, 408, 427, 438, 490, 493, 506, 512, 516, 518, 524, 529, 530, 536, 544, 547, 555, 563; Arcos Raid in, 275, 532; building and bricklaying in, viii, 444, 446, 447, 448, 449, 459, 463; constituencies in, 518, 526, 559, 565; County Council, 448; Fascists in, 452-3, 516, 560; General Strike, 1926, in, 266; Hunger Marches to, 348, 349, 356, 359, 361, 362, 370, 507, 509, 550, 552; Labour Party in, 453; places in: Battersea power station, 448, Cable Street, 453, 516, 560, Cenotaph, 224, Central Labour College, 506, 564, Chancery Lane, 277, Clerkenwell Green, 341, docks, 59, 60, 516, East End, 452, 453, 560, Fielden House, 503, Fire Brigades Union offices, 277, Fleet Street, 474, Gray's Inn Road, 60, 517, Guildhall School of Music, 537, Harlesden, 448, 452, Harrow Road, 517, Hay's Wharf, 281, Headland House, 517, Highgate, 60, 517, Horseferry Road, 488, House of Commons, 35, 37, 66, 245, 318, 484, 485, 489, 490, 492, 499, 501, 503, 505, 516, 529, 543, 555, 557, 559, 565, 567, House of Lords, 559, Houses of Parliament, 422, 566, Hyde Park, 452, 550, Islington, 488, King's Cross, 60, King Street, 478, Lewisham, 491, Marquis of Granby pub, 488, Marx Memorial Library, 341, Mill Bank, 488, Moorgate, 532, Old Bailey, 566, Pentonville Prison, 516, Petticoat Lane, 452, St Martin's-in-the-Fields, 537, St Paul's Cathedral, 537, Savoy Hotel, 54, School of Economics, 549, Soho, 320, 321, Soviet Embassy, 264, 498, 533, Streatham, 488, Transport House, 60, 486, 487-90, 491, 501, 502, University, 513, 549, Wembley, 63, 517, Willesden, 448, 449, 452, 453, Wormwood Scrubs Prison, 548; trade unions and trade unionism in, 54, 59, 60, 449, 460, 516, 553, 555; Unemployed Workers' Movement in, 347; Unity Theatre, 409, 553; 1939-45 War and, 278, 526; *see also* Communist Party
Londonderry, *see* Derry

Londragan, John, vii, viii, ix, 353-63 *passim*, 552
Lonie, Mr, a teacher, 86
Loretto School, *see* Musselburgh
Lorraine, 525
Lothian: estates, 209; Marquises of, *see* Kerr, Philip, and Kerr, Robert Schomberg; Women's Support Group, 139, 143
Lothian, Mr, a shepherd, 188, 189, 191, 192
Lothians, 45, 111, 261, 507, 555; miners, unions and pits in, 48, 90, 96, 97, 98, 138- 46, 333, 435, 436, 450; *see also* Communist Party
Lowood House, 185
Lygate, Matthew, 320-2, 546, 547, 548
Lyle & Scott, 133
Lyon, Hugh, 25, 26, 27, 44, 46, 506

Mabon, J. Dickson, 484, 486, 563
McArthur, John, 97, 272, 522
Macbieknowe estate, 201, 202
McClelland, Rev. H.S., 407
McCracken, Mr, Protestant Action, 450, 451
McCreery, Michael, 319, 545
McDaniel, Father, 305, 542
Macdonald estates, 567
MacDonald, James Ramsay, 336, 518, 549, 550
MacDonald, John, 497
Macdonald of Macdonald, Lord, 500, 567
Macdonald, Raymond, 55, 57, 515
McDougal, Captain A.R., 186, 187, 188, 189, 190, 191, 192, 199, 525
Macduff, 313
MacFarlane family (Elphinstone), 99
MacFarquhar, Roderick, 501, 567
McGahey, Michael, 56, 515
McGettigan, Father, 428
McGill, Patrick, 443, 444, 560
McGill University, 549
McGinnis, William, 43, 512
McGovern, John, 348, 350, 550
McGregor, Tom, 422, 555
McHardy, Margaret, 254
McHugh, John, 536
McIlhone, Bob, 430, 559
McInnes, Rab, 427, 428, 557
McIntosh, John, 116
McIvor, Jim, 90
McIvor, Sandy, 89, 90
Mackail, Joe, 41, 511
Mackay, Davie, 411
Mackay, George, 221, 222
Mackay, Jackie, 411
Mackay, Mungo, 98, 112, 113, 114, 115, 116, 117, 221, 522
Mackay, Peter Charles, *see* Monolulu, Ras Prince
Mackay, Rev. Canon Roderick J., 305, 542
Mackenzie, Colin, 566

Mackenzie Committee, 498, 499-500, 566
Mackenzie, Dr John, 106, 522
Mackenzie, Mr, a music teacher, 163
Mackenzie, Sir Compton, 530
Mackie Academy, *see* Stonehaven
McKie, George, x, 562
MacKinnon, Baldy, 471
Mackintosh, Charles Rennie, 563
MacKinven, Hamish, viii, 465-504 *passim*, 562, 567; aunt and uncles of, 466, 474, 475; brother of, 467, 475, 477, 483; father of, 466, 467, 468, 470, 472, 474, 475, 476, 477, 478, 483, 485; grandparents of, 466, 467, 468; mother of, 466, 468, 469, 472, 475, 477, 483, 490; son of, 467, 468; wife of, 490, 491
McLaren, George, 91
M'Laughlin, John, 556
M'Laughlin, Matthew, 556
McLaughlin, Mrs, a teacher, 122
Maclay, John S., 35, 508
McLean, Bill, 55, 514
McLean, Bob, 147
Maclean, Sir Donald, 112
Maclean, John, 263, 280, 322, 323, 324, 506, 529, 546, 551; Society, 323, 324
Macleod, Alison, x, 544
MacMahon Line, 324, 325, 548
McManus, Charlie, 458, 461, 561
Macmerry, 92
McMillan, Roddy, 553
MacNamara, Mr, a railwayman, 424
McNeil, Hector, 489, 565
McNeill, Sandy, 101
McNeill, Old, a miner, 101
MacPherson, Rev. T.S., 476, 477
McPherson, William, 320-2, 546, 547, 548
McQuade, John, 45, 512
M'Queen, Rev. Donald, 553
MacQueens, fishermen, 472
McShane, Harry, 322, 350, 546, 551
McShannon, Jock, 471
McShannon, Netta, 471
MacSporran, Hector, 474, 562
MacSwiney, Terence, 529
Mactaggart, Mr, a solicitor, 465
McTaggart, William, 549
MacVicar, Angus, 474, 562
Macvicar, John, viii, ix, 173-203 *passim*, 524; aunts and uncles of, 174, 176; brothers and sisters of, 173, 174, 175, 176, 177, 178, 181, 182, 183, 185, 186; father of, 174, 175, 176, 177, 178, 179, 182, 184, 185; grandfather of, 174; great-grandfather of, 174; mother of, 176, 177
Macvicar, John, jnr, 191, 195, 197, 198, 199, 200, 201, 202, 203
Macvicar, May, 197, 198, 203

Macvicar, Mrs Violet, 173, 174, 185, 186, 187, 190, 191, 192, 194, 195, 198, 199, 200, 201, 202, 203
Macvicar, Neil, 197, 198, 201, 202, 203
Macvicar, Walter, 194, 195, 198, 199, 200, 201, 202, 203
Madrid, 543
Mafeking, 554
Maguire, Rev. James, 542
Maisky, Ivan, 277, 278, 280, 533
Majubah, 418
malaria, *see* illness, disease and disablement
Maldon, 507
Mallaig, 420
Malta, 16
Manchester, 199, 416, 432, 547, 549
Mangan, John, 556
Mangan, Michael, 556
Mangan, Thomas, 556
Manor Kirk, 174
Mao Tse-tung, 546
Marne, battle of the, 262
Marnie, Donald, 415
Marren, Jimmy, 10, 11
Marshall, Alex, 240
Marshall, William G., 63, 517
Martin, Benny, 104
Martin, Sadie, 477
Marx, Karl, 267, 268, 269, 270, 279, 284, 318, 331, 337, 510, 535, 555
Marx Memorial Library, 341
Marxism and Leninism, 262, 267, 268, 269, 274, 275, 279, 284, 288, 294, 317, 318, 323, 331, 545, 555
Mason, Billy, 271, 427
Mason, Bob, 427, 557
Massingham, H.W., 418
Masterhof, Joe, 526
Maugham, Somerset, 476
Mauritius, 565
Maxton, 205
Maxton, James, 91, 268, 350, 520
Maybole, 226, 229, 230
Mayfield, 131, 132, 133, 138, 146, 394, 396; Bryans Primary School at, 132
May Island, 75
Mayo, County, 118, 119, 121, 122, 556, 557
Meadowbank House, 2, 6
Means Test, 350, 356, 357, 364, 449, 552
Mediterranean, 533
Mee, Arthur, 475, 562
Meikle, Tom, 43, 511
Melbourne, 509
Meldrum estate, 227
Melrose, 185, 206; secondary school, 177
Melrose, Councillor, 91

Menzies, Robert, 493, 565
merchant navy, *see* employment and occupations; ships and shipping
Merrells, S.J. (Chick), 289, 536
Merrick, Tony, 516
Merse, the, 195
Mersington, *see* farms and farming
Methil, 24, 368
Mexico, 271, 535, 544
Mid Calder, 4, 5, 8
Middlesborough, 543
Middlesex, 454
Middleton camp, 223
Middleton, George, 38, 42, 43, 47, 48, 49, 50, 51, 52, 53, 54, 349, 350, 486, 509, 511, 513
Middleton, Rebecca, 528
Midlands, 266, 515, 517, 536
Midlothian, ix, 2, 4, 98, 146, 147, 394, 396, 436, 442, 520, 532, 561; County Council, 8, 125, 505, 521; District Council, 142; shale oil in, 435, 505; *see also* elections; miners and mining; Miners' Association
Midmar, 255, 528
Mikardo, Ian, 63, 65, 518, 519
Miley, Rt Rev. Monsignor, 542
Militant Tendency, 65, 518
Millan, Bruce, 499, 566
Millar, Adam, 300, 539
Millar, Mrs Eltringham, 300, 539, 541
Miller, George, 77
Miller, Hugh, 255, 527
Miller, Johnny, 62
Milligan, Duncan, 41, 511
Milligan, Eric, 41, 511
Mills, Mr, shopkeeper, 142
Milne, James, 49, 55, 456, 513
Milne, Mr, father of James, 456
Milton, Mrs Nan, 324
Minelli, Liza, 526
miners and mining, 65, 67, 68, 83, 105, 118, 372, 435, 436, 441, 513, 514, 524, 530, 563; beginning at coal face, 89; boys underground, 82; brushers, 108, 109, 522; checkweighers, 90, 519, 537; children in, 105; colliery: enginemen, 76, 81, engineers, 110, 114; contractors, 90, 99, 100-02, 103, 110, 111, 115, 120, 121, 124, 129, 415, 450, 522; contrasts between west and east of Scotland, 450; costs of production, 90; coupling hutches, 103; cycling club and, 415, 416, 418, 419, 422; deputies, 104, 111, 115; Derbyshire, 519; digging on and off, 73, 74; drawing and filling, 89, 90, 103, 522; drawing of colliery fires, 95, 111, 521; Dunbartonshire, 510; in East Lothian, 67, 68, 69, 70, 73-81 *passim*, 82, 83, 84, 87-102 *passim*, 519, 520; explosions, 78; in Fife, 108, 109, 335,

509, 510, 513, 517, 520, 522, 565; fines, 113, 114; fireman, 115; General Strike, 1926, and, 88; Green Table, 113, 115, 116, 117; horseshoer, 169; hutch-pinning, 74; imported and exported coal, 75, 90; informers and, 113; Irish, 451; justicemen, 74, 519; in Lanarkshire, 108, 513, 514, 515, 566; laundries for, 91; Lithuanians, 106, 107-8; machines, 89, 115; meetings of underground, 90; in Midlothian, 67, 68, 94, 95, 96, 97, 98, 103-17 *passim*, 120-1, 129-30; mining engineer, 115; oncost, 121; ostler, 73; oversmen, 100, 104, 115, 437; penny-about system, 109, 110, 111; pit ambulance, 77; pit delegates, 93, 94, 100, 102, 450; pithead baths, 91, 102, 127, 131, 137, 222, 223, 526; pit props, 218, 219; in Poland, 90, 314, 315; and political activites, 292, 293, 336; pony drivers, 103, 113, 114; pool system, 116; protective clothing, free, for, 91; pumpsman, 92; reluctance to go down pit, 87, 88; salt, 315; Scots county unions of, 48, 96, 97, 336, 435, 512, 513, 521; serfdom, virtual, of, 114; shot-firing, 89, 109, 116, 117, 121; 'sons not to go down pit, 334, 447; stablemen, pit pony, 114; stone-picking tables, 74; stoop and room, 117; surface workers, 75, 222-5 *passim*, 334, 435, 507, *see also* women; tools and cost of, 101, 102, 522; training scheme in, 103; tumblers, 74, 76; in Wales, 506, 562, 564, 565; and war, 1914-18, 72, 1939-45, 105; washing of clothes of, 127; winding engine, 73; women and, 334, 375, 376, hutch-builders, 109, pithead, 67, 73-5, 80, 81, 109; workmen's inspectors, 96, 97, 521; workshops, 137, 143; *see also* accidents and injuries; acts and bills; Bevin Boys; coalowners; collieries; creatures - pit ponies, mice; hours of labour; National Coal Board; nationalisation; strikes and lock-outs; wages

Miners' Association, Fife, Kinross and Clackmannan, 96, 522

Miners' Association, Mid and East Lothian, 78, 79, 90, 91, 92, 93, 94, 95, 96, 97, 98, 100, 111, 112, 520, 521, 522

Miners' County Union, Lanarkshire, 515

Miners' Federation of Great Britain, 95, 521, 522

Miners' Federation, Scottish, 512, 521, 522

Miners' Federation, South Wales, 341

miners' institutes, *see* particular towns or villages

Miners' Union, West Lothian County, 288, 333

Miners' Welfare, 125

Mineworkers' Association, Fife, Clackmannan and Kinross, 522

Mineworkers, National Union of, 50, 51, 56, 95, 97, 137-46 *passim*, 224, 515, 521, 523; Scottish Area of, 48, 49, 55, 509, 512, 513, 514, 515, 520, 537, Ayrshire District, 521, Fife District, 522

Mine Workers, National Union of Scottish, 509, 513, 520, 521, 522

Mineworkers of Scotland, United, 96, 97, 98, 272, 509, 521, 522

Mingladon airport, 482

Mitchell, Claude, 108

Mitchell, James Leslie, *see* Gibbon, Lewis Grassic

Mitchell sisters (in laundry), 166

Mitchison, Naomi, 478, 563

Moat, *see* collieries

Moderate Party, 536, 541

Moffat, 250, 399, 400, 417

Moffat, Abe, 39, 50, 96, 97, 272, 509, 513

Moffat, Alex, 49, 97, 272, 350, 513

Moffat, Jack, 39, 509

Moffat, Mary, 522

Moffat, Mr ('Old Snuff'), 9

Moffat, Robert, 99, 522

Moleskin Joe, 444, 560

Monklands, East, 519

Monkton, Ivan, 245

Monktonhall, *see* collieries

Monolulu, Ras Prince, 452, 560

Monteviot: estate, 209, 210, 212, 214, 215, 218, 221, 224; House, 210, 215

Montrose, 262, 358, 362; Burghs, 508

Moore, J.H., 151, 154, 524

Moor of Rannoch, 493

Moral Rearmament, 36-8, 508

Morgan, Councillor Thomas, 568

Morgan, Miss, a teacher, 122

Morrison, Herbert, 430, 559

Morrison's Haven, 69, 75

Moscow, 59, 280, 281, 282, 283, 314, 317, 351, 509, 510, 535, 544, 546, 551; Lenin School in, 351, 551, 559

Mosley, Sir Oswald, 280, 305, 354, 355, 424, 452, 453, 454, 505, 516, 534, 542, 555, 560

Mossend, 209, 210

Motherwell, 291, 343, 510, 530, 542

Muircockhall, *see* collieries

Mull, 365

Mull of Kintyre, 471

Munich Pact, 1938, 367, 478

Municipal Mutual Insurance Co., 301, 302

Murdoch, Charles, 48, 512

Mure, Robert, 53, 54

Murray, Bill, 252

Murray, David, 6, 7,

Murray, Mrs Janet, 272, 273, 281, 282, 284, 308, 326-8

Murray, Sir Andrew, 290, 536, 538

Murray, Sir David King, 507

Murray, Tom, vii, viii, ix, 254-332 *passim*, 427,

527, 528, 530, 531, 532, 533, 534, 535, 536, 537, 538, 539, 540, 542, 543, 544, 545, 546, 547, 548, 555; adopted children of, 327; brother and sisters of, 254, 257, 261, 281, 328, 427, 430, 532, 555; father of, 255, 256, 257, 258, 259, 260, 261, 262, 263, 267, 326, 332; grandparents of, 254, 255; great aunt of, 254; mother of, 254, 261; uncles of, 254, 261

Murray, Tom, (of Aberdeen), 456

music and song, 158, 260, 368, 406, 409, 524; accordion, 179, 524; band-playing, 214, 223, 524; bands, 104, 111, 179, 219, 425, 556, 561; buttonbox, 214; *Cabaret*, 229; ceilidh, 10; choir, 85; composer and conductor, 291, 537; concerts, 85, 163, 369, 532; drums and drum sticks, 158, 214; Fascist, 423; fiddle and fiddler, 10, 214, 260; flute, 368; gramophone, 183; harpsichord, 406; *A Hundred Pipers*, 368; Hunger Marchers and, 359; hymn-singing, 99; *Internationale*, 368, 556; by Irish farm workers, 217; melodeon, 258, 524; mouth organ, 366, 524; organ, 99; *Red Flag*, 368, 556; Reid Orchestra, 336; singing and singers, 369, 406, 511; sing-songs, 79, 258, 381, 556; songs: Burns', 254, comic, 437, Irish, 437, radical, 546; tambourines, 407; tin whistle, 158, 217; violin, and violinist, 163, 336; *see also* armed forces

Musicians' Union, 537, 561

Musselburgh, 68, 72, 77, 78, 81, 93, 96, 97, 415, 416, 428, 429, 451; Clarion Cycling Club, 415, 416, 418, 422, 428, 429; places at: cotton mill, 437, 559, Grammar School, 72, Loretto School, 72, 471, 562, Trinity House School, 72; Road (Cycling) Club, 429

Mussolini, Benito, 273, 306, 426, 545

Mutch, Ms, a teacher, 229

My Schools and Schoolmasters, 255, 527

National Amalgamated Stevedores and Dockers ('Blue' Union), 59, 60, 515, 516

National Amalgamated Union of Shop Assistants, Warehousemen and Clerks, 22, 23, 506, 514, 550

National Association of Colliery Oversmen, Deputies and Shotfirers, 141

National Association of Operative Plasterers, 60, 517

National Coal Board, 91, 104, 223, 224

National Council of Labour Colleges, 31, 32, 46, 291, 360, 506, 507, 508, 510, 543, 564

National Dock Labour Scheme, 59, 61, 515, 517

'National' government, 1931-7, 523, 525, 550, 552

National Graphical Association, 554

National Health Service, 28, 465, 488, 565

National Industrial Relations Court, 516

nationalisation: of coal industry, 104, 111, 222, 223, 224, 435, 522; of electricity industry, 495, 496; of land, 64; and privatisation, 64; *see also* National Coal Board

'National' Labour Party, 523, 549

National Laundry Workers' Union, *see* Laundry Workers' Union, National

National League of the Blind, 307, 308, 543

National Liberal-Conservative, 508

National Party of Scotland, 530

National Service, *see* armed forces

National Society of Brush Makers, 509

National Union of Agricultural Workers, 60, 252, 517

National Union of Clerks, 40, 43, 48, 52, 53, 54, 265, 268, 286, 288, 290, 291, 514, 532, 535; *see also* Clerical and Administrative Workers' Union

National Union of Distributive and Allied Workers, 506

National Union of General & Municipal Workers, 40, 43, 50, 252, 351, 461, 484, 501, 510, 512, 550

National Union of Journalists, 501, 567

National Union of Mineworkers, *see* Mineworkers, National Union of

National Union of Printing, Bookbinding & Paper Workers, 232, 234, 409, 553

National Union of Public Employees, 31, 45, 506, 511

National Union of Seamen, 517, 567

National Union of Vehicle Builders, 56, 58, 515

Nazis, 229, 278, 282, 292, 306, 307, 312, 315, 352, 354, 411, 428, 485, 521, 533, 545, 552, 558; *see also* Fascists; Germany, Nazi; wars, 1939-45

Nazi-Soviet Non-Aggression Pact, 1939, 93, 521

Neil, Alex, 93

Neil, Bobby, 93

Neillands, Douglas, 499, 500

Neilson, Willie, 109

Neisse, river, 311

Neva, river, 282

Newbattle Abbey College, 223, 278, 525, 533

Newburgh (Fife), 226, 227, 228, 229, 230

Newcastle-on-Tyne, 290, 353, 355, 367, 446, 459, 548

Newcraighall pit, *see* collieries

Newlands, Tammy, 75

Newman, Les, 59, 515

New Party, 505

New South Wales Labour College, 509

newspapers and periodicals, 41, 42, 125, 137, 140, 190, 417, 420, 474, 485; *Aberdeen Free Press*, 255, 527; *Aberdeen Herald*, 527; *Aberdeen Journal*, 527; *Action*, 422, 424, 555; *Arbroath Guide*,

394, 395, 396; *Argyllshire Leader*, 562; *Ayr Advertiser*, 565; *Belfast Newsletter*, 290, 536; *British Gazette*, 533; 'The Buffer', 271, 530; *Bulletin and Scots Pictorial*, 494, 566; *The Busmen's Punch*, 555; *Caithness Courier*, 492; *Campbeltown Courier*, 465, 474, 479, 501, 562; *Challenge*, 531; *The Children's Newspaper*, 470, 475, 562; *Clarion*, 415, 416, 554; *Communist Review*, 555; *Daily Express*, 34, 125, 431, 432, 501, 507; *Daily Herald*, 296, 336, 475, 530, 539, 563; *Daily Mirror*, 539; *Daily Record*, 494, 501, 563, 566; *Daily Worker*, 92, 99, 269, 270, 275, 310, 423, 424, 475, 486, 520, 531, 532, 544, 546, 549, 559, 564, Scottish edition, 430, 431, 551, 559; *Dumfries & Galloway Standard*, 562; *The Economist*, 566; *Edinburgh Evening News*, 444, 501, 540, 560, 567; *Empire News*, 444, 560; *Evening Citizen*, 484, 563; *Evening Dispatch*, 501, 567; *Evening Express*, 562; *Evening Times*, 53; *Express on Sunday*, 560; *Financial Times*, 498; *Forward*, 405, 406, 416, 474, 475, 484-6, 492, 499, 553, 562, 563, 564; *Glasgow Herald*, 405, 470, 474, 494, 496, 501, 548, 562, 565; *The Guardian*, 34, 566; *The Herald*, 562; *John Bull*, 483, 563; *Kirriemuir Free Press*, 562; *Labour Leader*, 562; *Labour Monthly*, 269, 530; *Labour Organiser*, 490, 565; *Labour Standard*, 560; *The Landworker*, 248; *Morning Advertiser*, 539; *Morning Star*, 520; *New Clarion*, 554; *New Leader*, 562; *News Chronicle*, 486; *News of the World*, 29; *Oban Times*, 405; *Partick Gazette*, 564; *The People*, 444, 491, 560; *People's Friend*, 475, 563; 'The Pilot', 424, 530; *Press and Journal*, 474, 527, 562; *Reynolds' News*, 5, 336, 444, 475, 507, 548; *The Round Table*, 525; *Scotsman*, 320, 501, 546; *Scottish Daily Mail*, 432, 433, 501; *The Scottish Farmer*, 186, 192, 525; *The Searchlight*, 351; *Sunday Chronicle*, 560; *Sunday Citizen*, 548; *Sunday Empire News*, 560; *Sunday Express*, 444, 560; *Sunday Post*, 125, 444, 560; *Sunday Worker*, 336, 548; *The Times*, 34, 405, 494, 539, 565; *Tribune*, 47, 512; *Weekly Free Press and Aberdeen Herald*, 527; *Weekly News*, 444, 560; *The Witness*, 527; *Workers' Weekly*, 92, 520, 532; *World News*, 555; *see also* children, comics for

Newstead, 176

Newton, 346, 347

Newtongrange, 22, 103-17 *passim*, 132, 218, 221, 224, 373, 374, 375, 376, 377, 379, 381, 382, 521, 522; miners' strike, 1984-5, committee, 138; places in: Abbeyland, 107, Beechwood Park, 131, Church, 223, cinema, 223, Co-op store, 131, Creeper Brae, 222, Dean Park, 372, Dean Tavern, 106, 107, 113, Fifth Street, 108, 112, 373, Fourth Street, 105, 107, 116, Lingerwood House, 113, Lingerwood Road, 377, Lothian Halls, 111, Lothian Terrace, 113, Main Street, 114, mining workshops, 137, 143, Newbattle School, 108, 132, 373, 381, Reed Drive, 377, shops, 114, 115, Stone Block, 107; Star Junior Football Club, 107; *see also* collieries: Bryans, Lady Victoria, Lingerwood, Vexem; Lithuanians

Newton Stewart, 247, 248

New York, 523

New Zealand, 319, 509

Nicol, Jock, 418

Nicolaus, Martin, 535

Niddrie nos. 9 and 11, *see* collieries

Ninemileburn, 202

Nisbet, 206, 208, 211, 215, 216, 217, 218, 219

Nisbetmill, *see* farms and farming

Nobel Prize for Literature, 568

No Licence Campaign, 264, 266, 268, 271, 286, 301, 327

No Love for Johnnie, 487, 565

Norman, Archie, 490, 491

Norrie, Willie, 261

North Africa, 559

North Ayrshire, *see* Ayrshire, North

North Berwick, 72, 177, 180, 181, 182, 458, 524; Law, 180, 182

North British & Mercantile Insurance Co., 302

North-East England, 531

Northern Ireland, 247, 263, 289, 290, 351, 551; *see also* Ulster

North Lanark, 565

North of Scotland Hydro-Electric Board, 491-501 *passim*, 564; chairmen of, 491-8 *passim*, 503, 564, 566; Consultative Council, 499, 500, 567; crises of, 495-6, 498, 499-500; critics of, 565, 567; history of, 499; information officer, 491-501 *passim*, 503, 504; offices, 491, 492, 496, 497, 500; and overseas visitors, 497, 498; privatisation of, 499, 500; schemes and projects by, 493-5, 498, 503, 504, 568; senior officials of, 491, 492, 496, 497, 499, 500; *see also* Aims of Industry; Cooper Committee; Mackenzie Committee; South of Scotland Electricity Board

North Queensferry, 419

North Sea, 527

North Slipperfield, *see* farms and farming

Northumberland, viii, 552

North Wales, 242

North West Passage, 230, 527

Norway, 38, 104, 455, 522, 558, 560, 561

Norwich, 526

N.S.Z. (National Armed Forces), 313, 314, 315, 544

nuclear disarmament, *see* arms and armaments; Campaign for Nuclear Disarmament

Nuneaton, 513

Oakbank, 5
Oates, Tommy, 461, 561
Oban, 419, 493, 562
O'Brien family (Irish seasonal workers), 217
O'Connor, Jackie, 54
Oder, river, 311
Odessa, 282, 284
Odet, Clifford, 553
O'Donnell, Alex, 542
Ogilvie, Reddie, 29
Ogilvy, David L.G.W., *see* Airlie, Earl of
Oldbury, 536
Old Jock (bakers' union), 33, 34
Oliver, Bryham, 424, 555
Oliver, John, *see* Yorkie
O'Lone, Miss, a teacher, 122
Onion Johnnies, *see* employment and occupations
Ontario, 413
Open University, 565
Orangemen, 100, 304, 451, 523, 540, 541; *see also* churches and religion, Billy Boys
Origin of Species, The, 560
Ormiston, 82, 83, 87, 99, 100, 418, 434, 436, 522
Osterley park, 507
Oswald, Tom, 35, 36, 37, 38, 508; wife of, 36
Oswestry, 352
Oswiecem, *see* Auschwitz
Otley, 559
Our Noble Families, 486, 564
Outer Isles Crofters' Co-operative, 567
Owen, David, 517
Owenson, Mairn, 73
Oxenfoord Castle, 417
Oxford, 266; Central Labour College in, 506; Group, 508; Ruskin College in, 506, 508; University, 505, 509, 539, 559

pacifism and pacifists, 262, 264, 268, 269, 292, 483, 485, 537, 562; *see also* Peace Pledge Union; wars, 1914-18, conscientious objectors
Painters and Decorators, Amalgamated Society of, 560
Paisley, 276, 439; *see also* Co-operative
Palace, *see* farms and farming
Palestine, 525
Palmerston, Lord, 338
Pans, the, *see* Prestonpans
paraffin, *see* employment and occupations; housing, oil lamps
Paris, 310, 544; University, 539
Park, Davie, 424
Park, John C. ('Parkie'), 269, 270, 423, 426, 427, 555
Parkgate, 236
parliamentarism, 265, 269, 317, 318
Partick Thistle F.C., 402, 406

Passchendaele, 262
Paterson, Bill, 180
Paterson, Bob, 92, 93
Paterson, James, 559
Pathhead, 206, 417
pauchling, *see* employment and occupations
Paxton, 418
Payne, Professor Peter, 499, 567
Peace Congress, International, 1936, 288, 536
Peace Pledge Union, 292, 537
Pearson, William, 48, 513
Peebles, 142; Council (? Tweeddale), 202
Peeblesshire, 174, 192, 209
Peking, 324
Pencaitland, 102
Penicuik, 138, 524, 561
Peniel Heugh, 209
Penman, Danny ('David'), 424, 555
Penrith, 416, 543
pensions, retirement, 3, 516; *see also* armed forces
Pentland Hills, 202
Pentonville Five, 60, 516
Perth, ix, 202, 218, 227, 264, 265, 266, 268, 382, 394, 500, 551, 558; Craigend quarries at, 383; General Strike, 1926, at, 265, 266; Hunt, 495; Independent Labour Party branch in, 265; National Union of Clerks branch in, 286; places in: Campbell's dyeworks, 266, 530, Craigie, 267, Infirmary, 267, North Inch, 265, Pullar's, dyers and cleaners, 266, 529, Town Hall, 504
Perthshire, viii, ix, 226, 265, 385, 412, 493, 562
Peterhead, 361, 456
Peter the Great, tsar, 282
Philadelphia, 413
Phillips, David, 341
Phillips, Morgan, 487, 488, 490, 564
phrenology, 292
Pinner, 454
Piper Alpha disaster, 246, 527
Pirnmill, 471
Pitlochry, 412, 493, 496
Pitreavie, 171
Pittodrie, 528
Plain, Charlie, 97
Plathen (Platten), Richard, 543
Plebs League, 506
Plumer, Lieut. Col. H., 418
Plymouth, 339; Sutton, 529
Poland, ix, 90, 309, 310-16, 360, 521, 544, 545
police, 30, 84, 99, 113, 181, 223, 270, 296, 308, 405, 424, 425, 541, 543, 547; and Arcos Raid, 532; and bank robberies, 320-22 *passim*, 547; baton charges by, 88, 452, 540; and Eucharistic Congress, 540-1; and Fascists, 452, 453, 542-3; and General Strike, 1926, 88, 345, 346, 414; mounted, 424, 453, 540, 542; in miners'

lock-out, 1921, 111; and miners' strike, 1984-5, 145; in Shanghai, 529; stoned, 541; working conditions of, 308; and 40 hours' strike, 1919, 566; *see also* Black and Tans
Police Federation, 308
Polish Socialist Party, 544
Polish Workers' (Communist) Party, 544
Polkemmet, *see* collieries
Pollitt, Harry, 316, 360, 424, 545
Polton, 67, 80; *see also* collieries
Poltonhall, 128, 129, 130, 523
Pompa family (Edinburgh), 426
Ponting, Clive, 499, 566
Poona, 206
Pope, the, 54, 429
Popular Front, 534
Port Ellen, 365
Portree, 420
Port Seton, 98, 100
Portugal, 247, 248, 533
Port Workers' Committee, 516
Potter, Clara, 138, 139, 146
Potter, Davie, 146
Pottinger, George, 503, 568
Poulson, John, 568
Powrie, Sandy, 395
Prague, 562
Pratt, William J., 40, 510
Press Association, 474
Prestongrange: estate, 519; House, 68, 76, 79; pit, *see* collieries
Prestonlinks, *see* collieries
Prestonpans, 67-81 *passim*, 94, 95, 97, 98, 519; Orangemen at, 100, 451; places in: Ayre's Wynd, 69, 78, cinema, 79, Cuthill, 67, 76, Cuthill School, 67, 69, Danish dairy, 79, Drill Hall, 75, Grey School, 69, 519, Labour Club, 75, Middle Street, 67, parish church, 79, Preston, 73, Preston Lodge Senior Secondary School, 519, Red School, 69, 519, Summerlee Rows, 70, 71, 74, 79, 81, war memorial, 72; *see also* collieries, Prestongrange, Prestonlinks
Prestwick, 416
Pretoria, 418
Pringle, Willie, 13, 14, 15
printers and printing, 272, 394, 411, 428, 429, 474, 507, 508, 514, 524, 563, 564; apprentice, 413, 414, 415, 420, 421, 422, 426; boss's spies among, 422; chapels, 421, 432, 554; firms, 159, 413, 414-15, 420-1, 430, 432, 433, 485; *see also* Graphical, Paper & Media Union; hours of labour; National Graphical Association; Scottish Graphical Association; Scottish Typographical Association; Society of Graphical and Allied Trades; wages
Progressive Party, 535, 536, 538, 539, 541, 543, 564

Protestant Action, 302, 303-5, 306, 426, 450-1, 530, 540, 541, 542, 543; *see also* Edinburgh
Protestant Movement X-Rayed, The, 426, 556
Proudfoot, David, 97, 522
Pryde, Jimmy, 99
Pudsey, 559
Pulitzer Prize, 568
Pumpherston, 1, 108
Pu Yi, 527
Puzzle Bobby, a tramp, 216

Qualifying exam, *see* education
Quarrington Hill, 220, 221
Queensberry rules, 99
Quille, Rev. Patrick, 542

racism and anti-racism, 2, 83, 304, 399, 516, 564; *see also* Fascists; Nazis
radio and television, 488, 526, 563; radio, stations and programmes, 5, 92, 183, 191, 211, 275, 461, 473, 524, 562; television, stations and programmes, 86, 220, 488, 502, 504, 526, 565, 568
Ragged Trousered Philanthropists, The, 91, 520
Railwaymen, National Union of, 56, 112, 266, 351, 505, 523, 550; branches: Edinburgh, 271, 272, 555, Glasgow No.10, 342, 344, Mid Calder, 5, 6, Polmadie, 345, Rutherglen, 344-6; Glasgow and West of Scotland District Council, 344; National Executive, 344, 347; and Northern Ireland strike, 1933, 551; and Scottish Trades Union Congress, 51, 512
railways, 4, 11, 220, 345, 481, 482; Caledonian Co., 4, 168, 266, 342, 343; Glasgow and South Western Co., 342, 343; Great Western Co., 170; laundry, 168; London, Midland and Scotland, 4, 8, 343; *see also* employment and occupations
Railway Servants, Amalgamated Society of, 5, 505
Ramage, Jackie, 29
Ramsay, *see* collieries
Ramsgate, 543
Rangoon, 481, 482
Rationalist Press Association, 267
Rat Pit, The, 443, 560
Ravenscraig steel works, 145
Rawflat, *see* farms and farming
reading, *see* education
Reading, 518
recreation, sport and entertainment: allotments, 433; angling, 98, 214, 418; on Auld Year's Night, 214; aviation, 539; basket-making, 476; billiards, 14; bowling, 183, 223, 467; boxing, 90, 96, 108, 223, 303, 451, 491, 539, 565; Burns's Suppers, 424; Cairters' Trip, 162; camping, 418, 420; cards, 260, 424; Catholic youth

groups, 429, 450; cinema and films, 8, 79, 84, 101, 183, 190, 223, 229, 233, 271, 293, 296, 402, 403, 406, 506, 519, 526, 527, 530, 532; circuses, 144; community or leisure centres, 142, 368; cricket, 158; crocheting, 437; cycling, 90, 183, 190, 191, 415-17, 418, 419-20, 422, 428, 429, *see also* employment and occupations, cycling to work; *Daily Worker* and, 546; dances and dancing, 75, 79, 150, 154, 159, 179, 183, 185, 214, 223, 232, 233, 234, 354, 362, 368, 393, 394, 418, 428, 429, 450, 452, 532; darts, 187, 223, 396; dominoes, 223, 260, 396; dooking, 215; drama groups, 85, 408, 409; draughts, 260; entertainment tax, 271; football, 10, 11, 18, 32, 98, 170, 183, 233, 234, 239, 369, 370, 402, 447, 470, 474, 553, *see also* particular football clubs; Gala Days, 124; gambling machines, 115, 556; gardening, 433; golf, 433, 486; Guy Fawkes Night, 183; Hallowe'en, 183; hand ball (hand ba'), 210, 213, 214; harriers, 415; harvest kirns, 179, 214; high jump, 402; hop, skip and jump competitions, 260; horse-racing, 77, 452, 527; hunting, 208; keeping fit, 90; knitting, 475; local games, 260; model railways, 396; outings, 393; pageant, 39; pantomimes, 144; pheasant-shooting, 212; physical culture, 88, 89; plays, 532; poaching, 98, 105; public halls and, 293, 296; quoits, 98, 258; races, 124, 260; recitation, 369, 406; rivalries in sport, 98; rugby, 169, 214, 234, 416, 417; shooting, 243, 261; shows, the, 438; skating, 402; socials, 532; street theatre, 532; Sunday School trips, 163; swimming, 284, 399, pool, open-air, 291, 441; table tennis, 223; theatres and theatre-going, 19, 402, 403, 406; travel, 501; trench-running, 79; vaulting poles, 260; walking, 3, 14, 79, 183, 190, 220, 223, 369; whippet racing, 111; whist drive, 227; *see also* education; music and song
Red Cross, 245, 258, 262
Red Friday, 1925, 344
Red International of Labour Unions, 509
Redesdale, viii, 367, 368-9, 370, 552
Redstone Rig, 416
Reid, Dr Alexander, 260, 528
Reid Bequest, 260, 528
Reid, Jimmy, 226, 235, 249, 251
Reid, Miss, a teacher, 413
Reid, Mr, tannery, 160
Renfrewshire, 327; West, 508, 563
Renton, Donald, 37, 40, 41, 291, 305, 423, 449, 450, 451, 508, 536, 542
Reston, 412
Resurrection, 443, 560
revolution, 266, 268, 269
Rhodes Farm, *see* farms and farming

Ribeiro, Manuel da, 527
Richmond, Agnes, 52, 53, 54, 514
Rintoul family (at Elphinstone), 86
Rio de Janeiro, 545
Ritchie, an unemployed lad, 366
Road Haulage Wages Council, 45
Roberts, Alf, 58, 515
Roberts, Cameron, 265, 529
Roberts, Jean, 529
Roberts, Kenneth, 527
Robertson, David, 492, 565
Robertson, Mr, a farmer, 378, 379, 380, 381, 382
Robertson, Stanley, 250, 251
Robinson, Irene, 291
Robinson, Miss J., 537
Rockcliffe-on-Eden, 416
Rodgers, Bill, 517
Rogan, Pat, x, 35, 501, 502, 508, 568
Rolls Royce, 277, 370, 371
Rome, 307
Roosevelt, Franklin D., 278, 533
Rosewell, viii, 104, 118-30 *passim*, 491, 523; Gala Day, 124, 'Little Ireland', 123; places in: Church of Scotland at, 123, 124, gasworks, 127, 129, Layton Crescent, 127, library, 125, Miners' Institute, 125, Preston Street, 118, 125, 126, St Joseph's Hospital, 122, St Mathew's Church, 123, St Mathew's School, 120, 122, 123, 124, Tavern, 118; *see also* collieries; Co-operative; housing
Roslin, 138, 223, 419
Ross, Chief Constable Roderick, 308, 541, 543
Ross, George, 92, 520
Ross, Jenny, 205, 206, 211
Ross, William, 37, 496, 501, 502, 503, 504, 508, 568; wife of, 503, 504
Ross and Cromarty, 565
Ross of Marnock, Lord, *see* Ross, William
Ross-shire, 257
Rosyth, 182, 558
Rotary, 143
Rothesay, 8, 455
Rovers, 417
Rowan, Joe, 94
Rowe family (Edinburgh), 411
Roxburgh, 208, 216; School, 207, 208
Roxburgh Barns, *see* farms and farming
Roxburghe, Duke of, 519
Roxburghshire, ix, 525
Royal Artillery, *see* armed forces
Royal Commission on Coal Industry, 1919, 519
royalism, 80
Rugby, 555
Rumania, 417
Ruskin College, *see* Oxford
Russell, Bill, 131, 137, 138, 140, 141, 142, 143,

145, 146; parents and family of, 141, 142, 146

Russell, Margot, viii, ix, 131-147 *passim*, ; brothers of, 132; daughters of, 134, 135, 136, 139; father of, 131, 132; first husband of, 134, 136; grandparents of, 131, 132; mother of, 131, 132, 133, 134, 135, 140, 141

Russell, R. West, 294, 538

Russia, 529; *see also* armed forces; Soviet Union; wars

Russia Today Society, 281

Russian Revolution: 1905, 82, 520, 534, 535, 1917, 40, 263, 264, 280, 285, 286, 530, 533, 534, 535

Rutherford, Jimmy, 426, 427, 557

Rutherford, John, 111

Rutherford, Mr, a pit pony driver, 113

Rutherford, Sandy, 24, 25, 33

Rutherglen, ix, 342, 344, 347, 350, 351, 365, 430, 455, 514, 550, 551; General Strike, 1926, in, 342, 344, 345, 346, 351, 550; MSU Theatre in, 553; Socialist Sunday School at, 344, 350; Stonelaw Higher School at, 343; Unemployed Workers' Movement at, 347, 348

St Andrews, 233, 486

St Boswells, 205, 213

Saint Joan, 267

St John's Ambulance Association, 245

St Nazaire, 455, 561

St Patrick's Day, 124

St Petersburg, 282, 535; *see also* Leningrad

Salonika, 541

Samuel, Willie, 110

Sankey, Lord, 78, 519

Sauchie, 223

Savile, Jimmy, 220, 526

Scargill, Arthur, 137, 141, 523

schools, *see* education; for particular schools see villages, towns, counties

Schuster, Ida, 553

Scobie, Mr, a colliery manager, 84

Scolin, John, 122

Scotland-China Association, 325

Scotland-U.S.S.R. Society, 275

Scots Quair, A, 526

Scott, Dick, 84

Scott, Sir Walter, 475

Scott, Willie, 209

Scottish Agricultural Organisation Society, 567

Scottish Arts Council, 330

Scottish Assembly, 530

Scottish Business Education Council, 514

Scottish Carters' Association, 47, 506

Scottish Colliery Enginemen, Boilermen and Tradesmen's Association, 137

Scottish Commercial Motormen's Union, 25, 47, 56

Scottish Council (Development and Industry), 51, 52, 514, 550

Scottish Council on Industry, 513, 514, 564

Scottish Court of Criminal Appeal, 531

Scottish Economic Council, 513

Scottish Federation of British Industries, 566

Scottish Gas Board, 512

Scottish Graphical Association, 554

Scottish Home Rule Association, 263, 528

Scottish Horse & Motormen's Association, 23, 24-31 *passim*, 506; becomes Scottish Commercial Motormen's Union, 25, 47; benevolent fund, 58; carters in, 29-31; and closed shop, 30; collectors, 24, 27-31, 44; and Communists, 46, 47; and Co- operative Societies, 26; dues, 24, 27, 30; and Edinburgh and Glasgow Trades Councils, 38-42, 43, 507; Executive of, 26, 34, 37, 44, 45, 46, 56; general secretaries of, 25, 26-7, 31, 43, 44, 45, 46, 47, 63, 506; and General Strike, 1926, 26; head office, 37; international contacts of, 57, 58; and Labour Party, 46, 63, 64; membership of, 24, 27, 31, 33, 46, 47, 56; and Moral Rearmament, 37; National Health Section of, 24, 28; and National Union of Public Employees, 31; and National Union of Railwaymen, 56; officials of, 24, 25, 26, 27, 33, 43, 44, 45, 63; presidents or chairmen of, 46, 512; regional and local structure of, 23, 24, 25; and Scottish Trades Union Congress, 46, 47, 51; at St Cuthbert's Co-operative Association, 22, 23, 25, 26, 27; sectarianism in, 44, 45; shop stewards in, 25, 27, 45, 46; staff of, 56, 57; and Transport & General Workers' Union, 31, 56-8, 60, 61, 62, 63; wives of members of, 27, 28, 29

Scottish Labour College, 506, 543

Scottish Motor Traction Co., 31, 33, 176, 506

Scottish National Development Council, 513, 514

Scottish Old Age Pensions Association, 508

Scottish Painters' Society, 40, 535, 552

Scottish Patriots, 271, 530

Scottish Permissive Bill Association, 507

Scottish Phrenological Society, 507

Scottish Operative Plasterers' Union, 41, 42, 286, 517

Scottish Socialist Party, 514, 530, 554, Edinburgh Federation, 537, Youth Movement, 422, 427

Scottish Special Housing Association, *see* Housing Association, Scottish Special

Scottish Temperance Alliance, 327

Scottish Trades Union Congress, 48-56 *passim*, 288, 289, 521; affiliations to and membership of, 54, 512; and building trades workers, 434, 462; chairmen of, 42, 46, 460; and Communists,

48, 49, 51, 55; and Conservative governments, 1951-63, 51, 52; delegates to, 38, 47, 253, 514, 535; expansion of, 48, 49, 51, 53, 54, 55; funds of, 54; General Council, 46, 47, 48, 49, 50, 51, 52, 53, 54, 55, 56, 57, 460, 506, 510, 511, 512, 513, 514, 515, 520, 528, 564; general secretaries of, 42, 48, 52, 54, 55, 486, 509, 512, 513, 514; and Labour Party, 54; Left-Right struggles in, 48, 49, 50, 51, 52, 53, 55; and miners' strike, 1984-5, 143; and Moral Rearmament, 37, 38; and National Union of Mineworkers, 48; and representation on outside bodies, 51, 52; and shipbuilding unions, 51; staff of, 52, 53, 54, 514; and trades councils, 38, 42, 43, 47, 48, 49, 50, 52, 55, 511; treasurer of, 55; Women's Advisory Council of, 514

Scottish Typographical Association, 31, 414, 421, 432, 433, 507, 554

Scottish Union of Bakers, 33, 34, 48, 512

Scottish Vocational Education Council, 253

Scottish Watch, 530

Scottish Youth Hostels Association, 416, 417, 429, 554

Scotty, Auld, a tramp, 77

Seaham, 520, 549

Secular Society, 267

Sedgefield, 519

Select Committee on Agriculture, 245, 246

Selkirk, 372, 412, 554

Selkirk, Bob, 91, 520

Selkirk, Earl of, *see* Douglas-Hamilton, Lord George Nigel

Selkirk, Willie, 90, 91

Selkirkshire, ix, 525

Semple, Geordie, 117

shale miners, *see* employment and occupations

Shand, Jimmy, 524

Shanghai, 265, 529

Shannon, Miss, a manageress, 155

Shaughnessy, Pat J.J., 286, 535

Shaw, Dod, 74

Shaw, George Bernard, 267

Sheffield University, 549

Shelley, Percy Bysshe, 350

Shepherds Friendly Society, 43

Sheppard, Hugh R.L. (Dick), 537

Sherwood, 118

Shetland, 500; County Council, 567

Shields, Bob, 454

Shields's farm, *see* farms and farming

Shiels, 528

Shinwell, Emanuel, 91, 490, 495, 496, 520, 566

ships and shipping, 40, 75, 411, 494, 508, 558; *Arandora Star*, 556; *Ascania*, 482; colliers, 75, 76; and containerisation, 61, 516; *Dzerzhinsky*, 281; *Eola*, 362; ferries, 310, 365, 367, 419, 420,

466, 467, 494; H.M.S. *Claverhouse*, 526; *Horst Wessel*, 411, 428, 558; *King Georve V*, 494; sailing, 388, 411; *see also* armed forces; employment and occupations; wars

Shipwrights' Association, 561

Shop Assistants' Union, 511, 554; *see also* National Amalgamated Union of Shop Assistants, Warehousemen and Clerks; National Union of Distributive and Allied Workers; Union of Shop, Distributive and Allied Workers

shop stewards, *see* trade unions and unionism; and particular unions

shorthand, *see* education

Shortwoodend Youth Hostel, 417

Shotton, 242

Shotts, 63, 515

Shropshire, 526

Siberia, 529, 534, 549

Sickert, Walter, 530

Silesia, 314

Simla, 548

Simpson, Archie, 415

Simpson, Mrs Wallas, 423

Singapore, 473, 561

Sinton family (at Bonjedward), 212

Skinner, Dennis, 65, 518

Skinner, James Scott, 260, 528

Skipness, 471

Skye, 419, 420, 567

Slains, 528

'slave' camps, *see* unemployed and unemployment

slavery, 103, 110, 529

Sleat, 567; Sound of, 420

Sligachan, 420

Slough, *see* Eton

Smailholm, 417

Smart, Mr, a transport manager, 13, 16, 17

Smeaton, 429; *see also* collieries

Smethwick, 534

Smith, Alex, 248

Smith, Charlie, 107

Smith, F.E., *see* Birkenhead, Earl

Smith, George, 528

Smith, Jimmy, 167

Smith, John, 65, 404, 519

Smith, Larry (Laurence), 62, 517

Smith, Miss, a teacher, 163

Smith, Prophet, 501, 567

Smith, Rev., 259

Smuts, Jan Christian, 261, 528

Social Democratic Federation, 520

Social Democratic Party, 63, 517, 563, 564

Socialist Health Association, 532

Socialist International, 518

Socialist Labour Party (1996), 523

Socialist League, 534

Socialist Medical Association, 273, 531

socialists, 330, 331-2, 342, 406, 477, 503

Socialist Sunday Schools, 272, 273, 327, 344, 350, 531, in Australia, 509

Society for Cultural Relations with the Soviet Union, 281, 292

Society of Graphical and Allied Trades (S.O.G.A.T.), 144, 523, 553, 554

Soldier, The, 273

Somme, the, 554

Sommerville, Willie, 85

Sousa, John Philip, 368

South Africa, 83, 355, 528, 530; *see also* Transvaal

South America, *see* America, South

South Ayrshire, *see* Ayrshire, South

South East Asia Treaty Organisation, 540

Southend (Kintyre), 471

South Kirby, *see* collieries

South of Scotland Electricity Board, 499

South Uist, 528

South Wales, 455, 512

Soutra Hill, 416

Soviet Union, ix, 83, 242, 264, 271, 279, 280-4, 324, 328, 352, 505, 521, 532, 534, 535, 544, 545, 549, 559; and Arcos Raid, 532; and hydro-electricity, 497, 498; invasion of Czechoslovakia, 1968, by, 316, 317; invasion of Hungary, 1956, by, 460, 461; K.G.B. and Cheka in, 534; kulaks in, 283, 534; relations with China of, 318, 546; and Spanish Civil War, 533; and threat of war with Britain, 1939-40, 521; *see also* armed forces; wars

Spain, ix, 316, 497, 545, 549; *see also* wars, Spanish Civil

Spean Bridge, 455

Spence, Nellie, vii, viii, 152-6; sisters of, 153

Spiganovicz, Dr Arthur de, 82, 519, 520

Spire, Mr, a Lithuanian, 108

Spittal, 208

Spittal farm, *see* farms and farming

Spottiswoode estate, 190

Staden, Sid, 59, 515

Staffa, 494

Stagehall, 205

Stalin, Joseph, 269, 277, 279, 283, 284, 318, 510, 533, 534, 535, 544, 545, 546, 551

Stalingrad, 278, 280

Star Blue, Mr, a Lithuanian, 107

Steedman, Jackie, 33, 34, 35, 507; wife of, 33

Steelworkers' Union, 360

Steers, Bernie, 60, 516

Stein, Phil, 486, 564

Steinbeck, John, 502, 568

Stephen, Campbell, 268, 350, 530

Stevenage, 459

Stewart, 'Baldy', 465

Stewart, Betty, viii, 383-97 *passim*; children of, 394, 397; father of, 383, 384, 385, 386, 387, 393; grandparents of, 383; husband of, 385, 394, 395, 396; mother of, 383, 384, 385, 386, 393; sister and brothers of, 384, 385, 386, 397; uncles and aunts of, 383, 387

Stewart, Isa, 40, 286, 457, 510

Stewart, James S., 40, 55, 286, 457, 510, 535, 536

Stewart, Mr, a manager, 415

Stewart, William B., 40, 510

Stewart, W. Ninian, 543

Stewart & Lloyd's tube works, 345, 365

Stirling, 227, 382; Castle, 365, 552; University, 203, 549

Stirling, Mr, a district officer, 250

Stirlingshire, East, 543, West, 564

Stobbs, Guy, 95, 521

Stobhill, 222

Stobo, 209

Stobs, 206

Stockholm, 38, 544

Stonehaven, 258, 359, 361, 362; Mackie Academy in, 258

Stoneyburn, 333, 334, 335, 336

Stornoway, 473, 492, 497

Storrie, Old, an under-manager, 78

Stow, 176, 205

Stowbogie, Joe, 107

Strachey, John, 5, 505, 549

Straiton, 297, 559

Strathclyde, Lord, 503, 568

Strathclyde University, *see* Glasgow

strikes and lock-outs: bottle blowers, 440; building trades workers, 456, 457, 459, 462, 561; in China, 529; dispute benefit, 457; dockers, 1972, 60, 516, Leith, 286, 287; at Ferranti, 137; general strike threatened, 1972, 516; hunger strike, 529; in jute and flax mills, 392, 393; laundry workers, 151, 154, 167; miners, 67, 90, 94, 116, 287, 288, (1894 ?) 436, 1921, 79, 83, 95, 111, 521, 1926, 88, 112, 334, 435, 440, 510, 523, 1984-5, 131, 137-46, army and, 145, Dalkeith Strike Centre in, 139- 45, food and drink in, 138-44 *passim*, firewood provision in, 140, fund-raising in, 141-4 *passim*, hardship in, 141, 142, Labour Party and, 146, Lothians Central Strike Committee in, 138, 139, 144, Midlothian Strike Committees in, 138, picketing in, 138, 140-6, police and, 145, and political consciousness, 146, strike pay and, 131, 142, state benefits and, 142, Women's Support Groups in: Dalkeith, 138-46, Lothian, 139, 143, Midlothian, 139; musicians, 561; paper mill workers and, 232; Pentonville Five and, 516; railwaymen, Northern Ireland, 1933, 351,

551; rent strike, 1915, 398, 404, 553; rioting during, 566; Ruskin College students, 1908, 506; school, 307; seamen's, 1966, 60, 516, 517; Spanish seamen, 362; tea break, 456, 457, 561; 40 hours' strike, 1919, 496, 566; 1939-45 War and, 276, 279, 287; *see also* General Strike, 1926; *In Place of Strife*
Student Christian Movement, 327
Suffragettes, ix, 136, 530
Sunderland, 541
Sunset Song, 526
Sun Yat-Sen, 256, 263, 527
Surrey, 200
Sutherland, 492, 543, 565
Sutherland, Val, 319, 324
Swales, A.B., 529
Sweden, 38, 311, 312, 497, 498
Swierczewski, General Karol, *see* Walter, General
Swindon, 479
Swinton, 417
Switzerland, 38, 497, 508
Sydney, 509
Symington, Miss, a teacher, 86
syndicalism, 509
Szalasi, Ferenc, 546

Talbot, Peter, 63
Tanganyika, 338
tanneries, *see* Edinburgh
Tantallon Castle, 181
Tarbert, 471
Tarbrax, 90
Tavknockmore, 122
Taylor, Alec, 112
Taylor, Bill, 112
Taylor, Frank, 113
Taylor, Robert, 26, 27, 31, 44, 46, 506
Taynish, 403
Tayvallich, 404, 406
teachers, *see* employment and occupations
temperance, 93, 264, 327, 524, 525; *see also* Acts and Bills; churches and religion, Band of Hope; drunkenness; employment and occupations; food and drink, alcohol; No Licence Campaign
Temple, Jock, 210
Tennant, Mr D., 293, 308, 543; wife of, 293, 308
Teviot, river, 204, 215
Thaelmann, Ernst, 428, 559
Thatcher, Margaret, 64, 65, 68, 80, 490
Thiele, Captain, 558
Third World, 331, 497
Thirsk, 199
Thomas, J.H., 112, 266, 336, 346, 351, 523
Thomson, Charlie, 423
Thomson, George M., 484, 485, 486, 499, 563, 567

Thomson, Mrs Minetta, x, 530
Thomson, Percy, 423, 427, 555, 557
Thomson, Professor Sir Godfrey, 335, 548
Thomson, Tommy, 388, 393, 394, 395, 396
Thorburn, Geordie, 10, 11, 17, 18, 21, 22, 32
Thornhill, 239
Threepwood, 182
Tibet, 548
Timber Corps, 224
tinkers, 475, 476
Tiree, 54
tobacco and smoking, 101, 201, 212, 295, 326, 525; cheroot, 326; cigarettes, 69, 141, 326, 369, 391; pipes, 69, 215, 326, clay, 212, 215, pipe-sharing, 366; tobacco, 76, 215
Tod, Major, 455
Todd, Jimmy, 22
Todd, Ron, 61, 62, 517
Tokyo, 482
Toldpuddle Martyrs, 91
Tolstoy, Count Leo, 443, 560
Toms, Duncan, 322
Tornaveen, 254, 255, 256, 258, 260; School, 256, 257
Toronto, 413
Torphins, 256
Townhead, *see* farms and farming
Tracy, Spencer, 527
trades councils, 52; Rutherglen, 344, 345; *see also* Aberdeen; Edinburgh; Glasgow; Scottish Trades Union Congress
trade unions and unionism, 4, 22, 23, 27, 31, 39, 40, 43, 51, 66, 131, 224, 269, 273, 277, 306, 360, 371, 393, 409, 440, 485, 486, 510, 511, 520, 555; absence of, 228, 446, 501; B.E.M. for services to, 253; and blacking action, 25; closed shop, 22, 23, 78, 135, 167; Co-operation and, 22, 23; craft, industrial, general, or white collar, 25, 43; dues deducted at source, 23; and industrial relations legislation, 64, 65; large and small unions, 60; and Moral Rearmament, 37, 38; minimum age for entry to, 22; poaching of members, 31; in post-1945 Poland, 313, 314; right- and left-wing, 40, 41; Scottish, 63; shop stewards, 25, 43, 167, 232, 276, 456, 457, 458, 510, 516, 520, 532, 546, 561; *see also* acts and bills; blacklegs; miners and mining; Scottish Trades Union Congress; trades councils; particular unions
Trades Union Congress, 253, 288, 313, 506, 509, 511, 512, 524, 536, 550; General Council of, 513, 516, 517, 518, 523, 526; and General Strike, 1926, 523; and Hunger Marches, 350; and Moral Rearmament, 37, 38; and National Industrial Relations Court, 516; and shooting of Chinese workers, 529; and unemployed and

unemployment, 550; and T.U.C., Wales, 517
Trainer, Rev. J.C., 304, 541
tramps, 77, 215-16, 525
Tranent, 82, 84, 85, 88, 91, 92, 93, 100, 101, 102, 429, 520; *see also* Co-operative
transport, road, 20, 56, 506; buses, 60, 80, 83, 133, 151, 182, 183, 192, 198, 296, 300, 365, 367, 369, 443, 452, 453, 488; cars, 19, 100, 101, 102, 199, 417; and cats' eyes, 498; cycling, 5, 9, 16, 17, 23, 179, 226, 235; driving licence, 16; hearse, 22; horse-drawn, 15, 16, 20, 47, 79, 191, 477; lorries, 88, 173, 186, 235, 236, 381, 382; motor cycles, 369, and sidecar, 86; petrol shortage for, 21; pony- brake, 105; taxi, 488; tramcars, 10, 14, 42, 80, 151, 154, 155, 166, 169, 205, 342, 345, 404, 414, 430, 440, 443, 481; vans, 10, 445
Transport & General Workers' Union, 35, 42, 352, 508, 510; biennial conference, 253; breakaway from, 31, 33, 34; and building trades guaranteed week, 461; and Communists, 46, 60; and containerisation, 516; dockers and lorry drivers in, 59- 60, 61, 287, 288; Executive Council, 252; general secretaries of, 51, 56, 61, 62, 64, 512, 513, 515, 516, 517, 526; in Glasgow, 43, 511; membership bases of, 31; mergers into, 56-8, 60, 61, 62, 63, 517; Scottish Farm Servants' Section of, 248-53 *passim*, 524, 528; Scottish Regional Committee, 252; Scottish Regional secretaries of, 43, 56, 57, 511, 512, 515; and Scottish Trades Union Congress, 50, 51, 512; senior officials of, 55, 57, 58, 59, 60, 61, 62; trade groups of, 59, 60, 61, 245, 252, 515
Transport Development Group, 56
Transport Salaried Staffs Association, 50
Transvaal, 528
Trench, Jock, 10
Tressell, Robert, 520
Trevelyan, C.P., 529
Tribune Group, 47, 512
Trossachs, 417
Trotsky, Leon, 285, 286, 510, 535
Trotskyists, 292, 324, 518, 551
Truckell, Alfred, 227
Tuam, 557
Tukhachevski, Marshal, 535
Tummel hydro-electric scheme, 493, 495, 498
'Tuppenny Johnny', *see* Downie, John
Turkey, 262
Turnbull, Andy, 221
Turner, Bert, 286, 535
Turner, Jimmy, 220
Turner, Vic, 60, 516
Turpin, Randolph, 491, 565
Turriff, 157

Tyndrum, 419
Tynemount, *see* collieries

Uddingston, 431
Udny, 355
Ukraine, 282, 544
Ukrainian Insurrectionary Army, 544
Ullswater, 416
Ulster, 523, 548; Volunteers, 528
unemployed and unemployment, 1, 147, 169, 264, 272, 332, 335, 336, 343, 347,351, 352, 364, 365-71, 421, 507, 516, 548, 559, 560, 565; in Aberdeen, 354, 355-62 *passim*, 552; after 1914-18, 262, 263; and Anomalies Act, 1931, 550; be-medalled ex-soldier, 369; benefit and benefit cases, 116, 170, 354, 364, 365, 368, 425, 449, 552; campaigns and meetings, 269, 270, 271, 551; cycling in search of work, 364, 367; depressed or Special areas, 446, 539; in Edinburgh, 298, 440, 451, 520; employment exchanges, 147, 235; and Fascists, 306, 425; harvesters from Canada, 446; insurance, 347; mass, 338; parish minister and, 476, 477; Protestant Action and, 305; and self-confidence, 364, 367, 370; sent to Islay, 364, 365-7; 'slave' camps, 367-9, 370, 552, 553; and statistical massaging, 368; Trades Union Congress and, 550; training courses, 367, 552, 553; in Wales, 170; and 40 hours' strike, 1919, 566; *see also* Communist Party; Hunger Marchers and Marches; Means Test
Unemployed Assistance Board, 362, 425
Unemployed Workers' Movement, National, 347, 348-50, 354-62 *passim*, 425, 449, 507, 508, 516, 531, 532, 546, 550, 551
unilateral nuclear disarmament, 51, 513, 565, 567
Union of Construction, Allied Trades & Technicians, 460, 560
Union of Shop, Distributive & Allied Workers, 41, 50, 51, 53, 506, 511, 512, 514
Uniroyal Rubber Co., 235
United Front, 281, 534
United Nations, 511
United States of America, *see* America, United States of
Unity Theatre: Glasgow, 409; London, 409, 553
Upper Nisbet, *see* farms and farming
Ural mountains, 280
Urquhart, Molly, 409, 553
Urwin, Harry, 61, 517

Valentine, Detective Superintendent Thomas, 320, 321, 547
Van Deyl, Mr, a Fascist, 424
Vexem, *see* collieries
Victoria (Australia): Labour College, Socialist

Party, 509
victimisation, 84, 87, 90, 91, 116, 122, 334, 335, 346, 457-60, 510, 521, 567
Vienna University, 539
Vimy Ridge, 262
Virginia Water, 491

wages: babysitting, 396; band-playing, 214; berry-picking, 379, 385; Bevin Boys, 220, 223; Board, Agricultural, 528; bonuses, 200, 395, 458; bricklayers, 448, 449, 454, 458, 459, apprentice, 447; builder's: assistant, 408, office boy, 335; building trades workers, 450, 457, 463, 464; carters, 30; clothes-washing, 70; Commandos, 454; compositor, 420; cooks, 172; cotton mill workers, 437; croft workers, 365, 367; docked, 457; domestic servants, 72, 374, 375, 376; double time, 524; equal pay, 136; estate workers, 209, 218, 224; farm workers, 177, 178, 184, 188, 189, 190, 193, 195, 199, 200, 201, 209, 216, 259, 528, dairymen, 193, 197, 198, 200, odd-jobbing, 371; at Ferranti, 134; and fines, 113, 114; forestry workers, 236, 238, 244, 247, 248, 249, 250, 251, 483, 527; freezes, 47, 65; at game-beating, 212; guaranteed, 464; guaranteed week, 343; and income tax levels, 65; information officer, 491, 492; partly in kind, 72, 189, 190, 195, 200, 216, 218, 259, 260; Irish seasonal farm workers, 217; journalists, 474, 483, 491; jute and flax workers, 390, 391, 392, 394, 395; labourer, 370, building, 447, 448, 454; laundry workers, 148, 151, 152, 153, 155, 156, 165, 168, 523, 524; librarian, 337; lieu money, 225; low, in 1930s, 356; market gardening, 73; milk delivery, 14, 371; miners, 78, 83, 87, 88, 89, 90, 91, 100, 101, 102, 103, 104, 108, 109, 110, 113, 114, 115, 116, 118, 120, 121, 125, 129, 130, 141, 224, 225, 346, 450, 519; minimum, 528; mining contractors, 110; at Munrospun, 133; offtakes from, 88, 91, 102, 115, 129, 130, 166, 188, 189; overtime: ban, 561, rates, 168, 251, 523, 524, no payment for, 120, 152, 153, 193; paperboy, 371; paper mill workers, 232, 234; payment of at inn, 101; penny about system, 110; and perks, 12; pit deputies, 115; pocket money out of, 78; policemen's, 308; potato harvesters, 124, 386; poultry worker, 230; printers', 394, apprentice, 420; printing and stationery works, 152; railwaymen, 4, 343; reduced, 90, 116, 172, 551; restraint, 518; ring-net fishermen, 473; shale miners, 108; sick pay, absence of, 148, 149, 150; Spanish seamen, 362; for Sunday work, 523; swindle, 250, 251; tanners, 161; teachers, 256; for telegram delivery, 9; textile factory, 133; tin and coppersmith, 467; tips, 11; tramwaymen, 42; transport driver, 16; truck, 118; turnip-shawing, 80; van boys, 11, 444; women pithead workers, 74, 75, 78, 109, 437; work study and, 244

Waiting for Lefty, 409, 553
Wales, 169, 170, 247, 292, 506, 517, 562, 565; *see also* North Wales; South Wales
Walker, Bobby, 555
Walker, James, 518
Walker, R.S., 555
Walkerburn, 202, 203
Wallace's Cave, 415
Wall Street Crash, 413
Wallyford, 68, 69, 72, 73, 96, 98, 418; *see also* collieries
Walter, General (pseud. of Swierczewski, General Karol), 313, 544
Wamphray, 554; farm, *see* farms and farming; Moor, 417
Warren, General Sir Charles, 418
Warren, Sir Victor, 486, 564
wars, 258, 262, 274, 526, 562; Abyssinian, 1935-6, 306, 307; Anglo-Irish, 1918-21, 263, 529, 541; Boer, 157, 261, 418, 528, 554; civil and interventionary in Russia, 1918-21, 264, 529; Falklands, 1982, 566; Korean, 1950-3, 233, 234, 527; Russo-Finnish, 1939-40, 94, 521; Spanish Civil, 1936-9, ix, 92, 93, 273, 307, 328, 353, 355, 359, 360, 422, 423, 425, 426-9 *passim*, 430, 448, 478, 544, 545, 552, 555, bombing of Madrid in, 543, foodships and aid to the Republicans in, 273, 328, 411, 427, 428-9, 532, 558, Moors in, 429, 559, Non-Intervention in, 278, 533, 558, prisoners in, 508, 519, 557, 558, refugees in, 532, 544, 558, and Spanish seamen at Aberdeen, 362, 363, *see also* International Brigades; World War I, 1914-18, 1, 2, 16, 75, 79, 83, 158, 159, 160, 262, 369, 411, 414, 426, 465, 466, 468, 470, 506, 507, 522, 524, 525, 541, 549, 551, 554, 555, 562, 564, casualties in, 72, 75, 160, 254, 262, 465; conscientious objectors in, 530, 543, 548, 562, conscription in, 254, 258, 261, 262, effects of, 262, 263, end of, 160, 262, farm workers and farming and, 175, 258, 261, 404, Lithuanians and, 106, 107, memorial, 72, 99, opposition to, 264, 280, 529, outbreak of, 71, 258, 403, refugees in, 401, Russian Revolution and, 263, 264, 280, shop stewards and, 520, 532, 546, telegrams about casualties in, 160, 468, Western Front in, 258, 262, Women's Land Army in, 525, wounded in, 160, 258, 262, 275, 307, 404, 415, 425, 438, 466, 534, 537, 565; World War II, 1939-45, 5, 16, 18, 20, 23, 39, 40, 90, 109, 171, 176, 223, 277, 287, 315, 418, 429, 438, 456, 483, 508, 524, 525, 539, 551, 561, 565, 567, 568, aerodromes

in, 454, 456, air raids in, 171, 181-2, 277, 431, 465, 526, 559, air raid precautions and civil defence in, 171, 180-2, 223, 287, 297, 309, 341, 543, Asdic in, 476, 563, Auschwitz and, 315-16, bombing of Germany in, 233, 234, Burma-Siam railway in, 561, campaigns in: Burma and Far East, 480-3, 514, 563, Italy, 278, 533, 559, North African, 533, 559, Norwegian, 522, 560, 561, casualties in, 181, 428, 455, 456, 465, 473, 524, 526, 534, 556, coming of, 274, 360, 367, 425, 513, 533, Communist Party and, 93, 94, 274-80, 352, 430, conscription in and before, 20, 170, 206, 218, 219, 224, 228, 289, 339, 351, 370, 454, 477, 478, 479, 505, 506, 525, 526, 537, Danish underground in, 311, D-Day in, 352, 526, Defence Regulations in, 534, 559, Dunkirk evacuation in, 176, 558, Essential Works Order, 1941, in, 185, 186, 187, 461, 525, 562, fall of France in, 454, Fire Service in, 289-90, 516, 536, Germany after, 233, 234, 310, 311, German bombers in, 181-2, 524, German spy in, 411, 428, 558, 559, German U-boats in, 121, 556, Indian nationalism in, 482, 563, internment in, 355, 426, 556, Italy's entry into, 426, Nazi invasion of Soviet Union in, 274-80 *passim*, 286, 288, 318, 352, 485, 533, 534, 536, 544, outbreak of, 218, 274, 370, 384, 521, 525, pacifists in, 483, 562, petrol shortage in, 21, prisoners in, 181, 237, 524, 561, Poland in and after, 309, 310, 311-16, 544, 545, R.A.F. fighters in, 181, 524, rationing in and after, 183, 194, 219, 220, refugees in, 199, 556, requisitioning in, 20, 476, reserved occupations in, 170, 185, 219, 295, St Nazaire raid in, 455, 456, 561, Second Front in, 277, 278, 280, 288, 533, strikes and lockouts in, 279, timber supply and, 241, 243, V.E. Day in, 561, V1s and V2s in, 220, 526; *see also* appeasement; arms and armaments; Bevin Boys; Cold War; Nazi- Soviet Non-Aggression Pact, 1939; Peace Pledge Union

Warsaw, 310, 311-14, 315, 316, 544, 545

Waterloo colliery, *see* collieries

Watermen, Lightermen, Tugmen and Bargemen's Union, 59, 515

Watkins, Derek, 516

Watkins, Mr, shark fisher, 473

Watters, Bob, 93

Watters family (at Prestonpans), 92

Watters, George, 67, 72, 92, 519

Watters, Jimmy, 478, 479

Watts, J.E.M., 500

Wavell, Field Marshal Earl Archibald, 482, 563

Welbourne, Mrs, 490

Welwood, Mr, a laird, 2, 6, 7

Werner, Max, 278, 533

West Africa, 551

West Benhar, 506

West Calder, 435, 436; High School, 8

Wester Tolmauds, *see* farms and farming

West Hartlepool, 220, 526

Westhouses, 105

West Linton, 174, 192, 201, 202

West Lothian, ix, 139, 287, 288, 333, 435, 442, 462, 505, 524, 532, 541, 561

West Nisbet, *see* farms and farming

west of Scotland, 380, 385, 415, 450, 527

Weston-super-Mare, 527

West Tarbert, 365

Whitburn, 442

White family (at Newtongrange), 108

White, General Sir George, 418

Whitehaven, 394

Whitehill, *see* collieries

Whitelaw, William, vii, viii, 364-71 *passim*, 552, 553; brothers and sisters of, 364; grandfather of, 365; parents of, 364, 365, 367, 369; uncle of, 365

Whitfield, Tommy, 224

Whithorn, 493

Whiting, Jock, 419

Whittingehame, 412

Wick, 492

Wiggin, Jerry, 245, 527

Wilhelm II, kaiser, 466

Wilkinson, Harry, 41, 511

Williams, Len (A.L.), 487, 564

Williams, Shirley, 517

Williamson, Betty, 340

Willis, Eustace George, 36, 489, 508

Wilson, Davie, 183

Wilson, Harold, 496, 512, 516, 517

Wilson, Pat, 324

Wilson, R.F., 422, 555

Winchester Art College, 200

Wingate, 220

'Winger Willie', a mill worker, 392

Winning, Cardinal Thomas, 305, 542

Winshiels Youth Hostel, 554

Wintringham, Kitty, 32, 507

Wintringham, Tom, 32, 507

Wishart, Messrs, shopkeepers, 170

witches, 412

Wolf Cubs, 417, 554

women: in blitz, 1939-45, 431; in brickworks, 75, 77; in carpet factory, 105; casual work by, 121; and Catholic doctors, 402; and childbirth, 191; in cotton mill, 437, 559; in cycling club, 416, 429; and demolition of slum housing, 502; drivers, horse and van, 20; and elections, 393; and employment after marriage, 2, 70, 80, 81, 121, 134-7, 148, 151, 152, 155, 156, 168, 171,

190, 203, 377, 393, 394, 437; at Eucharistic Congress, 540; farmers, 200, 202, 254; first in Cabinet, 550; Forestry Commission workers, 249; in fruit shop, 440; grandmother's domestic role, 119, 120, 122, 125, 126, 130; and harvest kirns, 179; hen nights by, 396; housewives, isolation of, 134, 190; and Hunger Marches, 348, 349, 359, 361, 550, 552; husband-beating, 415; Irish potato workers, 556-7; Lord Provost, 529; minister's wife, 420; first in Parliament, 529; in paper mill, 231, 232; part-time or seasonal workers, 2, 121, 124, 134-7, 156, 171, 377-82, 394-6, 550; and picketing, 145; and 'pin money', 135; pithead workers, 73-81 *passim*, 109, 334, 437; potato-lifting or planting by, 124; and Protestant Action, 451; and public laundries, 325-6; and queues for old bread, 439; redundancy and, 137; and ring-net fishing, 472; Russian, 295; sexual harassment of, 399; smoking by, 101, 212, 215; and Spanish Civil War, 328, 427, 532; and swearing, 396; and Trades Union Congress, 550; trade union organiser, 23; turnip-shawers, 80; and unemployment benefit, 550; and washing of miners' clothes, 127; *see also* children; Co-operative Women's Guilds; courting and marriage; employment and occupations; farm workers; hours of labour; jute and flax mills; laundries; strikes and lock-outs; Suffragettes; Timber Corps; wages; wars
Women's Land Army, 185, 223, 525
Wood, Father, 123
Wood, Mr, a vet, 21
Wood, Thomas, 560
Wood, Wendy, 270, 271, 530
Woodburn, Arthur, 309, 543
Woodcock, George, 38, 509
Woodworkers, Amalgamated Society of, 40, 462, 560
Woolmet, *see* collieries
Workers' Educational Association, 341
Workers' Esperanto Group, 271
Workers' Film Society, 271
Workers' Party of Scotland, 319, 320-3, 324, 325, 546, 547, 548
Workington, 242
World Federation of Democratic Youth, 562
Woronozoff, Field Marshal Prince, 520
Wright, George, 62, 517
Wyndhead, *see* farms and farming
Wyper, Hugh, 43, 511

Yale University, 549
Yalta, 282, 284
Yarrow valley, 417
Yatesbury, 479

Yetholm, 205, 416, 417
York, 246, 525
York, Michael, 526
Yorkie, a tramp, 215, 525
Yorkshire, 199, 234, 511, 526, 550
Young, Alan, 252
Young, Alexander, 543
Young, James 'Paraffin', 505, 548
Young, T.G., 86
Young, T.M., 17, 505
Young Abstainers' Union, 327
Young Communist League, 273, 350, 422, 423, 424, 427, 515, 523, 531, 551
Youth Unity, 422, 555
Yugoslavia, 318

Zehetmayr, John W.L., 246, 527
Zilliacus, Konni, 338, 549
Zinoviev, Grigori, 535